*Local Public Enterprises*

# 지방공기업론

정창훈 · 김선문

도서출판 대영문화사

이 책은 인하대학교 2022~2023년 연구비 지원을 받아 저술함.

# 서문

우리나라 지방공기업은 1964년 중앙정부 직제에 처음으로 등장한 이래 지난 60년 동안 지역주민의 복리증진과 지역개발 촉진에 기여해왔다. 국가공기업과 지방공기업은 우리 생활에서 필요한 재화나 서비스를 제공한다. 그동안 국가공기업에 관한 책은 『공기업론』 등의 이름으로 상당수 발간되었다. 지방자치제도가 본격 실시된 이후 지방공기업의 역할이 갈수록 중요해지고 있지만, 2001년 안용식·원구환의 『지방공기업론』 개정판 출간 이후 무려 23년 동안 추가적인 『지방공기업론』 책을 아직 출간하고 있지 못한 형편이다. 이러한 연구 갭을 메우기 위해 저자들은 독자들이 꼭 알아야 할 지방공기업의 개념과 주제와 역사 및 경영 및 관리에 대한 자료를 심층적으로 수집하고 분석하여, 새로운 시대에 적합한 『지방공기업론』을 저술하게 되었다. 수년 전 이 책 집필을 구상할 때 저자들은 지방자치의 진전과 변화하는 시대에 맞는 지방공기업을 어떻게 이해하고 소개할 것인가에 초점을 두고 고민해 왔다. 243개 전국 자치단체에 설립되어 운용되고 있는 지방공기업에 대한 방대한 자료를 수집하고 분석하는 데 많은 시간이 소요된바, 이제야 그 작업을 마칠 수 있었다.

국가공기업도 중요하지만, 자치분권 시대에 지방공기업의 역할이 날로 중요해지고 있다. 지방공기업은 지역의 필수재 공급은 물론 주민의 복리증진, 그리고 지역개발 등의 역할도 함께 수행하고 있는바, 지방분권의 정착과 성숙 및 지역경제 발전에 있어서도 절대적으로 중요한 역할을 담당하고 있다. 2023년 전국 243개 자치단체가 설립한 지방공기업은 총 411개에 이르고, 이 중 직영기업 수는 252개, 지방공사 수는 70개, 그리고 지방공단 수는 89개이다. 이들 지방공기업에 종사하고 있는 임직원 수도 67,850여 명으로, 지방공기업은 지방자치단체의 필수적인 서비스 제공자이며, 지역개발주체로 공공성과 기업성의 조화를 추구하는 활약을 하고 있다.

기존 공기업론 교재들은 대부분 국가공기업에 관해서만 기술하고, 지방공기업의 특수성과 역할 및 변화에 대해서는 거의 거론하지 않거나, 간단히 부가적으로 서술하는 한계를 지니고 있다. 물론 국가공기업과 지방공기업은 설립이유와 경영원칙 등에서 유사한 점이 많지만, 차이점도 상당히 존재한다. 이러한 점을 반영하여 이 책에서는 날로 그 역할이 중요해지고 성공적인 지방자치 시대를 위해 필수적인 지방공기업의 역사적 · 제도적 및 지속가능한 발전에 관한 내용 등을 총망라하여 집필하였다. 이 책은 지방자치와 지방공기업에 관심이 있는 학생들뿐만 아니라 지방공기업 관리자와 직원들에게 유용한 정보를 제공할 것으로 확신한다.

이 책 저자들은 지방공기업에 대한 이론과 실무에 능통하고 관련 주제들을 오랫동안 연구한 점이 특징이다. 특히, 정창훈 교수는 미국과 한국에서 공기업과 지방자치를 오랫동안 연구하고 가르쳐 왔으며, 공저자인 김선문 박사는 지방공기업에서 15년 동안 현직에 종사하고 있다. 이 책은 이론가들뿐만 아니라 실무자들도 쉽게 이해할 수 있는 지방공기업 관련 내용과 경향을 폭넓게 반영했다고 자부한다. 이 책 집필 방향은 지방자치단체에서 공공성과 기업성이라는 역설적 가치를 어떻게 조화할 것이며, 국가공기업과 달리 지방공기업으로서 특성과 역할을 어떻게 수행하여야 하는가에 초점을 맞추었다. 이 책은 공기업과 지방자치 과목의 교재로 활용할 수 있을 뿐만 아니라 지방공기업 실무자들도 실무에 쉽게 참고할 수 있도록 설계한 점이 특징이다.

이 책을 출간하는 데 도움을 주신 대영문화사 임춘환 사장님과 임직원 여러분께 진심으로 감사드리며, 또한 오랫동안 자료를 수집하고 이 책 작업을 격려해 주신 한남대 원구환 교수님께 깊은 감사를 드린다. 새로운 『지방공기업론』 교재가 23년 만에 나오게 되어 저자들은 작은 기쁨과 보람을 느끼며 독자들께서 이 책을 유용하게 활용해 주시기 바란다.

2024년 2월

정창훈 · 김선문

# 차례

C·H·A·P·T·E·R 1

# 지방공기업의 개념 및 이해

이 장에서는 지방공기업에 대한 기본적인 이해에 필요한 기초지식을 제공하는 데 주안점을 둔다. 우선, 지방공기업의 개념을 이해하고 지방공기업을 통해 제공되는 공공서비스 특징과 필요성을 기술한다. 지방공기업은 지방자치단체가 기업적 활동을 통해 지역주민의 복리증진을 추구하는 활동이라 할 수 있기에, 지방공기업의 설립 동기와 특성, 장 · 단점에 대해서도 구체적으로 기술한다.

## 제 1 절 지방공기업의 개념

### 1. 지방공기업의 개념

지방공기업은 지방자치의 발전과 주민의 복리증진에 기여함을 목적으로 지방자치단체가 출자하여 소유하고 직접 · 간접으로 운영하는 기업을 말한다. 지방공기업은 지방자치단체에 의해서 경영되고, 주민의 복리증진을 추구함과 동시에 기업적인 성격을 지닌 조직이다. 지방공기업이 수행하는 사업은 비권력적이며 주민 생활에 필수적인 서비스를 제공하지만, 공공서비스에 대한 요금을 부과하는 방식으로 운영되는 특성을 지닌다(윤태범 외, 2020: 134). 따라서 지방공기업은 기업의 경제성과 공공복리를 증대하도록 운영하고, 사회적 공동 소비 수단에 필요한 공익사업을 하며, 당해 경비는 재화 또는 서비스의 대가인 요금 수입으로 충당할 수 있어야 한다.

지방공기업이 제공하는 재화나 서비스는 전국에서 획일적으로 일정 수준으로 제공되는 행정과 다르며, 국가공기업에 비해 비교적 규모가 작은 사업이 많고 주민의 일상생활과 밀착된 것이 많을 뿐만 아니라, 각각의 사업 대상 구역이 한정되어 있어 지방적인 특수성을 보유하고 있다(김성배, 2012: 17).

이러한 부분을 구체적으로 살펴보면 다음과 같이 세 가지 측면(지방자치단체에 의한 경영, 주민의 복리증진, 기업적 경영의 활용)으로 나누어 볼 수 있다.

#### 1) 지방자치단체에 의한 경영

지방공기업의 경영방식은 직접경영방식으로 운영되는 지방직영기업과 간접경영방식으로 운영되는 지방공사와 지방공단의 형태로 나눌 수 있다. 하지만, 간접경영형태라고 하더라도 「지방공기업법」에서 지방공사와 지방공단에 대한 지방자치단체의 출자비율을 50% 이상으로 규정하고 있어, 이들 간접경영행태의 지방공기업도 실질적으로는 지방자치단체에 의해 경영된다고 볼 수 있다(윤태범 외, 2020: 134).

### 2) 주민의 복리증진

지방공기업은 「지방공기업법」 제1조의 규정과 같이 지방자치의 발전과 지역주민의 복리증진을 목적으로 한다. 지방공기업이 담당하는 주된 사업은 상하수도, 공영개발, 도시철도, 도시개발, 시설(주차・환경) 관리 등 주민 생활에 밀접하게 관련된 사업이 주를 이루고 있으며, 이를 통해 주민의 복리증진을 도모하고 있다(윤태범 외, 2020: 135).

### 3) 기업적 경영의 활용

지방공기업은 주민의 복리증진을 위해 다양한 사업을 수행하고 있으나, 지방공기업이 제공하는 서비스는 일반행정서비스가 제공하는 독점적이고 배제 불가능한 형태로 제공되는 것은 아니다. 지방공기업이 제공하는 서비스는 특정 개인에게 귀속되는 형태로 제공되기 때문에 이에 대한 요금이 부과되며, 지방공기업은 이러한 서비스의 대가인 요금을 통해 운영된다. 이처럼 지방공기업이 제공하는 서비스는 서비스 이용에 대한 대가, 즉 요금이라는 개념이 중요한 요소가 된다. 따라서 보편적으로 지방자치단체의 일반행정 활동을 조세에 의한 행정이라고 하는 반면, 지방자치단체의 기업적 활동을 요금에 의한 행정이라고 하는 것은 이러한 이유 때문이다(안용식 외, 2001: 18).

## 2. 지방공기업의 원칙

일반적으로 지방공기업은 지역주민의 복리증진을 위해 경영하는 기업적인 성격을 지니고 있는 조직이다. 따라서 지방공기업이 수행하는 사업은 보충성의 원칙, 수익자부담의 원칙, 비권력적 행정작용의 원칙이라는 세 가지 개념을 전제로 운영되고 있는

데, 이를 보다 구체적으로 살펴보면 다음과 같다(원구환, 2018: 22-23).

### 1) 보충성의 원칙

보충성의 원칙이란 공기업을 운영하는 것이 다른 방식에 의한 서비스 제공보다 효율적이어야 함을 의미한다. 공공서비스를 제공하는 방식은 다양한 형태로 구분할 수 있는데, 다양한 방식 중에서 공기업으로 운영하는 방식이 다른 방식에 비해 비교우위를 지녀야 한다.

국가의 경우 「공공기관의 운영에 관한 법률 시행령」 제9조에 따르면 공기업을 신설하고자 할 때 기관의 사업 범위 및 내용, 신설 기관이 제공하는 재화나 서비스, 기존에 설립된 유관기관 현황 등을 검토하도록 규정하고 있는데, 이는 무분별한 남설 방지와 공기업으로 설립되는 것이 타당한지를 검토하기 위함이다.

지방자치단체의 경우 「지방공기업법」 제3조 제2항에서 "지방자치단체는 지방공기업을 설치·설립 또는 경영할 때에 민간경제를 위축시키거나, 공정하고 자유로운 경제질서를 해치거나, 환경을 훼손시키지 아니하도록 노력하여야 한다"라고 규정하고 있다. 이 규정은 지방공기업을 설립함에 있어 시장경제를 침해하지 않도록 규정하고 있으며, 민간부문에 재화나 서비스 제공을 맡기는 것이 공동체의 이익에 반할 경우에 한해서 공기업을 설립토록 규정함으로써 보충성의 원칙을 전제로 하고 있다.

### 2) 수익자부담의 원칙

중앙정부가 제공하는 공공서비스는 국민의 조세부담으로 제공되며, 국민의 일상생활에 없어서는 안 될 필수적인 서비스이다. 하지만, 중앙정부가 제공하는 공공서비스와 국민의 조세부담 간 직접적인 연관성이 없으며, 공공서비스로부터의 혜택을 정확하게 측정하기 어려운 경우도 존재한다. 예를 들어, 국방, 경찰, 소방 등의 공공서비스는 국민 생활을 영위함에 있어 없어서는 안 될 서비스이며, 일반적으로 국민의 세금에 의해 충당된다.

중앙정부 및 지방자치단체가 제공하는 서비스 중 전기, 가스, 수도 등의 경우, 일상생활에서 보편적으로 필요한 서비스이며, 사용한 양에 대한 측정이 가능하다. 계량기 등을 통해 얼마만큼의 서비스를 이용했는지를 측정할 수 있어 국민은 서비스를 이용한 만큼 비용을 지불하면 된다. 혜택을 받은 자가 혜택을 받은 만큼 비용을 지불하면 되는데, 이를 수익자부담의 원칙이라 할 수 있다. 만약, 이러한 서비스 공급을 세금으로 충당한다면, 서비스 혜택을 많이 받은 자와 그렇지 못한 자와의 형평성 문제가 발생할 수 있다. 많은 혜택을 받은 사람이 혜택을 받은 만큼의 비용을 지불하는 것이 형평성에 부합한다.

따라서 국가공기업과 마찬가지로 지방공기업 또한 지방자치단체가 제공하는 공공서비스 중에서 측정이 가능하고 서비스 이용에 요금을 부과하는 사업에 적합한 (수익자부담의 원칙) 조직형태이다.

### 3) 비권력적 행정작용의 원칙

중앙정부와 지방자치단체 기능의 수행에 동원되는 행정수단에 따라 권력적 행정작용과 비권력적 행정작용으로 구분되는데, 공기업은 비권력적 행정작용의 원칙이 적용된다. 권력적 행정작용과 비권력적 행정작용은 다음과 같은 점에서 차이가 존재한다.

첫째, 권력적 행정작용은 중앙정부나 지방자치단체가 국민보다 우월한 지위에서의 행정작용을 의미하는 데 비해, 비권력적 행정작용은 중앙정부나 지방자치단체와 국민이 어느 정도 대등한 지위에서 행하는 행정작용을 의미한다.

둘째, 권력적 행정작용은 중앙정부나 지방자치단체가 공권력을 바탕으로 국민에게 일방적으로 명령 · 강제하는 행정을 의미하는 데 비해, 비권력 행정작용은 중앙정부나 지방자치단체가 공권력을 행사하는 것이 아니라 국민과 동등한 관계에서 경제활동의 주체로서 사업을 관리하고 경영하는 행정작용을 의미한다.

셋째, 권력적 행정작용은 일방적 구속 관계를 형성하는 데 비해, 비권력적 행정작용은 중앙정부나 지방자치단체가 국민 간의 관계를 경제활동 관계로 이해하는 개념이다. 비권력적 행정작용은 특별한 법적 규율에 지배를 받고 공공성을 지니고 있다는 점에서 사경제의 경제활동과 다른 차이점을 지니고 있다.

# 제 2 절 지방공기업의 서비스 특징 및 필요성

지방공기업의 서비스 특징을 이해하기 위해서는 우선, 재화와 서비스의 구분기준에 대한 이해가 필요하다. 이 절에서는 이러한 구분에 따라 지방공기업 서비스 특징을 이해하고, 왜 지방공기업이 필요한가에 대하여 기술한다.

## 1. 재화 및 서비스의 구분

일반적으로 공공서비스 유형은 크게 소비성과 배제성이라는 기준에 따라 구분한다. 소비성은 어떤 재화나 서비스를 소비하는 것을 의미하는 것으로, 다시 개별적으로 소비되는가와 집단적으로 소비되는가로 구분한다. 배제성은 어떤 개인이 재화나 서비스를 이용할 때에 이용에 대한 대가를 지불하지 않으면 그 재화나 서비스를 이용할 수 없는 것을 의미한다. 그 반대의 경우는 대가를 지불하지 않고도 재화나 서비스를 이용할 수 있는 상태를 비배제성(nonexclusion)이라 할 수 있다(Ostrom & Ostrom, 1977: 12). 이상의 기준에 따라 공공서비스를 다음 [표 1-1]과 같이 시장재, 요금재, 공유재, 공공재 등 네 가지 유형으로 구분할 수 있다(안용식 외, 2001: 20-22; 원구환, 2018: 13-19).

표 1-1 공공서비스 유형

| 구분 | | 소비성 | |
|---|---|---|---|
| | | 개인 | 집단 |
| 배제성 | 가능 | 시장재 (private goods) | 요금재 (toll goods) |
| | 불가능 | 공유재 (common-pool goods) | 공공재 (collective goods) |

자료: Ostrom & Ostrom(1977: 12).

### 1) 시장재

시장재(private goods)는 배제가 가능하고 순수하게 개인적으로 소비되는 공공서비스를 의미한다. 시장재는 개개인들이 자신의 필요에 따라 소비하며, 소비를 위해서는 반드시 대가를 지급해야 하는 서비스이다. 이러한 시장재는 시장(market)기구에 의해 공급되는데, 대표적인 소비로는 빵, 음료수, 구두, 자동차 등이라 할 수 있다. 시장재 성격의 공공서비스는 소비자 보호 측면에서 서비스의 안전과 규격을 규제하기 위해 정부의 개입이 요청되는 유형이다(장석오, 2016: 12).

### 2) 공유재

공유재(common-pool goods)는 개인소비성과 배제 불가능성을 전제로 한 공공서비스를 의미한다. 개인들이 자신의 선호(필요)에 따라 공공서비스를 이용하지만, 대가를 지불하지 않아도 이용이 가능한 것을 의미한다. 이러한 공유재는 천연자원이나 회귀 동식물, 녹지, 국립공원, 하천 등과 같은 유형이 해당된다. 공유재 성격의 공공서비스는 '공유재의 비극'과 같은 과소비와 공급 비용 귀착 문제가 발생할 수 있는 단점을 가지고 있는 서비스이다(장석오, 2016: 12)

### 3) 요금재

요금재(toll goods)는 배제가 가능하고 집단적으로 소비되는 공공서비스를 의미한다. 요금재는 많은 사람이 일상생활에서 필수적으로 소비하지만, 소비를 위해서는 반드시 대가를 지불해야 하는 서비스이다. 이러한 요금재 성격을 가지는 대표적인 서비스로는 전기, 가스, 상하수도, 도로, 도시철도 등과 같은 사회기반시설이다. 이러한 요금재는 자연독점으로 인한 시장실패에 대응하기 위해 정부부문에서 공급을 주도하는 서비스가 많은 것이 특징이다(장석오, 2016: 12).

### 4) 공공재

공공재(collective goods)는 배제가 불가능하고 집단적으로 소비되는 공공서비스를 의미한다. 공공재는 집합적 성격을 가지는 것으로 국방, 외교, 경찰, 소방 등 순수공공재와 복지, 지역개발, 공중의료 등의 준공공재가 여기에 속한다. 이러한 공공서비스는 많은 사람들이 일상생활에서 필수적으로 소비하지만, 소비를 위해서 반드시 대가를 지불하지 않아도 된다. 공공재는 비경합성과 비배제성을 특징으로 과소 공급 내지 과다 공급의 문제를 이야기시킬 수 있기 때문에, 원칙적으로 공공부문에서 공급을 담당해야 할 서비스 유형이다(장석오, 2016: 12).

공공재의 기본적 특성은 다음과 같다. 첫째, 시장재와는 달리 공공재의 경우는 소모되지 않는 특성(예: 가로등)을 지니고 있다(비소모성). 둘째, 공공재는 소비를 위해 반드시 대가를 지불하지 않아도 되는 재화나 서비스로 대가를 지불하지 않고 재화나 서비스를 이용하려는 무임승차자(free-rider)가 발생할 수 있다. 셋째, 공공재는 비용부담자와 서비스 수혜자 간의 관계를 명확히 설정하기 어렵기 때문에, 공공서비스의 적정 공급량과 가격을 결정하기가 어려운 특징을 가지고 있는 서비스이다. 넷째, 공공재는 독점적 성격을 지니고 있어서 경쟁이 허용되지 않으며, 소비자에게 선택의 여지가 없는 특성을 지니고 있다(Savas, 1987: 47-49).

### 5) 가치재와 비가치재

위에서 활용한 소비성과 배제성 프레임워크(framework)에 따라 별도로 분류하지 않았지만 공공부문에서 많이 제공하고 있는 가치재(merit goods)에 대한 이해도 필요하다. 가치재의 개념을 이해하기 위해서는 우선 공공재(collective goods goods)와의 차이점과 유사점을 구분할 필요가 있다. 공공재는 비경합성과 비배제성을 특징으로 하는 데 비해, 가치재는 재화 소비에 경합성이 있고 배제 또한 가능하다는 점에서 차이가 있다. 그러나 가치재와 공공재는 모두 정부의 일정한 역할 개입을 전제로 하고 있다는 점에서 공통점을 지니고 있다.

가치재의 대표적인 예로는 교육과 의료 등을 들 수 있다. 개인들은 교육이나 의료 서비스를 소비하는 데 교육비와 의료비를 지불해야 하지만, 학교와 병원이 있는 지역과 그렇지 못한 지역과의 차이가 존재한다. 결국 가치재란 민간부문에서 생산 · 공급되고 있으나 이윤극대화 논리에 따라 생산량이 최적 수준에 미치지 못하여 정부가 직접 공급에 개입하는 재화나 서비스를 의미한다. 반면, 비가치재(demerit goods)는 사회적으로 바람직하지 못한 재화나 서비스, 담배, 술, 마약 등이 여기에 속한다. 따라서 비가치재는 정부가 직접 생산이나 소비를 규제하는 재화나 서비스를 의미한다.

## 2. 지방공기업의 특징

지방공기업의 특징은 지방공기업 설립과 운영에 관한 일반적인 특징과 지방공기업이 제공하는 서비스의 특징 등 두 가지로 나누어서 살펴볼 수 있다.

### 1) 지방공기업의 일반적인 특징

지방공기업의 설립과 운영에 관한 일반적인 특징은 [표 1-2]와 같다. 먼저, 지방공기업의 설립주체는 지방자치단체이며, 사업영역은 주민의 복리증진을 위한 공익사업으로써 수익성이 있는 사업이라고 할 수 있다. 경영원칙은 공익성과 수익성의 조화를 도모하면서 독립채산제를 실현해야 하고, 예산・회계는 기업회계기준에 의한 복식부기 예산관리 및 회계운영에 따라야 하며, 재원조달은 수익자부담을 원칙으로 한다. 관리책임은 지방공기업의 종류에 따라 다르다. 지방직영기업은 관리자를 지정하여 책임지게 하고, 지방공사는 사장이, 지방공단은 이사장이 관리책임을 지게 된다(윤태범 외, 2020: 135-136). [표 1-2]는 지방공기업의 일반적 특징을 보여준다.

**표 1-2 지방공기업의 일반적 특징**

| 구분 | 특징 |
|---|---|
| 설립주체 | 지방자치단체 |
| 사업영역 | 주민의 복리증진을 위한 공익사업으로써 수익성이 있는 사업 |
| 경영원칙 | 공익성과 수익성의 조화, 독립채산원칙 |
| 예산・회계 | 기업회계기준에 의한 복식부기 예산관리 및 회계운영 |
| 재원조달 | 수익자부담의 원칙 |
| 관리책임 | 지방직영기업: 관리자 지정<br>지방공사・공단: 사장 및 이사장 |

자료: 유훈 외(2011: 91).

### 2) 지방공기업 서비스의 특징

지방공기업이 제공하는 서비스는 그 대상과 범위가 한정적이며, 요금재적인 성격을 지니고 있다. 일반적으로 지방공기업이 제공하는 재화나 서비스의 특징은 지역성,

공공성, 기업성 및 사회적 공동소비성의 네 가지로 나누어서 살펴볼 수 있다.

### (1) 지역성

지방공기업의 경영주체인 지방자치단체가 행정적으로 지역성을 지니고 있어 지방공기업의 서비스는 지역 내에서 생산되고 분배된다. 따라서 서비스의 형태와 내용 및 요금이 지역에 따라 달라지며 지역주민 의사를 반영하는 서비스가 가능하게 된다. 상하수도, 도시교통 등이 지방자치단체의 지방공기업 사업분야로 인식되어 온 것은 이러한 지역성 때문이라 할 수 있다(유훈 외, 2011: 92; 윤태범 외, 2020: 137). 그러나 도시 생활양식이 농촌에 보급됨과 아울러 수도와 같이 전국적으로 일정 수준의 재화나 서비스의 공급이 필요하게 되는 사업도 존재한다. 이처럼 지방공기업은 지역성을 특징으로 하고 있지만, 그 서비스의 혜택 범위 및 운영관리체제가 지역의 범위를 초월하여 존재하는 경우도 있다(안용식 외, 2001: 24).

### (2) 공공성

지방공기업은 주민의 복리증진과 같은 공공성의 추구를 목적으로 하기 때문에, 지방공기업의 서비스 또한 공공성을 지니게 된다. 지방공기업의 서비스는 주로 주민 생활에 직접적으로 관련되는 상하수도, 공영개발, 교통 등의 사업을 통해 제공되며, 이러한 서비스의 제공에 있어서 지방자치단체로부터 공공성의 확보를 위한 다양한 통제를 받게 된다. 이와 같은 측면이 공기업과 사기업을 구분하는 데 있어 가장 중요한 척도가 된다(유훈 외, 2011: 93; 윤태범 외, 2020: 137).

### (3) 기업성

지방공기업에 있어서 공공성이 강조되기는 하지만 지방공기업은 일종의 기업이기 때문에, 기업으로서의 효율성과 수익성을 중시하게 된다. 이러한 측면은 서비스에 직접적으로 반영되어 효율성 향상을 위해 조직 내부에 대한 개혁에 충실하게 되며, 수익성 확보를 위해 수익자부담의 원칙에 따라 서비스 요금을 부과하여, 수입의 독자적인 관리를 통한 독립채산제를 강조하게 된다(유훈 외, 2011: 93; 윤태범 외, 2020: 137).

### (4) 사회적 공동소비성

지방공기업의 서비스는 완전한 시장경제체제에서와는 달리 사회적 필요에 의해 공동으로 소비되는 특징을 가지고 있다. 지방공기업을 기업의 특성에서만 파악하면 수익성의 확보를 위한 기업으로서의 합리화 등이 강조되지만, 이 경우 지방공기업의 사회적 역할을 경시하게 될 우려가 있다. 지방공기업이 사회적 재생산과정에서 어떠한 역할을 담당하느냐가 중요하며, 지방공기업의 서비스는 상하수도, 공영개발, 교통 등 사회적 공동소비 수단에 속하는 사업에 치중하고 있으므로, 지방공기업의 서비스가 사회적 공동소비성에 기반하고 있음을 알 수 있다(유훈 외, 2011: 93; 윤태범 외, 2020: 137).

## 3. 지방공기업의 필요성

앞에서 기술한 지방공기업 서비스의 특징에 대한 이해를 바탕으로 지방자치단체에 의한 일반행정 서비스와 달리 왜 지방공기업의 서비스가 필요한가에 대하여 간단하게 기술한다.

지방공기업의 필요성은 지역경제발전 촉진, 주민복리의 증진에 있다고 보는 학자(이혜승 외, 2006; 허훈, 2008; 이희봉, 2011)와 주민의 복리증진, 민간자본의 부족, 지역독점사업, 그리고 지역 차원의 종합경영 등에 있다고 보는 학자들이(유훈, 2002; 김형진, 2011)있다. 이들의 견해를 종합하여 지방공기업의 필요성을 다섯 가지로 제시할 수 있다(라휘문, 2014: 377-378).

첫째, 지역경제발전 촉진을 위하여 지방공기업 필요하다는 견해이다. 원칙적으로 지역경제발전은 시장을 중심으로 민간기업이 주도적 역할을 담당하고, 지방자치단체는 민간기업이 자본을 형성하고 경제활동을 할 수 있도록 투자 여건과 공정한 경쟁환경을 조성하는 데 중점을 둔다. 그러나 시장이 취약하고 민간자본이 부족한 경우에는 지역경제에 지방자치단체가 적극적으로 참여하여 지역경제발전을 도모할 필요가 있다(이희봉, 2011: 810-811).

둘째, 주민복리의 증진을 위하여 지방공기업이 필요하다는 견해이다. 즉, 상하수도, 교통, 주택 등과 같이 지역주민의 일상생활에 필수불가결한 사업을 민간기업에만 맡기게 되면, 공익성이 저하될 우려가 있기 때문에, 주민 복리증진을 위해서는 공영으로 운영하는 것이 바람직하다는 견해이다. 한마디로 채산성이 없는 사업은 민간자본의 투자를 기대할 수 없기 때문에 공영으로 운영이 불가피하다.

셋째, 지역 독점적인 공익사업은 일반적으로 공영을 원칙으로 하는 것이 바람직하다는 견해이다. 만약, 이들 사업을 민간기업에만 맡길 경우 공익성의 저하 등 폐해가 우려되기 때문이다.

넷째, 사업의 성질상 일정 지역을 관할하는 지방자치단체에 의하여 종합적으로 경영해야 할 필요성이 강한 사업이 있고, 이들 사업은 해당 지방자치단체와 산하 지방공기업에 맡겨야 한다는 견해가 존재한다. 예를 들면, 대도시 교통사업과 도시철도사업 등은 지방자치단체에 의한 종합적 운영이 필수적이다.

다섯째, 위의 견해들 외에도 지방공기업을 활용할 경우 주민의 의사를 사업운영에 최대한 반영 가능하다는 점, 각 지역 실정에 적정한 공공정책(도시정책, 사회정책, 산업정책 등)을 사업운영에 반영할 수 있다는 점, 그리고 장기·저리자금의 대량 조달이 비교적 용이하다는 점(공신력, 조세권 담보) 때문에 지방공기업이 필요하다고 보고 있다.

## 제 3 절 지방공기업의 설립 동기와 특성[1]

### 1. 지방공기업의 설립 동기

일반적으로 요금재적 성격이 강한 재화나 서비스는 지방공기업으로 운영될 수밖에 없다. 요금재의 성격을 지니는 재화나 서비스는 그 속성상 일반행정으로 제공되기보다는 공기업적 방식으로 제공될 때 더욱 합리적이라 할 수 있다. 그 이유를 구체적으로 살펴보면 다음과 같다(안용식 외, 2001: 27).

#### 1) 자치단체의 존립 목적과 일치

지방자치단체는 기본적으로 지역주민의 복리를 향상시키기 위해 존재한다. 따라서 상하수도사업이나 교통사업 등 주민 다수의 일상생활에 불가결한 사업은 지방자치단체가 스스로 그 경영에 임하고, 적극적인 경영을 통해 주민의 복리 향상을 도모할 필

1) 지방공기업의 설립 동기와 특성은 안용식 외(2001: 27-33)의 『지방공기업론』 내용을 요약·정리한 것이다.

요가 있다. 특히, 공공재이기보다는 요금재적 성격을 지니고 있는 서비스에 대해서는 주민의 복리와 편리를 위해서 일반행정과 분리하여 지방공기업으로 경영하는 것이 바람직하다(안용식 외, 2001: 27).

### 2) 지역 독점적인 공익사업

지역 독점적 성격이 강한 공익사업은 민간부문에 맡기기가 어려우며, 설령 민간부문에 맡겨 경영을 한다 하더라도 강력한 공공규제의 틀 속에서 운영될 수밖에 없다. 따라서 주민의 복리증진에 직접 관련이 있는 지역 독점적 공익사업은 그 사업의 이용자인 주민의 의사를 직접 반영할 수 있도록 지방공기업의 틀 속에서 서비스의 향상, 요금의 적정화를 기하는 것이 바람직하다. 주민의 복지와 직접적으로 관련이 있고 독점적인 공익사업의 경우 지방공기업으로 하여금 낮은 요금으로 양질의 서비스를 공급할 수 있는 이점이 있다(안용식 외, 2001: 27-28).

### 3) 민간부문 참여의 곤란성

주민의 복지를 위하여 필요한 사업이고 주민으로부터 강력한 요청이 있는 사업이라 하더라도 채산 면에서 충분한 이윤이 보장되지 않거나 막대한 시설자금이 소요되는 경우에는 민간부문이 참여하지 않는다. 따라서 수익성이 없는 노선의 버스사업, 도서나 벽지의 병원사업 등 공익적 성격의 사업은 지방자치단체가 직접 또는 간접으로 참여할 수밖에 없다(박영희 외, 2018: 351).

### 4) 종합적 경영

지방자치단체는 사업의 성질에 따라서 지방공기업을 설립하여 일반행정과 종합적으로 경영할 필요성이 강한 사업이 존재한다. 예컨대, 대도시 교통과 같이 도시구조의 변화, 노면교통의 정체에 따른 버스, 지하철, 고속 자동차도로 등 교통 체계 및 교통망의 재편성이 필요한 경우에는, 각 사업을 개별적으로 민간부문에 맡기보다는 지방자치단체나 그에 의해 설립된 법인에 의하여 종합적인 계획 하에 경영하는 것이 바람직하다. 또한 도시계획 등에 의한 거주환경의 정비 및 주택공급, 그리고 토지 및 산업개발 등은 개별사업으로 추진하기 어려운 측면이 존재한다. 이러한 사업들은 지방자치단체의 일반행정과 밀접한 관련성이 있는 사업이므로 일반행정을 종합적으로 처리하는 지방자치단체가 주체가 되어 종합적으로 처리하는 것이 바람직하다(안용식 외, 2001: 27-28).

### 5) 생활행정 수요의 충족

국가는 권력행정을 기본으로 하고 서비스행정은 부차적으로 수행한 데 비해, 지방자치단체는 권력행정과 함께 서비스행정을 수행하는 것을 본래의 사명으로 한다. 따라서 주민의 일상생활과 밀접한 관련이 있는 상하수도사업이나 교통사업은 지방자치단체가 지방공기업의 형태로 운영하는 것이 바람직하다(박영희 외, 2018: 351).

### 6) 세외수입의 증대

모든 지방자치단체는 조세법률주의에 따라 국가에서 통과한 「지방세법」에 의하여 일정한 세목과 세율에 따라 세금을 부과하고 징수한다. 이처럼 지방자치단체는 지방세목의 신설이나 세율 조정 권한이 없기에 독자적으로 재정수요를 해결하는 데는 한계가 있다. 지방세에 비해 지방자치단체의 노력 여하에 따라 그 확충이 가능한 것은 지방 세외수입(사용료 등)이다. 이처럼 지방공기업을 운영하면 지방 세외수입을 늘리기 위한 방안의 하나로 활용할 수 있다(박영희 외, 2018: 351).

## 2. 지방공기업의 경영상 특성

### 1) 지방공기업과 일반행정

지방자치단체의 일반행정과 지방공기업이 제공하는 재화나 서비스는 다 같이 주민의 복지증진을 그 목적으로 하는 공통성을 갖고 있다. 하지만, 이들이 제공하는 재화나 서비스 자체가 다르기 때문에, 지역주민의 복리증진이라는 목적을 달성하는 과정에서 양자 간에 경영상의 차이가 존재한다. 또한 지방자치단체와 지방공기업 간의 유기적 연관성에 따라 양자 간 경영방식과 비용부담 구분의 곤란성이 상존하고 있다

(안용식 외, 2001: 29-30).

### (1) 목적으로서의 공통성

지방공기업과 일반행정 방식이 제공하는 재화나 서비스는 주민의 복리증진을 위한 목적으로서 공통성이 존재한다. 예컨대, 지방공기업을 통해 상하수도, 교통, 공영개발 등 각종 기업을 경영하여 재화나 서비스를 제공하는 목적은 결국 지역주민의 복리증진에 기여하기 위한 것이다. 마찬가지로 경찰, 소방 서비스를 제공하고 도로를 정비하며 학교를 설치하는 등 지방자치단체의 일반적인 행정사무도 결국 주민의 복리증진을 목적으로 한다.

### (2) 경영상의 차이점

지방자치단체가 제공하는 일반행정 사무는 공공재적 성격을 지니고 있기 때문에, 집단적으로 소비되고 배제가 불가능하다. 하지만, 지방공기업으로 운영되는 사업은 비권력적인 서비스행정의 일부분으로 일반행정과는 분리되어 운영되어야 하며, 따라서 기업적 경영이 요청되는 행정 분야이다. 또한 지방공기업이 제공하는 재화나 서비스는 요금재적 성격을 지니고 있기 때문에 집단적으로 소비되지만 배제가 가능하며, 제공되는 재화나 서비스의 효과를 특정 개인에게 분할하여 귀속시킬 수 있고, 그 비용을 충당하는 수입은 개개의 지출과 매우 밀접히 연관되어 있다. 이러한 성격상 지방공기업의 경영은 각 개인으로부터 재화나 서비스의 이용량만큼 대가(요금)를 지불받아 그 요금 수입으로 당해 사업만의 영속적 유지를 도모하는 방식으로, 가급적 특정 개인의 수익과 비용이 일치되어야 한다.

### (3) 경영방식과 비용부담 구분의 곤란성

지방공기업이나 일반행정 구분 없이 양자는 주민의 복리증진이라는 지방자치단체 본래의 목적을 실현하기 위해 각각의 기능 및 특색에 따라 운영된다. 하지만, 최근 사회・경제의 급격한 발전, 주민 생활의 향상 등에 의해 행정수요가 고도화・다양화되고 있는 상황 하에 일반행정과 지방공기업 간의 유기적 연대가 더욱 필요해지고 있다.

대표적으로 상수원의 개발 및 생활도로의 건설 등의 사업일수록 경영방식과 비용부담 관계를 명확히 설정해야만 한다. 우선, 일반행정과의 유기적・종합적 경영이 필요한 사업은 지방자치단체가 직접경영하는 것이 타당하며, 상대적으로 그 필요성이 떨어지는 사업일수록 지방자치단체로부터 독립된 법인체를 설립하여 간접경영하는 방식을 채택하는 것이 필요하다. 또한 지방자치단체가 직접경영할 경우에는 일반회계와 지방공기업 특별회계 간에 비용부담의 원칙을 명확히 할 필요가 있다. 양자의 비용부담 관계를 적정하게 유지하지 못하여 이용자 부담을 지나치게 강조하면 서비스 이용자에게 지나친 대가를 요구하게 된다.

## 2) 유사 개념과의 비교

### (1) 공익사업(public utility)과 공기업

지방공기업으로 운영되는 대부분의 사업들(상하수도사업, 공영개발사업, 교통사업 등)은 공익사업적 성격을 지니고 있다. 지방공기업의 공익사업은 다음과 같은 특색을 지니고 있다(안용식 외, 2001: 25-26).

첫째, 공익사업은 일반 주민의 일상생활에 불가결한 서비스를 제공하는 사업이며 고도의 공익성을 갖는다. 또한 공익사업에 의해 제공되는 서비스는 많든 적든 저장 불가능한 특징을 갖는다. 주민의 일상생활에 필수적이라는 것은 시간과 공간, 경제적·기술적 발전, 사회 관습과 국민의 심리와 관련된 문제라 할 수 있다.

둘째, 공익사업은 지역적 독점성을 갖는다. 공익사업은 방대한 고정설비를 필요로 하는 사업이고, 자본의 장기 고정성을 전제하기 때문에 독점성이 인정되는 사업이다.

셋째, 공익사업은 고도의 공익성과 독점적 경향을 지고 있으므로 요금이나 서비스에 대한 공공적 통제가 필요한 영역이다. 즉, 적정한 수준에서 적정한 대가로 지속적인 서비스의 제공이 이루어지도록 하기 위해서는 공공적 입장에서 통제가 필요하다.

### (2) 사기업과 공기업

공기업의 개념을 파악하기 위해서는 공기업과 사기업의 차이를 우선 파악해 볼 필요가 있다. 원구환(2018: 28-29)은 양자 간 차이를 다음과 같이 정리하고 있다.

첫째, 제공하는 재화나 서비스의 성격이 다르다. 공기업은 요금재인 집단소비성과 배제가능성 재화나 서비스를 공급하는 데 비해, 사기업은 민간재인 개인소비성과 배제가능성의 재화나 서비스를 공급한다. 사기업의 경우 개인이 필요한 재화나 서비스를 스스로 선택할 수 있지만, 공기업의 경우 많은 사람들이 일상생활에 필수불가결하게 사용해야 할 재화나 서비스를 공급한다.

둘째, 공기업과 사기업은 조직이 추구하는 경영이념이 상이하다. 공기업은 목적으로서의 공익성과 수단으로서의 기업성의 조화를 추구하는 데 비해, 사기업은 영리 추구를 우선적인 목적으로 인식한다. 공기업에서는 공익 목적을 위해 채산을 무시한 경영이 가능하지만, 사기업에서는 채산을 무시한 경영은 불가능하다.

셋째, 공기업과 사기업은 활동에 소요되는 재원의 조달 방식에서 차이가 난다. 공기업에 소요되는 재원은 공적 규제를 받는 요금에 의해 조달되지만, 사기업에 소요되는 재원은 시장가격에 의해 결정된다. 따라서 공기업의 가격정책은 시장원리에 의해 작동되기보다는 일정한 공공규제의 틀 내에서 원가 수준만을 보상하는 수준에서 결정된다.

넷째, 공기업과 사기업은 운영원리가 다르다. 공기업은 공적 소유를 바탕으로 독점의 원리가 지배되지만, 사기업은 사적 소유를 바탕으로 경쟁의 원리가 적용된다. 공기업은 독점적 공익사업을 추구하기 때문에 진입이 법률 등과 같은 공적 규제에 의해서 가능하지만, 사기업은 경쟁적 수익사업을 추구하기 때문에 시장으로의 진입이 자유롭다.

다섯째, 공기업과 사기업은 운영관리 요소적 측면에서 상이하다. 조직 및 인사적 측면에서 공기업과 사기업은 모두 정부조직이 아니며 공무원의 신분이 아니다. 하지만, 조직과 인사의 운영에서 공기업은 공적 통제를 많이 받는 데 비해, 사기업은 자율적 통제를 바탕으로 운영된다.

여섯째, 재무 활동과 관련하여 이익의 배분이 다르다. 사기업에서 얻어진 이윤은 모두 주주 등 특정의 개인에 배당함을 원칙으로 하나, 공기업에서 획득된 이익은 시설의 개량, 서비스 내용의 향상 등에 의해 다시 이용자인 시민에게 환원되며 일정한 공적 규제를 받게 된다. 위의 내용들을 정리하여 일반행정, 공기업, 그리고 사기업 간의 차이점은 [표 1-3]과 같이 구분할 수 있다.

**표 1-3 일반행정, 공기업, 사기업의 차이점**

| 구분 | | 일반행정 | 공기업 | 사기업 |
|---|---|---|---|---|
| 설립근거 | | 공익 | 공익/복리 | 사익 |
| 재화의 본질 | | 공공재 | 요금재 | 민간재 |
| 소유구조 | | 공적 소유 | 공적 소유 | 사적 소유 |
| 목적 | | 공익성 | 공익성/기업성 | 영리성 |
| 경영원리 | | 독점 | 독점 | 경쟁 |
| 재원조달 | | 조세 | 요금 | 시장가격 |
| 경영 관리 요소 | 조직 | 정부조직 | 독립된 법인체 | 개별 조직 |
| | 인사 | 공무원 | 민간(형법상 준공무원) | 민간 |
| | 재무 | 공적 규제 | 독립채산 + 공적 규제 | 시장원리(자기결정) |
| | 배분 | 자원배분/재분배 | 국민 재투자 + 일부 배당 | 주주 배당 |

자료: 원구환(2018: 29).

## 3. 지방공기업의 기능

### 1) 지방요금재의 공급

국가공기업과 마찬가지로 지방공기업의 경우도 요금재적 성격의 재화나 서비스 제공을 위해 설립 · 운영된다. 하지만, 지방공기업의 재화나 서비스에 대한 수요는 전국이 획일적이고 일정 수준의 유지가 요구되는 행정과는 다르다. 무엇보다도 지방공기업은 상하수도, 도로, 지하철, 터미널 시설 등 여러 가지 기반시설을 공급함으로써 지역발전에 기여할 수 있다.

국가마다 지방공기업의 사업영역은 상이하지만, 우리나라의 경우 지방공기업의 사업은 직접경영방식으로는 상 · 하수도, 공영개발, 교통 사업이 주종을 이루고 있으며, 간접경영방식으로는 도시철도, 지역개발, 공공시설관리 등이 주된 사업영역이다. 미국의 경우는 경제개발, 교육, 에너지, 천연자원, 환경보호, 보건, 주택, 항만, 공공시설, 교통 등의 사업영역이 있다. 지방공기업으로 운영되는 사업은 지역적 공간 단위를 중심으로 지역주민의 일상생활과 밀접한 연계를 갖고 있으며, 조세에 의한 방식보다 요금에 의한 방식으로 처리되는 사업이 대부분이다(원구환, 2018: 44-47).

### 2) 지역경제 활성화

일반적으로 국가와 달리 지방은 지역적 격차가 크게 발생하고 있다. 지역마다 상이하지만, 일부 지역의 경우 민간부문이 활성화되지 못하여 지역 간 지역경제의 격차가 크게 발생하는 경우가 있다. 민간부문의 저성장으로 지역경제가 취약한 경우 지방자치단체는 지방공기업을 설립하여 지역경제 활성화를 유도할 수 있다. 특히, 지역적 특성이 강한 상품이 존재함에도 불구하고, 마케팅 능력이나 판로 개척의 문제가 발생할 경우 지방공기업을 통해 지역특산품을 공급할 수 있다. 또한 지역경제 활성화 차원에서 경륜사업, 화훼사업 등을 지방공기업에서 추진하는 경우가 있는데, 경륜 및 화훼사업 등은 경마와 마찬가지로 재원확보 수단으로서의 의미를 지니고 있다.

「지방공기업법」 제2조 제2항에서는 지방공기업의 적용 대상 사업 요건 중의 하나로 "민간인의 경영 참여가 어려운 사업으로서 주민 복리의 증진에 이바지할 수 있고, 지역경제의 활성화나 지역개발의 촉진에 이바지할 수 있다고 인정되는 사업"으로 규정하고 있다. 이러한 규정에도 불구하고 민간과 정부의 이분법적 구분 논리가 약화되면서 민간인의 경영 참여가 어려운 사업영역에 대한 개념 내지 이 개념에 대한 합의가 불분명한 경우가 많다(원구환, 2018: 44-47).

### 3) 공공시설물의 종합적 관리

국가와는 달리 지방자치단체는 각종 공공시설물을 보유하고 있는데, 이를 각 부서별로 관리할 경우 공무원의 순환보직과 비전문성 등으로 인해 운영상의 비효율성이 발생할 수 있다. 이에 비해 지방자치단체가 소유하고 있는 각종 공공시설물을 지방공기업을 설립・운영하여 관리할 경우 규모의 경제를 실현할 수 있는 장점이 있다. 예컨대, 지방자치단체의 각 부서들이 공공시설물을 관리할 경우 부서장과 부서 인력, 그리고 예산이 투입되고, 공무원들의 순환보직에 의해 운영되기에 시설관리의 전문성을 확보하기 어렵다. 그러나 각 부서별 공공시설물을 하나의 지방공기업이 통합 관리할 경우 관리자 수를 줄일 수 있으며, 시설물 투입에 투입되는 예산중복을 방지할 수 있고, 인력의 전문성을 도모할 수 있는 장점이 존재한다(원구환, 2018: 44-47).

### 4) 지역경제의 지역외 유출 방지

국가공기업에 의한 지역경제의 지역외 유출 현상을 막기 위해 지방공기업이 설립된 경우도 있는데, 가장 대표적인 사업이 지역별 공영개발방식에 의한 도시개발사업이다.

과거 도시개발사업은 중앙집권방식의 토지구획정리사업이 주류를 이루었으나, 환지의 불공정성, 개발이익의 사유화, 그리고 높은 감보율[2] 등의 문제점을 지녀 1980년대부터는 공영개발방식이 주류를 이루고 있다. 공영개발방식의 주된 취지는 도시개발에 관한 집권적 결정에서 벗어나 지방자치단체의 개발 자율성에 입각하여 창출된 이익을 사회적으로 환수·환원하고, 공익성 및 형평성의 입장에서 소외 계층을 보다 많은 배려를 하려는 방식이다. 한국토지주택공사(LH) 등이 중심이 된 지방 단위에서의 공영개발방식은 지역개발에 기여한 측면도 있으나, 개발이익의 지역 외 유출로 지역경제력의 손실과 주민의 불만을 가중시켰고, 더욱이 공영개발과 관련한 연계도로 등 도시기반시설을 당해 지방자치단체가 부담케 되는 등의 문제점이 제기되었다. 공영개발방식은 지방자치단체가 직접 개발사업을 담당하고, 개발이익을 투자재원으로 환수하여 지역발전을 위해 활용하는 방안을 마련하라는 대통령의 지시에(1988년 3월)에 따라 1989년부터 본격화되었다.

현행 지방공기업으로 운영하고 있는 도시개발사업은 직접경영방식으로 운영되거나 지방공사를 설립하여 운영하고 있는데, 도시개발로부터 얻은 수익을 지역 내에 재투자함으로써 지역경제 활성화 및 지역개발에 기여하고 있다(원구환, 2018: 44-47).

## 제 4 절 지방공기업의 장·단점

지방자치단체에 의한 일반행정 서비스와 달리 공익성과 기업성을 동시에 추구하는 지방공기업의 설립 및 운영의 장·단점의 다음과 같이 정리할 수 있다(안용식 외, 2001:

2) 감보율은 환지방식의 도시개발사업(토지구획정리사업)에서 도로, 공원 등의 공공용지와 사업비 충당을 위해 사업시행자가 취득하는 체비지(토지구획정리 지역에서 정리사업 결과 정부나 지방자치단체에 환수되는 잉여 토지)를 환지대상 토지면적으로 나눈 비율로서, 각 지주는 이 비율만큼 감하여 환지를 받게 된다.

35-40; 원구환, 2018: 31-36).

## 1. 지방공기업의 장점

첫째, 지방공기업은 공익사업을 수행하고 있는데, 공익사업은 법률상 당해 지방공기업의 독점권이 보장되고, 이로 인해 사업의 지속성과 안전성을 확보할 수 있다. 지방자치단체 또는 독립된 법인체가 공익사업을 경영하는 경우에 해당 사업의 자연적 독점성 때문에, 지역적 독점성이 법률상 또는 사실상 보장되는 때가 많다. 무엇보다도 지방공기업은 법률이나 조례 형태로 사업의 독점성을 인정받기 때문에, 사업의 지속성과 안전성을 확보할 수 있다.

둘째, 지방공기업은 그 사업의 원활한 수행을 도모하기 위하여 타인에게 공용부담을 부과할 수 있는 권한이 인정되고 있다. 예를 들어, 공익사업을 위한 「토지 등의 취득 및 보전에 관한 법률」, 「수도법」 제44조, 「하수도법」 제23조, 「도시철도법」 제5조 등의 규정은 토지수용에 관한 규정을 언급하고 있다.

셋째, 지방공기업은 영리를 목적으로 하는 기업이 아니기에, 공익적 목적 차원에서 요금 통제를 받고 있다. 따라서 일정한 적자가 발생할 수 있는데, 공익적 목적으로 발생하는 적자에 대해서는 지방자치단체의 재정지원을 받기 때문에, 지방공기업의 존립 지속가능성을 보장받을 수 있다

넷째, 지방공기업은 사업활동과 관련하여 발생된 이익에 대해서는 각종 세금을 비과세하거나 면제받을 수 있다. 일례로, 「부가가치세법」 제26조에 의하면 수돗물, 여객운송 용역 등은 부가가치세를 면제받으며, 「지방세특례제한법」 제85조의2에 의하면 지방공기업은 직접 사용하기 위하여 취득하는 부동산에 대해서는 취득세 등에 대한 감면 규정을 두고 있다

다섯째, 지방공기업은 소비자들이 서비스나 재화의 공급에 따른 사용료·수수료 또는 부담금을 체납한 경우에, 강제징수권을 인정하는 경우가 많기에 민간기업에 비해 신속한 요금 징수가 상대적으로 쉽다.

## 2. 지방공기업의 단점

### 1) 운영상의 단점

첫째, 지방공기업은 공익성과 기업성을 동시에 달성하기 어려운 경우가 많다. 지방공기업의 경영이념은 공익성과 기업성을 동시에 추구하는 것이지만 공공복리를 증진시키기 위해서 최대 이윤이 아닌 적정 이윤을 추구하게 되고, 그에 따라 적자를 실현하는 경우가 많이 나타나기 때문에, 공익성과 기업성을 동시에 달성하기 힘든 경우가 많다.

둘째, 지방공기업 중에서도 지방직영기업은 인사상의 제약을 많이 받고 있다. 지방직영기업의 경우 일반행정 공무원과 같은 「지방공무원법」의 적용을 받아 인사관리 및 노동관계에서 여러 가지 구속을 받는다. 공무원 시험제도는 지방공기업의 능률적 관리에 적합한 인재를 흡수하는 데 적합하지 못하며, 시험제도를 기초로 형성된 특권적 신분 관계는 개개인의 업적이나 능률에 의한 자유로운 승진을 저해하여 창의와 능률성을 저해시킨다. 또한 관련 분야에 아무런 경험이 없는 퇴직 관료를 임직원으로 임용함으로써 창의적이고 혁신적인 기업경영을 하기 어려운 경우가 많다.

셋째, 지방공기업은 지방자치단체에 의해 운영되는 기업이므로 지방자치단체의 행정구역을 벗어날 수 없는 지역적 제약을 지니고 있다. 특히, 행정구역과 생활구역이 일치하지 않을 경우 주민의 복지증진에 기여해야 할 지방공기업이 행정제도에 의해 구속되는 제약이 있다.

### 2) 통제상의 단점

첫째, 지방자치단체장과 지방의회의 정치적 관여는 지방공기업 운영에 있어 직·간접적인 영향을 미친다. 지방공기업의 관리자는 지방자치단체의 장이 임면하도록 되어 있는데, 관리자를 임면하는 기준이 전문성이 아니라 정실주의 내지 엽관주의로 변질될 우려가 있다. 또한 지방의회의 지방공기업에 대한 통제가 지나칠 경우 기업으로서의 경영이 어려울 수 있으며, 요금 결정 등 같은 중요한 관리 문제가 합리적으로 결정하기보다는 지방의회의 정치적 고려에 의해 결정될 가능성이 상당히 높은 편이다.

둘째, 지방공기업은 「지방공기업법」 및 그와 관련된 중앙정부의 행정지침이나 규정 등에 의해 통제를 받는다. 지방공기업은 독립된 법인체로서 자율성이 보장되지만, 책임성을 확보하기 위해 중앙정부로부터의 많은 공적 통제를 받게 된다. 예컨대, 지방공기업은 각종 관련 법령이나 중앙정부의 운영 관련 지침을 따라야 하기 때문에, 임직원의 창의를 둔화시키며 능률적 · 신축적 경영을 저해하게 된다.

셋째, 지방공기업은 신축적인 재무활동이 제한적일 수 있다. 지방공기업은 중앙정부 또는 지방자치단체의 관련 법령이나 예산에 의해 통제를 받기 때문에, 기업 경영상 자유재량의 범위가 제한적이다. 특히, 지방직영기업은 그 특성상 경영에 필요한 자금을 매년 지방의회가 승인한 예산에 따라야 하고, 각 지출 항목마다 지방의회의 승인을 받아야 하는 제약이 존재한다.

C·H·A·P·T·E·R **2**

# 지방공기업의 기본이념 및 경영이론

제 1 절 | 지방공기업의 기본이념
제 2 절 | 지방공기업의 경영원칙
제 3 절 | 지방공기업과 경영이론

이 장에서는 지방공기업은 물론 국가공기업의 기본이념인 공공성과 기업성을 우선적으로 설명한다. 다음으로 지방공기업의 경영원칙인 경제성과 공공복리를 이해하고, 지방 및 국가공기업 경영의 대표적인 이론인 대리인 이론, 청지기 이론, 그리고 역설경영 이론에 대해서도 살펴본다. 일반적으로 지방공기업과 국가공기업의 기본이념과 경영이론은 매우 유사하기에 이 장의 내용은 국가공기업에도 그대로 적용할 수 있다.

## 제 1 절 지방공기업의 기본이념

### 1. 지방공기업 경영의 기본과제

지방공기업이나 국가공기업 모두 공기업의 기본이념은 공공성과 기업성이다. 공기업은 무엇보다도 국가, 지방 또는 공공단체에 의해서 설립되고 지배되므로, 사기업과 달리 공적 이익을 구현(공공성)하기 위한 여러 가지 법적인 제약이 따른다. 또한 공기업은 기본 속성이 기업인 만큼 공공성뿐만 아니라 기업조직으로서 갖추어야 할 최소 기준인 이윤추구라는 기업성도 함께 갖추어야 한다. 역사적으로 공기업이 주목을 받기 시작한 것은 1936년 케인스(J. M. Keynes)가 『고용, 이자, 화폐의 일반이론』에서 불황기에는 국가에서 재정자금을 투입하여 수요를 창출해야 한다고 주장하면서부터라고 할 수 있다(유효수요이론). 이때부터 공기업은 불가피하게 정부와 시장 사이에서 자기의 역할을 찾기 시작한다.

공기업의 기본 관리철학은 '공공성과 기업성의 조화'인데, 이에 근거하여 공기업은 정부와 시장의 상호작용에서 적정한 균형점을 찾기 위해 노력한다(이상철, 2021: 12).

#### 1) 공공성과 기업성

지방자치단체가 수행하는 사업에 대해 공기업화가 필요한 이유는 관료행정의 일반적 폐단으로 지적되는 신축성 결여, 능률성 저하, 그리고 절차의 번잡 등을 극복하고 자율경영체제를 확립하여 일정 범위 내에서 공기업의 장점인 능률성과 경제성을 확보하는 데 있기 때문이다(유훈 외, 2011: 117; 윤태범 외, 2020: 164).

공기업이 갖고 있는 공공성은 공적 소유, 공적 지배, 공공 목적, 공공서비스, 공적 규제의 개념 구성요소에서 인식되어야 한다. 공적 소유와 지배는 공기업으로 하여금 공공 목적을 우선적으로 염두해 두고 경영하게 하고, 공공 목적을 실현하기 위해서 공기업은 불가피하게 공공서비스를 제공해야 한다. 따라서 공공서비스에는 반드시 공적 규제가 따르기 마련이다. 공기업이 사회·경제적 정책을 실현하는 도구로서 역할을 수행해야 한다는 주장은 무엇보다도 공기업이 가지고 있는 공공성을 강조한 것이라고 할 수 있다(이상철, 2021: 121). 결국 공기업의 공공성은 공기업이 국가 또는 지방자치단체의 정치적·경제적·사회적 목표를 추구하는 것을 뜻하며, 이러한 공공성 확보를 위하여 공기업은 어느 나라에서나 정부의 여러 가지 통제를 받는다.

반면, 공기업의 기업성이란 공기업의 '기업'으로서의 성격, 즉 계속적인 재화나 서비스 생산주체로서의 성격을 말하며, 이러한 기업성은 근본적으로 사기업의 기업성과 동일한 것이라고 할 수 있다(유훈 외, 2011: 117; 윤태범 외, 2020: 164).

### 2) 공기업의 형태와 공공성 · 기업성

공기업의 공공성과 기업성은 공기업의 형태와 밀접한 관계가 있는데, 공기업의 형태에 따라 정부의 통제 정도가 다르다(유훈 외, 2011: 119; 윤태범 외, 2020: 166). [그림 2-1]과 같이 정부 부처 형태의 공기업은 공공성이 높고 기업성이 낮게 나타나며, 공사 형태의 공기업은 공공성과 기업성이 균형을 보여주고 있다. 반면, 주식회사 형태의 공기업은 사기업처럼 기업성은 높으나 공공성이 상대적으로 가장 낮게 나타난다고 할 수 있다.

공기업의 공공성은 공기업에 대한 정부의 통제에 의해 실현될 수 있으나, 기업성은

**그림 2-1 공기업의 형태와 공공성과 기업성**

| 공기업의 형태 | 공공성과 기업성 | |
|---|---|---|
| 지방직영기업(자치단체) | 기업성 | 공공성 |
| 공사 형태의 공기업 | | |
| 주식회사 형태의 공기업 | | |

자료: 유훈 외(2011: 119).

공공성과는 달리 공기업 자체의 자율적인 경영합리화 노력을 필요로 한다. 기업성에 대한 정부의 지나친 통제는 오히려 공기업의 기업성 발휘를 어렵게 한다. 또한 공기업이 자율성(autonomy)만 갖는다고 기업성이 발휘될 수 있는 것은 아니며, 자율성이 부여되더라도 유능한 관리자와 관리자의 책임이 뒤따르지 않을 때는 기업성이 제대로 발휘될 수 없는 경우가 많다(유훈 외, 2011: 118; 윤태범 외, 2020: 165).

공기업도 일반 사기업과 마찬가지로 이윤추구를 목적으로 활동하는 부가가치 생산조직이다. 공기업은 하나의 기업으로서 기본적으로 요구되는 의사결정의 독립성과 부가가치를 생산하는 생산주체의 요건을 충족해야 한다. 따라서 공기업의 기업성은 독립채산성과 생산성을 그 개념 요소로 한다. 공기업은 사기업에서 추구하고 있는 철저한 채산성과 능률성이란 장점을 최대한 반영하여 공공성의 실현이 극대화되도록 해야 한다. 유의해야 할 점으로 공기업의 기업성은 공기업의 공공적 목적을 달성하기 위한 수단으로서의 의미를 가지는 개념이지, 그 자체가 공기업이 목적이 될 수는 없다는 것이다(이상철, 2021: 122).

## 2. 공기업의 기업성

### 1) 공기업의 기업성 제고방안

공기업의 정체성을 확인해 주는 두 핵심축인 공공성과 기업성 중, 기업성을 확보하기 위해서 윤태범 외(2020: 167)는 유능한 관리자의 확보, 자율성의 보장, 책임성의 확보 등이 필요함을 주장한다.

#### (1) 유능한 관리자의 확보

공기업이 기업성을 발휘하기 위해서는 유능한 관리자의 확보가 필요하다는 것은 더 말할 필요가 없다. 유능한 관리자의 확보를 위하여 임원의 요건을 규정하는 등 여러 가지 방안을 강구하고 있으나, 가급적 정치적 고려에 의한 임용을 배제하고 능력에 따라 임용하는 것이 무엇보다 중요하다(유훈 외, 2011: 120). 현행 「지방공기업법」 제59조에서는 임원의 직무수행요건과 자격요건을 두고 있으며, 지방공기업에서의 유능한 관리자 확보를 위한 최소한의 기준을 제시하고 있다.

#### (2) 자율성의 보장

유능한 관리자가 공기업의 운영을 담당하더라도 공기업이 중앙 및 지방자치단체로부터 어느 정도 자율성이 확보되지 않고서는 기업성을 발휘하기 어려운 것이 현실이다. 하지만, 공기업은 구조적으로 기업성뿐만 아니라 공공성도 동시에 추구해야 하기 때문에, 현실적으로 주무부처를 위시한 정부기관의 통제를 완전히 벗어나기는 어렵다. 따라서 공기업의 자율성을 최대한 보장하면서 공기업의 공공성도 소홀히 하지 않도록 하는 방안이 무엇이냐 하는 것이 중요하고도 어려운 문제로 인식되고 있다(유훈 외, 2011: 120-121; 윤태범 외, 2020: 168).

#### (3) 책임성의 확보

기업성을 발휘를 위한 세 번째 조건으로는 소비자의 수용(acceptance), 가격, 이윤과 같은 전통적인 자본주의적 척도로 공기업의 경영실적을 평가하고 책임을 묻는 것을 들 수 있다. 하지만, 공기업의 특성상 특정 부분을 독점하고 있는 공기업이 많아서 가격, 이윤과 같은 척도만을 가지고 평가하기 어려운 부분이 존재하게 된다. 때문에 공기업에 대한 적절한 평가 문제가 중요한 과제로 등장한다(유훈 외, 2011: 121; 윤태범 외, 2020: 168).

### 2) 공기업과 사기업의 경쟁

#### (1) 공기업과 사기업의 경쟁

공기업의 기업성과 관련하여 고찰할 또 하나의 문제는 공기업과 사기업의 경쟁이다. 공기업의 기업성 척도의 하나로 같은 분야의 사기업과 경쟁에서 승리하는 것을 생각해 볼 수 있다.

사기업과의 경쟁은 공기업의 경영합리화 노력을 자극하여 공기업의 기업성 제고에 기여할 수 있다. 공기업의 기업성이 낮은 원인 중의 하나는 공기업의 경우 독점적 지위를 누리기에 무사안일에 빠져 경영을 합리화하려는 노력을 소홀히 하기 때문이다. 따라서 사기업과의 경쟁을 통해 이러한 약점을 극복할 수 있을 것이다(유훈 외, 2011: 121; 윤태범 외, 2020: 168).

### (2) 경쟁과 공기업의 존재 이유

공기업과 사기업의 경쟁이 공기업의 기업성을 높이고 자율적인 경영혁신 노력을 기울이도록 하는 데 기여할 수 있다. 하지만, 여전히 사기업과 경쟁하는 공기업을 설립하거나 존속시킬 필요가 있느냐 하는 문제는 남아 있다. 다시 말해, 사기업이 담당할 수 있는 분야에 국민의 조세부담으로 공기업을 설립할 필요가 있느냐 하는 점과, 설립 당시에 개척적 기능의 수행 등을 위하여 공기업의 필요성이 있었다고 하더라도 그 분야에 사기업들이 다수 설립된 후에도 공기업을 존속시킬 필요가 있는 문제가 제기된다(유훈 외, 2011: 122; 윤태범 외, 2020: 169).

## 3. 공공성과 기업성의 조화

공공성과 기업은 개념상 대립한다. 그러나 이들은 공기업의 틀 속에서 조화롭게 추구되지 않으면 안 된다. 이처럼 공기업에서 공공성과 기업성을 어떻게 고려하고 조화시킬 것인가가 매우 중요한 문제이다(윤태범 외, 2020: 170). 공공성과 기업성은 상호보완관계, 대립관계, 그리고 조화관계로 구분할 수 있다.

### 1) 상호보완관계

중앙 및 지방자치단체의 재정수요를 충족시키고자 하는 경우, 기업성과 공공성은 양립할 수 있으며, 기업성이 높을수록 공공성에 대한 기여도가 높아진다고 할 수 있다. 예를 들어, 도시개발사업의 경우 기업성이 제고되어 개발이익금이 많아질수록 재정수요 충족 목적에 대한 공헌도가 높아지며, 경제성장 촉진 기능의 경우에도 기업성이 높아질수록 투자재원의 자체 자금 비중이 높아져 자본형성 촉진에도 기여할 수 있다(유훈 외, 2011: 123; 윤태범, 2020: 171).

### 2) 대립관계

공기업이 국가 및 지방재정 수지의 악화를 부담하고 국가적 및 지방적 수준에서 개척적 기능을 수행해야 할 경우에는 공공성 추구가 기업성 제고의 저해요인으로 작용할 수 있다. 예를 들어, 서민 주택건설과 같은 공공수요 충족이나 저개발지역을 개발하는 경우에 공공성의 증진이 기업성의 악화를 초래할 수 있다. 유사하게 일부 지역 이용자들의 편의를 위한 철도사업의 적자노선 유지의 경우나 농촌주민들의 편의를 위해서 채산이 맞지 않는 지역에 우체국을 신설해야 하는 경우에도 공공성과 기업성이 대립관계에 있다고 보아야 할 것이다. 일반적으로 채산성이 낮은 사업의 기피라는 의미에서 기업성 추구는 공공성의 추구와 양립할 수 없는 경우가 많지만, 경영합리화를 통하여 기업성과 공공성이 양립할 여지가 만들어질 수도 있다(유훈 외, 2011: 123; 윤태범 외, 2020: 170).

### 3) 조화관계

공공성과 기업성이 상호보완관계에 있을 때는 더 말할 것도 없고 양자가 상호대립

**그림 2-2 공기업의 공공성과 기업성의 조화**

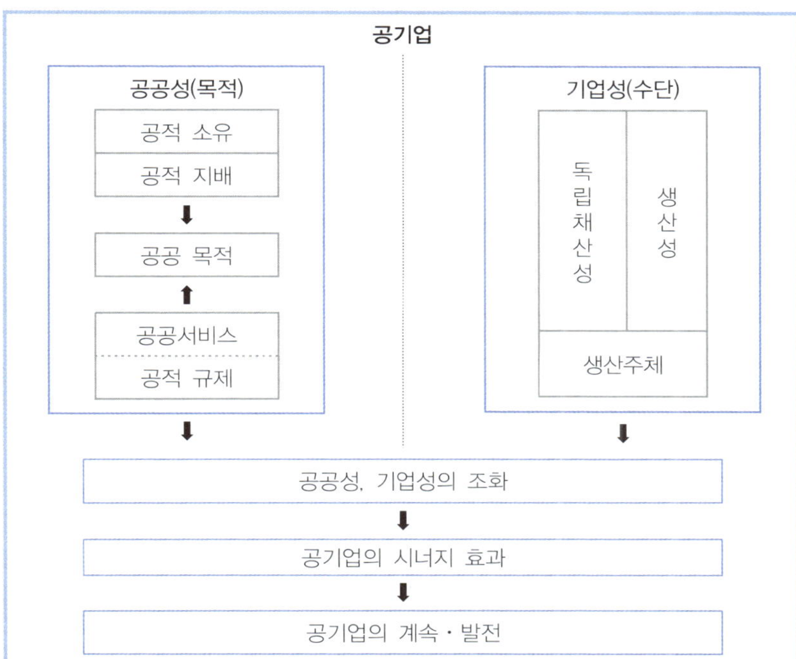


자료: 안광일(1994: 31), 이상철(2021: 123).

립관계에 있을 때도 공공성이나 기업성 중 어느 한쪽을 희생하여 다른 한쪽을 지나치게 강조하는 것은 바람직하지 못하다. 기업성의 희생 하에 공공성을 추구해야 할 때는 정부가 소요경비를 부담해야 한다는 주장도 이러한 의미에서 이해할 수 있을 것이다(유훈 외, 2011: 124). 공기업의 공공성과 기업성의 조화를 구체적으로 살펴보면 [그림 2-2]와 같다.

## 제 2 절 지방공기업의 경영원칙

### 1. 지방공기업의 경영원칙

지방공기업의 경영원칙은 「지방공기업법」 제3조에 정의되어 있다. 「지방공기업법」 제3조에 의하면 지방직영기업, 지방공사 및 지방공단(이하 "지방공기업"이라 한다)은 항상 기업의 경제성과 공공복리를 증대하도록 운영하여야 한다고 규정하고 있다. 이를 좀 더 구체적으로 설명하면, 지방공기업은 공공재의 공급 등을 통해 시장경제가 할 수 없는 부문을 감당함으로써 공공복리를 증진시키는 동시에 공공부문 내부에서 극복하기 어려운 효율적인 운영과 수익 창출을 통해 지역경제와 지방재정에 기여해야 한다는 것을 의미한다. 지방자치단체는 지방공기업을 직접 설치·경영할 때에 민간경제를 위축시키거나, 공정하고 자유로운 경제질서를 해치거나, 환경을 훼손시키지 아니하도록 노력하여야 한다.

지방공기업의 법적 근거는[1][2] 「지방공기업법」, 「지방공기업법 시행령」이다. 그 이외에도 지방공기업을 운영하기 위해서는 「지방자치법」, 「지방재정법」, 「수도법」, 「하수도법」, 「철도법」, 「주택법」, 「택지개발촉진법」, 「지방공무원법」, 「근로기준법」 등과 연관되어 있다(라휘문, 2014: 380).

---

1) 지방자치단체가 의료기관을 설립하고자 하는 경우 2005년 이전에는 「지방공기업법」에 따른 지방공사로서 의료원을 설립할 수 있도록 하였으나, 지역주민에 대한 의료서비스의 질을 높이고 보건의료에 대한 공공성을 보다 강화하기 위하여 2005년 이후에는 「지방의료원의 설립 및 운영에 관한 법률(2005.9.14)」에 따라 지방의료원을 설립·운영하고 있다.

2) 지역개발기금은 2017.1.1.부터 「지방자치단체 기금관리기본법」에 따라 공기업 특별회계에서 제외되었다(지방자치단체로 이관).

## 2. 지방공기업 경영의 자율성과 책임성

'공공성과 기업성'을 공기업의 기본이념이라고 한다면, '자율성과 책임성'은 공기업 관리의 기본원칙이다. 공기업 경영상의 근본 문제는 공기업 경영의 '독립적 자율성(independent autonomy)'과 '공적 책임성(public accountability)'의 문제이다. 공기업에 대한 효과적인 통제는 공기업 경영진의 자율성과 책임성 두 가지를 어떻게 조화시키느냐에 달려 있다. 이를 위해, 공기업의 목표를 사회적 책임성을 완수할 있는 방향으로 수립해야 하고, 이러한 목표는 공기업의 자율적인 수단에 의해 추진될 수 있도록 해야 한다. 공적으로 사회적 책임성이 있는 공기업의 경영목표를 자율적인 공기업 경영원칙으로 달성하는 것이 공기업의 기본 관리 원칙이다(이상철, 2021: 126).

## 3. 지방공기업의 경영목표

공기업의 목표가 무엇이냐에 대해서는 여러 가지 학설이 있는데, 그 중 마졸리니(Renato Mazzolini)의 '이윤 목표'와 '도구 목표'가 가장 많이 활용되고 있다. 마졸리니가 제시한 공기업 존립 목표(existential goal)는 공기업의 기본 철학인 '공공성과 기업성', 그리고 공기업의 기본 관리 원칙인 '책임성과 독립성'을 가장 잘 나타내고 있어 자주 인용되고 있다.

이윤 목표(profit goal)는 공기업의 기업성과 독립성을 강조하는 것으로 정부는 공기업에 대해 지속가능한 유지에 필요한 최소한의 보상을 기대하는 것을 의미한다. 도구 목표(tool or instrument goal)는 공기업의 공공성과 사회적 책임성을 강조하는 것으로(유훈, 1984: 54), 정부는 공기업을 사회·경제적 정책 실현의 도구로 이용한다는 것을 의미한다.

이윤 목표나 도구 목표 중 어느 한 목표만을 지닌 공기업은 없다. 대부분의 공기업이 이 두 가지 목표를 동시에 추구하는데, 어느 쪽이 더 강조되어야 하는가는 그 나라의 전통이나 상황에 따라 다르다(이상철, 2021: 127).

## 4. 지방공기업의 관리 원칙[3)]

공기업을 통해 실질적으로 이윤 목표와 도구 목표를 달성하기 위해서는 어떠한 경영 원칙에 따라 운영해야 하는가는 중요한 문제로 등장한다. 공기업이 추구해야 할 기본적인 관리 원칙에는 공공서비스 원칙, 공공규제 원칙, 독립채산제 원칙, 그리고 생산성의 원칙 등이 제시된다(안광일, 1994: 24-26: 이상철, 2021: 127). 앞에 두 가지 원칙은 공공성을 구성하고, 뒤의 두 가지는 기업성을 구현하는 관리 원칙으로 전체로서는 목적의 공공성에 의해 통일되고 있다(안용식 외, 2001: 60).

### 1) 공공서비스 원칙

공기업의 경영활동은 한 나라 경제에서 산업 기반적인 것, 그리고 생활 기반 내지 생활 필수적인 것이 대부분인데, 이들은 국가 및 자치단체 경제의 기초를 형성하는 것이다. 공기업이 수행하고 있는 경영활동의 대부분은 일반 사기업이 수행하기에는 적정 범위를 넘어서는 대규모 사업으로 이루어져 있다. 따라서 일정 한도 이하로 분할할 수 없는 대규모 일괄성을 지니고, 때로는 산업개발이나 지역개발과 같이 국가의 방향을 제시하는 계획 지향성을 띠고 있다. 자본주의 사회에서는 이러한 경제 분야가 사기업에 의해 이루어질 수 없으므로 공기업에 위임하여 수행하고 있다. 공기업이 제공하는 이러한 서비스를 통칭하여 공공서비스라고 한다. 공기업은 이러한 공공서비스를 원활하게 제공함으로써 그 사명을 다할 수 있는 것이다. 따라서 공기업의 공공서비스 원칙은 공기업이 존립할 수 있는 실체적 기초라고 할 수 있다.

### 2) 공공규제 원칙

공기업에 대한 정부의 통제 근거는 어디까지 공적 소유에 근거를 두고 있다. 공기업은 공적 소유에 기초하고 있고 공기업이 제공하는 서비스가 국민(또는 주민)이나 사기업에 지대한 영향을 미치므로, 소유주체인 정부가 공기업 경영활동의 기본 사항에 대해서 감독하고 통제하는 것은 당연하다. 이를 규제의 공공성 또는 공공규제 원

3) 지방공기업의 관리 원칙 내용은 이상철(2021: 127-130)의 『한국 공기업의 이해』 내용을 정리한 것이다.

칙이라 한다. 본래 공기업의 주인은 국민 또는 주민이지만 국민과 주민에 의한 직접 경영은 불가능하다. 따라서 공기업은 경영자에 의한 대리 경영형태로 운영된다. 여기서 공공 목적을 확보하는 수단으로서 공기업의 공적 책임(사회적 책임)에 따른 공공규제가 요구되는 것이다.

### 3) 독립채산제 원칙

공기업은 독립채산제로 운영하는 것을 원칙으로 한다. 공기업에 있어서 독립채산제(business accountability)란 국가 또는 지방자치단체 소유 하에 있는 공기업이 생존에 필요한 재원을 스스로 마련하고 처분하는 것을 의미한다.

공기업은 국가(또는 자치단체)나 공공기관으로부터 독립한 자주적인 경영 실체로서 독립성과 자율성을 지녀야 한다. 그러기 위해서는 모든 활동에서 지출을 수입에 의존하는 수지균형성의 원리에 의해 운영되어야 한다. 또한 국민(지역)경제의 발전에 순응할 수 있는 확대 재생산의 재원을 스스로 확보할 수 있어야 하고, 이는 조직에 적정한 보상 제도가 갖춰질 때 이루어진다. 일반적으로 독립채산제라고 하면 수지의 채산성에만 치중하는 경향이 있으나 재무적 분권관리가 유기적으로 결합되어 있다는 점을 인식해야 한다.

일반적으로 독립채산제를 달성하기 위한 기본원칙에는 수지적합의 원칙, 자본의 자기조달 원칙, 이익금의 자기처분 원칙을 그 요소로 하고 있다.

첫째, 수지적합의 원칙은 공기업의 지출에 충당할 수 있는 충분한 수입을 얻을 수 있어야 하지만, 공기업을 유지하는 데 필요 이상의 수익을 얻어서는 안 된다는 것을 의미한다. 공기업의 수익은 근본적으로 공기업 요금을 어떻게 책정하느냐에 달려 있다. 따라서 수지적합의 원칙은 공기업의 요금 결정의 원리로 작용하기도 한다.

둘째, 자본의 자기조달 원칙은 공기업이 필요로 하는 소요자금을 스스로 조달해야 하는 것을 의미한다. 진정한 독립채산은 자본도 자기가 조달해야 하지만, 이것이 지켜지지 않는다고 하여 독립채산제가 보장되지 않는다고 할 수는 없다.

셋째, 이익금의 자기처분 원칙은 공기업의 경영 결과 발생한 이익이 일반회계 등 기타 국고로 전입되지 않고 자주적으로 사용할 수 있는 원칙을 말한다. 이익이 발생하면 자기 스스로 처분할 수 있지만 손실이 발생해도 자신의 책임이다. 공기업이 이익을 자주적으로 처분할 수 있게 되면, 물적 자극을 통한 효율적 경영을 위한 동기를 부여하게 된다.

### 4) 생산성의 원칙

생산성의 원칙은 공기업이 노동생산성의 향상을 위해 노력해야 한다는 원칙이다. 공기업의 활동은 한마디로 부가가치가 있는 상품과 서비스의 생산활동이다. 공기업의 가치적 생산활동이 합리화되기 위해서는 공기업의 운영에서 실질적인 생산성 향상이 이루어져야 한다.

## 제 3 절 지방공기업과 경영이론

지방 및 국가공기업의 대표적인 경영이론으로는 대리인 이론과 청지기 이론을 거론할 수 있다. 얼핏 보기에는 이 두 이론은 조화가 어려워 보이지만, 최근에는 두 이론의 대립적 가치를 조화하려는 역설경영 이론이 대두하고 있다.[4)]

### 1. 대리인 이론

#### 1) 공기업에서 대리인 이론 적용

대리인 이론은 젠센(M. Jensen)과 맥클링(W. Meckling)에 의해 1976년에 제기된 이론이다. 기업과 관련된 이해관계자들의 문제는 기업 내의 계약 관계에 의해 이루어지며, 위임자(principal)와 대리인(agent)의 관계 형성은 한 사람 이상의 사람들이 정해진 범위 내에서 의사결정권을 자신들을 대신하는 다른 사람에게 위임함으로써 이루어진다. 그러나 양자 간에는 정보의 불균형, 감시의 불완전성으로 도덕적 해이(moral hazard)나 무임승차(free-ride) 혹은 역선택(adverse-selection)의 문제가 발생할 수 있다. 이러한 문제점을 최소화하기 위해 대리인비용(agency cost)이 수반된다는 것이다(윤태범 외, 2020: 158).

4) 이 절 내용은 원구환(2018)의 제3장을 참고하고 정리하였다.

공공부문에서 대리인 이론(principal-agent theory)에 의하면 대리인(agent)은 주인(principal)의 이익을 위해 봉사해야 함에도 불구하고, 대리인이 주인보다 더 많은 정보를 보유하기에, 대리인 자신의 이익을 더 추구하기 때문에, 이로 인해 비효율적인 생산과 관리가 이루어진다.

공기업에 대한 대리인 이론은 국민(주민)과 정부, 공기업 간의 다단계 구조 속에서 적용된다. 공공부문에 있어서 대리인 이론을 적용할 경우 위임자는 국민(주민)이며, 대리인은 정부인 경우가 일반적이다. 국민(주민)과 공기업 간의 위임자-대리인 관계와 더불어 공기업은 정부가 국민(주민)에게 제공해야 할 서비스를 정부를 대신해서 제공하는 역할을 하고 있기 때문에, 정부가 국민(주민)으로부터 위임받은 권한을 공기업에 위임하는 위임자-대리인의 관계를 성립하게 된다. 따라서 공기업에 있어서 대리인 관계는 국민(주민) → 정부 → 공기업으로 연결되는 복대리인(double agent)[5] 관계가 성립하게 된다(유훈 외, 2011: 113; 윤태범 외, 2020: 160). 공기업의 대리인 관계를 좀 더 명확하게 하기 위해 도식화해서 살펴보면 [그림 2-3]과 같다.

**그림 2-3 주인-대리인 관계**

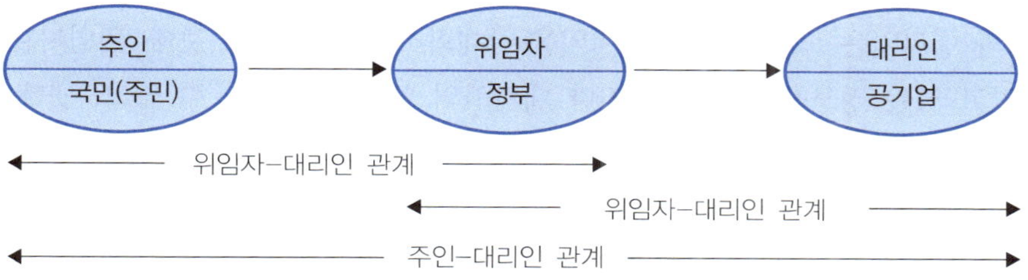


자료: 정용덕 외(2002: 238).

지방공기업에 대리인 이론을 적용할 때 유용한 점은 국민이 아닌 지역주민을 주인으로 인식하고, 그 대리인으로 지방공기업의 관리자를 상정함으로써 주인과 대리인 간의 상이한 이해관계를 설명하고, 그에 따른 지방공기업의 비효율성을 제거할 수 있는 이점이 있다. 대리인 이론은 주인과 대리인의 이해관계를 일치시키기 위해 보상체계(compensation schemes)와 지배구조(governance structure)에 관심을 둔다(Jensen

---

5) 복대리(double agent)는 대리인이 자기가 대리 행사할 권리 전부나 일부를 다른 사람에게 재위임하는 것을 의미한다.

& Meckling, 1976). 보상체계는 대리인이 주인보다 많은 정보를 보유하고 있고, 주인의 대리인에 대한 모니터링이 불가능한 경우에 적용하는 것이 바람직하다고 주장한다. 또한 지배구조는 대리인의 기회주의적 성향을 억제하기 위한 통제장치를 의미한다. 예컨대, 대리인이 주인과 이해관계가 다르고 기회가 주어진다면 주인의 이익을 희생해서라도 자신의 이익을 극대화하려 하기 때문에 대리인을 감독하고 통제할 수 있는 제도 및 구조가 필요하다는 것이다(원구환, 2008: 510).

[그림 2-3]에서 국민(주민)을 주인으로 칭한 것은 정부와 공기업의 관계를 더 명확하게 하기 위한 것이며, 정부 및 공기업과의 관계에 있어서 국민(주민)이 주인이고 정부는 대리인인 동시에 위임자의 역할을 하는 이중적인 위치에 있는 것을 살펴볼 수 있다. 또한 공기업은 국민(주민)과 정부 양자의 대리인 역할을 하는 것을 알 수 있다(유훈 외, 2011: 113; 윤태범 외, 2020: 160).

### 2) 공기업과 대리인제도의 실패

대리인 이론은 '대리인 실패' 발생을 전제로 하고 있다. 대리인 실패가 발생하는 원인은 다음과 같다. 첫째, 위임자와 대리인의 이해관계가 상충하는 경우가 많고, 둘째, 위임자와 대리인은 모두 자신들의 이익을 극대화하는 존재이며, 셋째, 위임자는 대리인이 알고 있는 정보를 알지 못하거나 대리인의 행동을 관찰할 수 없고, 넷째, 위임자와 대리인은 서로 불확실한 환경 하에서 업무에 대한 계약을 체결하게 된다는 점을 가정하고 있다.

이러한 가정들 하에서 대리인 이론에서는 위임자가 어떻게 하면 대리인으로 하여금 최대한 위임자의 이익을 위하여 업무를 수행하도록 할 것인가가 가장 기본적인 명제가 된다. 이를 위해, 일반적으로 성과급제도의 실시, 대리인의 지식과 정보를 위임자에게 드러내는 방법, 대리인의 능력과 명성에 의존하는 방법, 위임자가 차별화된 복수 계약을 하는 방법, 다수의 대리인을 고용함으로써 대리인 간의 경쟁을 유도하는 방법, 그리고 정보체계나 공동지식의 구축 등과 같은 방법이 활용되고 있다.

그러나 공기업의 경우에는 대리인 관계가 국민(주민), 정부, 공기업 간에 다단계 구조로 나타나 위임자와 대리인의 관계가 명확하지 않으며, 사기업이나 일반적인 계약 관계에 있어서의 대리인 관계와는 달리 위임자가 이윤의 극대화를 추구하지 않고, 파산 위협에 상응하는 제도적 장치가 존재하지 않는다는 점에서 대리인제도의 실패가능성이 존재한다(유훈 외, 2011: 114; 윤태범 외, 2020: 160).

## 2. 청지기 이론

### 1) 청지기 이론의 등장

청지기 이론(stewardship theory)은 청지기 본인의 이익 극대화가 아닌 조직의 목표를 달성하면서 얻는 자아실현으로부터 동기가 부여된다고 주장한다. 대리인 이론이 책임성을 확보하기 위한 방안의 하나로 주인의 대리인에 대한 외부통제[6]를 주장하는 데 비해, 청지기 이론은 주인과 대리인이 공통의 핵심 가치를 공유할 때 내적 책임감(internal accountability)이 생성되고, 이에 따른 조직 내에서 공공서비스의 가치에 대한 강한 일체감 형성으로 책임감 있는 행동이 유발된다는 점을 강조한다(Block, 1993; 원구환, 2008: 509).

청지기 이론과 대리인 이론을 좀 더 구체적으로 비교할 가치가 있다. 대리인 이론은 경제적 접근에 기초하여 인간은 자기 이익을 추구하는 반면, 청지기 이론은 사회학적 · 심리학적 접근에 기초하여 인간을 집단주의, 친조직, 그리고 신뢰할 만한 존재로 간주한다. 기존 대리인 이론에 비해 청지기 이론은 대리인의 문제를 완화할 수 있는 새로운 대안으로 제시되고 있다. 기본적으로 대리인 이론(agent theory)과 청지기[7] 이론(stewardship theory)은 책임성을 확보하기 위한 양립적으로 논쟁되고 있는 이론이라 할 수 있다. 기존의 대리인 이론에서 가정하고 있는 외부통제 방안만으로 책임성 확보가 어렵다면, 청지기 이론이 주장하는 내적 책임성 확보방안을 통해 대리인 이론의 한계를 보완할 가능성이 있을 것이다(원구환, 2018: 74).

### 2) 청지기 이론의 내적 책임성 확보방안

최근 청지기 이론은 대리인의 문제를 완화할 수 있는 새로운 대안으로 제시되고 있다. 사회심리학에 근거하고 있는 청지기 이론은 스스로 주인의 이익에 부합하여 행

6) 외부통제란 법률적 · 관료제적 규정, 청문회나 선거와 같은 정치적 감시권 등을 의미한다.
7) 청지기(stewardship)는 교회 용어로서 주인이 맡긴 것들을 주인의 뜻대로 관리하는 위탁관리인을 의미한다.

동할 수 있는 청지기상(steward)을 강조한다. 청지기 이론은 다음과 같은 관점에서 대리인 이론과 구별된다(원구환, 2018: 74-79).

첫째, 청지기 이론의 인간에 대한 가정은 대리인 이론의 가정(경제적 인간)과는 달리 자아실현적 인간을 중요시한다. 청지기 이론에서 인간의 행태를 규정하는 핵심적 가치는 공공서비스(public service)라는 것이다.

둘째, 청지기 이론은 동기부여적 이타주의[8]의 가능성을 인정하고 있다. 이타적 가치를 소유할수록 공공서비스에 대한 가치와 내적 책임감이 생성되고, 이에 따른 책임 있는 행동이 유발된다고 주장한다. [표 2-1]에서 보는 바와 같이 이타적 가치는 정부 및 기업가치와 차별되는 특징을 지니고 있다.

셋째, 청지기 이론에 의한 이타적 행위 유발은 책임성 문제를 해결할 수 있는 하나의 방안이 될 수 있다. 청지기 이론에서는 자기중심적·경제적 욕구에서 벗어나 고차원적 욕구(자아실현적 조직공헌 욕구)를 지향할수록 스스로 책임 있게 행동할 것이라고 주장한다.

**표 2-1 영역별 가치의 핵심요소**

| 정부 가치 | 기업 가치 | 이타적 가치 |
|---|---|---|
| • 공공조직과 연계<br>• 법적, 민주적, 절차적 책임<br>• 평등성<br>• 공정성<br>• 정의<br>• 대표성 및 대응성 | • 기업조직과 연계<br>• 경쟁<br>• 소비자 만족<br>• 효과성 및 효율성<br>• 전문성<br>• 생산성 및 이윤 | • 비영리조직과 연계<br>• 공동체에 관심<br>• 독립성<br>• 청렴성<br>• 미션 추구<br>• 도덕적 책임성 및 사랑 |

자료: Dicke & Ott(2002: 471) 및 원구환(2018: 75).

넷째, 청지기 이론에서는 조직이 추구하는 가치에 대한 몰입 수준이 높을수록 스스로 책임 있게 행동할 것이라고 주장하고, 공동체적 입장에서 구성원들의 전문성에 입각한 상호 존중을 중시한다.

다섯째, 청지기 이론가들은 개인적·자기중심적 행태보다는 조직적·집합적 행태가 보다 높은 효용성을 지니고 있음을 강조한다. 즉, 이타적 가치의 주입으로 스스로 책임 있게 행동할 수 있는 청지기는 주인과의 이해관계가 다르다고 할지라도 자기중

8) 동기부여적 이타주의란 궁극적인 목표를 타인의 후생복지에 두고 있는 상태를 의미한다.

심적 이해관계보다는 조직 전체의 가치를 옹호하고 협력하는 데 보다 높은 가치를 부여한다.

여섯째, 청지기 이론에서는 조직 중심적 청지기에게 자율성을 부여하면 청지기는 자신의 이익을 극대화할 것이고 이는 조직의 이익으로 귀결된다. 따라서 감시와 인센티브와 같은 대리인비용은 줄어들게 되며, 통제는 조직 중심적 행태를 유발하기 어렵기 때문에 비생산적이라는 것이다(Davis, Schoorman & Donaldson, 1997: 25).

일곱째, 청지기 이론은 공공정신의 소유가 책임성 확보를 위해 중요하다고 가정한다. 따라서 공공정신이 투철한 사람일지라도 교육훈련을 통해 전문성을 육성하고, 시민에 대한 책임성을 확보하는 것이 중요하다는 것이다. 공기업의 대리인 이론과 청지기 이론을 비교하면 [표 2-2]와 같다.

**표 2-2 대리인 이론과 청지기 이론의 비교**

| 구분 | | 대리인 이론 | 청지기 이론 |
|---|---|---|---|
| 인간형 | | 경제적 인간 | 자아실현적 인간 |
| 행위 유형 | | 자기중심적 | 이타적 |
| 심리적 기제 | 동기부여 | 경제적 요구 | 고차원적 욕구(자아실현) |
| | 정체성 | 가치몰입 수준이 낮음 | 가치몰입 수준이 높음 |
| | 권력형태 | 보상 및 강압성 | 전문성의 상호 존중 |
| 상황적 기제 | 관리철학 | 개인 중심적 통제 중심 | 조직친화적 신뢰 중심 |
| | 리스크관리 | 단기적 비용통제 중심 | 장기적 자율권능 부여 |
| | 관리목표 | 단기적 비용절감 | 장기적 교육 |
| | 조직문화 | 개인주의 | 집합주의 |

자료: Davis, Schoorman & Donaldson(1997: 37) 및 원구환(2018: 79) 재구성.

여덟째, 청지기 이론에 의한 이타적 행위 유발은 우호적 조직문화를 양성함으로써 가능하다. 청지기 이론은 신뢰 중심의 조직문화를 강조하는데, 신뢰는 외부통제만으로 보장될 수 없다고 주장한다.

마지막으로, 청지기 이론에서 주장하는 것은 대리인 이론과는 달리 조직구성원이 스스로 책임 있게 행동할 수 있도록 해야 하며, 스스로 책임 있게 행동할 수 있는 가치관은 주로 개인의 성장배경, 사회화 과정 등에 의해 형성된다는 것이다(Kingsley, 1944: 282; Finer, 1941: 335-350).

## 3. 역설경영 이론

### 1) 역설경영의 의미

공기업은 공공성과 기업성이라는 상호모순적 가치를 동시에 달성해야 하는 특성을 지니고 있다. 공기업은 공공성만을 추구한다면 정부조직형태로 운영되는 것이 바람직하며, 기업성만을 추구한다면 시장에서 민간부문과 자유로운 경쟁 형태로 운영되는 것이 바람직하다.

그러나 공기업은 태생적으로 공공성과 기업성이라는 상호모순적 가치를 동시에 추구해야 하는 조직형태이다. 이를 구체적으로 설명하면 공기업은 공익적 목적을 달성하기 위해 노력해야 할 뿐 아니라 기업적 방식으로 효율성을 제고하기 위해 노력해야 한다는 것이다. 공기업은 공공성과 기업성의 조화라는 상충되거나 모순적으로 인식되는 가치를 동시에 추구해야 한다. 이처럼 상충적 가치의 조화를 추구해야 하는 것을 역설경영(paradox management)이라고 한다. 역설의 개념은 딜레마(dilemma)와 비교했을 때 그 의미가 보다 확연해지는데, 그 차이를 설명하면 다음과 같다.

첫째, 역설과 딜레마 개념 모두 2개의 대립되는 요소가 존재한다는 점에서는 공통점을 갖고 있다. 역설은 2개의 대립적 배타적 요소가 동시에 존재할 수 있다는 입장인 데 비해, 딜레마는 2개의 대립되는 요소가 동시에 존재할 수 없다는 입장이다(Cameron & Quinn, 1988).

둘째, 역설(paradox)은 2개의 대립되는 요소를 동시에 추구해야 한다는 태도인 데 비해, 딜레마는 2개의 배타적 대립 요소 중에서 어느 하나는 반드시 선택해야 한다는 태도다. 이처럼 역설은 대립되는 요소의 공존과 상호협력을 강조하는 데 비해, 딜레마는 선택의 불가피성과 양자택일적 관점을 지향한다.

셋째, 역설은 상호대립적인 복수의 요소를 동시에 추구하거나 조화시켜 손실을 최소화해야 한다는 입장인 데 비해, 딜레마는 대립되는 요소 중에서 반드시 어느 하나를 선택해야 하므로, 선택에 따른 다른 대안의 포기로 기회비용이 발생할 수 있다는 입장이다.

넷째, 역설은 상충되는 요소를 동시에 추구하여 상승효과를 도모하기 때문에 조직 내·외적 모순 상황에 쉽게 대처할 수 있다. 그러나 딜레마는 선택된 요소에 자원을 집중함으로써 강력한 추진력을 확보할 수 있으나, 조직 내·외적으로 발생하는 모순적 상황과 다양하고 복잡한 문제를 해결하는 데는 한계가 있다(원구환, 2018: 48-49). 이러한 역설과 딜레마 개념을 좀 더 명확하게 하기 위해 비교해 살펴보면 [표 2-3]과 같다.

**표 2-3 역설과 딜레마 개념 비교**

| 구분 | | 역설 | 딜레마 |
|---|---|---|---|
| 공통점 | 대립요소 | 2개 | 2개 |
| 차이점 | 지향점 | 공존과 상호협력 | 양자택일 |
| | 비용발생 | 손실 최소화 | 기회비용 |
| | 모순상황 | 상승효과<br>(대처 용이) | 집중과 선택<br>(해결 한계) |

자료: 저자 편집.

### 2) 공기업과 역설경영

「지방공기업법」 제3조에 의하면 "지방직영기업, 지방공사, 지방공단(이하 지방공기업)은 항상 기업의 경제성과 공공복리를 증대하도록 운영하여야 한다"고 규정하고 있다. 따라서 지방공기업은 정부의 행정 목적으로서의 공공성과 기업으로 설립하는 기반으로서의 기업성을 공기업의 경영원칙으로 삼고 있다. 이를 구체적으로 설명하면, 지방공기업은 지방자치단체가 행정목적 달성을 위해 공공성과 기업성이라는 대립적 요소의 경영이념을 동시에 추구한다는 사실이다. 따라서 공기업은 공공성과 기업성 중 어느 하나를 불가피하게 선택하는 것이 아니라 양자의 대립적 가치를 조화시켜 나가야 한다는 점에서 딜레마 경영이 아닌 역설경영을 강조하고 있다.

### 3) 공기업 역설경영 실현방안

#### (1) 공공성과 기업성의 조화

일반적으로 공기업의 공공성과 기업성의 개념은 상충하는 개념으로 인식되는 경우가 많다. 공기업이 공공성을 중시할 경우에는 공공의 복지를 증진하기 위해 때로는 기업으로서의 채산을 도외시하며 경영할 수 있고, 수입 부족분은 정부의 일반회계에서 보전할 수 있음을 강조한다. 반면, 공기업이 기업성을 중시할 경우에는 채산성의 확보를 지나치게 강조하여 채산이 맞지 않는 경우 요금을 인상하거나 서비스 공급을 중단할 수 있음을 주장한다(안용식 외, 2001: 45-46).

따라서 공공성과 기업성은 일면 서로 모순되는 개념으로 생각될 수 있으나, 공기업이 능률적・합리적인 사업운영을 통해 최소의 경비로 최량의 서비스를 제공함으로써 시민의 복리증진에 기여한다면 공공성과 기업성은 하등 모순되는 것이 아니다. 이런 의미에서 공공성과 기업성은 일반적으로 생각되고 있는 것처럼 어느 한쪽만이 존재할 수밖에 없는 이율배반적인 것이 아니라 공기업 속에 통일되어 서로 양립하여 존재하는 것이라 할 수 있다(원구환, 2018: 61).

### (2) 이중순환학습 모형

이중순환학습(double-loop learning)은 어떤 모순적 상황에서 상충적인 가치와 대안을 동시에 추구하고 조화시킬 수 있는 판단 기준 자체를 지속적으로 개선하고 발전시키는 학습방식을 의미하며, 조직 여유 자원 확보는 이러한 이중순환학습을 위한 핵심적 필요 조건이다(이상민, 2007a: 137).

이중순환학습에 비해 단일순환학습은 환경의 변화를 인식하고 기존의 운영규범에 따라 대응하며, 운영규범에서 벗어난 조직활동의 오류나 불일치를 수정하는 학습과정이다. 이와 같은 학습과정에서 조직구성원은 기존의 운영규범을 준수하여 조직의 효율성을 증대시키고자 한다. 단일순환학습에서는 기존의 문제 해결방식에 관한 근본적인 문제제기 없이 이를 고수하고자 한다. 반면에, 이중순환학습은 조직활동의 오류를 발견하고, 이를 수정하는 과정에서 기업의 상충적인 가치와 운영규범이 공존하면서 발생하게 되는 학습과정이다(이상민, 2007a: 144).

단일순환학습은 지배적인 가치를 변화시키지 않는 채 실수를 개선하는 학습을 의미한다. 따라서 어떤 행동을 하고 의도한 결과를 얻지 못하고 실패하면, 그 실패의 원인이 된 행동을 수정하는 학습을 말한다. 반면, 이중순환학습은 어떤 문제의 근본원인이 되는 기본 가정과 신념 체계에 의문을 제기하고, 그것을 변화시키는 학습을 의미한다. 따라서 이중순환학습은 단지 행동만 수정하는 단일순환학습에 비해 학습효과가 크게 나타난다.

따라서 공기업에서 역설경영을 실현하기 위해서는 이중순환학습 모형에 근거하여 기존의 문제 해결방식에 대해 끊임없이 의문을 제기하고, 기존 사업방식에 대한 창조적 혁신이 전제될 수 있는 학습과정을 지속적으로 반복하는 것이 중요하다(원구환,

2018: 62-63). 이러한 단일순환학습과 이중순환학습 모형을 좀 더 명확하게 하기 위해 비교해 살펴보면 [그림 2-4]와 같다.

**그림 2-4 단일순환학습과 이중순환학습 모형**

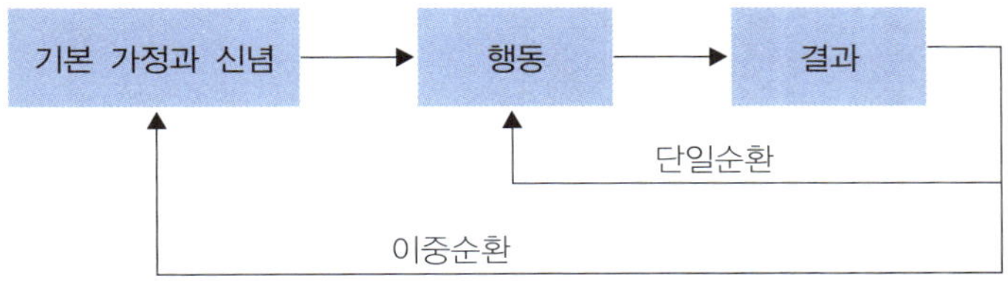


자료: Agyris(1977).

C·H·A·P·T·E·R 3

# 지방공기업의 분류 및 현황

제 1 절 | 지방공기업의 분류 및 유형

제 2 절 | 지방공기업과 경영수익사업

제 3 절 | 지방공기업의 광역화

제 4 절 | 지방공기업의 현황

지방공기업 분류는 다양한 시각이 존재하지만, 일반적으로 설립 특징, 경영형태, 사업 기능에 따라 분류한다. 이 장에서는 지방공기업의 분류방식을 설명한 후 주요국의 지방공기업 유형과 특징에 대해서도 간단히 기술하고, 지방공기업의 경영수익사업과 경영수익사업의 제고방안에 대해서도 기술한다. 변화하는 시대 추세에 맞추어 지방공기업의 서비스 영역과 범위는 지속적으로 변화하고 있으며, 이러한 변화의 흐름을 고려하여 국내·외 지방공기업의 광역화 방안과 지방공기업의 최근 유형별 현황에 대해서 간략히 기술한다.[1)]

## 제 1 절 지방공기업의 분류 및 유형

### 1. 지방공기업의 설립 특징

지방공기업을 포함한 국가공기업의 경우 유형별 특징에 대해서 학자별 다양한 시각이 존재하지만, 공기업의 분류를 설립, 운영 및 규제의 세 가지 차원(특징)으로 구분해 보면 다음과 같다.

#### 1) 설립 특징

지방 및 국가 공기업의 유형별 특징을 설립과 관련하여 살펴보면 다음과 같다. 첫째, 소유와 관련하여 직접경영형태(중앙정부의 정부기업, 지방자치단체의 지방직영기업)는 정부 소유이고, 간접경영형태로서 공사 및 공단은 정부나 지방자치단체의 소유를 기본원칙으로 하며, 민관공동출자형태는 민관공동소유이다. 둘째, 설립과 관련하여 모든 공기업은 경영형태와 관련 없이 법률에 의해 설립되며, 지방공기업의 경우는 지방자치단체별 조례에 따라 설립된다. 셋째, 법적 지위와 관련하여 직접경영형태는 정부의 면책권을 지니며, 정부의 동의 없이는 피소되지 않는다. 그러나 간접경영형태는 정부로부터 독립된 법인으로서 법적 목적을 갖는 독립법인체이며, 기관의 법인명으로 제소하거나 피소될 수 있고, 계약을 체결하며, 자신의 이름으로 재산을 획득한

1) 지방공기업의 분류 내용은 안용식 외(2001: 66-69)의 『지방공기업론』 내용을 보완·정리하였다.

다. 넷째, 출자와 관련하여 직접경영형태는 정부조직형태로 운영되기 때문에, 출자의 개념이 존재하지 않는다. 간접경영형태에 있어서 공사는 정부가 50% 이상의 출자를 통해 과반수 이상의 지분을 확보하고 있지만, 공단은 정부가 100% 출자한 형태로 운영된다. 민관공동 출자는 정부의 출자비율보다는 민간의 출자비율이 과반수 이상으로 구성되는 조직형태이다(원구환, 2018: 87-88).

### 2) 운영 특징

지방공기업의 유형별 특징을 운영과 관련하여 살펴보면 다음과 같다. 첫째, 조직과 관련하여 직접경영형태는 정부조직의 형태를 취하며, 간접경영형태는 정부로부터 독립된 조직으로 운영된다. 둘째, 인사와 관련하여 직접경영형태는 공무원 신분이지만 간접경영형태는 민간인 신분이다. 다만, 형법상 뇌물죄의 적용에 있어서는 공무원의 신분에 준하여 처벌된다. 셋째, 예산과 관련하여 직접경영형태는 매년 지방의회의 의결을 얻어 확정되는 예산에 의해 운영된다. 특히, 간접경영형태는 직접경영형태와는 달리 의사결정기구로서 이사회라는 조직을 설치하고 있다. 이사회는 정부로부터 임명된 당연직 공무원이나 정부로부터 위촉된 민간 전문가 등으로 구성되며, 일정한 기간 동안 임기가 보장되고 간접경영형태의 중요사항을 심의·의결하게 된다. 넷째, 회계와 관련하여 직접경영형태는 정부의 특별회계(공기업 특별회계)로 처리되며, 간접경영형태는 정부회계로부터 독립된 회계로 처리된다. 다섯째, 재정과 관련하여 직접경영형태는 정부 재정에 포함되어 운영되지만, 간접경영형태는 정부로부터 독립된 재산 구조를 갖고 있으며 자체수입으로 조직을 운영한다. 따라서 세금으로부터 재원을 조달하는 것이 아니라 요금을 받아 재정을 충족시키는 구조를 갖고 있다(원구환, 2018: 88).

### 3) 규제 특징

지방공기업의 유형별 특징을 규제와 관련하여 살펴보면 다음과 같다. 첫째, 지방공기업은 경영형태와 관련 없이 공적 소유를 기반으로 하고 있기 때문에 공적 규제를 받게 된다. 공적 규제는 소유자인 국민(주민)의 관점에서 필요성이 인정되는데, 경영형태와 관계없이 규제를 받게 된다. 일반적으로 지방공기업은 정부조직형태이든, 독립조직형태든 내부 경영관리에 대한 자율성을 보장받는다. 지방공기업의 조직, 인사, 급여, 노사관리, 계약 등의 내부 경영관리 요소에 대해서는 자율성을 보장받고 스스로의 책임 하에 운영된다. 그러나 국가나 지방자치단체는 정책적 목적으로 인해 지방공기업에 대해 사전 및 사후관리에 대한 지배 감독권을 행사하게 된다. 따라서 지방공기업은 경영형태별로 개별 법률에 의한 통제와 통합 법률에 의한 통제를 받게 된다.

둘째, 파산과 관련하여 직접경영형태는 정부조직형태이므로 파산의 개념이 존재하지 않지만, 간접경영형태는 정부조직으로부터 독립된 법인체이므로 파산의 개념이 적용된다. 하지만, 간접경영형태도 공적인 측면에서 중요한 역할을 수행하고 있으므로, 파산되면 그 재산은 출자자인 정부에 귀속되는 것이 일반적이다(원구환, 2018: 88).

## 2. 지방공기업의 경영형태에 의한 분류

지방공기업을 경영형태별로 분류해 보면 크게는 직접경영방식, 간접경영방식, 그리고 위탁경영방식의 세 가지 형태로 나눌 수 있다. 직접경영방식은 상수도, 하수도, 공영개발, 자동차운송 등으로 세분류하고, 간접경영방식은 지방공사, 지방공단으로 세분류 할 수 있다(윤태범 외, 2020: 139).

### 1) 직접경영방식

#### (1) 직접경영방식의 의의

직접경영방식은 지방자치단체가 직접 지방공기업에 관한 사무를 처리하는 것을 말한다. 지방직영기업은 지방자치단체의 사업본부 · 사업단 · 사업소 · 국 또는 과 등의 형태로 운영된다. 지방공기업의 사업 중에는 상하수도와 같이 지역주민의 일상생활과 밀접한 경우가 많기 때문에, 공공성의 확보 및 행정의 종합성을 위해 지방자치단체가 직접경영(지방직영기업)하고 있다(박영희 외, 2018: 363).

지방직영기업이라는 용어는 1992년 「지방공기업법」이 개정되면서 처음 사용되기 시작한 것으로 지방자치단체가 직접경영한다는 뜻을 명확히 하고, 지방공사나 지방공단과 구분을 분명히 하기 위해 사용되었다.[2] 국가공기업에서는 중앙정부가 직접

2) 「지방공기업법」 개정 당시 총무처(현 행정안전부)는 '지방직영기업'이라는 용어 대신 '지방직영사

경영하는 공기업을 정부기업[3]이라 규정(기업예산회계법)하고 있기 때문에, 이에 대칭되는 개념으로 지방직영기업이라는 명칭을 채택한 것으로 보인다(안용식 외, 2001: 64).

### (2) 지방직영기업의 특징

지방직영기업은 지방자치단체의 일선행정기관 형태로 운영되기 때문에 일반행정기관과 그 특징이 유사하다. 지방직영기업의 특징은 다음과 같다(유훈 외, 2011: 95; 윤태범 외, 2020: 140).

첫째, 지방직영기업은 그 경영주체가 지방자치단체이므로 원칙적으로 일반행정기관에 적용되는 법령의 적용을 받는다. 둘째, 지방직영기업의 직원은 지방공무원이며, 그 임용 방법과 근무조건은 지방공무원과 동일하다. 셋째, 지방직영기업의 예산은 특별회계로 계리되지만 일반회계와 마찬가지로 매년 지방의회의 의결을 얻어야 한다. 넷째, 지방직영기업은 일반적으로 지방자치단체의 행정기구 또는 그 산하기관의 형태로 조직되며, 자치단체장의 직접적인 통제 하에 놓이게 된다.

### (3) 지방직영기업의 장점 및 단점

지방직영기업은 높은 공공성과 지방자치단체와의 유기적인 연계성으로 인하여 운영 면에서 다양한 장점이 있지만 단점 또한 존재한다(유훈 외, 2011: 96; 윤태범 외, 2020: 140).

직접경영방식의 장점은 다음과 같다. 첫째, 지방자치단체가 직접경영하기 때문에, 일반행정과 입체적 · 종합적 행정을 도모할 수 있다. 둘째, 채산성이 없더라도 주민의 일상생활에 필수 불가결한 공공서비스를 지속적으로 공급할 수 있다. 셋째, 지방자치단체장 및 지방의회의 통제 하에 있으므로, 지역주민의 의사를 경영에 반영하기가 쉽다. 넷째, 지방자치단체가 직접경영함으로써 저요금정책을 유지할 수 있다. 다섯째, 지방자치단체에 대한 신용에 의해 장기저리의 자금이 조달될 수 있다.

직접경영방식의 단점은 다음과 같다. 첫째, 지방자치단체가 관리자를 임명하기 때

---

업'이라는 용어 사용을 건의하였으나, 지방직영사업으로 할 경우 공기업체를 뜻하지 않고 사업을 뜻하여 지방공기업이 아닌 다른 직영사업과 혼동을 야기할 염려가 있다는 내무부의 주장에 부딪혀 내무부 안(案)대로 사용하게 되었다.

3) 정부기업이라 함은 철도사업 · 통신사업 · 양곡관리사업 · 조달사업을 말한다(기업예산회계법 제2조).

문에 경영상의 자주성과 경영 능력에 한계가 있다. 둘째, 지역주민들의 기대 수준을 반영해야 하기 때문에 채산성을 유지하기가 어렵다. 셋째, 행정구역과 생활권역이 일치하지 않는 경우 지방공기업의 경영이 행정제도에 의하여 제약된다. 넷째, 경영악화에 대한 위기의식 결여와 무사안일주의를 초래할 수 있다. 지방공기업의 경영형태별 장단점을 비교하면 [표 3-1]과 같다.

**표 3-1 지방공기업의 경영형태별 장 · 단점**

| 구분 | 지방직영기업 | 지방공사 · 공단형 조직 |
|---|---|---|
| 장점 | • 공공성 확보<br>• 규제개선 용이<br>• 안정적 예산확보 가능<br>• 조직구성 초기 비용 저렴<br>• 관련 단체들과 연계 용이 | • 책임경영체제 구축 가능<br>• 경영마인드 도입 가능<br>• 업무 노하우 축적, 전문성 확보<br>• 경쟁환경 구조: 경영평가(행정안전부 등)<br>• 적극적 사업추진과 마케팅 전략 |
| 단점 | • 경쟁체제 구축 미흡<br>• 민관파트너십 저조<br>• 책임경영, 조직효과성 미흡<br>• 전문성과 인센티브 미약<br>• 사업비확보의 문제<br>• 사업추진의 정치화 가능성<br>• 소극적 개발사업 추진<br>• 인력증원 부담<br>• 마케팅 전략 부재<br>• 고부가가치 사업수행 애로<br>• 민관파트너 마인드 저조<br>• 재정(기채)부담<br>• 노하우 축적 및 전문성 확보 한계 | • 기존 조직의 반발 가능성<br>• 조직 성격의 모호성<br>• 설립 초기 비용 소요<br>• 조세(법인세 등)부담<br>(특히, 지방공단의 경우)<br>• 지방공단의 경우 위탁 대행사업만을 수행하므로 독립사업 추진 곤란<br>• 이익금의 자기처분원칙 불인정 |
| 운영근거 | 지방공기업법 | 지방공기업법(준용) |

자료: 행정안전부(2020).

### (4) 지방직영기업의 설치 현황

2020년 지방직영기업의 설치 현황을 살펴보면 총 255개 기업이 운영되고 있다. 이 중 상수도사업이 122개, 하수도사업이 103개, 공영개발사업이 29개, 자동차운송사업이 1개로 나타나고 있다. 지방직영기업 설립 현황을 살펴보면 [표 3-2]와 같다.

**표 3-2 지방직영기업의 설립 현황**

| 구분 | 기업 수 | 자치단체별 |
|---|---|---|
| 상수도 | 122 | 서울, 부산, 대구, 인천, 광주, 대전, 울산, 세종, 제주<br>가평, 고양, 과천, 광명, 광주, 구리, 군포, 김포, 남양주, 동두천, 부천, 성남, 수원, 시흥, 안산, 안성, 안양, 양주, 양평, 여주, 연천, 오산, 용인, 의왕, 의정부, 이천, 파주, 평택, 포천, 하남, 화성, 강릉, 고성, 동해, 삼척, 속초, 양양, 영월, 원주, 인제, 정선, 철원, 춘천, 태백, 평창, 홍천, 단양, 영동, 옥천, 음성, 제천, 진천, 청주, 충주, 계룡, 공주, 금산, 논산, 당진, 보령, 부여, 서산, 서천, 아산, 예산, 천안, 태안, 홍성, 고창, 군산, 김제, 남원, 부안, 완주, 익산, 전주, 정읍, 광양, 나주, 목포, 순천, 여수, 영광, 영암, 화순, 경산, 경주, 구미, 김천, 문경, 상주, 안동, 영덕, 영주, 영천, 예천, 울진, 의성, 칠곡, 포항, 거제, 거창, 고성, 김해, 밀양, 사천, 양산, 진주, 창녕, 창원, 통영, 함안, 합천 |
| 하수도 | 103 | 서울, 부산, 대구, 인천, 광주, 대전, 울산, 세종, 제주<br>가평, 고양, 과천, 광명, 광주, 구리, 군포, 김포, 남양주, 동두천, 부천, 성남, 수원, 시흥, 안산, 안성, 안양, 양주, 양평, 여주, 연천, 오산, 용인, 의왕, 의정부, 이천, 파주, 평택, 포천, 하남, 화성, 강릉, 고성, 동해, 속초, 원주, 춘천, 옥천, 음성, 제천, 증평, 진천, 청주, 충주, 계룡, 공주, 논산, 당진, 보령, 부여, 서산, 아산, 예산, 천안, 태안, 홍성, 군산, 김제, 남원, 완주, 익산, 정읍, 전주, 광양, 나주, 목포, 순천, 여수, 영광, 영암, 화순, 경산, 경주, 구미, 김천, 문경, 상주, 안동, 영덕, 영주, 영천, 예천, 칠곡, 포항, 거제, 거창, 김해, 밀양, 사천, 양산, 진주, 창녕, 창원, 통영 |
| 공영개발 | 29 | 인천경제자유구역청, 경기도고덕국제화계획지구조성사업,<br>경기도판교테크노밸리조성사업, 경기도한류월드조성사업,<br>과천시지식정보타운조성사업, 의령친환경골프장관리사업소,<br>창원시주택건설사업, 세종특별자치시, 성남시, 수원시, 시흥시, 안성시, 의왕시, 의정부시, 강릉시, 원주시, 춘천시, 계룡시, 보령시, 아산시, 음성군, 천안시, 충주시, 익산시, 광양시, 목포시, 순천시, 김해시, 진주시 |
| 자동차운송 | 1 | 제주 |
| 계 | 255 | |

자료: 행정안전부(2020). 지방공공기관경영정보시스템.

### 2) 간접경영방식

간접경영방식은 지방자치단체가 「공법」상 또는 「상법」상의 법인을 설립하여 간접적으로 경영하는 공기업을 의미한다. 간접경영방식의 지방공기업은 책임경영이 가능하고 기업으로서 능률성이 제고되며, 민간의 자본·기술·전문지식과 결합할 수 있고, 여러 행정구역에 걸친 광역 지방공기업 운영이 가능하다(윤태범 외, 2020: 141). 간접경영방식의 공기업은 지방자치단체가 50% 이상 출자한 지방공사와 지방공단으

**표 3-3 지방공기업의 경영형태**

| 구분 | 경영형태 | 자치단체 출자비율 | 설립 |
|---|---|---|---|
| 직접경영 | 지방직영기업 | 출자 개념 없음 | 자치단체 조직 |
| 간접경영 | 지방공단 | 100% | 민간출자 불허 |
| | 지방공사 | 50% 이상 | 자치단체 단독 또는 민관공동 출자 |

자료: 행정안전부(2021).

로 구분되어진다(안용식 외, 2001: 73, 윤태범 외, 2020: 141). 지방공기업의 경영형태를 정리하면 [표 3-3]과 같다.

### (1) 지방공사와 지방공단

지방공사와 지방공단은 지방자치단체가 법인의 형태로 설립·운영하는 공기업을 의미하며, 1980년 「지방공기업법」의 개정으로 법적 기반을 갖추게 되었다. 지방공사는 지방자치단체가 단독 또는 다른 지방자치단체와 공동으로 설립할 수 있는데, 우리나라의 경우 자본금의 1/2을 넘지 아니하는 범위 내에서 지방자치단체 외의 자로 하여금 출자할 수 있도록 허용하고 있다. 지방공단의 경우에는 지방자치단체가 전액 출자하고, 민간의 출자는 허용되지 않는다(박영희 외, 2018: 359). 따라서 지방공사와 지방공단은 경영 면에서 지방자치단체의 영향 하에 있기 때문에 위와 같은 유사점을 지니지만, 지방공사는 도시개발, 지하철, 농수산물 유통 등 민간부문의 성격이 강한 사업들에 대해 공공성 차원의 성격을 지니는 반면, 지방공단은 지방자치단체의 고유 업무인 주차장, 체육시설 등 주로 시설관리 분야의 전문성과 기술성 확보를 위해 설립되고 있다(윤태범 외, 2020: 142).

지방공사 및 지방공단은 특징은 다음과 같다(안용식 외, 2001: 73-75). 첫째, 지방공사 및 지방공단은 지방의회의 의결을 거친 조례에 의해 설립된다. 둘째, 지방공사 및 지방공단은 법인으로서 법적 목적을 갖는 독립체이며, 제소하거나 피소될 수 있고, 자신의 이름으로 계약을 체결하며 재산을 획득할 수 있다. 셋째, 지방공사 및 지방공단은 예산회계에 있어 「지방공기업법」의 적용을 받게 되며, 일반행정기관과 똑같이 「감사원법」의 적용을 받는다. 넷째, 지방공사 및 지방공단의 직원은 공무원이 아니며, 그 직원의 임용과 보수에 관한 규정은 자체적으로 제정할 수 있다. 다섯째, 지방공사 및 지방공단은 예산에 있어 지방의회의 심의·의결을 받지 않는다. [표

3-4]는 지방공사와 지방공단의 운영상의 차이점을 정리한 것이고, [표 3-5]는 지방공기업 유형별 특징을 보여준다.

**표 3-4 지방공사와 지방공단의 운영상의 차이점**

| 구분 | 지방공사 | 지방공단 |
|---|---|---|
| 성격 | 일종의 회사(불하 가능) | 일종의 공공업무 대행기관(불하 불가) |
| 설립 | 자치단체 단독 또는 민관합작 | 자치단체 단독(민간합작 불가) |
| 업무관계 | 독립사업 경영(융통성) | 특정 사무의 위·수탁(한정성) |
| 경영비용 | 판매수입 | 수탁금 또는 수수료 수입 |
| 자본조달 | 사채발행, 증자(민간출자 가능) | 공단채 발행, 증자(민간출자 불가) |
| 경영자 | 사장, 부사장, 이사 | 이사장, 부이사장, 이사 |
| 해산 시 자본처리 | 출자자에 귀속 | 설립단체에 귀속 |

자료: 안용식 외(2001: 73-75).

**표 3-5 지방공기업 유형별 특징**

| 구분 | 지방직영기업 | 지방공사 | 지방공단 |
|---|---|---|---|
| 개념 | 자치단체가 주민 복지 증진을 위하여 직접 행정조직형태로 운영하는 사업 | 자치단체가 공공성 확보를 위하여 50% 이상 출자한 법인 형태로 운영하는 사업 | 행정이 담당해야 할 업무를 자치단체가 100% 출자한 법인에 의해 운영하는 사업 |
| 성격 | 행정기관 | 일종의 회사(불하 가능) | 일종의 공공기관(불하 불가) |
| 업무관계 | 자치단체 업무의 일부 | 일부 독립된 사업(완전성) | 특정 업무의 위·수탁 |
| 경영재원 | 자본금 + 사업수입 | 자본금 + 사업수입 | 출연금 + 수탁금 + 수수료 수입 |
| 자본조달 | 공기업 지방채 발행 | 공사채 + 민간출자금 | 공단채 |
| 경영자 | 자치단체장 (관리자) | 사장, 부사장, 이사 | 이사장, 부이사장, 이사 |
| 해산 자본처리 | 설립단체 귀속 | 출자자에 귀속 | 설립단체 귀속 |
| 예산·결산 승인 | 지방의회 | 이사회 | 이사회 |

자료: 지방공기업평가원(2015: 14) 및 저자 재구성.

### (2) 간접경영방식의 장 · 단점

간접경영방식(지방공사 · 공단)은 다음과 같은 장점이 있다(박영희 외, 2018: 364). 첫째, 기반시설 사업 또는 대규모 사업의 경우 지방자치단체의 경상적 수입이나 지방채 수입만으로 감당하기 어려우나, 간접경영방식을 취하면 민간부문의 자금을 유치할 수 있다. 둘째, 자주적 책임경영을 통하여 경영의 효율성을 높일 수 있다. 또한 민간의 기술이나 전문지식을 활용함으로써 직접경영방식의 한계를 어느 정도 극복할 수 있다.

간접경영방식은 다음과 같은 단점도 존재한다. 첫째, 수익성이 낮은 공공사업의 경우 사업에 있어서 우선순위가 낮아지기 때문에 공공성의 확보가 어렵다. 둘째, 자주성을 강조하면서 책임이 따르지 않을 경우 경영이 방만해져 사업효율이 저하될 수 있다. 또한 서비스의 안정적 공급을 보장하기 어렵다.

### (3) 간접경영방식의 설립 현황

2020년 간접경영방식의 설립 현황을 살펴보면 154개 기업이 운영되고 있다. [표 3-6]과 같이 지방공사는 68개(도시철도공사 6개, 도시개발공사 16개, 기타공사 46개), 그리고 지방공단은 86개가 존재한다.

**표 3-6 간접경영방식의 설립 현황**

| 형태별 | 사업별 | 기업 수 | 공기업별 |
|---|---|---|---|
| 지방공사 (68개) | 도시철도 | 6 | 서울, 부산, 대구, 인천, 광주, 대전 |
| | 도시개발 | 16 | SH, 부산, 대구, 인천, 광주, 대전, 울산, 경기, 강원, 충북, 충남, 전북, 전남, 경북, 경남, 제주 |
| | 기타공사 | 46 | 강릉관광개발공사, 거제해양관광개발공사, 경기관광공사, 경기교통공사, 경기평택항만공사, 경상북도문화관광공사, 고양도시관리공사, 과천도시공사, 광명도시공사, 광주도시관리공사, 구리농수산물공사, 구리도시공사, 군포도시공사, 김대중컨벤션센터, 김포도시관리공사, 김해시도시개발공사, 남양주도시공사, 당진항만관광공사, 대전관광공사, 부산관광공사, 부천도시공사, 서울에너지공사, 서울특별시농수산식품공사, 세종도시교통공사, 수원도시공사, 성남도시개발공사, 시흥도시공사, 안산도시공사, 안양도시공사, 양평공사, 영양고추유통공사, 용인도시공사, 의왕도시공사, 인천관광공사, 제주관광공사, 제주에너지공사, 장수한우지방공사, 청도공영사업공사, 춘천도시공사, 평택도시공사, 통영관광개발공사, 파주도시관광공사, 포천도시공사, 하남도시공사, 함안지방공사, 화성도시공사 |

| 지방공단(86개) | 시설・환경・경륜공단 | 86 | 서울, 강남구, 강동구, 강북구, 강서구, 광진구, 구로구, 금천구, 도봉구, 동대문구, 동작구, 마포구, 서대문구, 성동구, 성북구, 송파구, 양천구, 영등포구, 용산구, 종로구, 중랑구, 은평구, 관악구, 중구, 노원구, 부산 부산기장군, 대구, 대구달성군, 인천, 인천미추홀구, 인천남동구, 인천부평구, 인천계양구, 인천서구, 인천중구, 인천연수구, 강화군, 광주, 광주광산구, 대전, 울산, 울산남구, 울산중구, 울산북구, 울주군, 세종시, 의정부시, 이천시, 양주시, 안성시, 오산시, 여주시, 가평군, 연천군, 속초시, 원주시, 동해시, 정선군, 영월군, 청주시, 충주시, 단양관광관리공단, 천안시, 아산시, 보령시, 부여군, 전주시, 여수시, 구미시설공단, 안동시, 포항시, 영천시, 문경관광진흥공단, 창원시, 양산시, 사천시, 밀양시, 창녕군, 서울물재생공단, 부산환경, 대구환경, 인천환경, 광주환경, 부산지방공단스포원, 창원레포츠파크 |
|---|---|---|---|
| 계 | | 154 | |

자료: 행정안전부(2020). 지방공공기관경영정보시스템.

### 3) 위탁경영방식

위탁경영방식은 지방자치단체가 시설을 건설・보유하고 그 경영을 민간에게 맡기는 것으로서, 간접경영방식의 일종이다. 이 방식은 경영의 합리성과 효율성을 제고하기 위한 수탁이라고 할 수 있다(박영희 외, 2018: 364). 위탁경영방식은 기업시설의 경우 지방자치단체가 소유하고 경영만 민간에게 위탁하는 방식인데, 경영의 전반적인 사항을 위탁하는 완전위탁과 경영의 일부에 한정하여 부분위탁으로 구분해 볼 수 있다(안용식 외, 2001: 76). 예컨대, 레저시설이나 관광사업 등 비교적 공익성이 낮거나 주민의 일상생활과 직결되지 않는 사업은 완전위탁방식을 적용할 수 있으며, 수도사업에서 검침이나 수금과 같은 단순 반복 작업이면서 경영의 능률 향상이나 원가절감이 가능한 사업에는 부분위탁방식을 적용할 수 있다.

위탁경영방식의 대표적인 사업은 수도요금이나 가스사용료의 징수, 관광시설의 관리, 청사의 보수, 청소사업 등이라 볼 수 있다. 하지만, 위탁경영 계약자가 수익에 치중할 경우 서비스가 열악해지고 주민의 의사반영이 어렵다는 단점이 있다(윤태범 외, 2020: 143).

## 3. 지방공기업과 국가공기업 유형 및 특징 비교

### 1) 지방공기업과 국가공기업 비교

국가공기업은 국가 공공기관의 한 유형으로 「공공기관의 운영에 관한 법률」의 적용을 받는다. 공공기관은 '기관의 인적요건'과 '정부의 재정지원 규모'에 따라 '공기업', '준정부기관[4]'으로 나누고, 이들 기관을 제외한 기관을 '기타공공기관으로 분류한다. '공기업'은 '시장형 공기업'과 '준시장형 공기업', 기금관리형 준정부기관, 위탁집행형 준정부기관, 기타공공기관으로 세분화하여 관리한다(이상철, 2021: 150). [표 3-7]은 국가 공공기관의 분류를 보여준다.

**표 3-7 공공기관의 분류**

<table>
<tr><th>공공기관</th><th colspan="2">공기업</th><th colspan="2">준정부기관</th><th>기타<br>공공기관</th></tr>
<tr><td rowspan="3">구분 및<br>요건</td><td colspan="2">직원 정원이 50인 이상이고,<br>자체수입액이 총수입액의<br>2분의 1 이상인 기관</td><td colspan="2">직원 정원이 50인 이상이고,<br>자체수입액이 총수입액의<br>2분의 1 미만인 기관</td><td rowspan="3">공공기관 중<br>공기업과<br>준정부기관을<br>제외한 기관<br>(209)</td></tr>
<tr><td>시장형<br>공기업<br>(16)</td><td>준시장형<br>공기업<br>(20)</td><td>기금관리형<br>준정부기관<br>(13)</td><td>위탁집행형<br>준정부기관<br>(82)</td></tr>
<tr><td>자산 규모가<br>2조 원 이상이고,<br>총 수입액 중<br>자체수입액이<br>100분의 85<br>이상인 공기업</td><td>시장형 공기업이<br>아닌 공기업</td><td>「국가재정법」에<br>따라 기금을<br>관리하거나<br>기금의 관리를<br>위탁받은<br>준정부기관</td><td>기금관리형<br>준정부기관이<br>아닌 준정부기관</td></tr>
<tr><td>대표<br>기관</td><td>한국전력공사</td><td>한국조폐공사</td><td>공무원연금공단</td><td>한국장학재단</td><td>각종 연구원,<br>대학부속병원</td></tr>
</table>

자료: 이상철(2021: 150).

국가공기업과 지방공기업과의 차이를 살펴보면 다음과 같다. 국가공기업은 규모가 크고 대체로 출자회사를 거느리고 있으며, 교통·통신·에너지·건설·금융 등 광범

4) 준정부기관이란 정부가 투자 혹은 출자·출연·보조금을 지원하거나, 업무의 일부를 위탁받음으로써 정부의 공적 통제를 받고 있지만, 어느 정도 운영의 자율성을 갖춘 일체의 기관·법인·단체를 총칭한다.

위한 부분에 걸쳐 있으며, 그 서비스의 수혜 범위가 전국적이다. 반면, 지방공기업은 그 규모가 작고 주민의 일상생활과 밀접한 주로 상하수도·지하철·주택 등이며, 각 사업의 대상 구역이 한정되어 있어 지역적 특수성을 지닌다. 국가공기업의 경우 특별법에 의하여 설립되는 주식회사형과 공사형이 많고, 예산·조직·인사의 독립성이 높은 편이다. 이에 비하여 지방공기업은 「지방공기업법」에 의하여 설립되고, 조직·인사의 독립성이 낮은 편이다(박영희 외, 2018: 349-350). [표 3-8]은 지방공기업과 국가공기업 간의 근거 법령, 유형, 적용대상, 설립 및 지정 법적용 실익, 정부관여 등을 비교한 것이다.

**표 3-8 지방공기업과 국가공기업 간의 비교**

| 구분 | 지방공기업 | 국가공기업 |
|---|---|---|
| 근거 법령 | • 설립: 「지방공기업법」 및 개별 조례<br>• 운영: 「지방공기업법」 | • 설립: 개별 법률<br>• 운영: 「공공기관운영에 관한 법률」 |
| 유형 | • 지방직영기업: 특별회계로 설치<br>• 지방공사: 자치단체 50% 이상 출자<br>• 지방공단: 자치단체 전액 출자 | • 공기업: 자체수입 > 총수입/2<br>– 시장형(자산 2조 원 이상, 자체수입액의 85% 이상)<br>– 준시장형(시장형 공기업이 아닌 기관)<br>• 준정부기관: 자체수입 < 총수입/2<br>– 기금관리형(「국가재정법」에 따라 기금관리 및 위탁)<br>– 위탁집행형(기금관리형 준정부기관이 아닌 준정부기관)<br>• 기타공공기관<br>– 공기업과 준정부기관을 제외한 기타법인 |
| 적용 대상 | • 지방자치단체가 「지방공기업법」에서 정한 사업을 직접경영하거나 별도의 법인으로 설립하고자 하는 경우<br>(의무적용) 상수도 등 8개 사업<br>(임의적용) 경상수지 5할 이상, 주민복지증진, 민간영역 제외 등 | • 개별 법률에 따라 설립(정부출연)<br>• 정부지원액이 총수입액의 1/2 이상 초과<br>• 50% 이상 지분 보유, 또는 30% 이상 지분 보유하면서 사실상 지배 |
| 설립 및 지정 | • 설립타당성 검토(전문기관)<br>→ 행정자치부 협의(시·군·구는 시·도 협의)<br>→ 설립심의위 심의<br>→ 조례 제정 | • 기관 신설 시 사전협의<br>– 신설심사 요청(주무기관) → 타당성 심의(공공기관운영위) → 심사결과 통보(기획재정부 장관) → 법률 제정<br>• 공공기관 지정 또는 변경<br>– 주무기관장과 협의 → 공공기관위 심의·의결 → 지정 또는 변경 |

| 법적용 실익 | • 경영평가 및 진단, 경영공시 등 적용(기타 출자법인 등 제외) | • 공공기관 기능과 규제 점검(통폐합, 기능 재조정, 민영화 등), 경영공시, 고객만족 서비스 조사 등 적용 |
|---|---|---|
| 정부 관여 | • 정부와 자치단체로 이원화<br>(정부) 임원 임기·임면제도, 예산·결산 공통기준, 경영평가 및 진단, 경영개선명령, 업무·회계 검사 등<br>(자치단체) 임원 임면권, 예산·결산지침, 업무감독권, 업무·회계 검사 등 | • 이사회 운영, 정관 작성, 임원임기 및 임면 등 내부 지배구조 제도<br>• 보수지침, 회계기준 및 예산·결산지침 제시, 경영평가, 경영지침, 감사원 감사 등 감독 기능<br>※ 기타공공기관의 경우 지침을 통해 공기업 및 준정부기관에 준하는 기준 제시 |

자료: 행정안전부(2021). 지방공기업 운영 현황.

## 4. 주요국의 지방공기업 경영형태 및 특징

국가공기업과 마찬가지로 지방공기업은 전 세계 대부분의 국가에서 운영하고 있으며, 지방공기업은 지역주민에게 공공서비스 제공을 위해 필수적인 바, 여기서는 자본주의 국가인 미국과 일본, 그리고 사회주의 국가인 중국의 지방공기업 주요 유형과 특징에 대해 간단히 서술한다.

### 1) 미국 지방공기업

#### (1) 미국 공기업 개요

미국 공기업은 소유주체에 따라 연방정부의 공기업, 주정부의 공기업, 그리고 지방자치단체의 공기업으로 구분할 수 있다(유훈, 2000: 153-156). 연방정부의 공기업은 제1·2차 세계대전, 경제공황 등을 거치면서 대규모화였다가 종전 이후 많은 공기업이 불하되거나 폐쇄되어, 현재는 미국연방예금보험공사(Federal Deposit Insurance Corporation: FDIC), 암트랙(Amtrak, 전미여객철도공사) 등 소수의 기업만이 남아 있다. 주정부의 공기업은 19세기 초에 주정부가 은행의 경영을 위시하여 유료도로, 운하를 건설·운영하였으며, 철도의 건설에도 이바지했으나 19세기 중엽에 와서 대부분 폐쇄되었다. 오늘날 주정부의 공기업은 주로 교통시설, 전력사업, 보험사업, 주류판매업과 관련된 것들이 있으며, 대표적으로는 뉴욕·뉴저지항만공사, 뉴욕주전력공사 등이 있다. 주(州)보다 낮은 단계의 지방자치단체 또한 공기업을 소유하고 있으며,

주로 상・하수도사업, 전력사업, 교통사업(대도시의 지하철・버스・전차 등), 가스공급사업 등과 관련된 사업 등을 주로 소유하고 있다.

### (2) 미국 공기업의 역사

오늘날과 같은 공기업 조직은 미국의 건국 초기부터 존재하였는데, 주로 국가 차원의 개량공사에 활용되었다. 하지만, 각 주 및 지방정부도 1700년대 후반과 1800년대 초반에 운하, 교량, 도로, 공공건물의 건설과 은행, 대중교통, 교육시설의 운영을 위해 공기업을 설립하였다. 특히, 이들 사업 중에서 가중 규모가 큰 사업은 이리운하위원회(Erie Canal Commission)[5]에 의해 설립된 이리운하(Erie Canal)였다. 그러나 1800년대 중반 이후부터는 민간기업을 육성하고 공기업을 축소하는 경향이 지배적이었다.

1900년대 들어서면서 미국의 공기업은 새로운 변화를 경험하게 되었다. 1900년대 초반 진보주의적 성향이 강조되면서 공기업에 대한 정치적 간섭이나 행정적 관여를 지양하고, 공기업의 능률성과 효과성을 향상시키기 위한 노력이 배가되었다. 이에 따라 공기업의 기본적 특징으로 독립채산제, 독립적 의사결정 및 관리, 그리고 정치적 중립 등이 강조되었다. 이러한 특징을 가장 먼저 받아들인 공기업은 1921년에 설립된 지방공기업 일종인 뉴욕항만공사였다.

자본주의와 개인주의 성향이 강한 미국에서 공기업은 1930년대까지 크게 발전을 하지 못했으나, 루스벨트(Franklin D. Roosevelt) 대통령이 공기업은 미국 전역에 공평한 서비스를 제공할 수 있는 조직으로 인식하면서 크게 발전한다. 뉴딜(New Deal) 기간 동안 테네시개발공사(Tennessee Valley Authority: TVA)가 설립되었으며, 연방정부는 48개 주정부로 하여금 공기업을 통해 지역사회의 사회기반시설을 구축하도록 하였다. 이에 따라 미국 전역에서 상수도, 하수도, 주택사업 등이 공기업으로 운영되기 시작했다.

제2차 세계대전 이후 10년 동안 공기업의 역할은 확대되었는데, 교통, 병원, 컨벤션센터, 항공, 레저시설, 고속도로, 교육시설 등 다양한 분야에서 공기업이 확대되었다. 특히, 뉴욕시장은 공공건물 건설, 교량, 터널, 레저시설 등에 공기업을 적극 활용하였다.

5) 이리운하위원회(Erie Canal Commission)는 뉴욕 주정부에 의해 1816년에 설립된 준 독립기관이다.

1960년대 미국의 공기업은 민간기업의 단점을 보완하기 위한 차원에서 설립되었다. 예를 들어, 뉴욕도시개발공사는 토지수용권, 비과세 수익채권발행, 지역용도지구제 등을 활용하여 지역개발을 도모하였다. 이처럼 주정부는 공기업을 통해 토지를 매입・개발한 후 민간기업에 임대해 주거나 매각함으로써 민간기업이 참여하기 어려운 사업을 수행하였다.

1980년대 미국의 공기업은 주로 학생, 농업인, 주택구매자 등에 자금을 융자해 주기 위해 설립되었다. 특히, 연방의회는 공기업의 민간기업적 소유와 운영을 규정하였으며, 활동 분야를 특정한 경제 분야로 한정하였다. 그러나 민간기업적 운영체제를 규정하면서도 공익적 목적 수행을 위해 정부는 상당한 재정적 보조금을 지원하였다.

1990년대 미국의 공기업은 재정적 메커니즘과 서비스 전달기관으로서의 역할이 확대되었다. 작은 정부의 구현에 직면한 정부는 공기업을 균형예산에 피해를 주지 않고 납세자의 저항도 줄일 수 있는 예산외의 제도(off-budget entity)로 인식하고 있으며, 전통적인 행정 기능을 재정립할 수 있는 제도적 장치로 이해되고 있다(원구환, 2001: 107-108).

### (3) 지방공기업의 유형

찬과 로젠블룸(Chan & Rosenbloom, 2009)은 지방공기업을 특별구(special district)와 공사(public authority)로 분류하고 있다. 먼저, 특별구는 특정의 목적을 위하여 제한된 사무를 처리하기 위해 주법에 따라 설치되었고, 서비스를 제공하기 위한 독립된 과세 권한을 가지며 선출된 위원회에 의해 운영된다. 특별구가 제공하는 서비스는 주로 교육, 상하수도, 위생, 전력 등이다.

특별구의 설치는 기능별 분류와 지역별 분류로 구분된다(노승용・이정주, 2006). 먼저, 기능별 분류에 의하면 단일목적 특별구[6]와 다목적 특별구가 존재한다. 지역적 분류에 의하면 세 가지 유형의 특별구가 존재한다. 첫째, 복수의 지방자치단체의 구역에 걸친 광역적인 사무[7]를 처리하기 위해서 설치된 특별구, 둘째, 도시권 내의 지역주민들에게 도시형태의 서비스(상수도, 하수도, 위생, 가로, 소방 등)를 제공하기

6) 단일목적 특별구는 공동묘지, 교육, 소방, 고속도로, 보건, 병원, 주택과 지역개발, 도서관, 천연자원, 공원, 하수처리, 상수도 등이 있다(김용운, 2013: 10).

7) 동일하천 유역의 다수의 County가 치수와 수리 이용을 목적으로 설치하는 경우나, 동일 도시권 내의 지방자치단체가 도시교통 사무의 경영을 목적으로 설치하는 경우. 뉴욕 항만구, 워싱턴 도시권교통구 등이 있다(김용운, 2013: 10).

위해 만들어지는 특별구, 셋째, 농촌특별구로 농업적인 필요에 따라 토양보존, 배수 및 관개와 같은 기능을 제공하기 위해 설치한다.

다음으로 공사는 예산, 인사, 다른 행정 기능과 관련해서 일반적으로 공공조직을 통제하는 정치체제와 법령으로부터 독립되어 있다. 공사는 하나의 자치단체 또는 둘 이상의 자치단체에 의하여 설립된다. 공사는 독립적으로 채권을 발행할 수 있으며, 독립된 법인체로서 독자적으로 소송을 수행할 수 있다. 이와 같은 공사의 대표적인 예로는 뉴욕·뉴저지 항만공사(Port Authority of New York and New Jersey)를 들 수 있는데 1921년에 설립되어 세계무역센터(World Trade Center), 교량, 터널, 기타 뉴욕 시내에 있는 다양한 사회기반시설을 관리하고 있다. 예컨대, 뉴욕주의 경우 2012년 12월 기준 주 소유 공사가 324개, 지방자치단체 소유 공사가 837개, 다른 주와의 합작 형태의 공사가 8개로 총 1,169개의 공사가 있다(김용운, 2013: 10-12). [표 3-9]는 뉴욕주의 공기업 현황을 보여준다.

**표 3-9 뉴욕주의 공기업 현황**

| 공사 | 개수 |
|---|---|
| 주 소유 공사 | 324 |
| 지방자치단체 소유 공사 | 837 |
| 다른 주와의 합작 공사 | 8 |
| 합계 | 1,169 |

자료: Public Authorities by the Numbers by OFFICE OF THE NEW YORK STATE COMPTROLLER(2012. 12).

### 2) 일본 지방공기업

일본의 지방공기업은 우리나라와 유사한 형태를 취하고 있다. 일본의 지방공기업도 크게는 직접경영방식과 간접경영방식으로 구분된다. 일본의 직접경영방식은 지방공영기업이라 하며, 우리나라의 지방직영기업과 유사하고, 간접경영방식은 제3섹터 법인, 지방3공사, 지방독립행정법인으로 구분된다. 제3섹터 법인은 일반사단법인 및 일반재단법인에 관한 법률에 근거하여 설립된 사단법인·재단법인·특수민법법인, 「회사법」에 근거하여 설립된 주식회사·합명회사·합자회사·합동회사 및 특별유한회사를 의미한다. 지방3공사는 지방주택공급공사, 「지방도로공사법」에 의한 지방도로공사, 「공유지의 확대 추진에 관한 법률」에 의한 토지개발공사로서 「공법」상의 법인형태를 의미한다. 일본의 경우는 제3섹터 법인, 지방3공사 이외에 지방독립행정법인이 존재한다.

일본의 독립행정법인은 1999년 7월에 제정된 독립행정법인 「통칙법」 제2조 제1항에 근거하여 설립된 것으로 우리나라의 책임운영기관과 유사한 법인을 의미한다. 일본은 세계사적 민영화의 흐름 속에서 정부 기능의 비효율성을 극복하고 행정서비스를 고도화하기 위한 조치로 정부 규모를 축소하였다. 특히, 정부의 각종 집행사업 등을 정부조직에서 분리하고, 민간경영방식을 도입하여 행정서비스의 개선을 도모하였다(원구환, 2018: 161).

### (1) 일본 지방공영기업 특징

일본의 지방공영기업은 우리나라의 지방직영기업과 동일한 경영형태로서 지방자치단체의 소속으로 운영되는 특징을 지니고 있으며, 공무원이 직접경영하는 기업이라 할 수 있다. 다만, 일본 지방공영기업의 관리자는 공무원만이 아니라 민간인도 임명될 수 있는 데 비해, 우리나라 지방직영기업의 관리자는 공무원 중에만 임명될 수 있다. 또한 일본 지방공영기업 관리자는 부하 직원을 선택할 수 있는 인사권을 갖고 있는 데 비해, 우리나라는 그렇지 못하다.

일본의 「지방공영기업법」은 법률상 당연히 적용되는 것과 지방자치단체가 자주적 결정에 따라 적용되는 경우와 재무규정만 적용되는 경우가 있다. 「지방공영기업법」에서는 지방공영기업의 범위를 수도사업, 공업용수도사업, 궤도사업, 자동차운송사업, 철도사업, 전기사업, 가스사업 등 7개의 법정사업과 재무규정 등을 당연히 적용하는 병원사업, 법령이 정하는 기준, 즉 경비를 해당 사업의 경영수입으로 충당할 수 있는 사업에 대해서는 조례로 정하는 바에 의하여 「지방공영기업법」 규정의 전부 또는 일부를 적용할 수 있다.

일본의 지방공영기업으로 운영되는 사업은 수도사업, 공업용수도사업, 교통사업(버스, 도시고속철도사업, 노면전차, 모노레일 등), 전기, 가스, 병원, 하수도사업 등이다. 사업수익의 측면에서는 하수도사업이 가장 많고, 그 다음이 상수도사업이라 할 수 있다. 법 적용기업 중에서는 상수도사업이 가장 많고, 법 비적용기업 중에서는 하수도사업이 가장 많은 비중을 차지하고 있다(안용식 외, 2001: 123-124).

#### (2) 직접경영방식의 광역화

일본의 경우 각 가정에 급수를 행하는 수도사업이나 병원 등의 사업에 대해서는 일부 사무조합방식으로 경영되는 경우가 많고, 수도용수 공급, 전기, 공업용 수도 또는 지역의 중핵적인 병원 등의 대해서는 도도부현 경영방식으로 경영하는 경우가 많다. 즉, 광역자치단체(도도부현)에 의한 경영과 기업단(직접경영사업의 조합적 경영)에 의한 경영형태가 존재한다. 사업별로 보면 조합 경영의 비율이 높은 것은 상수도, 병원, 하수도, 도축장사업 등이고, 도도부현 직영의 비율이 높은 것은 택지조성, 하수도, 병원, 항만 정비, 전기사업 등이다(안용식 외, 2001: 123-124).

#### (3) 지방공사의 광역화

일본의 지방공사는 우리나라의 지방공사와 유사한 형태이며, 그 구성도 다양하다. 즉, 지방공사를 설립하면서 복수의 지방자치단체가 전액 출자하여 설립할 수도 있으며, 복수의 지방공공단체가 민간과 더불어 지방공사를 설립할 수 있다.

광역지방공사의 형태는 주로 지역 및 도시개발 분야가 가장 많고, 그 다음으로는 사회복지 및 보건의료 분야, 생활위생의 순으로 나타나고 있다. 민관광역 지방공사의 경우는 상공 분야 및 농림수산 분야가 상대적으로 많은 비중을 차지하고 있다. 지방공영기업으로 운영되는 사업 중에서도 광역적으로 처리되는 사업이 존재하는데, 기업단이나 일부 사무조합형태로 운영되고 있다(안용식 외, 2001: 123-124).

### 3) 중국의 지방공기업[8)]

#### (1) 중국 지방공기업의 개요

중국은 1949년 '중화인민공화국' 건국부터 "국유화 경제시대"가 되었다. 중국 초기의 공기업은 국영기업으로 국유경제의 기원에서 유래한다. 중국에서 최초로 지방공기업으로 분리된 것은 1950년 3월 정무원회의 이후부터다. 초기의 지방공기업은 계획경제의 영향으로 중앙정부의 관리 감독을 강하게 받았다. 여전히 지방정부의 지방공기업에 대한 독자적 관리가 제약을 받고 있다고 할 수 있다. 이러한 역사적인 유래에서 지방공기업은 여전히 공익성을 추구하는 경향이 강하여 생산성과의 조화는 어

8) 중국의 지방공기업은 이상식(2014)의 박사논문 내용을 정리한 것이다.

려운데, 이러한 특징은 중국공기업과 지방공기업의 등장 초기부터 나타난다.

지방공기업의 경영이념은 공익성과 생산성의 동시 실현이다. 공익성은 공공기관으로서의 책임성으로, 지방공기업이 지방정부의 정치적 · 사회경제적 목표를 추구하는데 이바지하는 것을 의미하며, 생산성은 지방기업이 기업으로서의 계속적인 상품생산의 주체가 되며, 이를 위해 경영적 자주성을 갖는 것을 의미한다.

중국은 국영기업과 지방공기업의 개혁 차원에서 다양한 변화를 시도했다. 그 변화는 생산성과 공공성의 적절한 조화보다는 여전히 공공성의 우위를 강조한다. 이는 중국의 '개혁 · 개방' 전면화 단계(1989~1995)에서 '현대화 기업제도'가 도입되었다. 이 현대화 기업제도는 소유제 제도를 구축하고, 소유권과 경영권의 법제화를 시도한 것으로, 서구의 '시장경제체제'와 중국의 전통적인 '계획경제체제'의 조화를 촉구하는 정책이다. 그러나 소유제 제도는 공유제가 중심이 되고, 집단과 사유제가 보조적인 것으로 볼 수 있다.

1997년 이후 "중국식 사회주의 시장경제체제" 구축 역시 중앙은 계획경제를 실시하고, 공유제 원리로 지방공기업과 기타 기업을 시장경제에 따른 운영을 실시하는 것이다. 공유제의 원리를 구체적으로 살펴보면 다음과 같다.

첫째, 반드시 공유제를 중심으로 하고 여러 종류의 경제 성분이 공동으로 발전하는 것을 견지하고, 나아가 국유기업(국가공기업과 지방기업)의 경영체제를 전환하고, 시장경제의 수용에 대응하고, 산업권과 책임과 권리를 명확히 하고, 정부와 기업의 분리를 통해 과학적인 관리에 기초한 현대화된 기업제도를 구축한다. 둘째, 전국적으로 개방적인 시장경제체계를 구축하고, 도시와 농촌의 긴밀한 결합을 실현하고, 국내시장과 국제시장을 연결하고 자원의 최적 배분을 조직한다. 셋째, 정부의 독점 기능을 관리경제 기능으로 전환하고, 간접수단을 위주로 국민경제의 원활한 운영을 보장한다. 넷째, 다양한 사회보장제도를 마련하고, 국정에 맞는 사회보장을 제공하고 경제발전과 사회안전망을 촉진하는 것이다.

### (2) 중국 지방공기업의 특징

중국 지방공기업은 지방정부에서 설립하고, 지방경제발전에서 주도적 · 결정적 명맥을 감당하고, 영리의 창출과 사회의 수요를 충족시키는 것을 위하여 생산과 경영을 담당하는 기업법인이다. 이를 구체적으로 살펴보면 다음과 같다.

첫째, 기업의 주체가 지방정부이다. 기업의 주체란 곧 기업의 자본금에 대한 투입으로 결정되는 소유권과 경영권의 지분을 의미한다. 지방정부가 기업의 주체가 되려면 반드시 국가, 또는 지방정부가 자본금의 투입을 전제로 해야 한다.

둘째, 지역경제발전에서의 지방공기업은 지방경제에서 주도적 · 결정적 역할을 하는 것이다. 지방공기업이 지방의 생산 · 유통, 서비스 공급 등 각 분야에 분포되어 있고, 규모도 비교적 방대함을 지적한다.

셋째, 목적의 2종성이다. 지방공기업의 목적은 지방공기업이 이윤창출을 통하여 지방재정의 근본적인 보장과 확충이고, 또한 저렴한 가격이나 무상으로 주민들에게 서비스를 공급하는 것이다. 양자는 하나의 융합체를 이루고 있다.

넷째, 기업법인이다. 법적인 등록이 있고, 생산과 경영이 규제되고, 독립채산제로 운영되는 기업법인 실체이다(이상식, 2004: 23).

### (3) 공사(公司) 분류

중국에서 공사란 "정부의 인정을 거쳐서 법적인 절차로 조직된 영리를 목적으로 한 기업법인"을 말한다. 공사는 다음과 같은 세 가지 특징을 갖는다. 첫째, 합법성이다. 공사는 반드시 법률이 규정한 조례와 법률이 규정한 순서에 의하여 설립하고, 공사가 설립한 후 공사는 반드시 엄격히 법률 규정에 따라서 활동을 진행한다. 둘째, 경영성이다. 공사는 기업의 일종으로서 반드시 자기의 생산과 경영, 혹은 노무를 제공하여 사회수요를 만족하고, 동시에 경제적 이득을 얻는 것이다. 오직 경제적 이익을 얻어야 만이 공사는 생존 · 발전할 수 있기 때문에, 공사는 이윤추구를 근본적인 목적으로 한다. 셋째, 독립성이다. 공사는 마치 자연인처럼 권리를 향수하고 있고, 또한 의무와 책임을 감당하는 독립적인 법인 자격을 갖는 기업체이다.

중화인민공화국 「공사법(公司法)」에 의하면 공사를 주식유한책임공사, 책임유한공사, 책임무한공사 등으로 크게 분류한다. 주식유한책임공사는 등록자본에 의해 주식시장거래형 주식유한공사와 주식 등록형 주식유한공사로 세분화한다. 책임유한공사는 국영과 사영 책임유한공사로 세분화하고, 책임무한공사는 아직 실질적으로 현존하지 않는데, 중국 공사에 대한 분류와 특징은 [표 3-10]과 같다(이상식, 2004: 99-104).

**표 3-10 중국 공사에 대한 분류 및 특징**

(단위: 인민폐 원)

| 종류 | 주요 특징 | 세분류 |
|---|---|---|
| 주식유한책임공사 | 발기인 3명 이상, 등록주식자본금 1,000만 원 이상, 주식 거래형은 등록주식자본금이 2,000만 원 이상 | – 주식 거래형<br>– 주식 등록형 |
| 책임유한공사 | 발기인 2명 이상, 20명 이하 등록주식자본금 10만 원 이상 | – 국영 책임유한공사<br>– 민영 책임유한공사 |
| 책임무한공사 | 등록주식자본금에 대한 책임이 무한 | ※ 책임무한공사는 이론상에만 존재 |

자료: 이상식(2004: 102).

### (4) 중국의 개혁과 개방의 변화

계획경제에서는 지방공기업에 대한 전반적인 통제로 기업이 자주적인 경영권을 상실하게 되었다. 하지만, 계획경제에서 시장경제로 전환하기 위해서는 지방공기업의 자주적인 경영권 확대를 통한 지방공기업의 독립채산제를 실현하는 것이다. 구체적으로 다음과 같이 자주적인 경영권의 확대가 이루어졌다.

첫째, 지방공기업의 자주권을 확대하였다. 공기업이 경영이윤을 자유롭게 지배할 수 있고, 점차적으로 고정자산의 절구비(折旧費, 감가상각비)를 높이고 사용 방법도 개선하며, 고정자산의 유상점유제와 유동자금 신대(信代)제도를 실시하고, 기업 자체에서 신기술·상품개량을 자체적으로 실시하는 내용이다. 이를 통해 생산을 시장의 수요에 따라 계획하여 생산효율성을 대폭적으로 높여 기업의 활성화를 촉구하게 되었다.

둘째, 경제책임제의 실시이다. 경제책임제는 기업이 자체로 손익을 책임지고 기업 내부에 다양한 생산조직과 임금제도를 실시하며, 또한 공기업의 손익이 기업과 직원 간의 이익과 직접적인 연관성을 높여 적극적인 동기를 유발하는 생산경제체제이다. 즉, 공기업에 책임경영제를 도입함에 따라 기업의 손익이 직접적으로 경영자와 생산자의 적극성을 자극하게 되어 일시적인 이윤의 극대화를 촉구하게 되었다.

셋째, '이윤제'를 '세금제'로 하고 다양한 임대경영제를 촉진하였다. 이윤제를 세금제로 전환을 통하여 경영자에게 기업임대제, 책임제 등의 여러 가지 자산경영제를 실시하였다.

넷째, 소유권과 경영권의 분리이다. 지방공기업의 소유권은 지방정부가 보유하고, 경영권은 경영자에게 양도하는 것이다. 즉, 지방정부는 공기업의 유지·통제 기능을 담당하고, 경영수단으로서 경영권은 경영자의 적극성과 활성화를 최대한으로 촉진하고서, 경영자의 능동성을 충분히 발휘하도록 하는 데 있다. 하지만, 이론상으로 가능하지만 실천적으로 적용하는 데에는 많은 한계가 따랐다(이상식, 102-104).

### (5) 지방공기업 광역화

지방공기업의 광역화 현상은 지방공기업의 설립과 운영이 광역권역을 설정하여 이루어지거나, 설립주체나 운영주체가 다수인 경우에 해당한다. 중국 지방공기업에 대한 개혁은 기본적인 개혁모델이 없이 다양한 형식의 개혁을 추진하고 있다. 지방공적자금의 투입과 민간단체 혹은 민간인과의 합자·합작기업과 집단화 형식의 기업이 출현하는데, 이러한 기업들은 지방공기업의 참여로 여전히 지방공기업의 성격을 보유한 기업들이다.

주식제 공사는 주식유한공사와 책임유한공사로 구분되는데, 규모가 크고 영향력이 크면서 같은 유형의 기업들을 집단적으로 결합하여 주식유한공사를 건립하는 것이다. 하지만, 지방공기업이 지역행정구역의 영향을 받아 생산능력 이용률이 낮고 중복되는 건설투자로 자원·재원의 낭비가 심각하게 발생하고 있음에도 지방공기업의 광역화는 한계점을 가지고 있는데, 이를 구체적으로 살펴보면 다음과 같다. 첫째, 지방공기업의 규모화 효과[9]를 실현하지 못하고 있다. 둘째, 지방공기업의 설립이 정치행정구역의 제약을 받아 막대한 낭비를 초래하고 있다. 셋째, 지방공기업의 광역화가 정치행정의 광역화에 적응되지 못하고 있다(이상식, 2004: 95-96).

### (6) 제3섹터화 및 민영화

공유화가 기본적인 이념이지만, 중국의 공기업이 완전 공유화만 추구한 것은 아니었으며, 공영과 사영의 합작이 존재한다(제3섹터화). 중국의 전통적인 계획경제체제에서 사기업의 소유권을 인정해 주는 완전 민영화는 시장경제체제로의 획기적인 전환을 의미한다. 지방공기업으로 전망이 없고 경제효과가 없는 지방공기업들은 그 사업의 공익성과 사회성을 불문하고 완전민영화, 즉 민간에게 지방공기업을 매각하여 소유권과 경영권을 모두 민간에게 이전시켰다. 예를 들면, 시내 공공버스 운영사업, 부동산 개발사업, 여행사업 등은 완전민영화가 실현되었는데, 새로운 경영사상과 자

9) 규모화 효과란 산출되는 이윤과 이익을 생산 규모와 투자 규모에 의해 실현하는 것이다. 단일 산출물의 이윤과 이익은 적지만, 총체적인 산출효과는 매우 크다.

금의 투입으로 서비스의 질을 제고시켰지만, 여전히 요금의 증가 현상이 발생하였다(이상식, 2004: 96-98).

## 제 2 절 지방공기업과 경영수익사업

### 1. 경영수익사업의 본질

#### 1) 경영수익사업의 개념

경영수익사업이란 지방자치단체가 주체가 되어 취약한 지방재정을 타개하기 위하여 주민의 추가적인 조세부담이나 중앙정부의 재정지원에 의존함이 없이 지역의 공유 부존자원을 생산적으로 활용하고 공공시설물을 효율적으로 관리하는 경제활동으로 세외수입의 증대를 목적으로 하는 사업이라 정의할 수 있다.

경영수익사업은 일반적으로 두 가지 측면에서 정의될 수 있다. 첫째, 학자들의 개념 정의는 지방자치단체가 지역주민의 추가적인 조세부담이나 중앙정부의 재정지원에 의존함이 없이 경영적 측면에서 운영하는 지방자치단체의 공공활동으로 이해할 수 있다. 둘째, 실무적인 차원에서는 경영수익사업이란 지방자치단체가 별도의 조직이나 인력 없이 민간경제를 침해하지 않는 범위 내에서 지역의 유휴 부존자원을 생산적으로 활용하고, 사업에 필요한 인력과 예산을 투입하여 재정 확충을 도모하는 사업이라고 할 수 있다. 따라서 지방자치단체의 경영수익사업은 수익적 측면에서 지방자치단체가 운영하는 경영활동을 의미하며, 한편으로 주민의 반발이 예상되는 조세부담을 통하지 않고, 지방자치단체의 자주재원 확충을 도모하고자 하는 공익적 행정활동이라고 할 수 있다(김윤기 · 이장희, 1998).

#### 2) 경영수익사업의 특성

경영수익사업과 지방공기업은 사업방식, 인력과 장비, 회계방식에서 차이가 존재한다. 지방공기업은 계속적인 재화와 서비스가 제공되고 별도의 조직과 인력, 물적 시설을 갖추고 있으며, 회계는 특별회계방식을 채택하고 있는 반면, 경영수익사업은 일시적 사업으로 추진되며, 별도의 인력과 장비, 시설 없이 일반회계나 기타 특별회계로 운영되기 때문이다(김윤기 · 이장희, 1998).

또한 경영수익사업과 민간기업은 사업운영방식과 경영목표에 차이가 존재한다. 경영수익사업은 지방자치단체가 행정과정에 경영관리기법과 방식을 활용한 사업 운영 방식이다. 민간기업이 영리를 목적으로 하고 있는 데 반해, 경영수익사업은 공공성의 범위 내에서 수익성을 추구하기 때문이다. 그리고 수혜 대상은 이용하는 주민에 한하고, 이익은 공공투자나 서비스 향상 등의 형태로 이용자인 주민들에게 재투자하고 있다(김윤기 · 이장희, 1998).

### 3) 경영수익사업의 필요성

1960년대부터 오늘에 이르는 지속적인 경제발전은 우리나라의 정치 · 사회적 여건 변화와 국민 생활 수준의 향상 등으로 많은 행정수요의 변화를 가져왔다. 특히, 지방행정의 수요 측면에서 1960년대가 주로 개발 수요의 경제적 측면이 강조된 반면, 1990년대에는 복지 · 환경 · 사회 · 문화적 요소가 그 주류를 이루고 있다. 이와 같이 주민들의 기대와 함께 사회가 다변화하면서 급증하는 행정수요에 대응해 나가야 하는 지방자치단체로서는, 지방재정이 언제나 이에 미치지 못하였다. 그렇기 때문에 지방자치단체는 지역 내 유휴 부존자원을 활용하여 민간경제를 침해하지 않는 범위 내에서 자원을 생산적으로 활용하는 경제활동을 추진하는 이유는 다음과 같은 이점 때문이다(김윤기 · 이장희, 1998: 113-114).

첫째, 취약한 지방재정을 살릴 수 있다는 점이다. 경영수익사업은 일반행정과는 달리 지역주민에게 재정적 부담을 지우지 않고, 지방재정을 건실화시킬 수 있는 이점이 있다. 또한 경영수익사업은 어느 정도 중앙의 논리에서 벗어나 지방의 자율적 운영이 가능한 사업영역이기 때문에, 진정한 의미에서 지방의 자치재정권을 확보할 수 있는 영역이다(안용식 외, 2001: 128-129).

둘째, 지방행정의 경영철학을 제고할 수 있다는 점이다. 지방자치가 활성화되어 있지 않은 상태에서는 지방의 독특한 자원 개발이 중앙의 논리에 의해 거부되거나 사장되는 경우가 많았다. 그러나 지방자치가 활성화되면서 자연스럽게 지방의 독특한 논리에 관심을 갖기 시작했으며, 자치단체의 창의적인 노력과 경영 능력 여하에 따라 경영 성과가 달라지는 사업영역이다(안용식 외, 2001: 128-129).

셋째, 지역경제의 취약성을 극복할 수 있다는 점이다. 지역의 민간경제가 취약하여 민간기업이 특정한 사업을 수행하지 못하거나, 민간부문에서 수지 타산이 맞지 않아 경영에 참여하지 못하는 경우 자치단체가 지역경제의 활성화를 목적으로 사업에 참여함으로써, 취약한 지역경제의 안정과 자원의 효율적 배분을 도모할 수 있다(안용식 외, 2001: 128-129).

## 2. 경영수익사업의 구조 및 개선

경영수익사업은 지방자치단체가 주체가 되어 민간경제를 침해하지 않는 범위 내에서 공익 증진과 세외수입 증대를 위하여 자원을 생산적으로 활용하는 경제활동으로 지방세외 수입의 한 형태로 운영되며, 공유재산 관리가 주된 사업 대상으로 이해되고 있다. 첫째, 공공성의 성격을 지닌 지방자치단체가 기업적 성격의 경제활동을 수행하는 것이 경영수익사업이므로, 지방자치 시대에 부합하는 올바른 경영수익사업을 모색하기 위해서는 경영수익사업을 지방공기업 사업과 통합하는 방향과 관료제적 운영방식의 개선을 모색하는 전략을 고려해 볼 필요가 있다. 둘째, 사업의 성격상 지방공기업으로 운영하는 것이 적합하지 아니한 사업일 경우로 국한하는 것이 바람직하다(안용식 외, 2001: 133).

### 1) 지방공기업 사업과 통합

지방자치단체에서 운영하고 있는 경영수익사업과 지방공기업 사업과의 통합을 추진하는 것이 필요하다. 현행 지방자치단체가 운영하고 경영수익사업을 지방공기업으로 운영되는 사업과 비교하면 많은 영역이 중첩되는 사례를 발견할 수 있다. 토지개발 이용은 주로 지방공기업의 지방공영개발사업과 중첩되고 있으며, 건설자재 생산공급, 공유재산의 생산관리, 농림수산 소득증대 등과 같은 사업은 지방공기업(특히, 지방공사)과 유사한 양상을 보여주고 있다. 이와 같이 지방자치단체는 경영수익사업을 시행함으로써 공익성보다는 수익성에 치우친다는 비판을 받곤 한다. 따라서 경영수익사업의 영역을 지방공기업의 영역과 통합하여 운영하고, 직접경영방식으로 운영하기보다는 간접경영화하거나 제3섹터와 같이 민관협영화를 모색하는 것이 바람직할 것이다(원구환, 1993: 214; 안용식 외, 2001: 133).

### 2) 관료제적 운영방식의 개선

기업적 경제활동으로 이해되는 경영수익사업의 본질적 성격과 독점적·공익적 성격을 지니는 관료제의 성격과 모순을 극복하기 위해서는 다음과 같은 개선방안을 생각해 볼 수 있다(안용식 외, 2001: 134-135).

첫째, 경영수익사업은 지방자치단체가 주체가 되어 추진하는 사업이므로, 중앙정부 주도적 하향식 개발전략은 지양되어야 한다. 즉, 중앙정부가 일방적이고 일률적으로 사업 범위를 규정하는 것은 지방자치의 이념과 부합하지 않으며, 지역의 실정을 고려하지 못한 것으로써 지방재정 확충을 위한 경영수익사업이 오히려 지방재정을 악화시킬 수 있다.

둘째, 기업적 성격이 강조되지만 지나치게 수익성에 집착함으로써, 공익성 증대에 이바지한다는 궁극적 목적을 상실해서는 안 된다. 즉, 경영수익사업은 공익성을 실현하기 위한 수단적 도구로 인식되어야지 그 자체가 목적이 되어서는 안 된다. 특히, 경영수익사업을 담당하고 있는 공무원들은 수익성에 대한 개념 이외에 공공서비스 윤리의식을 확보하여 전체 지역주민의 봉사자로서의 입장을 견고히 해야 한다.

셋째, 사업경영의 책임성을 확보해야 한다. 지방자치단체가 운영하는 경영수익사업은 관료제적 방식으로 운영되므로 사업의 운영에 대한 주인의식이 결여될 수 있다. 따라서 경영수익사업을 활성화시키기 위해서는 민간기업적 요소인 경쟁의 원리를 고취시키고, 경영 성과에 대한 올바른 평가와 성과급과 같은 인센티브 제도를 도입하여 경영수익사업의 효율성을 증대시켜야 한다.

넷째, 지방자치단체가 경영수익사업을 수행한다는 것은 지방재정 확충을 위한 수단으로서의 의미를 지닌다. 경영수익사업이 빈약한 지방재정을 극복할 수 있는 방안으로 이해되기 위해서는 지역주민의 복리증진을 도모하는 사실을 널리 홍보하는 노력이 필요하다.

# 제 3 절 지방공기업의 광역화

## 1. 광역행정의 의의

광역행정은 자치단체의 구역을 넘어서 존재하는 행정사무를 종합적·통일적으로 처리하는 것일 뿐만 아니라, 일정한 행정사무를 광역적으로 처리함으로써 행정의 중복과 낭비를 없애고(능률성), 행정 목표를 좀 더 효과적으로 달성(효과성)함과 아울러, 지역 간 행정서비스의 불균등을 시정함으로써 지역 간 형평성을 도모하려는 행정방식이다(안용식 외, 2001: 110).

광역 상하수도사업이나 광역쓰레기장, 도로 등은 대표적인 광역사업(행정)들로, 이러한 사업을 수행하기 위해 중앙정부 산하에 공사를 설립하거나 중앙정부의 일선기관을 확충한다면, 이는 지방화 시대와 풀뿌리 민주주의 정신에 위배되는 것이라 볼 수 있다. 따라서 광역행정(사업)도 지방행정의 일환으로 인식하여 주민의 창의와 책임을 확보할 수 있는 민주적 방식으로 실시되어야 할 것이다.

## 2. 광역 지방공기업

지방공기업은 행정구역 단위로 운영되기 때문에, 행정구역을 초월하는 인근 지방자치단체와의 협력이 필요한 경우가 많다. 따라서 지방공기업은 국가공기업과는 달리 지방자치단체 간의 공동 설립을 통한 지방공기업 운영방식이 나타날 수 있다. 「지방공기업법」은 지방공기업 대상 사업에 대하여 두 가지 광역화 방안을 제시하고 있는데, 하나는 지방직영기업에 의한 조합 방식이고, 다른 하나는 지방공사·공단의 공동 설립 방식이다.

### 1) 조합

「지방공기업법」 제44조와 제45조에 의하면 지방자치단체는 지방직영기업이 경영에 관한 사무를 광역적으로 처리하는 데 필요한 때에는 규약을 정하여 공동으로 지방자치단체 조합을 설립할 수 있으며, 조합장은 관계 자치단체의 공무원 중 지방직영기업의 경영에 관하여 지식과 경험이 풍부한 자 중에서 관계 지방자치단체의 장이 공동으로 임명하되, 임기제로 할 수 있음을 명시하고 있다. 현재 조합방식으로 운영되는 광역적 지방공기업은 존재하지 않는다(안용식 외, 2001: 118). 지방공기업의 경영형태와 광역화 방안은 [표 3-11]과 같다.

**표 3-11 지방공기업의 경영형태와 광역화 방안**

| 광역대상 사업 | 광역주체 | 광역 방식 | |
|---|---|---|---|
| | | 직접경영 | 간접경영 |
| • 당연적용사업<br>• 임의적용사업<br>(법 제2조) | 정부 | 지방직영기업 | 지방공사, 지방공단 |
| | 정부 + 민간 | | 지방공사형 제3섹터, 주식회사형 제3섹터, 재단법인형 제3섹터 |
| | 정부 + 민간 | 조합 | 광역지방공사, 광역지방공단 |
| | 2 이상 정부 + 민간 | | 민관광역지방공사(가칭), 관광광역주식회사(가칭) |

자료: 안용식 외(2001:119).

## 2) 지방공사 · 공단의 공동 설립

「지방공기업법」 제50조와 제76조에 의하면 지방자치단체는 상호 규약을 정하여 공동으로 지방공사와 지방공단을 설립할 수 있다. 이때 규약에는 공사(공단)의 명칭, 사무소의 위치, 설립 지방자치단체, 사업 내용, 공동 처리 사항, 의결기관 대표자의 선임 방법, 출자 방법, 그 밖에 필요한 사항을 규정하여야 한다. 지방공사 · 공단을 공동 설립한 경우에는 행정안전부 장관에게 보고하여야 한다(지방공기업법 시행령 제78조). 또한 지방자치단체 간의 상호 규약은 「지방공기업법」의 범위 내에서 제정되어야 한다.

광역지방공사의 대표적인 사례는 1997년 서울시와 구리시가 공동으로 설립한 구리농수산물공사[10]를 들 수 있다. 자본금 1,094억 원 중에서 서울시가 252억 원(23%)을 출자하였고, 구리시가 842억 원(77%)을 출자하였다. 지방공사는 조직 특성상 수익적 사업을 통해 공익적 목표를 달성해야 하는 기관이므로, 2개 이상의 지방자치단체가 공동으로 광역지방공사를 설립하고자 할 때에는, 사업 범위를 명확하게 설정하고 관

10) 구리농수산물도매시장관리공사 설치 조례는 1996년 12월 30일에 제정되었다.

리자의 선임, 지도감독, 상호 책임 및 위험부담에 관한 규정을 체계적으로 사전에 설정할 필요가 있다.

「지방공기업법」 제58조 제2항에 의하면 사장 및 감사의 임면은 지방자치단체의 장이 임면한다. 다만, 공동 설립한 공사의 경우에는 지방자치단체 간의 규약으로 정하는 바에 따른다고 규정하고 있다. 이 규약에 따르면 구리시장에 사장 임면권, 조례 및 정관 제정, 공사관리 운영권 등을 일임하여 운영하고 있으며, 서울시는 이사회에 참여하여 권리를 행사하고 있다(안용식 외, 2001: 119-120).

### 3) 민관광역출자기관

「지방자치단체 출자·출연 기관의 운영에 관한 법률」에 따르면 지방자치단체의 지분이 100분 50 미만의 출자기관을 설립·운영할 수 있다. 이와 같이 민간의 자본금 출자비율이 50% 이상이고, 2개 이상의 지방자치단체가 자본금의 50% 미만을 출자한 조직형태를 민관광역출자기관이라 한다. 예를 들어, 강원심층수(주)는 강원도(20%), 고성군(20%), 민간(60%)이 출자한 법인형태이며, 먹는 해양심층수를 판매하는 민관광역출자기관이다. (주)엑스코는 대구광역시와 경상북도, 민간이 공동출자하였으며, (주)킨텍스는 경기도와 고양시, 민간이 공동 출자하였다.

그러나 지방자치단체가 50% 이상 출자하였음에도 불구하고, 「지방공기업법」을 적용받지 않고, 「지방자치단체 출자·출연 기관의 운영에 관한 법률」의 적용을 받고 있는 사례가 존재한다. 즉, (주)킨텍스의 경우 경기도와 고양시의 출자비율이 50%를 넘고 있으므로 지방공사에 해당하는 형태라 할 수 있는데, 실제 관리는 「지방자치단체 출자·출연 기관의 운영에 관한 법률」의 적용을 받고 있다. 또한 공기업이 출자하고 있는데, 국가공기업을 민간으로 분류하고 있어 공공부문과 민간부문 출자에 대한 명확한 개념 정의가 아직도 불명확하다(원구환, 2018: 156-158). 지방자치단체가 출자한 컨벤션센터 현황은 [표 3-12]와 같다.

**표 3-12 지방자치단체가 출자한 컨벤션센터 현황**

| 자치단체 | 기관명 | 출자 지배구조 | | 비고 |
|---|---|---|---|---|
| | | 자치단체 | 민간 | |
| 부산 | (주)벡스코 | 42.5% | 57.5% | KOTRA(26%), 현대그룹 계열사 컨소시엄(21.5%) |
| 대구 | (주)엑스코 | 대구 77.24%, 경북 2.20% | 20.56% | 대구상공회의소 등 민간기업 |
| 경기 | (주)킨텍스 | 경기 33.43%, 고양 33.57% | 33.0% | KOTRA(33%) 참여 |
| 제주 | (주)제주국제컨벤션센터 | 57.02% | 42.98% | 관광공사(17.42%) |

# 제 4 절 지방공기업의 현황

## 1. 지방공기업의 현황

우리나라 정부조직의 직제상 지방공기업에 대한 업무분담이 1964년 처음 등장하였고, 「지방공기업법」이 1969년 1월 19일 제정되면서 지방공기업이 제도화되었다. 1970년대 7개에 불과하던 지방공기업은 1995년 지방자치의 확대와 함께 지방공기업의 설립인가권이 행정안전부 장관에서 지방자치단체장으로 이양된 이후부터 지방공기업은 2000년 234개, 2010년 378개, 그리고 2020년 409개로 급격히 증가하였다. 이러한 지방공기업의 증가 배경에는 지방자치제의 정착으로 '지역성'을 가진 사업들에 대한 주민 욕구의 증가와, 다수 공공사업의 서비스 제공을 위한 기업형태의 활용, 그리고 정치적 영향력을 강화하려는 방편으로 가속화되었다고 볼 수 있다(정성호 · 정창훈, 2011b). 이를 구체적으로 살펴보면 다음과 같다.

첫째, 1999년 「지방공기업법」이 개정되면서 지방공기업 설립이 지방자치단체의 독자적 판단만으로 가능하기 때문으로 볼 수 있다. 지방자치단체는 「지방공기업법」 제49조 제2항 규정에 설치조례를 입법하고, 제3항이 정한 바 시행령에 따라 주민 복리 및 지역경제에 미치는 효과, 사업성 등 지방공기업으로서의 타당성 여부를 미리 검토하면 설립할 수 있다. 둘째, 최근 들어 시설관리공단이 급속도로 증가하는 것은 지역

주민들의 소득 수준이 증가하고, 여가 활동이 증가함에 따라 체육 및 문화시설이 급증한 영향으로 볼 수 있다. 셋째, 2000년대 들어 택지개발 등의 수요가 늘어나면서 지방개발공사의 설립이 증가한 것을 원인으로 볼 수 있다. 세종특별자치시를 제외한 16개의 광역자치단체는 모두 도시개발공사를 설립·운용하고 있으며, 수도권의 택지개발사업을 위해 기초자치단체의 개발공사가 설립되는 경우가 증가하고 있다(신열·장덕희, 2010). [표 3-13]은 연도별 지방공기업 현황, [그림 3-1]은 연도별 지방공기업 현황 추이를 보여준다.

**표 3-13 연도별 지방공기업 현황**

(단위: 개)

| 구분 | 1970 | 1980 | 1990 | 2000 | 2005 | 2010 | 2015 | 2020 |
|---|---|---|---|---|---|---|---|---|
| 합계 | 7 | 33 | 128 | 234 | 312 | 378 | 400 | 409 |
| 지방직영기업 | 6 | 30 | 125 | 175 | 215 | 241 | 257 | 255 |
| 지방공사 | 1 | 3 | 3 | 29 | 35 | 55 | 61 | 67 |
| 지방공단 | 0 | 0 | 0 | 30 | 62 | 82 | 82 | 87 |

자료: 행정안전부(2020). 지방공공기관경영정보시스템.

**그림 3-1 연도별 지방공기업 현황 추이**

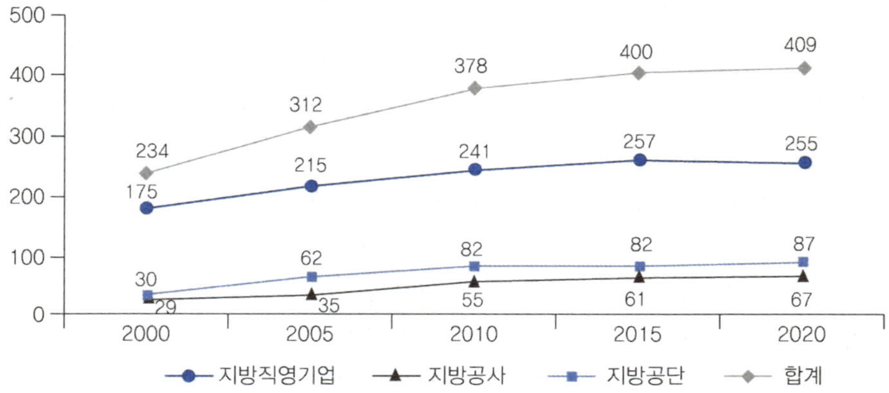


자료: 행정안전부(2020). 지방공공기관경영정보시스템.

## 2. 지방공사 및 지방공단 현황

지방자치단체의 지방공기업 중에서 간접경영방식의 지방공사 및 지방공단의 설립 현황을 살펴본다. 지방공사는 일반적으로 지방자치단체가 지역주민의 공공복리를 증진하고, 그 행정운영에 협력케 하기 위해 스스로 출자하여 지방자치단체 구역 내에 설립하여, 재정적 · 행정적 원조를 제공하면서 그 경영에 관여하는 법인이다. 지방공사의 특징은 지방자치단체와는 별개의 법인격을 가지고 있다는 점, 지방자치단체가 설립한 법인인 점, 지방자치단체가 출자 · 대부 · 보상 · 채무보증 · 손실보상 등의 재정적 원조를 제공함과 아울러, 대주주의 자격으로 경영에 직 · 간접적으로 관여하고 있는 점 등을 들 수 있다. 지방공사는 대부분이 지방자치단체가 전액 출자하여 설립하나, 필요한 경우 지방자치단체 외의 자로부터 50% 미만의 출자를 받아 설립할 수 있다.

지방공단은 지방자치단체의 고유업무를 전문성과 기술성을 살려 전담하는 공공업무 대행기관으로서 주차시설, 체육시설 등 주로 공공시설관리 분야에서 설립 · 운영되고 있다. 지방공사와 공단은 지방자치단체가 법인을 설립하여 간접적으로 기업활동을 하는 간접경영방식으로 운영한다. 또한 지방자치단체가 50% 이상 출자한 독립법인으로 자치단체와 별도로 독립적으로 운영되며, 종사자의 신분은 민간인이다.

간접경영방식의 지방공사는 민간부문의 성격이 강한 사업을 공공성을 확보하기 위해 자치단체가 간접경영하는 회사로서, 도시개발, 지하철, 농산물 유통 등의 다양한 분야의 사업영역을 담당한다. 반면, 지방공단은 지방자치단체의 고유한 업무 중 일부를 전문성과 기술성을 확보한다는 목적 하에서 설립하여 주차장, 체육시설의 관리 등 주로 시설관리 분야를 전담 · 대행하도록 하는 공공업무 대행기관이다(소일섭, 2013).

지방공기업의 설립이 증대하는 이유는 지방자치단체의 행정수요 증가에 따른 재정부담을 감소시키고, 기업적인 성격을 도입하여 공공서비스를 효율적으로 운영하기 위해서이다. 국가공기업이나 지방공기업은 민간부문에 맡겨 공급할 수 없는 성격의 서비스와 재화를 공공부문이 생산 · 공급하되, 국가나 지방의 관료조직을 활용하기보다는 기업적 성격을 기구를 별도로 설립하여 활용하는 것이다(김수신, 2012).

2020년 전국 지방공기업 총 409개로, 이 중 지방직영기업 255개(상수도 122개, 하수도 103개, 공영개발 29개, 자동차운송 1개)이다. 지방공사 · 공단은 154개(도시철도 6개, 도시개발 15개, 기타공사 47개, 공단 86개)가 설립 · 운영되고 있다. [표 3-14]는 유형별 및 자치단체별 전국 지방공기업 현황을 보여준다.

**표 3-14 전국 지방공기업 현황**

(단위: 개)

| 시·도 | 합계 | 지방직영기업 | | | | | 지방공사·공단 | | | | |
|---|---|---|---|---|---|---|---|---|---|---|---|
| | | 소계 | 상수도 | 하수도 | 공영개발 | 운송 | 소계 | 도시철도 | 도시개발 | 기타공사 | 공단 |
| 합계 | 409 | 255 | 122 | 103 | 29 | 1 | 154 | 6 | 15 | 47 | 86 |
| 서울 | 32 | 2 | 1 | 1 | | | 30 | 1 | 1 | 2 | 26 |
| 부산 | 9 | 2 | 1 | 1 | | | 7 | 1 | 1 | 1 | 4 |
| 대구 | 7 | 2 | 1 | 1 | | | 5 | 1 | 1 | | 3 |
| 인천 | 16 | 3 | 1 | 1 | 1 | | 13 | 1 | 1 | 1 | 10 |
| 광주 | 7 | 2 | 1 | 1 | | | 5 | 1 | 1 | 1 | 2 |
| 대전 | 6 | 2 | 1 | 1 | | | 4 | 1 | 1 | 1 | 1 |
| 울산 | 8 | 2 | 1 | 1 | | | 6 | | 1 | | 5 |
| 세종 | 5 | 3 | 1 | 1 | 1 | | 2 | | | 1 | 1 |
| 경기 | 107 | 71 | 31 | 31 | 10 | | 35 | | 1 | 26 | 8 |
| 강원 | 31 | 23 | 15 | 5 | 3 | | 8 | | | 3 | 5 |
| 충북 | 21 | 17 | 8 | 7 | 2 | | 4 | | 1 | | 3 |
| 충남 | 36 | 30 | 14 | 12 | 4 | | 6 | | 1 | 1 | 4 |
| 전북 | 20 | 17 | 9 | 7 | 1 | | 3 | | 1 | 1 | 1 |
| 전남 | 21 | 19 | 8 | 8 | 3 | | 2 | | 1 | | 1 |
| 경북 | 38 | 28 | 15 | 13 | | | 10 | | 1 | 3 | 6 |
| 경남 | 39 | 28 | 13 | 11 | 4 | | 11 | | 1 | 4 | 6 |
| 제주 | 6 | 3 | 1 | 1 | | 1 | 3 | | 1 | 2 | |

자료: 행정안전부(2020). 지방공공기관경영정보시스템.

## 3. 지방출자·출연기관

지방출자·출연기관은 흔히 제3섹터(third sector)라고 불리는데, 이는 공공부문(1섹터)과 민간부문(2섹터)이 공동출자해서 만든 사업체를 말한다. 제3섹터는 1990년대에 들어서면서 본격적으로 설립되기 시작했으며, 교통 관련 사업이나 시장 및 유통사업, 관광사업, 전시컨벤션 등의 사업을 수행하고 있다(윤태범 외, 2020: 143). 지방자치단체 출자·출연기관은 과거에는 지방공기업으로 분류되었지만 더 이상 이에 해당하지 않는다. 하지만, 일부 지방출자·출연기관(특히, 출자기관)과 지방공기업은 기능이 유사하고 구분도 어려운 편이다.

행정안전부는 지방출자·출연기관을 체계적으로 관리하기 위해 「지방공기업법」에서 분리하여 「지방자치단체 출자·출연 기관의 운영에 관한 법률」을 2014년 3월 24일 제정하고, 2014년 9월 25일부터 시행하고 있다. 지방출자·출연기관은 지방자치단체가 출자하거나 출연하여 그 기관의 경영을 합리화하고 운영의 투명성을 높임으로써 지역주민에 대한 복리증진, 지역주민의 소득증대, 지역경제발전, 지역개발 활성 등에 이바지함을 목적으로 한다.[11] 지방출자·출연기관의 특징으로는 지방자치단체가 지방출자·출연기관에 대한 출자 또는 출연분에 대해서만 책임을 지며, 임원은 주주총회 또는 이사회에서 선출함을 원칙으로 한다. 또한 직원은 공무원이 아니며, 직원에 대한 자체 인사 규정을 제정 등을 할 수 있는 특징을 가지고 있다. [표 3-15]는 지방자치단체 출자·출연기관 현황을, [표 3-16]은 지방공기업 및 지방자치단체 출자·출연기관에 대한 비교를 보여준다.

**표 3-15 지방자치단체 출자·출연기관 현황**

| 시·도 | 계 | 출자기관 | 출연기관 |
|---|---|---|---|
| 합계 | 843 | 99 | 744 |
| 서울 | 67 | 5 | 62 |
| 부산 | 32 | 2 | 30 |
| 대구 | 27 | 1 | 26 |
| 인천 | 24 | 5 | 19 |
| 광주 | 20 | 1 | 19 |
| 대전 | 19 | 0 | 19 |
| 울산 | 15 | 0 | 15 |
| 세종 | 7 | 3 | 4 |
| 경기 | 148 | 15 | 133 |
| 강원 | 85 | 12 | 73 |
| 충북 | 41 | 8 | 33 |
| 충남 | 64 | 4 | 60 |
| 전북 | 60 | 8 | 52 |
| 전남 | 80 | 12 | 68 |
| 경북 | 72 | 6 | 66 |
| 경남 | 68 | 16 | 52 |
| 제주 | 14 | 1 | 13 |

자료: 행정안전부(2022.3). 지방공공기관경영정보시스템.

11) 지방자치단체 출자·출연기관에 대한 상세한 내용은 정창훈 외(2022)의 『지방자치단체 출자·출연기관론』을 참고.

**표 3-16 지방공기업 및 지방자치단체 출자·출연기관에 대한 비교**

| 구분 | 지방공기업 | | | 출자·출연법인 |
|---|---|---|---|---|
| | 지방직영기업 | 지방공사 | 지방공단 | |
| 적용법률 | 지방공기업법<br>지방자치법<br>지방재정법 | 지방공기업법<br>상법(일부 준용) | 지방공기업법 | 지방자치단체<br>출자·출연<br>기관의 운영에<br>관한 법률,<br>상법, 민법 |
| 사업성격 | 주민 생활서비스 | 공공성>수익성 | 공공성 | 공공성<수익성 |
| 설립 | 자치단체 조직<br>(특별회계)<br><br>※ 조례로 설립 | 자치단체 단독 또는<br>민관공동 출자<br>(민간 50% 미만)<br>※ 조례로 설립 | 자치단체 단독<br>(자치단체 100%)<br><br>※ 조례로 설립 | 민관공동 출자<br>(자치단체 10%<br>이상~<br>50% 미만) |
| 경영비용 | 사용료 등 | 판매수입, 대행수수료 | 대행사업비 | 판매수입 |
| 손익금처리 | 가능 | 가능 | 불가 | 가능 |
| 자본조달 | 타회계 전출금<br>자체수입금<br>지방채 발행 | 자치단체 또는<br>민간 증자<br>자체수입금<br>공사채 발행 | 자치단체 증자<br>공단채 발행 | 자치단체 또는<br>민간 증자<br>자체수입금 |
| 타법인 출자 | – | 직전 연도<br>자기자본금의<br>10% 한도 내에서<br>출자 가능 | 타법인 출자 불가 | 제한없음 |
| 대표자 | 관리자<br>(자치단체장 임명) | 사장<br>(공모 절차를 거쳐<br>자치단체장 임명) | 이사장<br>(공모 절차를 거쳐<br>자치단체장 임명) | 대표이사<br>(공모 절차를 걸쳐<br>공개경쟁방식 임명) |
| 업무관계 | 자치단체 고유사무 | 독립사업 경영,<br>특정 사무 대행 | 자치단체 사무 중<br>특정 사무 대행 | 독립사업 경영 |
| 사업 범위 | 당연적용사업＋<br>임의적용사업 | 당연적용사업＋<br>임의적용사업 | 당연적용사업＋<br>임의적용사업 | 임의적용사업 |

자료: 행정안전부(2021). 『지방공기업 설립기준』.

CHAPTER 4

# 지방공기업의 설립과 경영 현황

이 장에서는 지방공기업의 적용대상 사업 어떠한 특징을 지니고 있는지 이해하고, 지방공기업의 설립 요건과 설립 절차를 알아본다. 또한 지방직영기업과 간접경영방식의 경영 현황이 어떻게 변화하고 있는가를 살펴본다. 구체적으로, 2002~2020년 간의 지방공기업의 주요한 경영 현황 및 추이를 살펴본다.

## 제 1 절 지방공기업법의 적용 범위

### 1. 지방공기업법 적용대상 사업

#### 1) 당연적용사업과 임의적용사업

「지방공기업법」 제2조에 의하면 지방자치단체가 경영하는 기업에 모두 일률적으로 적용되는 것은 아니고, 기업에 따라 당연적용사업과 임의적용사업으로 나뉜다. 지방공기업법의 적용대상 사업에 있어서 당연적용사업은 대통령령이 정하는 일정 규모 기준 이상이면 의무적으로 적용하는 사업이며, 임의적용사업은 지방자치단체별로 조례가 정하는 바에 의하여 자주적으로 법을 적용할 수 있는 사업이다. 이러한 법정 사업에 대해서는 규모의 대소를 불문하고 법률 규정의 전부가 당연히 적용되며, 지방자치단체의 의사 여하에 관계없이, 또는 별도의 절차를 요하지 않고 법률 규정의 효과로서 적용 관계가 발생한다.

「지방공기업법」 당연적용사업에 있어 법을 적용하는 기준을 직접경영사업 형태에만 적용하느냐, 간접경영방식에도 적용하느냐 하는 것이 중요한 문제가 될 수 있다. 하지만, 규모에 따른 법 적용 기준은 지방직영기업에만 적용토록 하고, 지방공사 · 지방공단은 사업 규모에 관계없이 설립 · 운영할 수 있다. 즉, 지방공사 · 지방공단 방식의 경우 설립 규모 기준이 필요 없기 때문에, 지방직영기업에 비해 서비스 공급의 다양화를 보다 신속하고 적극적으로 추진할 수 있는 장점이 있다(원구환, 2018: 139). 다음 [표 4-1]은 「지방공기업법」의 사업영역을 보여준다.

**표 4-1 지방공기업법의 사업영역**

<table>
<tr><th rowspan="2">사업<br>영역</th><th rowspan="2">세부 사업</th><th rowspan="2">적용기준</th><th colspan="2">적용유무</th></tr>
<tr><th>당연<br>적용</th><th>임의적용</th></tr>
<tr><td rowspan="9">당연<br>적용<br>사업[1]</td><td>수도사업(간이상수도사업 제외)</td><td>1일 생산능력 1만 톤 이상</td><td>○</td><td rowspan="9">적용기준에 미달하지만 경상경비의 5할 이상을 경상수입으로 충당할 수 있으면 적용 가능</td></tr>
<tr><td>공업용수도사업</td><td>1일 생산능력 1만 톤 이상</td><td>○</td></tr>
<tr><td>궤도사업(도시철도사업 포함)</td><td>보유차량 50량 이상</td><td>○</td></tr>
<tr><td>자동차운송사업</td><td>보유차량 30대 이상</td><td>○</td></tr>
<tr><td>지방도로사업(유료도로사업)</td><td>도로관리연장 50km 이상 또는 유료터널 · 교량 3개 이상</td><td>○</td></tr>
<tr><td>하수도사업</td><td>1일 처리능력 1만 톤 이상</td><td>○</td></tr>
<tr><td>주택사업</td><td>주택관리연면적 또는 주택건설면적 10만 평방미터 이상</td><td>○</td></tr>
<tr><td>토지개발사업</td><td>조성면적 10만 평방미터 이상</td><td>○</td></tr>
<tr><td>주택 · 토지 또는 공용 · 공공용건축물의 관리 등의 수탁</td><td>주택의 기능발휘와 이용을 위하여 필요한 부대시설과 편익시설(공원 · 녹지 · 주차장 · 어린이놀이터 · 노인정 · 관리시설 · 사회복지시설과 그 부대시설, 문화 · 체육 · 업무시설 등 거주자의 생활복리를 위하여 필요한 시설</td><td>○</td></tr>
<tr><td rowspan="2">임의<br>적용<br>사업</td><td colspan="2">1. 민간인의 경영 참여가 어려운 사업으로 주민 복리증진과 지역경제 활성화나 지역개발촉진에 기여할 수 있는 사업</td><td colspan="2" rowspan="2">경상경비의 5할 이상을 경상수입으로 충당할 수 있으면 적용 가능</td></tr>
<tr><td colspan="2">2. 「체육시설의 설치 · 이용에 관한 법률」에 의한 체육시설 및 「관광진흥법」에 의한 관광사업</td></tr>
</table>

자료: 행정안전부(2021). 『지방공기업 설립기준』.

## 2) 지방공기업의 업종분류

「지방공기업법」 당연적용에 해당하는 지방공기업의 사업을 용역서비스업, 건설판매업으로 구분하고 있다(지방공기업법 시행규칙 제6조 제1항). 지방공기업의 업종분류표([표 4-2] 참조)는 지방공기업의 효율적인 통계관리와 회계제도 표준화를 위한 것이다.

1) 당연적용사업의 적용기준은 대상 사업의 규모 및 면적을 합산한다.

**표 4-2 지방공기업 업종분류표**

| 1. 용역서비스업 | 2. 건설판매업 |
|---|---|
| 가. 수도사업<br>나. 공업용수도사업<br>다. 궤도사업<br>라. 자동차운송사업<br>마. 지방도로사업<br>바. 하수도사업<br>사. 주택·토지 또는 공용·공공용건축물의 관리 등의 수탁 | 가. 주택사업<br>나. 토지개발사업 |

자료: 「지방공기업법 시행규칙」 [별표 1].

## 2. 지방공기업의 법정사업 대상

「지방공기업법」의 수도사업, 공업용수도사업, 궤도사업, 자동차운송사업, 지방도로사업, 하수도사업, 주택사업, 토지개발사업 등은 다음과 같다(원구환, 2018: 140-146).

### 1) 수도사업

상수도사업이 제공하는 급수서비스는 국민 생활과 생산활동에 없어서는 안 될 필수적인 기본재로서, 수도요금의 사회적 영향력은 매우 크다고 할 수 있다. 급수서비스란 단순히 '상수'라는 재화를 제공한다는 의미에 그치지 않고, 시민들이 언제든지 이용할 수 있도록 일정한 수준의 수량·수압·수질을 갖춘 상수를 공급하는 형태의 서비스를 의미한다(박록주, 2013: 22).

수도사업은 「수도법」 제3조에서 규정한 사업을 의미한다. 「수도법」 제3조 제18호에 의하면 "수도사업이란 일반 수요자 또는 다른 수도사업자에게 일반수도를 사용하여 원수나 정수를 공급하는 사업을 말한다." 이를 구체적으로 살펴보면, 수도사업은 크게 일반수도, 공업용수도, 전용수도로 구분되는데, 일반수도는 광역상수도, 지방상수도, 마을상수도[2]로 구분된다.

2) 마을상수도란 지방자치단체가 대통령령으로 정하는 수도시설에 따라 100명 이상 2,500명 이내의 급수 인구에게 정수를 공급하는 일반수도로서, 1일 공급량이 $20m^3$ 이상 $50m^3$ 미만인 수도 또는 이와 비슷한 규모의 수도로서, 특별시장·광역시장·특별자치시장·특별자치도지사·시장·군

「지방공기업법」에 규정되고 있는 수도사업은 지방상수도이다. “지방상수도”란 지방자치단체가 관할 지역주민, 인근 지방자치단체 또는 그 주민에게 원수나 정수를 공급하는 일반수도로서 광역상수도 및 마을상수도 외의 수도를 의미한다. 수도사업은 통상 상수도사업이라 일컫는다. “공업용수도”란 공업용수도사업자가 원수 또는 정수를 공업용에 맞게 처리하여 공급하는 수도를 의미한다. “전용수도”란 전용상수도와 전용공업용수도를 의미하는데, 전용상수도란 100명 이상을 수용하는 기숙사 · 사택 · 요양소, 그 밖의 시설에서 사용되는 자가용의 수도와 수도사업에 제공되는 수도 외의 수도로서, 100명 이상 5,000명 이내의 급수인구(학교 · 교회 등의 유동 인구를 포함)에 대하여 원수나 정수를 공급하는 수도를 말한다. 다만, 다른 수도에서 공급되는 물만을 상수원으로 하는 것 중 일일 급수량과 시설과 규모가 대통령령으로 정하는 기준에 못 미치는 것은 제외한다. 또한 “전용공업용수도”란 수도사업에 제공되는 수도 외의 수도로서 원수 또는 정수를 공업용에 맞게 처리하여 사용하는 수도를 말한다. [그림 4-1]은 수도의 구분을 보여준다.

**그림 4-1 수도의 구분**

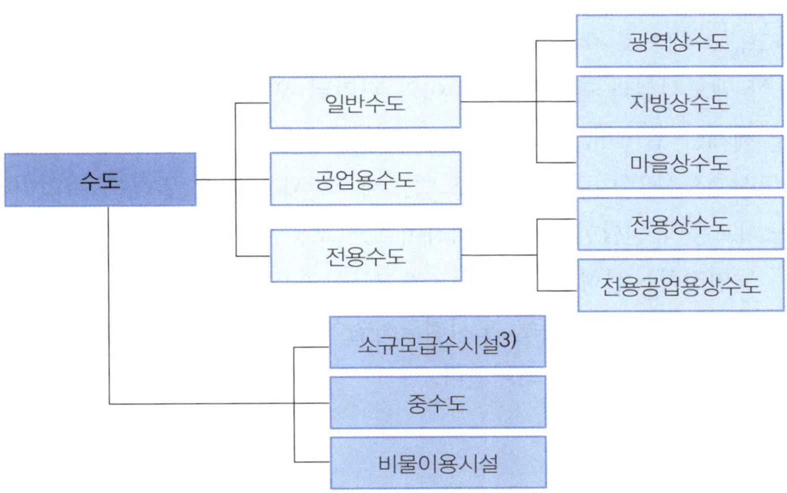


수(광역시의 군수는 제외)가 지정하는 수도를 말한다.

3) 소규모급수시설이란 주민이 공동으로 설치 · 관리하는 급수인구 100명 미만 또는 1일 공급량 20m$^3$ 미만인 급수시설 중 특별시장 · 광역시장 · 특별자치시장 · 특별자치도지사 · 시장 · 군수(광역시의 군수는 제외)가 지정하는 급수시설을 말한다.

다만, 다른 수도에서 공급되는 물만을 상수원으로 하는 것 중 일일 급수량과 시설의 규모가 대통령령으로 정하는 기준에 못 미치는 것은 제외한다. 따라서 「지방공기업법」에서 규정되고 있는 수도사업은 지방상수도인데, 국가공기업인 한국수자원공사는 광역상수도를 담당하며, 지방직영기업은 지방상수도를 담당한다. 수도사업은 통상 상수도사업을 일컫는다.

### 2) 공업용수도사업

"공업용수도사업"이란 「수도법」 제3조 제20호 규정에 따라 일반 수요자 또는 다른 수도사업자에게 공업용수도를 사용하여 원수나 정수를 공급하는 사업을 의미한다. 이 경우 "공업용수도"란 공업용수도사업자가 원수 또는 정수를 공업용에 맞게 처리하여 공급하는 수도를 의미한다(수도법 제3조 제10호).

### 3) 궤도사업

"궤도사업"이란 「궤도운송법」 제2조 제7항에 따라 궤도를 이용하여 사람이나 화물을 운송하고, 그 대가로 수익을 얻는 사업을 말한다. 궤도란 사람이나 화물을 운송하는데 필요한 궤도시설과 궤도차량 및 이와 관련된 운영 · 지원 체계가 유기적으로 구성된 운송 체계를 말하며, 삭도[4]를 포함한다(궤도운송법 제2조 제1호).

또한 "도시철도사업"이란 「도시철도법」 제2조 제2호에서 말하는 사업이다. "도시철도"는 도시교통의 원활한 소통을 위하여 도시교통권역에서 건설 · 운영하는 철도 · 모노레일 · 노면전차 · 선형유도전동기 · 자기부상열차 등 궤도(軌道)에 의한 교통시설 및 교통수단을 의미한다. 즉, 도시철도사업이란 도시철도건설사업, 도시철도운송사업 및 도시철도부대사업을 의미한다.

### 4) 자동차운송사업

"자동차운송사업"이란 「여객자동차 운수사업법」 및 「화물자동차 운수사업법」에서

4) 삭도란 공중에 설치한 와이어 로프에 궤도차량을 매달아 운행하여 사람이나 화물을 운송하는 것을 말한다(궤도운송법 제2조 제5호).

말하는 여객자동차운송사업과 화물자동차 운송사업을 의미한다.

이를 구체적으로 살펴보면, “여객자동차 운수사업”이란 여객자동차운송사업, 자동차대여사업, 여객자동차터미널사업 및 여객자동차운송플랫폼사업을 말한다(여객자동차 운수사업법 제2조). “여객자동차운송사업”이란 다른 사람의 수요에 응하여 자동차를 사용하여 유상으로 여객을 운송하는 사업을 말한다. “자동차대여사업”이란 다른 사람의 수요에 응하여 자동차를 사용하여 유상(有償)으로 여객을 운송하는 사업을 의미한다. 이는 다시 노선 여객자동차운동사업[5], 구역(區域) 여객자동차운송사업[6] 및 수요응답형 여객자동차운송사업[7]으로 구분된다. “화물자동차 운송사업”이란 다른 사람의 요구에 응하여 화물자동차를 사용하여 화물을 유상으로 운송하는 사업을 말한다. 이 경우 화주(貨主)가 화물자동차에 함께 탈 때의 화물은 중량, 용적, 형상 등이 여객자동차운송사업용 자동차에 싣기 부적합한 것으로서, 그 기준과 대상 차량 등은 국토교통부령으로 정한다(화물자동차 운수사업법 제2조 제3호).

### 5) 지방도로사업

「지방공기업법」에 규정하고 있는 지방도로사업은 유료도로에 국한된다. 즉, 지방자치단체가 관리청이 되어 통행료를 징수할 수 있는 도로의 신설, 개축, 유지, 수선 기타 관리에 관한 사업을 의미한다(유료도로법 제2조 제2호).

### 6) 하수도사업

「하수도법」 제2조에 의해 하수도사업이란 하수와 분뇨를 유출 또는 처리하기 위하

---

5) 노선(路線) 여객자동차운송사업이란 자동차를 정기적으로 운행하려는 구간(이하 “노선”이라 한다)을 정하여 여객을 운송하는 사업을 말한다.

6) 구역(區域) 여객자동차운송사업이란 사업구역을 정하여 그 사업구역 안에서 여객을 운송하는 사업을 말한다.

7) 수요응답형 여객자동차운송사업이란 다음 각 목의 어느 하나에 해당하는 경우로서, 운행계통·운행시간·운행횟수를 여객의 요청에 따라 탄력적으로 운영하여 여객을 운송하는 사업을 말한다. 가.「농업·농촌 및 식품산업 기본법」 제3조 제5호에 따른 농촌과 「수산업·어촌 발전 기본법」 제3조 제6호에 따른 어촌을 기점 또는 종점으로 하는 경우, 나.「대중교통의 육성 및 이용촉진에 관한 법률」 제16조에 따라 실시하는 대중교통현황조사에서 대중교통이 부족하다고 인정되는 지역을 운행하는 경우를 포함한다.

여 설치되는 하수관로 · 공공하수처리시설 · 간이공공하수처리시설 · 하수저류시설 · 분뇨처리시설 · 배수설비 · 개인하수처리시설 그 밖의 공작물 · 시설의 총체를 지방자치단체가 설치 또는 관리하는 사업을 의미한다.

### 7) 주택사업

주택사업은 「주택법」 제2조에 따른 사업으로, "주택"이란 세대의 구성원이 장기간 독립된 주거생활을 할 수 있는 구조로 된 건축물의 전부 또는 일부 및 그 부속토지를 말하며, 단독주택과 공동주택으로 구분한다. "단독주택"이란 1세대가 하나의 건축물 안에서 독립된 주거생활을 할 수 있는 구조로 된 주택을 말하며, 그 종류와 범위는 대통령령으로 정한다. "공동주택"이란 건축물의 벽 · 복도 · 계단이나 그 밖의 설비 등의 전부 또는 일부를 공동으로 사용하는 각 세대가 하나의 건축물 안에서 각각 독립된 주거생활을 할 수 구조로 된 주택을 말하며, 그 종류와 범위는 대통령령으로 정한다. 또한 "임대주택"이란 임대를 목적으로 하는 주택으로서, 「공공주택 특별법」 제2조 제1호 가목에 따른 공공임대주택과 「민간임대주택에 관한 특별법」 제2조 제1호에 따른 민간임대주택으로 구분한다. "사업주체"란 제15조에 따른 주택건설사업계획 또는 대지조성사업계획의 승인을 받아 그 사업을 시행하는 국가나 지방자치단체, 한국토지주택공사 또는 지방공사 등을 말한다.

### 8) 토지개발사업

토지개발사업은 「공공주택 특별법」에 따른 공공주택사업(공공주택지구조성, 공공주택건설사업, 공공주택매입사업, 공공주택관리사업), 「도시개발법」에 따른 도시개발사업, 「도시 및 주거환경정비법」에 따른 정비사업(주거환경개선사업, 주택재개발사업 주택재건축사업, 도시환경정비사업, 주거환경정비사업 및 가로주택정비사업), 「도시재정비 촉진을 위한 특별법」에 따른 재정비촉진사업, 「도시재생 활성화 및 지원에 관한 특별법」에 따른 도시재생사업, 「부동산개발업의 관리 및 육성에 관한 법률」 및 「부동산투자회사법」에 따른 부동산 개발사업, 「주택법」에 따른 주택건설 사업 및 대지조성사업, 「역세권의 개발 및 이용에 관한 법률」에 따른 역세권 개발사업, 「산업입지 및 개발에 관한 법률」에 따른 산업단지 개발사업 및 산업단지재생사업, 「산업집적활성화 및 공장설립에 관한 법률」에 따른 산업단지구조 고도화 사업, 「노후거점산업단지의 활력증진 및 경쟁력강화를 위한 특별법(노후거점산단법)」에 따른 노후거점산업단지 경쟁력강화사업, 「전통시장 및 상점가 육성을 위한 특별법」에 따른 상권활성화 사업 및 시장 정비사업 등이다.

## 제 2 절 지방공기업의 설립 요건 및 절차

지방공기업은 지방자치단체의 일반행정사무와 달리 자립성을 갖는 사업이고 일반행정사무에 비해 극히 특수성을 지니지만, 그 기업의 운영에 적자가 발생하는 경우에는 지방공기업을 설립한 지방자치단체가 최종적인 위험부담을 지지 않으면 안 된다. 다음에서는 각 경영형태별로 지방공기업을 설립 및 운영에 대해 살펴본다.

### 1. 지방직영기업

지방자치단체가 지방직영기업을 설치 · 경영하고자 할 때에는 그 설치 · 운영의 기본 사항을 조례로 정하여야 한다(지방공기업법 제5조). 지방자치단체는 지방직영기업을 설치 · 경영함에 있어서 항상 기업의 경제성과 공공복리를 증대하도록 운영하여야 하여, 민간경제를 위축시키거나 공정하고 자유로운 경제질서를 저해하거나 환경을 훼손시키지 아니하도록 노력하여야 한다(지방공기업법 제3조).

현행 지방직영기업으로 운영되는 사업은 상수도, 하수도, 공영개발, 자동차운송 등이다. 이러한 사업은 일반회계와는 달리 특별회계로 계리되고 있으며, 기업적 운영방식을 통해 효율성을 제고하기 위해 노력하고 있다. 이를 좀 더 구체적으로 살펴보면 다음과 같다(안용식 외, 2001: 150).

#### 1) 상 · 하수도사업

지방공기업으로 운영되는 상 · 하수도사업의 기본적 특징을 살펴보면 다음과 같다.

첫째, 주민의 일상생활에서 없어서는 안 될 공공적 서비스이다. 따라서 사기업이 아닌 공공단체에 의해 경영되는 것이 타당한 사업이며, 공공적 특질로 인해 많은 공적 규제를 받는 사업이다.

둘째, 상・하수도사업은 일반행정과 밀접한 상관성을 지니고 있다. 상・하수도사업은 단순히 상수, 하수에 관련된 문제만이 아니라 환경문제, 주택 건설, 택지 개발, 도시계획, 공업용수의 공급, 수자원의 개발 등 일반행정과의 종합적 연계가 필요한 사업이기 때문에, 지역의 행정과 경제에 미치는 영향력이 매우 크다.

셋째, 수익자부담의 원칙이 적용되는 요금재적 사업이다. 일반적으로 행정 기능을 수행하기 위해서는 재원이 필요하며, 그 재원은 지역주민의 조세에 의존하는 것이 보편적 원칙이다. 이 경우 납세자들이 자신이 납세한 만큼 정부로부터 서비스를 제공받았는가를 파악하기란 매우 어렵다. 즉, 수익과 비용이 일치하지 않는다. 그러나 상하수도사업은 이용자가 자신이 받은 서비스 혜택을 계량화하여 화폐 단위로 측정할 수 있는 사업이기 때문에, 수익과 비용이 일치하는 사업이다. 따라서 일반행정과 분리되어 수행되어야 할 사업이다.

넷째, 상수도사업은 1969년 「지방공기업법」이 제정되어 1970년에 최초로 적용된 사업이며, 현재까지 지방공기업(지방직영기업)에서 가장 많은 비율을 점하고 있는 사업이다. 이에 비해 하수도사업이 지방공기업으로 운영되는 경우가 매우 빈약한데, 이는 사업의 채산성을 맞추기 어렵고, 「지방공기업법」의 규정처럼 하수처리장 시설이 구비된 자치단체만이 지방공기업으로 당연적용하도록 되어 있기 때문이다. 즉, 지방공기업으로 운영되지 않는 자치단체의 하수도사업은 일반회계로 처리되고 있다(안용식 외, 2001: 151).

### 2) 공영개발사업

일반적으로 공영개발이란 토지공개념의 기초 하에 토지의 개발이익을 환수하고, 토지자원의 합리적 배분을 위하여 정부, 지방자치단체 또는 공공단체가 법률에 의해 토지를 취득하여 공급하는 개발 방식이다. 즉, 공영개발사업을 시행할 수 있는 공공기관은 크게 국가와 지방자치단체로 구분할 수 있는데, 지방자치단체가 추진하는 것을 지방공영개발사업이라 한다. 사업의 주체를 살펴보면 국가의 경우는 국토교통부가 직접 시행할 수도 있으나, 일반적으로 정부투자기관인 한국토지주택공사(LH)로 하여금 시행케 하고 있다. 이에 비해 지방자치단체의 경우는 지방공기업 특별회계를 설치하여 직접 사업을 시행할 수도 있고, 자치단체의 투자기관으로서 지방공사(도시개발공사, 기타공사)를 설립하여 이를 대행케 할 수도 있다.

지방공영개발사업이 등장하게 된 배경으로는 첫째, 1980년대 이후 주택 공급 등의 주민복지 수요와 각종 기반시설 정비 등 지역개발 수요는 급증하였으나, 빈약한 지방재정 및 자치단체의 개발행정 기능으로는 이러한 수요에 능동적으로 대처하기 어렵게 되었다. 둘째, 종래의 한국토지주택공사(LH)가 중심이 된 지방 단위에서의 공영개발 방식은 지역개발에 기여한 측면도 있으나, 개발이익의 지역 외 유출로 지역경제력의 손실과 주민의 불만을 가중시켰고, 더욱 공영개발과 관련한 연계 도로 등 도시기반시설을 당해 지방자치단체가 부담하는 등 문제점이 제기되었다.

이러한 지방공영개발사업을 효과적으로 추진하기 위해 당시 내무부(현 행정안전부)에서는 유관 기관과 협의하여 업무영역의 한계를 분명히 하였다. 즉, 한국토지주택공사는 신도시 개발이나 국가적 단위의 대규모 사업을 추진하고, 그 이외의 지방공영개발사업은 지방자치단체가 우선적으로 추진하도록 하였다(안용식 외, 2001: 152-153).

### 3) 자동차운송사업

자동차운송사업이란 「여객자동차 운수사업법」 및 「화물자동차 운수사업법」에서 말하는 여객자동차 운송사업과 화물자동차 운송사업을 의미한다.

제주특별자치도는 공영버스를 2018년 1월 1일부터 설치·운영하고 있다. 주로 민영버스 회사들이 운행을 기피하는 읍면지선 노선을 운행하고 있다. 제주특별자치도에서 유일하게 시내급행버스 등급의 300번 버스를 운행 중이다. 또한 공영버스 기사들은 시간선택제 임기제 공무원 신분이 다수이다.

## 2. 간접경영방식

간접경영방식이란 지방자치단체가 「공법」상 또는 「사법」상의 법인을 설립하여 이를 통해 간접적으로 기업활동을 행하는 방식이다. 간접경영방식은 자주적 책임경영이 가능하며, 기업으로서의 능률성이 제고되고, 민간의 자본·기술·전문지식과 결합함으로써 직접경영이 갖는 경직성을 극복할 수 있다. 그러나 지방자치단체의 통제력이나 다른 일반행정과의 종합성 확보, 통제문제, 노동쟁의 문제, 서비스의 안정적 공급 등 직접경영의 장점을 실현하기 어려운 단점이 있다(원구환, 2018: 150-152).

### 1) 지방공사

지방공사는 1980년 「지방공기업법」의 개정으로 법적 기반을 갖추게 된다. 1992년 「지방공기업법」 제3차 개정으로 직접경영방식은 지방직영기업으로 정의하고, 지방공기업을 지방직영기업과 지방공사·공단 모두를 포함하는 개념으로 규정하게 되었다. 또한 지방공사·공단의 설립단체 규모를 인구 50만 명 이상의 시에서 모든 지방자치단체로 확대한다.

지방공사는 다분히 민간부문의 성격이 강한 사업영역을 공공성 확보 차원에서 지방자치단체가 간접경영하는 일종의 회사로서 도시개발, 도시철도, 기타공사(항만공사, 관광공사, 에너지공사 등) 등 다양한 분야에서 설립되고 있다. 지방공사는 지방자치단체가 전액 출자하여 설립하나, 필요한 경우 지방자치단체 외의 자로부터 50% 미만의 출자를 받아 설립할 수 있다.

도시철도사업은 1970년대부터 시작되었고, 서울지하철공사는 1981년에 설립되었다. 도시개발공사는 기존의 공영개발사업을 독립된 전문기관에 의해 수행하고자 설립되기 시작하였는데, 1988년 대구도시공사가 설립·운영된다. 기타공사는 시설관리대행과 도시개발사업 등 복합사업으로 하는 기타공사가 출현하였으며, 자치단체 지역경제 활성화 및 주민 복지증진을 위한 인천관광공사, 경기평택항만공사, 구리농수산물공사, 서울에너지공사, 영양고추유통공사 등이 설립되어 운영되고 있다.

### 2) 지방공단

지방공단은 지방공사와 마찬가지로 1980년 「지방공기업법」을 개정하면서 처음으로 도입된 경영형태이다. 우리나라에서 처음으로 지방공단이라는 명칭을 사용한 지방공기업은 서울시설공단으로 1983년 설립되었다.

지방공단은 지방자치단체의 고유 업무를 전문성과 기술성을 살려 전담하는 공공업무대행기관으로서 설립·운영되고 있으며, 지방공단은 시설관리공단, 환경관리공단, 경륜공단 등으로 구분된다. 지방공단은 자치단체의 시설물을 위탁관리하고 자치단체로부터 사업비를 수령하여 집행하고, 차액을 정산하는 방식으로 운영하고 있다. 초기 지방공단의 핵심적 역할은 자치단체 내 시설물의 위탁관리였으나, 이제는 시설물의 위탁관리를 넘어서 주민들에게 공공서비스를 전달하는 역할을 수행한다(안성민, 2012: 23).

### 3) 지방공사와 지방공단의 특징

지방공사 및 지방공단은 다음과 특징을 지니고 있다. 첫째, 지방공사 및 지방공단은 전액 지방자치단체가 출자하기 때문에 지방자치단체의 소유이다. 다만, 우리나라의 경우 자본금의 1/2을 초과하지 아니하는 범위에서 지방자치단체 외의 자가 출자하여 설립하는 지방공사가 있을 수 있다. 따라서 지방공사의 경우는 자본의 1/2 범위 내에서 민간이 출자할 수 있으나, 지방공단의 경우는 민간의 출자가 허용되지 않는 경영형태이다.

둘째, 지방공사 및 지방공단은 지방의회의 의결을 거친 조례에 의해 설립된다.

셋째, 지방공사 및 지방공단은 법인으로서 법적 목적을 갖는 독립체이며, 제소하거나 피소될 수 있고, 자신의 이름으로 계약을 체결하며 재산을 획득할 수 있다.

넷째, 지방공사 및 지방공단은 일반적으로 재정적 독립성을 지닌다. 즉, 지방자치단체나 주민으로부터의 차용이나 재화 및 서비스 판매를 통한 수입으로 자금을 획득한다.

다섯째, 지방공사 및 지방공단은 예산회계에 있어 「지방공기업법」의 적용을 받게 되며, 일반행정기관과 똑같이 「감사원법」의 적용을 받는다.

여섯째, 지방공사 및 지방공단의 직원은 공무원이 아니며, 그 직원의 임용과 보수에 관한 규정은 자체적으로 제정할 수 있다.

일곱째, 지방공사 및 지방공단은 예산에 있어 지방의회의 심의 · 의결을 받지 않는다. [표 4-3]은 지방공사와 공단의 특징과 차이점을 보여준다.

**표 4-3 지방공사와 공단의 특징 및 차이점**

| 구분 \ 형태 | 지방공사 | | 지방공단 |
|---|---|---|---|
| | 지방자치단체 전액출자 | 민관공동 출자(50% 이상) | |
| 적용 범위 | 법과 시행령에 규정된 사업(법 제2조, 시행령 제2조 ①) | | 좌동 |

<table>
<tr><td>조직구성</td><td colspan="2">• 임원: 사장, 이사, 감사(법 제58조)<br>• 직원: 정관에 규정(법 제63조)<br>• 이사회(법 제62조)</td><td>• 이사장, 이사, 감사<br>• 직원: 정관에 규정<br>• 이사회(법 제76조 ②)</td></tr>
<tr><td>출자와<br>자금조달</td><td>• 현금 또는 현물에 의한 전액 전액 지방자치단체출자<br>(법 제53조 ①)</td><td>• 지방자치단체가 2분의 1 이상 출자(법 제53조 ②)<br>• 자금은 주식으로 분할발행 가능(법 제53조 ③)</td><td>• 지방자치단체 전액 출자(법 제76조 ②)</td></tr>
<tr><td>감독 · 예산 등</td><td colspan="2">• 자치단체의 장이 사장 임면(법 제58조 ②)<br>• 지방자치단체의 장이 공사의 업무감독(법 제73조)<br>• 행정안전부 장관과 설립단체의 장은 공사의 업무, 회계, 재산에 대한 검사 · 보고, 일반적 사무감독은 설립단체의 장(법 제74조)<br>• 정관 변경 시 설립단체의 장이 인가(법 제56조 ③)<br>• 예산 · 결산 · 사업계획서를 단체장에게 제출 · 보고(법 제65조, 제66조)<br>• 손익금 처리규정(법 제67조)<br>• 여유금의 제한적 운용(법 제69조)</td><td>• 이사장 등 좌동<br>(법 제76조 ②)<br>• 손익금 처리규정 적용 안 됨<br>(법 제76조 ②)</td></tr>
<tr><td>사업법인<br>형태 및<br>기타</td><td colspan="2">• 법인격 있음(법 제51조)<br>• 기업성이 강함<br>• 상법 중 주식회사에 관한 규정 준용(법 제75조)<br>• 민관공동 출자의 경우 상법준용(법 제75조)<br>• 공사의 임직원에 대한 형법준용(법 제83조)</td><td>• 비용부담규정<br>(법 제77조)<br>• 법인격 있음<br>(법 제76조 ②)<br>• 공단의 임직원에 대한 형법준용<br>(법 제83조)</td></tr>
<tr><td>성격</td><td colspan="2">일종의 회사</td><td>일종 공공업무대행기관</td></tr>
<tr><td>설립</td><td colspan="2">자치단체 단독 또는 민관 합작</td><td>자치단체 단독<br>(민관합작 불가)</td></tr>
<tr><td>업무관계</td><td colspan="2">단독사업 경영(융통성)</td><td>특정 사업 수탁(한정성)</td></tr>
<tr><td>경영비용</td><td colspan="2">판매수입</td><td>수탁금</td></tr>
<tr><td>자본조달</td><td colspan="2">사채발행, 증자(민간출자 가능)</td><td>공단채 발행, 증자<br>(민간출자 불가)</td></tr>
<tr><td>경영자</td><td colspan="2">사장, 부사장, 이사</td><td>이사장, 부이사장, 이사</td></tr>
<tr><td>영업수지</td><td colspan="2">수익≠비용(당기순이익 또는 순손실 발생)</td><td>수입 = 비용<br>(사업종료 시 정산)</td></tr>
</table>

* 법은 「지방공기업법」을 의미하며, 령은 「지방공기업법 시행령」을 의미함.
자료: 행정안전부(2021). 『지방공기업 설립기준』.

### 4) 경기도 기초자치단체 도시개발사업 사례

최근 우리나라의 도시개발사업과 관련한 최대 쟁점은 민간투자가 투자액에 비해 너무 과도한 이익을 가져갔다는 점이며, 예상보다 많은 수익이 발생해도 이를 환수할

만한 마땅한 법적 근거가 없었다는 점이다(예: 성남 대장지구도시개발사업). 중앙정부는 이러한 문제를 해결하기 위해 '도시개발사업의 공공성 강화방안'을 마련하였으며, 이를 반영한 「도시개발법」 개정안 등이 국회 논의를 거쳐 2021년 12월 9일 본회의를 통과하였다. 이후 「도시개발법 시행령」 및 「도시개발 업무지침」이 개정되어 2022년 6월 22일부터 시행되고 있다. 정부는 이번 법률 등 개정을 통해 민·관 공동사업 추진과정의 투명성과 공공성을 강화할 수 있을 것으로 기대하고 있으며, 주요 개정 사항을 살펴보면 다음과 같다.

첫째, 민·관 도시개발사업 시 민간 이윤율 총사업비의 10% 이내로 제한하고, 기준 이익을 초과하는 민간의 이익은 다양한 용도로 재투자하게 하였다. 또한 공공의 출자비율이 50%를 초과하는 경우는 분양가 상한제를 적용토록 하였다.

둘째, 민·관 공동 도시개발사업의 경우 세부적인 사업 절차를 정하고, 민간 참여자 공모 시 해당 평가계획 등을 공개하도록 하였다. 또한 협약에 반영할 내용으로 법률에서 규정된 사항 외에도 조성토지의 공급·처분, 개발이익 재투자에 관한 사항 등을 포함토록 하였다.

셋째, 개발 계획상 반영된 임대주택 계획이 변경되는 경우 기존에는 별도 심의 절차가 필요 없었으나, 당초 개발계획보다 임대주택이 10% 이상 감소하는 경우에는 도시계획위원회 심의를 거치도록 강화하였다. 또한 개발계획 반영 시 임대주택 의무비율을 지정권자가 해당 지역의 임대주택 수급 상황 등을 고려하여 ±10%p 범위에서 조정할 수 있었으나, 그 재량의 범위를 ±5%p로 축소하였다.

넷째, 지정권자가 도시개발 구역지정 시 구역 면적이 50만$m^2$ 이상인 경우(기존은 100만$m^2$ 이상) 국토교통부 장관과 협의하도록 하였으며, 특별히 민·관 공동 도시개발사업에 대해서는 국토교통부 장관이 사업자 선정, 운영 실태 등의 검사를 할 수 있도록 법률로 규정하였다.

지방자치단체는 지역의 체계적인 개발과 개발이익의 관외 유출을 방지하기 위해 도시공사를 설립하여 운영하고 있다. 경기도의 경우 기초자치단체에만 23개의 도시공사가 있으며, 각 공사는 도시개발, 주택 공급, 도심 정비사업 및 시설물 관리 등의 업무를 수행하고 있다. 경기도 내 기초자치단체 공사에서 추진하고 있는 개발사업들의 사업 규모는 최소 수천억 원에서 조 단위 이상의 자금 투입이 필요한 사업들이다. 이러한 규모의 사업을 자체적으로 추진하기 위해서는 상당한 자금의 차입이 필요하며, 자금 차입은 행정안전부 장관의 승인을 받도록 되어 있다.

**[2021년 12월 개정된 도시개발법 개정에 따른 제도 개선 내용]**

- 민간 이윤율 상한 설정 의무화(총사업비의 10% 이내), 상한 초과 시 개발이익 재투자 제도화
- 공공이 50% 초과 출자한 SPC가 시행하는 사업은 분양가 상한제 적용(주택법 개정)
- 민 · 관 공동사업 공모 절차 운영기준 신설
- 임대주택 계획 수립, 토지주택공급 변경 절차 강화 등

그런데 기초자치단체 공사의 경우는 차입한도[8]를 자본의 200%(광역자치단체 개발공사의 차입한도는 300%)로 제한받고 있어, 자본이 열악한 기초자치단체 공사가 대규모 자금조달을 통해 사업을 추진하는 것은 현실적으로 쉽지 않다. 이러한 이유로 기초자치단체 도시공사들은 민간자본을 활용한 사업방식을 선호할 수밖에 없으며, 현재 추진되고 있는 사업들의 상당수도 이러한 민관합동 방식의 사업으로 진행하고 있다. 민관합동 방식의 특징은 민간이 자금조달과 시공을 책임지고, 도시공사는 인허가 및 토지수용 등을 지원하는 역할을 담당하는 형태다. 현재 경기도 내 기초자치단체 공사에서 지구 지정을 받기 위해 민관합동 방식으로 사업을 추진하고 있는 도시개발 사업지구는 총 10곳으로 파악된다(고기훈, 2022: 71-72). 경기도 내 도시개발 사업 현황은 [표 4-4]와 같다.

**표 4-4 경기도 내 도시개발 사업 현황[9]**

| 구분 | 사업명<br>(사업기간) | 공사명 | 사업비 | 주택공급 | 추진단계 | 비고 |
|---|---|---|---|---|---|---|
| 합계 | 총 10건 | 8개 공사 | 14조<br>3,341억 원 | 58,206호 | 구역 미지정 | – |
| 1 | 광명문화복합단지<br>도시개발사업<br>(2019~2027) | 광명도시공사 | 6,550억 원 | 2,022호 | 도시개발구역<br>지정 신청<br>(2022.4.29) | SPC 출자, 운영<br>등 약 89억 원<br>매몰 |
| 2 | (가칭)구리시 한강변<br>도시개발사업<br>(2020~2030) | 구리도시공사 | 3조<br>2,400억 원 | 8,000호 | SPC 출자 준비<br>(의회의결 완료)<br>(2021.12.24) | – |

8) 지방공사는 광역자치단체 도시공사들과 달리 자본금이 적어 사업비를 마련하는 데에 한계가 있다. 지방공사는 공사채 발행 등을 통해 지역개발사업에 참여할 수 있는데 「지방공기업법」 등 관련 기준에 의거 자본금의 2.3배 내외로 공사채를 발행하여 일정 정도의 지분참여를 할 수 있다.
9) 「도시개발법 하위법령」 개정안에 대한 공동 건의문(경기도 도시공사연합회, 2022).

| | | | | | | |
|---|---|---|---|---|---|---|
| 3 | 김포고촌지구 복합개발사업 (2018~2026) | 김포도시관리공사 | 4,600억 원 | 3,500호 | 개발제한구역(GB) 해제 신청 (2020.12.29) | SPC 출자, 운영 등 약 61억 원 매몰 |
| 4 | 사우종합운동장부지 도시개발사업 (2019~2028) | 〃 | 6,566억 원 | 1,360호 | 사업협약 체결 완료 (1차: 2020.10.26, 2차: 2021.11.5) | 매몰기간(3년) 발생 |
| 5 | 시흥 미래형 첨단 자동차 클러스터 개발사업 (2016~공사 완료 고시일) | 시흥도시공사 (공모주체: 시흥시) | 1조 7,465억 원 | 11,190호 | 우선협상대상자 선정 완료 (2017.3.2) | GB 해제 용역 등 약 15억 원 매몰 |
| 6 | 공사참여 신규 개발사업 민간제안 공모 (2021~공사 완료 고시일) | 〃 | 3조 1,056억 원 (총 4건) | 16,227호 (총 4건) | 협상대상 사업 선정 완료 (2021.7.12) | - |
| 7 | 서안양 친환경 융합 스마트밸리 조성사업 (2019~2027) | 안양도시공사 | 2조 5,000억 원 | 5,000호 | 공모공고 완료 (우협 선정 전 단계) (2021.10.5) | 선수행용역비 등 약 30억 원 매몰 |
| 8 | 친환경 힐링 문화 복합단지 도시개발사업 (2021~2027) | 하남도시공사 | 3,591억 원 | 559호 | 우선협상대상자 선정 완료 (2021.8.12) | 공모관리 용역 등 약 15억 원 매몰 |
| 9 | 오산운암뜰 AI시티 도시개발사업 (2019~2025) | 평택, 수원도시공사 (공모 주체: 오산시) | 7,695억 원 | 5,823호 | 도시개발구역 지정 신청 (2021.11.29) | SPC 출자 등 기투입비 매몰 |
| 10 | 자동차 클러스터 조성사업 (2021~2027) | 평택도시공사 (공모주체: 평택시) | 8,418억 원 | 4,525호 | 8,418억 원 4,525호 우선협상대상자 선정 완료 (2022.1.11) | - |

자료: 고기훈(2022: 72).

도시개발사업은 기본계획 수립부터 지구 지정까지 수년이 소요된다. 이때까지 소요되는 비용과 인력도 상당하다. 민관합동개발사업은 대부분 사업 초기에 민간사업자를 선정한다. 사업 초기 민간사업자를 선정하는 이유는 지구 지정을 받기까지 상당한 시간과 비용이 수반되는데, 자본과 인력이 부족한 기초지방자치단체 공사들은 이러한 문제를 민간을 통해 해결하고자 하기 때문이다. 도시개발사업의 추진 절차와 현재 경기도 내 추진되고 있는 도시개발사업의 도시공사별 진행 현황은 [표 4-5]와 같다.

**표 4-5 도시개발사업 추진 절차 및 공사별 추진사업 현황**

| 구분 | 추진 절차 | 추진 내용 | 공사별 추진사업 현황 |
|---|---|---|---|
| 사전 절차 | 개발계획 검토/인허가 이행/ 공모지침 작성 | • 기본구상, 상위계획 반영<br>• 신규 투자사업 타당성 검토<br>• 투자심의위원회, 이사회, 시의회 의결 | 공고 / 우선협정 / 협약체결 / 출자 / PFV 설립 |
| 민간 사업자 공모 | 민간사업자 공모 공고 | • 사업설명회, 질의답변 회신<br>• 사업계획서 접수 등 | ➲(안양) 서안양 친환경 융합 스마트밸리 조성사업 |
| | 사업계획서 평가위원회 개최 및 우선협상대상자 선정 | • 평가위원회 위원 공개모집 구성 및 선정<br>• 사업계획서 정량 · 정성 평가 | ➲(시흥) V-City 조성사업, 공사 참여 신규 개발사업 플랫폼<br>➲(하남) H2 프로젝트<br>➲(평택) 자동차클러스터 조성사업 |
| | 사업협약 체결 | • 사업협약 관련 협상<br>• 협약서 작성, 법률자문 등 | ➲(김포) 사우종합운동장부지 도시개발사업 |
| | 시의회 특수목적법인 출자 동의 | • 출자타당성 용역, 시의회 보고 | ➲(구리) 한강변 도시개발사업 |
| | 특수목적법인(SPC or PFV) 설립* | • 주주협약, 법인 설립 등 | – |
| 개발 제한 구역 해제 | 기초조사 | • 사전검토 | – |
| | GB 해제 등에 관한 도시 · 군 관리계획 입안 신청 | • 광역도시계획, 도시 · 군기본계획 부합 | – |
| | 주민 의견청취 공람 · 공고/ 관계기관 협의 | • 일간신문, 인터넷 홈페이지 공고 | – |
| | 시의회 의견청취, 시(경기도) 도시계획위원회 자문 | • 시의회, 도시계획위원회 보고 | – |
| | GB 해제 신청 | • 훼손지 복구, 공공기여방안 등 제출 | ➲(김포) 고촌지구 복합개발사업 |
| | 중앙도시계획위원회 심의 | • 중앙도시계획위원회 안건상정 | – |
| | 도시 · 군관리계획 결정 고시 | • 공공기여 이행계획 제출 | – |
| | 지형도면 고시 | – | – |
| 도시 개발 구역 지정 | 기초조사 분석 | • 개발여건 분석, 상위법 검토 등 | – |
| | 개발계획 수립 | • 인구, 토지이용계획 등 계획 수립 | – |
| | 도시개발사업 구역지정 신청 | • 도시개발구역조사서, 개발계획, 토지소유자 동의서 등 제출 | ➲(광명) 광명문화복합단지 도시개발사업<br>➲(평택, 수원) 오산운암뜰 AI시티 도시개발사업 |
| | 도시계획위원회 심의 | • 도시계획위원회 안건상정 | – |
| | 도시개발사업 구역 지정고시 | – | – |

* 개발제한구역의 조정을 위한 도시 · 군관리계획 변경안 수립지침 3-5-1 제①항 바호에 따라 개발제한구역 해제 결정 전에 해제대상지역 개발을 위한 특수목적법인(민간 출자비율 합계 50% 미만)을 미리 설립하여야 함.
자료: 고기훈(2022: 73).

## 3. 지방공사 · 지방공단의 설치

지방공기업의 설립 시에는 먼저 그 설립 당초 그러한 사업을 기업으로 행한다는 자치단체 의사를 명확히 정할 필요가 있다. 지방공사나 지방공단을 설립하고자 할 때에는 대통령령이 정하는 바에 의하여 주민 복리 및 지역경제에 미치는 효과 · 사업성 등 지방공기업으로서의 타당성 여부를 사전에 검토하여야 한다(지방공기업법 제49조 제3항). 지방공사나 지방공단 설립 절차는 크게 설립방침 결정 전 단계, 설립방침 결정 단계, 설립타당성 검토 단계, 설립심의 단계, 조례제정 단계, 설립 단계 등 6단계로 나누어 볼 수 있다. 행정안전부의 『지방공기업 설립기준』(2021: 7-43)에는 지방공사 · 공단을 설치하는 절차를 규정하고 있다.

### 1) 설립방침 결정 전 단계

#### (1) 타당성 검토를 위한 예비사업 선정 시 검토기준

「지방공기업법」상의 사업 적정성의 적용은 지방공기업의 경영이념과 지방공기업의 범위가 대상이다. 먼저, 지방공기업의 경영이념은 기업의 경제성과 공공복리 증진하도록 운영하고(지방공기업법 제3조 제1항), 민간경제를 위축하거나 공정하고 자유로운 경제질서를 저해하거나 환경을 훼손하지 아니하도록 노력해야 한다(지방공기업법 제3조 제2항). 다음으로 지방공기업의 범위는 당연적용사업(지방공기업법 제2조 제1항)의 경우 수도 · 공업용수도 · 궤도 · 자동차운송 · 지방도로(유료도로에 한함) · 하수도 · 주택 · 토지개발사업, 주택 · 토지 또는 공용 · 공공용건축물의 관리 등의 수탁 등이다. 임의적용사업(지방공기업법 제2조 제2항)은 민간인의 경영 참여가 어려운 사업으로서 주민 복리증진, 지역경제 활성화, 지역개발 촉진에 기여할 수 있다고 인정되는 사업 중 경상수지 비율이 5할 이상인 사업이다. 이때 경상수지 비율은 설립 다음 연도부터 5년 간의 예상 영업수익과 예상 영업비용을 평균하여 산출하되, 사업의 특성상 설립 연도에 완료할 수 없는 사업의 경우 완료되는 시점을 기준으로 산정할 수 있다. 단, 해당 사업은 타당성 검토 이후 3년 이내에 착수되어야 하며, 대행사업의 경우 해당 지방공기업이 수탁을 완료하여야 한다.

### (2) 설립할 지방공기업 등 형태 결정

지방직영기업, 지방공사 및 지방공단 유형별 세부 검토기준은 다음과 같다. 지방공기업은 크게 직영기업과 간접경영기업으로 나누어지며, 가장 큰 차이점은 공무원이 직접경영에 참여하는지 여부이다. 지방직영기업의 경우 상수도사업, 하수도사업, 공영개발, 자동차운송 등이 있으며, 시도 · 시군구 간 이해관계가 충돌할 여지가 없어야 한다.

지방공사와 공단의 핵심적 차이는 결산결과 손익금 처리 가능 여부로 공단의 경우는 「지방공기업법」상 손익금처리 규정이 없어 수익성 위주의 사업추진이 사실상 곤란하다. 공사에는 지하철공사, 도시개발공사, 기타공사 등이 있고, 공단은 일반적으로 시설관리공단, 환경관리공단 등으로 운영하고 있으며, 공단의 대부분은 업무 중 일부를 수탁받거나 또는 대행하는 형태로 운영된다. [그림 4-2]는 지방공기업 분류기준 및 체계를 보여준다.

**그림 4-2 지방공기업 분류기준 및 체계**

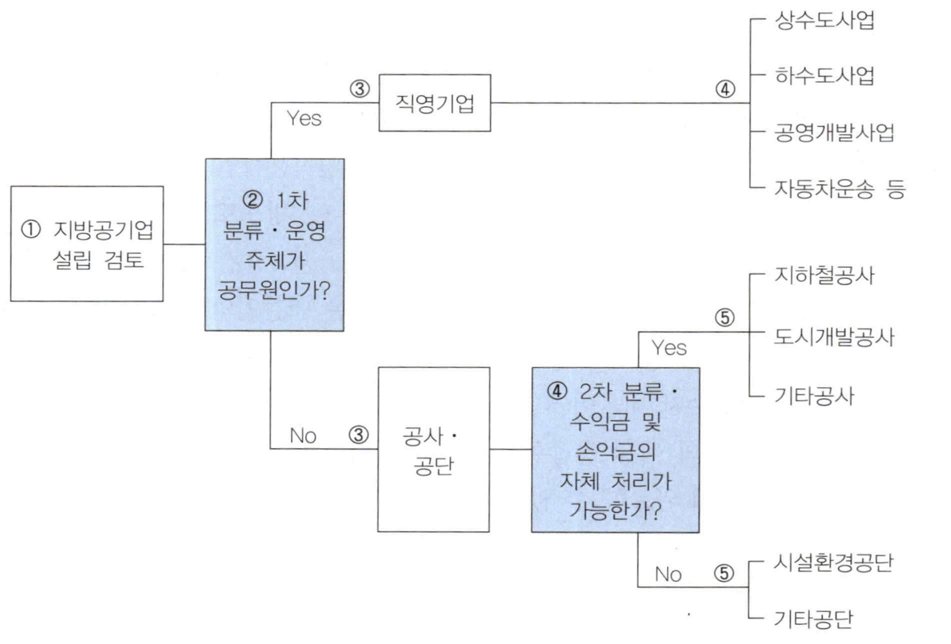


자료: 행정안전부(2021). 『지방공기업 설립기준』.

#### (3) 행정안전부 · 시도 간(시도 · 시군구 간) 1차 사전협의

지방공기업 설립 시 행정안전부는 광역자치단체 당해 시도(시군구는 시도)의 기존 공기업과 중복투자 여부 등 사전협의를 통해 불필요한 지방공기업의 설립을 방지하는 데 있으며, 협의는 지방공기업 설립 검토를 위한 전반적 · 개괄적인 수준으로, 협의 자체가 설립 가능 여부를 사전에 결정하는 것은 아니다. 협의 시 포함되어야 할 사항은 설립 개요이며, 설립 근거, 설립 형태, 설립예정일, 운영방안(회계연도, 예산, 경영분석), 자본금 출자(출자 형태, 규모) 등을 제시해야 한다.

사업 범위는 대상 사업의 범위를 개략적으로 제시하되 분야별로 구분 제시하고, 관할구역 안팎의 국가, 지방자치단체, 공공기관, 지방공기업, 지방출자 · 출연기관 또는 민간기관과 중복되는 사업이 있는지 여부를 검토하고, 만약 중복되는 사업이 있다고 판단되면 운영방안에 대한 검토의견을 제시한다. 설립 추진 시 검토 가능한 대안은 지방공기업의 한시적 조직운영 검토방안과 지방공기업 설립 형태를 검토한다.

### 2) 설립타당성 검토 단계

#### (1) 타당성 검토 전문기관 선정

타당성 검토 전문기관(이하 '전문기관'이라 함) 선정기준은 「지방공기업법 시행령」 제47조 제4항 각 호의 요건을 모두 갖춘 기관으로서, 행정안전부 장관이 지정한 기관 중에서 선정한다.

#### (2) 타당성 검토기준

지방공기업을 설립하고자 하는 때에는 사전에 전문기관의 타당성 검토를 실시하여야 하며(지방공기업법 제49조 제3항), 타당성 검토에 포함할 사항은 사업의 적정성 여부, 사업별 수지분석, 조직 및 인력의 수요 판단, 주민의 복리증진에 미치는 영향, 지역경제와 지방재정에 미치는 영향(지방공기업법 시행령 제47조 제4항) 등이다.

첫째, 「지방공기업법」상의 사업 적정성 판단은 「지방공기업법」 제2조 제1항 및 제2항, 「지방공기업법 시행령」 제2조 제1항을 기준으로 하되, 사업의 공공성과 기업성을 고려해야 한다. 공공성 기준은 민간인의 경영 참여가 어려울 것, 주민 복리의 증진에 기여할 수 있을 것, 지역경제 활성화나 지역개발 촉진에 기여할 수 있을 것, 환경훼손이 없을 것 등이다. 기업성 기준은 경상경비의 5할 이상을 경상수입으로 충당해야 하는 것이다. 타당성 검토기준상 주민 복리증진 기여 여부는 직접적인 효과를 중심으로 검토, 지역경제 활성화 기여 여부는 5년 이상 장기적인 관점에서 검토, 민간의 경영 참여 곤란한지 여부는 단위사업별로 시장성 테스트를 통해 검토한다.

둘째, 사업별 수지분석은 대상 사업을 '신규 투자사업'과 '대행사업'으로 구분하여 그 특성에 따라 분석한다. 신규 투자사업은 경제성 분석과 재무성 분석을 하고, 대행사업은 지방공기업의 기업성 기준인 경상수지비율 5할 충족 여부를 검토와 대상 사업을 보다 효율적으로 운영할 수 있는 주체가 누구인지를 검토하기 위한 비용효과분석(Cost-Effectiveness Analysis)을 수행해야 한다.

셋째, 조직 및 인력의 수요분석은 다른 기관 등의 조직운영 사례를 종합적으로 분석하여 설립 예정 지방공기업이 수행할 사업 기능을 중심으로 최적의 업무분장을 도출한다. 업무분장을 토대로 적정 조직안을 도출하고 대안별 비교평가를 통해 최적안을 선정하고, '지방공기업 인사·조직지침'에 따라 조직·인력 관리기준을 준수한다. 인력분석은 선정된 조직안에 대한 적정 소요 인력을 산출하고, 조직별·수요인력별 충원계획을 수립한다.

넷째, 지역주민의 복리증진에 미치는 영향 분석은 그 범위가 포괄적이고 질적인 특성을 갖고 있는 만큼, 객관적이고 계량화된 지표분석이 곤란하므로 반드시 신뢰성 있는 외부 여론조사 기관의 주민 설문조사를 실시한다. 주민 설문조사 결과와 관할 지역 지방자치단체, 지방의회, 지역상공인, 전문가집단 등 각계의 의견수렴을 거쳐 주민 복리증진에 미치는 영향을 분석한다.

다섯째, 지역경제 파급효과는 대상 사업을 '신규 투자사업'과 '대행사업'으로 구분하여 그 특성에 따라 분석한다. 신규 투자사업의 경우 생산유발효과,[10] 부가가치유발효과,[11] 고용유발효과[12] 등을 분석하고, 한국은행의 전국산업연관표 등을 이용하여 산업부문별 총생산액 및 투입구조 등 분석한다. 대행사업의 경우 현행 운영방식 대비 지방공기업 설립 후 운영으로 인한 비용절감효과를 분석하고, 기타 지방공기업 설립

10) 생산유발효과는 최종수요가 1단위 증가하였을 때 이를 충족시키기 위하여 각 산업부문에서 직·간접적으로 유발되는 생산액 수준을 의미한다.

11) 부가가치유발효과는 최종수요의 발생이 생산을 유발하고, 유발된 생산활동이 부가가치를 창출하는 효과를 의미한다.

12) 고용유발효과는 최종수요의 발생이 생산을 유발하고, 생산은 다시 본원적 생산요소인 노동수요를 유발하는 파급과정에서 발생한다.

으로 발생할 수 있는 지역경제 파급효과에 대한 정성적 분석을 한다.

여섯째, 적정 자본금 및 가용투자재원 분석은 지방공사의 경우 사업수행에 필요한 총사업비 규모를 분석하고, 부채비율한도, 재원조달계획, 지분출자계획, 출자한도 등에 따른 적정 자본금 규모를 분석하고, 공사채 발행을 고려한다면 법적 발행한도(주택사업・토지개발사업은 순자산의 4배 이내, 기타사업은 2배 이내)를 적용하며, 차입금 상환계획의 적정성을 검토한다.

지방공단의 경우 비슷한 규모의 지방공단 자본금 규모, 필수 운영자금 등을 종합적으로 고려하여 적정 자본금 규모를 분석한다. 공유재산을 현물로 출자할 시에는 「공유재산 및 물품관리법」에 따라 용도폐지 가능 여부 등을 엄격히 심사한다. 지방자치단체의 가용투자재원 분석은 중기지방재정계획을 바탕으로 가용투자재원 및 향후 5개년 동안의 추세를 분석한다.

#### (3) 타당성 검토 결과 검증 및 공개

타당성 검토 결과 검증 및 공개는 타당성 검토 용역이 완료되면 자치단체는 ‘용역결과 검증심의회’를 개최하여 용역 결과에 대한 적정성을 검토하여야 한다. 설립타당성 검토 용역 결과 공개는 타당성 검토 용역이 완료된 때에는 7일 이내에 검토기관, 용역참여자 명단, 용역기간, 계약금액, 타당성 검토 항목별 주요 검토 결과를 지방자치단체 홈페이지와 게시판에 공개해야 한다.

### 3) 설립심의 단계

주민공청회 개최는 주민의 복리증진 기여 여부를 판단하기 위해서는 주민공청회 등 주민의사 반영을 위한 제도이다. 지방공기업은 주민의 복리증진에 기여할 목적으로 설립할 수 있으며(지방공기업법 제2조), 설립타당성 검토 시 주민의 복리증진에 미치는 영향을 포함하도록 규정(지방공기업 시행령 제47조)하고 있다. 공청회 개최 시기 및 방법과 관련하여 주민공청회는 설립심의위원회가 개최되기 전에 실시되어야 하며, 주민공청회는 특별한 사유가 없는 한 공개로 진행한다.

공청회 결과 조치사항은 주민공청회 결과를 공청회 개최를 완료한 때에는 7일 이내에 지방자치단체 홈페이지와 게시판에 공개한다. 그리고 공청회에서 제시된 의견에 대해 반영 여부를 검토하고, 미반영 시 그 사유를 명시하며, 그 결과를 설립위원회와 지방의회에 제출하여 공기업 설립 심의 및 조례제정안 의결 시 검토자료로 활용하도록 하여야 한다.

행정안전부 · 시도(시도 · 시군구) 간 협의를 통한 중복투자 방지 및 협력 방안 모색이 필요하며, 시도(시군구)가 공사 또는 공단 설립 시 행정안전부(시도)와 협의(지방공기업법 제49조 제1항)해야 한다. 협의사항 및 방법으로 행정안전부(시도)는 시도(시군구)의 협의요청 공문 접수 후 30일 이내(필요시, 30일 이내 1회 연장 가능) 검토 의견을 회신해야 한다.

**[행정안전부 협의사항 검토]**

- 「지방공기업 설립 사전협의 심의위원회」 구성 · 운영
  - 구성(7~9인): 외부전문가, 업무 관련 과장 등 참여
    (외부) 교수, 회계사, 연구원 등 관계전문가 5인 이상 7인 이내
    (내부) 공기업 소관 담당국장, 과장
  - 방법: 협의자료 및 실무검토 의견(행정안전부 작성) 등을 감안하여 서면심사, '사전협의 사항 적정성 검토표'를 종합하여 70점 미만일 경우 설립 지양 의견 제시

설립심의위원회는 전문기관의 타당성 검토 결과 등을 기초로 지방공기업 설립 여부를 심의하고(지방공기업법 시행령 제47조 제5 · 6항), 설립심의위원회의 구성 · 운영에 관한 사항은 자치단체장이 정하되, 전체 위원의 1/2 이상을 민간위원으로 위촉(기방공기업법 시행령 제47조 제6항)해야 한다.

설립심의위원회는 지방의회 의원, 관계공무원, 전문가 등 7~9인으로 구성하되, 전체 위원의 1/2 이상을 민간위원으로 위촉한다. 다만, 민간위원 선정 시 설립타당성 검토용역기관 관계자는 제외한다. 위원을 위촉한 때에는 위원의 동의를 받아 즉시 그 명단(성명, 소속)을 지방자치단체 홈페이지와 게시판에 공개해야 한다.

위원의 임기는 위원회의 존속기간과 같고, 설립 심의를 완료한 경우 위원회는 자동 해산된다. 위원회의 운영은 재적위원 과반수의 찬성으로 의결하고, 위원장은 민간위원 중에서 호선하고, 위원회를 대표하며 회의를 주재한다. 위원장은 표결권을 가지며, 가부동수의 경우 결정권을 가진다. 설립심의위원회 심의안건에는 전문기관의 타당성검토 용역 결과와 주민공청회 개최 결과, 행정안전부 · 시도(시도 · 시군구) 간 협

의 결과 등을 명시하고, 심의 시 이를 종합적으로 검토·판단하고, 위원회는 필요시 자치단체 담당공무원, 용역담당자 등 관계인을 출석시켜 청취가 가능하다. 설립심의위원회는 객관적이고 공정한 설립 심의를 위하여 심사표(체크리스트 등)를 마련하여 운영하고, 위원별 심사 결과를 토대로 논의하고, 최종적으로 설립에 대한 가부를 결정한다.

### 4) 조례제정 단계

지방공기업을 설립할 때에는 그 설립·업무 및 운영에 관한 기본적인 사항을 조례로 정하여야 하며(지방공기업법 제49조 제2항), 지방공기업 설립 승인권이 자치단체로 이양된 이후, 지방의회의 조례제정 권한이 중요한 통제 수단이 되고 있다.

조례제정의 의미는 지방공기업의 설립 여부를 결정하는 최종 단계이며, 조례제정 이후의 과정은 설립을 위한 세부적인 규정 마련이나 임원 임명 등의 절차가 진행된다. 조례 내 사업 범위를 규정할 때 지방공기업은 「지방공기업법」 제2조의 사업을 위하여 설립되는 만큼 전문기관의 타당성 검토용역 결과를 토대로 설립심의위원회 심의를 거쳐 확정된 사업을 조례상 적용 범위로 규정한다. 조례로 규정한 적용 범위 내에서 구체적인 대상 사업은 당해 공사·공단의 정관에 명시한다.[13] 지방자치단체장은 조례제정을 위하여 지방의회와 시기·방법 등 협의를 거쳐 설명회를 개최해야 한다. 전문기관의 타당성 검토 결과, 행정안전부(시도) 협의 결과와 설립심의위원회 심의 결과 등 설립과 관련한 종합적인 내용을 보고 및 설명한다. 지방자치단체의 의회 설명회가 완료된 이후 지방의회는 조례제정 절차에 따라 심의·의결하고, 지방자치단체장은 지방의회로부터 조례가 의결되어 이송되어 오면 재의 여부를 검토하여 공포 및 시행한다.

### 5) 설립 단계

설립심의 단계, 조례제정 단계가 끝나면 다음과 같은 절차에 의해 설립 단계로 들어간다. 설립 단계에서는 정관 등 제규정 작성, 임원추천위원회 구성, 임원공모 및 임

13) 조례 또는 정관에 구체적인 사업명을 명시하고 않고, 추상적이고 포괄적인 사업명을 기재하는 사례는 지양한다.

명, 설립등기(자본금 납입 후 3주일 이내), 설립보고(등기 후 10일 이내) 등의 순으로 진행된다.

### (1) 정관 및 제규정 작성

정관이란 법인이 제정한 자치법규로서 실질적으로는 회사의 조직 및 활동에 관한 기본 규칙을 의미하며, 형식적으로는 기본 규칙을 기재한 서면을 뜻한다. 정관 작성은 공기업 설립 전 단계이므로, 자치단체(설립추진단 등)에서 작성하고, 공기업의 설립 유형과 지역의 특수성, 그리고 설립의 내·외부 환경에 따라 달라질 수 있다.

정관에는 목적, 명칭, 사무소 소재지, 사업, 임직원, 이사회, 재무회계, 공고, 자본금, 사채발행, 정관 변경, 조직 및 정원 등에 관한 사항을 정관에 기재하여야 한다(지방공기업법 제56조, 제76조 제2항). 자본금 납입 후 3주일 내에 공사의 사장이 주된 사무소의 소재지에서 설립을 등기(지방공기업법 제57조, 지방공기업법 시행령 제49조 내지 제53조)해야 한다.

### (2) 임원 임명

사장을 포함한 임원은 임원추천위원회의 공개모집 절차(당연직 이사 및 감사는 제외)에 따라 추천된 자 중에서 임명한다(지방공기업법 제58조). 임원 중 사장·감사·비상임이사는 자치단체장이 임명하고 상임이사는 사장이 임명한다.

### (3) 임원추천위원회

임원추천위원회는 지방공사·공단에 설치하고 이사회에서 구성토록 하고 있으나, 공기업 설립 단계에서는 이사회가 구성이 되어 있지 않으므로, 설립지방자치단체에 설치한다. 임원추천위원회 구성과 운영에 관하여는 대통령령이 정하는 기준에 따라 당해 공사·공단의 정관으로 규정한다(지방공기업법 시행령 제56조의3).

임원추천위원회는 7인으로 구성하되, 지방자치단체의 장이 추천하는 자 2인, 그 지방의회가 추천하는 자 3인, 지방공사(공단)의 이사회가 추천하는 자 2인으로 구성한다(시행령 제56조의3 제1항). 다만, 지방공사·공단을 최초로 설립하는 때에는 지방자치단체의 장이 추천하는 자 4인과 지방자치단체 의회에서 추천하는 자 3인으로 구성하며, 이 경우 추천위원회는 해당 지방자치단체에 둔다. [표 4-6]은 임원추천위원회 구성 및 선임 절차를 보여준다.

**표 4-6 임원추천위원회 구성 및 선임 절차**

| 임원선임 절차 | |
|---|---|
| 1. 공개모집계획 수립 | |
| ⬇ | |
| 2. 임원추천위원회 구성 | - 임기개시 2개월 전, 7인 |
| ⬇ | |
| 3. 제1차 임원추천위원회 개최 | - 모집방법, 임원후보 심사기준안 결정 |
| ⬇ | |
| 4. 후보자 모집공고 | - 15일 이상 인터넷, 신문 등 |
| ⬇ | |
| 5. 지원서 접수 | - 접수기간 15일 이상 |
| ⬇ | |
| 6. 제2차~제4차 임원추천위원회 개최 | - 서류심사, 면접심사, 추천대상자 결정 |
| ⬇ | |
| 7. 임원후보자 추천 및 임명 | - 2명 이상 추천자 중 적임자 임명 |

자료: 행정안전부(2021). 『지방공기업 인사·조직 운영기준』.

### (4) 자본금 출자

지방자치단체는 지방공사·공단에 현금 또는 현물로 출자하게 된다(지방공기업법 제53조 제1항). 다만, 공사의 운영을 위하여 필요한 경우에는 자본금의 2분의 1을 넘지 아니하는 범위에서 지방자치단체 외의 자(외국인 및 외국법인을 포함한다)로 하여금 공사에 출자하게 할 수 있다. 증자(增資)의 경우에도 또한 같다.

출자는 현금출자가 원칙이고 예외적으로 현물출자는 정관에 기재되어 있는 경우에만 인정된다. 현물출자란 금전 이외의 재산, 예컨대 동산, 부동산, 채권, 유가증권 또는 특허권 같은 것을 목적으로 하는 출자를 말하는 것으로, 대차대조표의 자산항목에 계상되는 재산이며, 대체로 그 종류를 불문하고 그 대상이 된다. 다만, 수표, 어음은 문제가 있어, 특히 출자자가 발행한 것은 안 된다. 비상장 주식, 출자자의 제3자에 대한 채권은 평가의 어려움과 이행의 확실성에 문제가 있어 바람직하지 못하다. 또한 영업권은 인정되나 노하우는 인정되지 않는 것으로 본다.

### 6) 설립등기

「지방공기업법」 제57조(등기), 「지방공기업법 시행령」 제49조 내지 제54조에 규정에 따라 설립등기 사항을 작성하여 주된 사무소의 소재지에서 설립등기를 한다. 지방공기업 설립일(등기일)로부터 10일 이내에 행정안전부 장관에게 보고하되, 시장 · 군수 · 구청장은 시도를 거쳐 보고해야 한다(지방공기업법 시행령 제78조). 지방공기업 등기설립 신청권자는 지방공사(공단)의 사장(이사장)이며, 사장(이사장)은 등기신청서 및 관계 서류를 첨부하여 그 주된 사무소의 소재에서 설립등기 한다. 등기기한은 자본금의 납입이 있는 날로부터 3주일 내이며, 등기사항 및 등기서류는 [표 4-7]과 같다.

**표 4-7 등기사항 및 등기서류**

| 구분 | 내용 |
|---|---|
| 등기사항 | • 목적, 명칭, 주된 사무소의 소재지, 자본금, 출자방법, 임원의 성명과 주소, 공고의 방법 |
| 등기서류 | • 등기신청서, 정관 · 주식인수 · 현물출자 · 주금납입 및 임원자격 증명서 |

자료: 행정안전부(2021). 『지방공기업 설립기준』.

지방공기업 설립보고기한은 설립일(등기일)로부터 10일 이내이다. 지방공기업 설립 보고 절차는 시장 · 군수 · 구청장은 시 · 도지사에게, 시 · 도지사는 행정안전부 장관에게 보고해야 한다. 지방공기업 설립보고사항은 설립사항(조례, 정관, 자본금, 임원임명, 조직 및 인력)에 관한 사항을 포함한다. [표 4-8]은 지방공기업 설립 절차를 보여준다.

**표 4-8 지방공기업 설립 절차**

| 단계 | 내용 | 일정별 | 담당부서 | 관련 법령 |
|---|---|---|---|---|
| 설립방침 결정 전 단계 | • 대상 사업의 성격, 유형 등 내부 검토<br>• 민간위탁, 직영, 공사, 공단 설립 등 형태별 추진방안 비교 분석 | – | 주관 부서 | 법 §2<br>법 §49 |
| 설립방침 결정 단계 | • 설립요건 검토 및 형태 결정<br>• 공기업 설립검토안 마련<br>• 행정안전부(시도가 설립하는 경우) 또는 시도(시군구가 설립하는 경우) 및 지방의회 등 관계기관 의견수렴<br>• 설립추진 기본방침 결정 | D-440한<br><br>D-410한<br><br>D-400한 | 주관 부서 | – |

| 설립 타당성 검토 단계 | • 설립타당성 연구용역 추진<br>– 설립타당성 검토계획 작성<br>– 설립타당성 검토기준 제시<br>– 설립타당성 검토기관과 용역계약 체결 및 용역실시<br>• 설립타당성 검토보고서 확정 | D-400~<br>D-160 | 설립 준비단 | 법 §49<br>령 §47 |
|---|---|---|---|---|
| 설립심의 단계 | • 주민설명회(공청회) 등 주민의견수렴<br>• 행정안전부(시도가 설립하는 경우) 또는 시도와 협의(시군구가 설립하는 경우)<br>• 설립심의위원회 구성(민간위원 과반수)<br>• 심의 검토기준 제시 및 위원회 심의 | D-130한<br>D-100한<br><br>D-100한<br>D-90한 | 설립 준비단 | 령 §47<br>령 §47 |
| 조례제정 단계 | • 자치단체장의 설립 결정<br>• 자치단체 조례제정안 마련 및 의회심의를 거쳐 조례공포 | D-85~<br>D-55 | 설립 준비단 | 법 §49 |
| 설립 단계 | • 정관 등 제규정 작성, 임원추천위 구성<br>• 임원공모 및 임명 | D-50~<br>D-5 | 설립 준비단 공사공단 | 법 §56<br>법 §58 |
| | • 설립등기(자본금 납입 후 3주일 이내)<br>• 설립보고(등기 후 10일 이내) | D-0<br>D+10 | 사장 (이사장)<br>자치단체 | 법 §53 · §57<br>령 §78 |

※ 단계별 일정은 각 설립 단계별 사정에 따라 변경될 수 있음.
* 법은 「지방공기업법」을 의미하며, 령은 「지방공기업법 시행령」을 의미함.
자료: 행정안전부(2021). 『지방공기업 설립기준』.

## 제 3 절 지방공기업의 경영 현황

지방공기업은 예산운영의 건전성 · 효율성 · 생산성을 도모하여, 지방재정 확충에 이바지하여야 한다. 지방공기업의 장기적인 경영 현황을 살펴보기 위해 2002~2020년 간의 예산, 자산, 부채, 자본 규모 및 추세를 점검한다. 또한 수익성(재정성과)을 대표하는 당기순이익(순손실) 규모와 재무안정성을 대표하는 부채비율추세에 대해서도 간단히 살펴본다.14)

14) 이 책에서 2011년 이후 지방공기업 재무건전성 현황 및 향상 방안에 대한 심층분석은 제14장에서 상세히 소개한다.

## 1. 지방공기업의 예산 규모 현황

지방자치단체의 예산은 일반회계와 특별회계로 나누어진다. 일반회계는 지방자치단체의 일반적인 활동을 위한 예산을 의미하여, 특별회계는 지방자치단체에서 특정한 사업을 운영하고자 할 때, 그리고 특정한 세입으로 특정한 세출에 충당함으로써 일반회계와 구분하여 계리하는 예산을 의미한다(하연섭, 2016). 지방자치단체는 「지방공기업법」 제2조에 따라 지방공기업을 특별회계로 운영한다.

2020년 전국 지방공기업의 예산 규모는 61조 7,200억 원이며, 이 가운데 직영기업 예산 규모는 전체 예산의 39.9%인 24조 6,100억 원이고, 지방공사 예산 규모는 전체 예산의 55.4%인 34조 2,200억 원, 그리고 지방공단 예산 규모는 전체 예산의 4.7%인 2조 8,800억 원이다.

직영기업 예산 규모는 2002년 4조 1,000억 원에서 2020년 24조 6,100억 원으로, 2002년 대비 예산이 20조 520억 원이(6배) 증가한 것을 보여준다. 지방공사 예산 규모는 2002년 4조 6,800억 원에서 2020년 37조 1,000억 원으로, 2002년 대비 예산이 29조 5,400억 원이 증가하고(7배), 지방공단 예산 규모는 2002년 7,000억 원에서 2020년 2조 8,800억 원으로, 2002년 대비 예산이 2조 1,800억 원이(4배) 증가한 것을 보여준다. 다음 [표 4-9]는 전국 지방공기업의 예산 규모를, [그림 4-3]은 전국 지방

**표 4-9 전국 지방공기업의 예산 규모**

(단위: 백억 원)

| 구분 | 2002 | 2003 | 2004 | 2005 | 2006 | 2007 | 2008 | 2009 | 2010 | 2011 | 2012 | 2013 | 2014 | 2015 | 2016 | 2017 | 2018 | 2019 | 2020 |
|---|---|---|---|---|---|---|---|---|---|---|---|---|---|---|---|---|---|---|---|
| 전국 | 948 | 1,221 | 1,602 | 1,924 | 3,044 | 2,749 | 3,261 | 4,101 | 3,446 | 3,761 | 3,873 | 4,219 | 4,802 | 4,642 | 4,756 | 5,085 | 6,091 | 5,784 | 6,172 |
| 직영기업 | 410 | 636 | 857 | 949 | 1,038 | 1,128 | 1,184 | 1,386 | 1,229 | 1,315 | 1,378 | 1,393 | 1,435 | 1,577 | 1,808 | 1,994 | 3,042 | 2,315 | 2,461 |
| 상수도 | 281 | 427 | 466 | 471 | 479 | 509 | 558 | 578 | 538 | 623 | 607 | 614 | 645 | 697 | 758 | 821 | 1,735 | 949 | 1,028 |
| 하수도 | 83 | 149 | 283 | 313 | 339 | 382 | 378 | 418 | 426 | 469 | 487 | 534 | 548 | 614 | 751 | 822 | 995 | 1,084 | 1,095 |
| 공영개발 | 46 | 60 | 108 | 166 | 220 | 237 | 247 | 390 | 265 | 223 | 284 | 244 | 242 | 266 | 299 | 350 | 310 | 279 | 337 |
| 자동차운송 | | | | | | | | | | | | | | | | | 2.1 | 2.3 | 2.0 |
| 지방공사 | 468 | 523 | 674 | 891 | 1,908 | 1,518 | 1,963 | 2,585 | 2,079 | 2,301 | 2,336 | 2,655 | 3,184 | 2,872 | 2,736 | 2,849 | 2,785 | 3,174 | 3,422 |
| 도시철도 | 195 | 171 | 193 | 243 | 225 | 236 | 235 | 282 | 263 | 205 | 192 | 189 | 167 | 223 | 208 | 439 | 521 | 482 | 526 |
| 도시개발 | 248 | 329 | 444 | 591 | 1,636 | 1,214 | 1,619 | 2,203 | 1,657 | 1,885 | 1,894 | 2,207 | 2,702 | 2,284 | 2,234 | 2,073 | 1,869 | 2,273 | 2,444 |
| 기타공사 | 25 | 23 | 37 | 57 | 47 | 68 | 109 | 100 | 158 | 211 | 250 | 259 | 315 | 365 | 295 | 337 | 395 | 419 | 452 |
| 지방공단 | 70 | 62 | 71 | 84 | 98 | 103 | 115 | 130 | 137 | 145 | 159 | 171 | 183 | 193 | 211 | 242 | 265 | 295 | 288 |
| 시설공단 | 70 | 62 | 71 | 84 | 98 | 103 | 115 | 130 | 137 | 145 | 159 | 171 | 183 | 193 | 211 | 242 | 265 | 295 | 288 |

자료: 행정안전부(2021). 지방공공기관경영정보시스템.

**그림 4-3 전국 지방공기업의 예산 규모 추이**

(단위: 백억 원)

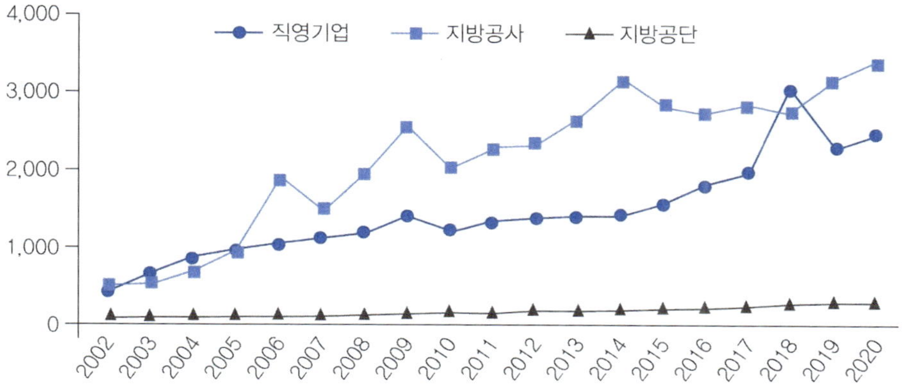


공기업의 예산 규모 추이를 보여준다.

## 2. 지방공기업의 자산 규모 현황

일반적으로 자산은 과거의 거래나 사건의 결과로서 현재 기업에 의해 지배되고, 미래에 경제적 효익을 창출할 것으로 기대되는 자원을 의미한다. 자산은 기업이 소유하고 있는 경제적 가치가 있는 유형과 무형의 자산으로 유동자산과 비유동자산, 이연자산 등으로 크게 구분한다.

2020년 전국 지방공기업의 자산 규모는 209조 9,200억 원이고, 직영기업의 자산 규모는 전체 자산의 53.7%인 112조 6,400억 원이며, 지방공사의 자산 규모는 45.9%인 96조 2,500억 원이고, 지방공단의 자산 규모는 0.5%인 1조 300억 원이다. 직영기업 자산 규모는 2002년 16조 1,900억 원에서 2020년 112조 6,400억 원으로, 2002년 대비 자산이 96조 4,500억 원이(7배) 증가한 것을 보여준다. 그리고 지방공사 자산 규모는 2002년 11조 7,300억 원에서 2020년 97조 2,800억 원으로, 2002년 대비 자산이 84조 5,200억 원이(8.8배) 증가하고, 지방공단 자산 규모는 2002년 7,300억 원에서 2020년 1조 300억 원으로, 2002년 대비 자산이 3,000억 원이(1.9배) 증가한 것을 보여준다. 다음 [표 4-10]은 전국 지방공기업의 자산 규모를, [그림 4-4]는 전국 지방공기업의 자산 규모 추이를 보여준다.

**표 4-10 전국 지방공기업의 자산 규모**

(단위: 백억 원)

| 구분 | 2002 | 2003 | 2004 | 2005 | 2006 | 2007 | 2008 | 2009 | 2010 | 2011 | 2012 | 2013 | 2014 | 2015 | 2016 | 2017 | 2018 | 2019 | 2020 |
|---|---|---|---|---|---|---|---|---|---|---|---|---|---|---|---|---|---|---|---|
| 전국 | 2,866 | 3,937 | 4,646 | 5,613 | 7,378 | 8,424 | 9,519 | 11,118 | 12,145 | 13,344 | 14,079 | 14,630 | 15,079 | 15,509 | 15,904 | 17,772 | 19,339 | 20,418 | 20,992 |
| 직영기업 | 1,619 | 2,543 | 3,149 | 3,634 | 4,101 | 4,393 | 4,765 | 5,005 | 5,411 | 5,968 | 6,359 | 6,821 | 7,285 | 7,784 | 8,249 | 8,693 | 10,118 | 10,947 | 11,264 |
| 상수도 | 1,046 | 1,602 | 1,771 | 1,898 | 1,998 | 2,091 | 2,227 | 2,269 | 2,412 | 2,530 | 2,633 | 2,746 | 2,847 | 2,951 | 3,072 | 3,181 | 3,344 | 3,487 | 3,684 |
| 하수도 | 499 | 835 | 1,189 | 1,433 | 1,677 | 1,842 | 1,989 | 2,185 | 2,492 | 2,793 | 3,025 | 3,332 | 3,509 | 3,705 | 3,982 | 4,166 | 4,986 | 5,150 | 5,251 |
| 공영개발 | 74 | 106 | 189 | 302 | 426 | 461 | 549 | 551 | 506 | 644 | 701 | 743 | 929 | 1,129 | 1,195 | 1,346 | 1,787 | 2,309 | 2,328 |
| 자동차운송 | | | | | | | | | | | | | | | | | 1.4 | 1.6 | 1.4 |
| 지방공사 | 1,173 | 1,320 | 1,419 | 1,899 | 3,194 | 3,954 | 4,678 | 6,021 | 6,642 | 7,282 | 7,629 | 7,721 | 7,703 | 7,635 | 7,562 | 8,982 | 9,121 | 9,363 | 9,625 |
| 도시철도 | 568 | 584 | 602 | 727 | 995 | 993 | 1,157 | 1,214 | 1,303 | 1,326 | 1,278 | 1,283 | 1,264 | 1,251 | 1,378 | 2,908 | 2,911 | 2,871 | 2,857 |
| 도시개발 | 539 | 669 | 746 | 1,072 | 2,095 | 2,798 | 3,311 | 4,506 | 5,001 | 5,512 | 5,803 | 5,889 | 5,872 | 5,828 | 5,601 | 5,491 | 5,591 | 5,798 | 6,012 |
| 기타공사 | 66 | 66 | 71 | 101 | 103 | 164 | 210 | 301 | 338 | 444 | 548 | 549 | 567 | 556 | 582 | 583 | 619 | 695 | 756 |
| 지방공단 | 73 | 75 | 78 | 80 | 84 | 76 | 76 | 93 | 92 | 95 | 90 | 88 | 91 | 89 | 93 | 98 | 100 | 108 | 103 |
| 시설공단 | 73 | 75 | 78 | 80 | 84 | 76 | 76 | 93 | 92 | 95 | 90 | 88 | 91 | 89 | 93 | 98 | 100 | 108 | 103 |

자료: 행정안전부(2021). 지방공공기관경영정보시스템.

**그림 4-4 전국 지방공기업의 자산 규모 추이**

(단위: 백억 원)

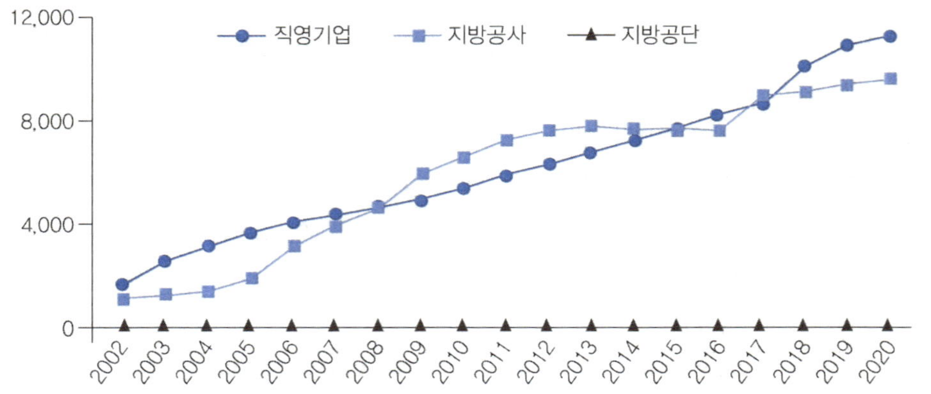

## 3. 지방공기업의 부채 규모 현황

부채(liabilities)란 과거의 거래나 사건의 결과, 특정 실체가 미래에 다른 실체에게 자산을 양도하거나 용역을 제공해야 하는 현재의무로 발생하는 미래의 경제적 효익의 희생을 의미한다(미국 재무회계기준심의회). 일반적으로 부채는 이자를 지급하는 금융부채[15)]와 임대보증금, 매입채무 등으로 구성된 비금융부채[16)]로 구분하는데, 공공부문의 재정부담과 직접적으로 관련된 것은 금융부채이다. 지방공기업의 부채는 주로 공사채를 발행 방식으로 하여 채권시장에서 직접 자금을 조달하는 방식이다. 지방공기업이 금융기관으로부터 대출을 받기 위해서는 대개는 담보를 제공해야 하는 제약이 있을 뿐 아니라, 대출을 통해서는 대규모 자금을 조달하기가 쉽지 않기 때문에 공사채를 발행한다. 즉, 대규모 지역개발사업의 소요자금 조달을 물론 낮은 발행금리 혜택으로 인해, 지방공기업은 공사채를 활용하고 있다(소일섭, 2013).

2020년 전국 지방공기업의 부채 규모는 54조 6,200억 원이며, 직영기업의 부채는 전체 부채의 13.2%인 7조 2,000억 원이고, 지방공사의 부채는 86.2%인 47조 4,100억 원이고, 지방공단의 부채는 0.6%인 3,500억 원이다. 이처럼 지방공사의 부채가 전체 지방공기업 부채에서 가장 비중이 높고, 다음으로 직영기업 및 지방공단 순이다. 직영기업의 부채는 2002년 2조 7,500억 원이며, 2020년에는 7조 2,000억 원으로 2002년 대비 4,500억 원의(2.6배) 부채가 증가한 것을 보여준다. 그리고 지방공사 부채는 2002년 6조 1,600억 원이며, 2020년에는 47조 4,100억 원으로 2002년 대비 40조 9,000억 원의(6.8배) 부채가 증가하고, 지방공단 부채는 2002년 2,800억 원이며, 2020년에는 3,500억 원으로 2002년 대비 700억 원의 부채가 증가한 것을 보여준다. [표 4-11]은 전국 지방공기업의 부채 규모를, [그림 4-5]는 전국 지방공기업의 부채 규모 추이를 보여준다.

---

15) 금융부채는 금융기관 차입, 채권발행 등으로 조달하는 성격으로 이자 비용이 발생한다.

16) 비금융부채는 영업상 불가피하게 발생하는 부채(선수금, 임대보증금, 미지급금, 매입채무, 퇴직급여 충당 등)를 의미한다.

**표 4-11 전국 지방공기업의 부채 규모**

(단위: 백억 원)

| 구분 | 2002 | 2003 | 2004 | 2005 | 2006 | 2007 | 2008 | 2009 | 2010 | 2011 | 2012 | 2013 | 2014 | 2015 | 2016 | 2017 | 2018 | 2019 | 2020 |
|---|---|---|---|---|---|---|---|---|---|---|---|---|---|---|---|---|---|---|---|
| 전국 | 919 | 1,075 | 1,211 | 1,539 | 2,292 | 2,780 | 3,318 | 4,328 | 4,713 | 5,140 | 5,553 | 5,666 | 5,632 | 5,446 | 5,085 | 5,309 | 5,255 | 5,250 | 5,462 |
| 직영기업 | 275 | 353 | 425 | 462 | 549 | 530 | 579 | 521 | 556 | 667 | 779 | 925 | 1,014 | 1,013 | 1,038 | 1,063 | 967 | 780 | 720 |
| 상수도 | 172 | 223 | 212 | 190 | 170 | 153 | 138 | 129 | 145 | 151 | 139 | 130 | 112 | 95 | 80 | 147 | 63 | 55 | 57 |
| 하수도 | 79 | 97 | 136 | 136 | 142 | 141 | 140 | 153 | 190 | 285 | 365 | 534 | 598 | 622 | 631 | 587 | 589 | 565 | 536 |
| 공영개발 | 24 | 33 | 77 | 135 | 237 | 236 | 302 | 239 | 221 | 232 | 275 | 261 | 304 | 296 | 327 | 330 | 315 | 159 | 127 |
| 자동차운송 | | | | | | | | | | | | | | | | | 0.1 | 0.1 | 0.2 |
| 지방공사 | 616 | 695 | 758 | 1,050 | 1,714 | 2,222 | 2,712 | 3,781 | 4,135 | 4,449 | 4,754 | 4,722 | 4,596 | 4,413 | 4,023 | 4,217 | 4,256 | 4,431 | 4,707 |
| 도시철도 | 388 | 397 | 415 | 436 | 182 | 169 | 198 | 179 | 201 | 195 | 172 | 161 | 168 | 155 | 155 | 620 | 677 | 632 | 827 |
| 도시개발 | 214 | 287 | 331 | 586 | 1,502 | 2,020 | 2,479 | 3,498 | 3,800 | 4,084 | 4,353 | 4,322 | 4,185 | 4,029 | 3,673 | 3,420 | 3,394 | 3,563 | 3,658 |
| 기타공사 | 14 | 11 | 12 | 28 | 29 | 33 | 35 | 103 | 134 | 170 | 229 | 240 | 243 | 229 | 196 | 177 | 185 | 236 | 222 |
| 지방공단 | 28 | 27 | 28 | 27 | 29 | 28 | 26 | 26 | 23 | 24 | 21 | 19 | 22 | 20 | 23 | 28 | 32 | 38 | 35 |
| 시설공단 | 28 | 27 | 28 | 27 | 29 | 28 | 26 | 26 | 23 | 24 | 21 | 19 | 22 | 20 | 23 | 28 | 32 | 38 | 35 |

자료: 행정안전부(2021). 지방공공기관경영정보시스템.

**그림 4-5 전국 지방공기업의 부채 규모 추이**

(단위: 백억 원)

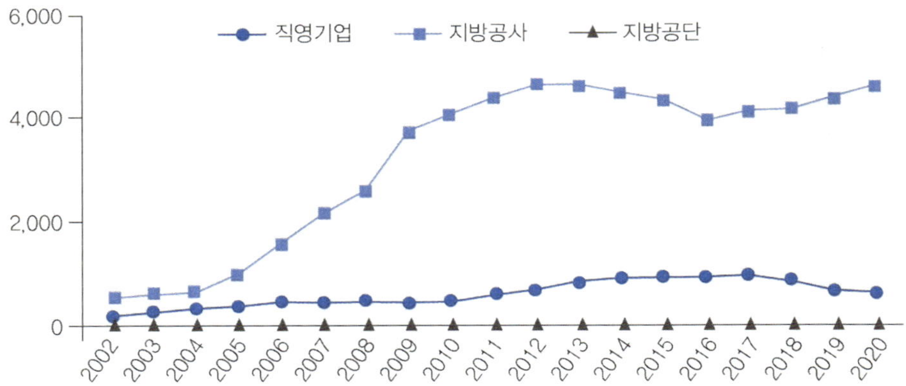

## 4. 지방공기업의 자본 규모 현황

일반적으로 자본은 자산에서 부채를 차감한 순자산(자기자본)을 의미한다. 기업회계기준상 자본은 자본금, 자본잉여금, 이익잉여금 등으로 크게 구분한다. 지방공기업의 자본금은 그 전액을 지방자치단체가 현금 또는 현물로 출자가 가능하도록 되어 있다(지방공기업법 제53조 제1항).

2020년 전국 지방공기업의 자본 규모는 156조 400억 원이며, 직영기업의 자본 규모는 전체 자본의 68.2%인 106조 4,400억 원이고, 지방공사의 자본 규모는 31.5%인 49조 2,600억 원, 그리고 지방공단의 자본 규모는 0.3%인 6,900억 원이다. 직영기업의 자본 규모는 2002년 13조 5,600억 원에서 2020년 106조 4400억 원으로, 2002년 대비 자본 규모가 92조 8,800억 원이 증가하는 추이를 보여준다. 그리고 지방공사의 자본 규모는 2002년 5조 7,100억 원에서 2020년 49조 6,000억 원으로, 2002년 대비 자본 규모가 43조 5,500억 원이 증가하고, 지방공단의 자본 규모는 2002년 4,500억 원에서 2020년 6,900억 원으로, 2002년 대비 자본 규모가 2,400억 원이 증가한 것을 보여준다. [표 4-12]는 전국 지방공기업의 자본 규모를, [그림 4-6]은 전국 지방공기업의 자본 규모 추이를 보여준다.

**표 4-12 전국 지방공기업의 자본 규모**

(단위: 백억 원)

| 구분 | 2002 | 2003 | 2004 | 2005 | 2006 | 2007 | 2008 | 2009 | 2010 | 2011 | 2012 | 2013 | 2014 | 2015 | 2016 | 2017 | 2018 | 2019 | 2020 |
|---|---|---|---|---|---|---|---|---|---|---|---|---|---|---|---|---|---|---|---|
| 전국 | 1,972 | 2,872 | 3,434 | 4,121 | 5,103 | 5,677 | 6,243 | 6,817 | 7,453 | 8,252 | 8,557 | 9,006 | 9,525 | 10,182 | 10,867 | 12,691 | 14,085 | 15,244 | 15,638 |
| 직영기업 | 1,356 | 2,199 | 2,723 | 3,219 | 3,568 | 3,895 | 4,226 | 4,510 | 4,877 | 5,348 | 5,611 | 5,938 | 6,349 | 6,891 | 7,257 | 7,857 | 9,152 | 10,256 | 10,644 |
| 상수도 | 887 | 1,389 | 1,555 | 1,713 | 1,836 | 1,945 | 2,098 | 2,158 | 2,269 | 2,383 | 2,507 | 2,622 | 2,753 | 2,872 | 2,994 | 3,143 | 3,282 | 3,454 | 3,654 |
| 하수도 | 420 | 738 | 1,055 | 1,302 | 1,542 | 1,724 | 1,878 | 2,040 | 2,321 | 2,550 | 2,665 | 2,829 | 3,052 | 3,185 | 3,395 | 3,697 | 4,397 | 4,638 | 4,774 |
| 공영개발 | 50 | 72 | 113 | 204 | 190 | 227 | 250 | 312 | 287 | 415 | 439 | 487 | 544 | 833 | 868 | 1,017 | 1,472 | 2,162 | 2,214 |
| 자동차운송 | | | | | | | | | | | | | | | | | 1.4 | 1.5 | 1.3 |
| 지방공사 | 571 | 625 | 661 | 849 | 1,480 | 1,733 | 1,967 | 2,240 | 2,507 | 2,833 | 2,876 | 2,999 | 3,107 | 3,222 | 3,540 | 4,765 | 4,865 | 4,919 | 4,926 |
| 도시철도 | 180 | 187 | 187 | 291 | 813 | 824 | 960 | 1,034 | 1,102 | 1,131 | 1,106 | 1,122 | 1,095 | 1,096 | 1,223 | 2,288 | 2,234 | 2,238 | 2,030 |
| 도시개발 | 325 | 382 | 415 | 485 | 593 | 777 | 831 | 1,008 | 1,201 | 1,427 | 1,450 | 1,567 | 1,688 | 1,799 | 1,930 | 2,071 | 2,197 | 2,235 | 2,362 |
| 기타공사 | 66 | 56 | 59 | 73 | 74 | 132 | 176 | 198 | 204 | 274 | 319 | 310 | 323 | 326 | 387 | 406 | 433 | 446 | 534 |
| 지방공단 | 45 | 48 | 50 | 53 | 55 | 49 | 49 | 67 | 69 | 71 | 70 | 69 | 69 | 69 | 70 | 69 | 69 | 69 | 69 |
| 시설공단 | 45 | 48 | 50 | 53 | 55 | 49 | 49 | 67 | 69 | 71 | 70 | 69 | 69 | 69 | 70 | 69 | 69 | 69 | 69 |

자료: 행정안전부(2021). 지방공공기관경영정보시스템.

그림 4-6 **지방공기업의 자본 규모 추이**

(단위: 백억 원)

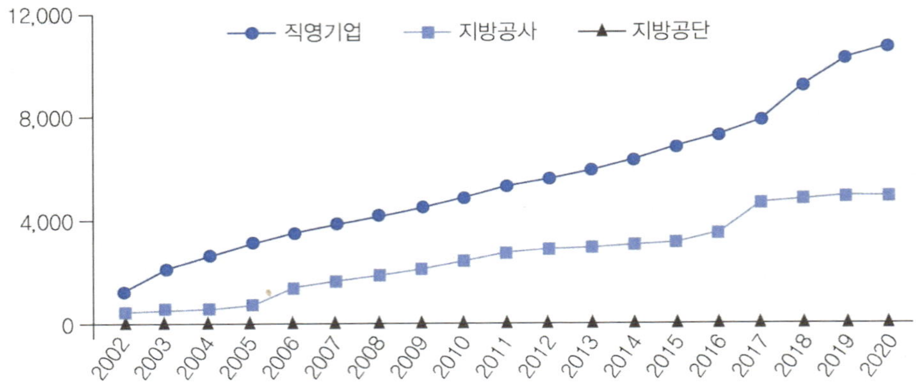


## 5. 지방공기업의 부채비율 현황

지방공기업의 재무안정성을 측정하는 대표적인 지표는 부채비율이다. 부채비율은 부채를 자기자본으로 나누어 장기 지급 능력을 파악하기 위해 자본조달의 구성을 살펴보는 비율이다. 그러나 지방공기업의 부채비율은 현재의 재무 상태만을 나타내는 지표로서, 단기적 상환 능력 및 장기적 수익성을 고려하지 않은 단기적 안정성만을 보여주는 지표라는 한계점을 가지고 있다.

행정안전부는 2013년 지방공기업 유형별로 '부채감축 목표제' 도입에 따라 부채관리의 적정성 확보가 지속되고 있으며, 2020년 기준 도시철도 100%, 도시개발공사 250%, 기타공사 200% 내에서 부채비율이 관리되고 있다. 2020년 전국 지방공기업의 부채비율은 34.9%이며, 2002년 46.6% 대비 부채비율이 11.7%p 감소한 실적을 보여준다. 직영기업의 부채비율은 2002년 20.3%에서 2020년 6.8%로, 2002년 대비 부채비율이 13.5%p 감소하는 실적을 보여준다. 그리고 지방공사 부채비율은 2002년 108.0%에서 2020년 95.6%로 12.4%p 감소하고 있음을 보여준다. 지방공단의 부채비율은 2002년 61.4%에서 2020년 50.9%로 10.5%p 감소하고 있음을 보여준다. [표 4-13]은 전국 지방공기업의 부채비율을, [그림 4-7]은 전국 지방공기업의 부채비율 추이를 보여준다.

**표 4-13 전국 지방공기업의 부채비율**

(단위: %)

| 구분 | 2002 | 2003 | 2004 | 2005 | 2006 | 2007 | 2008 | 2009 | 2010 | 2011 | 2012 | 2013 | 2014 | 2015 | 2016 | 2017 | 2018 | 2019 | 2020 |
|---|---|---|---|---|---|---|---|---|---|---|---|---|---|---|---|---|---|---|---|
| 전국 | 46.6 | 37.4 | 35.3 | 37.3 | 44.9 | 49 | 53.1 | 63.5 | 63.2 | 62.3 | 64.9 | 62.9 | 59.1 | 53.5 | 46.8 | 41.8 | 37.3 | 34.4 | 34.9 |
| 직영기업 | 20.3 | 16.1 | 15.6 | 14.3 | 15.4 | 13.6 | 13.7 | 11.5 | 11.4 | 12.5 | 13.9 | 15.6 | 16 | 14.7 | 14.3 | 13.5 | 10.6 | 7.6 | 6.8 |
| 상수도 | 19.4 | 16 | 13.6 | 11.1 | 9.2 | 7.9 | 6.6 | 6 | 6.4 | 6.3 | 5.5 | 4.9 | 4.1 | 3.3 | 2.7 | 4.7 | 1.9 | 1.6 | 1.6 |
| 하수도 | 18.9 | 13.2 | 12.9 | 10.5 | 9.2 | 8.2 | 7.5 | 7.5 | 8.2 | 11.2 | 13.7 | 18.9 | 19.6 | 19.5 | 18.6 | 15.9 | 13.4 | 12.2 | 11.2 |
| 공영개발 | 48.4 | 45.9 | 68.4 | 66.3 | 124.8 | 103.8 | 120.5 | 76.7 | 77 | 55.8 | 62.7 | 53.6 | 55.8 | 35.5 | 37.7 | 32.4 | 21.4 | 7.4 | 5.7 |
| 자동차운송 | | | | | | | | | | | | | | | | | 7.1 | 9.5 | 12.3 |
| 지방공사 | 108.0 | 111.2 | 114.6 | 123.6 | 115.8 | 128.3 | 137.8 | 168.8 | 164.9 | 157.1 | 165.3 | 157.5 | 148.0 | 137.0 | 113.6 | 88.5 | 87.5 | 90.1 | 95.6 |
| 도시철도 | 215.7 | 212.9 | 222 | 149.5 | 22.4 | 20.5 | 20.6 | 17.3 | 18.3 | 17.3 | 15.5 | 14.3 | 15.4 | 14.1 | 12.7 | 27.1 | 30.3 | 28.3 | 40.7 |
| 도시개발 | 65.7 | 75.1 | 79.7 | 120.8 | 253.2 | 259.9 | 298.2 | 347.1 | 316.3 | 286.1 | 300.1 | 275.8 | 247.9 | 224 | 190.3 | 165.1 | 154.4 | 159.4 | 154.9 |
| 기타공사 | 21.6 | 18.8 | 19.9 | 38.6 | 39.4 | 24.9 | 19.8 | 52.3 | 65.4 | 61.9 | 71.8 | 77.5 | 75.3 | 70.3 | 50.6 | 43.7 | 42.8 | 52.9 | 41.6 |
| 지방공단 | 61.4 | 56.6 | 54.9 | 52 | 52.2 | 56.8 | 53.5 | 39.2 | 33.6 | 33.8 | 29.5 | 27.6 | 31.2 | 28.4 | 32.8 | 41 | 45.9 | 55.4 | 50.9 |
| 시설공단 | 61.4 | 56.6 | 54.9 | 52 | 52.2 | 56.8 | 53.5 | 39.2 | 33.6 | 33.8 | 29.5 | 27.6 | 31.2 | 28.4 | 32.8 | 41 | 45.9 | 55.4 | 50.9 |

자료: 행정안전부(2021). 지방공공기관경영정보시스템.

**그림 4-7 전국 지방공기업의 부채비율 추이**

(단위: %)

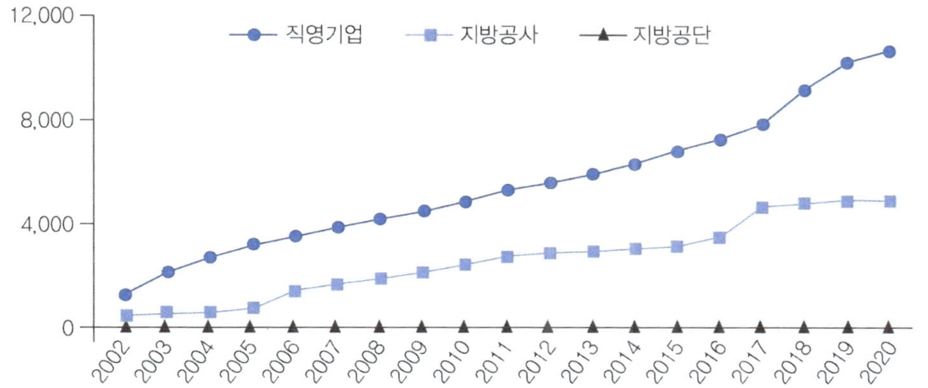


## 6. 지방공기업의 당기순이익 현황

지방공기업의 수익성을 측정하는 대표적인 지표는 당기순이익이다. 당기순이익은 일정 기간의 전체 수익에서 전체 비용을 차감한 것으로, 지방공기업의 경영성과를 보여준다. 즉, 당기순이익은 1년 동안의 공기업의 총매출액에서 매출원가, 판매비, 관리 및 영업외수익과 비용, 특별이익과 손실 등을 가감한 후 법인세를 차감하여 산출한다(전지성, 2017).

2020년 전국 지방공기업의 당기순이익(당기순손실) 규모는 −1조 7,970억 원이며, 직영기업의 당기순이익의 71.9%인 −1조 2,910억 원이고, 지방공사의 당기순이익의 28.2%인 −506억 원이고, 지방공단은 당기순이익의 0.1%인 10억 원이다. 직영기업 당기순이익 규모는 2002년 2,040억 원에서 2020년 −1조 2,910억 원으로, 2002년 대비 1조 4,950억 원이 감소한 것을 보여준다. 그리고 지방공사 당기순이익 규모는 2002년 −990억 원에서 2020년 −5,060억 원으로, 2002년 대비 4,070억 원이 감소한 실적을 보여주고, 지방공단 당기순이익 규모는 2002년 −90억 원에서 2020년 10억 원으로, 2002년 대비 100억 원이 증가한 실적을 보여주고 있다. [표 4-14]는 전국 지방공기업의 당기순이익 규모를, [그림 4-8]은 전국 지방공기업의 당기순이익 규모 추이를 보여준다.

**표 4-14 전국 지방공기업의 당기순이익 규모**

(단위: 백억 원)

| 구분 | 2002 | 2003 | 2004 | 2005 | 2006 | 2007 | 2008 | 2009 | 2010 | 2011 | 2012 | 2013 | 2014 | 2015 | 2016 | 2017 | 2018 | 2019 | 2020 |
|---|---|---|---|---|---|---|---|---|---|---|---|---|---|---|---|---|---|---|---|
| 전국 | 9.7 | 11.2 | 29.0 | -9.6 | -4.5 | 85.1 | 32.7 | 20.8 | -21.4 | 57.9 | -104.1 | -70.7 | 50.7 | -30.1 | 37.9 | 8.8 | -15.1 | -82.4 | -179.7 |
| 직영기업 | 20.4 | 28.2 | 41.8 | 14.4 | 14.4 | 80.2 | 13.3 | 4.5 | -48.8 | -4.3 | -73.8 | -73.8 | 8.6 | -102.8 | -88.5 | -71.8 | -58.0 | -92.9 | -129.1 |
| 상수도 | 17.9 | 32.7 | 29.5 | 7.3 | 12.3 | 49.8 | 21.3 | 3.3 | 8.3 | -1.8 | 2.5 | -8.7 | -8.2 | -5.6 | -1.5 | -3.2 | -8.5 | -13.7 | -36.8 |
| 하수도 | -0.8 | -7.3 | -6.8 | -10.6 | -20.0 | -23.6 | -30.4 | -41.8 | -59.3 | -69.1 | -88.8 | -119.0 | -130.4 | -126.9 | -121.8 | -111.0 | -99.9 | -112.3 | -150.2 |
| 공영개발 | 3.3 | 2.8 | 19.2 | 17.7 | 22.1 | 53.9 | 22.5 | 43.0 | 2.2 | 66.5 | 12.5 | 54.0 | 147.3 | 29.7 | 34.8 | 42.4 | 50.1 | 33.0 | 58.1 |
| 자동차운송 | | | | | | | | | | | | | | | | | 0.3 | 0.1 | -0.2 |
| 지방공사 | -9.9 | -16.1 | -12.2 | -22.6 | -17.1 | 6.3 | 21.0 | 16.2 | 27.2 | 62.1 | -30.4 | 3.6 | 41.8 | 72.4 | 126.3 | 80.4 | 42.8 | 10.4 | -50.6 |
| 도시철도 | -30.3 | -34.9 | -30.7 | -39.5 | -41.1 | -37.2 | -36.6 | -37.7 | -39.2 | -42.5 | -35.0 | -37.4 | -40.0 | -41.3 | -45.7 | -102.4 | -106.4 | -107.6 | -182.4 |
| 도시개발 | 19.2 | 15.8 | 14.8 | 16.5 | 23.3 | 41.5 | 55.5 | 49.8 | 57.2 | 101.0 | 4.4 | 41.7 | 84.0 | 101.5 | 166.6 | 163.2 | 126.0 | 114.0 | 120.9 |
| 기타공사 | 1.3 | 3.0 | 3.7 | 0.4 | 0.7 | 2.0 | 2.0 | 4.2 | 9.2 | 3.6 | 0.2 | -0.7 | -2.2 | 12.2 | 5.3 | 19.6 | 23.2 | 4.0 | 10.8 |
| 지방공단 | -0.9 | -0.8 | -0.7 | -1.4 | -1.7 | -1.3 | -1.6 | 0.2 | 0.2 | 0.2 | 0.1 | -0.6 | 0.3 | 0.3 | 0.1 | 0.2 | 0.1 | 0.1 | 0.1 |
| 시설공단 | -0.9 | -0.8 | -0.7 | -1.4 | -1.7 | -1.3 | -1.6 | 0.2 | 0.2 | 0.2 | 0.1 | -0.6 | 0.3 | 0.3 | 0.1 | 0.2 | 0.1 | 0.1 | 0.1 |

자료: 행정안전부(2021). 지방공공기관경영정보시스템.

그림 4-8 전국 지방공기업의 당기순이익 규모 추이

(단위: 백억 원)

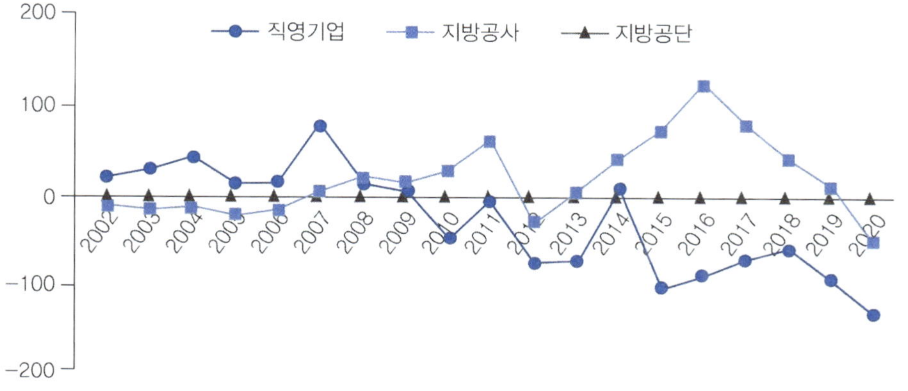

C·H·A·P·T·E·R 5

# 지방공기업의 지배구조

기업의 미래 발전 방향과 관련하여 핵심적인 역할을 하는 것은 바로 기업의 지배구조(governance structure) 문제이다. 기업의 지배구조는 관련 이해관계자들에게 외부제약으로 작용하면서 그들의 행위에 직접적 영향을 미치기 때문에 일종의 제도라 할 수 있다. 지방공기업의 지배구조의 핵심은 다양한 공기업 이해관계자들 간의 이해관계를 조정하는 것이라 할 수 있다. 이 장에서는 지방공기업의 지배구조의 개념 및 지배구조 유형에 대해 서술하고, 지방공기업 자율책임 경영체제 확립에 대해서도 알아본다. 또한 바람직한 지방공기업 지배구조체계 확립을 위한 지방자치단체와 중앙부처의 역할에 대해서도 검토한다.

## 제 1 절 공기업의 지배구조 개념

일반적으로 기업지배구조는 "조직이 이해되고 통제되는 체제 또는 조직 내 의사결정과 통제와 결부된 구조"나 또는 "기업을 둘러싼 각 이해관계자들 간의 상호작용 관계를 규정하는 방식"이라 할 수 있다. 흔히 기업지배구조는 내부 지배구조와 외부 지배구조로 구분한다(배용수, 2015: 123).

공기업의 지배구조는 공공성도 함께 추구해야 하므로 민간기업과 다른 특수성이 존재한다. 공기업의 지배구조는 "공기업이 국가(자치단체)와 국민(주민)의 이익에 부합하는 의사결정과 경영활동을 하도록 하는 내·외부 이해관계자 상호 간의 권력의 배분·견제·감시 구조"라고 정의할 수 있다(허경선 외, 2011: 25-28) 이를 공기업의 특성을 고려하여 정의한다면 "공기업 경영자가 공기업의 경영활동과 경영성과에 관해 국민(주민)을 대리한 소유권 행사자인 정부 및 기타 이해관계자에게 책임을 지는 과정"이라고 말할 수 있다(이상철, 2021: 354).

공기업의 지배구조를 민간기업 지배구조 개념에 대비하여 그 특징을 중심으로 정의하면, "공정 소유권에 기인하는 공기업을 지배하는 권력의 배분과 공기업을 둘러싼 이해관계 당사자들 간의 관계를 규정하는 방식"이라고 할 수 있다. 즉, "공기업 경영자들이 공기업 경영 결과에 대해 그 소유권 행사자인 정부 및 기타 이해관계자들에게 책임을 지는 과정"이라 할 수 있다. 공기업의 의사결정기구(이사회) 및 집행기구(경영진)와 직원과 노동조합으로 구성된 생산주체, 그리고 내부통제기구(감사 등)는 공기업의 내부 지배구조 구성요소이다. 행정주체(국가/자치단체)와 같은 외부통제기구는 외부 지배구조 구성요소이다(이상철, 2021: 361).

국가(자치단체)와 국민(주민)의 이익에 부합하기 위해서 공기업 지배구조의 개선과 체계적 운용은 매우 중요하다고 할 수 있다. 공기업의 지배구조는 국가(자치단체)가 민간과 같은 감시·견제 기능이 효율적으로 운영될 수 있도록 내·외부 시스템을 마련하여야 한다(이상철, 2007).

공기업의 지배구조는 상부구조와 하부구조로 [그림 5-1]과 같이 구분된다. 상부구조는 내부 규율방식의 내부 지배구조와 외부 규율방식인 외부 지배구조로 구분된다. 내부 지배구조는 이사회, 감시기구 등 기업의 내부 조직을 통해 경영자를 직접적으로 감시·감독하는 기업통치방식이다. 이사회제도는 내부 지배구조에서 가장 중요한 역할을 하는데, 대리인 관점에서 보면 경영자를 직접적으로 통제할 수 가장 강력한 시스템으로 평가받고 있다(Tihanyi et al., 2003; 원구환, 2018: 170). 외부 지배구조는 기업 외부적 규율을 통해 감시하는 통제장치를 의미한다(이홍규, 1999: 24; 원구환, 2018: 170).

그림 5-1 지배구조의 개념

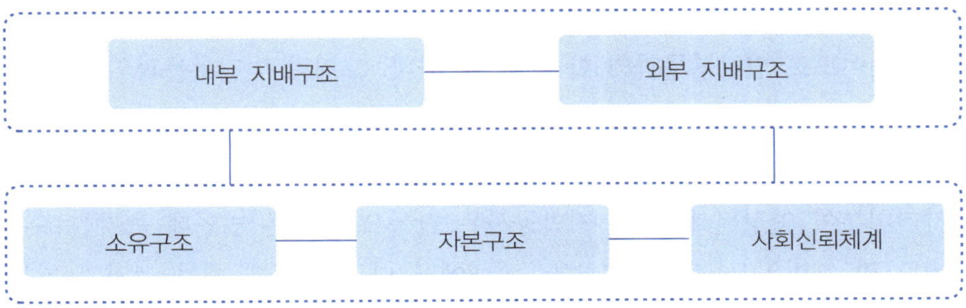


자료: 원구환(2018: 170).

# 제 2 절 지방공기업의 지배구조 유형[1)]

## 1. 지방공기업의 소유구조 및 외부 지배구조

### 1) 지방공기업의 소유 및 자본구조

지방공기업은 크게 지방직영기업, 지방공사, 지방공단으로 구분되는데, 지방직영기업은 지방자치단체의 소속 부서로서 공무원의 신분을 갖기 때문에, 출자 및 소유, 자본구조의 개념이 존재하지 않는다. 반면에, 간접경영형태인 지방공사와 지방공단은 지방자치단체가 출자한 독립된 법인체이므로, 소유 및 자본구조가 지방직영기업과 상이하다. 이를 구체적으로 살펴보면 다음과 같다(원구환, 2018: 207-208).

첫째, 지방직영기업은 지방자치단체의 조직으로서 특별회계로 처리되고 있으며, 출자의 개념이 존재하지 않는다. 따라서 민간부문과 같은 이사회 조직이 부재하며, 지방자치단체의 공무원에 의해 업무가 처리된다. 또한 지방직영기업의 일차적인 책임은 지방직영기업의 관리자에 있지만, 최종적인 책임은 지방자치단체의 장에게 있다.

둘째, 지방공사는 지방자치단체의 출자비율에 따라 전액 출자한 지방공사와 지방자치단체가 50% 이상 출자한 지방공사로 구분되는데, 지방공사는 수익적 사업을 수행하는 형태이므로 민간부문과의 합자가 가능하다. 그러나 민간부문과의 합자도 50% 미만으로 설정되어 있으므로, 절대적 소유권은 지방자치단체에 있다. 따라서 지방공사는 자체적으로 재원을 조달하고, 조달된 재원을 자신의 책임 하에 운영하며, 손익금의 자기처분이 인정된다. 또한 지방공사는 단독으로 다른 법인데 출자할 수 있고, 직전 연도 말 지방공사 자본금의 10% 이내에서 다른 법인에 대한 출자가 가능하다(지방공기업법 제54조, 지방공기업법 시행령 제47조의2). 지방공사가 단독으로 다른 법인에 출자하는 형태는 지방공사의 자회사라 할 수 있으며, 「상법」상의 주식회사 형태로 운영된다.

셋째, 지방공단은 지방자치단체가 전액 출자한 경영형태로 민간부문과의 합자가 불가능하며, 지방자치단체의 업무를 대행하는 기관이다. 따라서 지방공단은 지방자치단체로부터 위탁대행 수수료를 받아 운영되며, 수익금이 발생하면 지방자치단체에

1) 지방공기업의 지배구조 유형은 원구환(2018: 207-226)의 『공기업론』을 정리한 것이다.

반납하므로 최종 회계는 0이 된다. 따라서 지방공단은 손익금의 자기처분이 인정되지 않는 구조를 지니고 있다.

넷째, 지방자치단체가 출자금의 50% 미만을 출자한 출자기관은 「지방공기업법」이 아니라 「지방자치단체 출자·출연 기관의 운영에 관한 법률」에 의해 규율되는데, 자본구조상으로 민간부문의 지분이 50% 이상인 회사를 의미한다. 따라서 지방자치단체의 지분이 민간부문의 소유 지분에 비해 상대적으로 낮은 구조를 지니고 있으며, 「상법」의 규정을 준용한다(원구환, 2018: 207-208). [표 5-1]은 지방자치단체 출자 비중에 따른 적용 법률 및 특징을 보여준다.

**표 5-1 지방자치단체 출자 비중에 따른 적용 법률 및 특징**

| 유형 | 자치단체 출자 | 적용 법률 |
|---|---|---|
| 지방직영기업 | 출자개념 없음<br>(자치단체 조직) | 지방공기업법<br>(당연적용사업) |
| 지방공사 | 지방자치단체 | 지방공기업법 |
| 지방공단 | 지방자치단체 | 지방공기업법 |
| 주식회사 | 지방공사 단독출자<br>(자본금의 10% 이내) | 지방공기업법<br>(상법 준용) |
| 출자기관 | 지방자치단체 50% 미만 출자 | 지방자치단체 출자·출연 기관의<br>운영에 관한 법률<br>(상법 준용) |

자료: 원구환(2018: 208).

## 2) 지방공기업의 외부 지배구조

지방공기업의 외부 지배구조는 지방공기업의 운용에 관련된 모든 이해관계자와의 관계이다. 즉, 지방공기업의 감독을 담당하고 있는 중앙정부 및 지방자치단체, 지방의회 등 지방공기업 외부의 감시·평가 시스템이라고 할 수 있다. 지방공기업의 효과적인 지배구조를 구축하기 위해서는 지방공기업에 대한 외부통제가 합리적으로 구축되어야 한다(원구환, 2018: 209-215).

### (1) 지방공기업 외부통제의 본질

지방공기업 통제의 필요성은 우선적으로 생산관계 기초로서의 공공성에서 기인한다. 지역주민이 소유자이고 주체이므로 소유자로서의 시민이 지방공기업을 통제하는 것은 필요하다는 점이다. 지방자치단체는 시민의 세금으로 지방공기업에 출자하게 되는데, 민간기업처럼 출자한 만큼의 통제는 인정된다. 아울러 지방공기업의 목적 자체가 공익성을 띠고 있으므로, 공익성이 제대로 잘 구현되었는지를 확인하기 위해서라도 통제의 필요성은 인정된다(Sadique, 1976: 36).

지방공기업에 대한 자율과 통제정책의 가장 큰 변화는 1999년의 「지방공기업법」 개정이라 할 수 있다. 1995년 지방자치가 본격화됨에 따라 지방의 자율성을 보장하기 위한 중앙통제완화 정책이 제도화되었는데, 지방공기업에 대한 행정안전부의 통제에도 커다란 변화가 있었다. 즉, 이때 지방공사 및 지방공단 설립 및 정관 변경 인가권을 지방자치단체로 이양하였으며, 지방공기업의 자율성을 보장하기 위하여 지방공사 및 지방공단의 예산편성에 대한 지방자치단체의 사전승인제도를 폐지하였다. 다만, 경영 결과에 따른 엄격한 책임을 부여하기 위하여 행정안전부의 경영평가권을 강화하였고, 부실 지방공기업에 대한 경영진단 및 경영개선명령을 강화하였다.

1999년 「지방공기업법」 제5차 개정으로 지방자치단체의 지방공사·지방공단 설립이 자유화되었고, 많은 사전통제장치가 사후관리제도로 이행되었지만, 지방공기업의 남설과 도덕적 해이, 부채 및 경영성과의 악화는 오히려 가중되었다.[2] 이러한 일련의 흐름 속에서 지방공기업에 대한 공적 통제의 필요성은 자율성 부과 못지않게 중요하게 부각되고 있다.

### (2) 지방공기업 외부통제의 필요성 및 유형

공기업은 지나친 실무 간섭과 정치적 동기가 부여된 소유권 간섭에 시달릴 수 있으며, 이는 기업운영에 있어 불분명한 임무의 경계, 책임감의 소홀 및 능률 저하로 이어질 수 있다. 반면에, 지나치게 소극적이거나 냉담한 정부의 소유권 행사로 인한 관리감독의 부족은 공기업과 그 경영진이 해당 공기업과 궁극적 주인인 일반 국민(주민)들의 이익을 대변해야 하는 유인을 악화시킬 수 있으며, 기업 내부자들의 이기적인 행동을 부추길 수 있다(OECD, 2015). 따라서 공기업에 대한 통제의 필요성은

2) 1998년까지 지방공기업 설립에 대한 사전승인제도가 존재하였던 시기와 1999년 자율설립제도 도입 이후의 지방공기업 성과를 비교하면, 사전승인제도 하에서 지방공기업의 평균 영업수지 비율은 94%로 나타난 데 비해, 자율설립제도 하에서는 63.46%로 나타났다. 당기순이익은 1,256,158천 원에서 −252,314천 원으로 악화되었다(행정안전부 내부자료).

어느 정도 인정되며, 효과적인 통제로 공기업이 추구하는 본래의 목적을 제대로 이행할 수 있도록 유도하는 것이 중요하다(원구환, 2018: 210).

지방공기업은 지방자치단체가 공적 목적을 수행하기 위해 경영하는 기업이라고 할 수 있는데, 공공성과 기업성을 동시에 추구해야 하는 역설적 경영체라 할 수 있다. 지방공기업에 대한 통제가 제대로 이행되고 있는지를 확인하기 위해서는 다음과 같은 사항을 고려할 필요가 있다.

첫째, 지방공기업에 대한 통제가 왜 필요한가에 대한 여부이다. 일반적으로 지방공기업은 공적 소유를 바탕으로 목적 자체가 공익적이며, 제공하는 서비스가 공적 가치를 지니고 있으므로 공적 규제가 필요하다는 입장이다. 「지방공기업법」 제1조에서도 지방공기업의 목적으로 '지방자치의 발전과 주민의 복리증진'을 규정하고 있으므로, 목적으로서의 공공성이 제대로 실현되고 있는지를 확인하는 것이 중요하다.

둘째, 통제의 필요성을 내적 요인에서 찾을 것인가, 외적 요인에서 찾을 것인가의 문제이다. 일반적으로 지방공기업의 도덕적 해이에 따른 통제의 필요성은 외부통제를 강조하는 대리인 이론(agency theory)과 내부통제를 강조하는 청지기 이론(stewardship theory)으로 구분해 볼 수 있다. 그러나 청지기 이론의 내적 통제방안은 내적 가치에 대한 일체감 형성을 강조하면서 구체적인 방안보다는 학습 및 교육의 중요성을 강조하고 있어 실용적 통제방안으로서의 한계성을 지니고 있다.

셋째, 외부적 · 실용적 통제를 효과적으로 살펴보기 위해서는 통제의 내용에 대한 검토가 필요하다. 일반적으로 통제의 내용은 일반적 통제와 개별적 통제로 구분된다(윤세창, 1981: 299-301). 일반적 통제는 지방공기업 업무의 일반적 정책 사항에 대한 것이며, 지방공기업의 일상 업무나 구체적인 지시에 대한 것은 아니다. 그러나 일반적 통제는 구체적인 통제권을 갖고 있지 못하기 때문에 행정안전부 장관은 설득이라는 비공식적 과정에 의존하게 되고, 이 과정에서 갈등이 발생하므로 정부는 행정안전부 장관이 지방공기업에 관여할 수 있는 법을 제정하여 통제하려고 한다. 또한 지방공기업의 통제를 일반적 통제로 국한 시킬 경우 그 추상성으로 인해 지방공기업을 효과적으로 관리하기 어렵고, 정부의 목표와 지방공기업의 목표를 일치시켜 구체화할 수 없는 문제점이 발생한다(Cassese, 1981: 150-151). 따라서 구체적인 개별적 통제의 필요성이 제기되는 것이다. 특히, 개별적 통제는 지방공기업의 세부 경영 요소별로 통제의 정도가 달라지는데, 보통 통제의 필요성이 강할수록 명령, 결정, 승인, 인 · 허가 등의 방식을 채택하게 되고, 정책적 방향성을 통일하기 위해서는 조정권이나 지침제시 등의 방식이 사용된다.

넷째, 지방공기업 소유구조의 공공성에서 비롯되는 통제 정도를 살펴보기 위해서는 지방공기업에 대한 정부의 통제 유형을 구분해야 한다. 그 이유는 소유주체로서의 지역주민을 대리하는 정부의 위치가 중요하기 때문이다. 일반적으로 정부의 통제 유형은 삼권분립 원칙에 따라 입법, 사법, 행정적 통제로 구분되지만, 행정적 통제가 보편적이다. 그 이유는 소유구조 및 목적의 공공성과 관련된 법적 규정이 행정통제로 구체화된다는 점이며, 입법부와 사법부에 의한 통제는 주로 사전적 혹은 사후적 통제가 주종을 이루기 때문에, 지방공기업 내부의 공적 규제 측면을 살펴보기 위해서는 행정통제를 고찰해야 한다는 점이다.

### (3) 지방공기업에 대한 제도적 · 행정적 외부통제

지방공기업에 대한 외부통제는 크게 주무 부처로서의 행정안전부 장관에 의한 통제와 지방공기업 설립 및 출자자로서의 지방자치단체에 의한 통제로 구분된다. 우선, 지방공기업 유형 중에서 지방공사 · 지방공단에 대한 행정안전부 장관의 개별적 통제는 지방공사 및 지방공단 설립 협의권, 예 · 결산 공통기준 작성 통보, 사채발행 및 외국 차관에 대한 승인, 업무 · 회계 · 재산에 대한 검사 및 보고 명령, 경영평가, 경영진단, 경영개선명령 등으로 규정되어 있다. 또한 일반적 통제로 지방공기업에 대한 지도, 조언, 권고를 할 수 있도록 규정하고 있다. 「지방공기업법」상에 규정되어 있는 행정안전부 장관의 통제는 지방공기업의 설립, 운영과 관련하여 매우 밀접한 연관성을 지니고 있으며, 재무 및 경영평가와 관련된 사항을 통제하고 있음을 알 수 있다. 아울러 행정안전부 장관은 경영평가, 경영진단 결과 및 경영개선을 위한 조치, 해산요구 등을 명기한 "지방공기업 보고서"를 매년 경영진단 및 경영개선 조치 실시 후 3개월 이내에 국회 소관 상임위원회에 제출하도록 규정되어 있다.

지방공사 및 지방공단에 대한 행정안전부 장관의 통제 이외에 상급 자치단체장에 의한 통제가 이루어지고 있는데, 시 · 도지사의 경우 관할 구역 내의 기초지방자치단체의 지방공기업에 대해 일반적 통제를 인정하고 있다(지방공기업법 제78조 제5항). 상급 자치단체장의 일반적 통제는 인정하고 있으나, 실질적이고 구체적인 개별적 통제는 시 · 도지사에 의해서 이루어지기보다는 해당 자치단체의 장에 의해 구현되고 있다. 「지방공기업법」에서는 지방자치단체장이 행정안전부 장관에게 보고해야 할 사항을 규정하고 있는데, 설립, 정관 변경, 관리자 및 감사 임면 사항, 경영개선 조치 결과, 기타 중요 변동사항을 보고토록 규정하고 있다.

지방공기업 유형 중에서 지방공사 및 지방공단에 대한 지방자치단체장의 개별적 통제는 다음과 같다. 지방자치단체장에 의한 지방공사 및 지방공단 통제내용은 정관 변경 인가, 사장·이사장·감사·비상임이사 임면, 예산성립 및 변경해보고, 결산 보고 및 인가, 사채발행 승인, 업무 감독, 업무·회계·재산 검사 및 보고명령, 공무원 파견 등으로 나타나고 있다. 아울러 지방공사 및 지방공단의 최고관리자는 [표 5-2]의 내용을 지방자치단체의 장에게 보고하도록 규정하고 있다(원구환, 2018: 212-215).

**표 5-2 지방공사·지방공단 최고관리자가 지방자치단체의 장에 보고하는 사항**

| 경영형태 | 보고 내용 | 근거 |
|---|---|---|
| 지방공사<br>지방공단 | 공사의 지방자치단체 외의 다른 법인 출자 관련 타당성 검토 | 법 제54조 ② |
| | 중장기재무관리계획을 수립한 지방공사의 자치단체장에게 제출 | 법 제64조의3 ① |
| | 공사·공단 예산성립, 변경보고 | 법 제65조 ③ |
| | 신규 투자사업 타당성 검토 내용 | 법 제65조의3 ① |
| | 공인회계사 회계감사보고서를 첨부한 공사·공단의 결산서 | 법 제66조 ② |
| | 공사·공단의 업무상황보고 | 법 제75조의2 |

* 법은 「지방공기업법」을 의미함.
자료: 원구환(2018: 215).

## 2. 지방공기업의 내부 지배구조

지방공기업의 내부 지배구조는 "공기업의 경영자가 공기업의 경영활동과 경영결과에 대하여 공기업 내부의 이해관계자에게 책임을 지게 되는 과정"이다(이상철, 2021: 354). 내부 지배구조는 이사회, 기관장과 경영진, 감사제도, 노조 및 직원 등을 포함한다. 지방공기업의 원활한 운영을 위해서는 내부 지배구조의 효과적이고 효율적인 작동이 구축되어야 한다.

### 1) 지방직영기업

#### (1) 관리자제도

지방직영기업은 지방자치단체가 자신의 조직으로 직접경영하는 형태이므로 지방공무원제도를 그대로 준용하고 있다. 따라서 지방직영기업은 특별히 이사회가 존재하지 않고, 공무원이 직접 사업과 관리를 담당하고 있으며, 관리자제도를 도입하고 있다. 지방직영기업 관리자제도를 구체적으로 살펴보면 다음과 같다.

첫째, 지방직영기업을 관리하기 위하여 사업마다 관리자를 설치하도록 규정하고 있다. 즉, 「지방공기업법」 제7조 제1항에서는 "지방자치단체는 지방직영기업의 업무를 관리·집행하게 하기 위하여 사업마다 관리자를 둔다. 다만, 조례로 정하는 바에 따라 성질이 같거나 유사한 둘 이상의 사업에 대하여는 관리자를 1명만 둘 수 있다"고 규정하고 있다. 지방직영기업은 상·하수도, 공영개발사업이 주류를 이루고 있는데, 상수도 관리자, 하수도 관리자, 공영개발사업 관리자를 설치해야 한다. 그러나 단서 규정에서 보는 바와 같이 상·하수도의 경우는 유사한 사업이므로, 상수도와 하수도를 통합하여 상·하수도 관리자 1인을 설치할 수 있다.

둘째, 지방직영기업 관리자는 공무원 중에서 지방자치단체의 장이 임명한다. 즉, 관리자는 해당 지방자치단체의 공무원으로서, 지방직영기업의 경영에 관하여 지식과 경험이 풍부한 사람 중에서 지방자치단체의 장이 임명한다(지방공기업법 제7조 제2항).

셋째, 지방직영기업 관리자는 임기제로 할 수 있다. 지방직영기업의 관리자를 임기제로 하는 경우 그 임기는 2년으로 하되, 경영성과에 따라 연임하게 할 수 있다. 다만, 경영성과가 우수한 경우로서 본인이 원하는 경우에는 임기 중에도 전보 또는 승진하게 할 수 있다(지방공기업법 시행령 제3조 제1항). 또한 관리자를 임기제로 할 수 있는 지방직영기업의 범위는 사업의 규모 등을 고려하여 당해 지방자치단체의 조례로 정한다(지방공기업법 시행령 제3조 제2항).

지방직영기업 관리자는 지방공무원의 신분을 갖고 있으며, 순환보직에 의해 운영되는 것이 기본원칙이므로 임기제를 채택하는 것은 실효성이 낮으며, 실제 임기제를 채택하고 있는 지방자치단체가 거의 없다. 또한 임기제를 하더라도 경영성과가 우수한 경우로서 본인이 원하는 경우에는 임기 중에도 전보 또는 승진하게 할 수 있는데, 경영성과가 우수한 직원이 타 부서로 전보 또는 승진하게 하는 것 또한 지방직영기업의 전문성을 훼손할 개연성이 있다.

### (2) 관리자의 권한 및 위임

관리자의 주요 업무는 지방직영기업에 관한 조례안 및 규칙안을 작성하여 지방자치단체의 장에게 제출하는 사항, 지방직영기업의 사업운영계획 및 예산안을 작성하여 지방자치단체의 장에게 제출하는 사항, 결산을 작성하여 지방자치단체의 장에게 제출하는 사항, 지방직영기업의 자산을 취득·관리·처분하는 사항, 계약을 체결하는 사항, 요금이나 그 밖의 사용료 또는 수수료를 징수하는 사항, 예산 내의 지출을 하는 경우 현금이 부족할 때에 일시 차입을 하는 사항과 그 밖에 예산집행에 관한 사항, 출납이나 그 밖의 회계 사무에 관한 사항, 증명서 및 공문 서류를 보관하는 사항, 지방직영기업의 조직 및 인사 운영에 관한 사항, 그 밖에 법령이나 해당 지방자치단체의 조례 또는 규칙에 따라 관리자의 권한에 속하는 사항 등이다(지방공기업법 제9조).

지방직영기업 관리자는 지방직영기업의 업무를 관리·집행하는 권한을 갖고 있으나, 예산안을 의회에 제출하는 사항, 결산을 의회의 승인에 부치는 사항, 의회의 의결이 필요한 사항으로서 그 의안을 의회에 제출하는 사항, 사기나 그 밖의 부정한 방법으로 사용료·수수료 또는 분담금의 징수를 면한 자에 대하여는 그 징수를 면한 금액의 5배 이내의 과태료를, 공공시설을 부정 사용한 자에 대하여는 50만 원 이하의 과태료를 부과하는 규정을 조례로 정하는 사항은 지방직영기업 관리자의 권한이 아니다.

예산 및 결산, 의회 의결이 필요한 사항, 조례로 정하는 사항은 집행기관의 장인 지방자치단체의 장이 최종 책임을 지게 되어 있으므로 지방직영기업 관리자가 아니라 지방자치단체의 장의 권한이다.

그러나 관리자가 부득이한 사유로 업무를 수행할 수 없을 때에는 해당 지방자치단체의 규칙이 정하는 바에 따라 해당 지방직영기업에 종사하는 상위 서열의 공무원이 그 업무를 대행한다. 관리자는 그 권한의 일부를 해당 지방직영기업에 종사하는 공무원, 지방자치단체의 기관 또는 지방자치단체가 경영하는 다른 지방직영기업의 관리자에게 위임하거나 위탁할 수 있다. 다만, 지방자치단체의 기관 또는 지방자치단체가 경영하는 다른 지방직영기업의 관리자에게 위탁할 때에는 미리 지방자치단체의 장의 승인을 받아야 한다(지방공기업법 제12조).

### (3) 관리자와 지방자치단체장과의 관계

지방직영기업 관리자는 지방직영기업의 업무를 총괄하지만, 지방공무원으로서 인사권자인 지방자치단체장의 지휘·감독을 받는다. 즉, 지방자치단체의 장은 지방직영기업 경영의 기본계획에 관한 사항, 지방직영기업의 업무 집행에 관한 사항 중 해당 지방자치단체의 주민 복리에 중대한 영향이 있다고 인정되는 사항, 지방직영기업의 업무와 다른 업무 사이에 필요한 조정에 관한 사항에 대하여 지방직영기업 관리자를 지휘 · 감독한다.

따라서 지방직영기업의 실질적 집행 및 관리업무는 관리자가 담당하지만, 최종적인 행정책임은 지방자치단체 집행기관의 책임자인 지방자치단체장에게 귀속된다. 특히, 지방자치단체장의 지방공기업에 대한 지휘 · 감독의 범위가 세 가지 사항에 한정되어 있다 하더라도 전반적인 최종 책임은 지방자치단체장에게 귀속되므로, 지휘 · 감독의 범위는 포괄적이라 할 수 있다.

### (4) 기업직원

지방직영기업에 종사하는 공무원에 대해 「지방공기업법」에서는 기업직원이라는 용어를 사용하고 있다. 지방직영기업에 종사하는 직원들은 공무원들임에도 불구하고 「지방공기업법」에 기업직원이라고 규정한 것은 일반행정과는 다른 형태로 운영되는 지방직영기업의 직원들의 전문성을 제고하기 위함이다.

지방직영기업의 경우는 대부분 상 · 하수도, 공영개발사업이 주류를 이루고 있기 때문에 특정 분야의 전문성이 요구되는데, 「지방공기업법」에서는 지방직영기업 운영을 전문화하는 데 필요한 경우에는 「지방공무원법」에서 정하는 바에 따라 지방직영기업 소속 공무원에 대한 전문 직렬을 둘 수 있도록 규정하고 있다(지방공기업법 제10조의2). 일례로, 수도사업의 효율적 운영을 위해 시설직렬 내에서 수도토목직류가 설치되어 있다. 구체적으로, 「지방공무원 임용령」 [별표 1]에 의하면 행정직군, 행정직렬, 일반행정직류 이외에 기능직군, 시설직렬, 수도토목직류 등이 정급되어 있는데, 수도사업의 전문성 제고를 위해 행정직렬 이외에 전문 직렬을 설치하고 있다.

### (5) 기업관리 규정

지방직영기업 관리자는 법령, 조례 또는 규칙에 위반되지 아니하는 범위에서 지방직영기업 업무에 관하여 기업관리 규정을 제정할 수 있다(지방공기업법 제11조). 기업관리 규정은 지방직영기업 관리자가 해당 업무에 대한 세부 규정을 마련하는 것으로 상위 근거 법령에 위반되지 않을 때 가능하다. 기업관리 규정을 「지방공기업법」에 명시적으로 규정한 것은 업무의 전문성과 효율적 운영을 도모하기 위함이다.

### 2) 지방공사 및 지방공단

#### (1) 임원의 선임 및 임기

지방공사 및 지방공단의 임원은 사장을 포함한 이사(상임이사와 비상임이사로 구분) 및 감사로 구성되며, 그 수는 정관으로 정한다(지방공기업법 제58조). 특히, 사장을 포함한 상임이사의 정수는 이사 정수의 100분의 50 미만으로 한다(지방공기업법 시행령 제55조). 사장, 이사, 감사의 임기는 3년으로 한다. 이 경우 지방자치단체의 장은 대통령령으로 정하는 바에 따라 임기가 만료된 임원으로 하여금 그 후임자가 임명될 때까지 직무를 수행하게 할 수 있다. 공사의 사장, 이사 및 감사는 1년 단위로 연임할 수 있다(지방공기업법 제59조).

사장은 임원추천위원회가 추천한 지방공기업의 경영에 관한 전문적인 식견과 능력이 있는 사람 중에서 지방자치단체장이 임면한다. 감사의 선임 절차는 사장과 동일한데, 임원추천위원회가 추천한 지방공기업의 경영에 관한 전문적인 식견과 능력이 있는 사람 중에서 지방자치단체장이 임면한다. 다만, 조례 또는 정관으로 정하는 바에 따라 당연히 감사로 선임되는 사람은 당연직이므로 감사 선임 절차를 따르지 않는다. 이사(조례 또는 정관으로 정하는 바에 따라 당연히 이사로 선임되는 사람은 제외)는 임원추천위원회가 추천한 사람 중에서 임명하되, 상임이사는 사장이 임면하고 비상임이사는 지방자치단체의 장이 임면한다.

또한 2개 이상의 지방자치단체가 지방공사와 지방공단을 공동으로 설립한 광역지방공사 및 광역지방공단의 사장 및 감사를 비롯한 임원은 지방자치단체 간의 규약으로 정한다.

#### (2) 임원의 선임 절차

현행 「지방공기업법」에 의하면 다음과 같은 절차를 통해 임원을 선임하게 된다. 지방공기업 임원추천위원회는 지방공사·지방공단 소속 임원의 임기 만료가 예정되어 있는 경우에는 임기 만료의 2월 이전에 구성하지만, 기타 결원 등의 사유로 임원을 새로이 임명하고자 할 때에는 지체 없이 위원회를 구성해야 한다. 임원추천위원회는 임원의 후보자 추천이 필요할 때마다 새로이 구성하는 것을 원칙으로 하되, 임원의 결원이 동시 발생 또는 최초 결원 발생 예정일로부터 3월 이내에 집중되는 경우에는 동일한 위원으로 추천위원회를 구성하여 운영할 수 있다. 특히, 지방공사·지방공단의 장 및 해당 지방자치단체의 장은 우수 전문가를 유치하는 데 필요한 경우, 공개모집 시에 자체 추진위원회를 구성·운영하거나 채용 전문기관, 대학, 관련 단체 등에 의뢰하여 적격자를 추천받아 임원후보자로 응모하게 하는 등 적극적인 노력을 기울여야 한다.

임원추천위원회 심사기준 및 방법은 다음과 같은 절차를 따른다. 첫째, 임원추천위원회는 지방공사·공단이 정한 임원의 직무수행요건에 따라 응모자를 대상으로 1차 서류심사를 실시하며 면접시험 대상자를 결정한다. 둘째, 서류심사 합격자를 대상으로 지원서, 직무수행계획서, 자기소개서 등을 참고하여 2차 면접심사를 실시한다. 다만, 임원추천위원회가 면접을 실시하지 않기로 결정한 경우에는 면접을 실시하지 않을 수 있다. 셋째, 최종 임원후보자는 면접심사 결과 고득점순으로 결정하되, 최종후보자는 임원추천위원회에서 결정한다. 넷째, 서류 및 면접심사 시 응모자 1인에 대한 위원별 평가점수는 100점 만점으로 하고, 위원별 점수를 산술평균한 점수로 결정한다. 다만, 평가의 공정성을 위해 위원별 최고 점수 및 최저 점수 각 1개를 제외한 점수를 산술평균한 점수로 결정할 수 있다. 이 경우 소숫점은 둘째 자리까지 표시하고 나머지는 절사하며, 동점자가 있을 경우에는 투표로서 순위를 결정한다. 다섯째, 임원추천위원회는 추천위원회 회의의 심의·의결 내용 등이 기록된 회의록을 작성·보존하고 이를 공개하여야 한다. 다만, 「공공기관의 정보공개에 관한 법률」 제9조 제1항 각 호의 어느 하나에 해당하는 경우에는 공개하지 아니할 수 있다.

또한 임원추천위원회에서 활용되는 심사기준은 해당 분야에 대한 전문적 지식과 경험을 평가할 수 있는 사항, 경력·학위 등 경영·경제에 관한 지식을 객관적으로 평가할 수 있는 사항, 과거의 경영실적·경영기간 등 경영 경험을 객관적으로 평가할 수 있는 사항, 기타 해당 임원으로서 자질과 능력을 평가할 수 있는 사항 등을 고려하여 심사해야 한다.

### (3) 지방공기업 임원추천위원회

현행 지방공기업 임원추천위원회의 구성 및 운영상의 한계와 문제점을 살펴보면 다음과 같이 정리할 수 있다.

첫째, 임원추천위원회는 7인의 위원으로 구성되는데, "지방자치단체장, 지방의회, 지방공사·지방공단 이사회에서 각각 2 : 3 : 2로 추천하며, 지방공사·지방공단을 최초로 설립한 때에는 지방자치단체장과 지방의회가 각각 4 : 3으로 추천한다"는 규정의 문제점이다. 지방자치단체의 장의 추천인 수가 2인에 불과하지만, 실제로 지방공사·지방공단의 이사회 구성원들이 지방자치단체의 장에게 반하는 의사결정을 하기 어려운 실정이다. 또한 신설 지방공기업의 임원추천위원회는 지방자치단체의 장의 추천 비율이 과반수를 넘고 있다. 결국 지방자치단체장의 추천위원회 구성 비율이 과반수를 넘고 있으며, 지방의회의 경우도 지방자치단체의 장과 동일한 정당 소속 의원들이 추천될 경우 지방의회의 견제력은 상대적으로 낮을 수밖에 없다.

둘째, 임원추천위원회의 위원 자격과 관련하여 경영전문가, 경제 관련 단체 임원, 4급 이상 공무원으로 퇴직한 자, 공인회계사, 공기업 경영에 관한 지식과 경험이 있다고 인정되는 자로 한정되어 있으며, 지방공사·지방공단의 임직원(비상임이사를 제외) 및 해당 자치단체의 공무원(지방의회 의원을 포함)은 임원추천위원회의 위원이 될 수 없다. 임원추천위원회의 위원 자격을 법률적으로 한정하고 있으나, 정당원의 참여가 가능하며, 4급 이상 공무원으로 퇴직한 자가 포함되어 있어 객관적이고 공정한 자격 요건이 다소 미흡한 실정이다.

셋째, 임원추천위원회 역할이 추천에 한정되어 있다. 즉, 관계 법령 및 지방공사·지방공단의 규정에서 정한 심사기준에 따라 임원후보자를 심사하고, 자치단체장에게 추천하는 역할로 한정되어 있다. 특히, 임원추천위원회의 심사기준과 관련하여 이미 정해진 기준에 따라 심사가 이루어지는데, 이 과정에서 개인의 비리나 도덕성에 대한 사전검증장치가 부재하다는 점이다. 또한 현행 「지방공기업법」에서는 소극적 조건으로서 임원의 결격사유가 명시되어 있고, 적극적 조건은 추상적인 표현으로 규정되어 있기 때문에, 특별히 결격사유에 해당되지 않는다면 임원으로 임명될 가능성이 높다.

넷째, 임원추천위원회는 최초 공개모집에서 응모자 수가 결원 예정 직위 수의 2배수에 미달하거나, 임원추천위원회 심사 결과 적격자가 없는 경우, 임명권자가 임원후보의 재추천을 요구할 때에는 최초의 공개모집과 동일한 절차와 방법에 따라 재공고를 실시하여야 한다. 그러나 임원추천위원회가 재공고를 실시하였는데도 불구하고, 응모자가 결원 예정 직위 수의 2배수에 미달하는 때에는 공개모집에 응모한 사람 중에서 업무수행에 필요한 학식과 경험이 풍부하고 능력을 갖춘 사람을 임원후보로 추천할 수 있다. 특히, 사전에 임원후보자로 내정자가 있다는 소문이 지배적일 경우 공개모집 자체가 무의미해질 수 있으며, 그에 따라 최적의 적격자가 아닌 차선의 인물이 역선택될 개연성이 상존한다.

다섯째, 임원후보 응모자의 제출서류가 지원서, 직무수행계획서, 자기소개서, 최종

학력 및 경력증명서, 관련 자격증(1차 합격자에 한함), 기타 임원추천위원회에서 적정한 심사를 위해 필요하다고 요구하는 자료의 한계점이다. 위의 자료로 임원후보 응모자의 경력 및 학력, 직무수행계획 등을 파악할 수 있으나, 개인의 도덕성(범죄 기록이나 납세 실적, 재산 내역 등)과 관련된 자료는 검증하지 못하는 한계를 지니고 있다. 특히, 임원후보 응모자에 대해 서류심사를 거치지만, 면접을 실시하지 않는 경우에는 서류심사 결과만으로 후보자를 추천하도록 규정하고 있다.

여섯째, 임용권자인 지방자치단체의 장은 임원으로 추천된 후보가 「지방공기업법」 제60조의 규정에 의한 임원의 결격사유에 해당하거나 지방공사·지방공단의 경영에 현저하게 부당하다고 인정되는 때에는 임원추천위원회에 임원후보의 재추천을 요구할 수 있으며, 이 경우 임원추천위원회는 지체 없이 임원후보를 재추천하여야 한다는 규정의 한계이다. 이 규정에서 임원후보자의 결격사유는 명확하게 규정되어 있으나, '지방공사·지방공단의 경영에 현저하게 부적당하다고 인정'되는 경우에 대한 명확한 규정이 불분명하다. 또한 자치단체의 장이 임원후보의 재추천을 요구할 경우 임원추천위원회는 거부할 수 있는 권한이 없다.

일곱째, 만약, 임원추천위원회에서 추천된 후보자에 대해 인사청문회를 실시할 경우 지방의회 결정이 자기모순에 봉착할 수 있다는 점이다. 임원추천위원회에는 지방의회에서 추천한 인사가 3인이 포함되어 있고, 그에 따라 적격 후보자를 추천하였으나, 지방의회에서 인사청문회를 실시하는 과정에서 부적격한 후보자로 결정될 경우 지방의회에서 추천한 임원추천위원의 결정이 부정될 수 있다. 이런 경우 지방의회에서 추천한 임원추천위원회 위원 3/7의 의견이 인사청문회 과정에서 부정될 수 있다는 점이다.

### (4) 이사회

지방공사 및 지방공단의 업무에 관한 중요사항을 의결하기 위하여 공사에 이사회를 두는데, 이사회는 사장을 포함한 이사로 구성된다. 또한 이사회의 권한과 운영에 필요한 사항은 정관으로 정한다(지방공기업법 제62조). 지방공사 및 지방공단의 임원 중 감사는 이사회에 참여하여 의견을 진술할 수 있으나, 의결에는 참여할 수 없다.

## 3. OECD의 공기업 지배구조

OECD에 소속된 주요 선진국에서는 공기업 감독시스템의 정비 등 공기업 지배구조의 혁신을 추진해 왔다. OECD(2015) 공기업 가이드라인은 경영활동과 사업수행에 대한 의사결정 과정에서 정부의 영향력이 비합리적인 방식으로 반영될 때 나타날 수 있는 부작용을 예방하기 위한 대안적인 지배구조와 작동원리를 제시하고 있다(박한준, 2017: 7).

OECD에서 권장하고 있는 공기업 지배구조 핵심 가이드라인은 "국가(자치단체)소유권에 대한 근거, 소유주체로서의 국가(자치단체)의 역할, 시장에서의 공기업, 주주와 기타투자자에 대한 공평한 대우, 이해관계자와 관계 및 책임경영, 공시 및 투명성, 공기업 이사회의 책무를 중시해야 한다"고 강조하고 있다. [표 5-3]은 공기업 지배구조 관련 OECD 가이드라인을 요약하여 보여준다.

**표 5-3 공기업 지배구조 관련 OECD 가이드라인(2015)**

| 가이드라인 | 시사점 |
|---|---|
| 국가소유권에 대한 근거 | • 공기업 최종목표의 명확화(효율적 자원배분을 통한 사회가치 극대화)<br>• 정부의 소유권 정책 마련<br>• 적절한 절차를 통한 소유권 정책 수립<br>• 공기업 소유권 근거 규정 및 소유 근거의 정당성 변화 주기적 · 반복적 검토<br>• 공공정책목표의 명시 및 공개 |
| 소유주체로서의 국가의 역할 | • 법적형태 간결화 및 표준화<br>• 공기업 운영의 자율성 보장<br>• 이사회 임무수행을 위한 독립성 존중<br>• 소유권 행사실체의 명확화를 위한 단일소유권주체<br>• 소유권 실체의 대의기관에 대한 책임 |
| 시장에서의 공기업 | • 공기업의 소유권 기능과 시장규제 기능의 구분<br>• 채권자, 경쟁자 등 이해관계자의 권리 침해 시, 구제수단 마련<br>• 공공정책 사업의 비용 및 수익구조의 높은 수준의 투명성 및 공시<br>• 공공정책 사업비용의 국가조달 및 공시<br>• 경제활동을 수행하는 공기업은 일반법, 세법 및 규제의 동일 적용<br>• 시장과 동일한 기준에 따른 공기업 차입 및 채권발행<br>• 공공조달의 절차적 공정성 · 투명성 확보 |
| 주주와 기타투자자에 대한 공평한 대우 | • 모든 주주에 대한 공평한 대우<br>• 모든 주주와 소통 및 협의 활성화<br>• 이사선임과 같은 공기업의 핵심적 의사결정에 참여할 수 있도록 소액주주들의 주주총회 참여 독려 |

| | |
|---|---|
| | • 모든 공기업(상장/비사장)은 기업지배구조 규범 준수<br>• 공공정책사업 추진 시, 비국가 주주들에게 충분한 관련 정보를 상시적 제공<br>• 합작투자 또는 민관협력사업 수행 시, 계약당사자의 권리 준수 및 객관적 분쟁 해결 |
| 이해관계자와 관계 및 책임경영 | • 국가소유권주체, 공기업은 법률 및 상호 합의로 수립된 이해관계자의 권리 존중<br>• 상장 또는 대형 공기업은 모든 이해당사자들에 대해 고도의 투명성 준수<br>• 공기업 이사회는 국제규범에 따라 내부통제, 윤리 및 준법 감시프로그램을 시행, 자회사에도 동일하게 적용<br>• 공기업은 책임경영 기준을 준수하며, 그 기준을 일반대중에게 공개<br>• 정치활동 자금조성을 위한 도구로 활용 방지 및 정치후원금 금지 |
| 공시 및 투명성 | • 국제적으로 공인받은 공시기준에 따라 재무・비재무정보 보고<br>• 공기업 목표와 목표달성 여부<br>• 공공정책사업 관련 비용 및 재원조달 방법, 공기업 재무운영 성과<br>• 공기업의 지배구조, 소유구조 및 의결권구조<br>• 국가의 재정적 지원(보증)<br>• 독립적 외부 회계감사<br>• 연차보고서의 발간 |
| 공기업 이사회의 책무 | • 이사회의 권한과 책임, 역할에 대한 명확한 규정<br>• 이사회의 CEO 임명・해임권한, 공기업의 장기적 이익에 부합하는 보수 수준<br>• 독립적・객관적 의사결정이 가능한 이사회 구성, 공무원을 포함한 모든 이사들은 자격요건을 갖춘 경우에 임명, 동일한 법적 책임을 가짐<br>• 비상임이사는 이해관계 및 인간관계로부터 자유롭고 독립적이어야 함<br>• 근로이사제를 시행할 경우, 이사회의 독립성, 전문성, 정보력에 기여할 수 있도록 운영, 다른 이사들과 동일한 임무와 책임을 가짐<br>• 이사회 의장과 CEO 겸직금지 권고<br>• 이사회 성과와 효율성에 대한 연례평가<br>• 이사회 업무수행 보완을 위한 특별위원회 설치 권고<br>• 내부감사 기능 수립 |

자료: 박한준(2017: 6-16).

# 제 3 절 지방공기업 자율책임 경영체제의 확립[3)]

## 1. 지방공기업의 통제와 자율책임 경영

상위정부나 관련 기관들은 지방공기업에 대하여 통제 및 관리 권한을 행사하는데,

3) 이 절의 내용은 지방공기업평가원(2015: 328-335)의 『대한민국 지방공기업 50년사』 내용을 정리한 것이다.

이는 지방공기업의 자율성에 매우 중요한 영향을 미친다. 일반적으로 통제 및 관리 권한은 법률, 시행령 및 세부 규칙에 규정되어 있다. 지방공기업의 자율성에 직접적인 영향을 미치는 행정통제의 세부내용과 변화를 규명해 봄으로써 향후 지방공기업의 자율성에 제공하는 시사점을 도출할 수 있을 것이다.

1969년 「지방공기업법」 제정 이후 2022년 7월 12일까지 35차에 걸쳐 「지방공기업법」 개정이 이루어져 왔다. 지방공기업이 지방재정에서 차지하는 비중이 큼에도 불구하고 2008년 이후에는 지방공기업의 부채가 급증하였고, 아직도 상당수의 지방공기업은 경영적자를 면치 못하고 있기에, 행정안전부나 지방자치단체의 입장에서는 지방공기업에 대한 체계적인 통제 및 경영혁신 노력이 중요하다. 지방공기업의 통제는 상위기관에 의한 행정통제, 의회에 의한 입법통제 및 사법부에 의한 통제 등이 있는데(원구환, 2000), 지방공기업에 가장 직접적이고 큰 영향을 미치는 통제는 행정통제이다.

무엇보다도 행정통제는 지방공기업의 소유구조 및 목적의 공공성과 관련된 법적 규정을 구체화하고 있기 때문이다. 효율적이고 민주적인 지방공기업 경영을 위해서는 법적 근거가 있는 상위기관 등에 의하여 행정통제가 필수적인데, 지방공기업에 대한 상위기관의 통제의 논리적 근거와 지방공기업에 대한 행정계층별 통제 현황을 1999년 4월 1일 제5차 법 개정 때 나타난 것과 2022년 7월 12일 현재 제35차 법 개정 내용을 비교하여 분석한다(지방공기업평가원, 2015: 328).

### 1) 지방공기업 통제의 논리적 근거 및 유형

지방공기업 통제의 첫 번째 논리적 근거로는 무엇보다 지방공기업의 소유구조의 공공성에 있다. 지방공기업의 공공성은 소유, 주체, 목적, 서비스, 규제의 공공성 영역에서 인식된다(원구환, 2000). 지방공기업은 공적 소유의 기초 위에 존재하고, 제공하는 서비스가 공적 서비스로 지역주민에 미치는 영향이 크기에 소유주체 및 주민대표가 각각의 입장을 반영하여 경영활동의 기본사항에 대하여 규제하고 통제할 논리적 근거가 있다.

하지만, 소유주체인 지역주민에 의한 직접경영이 불가피한 상황 하에서 주민의 대리인이 정부의 관여가 필요하며, 관여 범위와 규제의 강도는 지방공기업이 처하고 있는 경제적 · 사회적 조건에 따라 다를 수 있고, 보통 목적의 공공성이 강할수록 규제

(통제) 정도도 강해지는 경향이 있다.

지방공기업을 통제하는 두 번째 논리적 근거로는 지방공기업의 전략적 중요성에 있다. 일반적으로 지방공기업이 전략적으로 매우 중요하거나 정부에 대한 의존도가 높을수록 더 많은 통제를 받게 된다. 지방공기업의 다른 경제부문과 연계 정도, 투자 규모, 고용인원 수, 기업활동 등은 지역사회에 막대한 영향을 미칠 수 있는바, 지방공기업이 통제를 받는 것은 당연하다고 볼 수 있다. 특히, 지방공기업의 경영손실을 정부 재정에 의하여 보전되는 규모가 클수록, 경영성과에 대한 책임을 공공성 차원에서 회피(처리)할수록 통제의 강도도 일반적으로 높아진다.

지방공기업을 지방자치단체 등이 통제하는 세 번째 논리적 근거로는 지방자치단체가 지방공기업에 투자하기 때문이다. 지방자치단체가 지방공기업에 자본을 투자한 경우에 투자가로서 이익을 보호하기 위하여 통제가 필요하다. 민간기업에서 투자가들이 이사의 임명을 통해 경영자를 통제하고, 주주총회를 통해 기업경영 전반에 대하여 통제하는 원리와 마찬가지이다. 지방자치단체도 당연히 주주로서 지방공기업의 전반적인 정책과 관리에 대하여 통제를 할 필요가 있다. 지방공기업은 출자비율에 따라 다양한 경영형태가 존재하며, 지방자치단체가 직접경영하는 직영기업이 독립된 법인체를 설립하여 간접경영하는 공사 등에 비해 통제의 정도가 강하다.

지방공기업을 통제하는 마지막 이유는 지방공기업은 지역 독점적 사업을 지역경제의 활성화나 지역주민의 복지 충족이라는 목표를 달성하기 위하여 경영하기 때문에 그 목표에 공공성을 지니고 있어야 하며, 이러한 목표가 제대로 충족되고 있는가를 확인하기 위하여 통제가 필요하다. 지방공기업에 대한 통제의 범위와 방법은 지방공기업의 목적과 공공성을 확보하기 위하여 요구되는 감독의 정도와 사업경영상의 자주성을 동시에 보장할 수 있는 수준에서 합리적으로 결정되어야 할 것이다. 지방자치단체는 지방공기업의 소유(투자)주체로서 지역주민을 대표하는 위치에 있고, 일반적으로 정부의 통제 유형은 삼권분립 원칙에 따라 입법, 사법, 행정적 통제로 구분할 수 있다(원구환, 2000). 하지만, 이들 통제 중에서도 행정통제가 가장 큰 영향을 미친다. 무엇보다도 행정통제는 지방공기업의 소유구조 및 목적의 공공성과 관련된 법적 규정을 구체화하고 있기 때문이다. 효율적이고 민주적인 지방공기업 경영을 위해서는 법적 근거가 있는 상위기관 등에 의하여 행정통제가 필수적이다. 1999년 4월 1일 제5차 법 개정 때 나타난 것과 2022년 7월 12일 현재 제35차 법 개정을 통한 지방공기업에 대한 상위기관의 통제에 대한 변천사를 비교・분석하면 다음과 같다.

## 2) 지방공기업에 대한 행정계층별 통제 비교

### (1) 행정안전부 장관에 의한 통제

#### ① 일반적 통제

「지방공기업법」 제35차 개정 제78조 제5항에 따르면 "행정안전부 장관 또는 시·도지사(특별자치시장 및 특별자치도지사는 제외)는 지방공기업(시·도지사의 경우에는 시·군·자치구의 지방공기업으로 한정)의 효율적인 경영을 위하여 필요한 지도, 조언 또는 권고를 할 수 있다"라고 규정하여, 지방공기업에 대한 행정안전부 장관과 시도지사의 일반적 통제를 규정하고 있다. 하지만, 행정안전부 장관의 일반적 통제권은 주무 부서라는 입장에서 지방공기업을 통제할 수 있다는 명시적인 규정에 불과하며, 행정안전부는 지방공기업의 경영을 지원하는 임무를 띠어야 한다는 것을 말해 주고 있다(원구환, 2000).

#### ② 개별통제

개별적 통제는 임직원의 임면, 특정한 사항에 대한 승인이나 보고 등과 같이 법령이 규정한 개별적 사항에 대하여 지방공기업의 관리·경영을 지휘 통제하는 것을 의미한다. 하지만, 자율과 책임을 강조하고 있는 마당에 지방공기업에 대한 행정안전부의 개별적 통제는 통제라는 성격보다 총체적 입장에서 전국적인 통일을 기한다는 점에서 최소한의 관여로 국한되어야 할 것이다. 따라서 전국적 통일을 기하기 위해서 행정안전부 장관의 개별적 통제는 주로 재무회계 및 경영평가와 관련된 통제가 주를 이루고 있다. [표 5-4]는 지방공기업에 대한 행정안전부 장관의 개별적 통제의 변화를 보여준다.

1999년 제5차 개정과 2022년 제35차 개정 사이 행정안전부 장관에 의한 개별적 통제의 내용은 크게 변화된 부분이 없다. 변화된 부분으로는 직영기업의 예산편성기본지침의 통보이다. 1999년 제5차 개정에는 "지방직영기업의 매 사업연도의 예산편성기본지침은 행정자치부 장관이 주무부 장관과 협의하여 이를 작성하여 전년도 7월 31일까지 통보하여야 한다"라고 규정했는데, 2022년 제35차 개정에는 이를 "지방자치단체장은 지방직영기업의 예산편성기본지침을 행정안전부 장관이 정하는 기준에 따라 매년 작성하여 전년도 7월 31일까지 지방직영기업에 알려야 한다"라고 개정하여 예산편성기본지침의 작성을 행정안전부 장관이 제시한 기준에 따라 자치단체장이

**표 5-4 지방공기업에 대한 행정안전부 장관의 개별적 통제**

| 경영형태 | 통제내용 | 1999년 법 근거 | 2022년 법 근거 |
|---|---|---|---|
| 전체 | • 지방공기업에 대한 지도・조언・권고(일반적 통제)<br>• 지방공기업에 대한 자료제출 요구<br>• 지방공기업의 임원 해임, 조직개편 등 경영개선 명령권<br>• 경영지도법인에 대한 설립 인가권<br>• 지방공기업 경영평가에 대한 세부적 기준 결정 | 법 제78조 ②<br>령 제78조 ④<br>법 제78조의2 ③<br>법 제78조의3 ②<br>령 제68조 ④ | 법 제78조 ⑤<br>령 제78조 ④<br>법 제78조의2 ③<br>법 제78조의4 ①<br>령 제68조 ④ |
| 직접경영 | • 시도 간의 경영에 관한 조정(주무장관과 협의)<br>• 자산, 부채, 자본계정의 과목 구분 결정권<br>• 요금 결정 시 설비자산의 순가액 산출 방법, 투자보수율 결정권<br>• 예산편성기본지침의 통보(전년도 7월 말까지)<br>• 자산평가 기분 및 방법 결정권<br>• 경영평가에 관한 결정 | 법 제47조 ① ②<br>령 제11조 ①<br>령 제18조 ②<br>법 제23조 ③<br>령 제42조<br>령 제68조 ① 단서 | 법 제47조 ① ②<br>령 제11조 ①<br>령 제18조 ②<br>법 제23조 ③<br>지방자치단체장이 통보<br>령 제42조<br>령 제68조 ① 단서 |
| 간접경영 | • 지방공사・공단의 예산, 결산에 관한 공통지침 통보<br>– 7월 31일까지 당해 공사・공단의 장에게 통보<br>– 6월 30일까지 지방자치단체의 장에게 통보<br>• 공사・공단의 사채・외국차관 사전승인(외채발행의 경우 재정경제부와 사전협의)<br>– 행정안전부 장관 승인 필요<br>– 대통령령으로 정하는 기준을 초과하는 경우에 행정안전부 장관 승인으로 변경<br>• 공사・공단의 업무・회계에 대한 검사 및 보고명령권 | 법 제66조의2 ①<br>령 제60조<br><br>법 제68조 ①<br>법 제68조 ①<br><br>법 제74조 | 법 제66조의2 ①<br>령 제60조<br>령 제60조<br>법 제68조 ①<br><br>법 제68조 ①<br>삭제 |

* 법은 「지방공기업법」을 의미하며, 령은 「지방공기업법 시행령」을 의미함.
자료: 지방공기업평가원(2015: 331).

작성하도록 위임하였다. 간접경영의 경우 사채발행 시 1999년에는 공사는 지방자치단체의 장의 승인을 얻어 사채를 발행하거나 외국 차관을 할 수 있다.

이 경우에 "지방자치단체의 장은 미리 행정안전부 장관의 승인을 얻어야 한다"라고 규정했는데, 2022년 개정법의 제68조 제3항에는 "지방자치단체의 장은 제1항에 따라 발행되는 사채가 대통령령으로 초과하는 경우에는 제1항에 따른 승인을 하기 전에 미리 행정안전부 장관의 승인을 받아야 한다. 이 경우 대통령령으로 정하는 기준은 공사의 부채비율, 경영성과 등을 고려해야 한다"라고 변경하여 일정 규모 이하의 사채발행의 권한을 자치단체장에게 위임하고 있음을 보여준다. [표 5-5]는 자치단체장이 행정안전부 장관에게 보고하는 사항을 보여준다.

표 5-5 자치단체장이 행정안전부 장관에게 보고하는 사항

| 경영 형태 | 보고내용 | 1999년 법 근거 | 2022년 법 근거 |
|---|---|---|---|
| 직접 경영 | • 경영평가 결과 보고<br>• 지방공기업법의 적용과 배제의 경우<br>• 경영개선 조치 결과 | 법 제78조의2 ①<br>령 제78조 ①<br>령 제78조 ② | 법 제78조의2 ①<br>령 제78조 ①<br>령 제78조 ② |
| 간접 경영 | • 경영평가 결과 보고<br>• 공사・공단의 설립 사항, 공동 설립사항, 정관 변경사항, 사장(이사장)과 감사의 임면사항<br>• 경영개선 조치 결과<br>• 주식회사 및 재단법인 설립사항<br>• 공사・공단의 청산・민영화 등의 중요 변동사항 | 법 제78조의2 ①<br>령 제78조 ②<br>령 제78조 ②<br>령 제78조<br>령 제78조 ② | 법 제78조의2 ①<br>령 제78조 ②<br>령 제78조 ②<br>삭제<br>령 제78조 ② |

* 법은 「지방공기업법」을 의미하며, 령은 「지방공기업법 시행령」을 의미함.
자료: 지방공기업평가원(2015: 332)의 내용을 저자 재편집.

### (2) 감사원에 의한 통제

회계감사기구인 감사원은 지방직영기업뿐만 아니라 자치단체가 자본금의 1/2 이상을 출자한 법인에 대하여도 회계감사를 필요적 검사사항으로 분류하여 회계감사를 실시한다(감사원법 제22조 제1항). 하지만, “자치단체가 자본금의 일부를 출자한 자의 회계는 감사원이 필요하다고 인정한 때 또는 국무총리의 요구가 있는 때에 실시한다”라고 규정하여 선택적 검사사항으로 남겨두고 있다. 또한 지방직영기업의 사무와 그에 소속한 공무원의 직무, 자치단체가 자본금의 1/2 이상 및 일부를 출자한 법인의 사무와 그에 소속한 임원 및 감사원이 검사대상이 되는 회계사무와 직접 또는 간접으로 관련이 있는 직원의 직무는 「감사원법」 제24조에 따라 감사원의 직무감찰 대상이다. 따라서 지방공기업은 직영기업과 간접경영 모두 감사원의 회계검사와 직무감찰의 대상이 된다.

### (3) 시・도지사에 의한 통제

상급자치단체인 시・도지사는 기초자치단체의 지방공기업에 대해 각종의 통제권을 가지고 있다. 첫째, 시・도지사는 「지방자치법」 제190조에 의거하여 지방자치단체의 자치사무에 관하여 보고를 받거나 서류, 장부 또는 회계를 감사할 수 있고, 지방직영기업도 당연히 그 대상이 된다. 둘째, 시・군・구 간의 지방직영기업의 경영에 관하여 지방자치단체 상호 간에 협의가 이루어지지 아니하는 경우에는 시・도지사가

조정할 수 있다(지방공기업법 제47조 제1항). 셋째, 지방자치단체의 장은 공사의 사채를 발행 및 외국 차관에 대한 승인권을 가지고 있는데, 이 경우 사채발행의 한도는 대통령령으로 정한다(지방공기업법 제68조 제1항). 지방자치단체의 장은 공사의 발행 예정인 사채가 대통령령으로 정하는 기준을 초과하는 경우에는 미리 행정안전부 장관의 승인을 받아야 한다. 이 경우 대통령령으로 정하는 기준은 공사의 부채비율, 경영성과 등을 고려하여야 한다(지방공기업법 제68조 제3항). 광역자치단체인 시・도지사에 의한 지방공기업의 행정통제는 행정안전부 장관에 비해 상대적으로 약하다고 볼 수 있지만 향후 분권과 자율에 의한 지방공기업 운영의 기조가 정착되어 감에 따라 더 늘어날 가능성이 매우 높다.

#### (4) 당해 지방자치단체의 장에 의한 통제

해당 지방자치단체장은 그 지역의 문제에 대하여 가장 잘 숙지하고 있고, 공기업의 운영에 대하여 해당 지역주민에게 책임을 져야 하는 입장에 놓여 있기에, 지방공기업에 대한 통제는 해당 공기업을 설치하고 있는 지방자치단체의 장에 의한 통제가 가장 엄격하고, 최근 행정안전부가 각종 권한을 지방자치단체에 이양함에 따라 자치단체장의 지방공기업 통제 권한도 더 강해질 것으로 예상된다.

##### ① 일반적 통제

「지방자치법」 제92조에 의하면 "지방자치단체의 장은 당해 지방자치단체를 대표하고 그 사무를 통할한다"고 규정하고 있다. 따라서 지방직영기업은 당연히 자치단체장의 지휘・감독・조정을 받게 된다. 자치단체장이 지휘・감독하는 사항으로는 첫째, 지방직영기업 경영의 기본계획, 둘째, 지방직영기업 업무의 집행에 관한 사항 중 당해 지방자치단체의 주민의 복리에 중대한 영향이 있다고 인정되는 사항, 셋째, 지방직영기업의 업무와 다른 업무와의 필요한 조정에 관한 사항 등이다(지방공기업법 제10조). 이에 추가하여 지방자치단체의 장은 지방공사 및 공단의 업무를 감독하게 되어 있다(지방공기업법 제73조). [표 5-6]은 지방공기업에 대한 지방자치단체장의 개별적 통제를 보여준다.

**표 5-6 지방공기업에 대한 지방자치단체장의 개별적 통제**

| 경영형태 | | 통제내용 | 근거 |
|---|---|---|---|
| 전체 | | • 공사와 공단의 상호 조직 전환에 대한 승인(지방의회 의결) | 법 제80조 ② |
| | | • 법 임의적용사업에 대한 계정과목의 구분 결정권 | 령 제11조 ①의 단서 |
| 간접경영 | 조직 | • 공사 및 공단의 지사 및 출장소 설치 승인 | 법 제52조 ② |
| | | • 공사의 지방자치단체 외의 다른 법인에 대한 출자 승인 | 법 제54조 ① |
| | | • 공사 및 공단의 정관 변경에 대한 승인 | 법 제56조 ③ |
| | | • 공사 및 공단의 업무에 대한 감독권(일반적 통제) | 법 제73조 ① |
| | 인사 | • 공사 및 공단 임원의 신속한 모집을 위한 모집기간 단축 승인 | 법 제56조의4 ① |
| | | • 공사 및 공단의 사장(이사장), 감사에 대한 임면 | 법 제58조 ② |
| | | • 공사 및 공단의 사장(이사장) 연임 | 법 제58조 ④ |
| | | • 공사 및 공단의 사장(이사장) 해임 | 법 제58조 ⑤ |
| | | • 공사 및 공단의 민간 비상임이사 임면 | 법 제58조 ⑦ |
| | | • 공사 및 공단의 사장과의 경영성과계약 | 법 제58조의2 ① |
| | | • 공사 및 공단 임원 임기만료자의 후임자 임명 시까지 직무 수행 | 법 제59조 ① |
| | | • 공사 및 공단 임원의 겸직 허가 | 법 제61조 ① |
| | | • 징계 또는 징계부가금 미부과에 따른 부과 요청 | 법 제63조의6 ② |
| | | • 공사 및 공단에 대한 공무원 파견 및 겸임권 | 법 제75조의3 |
| | 재무 | • 공사 및 공단의 예산에 관한 결산승인권 | 법 제66조 ② |
| | | • 행정안전부의 예산편성 공통기준 내의 예산편성지침(7월 말) 통보 | 령 제60조 ② |
| | | • 예결산 공통기준 범위 내에서의 예산 및 결산의 제출 운영 | 법 제66조의2 ① |
| | | • 공사 및 공단의 예산에 대한 시정 명령 | 령 제58조 ③ |
| | | • 사채발행 및 외국 차관에 대한 승인 | 법 제68조 ① |
| | | • 공사와 공공기관의 합병에 대한 승인 | 법 제75조의6 ② |
| | | • 공단의 사업 수익자에 대한 비용부담 승인권 | 법 제77조 |
| | | • 공사의 대행사업 제3자 시행에 대한 승인 | 령 제63조 ⑤ |

* 법은 「지방공기업법」을 의미하며, 령은 「지방공기업법 시행령」을 의미함.
자료: 원구환(2018: 214).

### ② 개별통제

지방자치단체장이 지방공기업에 행사하는 개별적 통제는 경영형태별로 조직 및 업무, 인사, 재무회계 등이며, [표 5-7]은 지방공기업의 관리자가 지방자치단체장에게 보고하는 사항을 보여준다.

**표 5-7 지방공기업의 관리자가 지방자치단체장에게 보고하는 사항**

| 경영 형태 | 보고내용 | 1999년 법 근거 | 2020년 법 근거 |
|---|---|---|---|
| 직접 경영 | • 수입금 마련 지출 | 법 제27조 | 법 제27조 |
| | • 계리 상황의 보고 | 법 제36조 | 법 제36조 |
| | • 업무 상황 보고 | 법 제46조 | 법 제46조 |
| | • 세출예산의 세항 간의 전용 | 령 제21조 ② | 령 제21조 ② |
| | • 중요자산 취득 · 처분 결과보고 | 령 제41조 ② | 령 제41조 ② |
| | • 중요자산에 해당하지 않는 물품의 취득 · 처분 계획보고 | 령 제43조 ② | 삭제 |
| 간접 경영 | • 공사 · 공단 예산 성립 · 변경 보고 | 법 제65조 ③ | 법 제65조 ③ |
| | • 공사 업무 상황 보고 | 법 제75조 ① | 법 제75조의2 |

* 법은 「지방공기업법」을 의미하며, 령은 「지방공기업법 시행령」을 의미함.
자료: 지방공기업평가원(2015: 335).

### 3) 향후 지방공기업 자율성 향상 방안

지방공기업에 대한 통제는 필요하지만 상위정부와 기관에 의한 지나친 통제는 지방공기업의 자율성을 위축시켜, 지방공기업의 자율적인 운영을 저해한다. 따라서 향후 상위정부가 반드시 필요한 통제는 계속 유지하여야 하겠지만 불필요하거나 그 효과가 의심스러운 통제들은 완화하여 지방공기업의 자율성을 향상시키는 방향으로 나가야 할 것이다. 이는 지방자치 원리에도 부합하며 현재 지방공기업을 제약하고 있는 각종 통제에 대하여 심도 있는 재검토를 통하여 불필요하거나 비효율적인 통제는 점진적으로 줄여 나가는 큰 방향으로 나가야 할 것이다.

## 2. 통제 속에서 지방공기업의 공공성과 수익성 조화

지방공기업의 공익성과 수익성 조화를 위해서는 어느 정도의 수익성 보장이 전제되어야 공익적 목적을 달성할 수 있다는 의견이 상대적으로 강하게 나타나고 있었으며, 적정한 사업발굴이 지방공기업의 공익성과 수익성을 조화시키는 데 매우 중요한 역할을 수행하는 것으로 분석되었다.

지방공기업은 「지방공기업법」에 따라 지방자치의 발전과 주민 복리증진을 위하여 지방자치단체가 직접 설치 · 운영하거나 법인을 설립하여 경영하는 기업이다. 지방공기업은 공익성, 기업성, 지역성의 특성을 가진다. 공익성은 지방공기업에서 사적인 이윤추구가 아닌 공공복리의 증진을 추구하는 것을 의미한다. 지방공기업에서 적정 이윤을 추구하면서 원가절감 등을 통하여 공공서비스의 가격을 인하함으로써 소비자의 부담을 경감시키고, 채산성이 부족하더라도 사회정책적인 차원에서 사업을 운영한다. 특히, 공동서비스적 성격이 강한 공공서비스인 상하수도, 교통, 가스, 병원, 주차장, 전기, 항만, 도로, 택지조성 등의 사업이 이에 해당한다.

이에 비하여 기업성은 지방공기업의 서비스를 지속적으로 생산·공급하기 위해서는 어느 정도 수익성을 가져야 한다는 것으로, 이를 위해서는 최소한 수지균형이 바람직하다고 보는 관점이다. 이를 위하여 독립채산제의 도입과 창의적이고 신축적인 운영을 통하여 사업의 효율성을 제고하여야 할 것이다. 「지방공기업법」 제3조에 의하면 지방공기업의 경영원칙 및 목적은 공공성과 수익성을 동시에 달성하도록 규정하고 있다. 지방공기업은 공공부문과 민간부문의 특징을 모두 지니고 있기에, 지방공기업의 공공성과 수익성은 원칙적으로 균형적으로 추구하여야 할 것이다. 이윤을 추구하고 있는 민간기업에서도 최근 기업의 사회적 책임(CSR)이 강화되고 있는 점을 감안할 때, 지방공기업이 속한 공공부문도 필요한 부분은 공익성을 더 강화하는 방향으로 나가야 할 것이다.

공공성에 관한 논의는 다양하게 제시되고 있지만 지방공기업에서 공공서비스의 공공성은 수익자부담의 원칙이 아니라 공공서비스에 대해 지불할 능력이 없는 빈곤층 및 사회적 약자 계층들이 서비스 제공에서 소외받지 않도록 하는 것을 의미할 수도 있다. 또한 공공성은 주로 공공서비스 제공과 관련하여 주민들에게 차별 없이 공공서비스를 보편적으로 전달하면서 공익 달성을 목적으로 공개적으로 서비스를 제공하는 특징을 가지고 있다고 보아야 할 것이다. 이처럼 지방공기업의 공공성은 지방공기업이 주민에게 필수적인 공공서비스나 재화를 제공할 때 필수적인 양적 확보 및 질적 향상으로도 해석할 수 있을 것이다.

지방공기업이 제공하는 서비스 요금 조정에 관하여는 현실적으로 지방자치단체들의 승인이 필요하고, 공공서비스요금의 인상은 관련된 물가의 상승을 야기시키므로, 상하수도 및 지하철 등 시민들 생활에 필수적인 공공서비스요금은 대부분 원가 이하로 제공되고 있다. 양질의 서비스를 원가 이하의 낮은 가격으로 제공하는 것은 공공성을 향상시키는 등 일부 장점도 있지만, 공공성을 너무 추구한 나머지 상하수도 및 지하철 등의 일부 지방직영기업 업종들은 원가보상률보다 낮은 가격으로 서비스를 제공함으로 인해, 지방공기업의 지속적인 적자 발생과 이로 인한 부채 급증은 향후 지방직영기업들이 공공성과 수익성을 어떠한 수준에서 조화하여야 하는지에 대하여 많은 고민과 숙제로 남는다.

주민 생활에 필수적인 상하수도 서비스의 경우 원가보상률보다 낮은 가격으로 서비스를 예전부터 지속적으로 제공함에 따라 적자 보전에 소요되는 일반회계의 부담을 가중시켜 왔다. 2021년 경우 전국 평균 상수도 요금적정화율(원가보상률)은 73.2%를 나타내고 있으며, 경영손실은 −4,972억 원이다. 하수도의 경우 같은 해 동안 경영손실은 −1조 5,227억 원이며, 요금적정화율은 상수도보다 훨씬 낮은 46.4%로 자치단체들이 혈세로 부족한 부분을 메워 주고 있는 현실이다(행정안전부, 2021: 25). 특히, 하수도의 경우는 환경오염 관련 기준강화로 하수관거 정비 등 신규시설투자 필요성이 높아졌으며, 이를 현재 민간자본(BTL) 방식으로 추진하고 있어 부채가 증가하고 있다. 특히, 하수관거, 하수처리장 등의 시설 확충에 민간자본(BTL)을 이용하게 하는 정부정책이 부채 규모를 증가시키고 있다.

이처럼 상하수도, 지하철의 경우 원가보상률보다 훨씬 낮은 가격으로 서비스를 제공하고 있고, 대부분 지방자치단체도 상당한 부채를 떠안고 있기에, 현재와 같이 낮은 원가보상률로 상하수도, 지하철 등의 서비스를 지속적으로 제공하는 것이 불가능할 것으로 보인다. 이러한 문제들을 해결하기 위하여 상하수도와 지하철 등의 서비스는 적절한 원가보상률의 인상 등을 통하여 부채를 줄여야 할 것이다. 비록 공공성을 약간 희생하더라도 지속적인 서비스 제공과 지방자치단체 부채를 줄이기 위해서는 수익성을 향상시키는 방향으로 나가야 할 것이다.

결론적으로, 지방공기업이 제공하는 필수 서비스(예: 상하수도, 지하철)라 하더라도 가능하면 원가보상률 정도로 서비스를 제공하여 수지균형을 맞추어 지속가능한 서비스를 제공하는 방향으로 나가야 할 것이다. 특히, 현재처럼 자치단체들이 막대한 채무를 떠안고 있는 상황에서는 더욱 그러하다 하겠다. 하지만, 지방도시공사가 수익성만을 추구한 나머지 소형아파트 제공은 무시한 채 중대형 아파트 공급 위주 정책을 추진함으로써 수익성만을 강조하고 공공성을 무시한 사례도 심각한 검토가 필요하다. 공공성과 수익성의 추구는 어떠한 점에서 상충관계(trade-off)가 발생하기에, 상충관계가 아닌 상호보완적인 작용이 나타나도록 조정할 필요가 있고, 이를 위해서는 서비스 분야별로 신중한 검토가 필요할 것이다.

# 제 4 절 자율책임 경영체계 확립을 위한 지방자치단체와 중앙부처의 역할

## 1. 지방자치단체의 역할과 과제[4)]

### 1) 자율과 성과에 기반한 관리

지방공기업은 역할과 기능 때문에 지방자치단체와 일정 부분 중앙정부의 통제와 관리를 받을 수밖에 없다. 지방공기업의 사업은 대체로 공공성을 기반으로 하므로 적자가 불가피한 사업이 많다. 그리고 지방자치단체의 예산지원이 이루어지기 때문에, 그에 따르는 관리는 어쩌면 당연한 것이고 이의의 여지가 없다. 그럼에도 불구하고 기존 관리에 대한 새로운 접근방식이 요구되는 것도 사실이다. 지방자치단체의 지방공기업에 대한 관리의 기제(mechanism)는 크게 두 가지 방식이다. 그 중 하나는 예산지원 방식이고, 다른 하나는 조직·인사 승인을 활용한 방식이다. 전자는 크게 사업 과정에서 나타나는 적자의 보전과 성과급과 같은 임금 보전의 형태로 관리를 하고, 후자는 조직 축소나 확대, 그리고 정원 축소나 확대의 형태로 관리를 하게 된다.

문제는 이러한 관리의 방식이 아니라 관리의 기준이라고 할 수 있다. 앞서 제시한 관리방식이 타당성을 가지려면 두 가지 전제가 충족될 필요가 있다. 우선, 지방공기업이 경영상 충분한 자율성을 가지고 있어야 한다는 것이고, 다른 하나는 성과의 측정이 전제되어야 한다는 것이다. 향후 지방공기업에 대한 지방자치단체의 관리 방향은 자율성과 성과에 기반한 관리가 이루어져야 할 것이다.

지방공기업의 자율성을 보장하고 성과목표를 제시한 후 그 기준에 따라 관리하기 위해서는 해당 자치단체가 지방공기업의 자율성 보장에 대한 적정한 수준을 설정하고, 제도적으로 그 수준을 보장하며 매년 수지, 고객만족, 시설유지 등 각 분야별로 구체적인 성과계약을 맺고, 그 성과에 기반하여 적자 보전, 성과급 지급, 그리고 정원 및 조직구조 조정 등을 관리하는 것이 필요하다.

---

4) 자율책임 경영체계 확립을 위한 지방자치단체와 중앙부처의 역할은 지방공기업평가원(2015: 338-343)의 『대한민국 지방공기업 50년사』 내용을 정리한 것이다.

### 2) 소극적 방임에서 적극적 역할 강화

지방공기업의 설립과 운영의 실질적 주체는 지방자치단체이다. 그러나 지난 50년 간 지방자치단체가 그 역할을 충실히 하지 못한 것이 사실이다. 지방자치제도가 본격적으로 실시된 기간이 짧았던 이유도 있고, 중앙정부가 지방공기업에 대한 실질적 통제 권한을 가지고 운영한 탓도 있겠지만, 결과적으로 지방공기업에 대한 지방자치단체의 역할이 소극적이었다는 것은 부인하기 어려운 사실이다. 지방공기업에 대한 지난 50년 간 지방자치단체의 역할은 중앙정부가 제·개정한 법률과 시달한 제도를 전달하고 적용하는 역할에 한정하였을 뿐 자체적으로 적극적 역할을 수행한 내용을 찾기 어려웠다는 사실이 이러한 주장을 방증한다.

지방공기업의 설립과 운영에 예산지원과 조례 제정과 같은 제도적 지원을 하는 곳은 지방자치단체임에도 불구하고, 지방공기업의 관리와 평가, 그리고 경영진단과 같은 역할은 그동안 중앙정부가 담당하였다. 지방공기업에 문제가 발생할 경우에 해당 지방자치단체에는 직접적 피해가 발생할 수밖에 없음에도 지방자치단체는 적극적 관리자(manager)가 아니라 중앙정부의 전달자(messenger)에 그쳤다는 점에서 역할 변화의 필요성에 제기된다.

향후 지방자치단체는 지방공기업에 대한 1차적 책임자로서 해당 지방공기업에 대한 전략적 방향과 내적 역량을 제고할 수 있는 적극적 관리자로서의 역할을 할 필요가 있다. 즉, 지방자치단체는 적극적 관리자로서 지방공기업이 설립의 목적에 맞게 운영되고, 궁극적으로 지방자치단체 주민들에게 공공의 서비스를 효율적으로 제공할 수 있도록 유도해야 함을 의미한다.

### 3) 지방공기업 운영의 거버넌스 체제 구축

지방공기업을 관리하고 운영하는 일차적 주체는 지방자치단체여야 한다. 그러나 지난 50년 간 이 역할을 담당한 것은 중앙정부였다. 지방공기업을 설립한 주체로서 지방공기업 발전을 위한 실질적 역할을 담당하지 못한 측면이 있는 것이 사실이다. 그러나 향후 지방공기업 운영에 대하여 지방자치단체는 좀 더 적극적이고 주도적인 역할을 해야 한다. 이를 위해서는 먼저, 지방공기업 운영을 위한 거버넌스 체제를 구축하는 것이 필요하다. 지방공기업 운영의 거버넌스는 중앙정부, 지방자치단체, 지방공기업, 학회 및 전문가, 그리고 지역주민이 참여하는 논의체계를 의미한다. 이러한 거버넌스 체제는 해당 지방자치단체에 지방공기업 운영을 위한 '위원회' 조직을 구성하는 것이다.

지방자치단체마다 지방공기업의 특성이 조금씩 다르기 때문에 지방자치단체를 중심으로 구성·운영하도록 하고, 중앙정부와 학회 및 전문가, 그리고 지역주민을 참여시키는 것이 필요하다. 중앙정부는 행정안전부가 되고 지역주민은 지방의회 의원이나 시민단체 등을 참여시키는 방안을 고려할 수 있다. 이러한 방식은 지방공기업 발전을 위한 아래로부터의 거버넌스 체제가 구축된다는 점에서 바람직한 방향이라고 할 수 있으며, 특히 광역자치단체의 적극적인 의지가 요청된다.

## 2. 중앙부처의 역할과 과제

### 1) 명확한 정책 방향 제시

「지방공기업법」의 개정과 각종 지침 등을 통해 지방공기업에 대한 실질적 관리·운영을 담당하는 중앙부처는 우리나라 지방공기업에 대한 향후 과제에서 가장 중요한 역할을 하는 주체이다. 중앙부처(행정안전부)가 어떤 정책 방향과 어떤 의지를 갖느냐에 따라서 지방공기업의 설립 권한이 지방자치단체로 이관되기도 하고, 경영평가의 주체가 지방자치단체로 변경되기도 한다. 또한 중앙부처의 의지에 따라서 설립 과정에서 상급자치단체와의 '협의'를 강제하기도 한다.

지방공기업 발전을 위한 다양한 과제 중에서 중앙부처에게 요구하는 첫 번째는 명확한 정책 방향 제시이다. 지방공기업에 대한 적자해소를 가장 중요한 정책 방향으로 설정할지, 아니면 지방공기업의 자율성 강화를 정책 방향으로 설정할지, 또는 양질의 공공서비스 제공을 정책 방향으로 제시할지, 무엇이 되었든 중앙부처 차원의 명확한 정책 방향을 각 지방공기업과 지방자치단체에게 제시하는 것이 필요하다. 중앙부처의 정책 방향은 지방자치단체의 정책에 영향을 미치고, 지방공기업의 경영이나 경영평가에 영향을 미치기 때문에, 명확하게 제시되어 예측가능성을 높이는 것이 필요하다.

지금까지 지방공기업 50년 역사에서 크게 두 번의 큰 변화를 목도할 수 있었는데, 하나는 1980년대 지방공기업이 공사·공단으로 확대된 것이고, 다른 하나는 1999년 지방공기업과 관련된 자치권과 자율권이 확대된 것이다. 이것은 모두 중앙부처의 명확한 정책 방향에서부터 나온 것으로써 중앙부처가 어떤 의지와 정책 방향을 갖느냐가 지방공기업 발전에 있어 매우 핵심적인 사항일 수밖에 없다.

향후 행정안전부를 중심으로 한 중앙부처가 지방공기업에 대한 명확한 정책 방향을 제시하는 데 있어서 두 가지 요소를 포함하는 것이 필요하다. 첫 번째는 제시하는 정책 방향이 단기적인 것이 아니라 장기적 차원에서 제시되어야 한다는 것이다. 정책 방향은 정권별로 제시하는 것이 가장 합리적이라고 판단되며, 대통령의 국정과제와 같은 맥락에서 지방공기업의 정책 방향을 설정하여 제시하는 것이 타당하다고 판단된다. 두 번째는 지방공기업을 발전시키는 방향으로 정책 방향이 설정되어야 한다는 것이다. '발전'이라는 개념이 다소 모호하기는 하지만, 최소한 '민영화'나 '시장성' 등과 같은 개념은 아니라는 점에서 발전을 정의할 필요가 있다. 보다 적극적으로 정의해 보자면 '자율성 확대', '법 · 제도적 지원', '내적 역량 제고' 등과 같이 지방공기업의 역할을 확대 · 강화하여 주민들의 공공서비스에 대한 요구에 보다 잘 대응시키려는 방향으로 정의될 수 있을 것이다.

결론적으로, 중앙부처는 지방공기업에 대한 명확한 정책 방향을 설정함으로써 지방자치단체나 지방공기업에게 경영의 예측가능성과 국민(주민)의 요구에 부응할 수 있도록 하는 것이 필요하며, 그 정책 방향의 내용은 지방공기업을 발전시키고 내적 역량을 제고시키며 주민들의 요구에 더 잘 대응하도록 하는 방향이어야 한다는 것이다.

### 2) 내적 역량 제고를 위한 지원 강화

지방공기업의 향후 정책 방향과 관련하여 대안으로 제시한 것 중에 하나가 '내적 역량의 제고'이다. 지방공기업의 내적 역량은 경영의 자율성뿐만 아니라 수익성 제고, 경영의 효율성, 서비스의 공공성 및 품질 제고 등 많은 부분에 영향을 주는 핵심적 요소라고 할 수 있다. 지방공기업의 내적 역량은 다양하게 정의될 수 있으나 핵심은 '인적 역량'이라고 할 수 있다.

지방공기업의 운영제도, 조직구조, 평가, 리더십 등 다양한 분야가 있지만, 그 무엇보다 지방공기업을 구성하는 인력의 역량을 제고하는 것이 내적 역량 제고의 핵심적 요소라고 할 수 있다. 인적 역량을 제고하기 위해서는 선발과 교육에서의 제도적 개선이 필요하다. 우선, 우수한 인력을 선발하기 위한 제도적 개선의 노력이 요구되는

데 선발과 관련해서는 임원과 직원으로 구분하여 접근하는 것이 필요하다. 지방공기업 직원 선발과 관련해서는 공개채용 제도 및 필기시험 정착 등을 통해서 많은 부분 공정하고 객관적인 제도가 확립되어 가고 있다. 그러나 임원과 관련해서는 여러 제도적 장치를 운영하고 있음에도 불구하고, 여전히 공정성, 객관성, 그리고 타당성 부분에서는 개선의 여지가 있는 것으로 판단된다. '임원추천위원회' 등을 통해서 제도적 보완이 이루어지고 있지만 여전히 일명 '낙하산 인사'의 문제가 여전히 노정되고 있는 것이 현실이다.

### 3) 부분적 개선에서 총체적 개선 지향

향후 지방공기업 발전과 관련한 중앙정부에 대한 마지막 과제로는 지방공기업 관련 법률 및 제도의 총체적 개선을 지향해야 한다는 것이다. 과거 60년 간 지방공기업과 관련된 여러 변화 중에서는 1980년과 1999년 두 차례 큰 제도적 변곡점이 있었음을 앞서 지적하였다. 지방공기업에 대한 중앙정부의 정책적 변화가 있을 때 그 정책적 변화를 추동하거나 견인할 기제로서 법률과 제도의 개선이 뒷받침되어야 하는데, 이러한 제도적 변화가 총체적으로 이루어지지 못하고 부분적, 산발적으로 이루어질 경우에는 당초 계획한 정책효과를 기대하기 어렵다.

향후 지방공기업도 많은 변화를 요구받게 될 것이다. 사회의 변동에 따라 주민들의 요구가 변화하고, 그에 따른 지방공기업의 역할과 기능에 대한 변화도 불가피할 것이다. 그러나 중요한 것은 변화 여부가 아니라 어떻게 변화할 것인가라는 변화의 내용이다.

지방공기업과 관련된 법률과 제도의 변화는 충분한 내부적 논의를 거쳐 이루어져야 한다. 중앙정부, 지방자치단체, 지방공기업, 학계나 전문가, 그리고 시민까지 아우르는 일종의 '거버넌스 체제'의 구축을 통하여 지방공기업 변화 요구를 담아내는 시스템을 구축하는 것이 필요할 것이다. 그리고 변화에 대한 요구가 수렴되면 그 변화의 내용을 충분히 포함하는 총체적이고 일괄적인 제도변화를 추진하는 것이 필요하다.

C·H·A·P·T·E·R 6

# 지방공기업의 변천과 역사

이 장에서는 지방공기업의 제도 탄생, 성장, 분화, 발전 등을 통한 역사적 시기 구분[1)]과 더불어 지방공기업 주요 제도, 대상 사업, 경영방식 등의 변천사를 살펴본다. 이를 통해 지방공기업 제도가 지금까지 어떤 과정을 거쳐 발전해 왔는가를 고찰하고, 향후 어떤 방향으로 나가야 할지에 대한 시사점을 제공할 것으로 기대된다.

## 제 1 절 지방공기업사의 시기 구분

### 1. 지방공기업의 역사적 시기 구분

우리나라의 지방공기업 제도에 대한 역사적 시기 구분은 「지방공기업법」 내용(관련 제도 및 운영방식)의 변화가 가장 중요한 잣대가 된다. 내무부 직제상 지방공기업에 대한 업무 분장이 1964년 처음 등장하고, 1969년 「지방공기업법」이 제정되어 지방공기업이 상하수도 등 지방직영기업만으로 제한되고, 1980년 「지방공기업법」 제1차 개정이 이루어지기 전까지를 "태동기"(1964~1979)라고 명칭할 수 있다. 1980년 「지방공기업법」 개정으로 간접경영방식(지방공사, 지방공단)이 도입되어 지방공기업의 유형이 분화되고, 1996년 지방자치 시대의 본격적 도입과 더불어 상급 기관의 승인권이 시・도지사에게 위임되기 전까지의 시기를 "분화기"(1980~1996)라고 부를 수 있다(지방공기업평가원, 2015: 39). 1996년 중앙권한의 지방 이양으로 지방공기업의 설립 자율권이 지방자치단체로 이양된 시기를 정착기 "정착기"(1997~2009)로, 그리고 2010년 이후에 그동안 미진한 부분을 보완하고 자율과 책임 기조 하에 지방공기업이 도약한 시기를 "도약기"로 구분할 수 있다(지방공기업평가원, 2015: 39). 위의 네 개의 시기를 크게 지방자치 시대 이전(태동기, 분화기)과 이후(정착기, 도약기)로 구분할 수 있다.

---

1) 지방공기업의 변천과 역사는 지방공기업평가원(2015: 39-42)의 『대한민국 지방공기업 50년사』 내용과 정창훈(2015)을 정리한 것이다.

## 2. 지방자치 시대의 이전의 지방공기업법 변천

### 1) 지방공기업의 태동기(1964~1979)

「지방공기업법」 태동기는 1964년 내무부 재정과 지방공기업에 관한 업무를 처음 분장한 때부터 1969년 「지방공기업법」이 제정되고, 1980년 제1차 개정 이전까지의 시기를 지방공기업의 태동기라고 할 수 있다. 1969년에 제정된 지방공기업에 간접경영방식인 공사・공단을 허용하고 있지 않아 현재의 직영기업이 형태만 허용한 특징이 있고, 지방공기업 대상 사업으로 정부는 수도, 공업용수도, 궤도, 자동차운송, 가스 등 5개 업종으로 한정하였다(원구환, 2018: 134).

「지방공기업법」의 제정 사유에서 나타난 바와 같이 지방공기업의 도입 근거로 일반행정과의 구분과 기업적 경영방식의 도입 등을 제시하였는데, 수익자부담을 전제로 운영되는 공익적 사업에 대해 요금에 의한 운영방식을 채택하고, 일반 정부 재정과 독립된 회계 관리를 주된 특징으로 하고 있다. 특히, 기업적 운영방식으로 독립채산제와 기업회계제도를 도입하였는데, 이는 지방자치단체의 일반행정 운영방식과는 다른 것으로 요금에 의한 재원조달, 채권발행, 발생주의 회계 등이 도입되었다.

「지방공기업법」 제정 당시에는 대상 사업으로 수도, 공업용수도, 궤도, 자동차운송사업 및 가스 등의 요금재를 제시하였다. 이러한 사업들은 대부분 측정이 가능하고 수익자부담의 원칙이 적용되는 영역의 사업이었는데, 최초의 지방공기업 적용사업은 지방상수도사업이었다. 이용에 대한 대가를 조세에 의존하지 않고 요금에 의해 조달하는 방식이며, 자치단체의 재정과는 독립된 별도의 관리체계를 갖추는 사업이었다.

지방공기업의 경영 기본원칙을 보면 “지방공기업은 항상 기업의 경제성과 공공복리를 증대하도록 운영하여야 한다”고 「지방공기업법」 제3조에 규정하여 지방공기업을 통하여 공공성과 경제성(기업성)을 도모하도록 하였다. 또한 지방자치단체는 지방공기업을 설치・설립 또는 경영할 때에 민간경제를 위축시키거나, 공정하고 자유로운 경제질서를 해치거나, 환경을 훼손시키지 아니하도록 노력하도록 하였다. 지방공기업의 경영에 관하여 「지방자치법」, 「지방재정법」에 대한 특례를 규정하였고, 지방공기업의 회계는 특별회계에 의한 독립채산제를 채택하고, 회계거래를 발생의 사실에 따라 계리하도록 하여 발생주의를 채택하였다.

예산에 탄력성을 부여하기 위하여 업무량 증가로 인한 경비부족 시 업무량 증가로 인한 증가 수입에 상당한 금액을 그 증가 수입에 관련된 업무의 직접비에 사용할 수 있도록 하였다. 이 경우 지방공기업의 관리자는 지방자치단체의 장의 승인을 얻도록 하며, 지방자치단체의 장은 이를 의회에 보고하도록 하였다. 「지방공기업법」은 지방채 발행 규정을 두도록 하고, 회전기금을 설치하도록 하였으며, 공유재산 물품과 지방공기업이 보유하는 채권, 유가증권 및 현금은 기업자산으로 하고, 운영에 관하여는 「지방자치법」, 「지방재정법」의 규정에도 불구하고 대통령령으로 정하도록 하였다(지방공기업평가원, 2015: 98). 1969년 제정된 「지방공기업법」에 간접경영방식인 지방공사・공단을 허용하고 있지 않아 현재의 지방직영기업의 형태만 허용한 특징이 있고, 지방공기업의 업종도 5개에 한정하여 일종의 지방공기업의 태동기로 규정할 수 있다(정창훈, 2015: 164).

### 2) 지방공기업의 분화기(1980~1996)

1980년 1월 4일에 「지방공기업법」 제1차 개정으로 간접경영방식(지방공사, 지방공단)을 도입하게 되었다. 「지방공기업법」의 제1차 개정 특징은 기존의 직접경영방식 이외에 지방공사와 지방공단의 간접경영방식을 인정하였다는 점이고, 대상 사업을 기존의 5개 사업 이외에 지방도로, 하수도, 청소・위생사업, 주택, 병원, 매장 및 묘지 등 6개 사업을 추가하였다는 점이다.

지방공기업의 경영형태가 직접경영방식에서 간접경영방식으로 분화되었고, 출자 및 사무 구분에 따른 지방공사와 지방공단으로 분화되는 계기가 되었다. 특히, 지방공사의 경우에는 자치단체가 전액 출자하는 것을 원칙으로 하였으나, 자본금의 1/2 범위 내에서 민간 출자도 가능하게 하였다. 또한 기존에는 지방공사의 지역적 설립기준으로 서울특별시, 부산시, 도와 인구 50만 명 이상의 시만을 대상으로 하였으나, 인구 50만 명 이하의 시에도 필요에 따라 지방공사를 설립할 수 있도록 규정하였다. 제1차 개정과 함께 이루어진 가장 큰 변화는 지방공사와 공단을 설립할 수 있는 근거를 두고, 지방공단의 설치・운영에 관하여는 지방공사에 관한 규정을 준용하도록 하였다.

지방공사의 경우에는 자치단체가 전액출자하는 것이 원칙이나, 자본금의 1/2 범위 내에서 민간 출자도 가능하게 하였다. 또한 지방공단의 설립근거가 마련되었는 바, 지방자치단체의 위탁사무를 처리하는 지방공단을 독립 사무를 처리하는 지방공사와 구별하여 설립할 수 있도록 허용하였다. 하지만, 지방공단의 경우 일부 예외 규정(이익금의 자기처분)을 제외하고는 지방공사의 규정을 그대로 준용토록 하였다.

「지방공기업법」 제3차 개정은 1992년 12월 8일에 이루어졌다. 1991년 지방자치제 실시에 따른 정치행정적 여건 변화를 수용하고, 그간의 지방공기업의 운영실태에 비추어 법적 미비점을 보완하며, 나아가 효율적인 경영기반을 조성하는 등 지방공기업의 확대·발전을 위한 제도적 기반을 보강하려는 시도로 많은 변화가 수반되었다.

이러한 변화들로는 첫째, 지방공기업의 용어를 재정비하였다. 직접경영방식으로 운영되는 사업을 지방직영기업으로 하고, 지방공기업의 범위를 지방공사·공단(간접경영방식)을 모두 포함하는 방향으로 정비하였다. 둘째, 자치단체와 민간부문이 공동으로 출자하여 지방공사·공단 외의 출자·출연법인을 설립할 수 있도록 규정하여 민간부문과 협력방식을 강화하는 제도를 도입하였다. 셋째, 주차장, 토지개발, 시장, 관광사업 등 4개 사업을 추가하여 15개 당연적용사업을 규정하였고, 임의적용사업이라고 하여 도축장, 통운, 자동차 터미널 사업, 체육장, 문화예술업, 공원사업 등 6개 사업을 추가하여 지방공기업의 사업 범위를 확대했다. 넷째, 지방공사 및 지방공단의 설립 규모를 인구 50만 명 이상의 시에서 모든 자치단체로 확대함으로써 지방공기업 설립 대상 제한이 해제되었다. 다섯째, 지방직영기업의 관리자의 전문성을 높이기 위하여 일반직 공무원의 임기제를 도입할 수 있도록 하였다. 여섯째, 지방공기업의 효율적 경영을 위하여 지방자치단체의 장이 경영평가를 실시하도록 규정하였고, 지방자치단체는 지방공기업의 경영지도·자문을 전문적으로 수행하기 위하여 공동으로 법인을 설립·운영할 수 있도록 허용하였다. 마지막으로, 지방공기업에 관한 내무부장관의 권한의 일부를 시·도시자에게 위임할 수 있는 근거를 마련하였다.

이처럼 1980년 「지방공기업법」 제1차 개정으로 기존의 직접경영방식 이외에 지방공기업의 경영형태가 지방공사, 지방공단으로 확대되었고, 1992년 제3차 개정으로 출자·출연 법인까지 허용하면서 지방공기업의 형태가 더욱 분화되는 시기였다. 또한 지방공기업 대상 사업이 확대되었으며, 지방공기업을 설립할 수 있는 자치단체의 규모가 확대되는 시기였다(지방공기업평가원, 2015: 99).

## 3. 지방자치 시대 이후의 지방공기업법 변천

### 1) 지방공기업의 정착기(1997~2009)

1991년 광역과 기초자치단체 의원만을 선출하던 것을 1995년 지방자치단체장에 대한 직선제가 실시되었으며, 이를 통해 지방공기업 운영에서도 지방분권의 큰 틀에서 분권을 실현하기 위한 많은 변화가 이루어졌다. 이러한 노력들은 1996년 12월 30일 「지방공기업법」 제4차 개정과 1999년 1월 29일 제5차 개정으로 연결되었으며, 이들 법 개정은 지방공기업을 사전규제에서 사후관리로 전환하면서 지방자치단체에게 지방공기업 운영의 자율성을 부여하는 대신 책임성을 강조하는 체제로 전환을 시도하였다. 민선 자치단체장 직선 체제는 1995년 하반기에 도입되었지만, 「지방공기업법」에서 이를 반영하기 위한 분권조치 입법은 1996년 12월 30일에 이루어졌으므로, 1997~2009년 기간을 지방공기업 정착기로 규정한다(지방공기업평가원, 2015: 102).

1999년 「지방공기업법」 제5차 개정으로 행정자치부 장관이 가지고 있던 광역자치단체 공사·공단 등 지방공기업 설립 인가권이 자치단체에 이양되었고, 2004년 제7차 개정에서는 지역경제의 활성화와 주민 복리를 도모하기 위하여 체육시설업 및 일부 관광사업을 임의적용사업으로 추가하여 지방공기업의 사업영역이 확대되었다. 2005년 3월 제8차 개정에서는 대통령령이 정하는 기준 이하의 사채를 지방공사가 발행하는 경우에는 행정자치부 장관 등의 승인을 받지 아니하도록 하여 자치단체장의 권한을 강화시켰다. 또한 2005년 7월 제9차 개정에서는 「지방의료원의 설립 및 운영에 관한 법률안」의 제정으로 지방공사의료원이 지방공기업의 사업에서 제외되었다. 2006년 제11차 개정으로 지방자치단체의 장이 지방공기업 사장을 임명하는 경우 경영성과계약을 체결하도록 하여 경영성과에 따라 지방공기업의 사장을 임기 중 해임하거나 연임시킬 수 있도록 하였다. 2009년 제16차 개정으로 지방공기업 정책의 일관성과 효율성을 높이기 위하여 경영평가위원회와 경영진단위원회를 하나로 통합한 '지방공기업정책위원회'를 설치하였다(정창훈, 2015: 173-180).

### 2) 지방공기업의 도약기(2010~2020)

2009년 제16차 개정과 함께, 지방공기업의 자율과 책임에 바탕을 둔 경영 기조가 어느 정도 확립되었고, 지방공기업 제도가 어느 정도 정착되었다고 판단할 수 있다. 2010년부터는 지방공기업의 도약기로 볼 수 있다. 지방공기업 도약기에는 지방공기업 자율경쟁체계가 더 확립되었으며, 늘어나는 지방공기업 부채를 통제하려고 광역자치단체에서도 지방공기업 설립심사 및 사업타당성 조사를 강화하였고, 이익배당에 앞서 감채기금을 적립토록 하는 등 지방공기업 부채 통제 노력을 강화하였다. 2013년 제19차 개정으로 광역지방자치단체가 지방공사 또는 지방공단을 설립하려는 경우에는 안전행정부 장관과 사전에 협의하도록 하여 지방공사 또는 지방공단 설립의 적정성을 도모하였다. 또한 과거 그 성격이 애매했던 지방자치단체 출자·출연기관을 별도로 정리하기 위해 2014년 제20차 개정으로 「지방공기업법」에서 분리하여 「지방자치단체 출자·출연 기관의 운영에 관한 법률」을 제정하는 등 지방공기업의 법제도 성숙과 함께 새로운 도약을 위한 단계로 접어들었다고 볼 수 있다.

2015년 제23~24차 개정으로 행정자치부 장관이 지방공기업 인사운영 공통기준을 지방공기업에 통보하여 지방직영기업이 중장기경영관리계획을 수립토록 하였으며, 또한 지방공기업 등의 경영평가, 정책연구 및 임직원 교육 등을 전문적으로 지원하기 위하여 지방공기업평가원 설립·운영 조항을 제정하였다(지방공기업법 제78조의4). 2019년 제29차 개정으로 지방공기업 사업에 주택·택지 또는 공용·공공용건출물의 관리 등의 수탁을 추가하였고, 2020년 제30차 개정으로 지방공기업의 투명경영을 위한 입찰 참가자 또는 수의계약 계약상대자의 위반에 대한 취소 또는 해지 근거를 마련한다.

## 4. 지방공기업 관련 법률 및 제도의 변천사 요약

지방공기업의 주요 내용 변천을 지방자치단체 직전 이전과 이후 시기 구분에 따라 구분해 보면 [표 6-1]과 같다.

**표 6-1 지방공기업의 주요 내용 변천**

| 구분 | 민선 자치단체장 직선 이전(1964~1996) | | 민선 자치단체장 직선 이후(1997~2020) | |
|---|---|---|---|---|
| | 태동기(1964~1979) | 분화기(1980~1996) | 정착기(1997~2009) | 도약기(2010~2020) |
| 법률 | 법 제정(1969) | 제1~4차 개정 | 제5~16차 개정 | 제17~31차 개정 |
| 정부 | 박정희 | 전두환, 노태우, | 김영삼, 김대중, | 이명박, 박근혜, |

| | | | 김영삼 | 노무현, 이명박 | 문재인 |
|---|---|---|---|---|---|
| 주요 특징 | 설립 | • 설립근거 법령제정<br>• 자치단체 사업 중 지방공기업으로 설립(직영기업만 운영) | • 공사 · 공단 설립 가능<br>• 직영/간접경영방식<br>• 공사 · 공단 설립 가능한 지방자치단체 제한 | • 설립인가권 지방자치단체 이양(자율적인 설립 가능)<br>• 지방공기업 급격히 증가(100여 개 이상 신규 설립) | • 설립 시 상위 기관과 협의<br>(기초 → 광역, 광역 → 중앙정부) |
| | 사업 | • 수도, 공업용수도, 궤도, 자동차운송, 가스 등 5개<br>• 자치단체 직영사업 | • 지하도로, 주택, 토지개발, 시장, 관광, 주차장, 의료, 등 대상 사업 확대<br>• 임의적용사업 기준 제시(5할 규정) | • 대상 사업 축소(8개)<br>• 의료사업이 제외됨(복지부 이관)<br>• 임의적용사업의 예시를 삭제하고 새로운 기준 제시 | • 신규 투자사업의 타당성 검토 강화<br>(광역 200억 원, 기초 100억 원)<br>• 신규투자 시 의회 의결 필요 |
| | 운영 | • 기업의 경영성과 공공복리 증대를 경영원칙으로 제시<br>• 관리자는 일반직 공무원으로 특정<br>• 지방공기업 운영하기 위한 별도의 제도를 마련하지 않음(공무원과 동일한 제도 적용) | • 경상경비 5할 규정 신설(독립채산의 기준 제시)<br>• 인가기관의 승인을 얻어, 임원 임명(이사회 구성 · 운영)<br>• 일반직 공무원 이외에도 관리자 임용 가능(전문성 강화)<br>• 경영평가제도 도입(1993년)<br>• 지방공기업의 경영, 자문, 평가 등을 위한 경영지도법인 설립(1993) | • 관리적 운영원칙 제시(시장 강화, 기업적 경영원칙 등)<br>• 임원임면제도 개선(임원추천위원회, 1년 단위로 연임제도 개선)<br>• 팀제 도입(조직구조 개편)<br>• 인력관리 기준 제시(이사, 감사)<br>• 비정규직 대책 제도 도입<br>• 연봉제 및 성과급 제도 도입<br>• 경영공시제도 도입 | • 인사운영 기준 마련(2011)<br>• 정기적 조직진단으로 경영합리화 제고(조직구조 및 인력)<br>• 인력관리 합리화(이사 정수 조정, 공무원 인사 해소 수단 방지)<br>• 경영평가 최하위 등급은 성과급 0% 지급<br>• 경영공시 제도 강화<br>• 부채감축 제도 도입(감채적립금 적립 의무화, 사채발행 한도 하향 조정) |
| 정책적 지향 | | 특별회계를 통한 독립채산제 운영 | 다양한 주민수요에 대응하기 위한 다양한 지방공기업 설립 | 설립 · 사업은 자율, 운영은 다양한 제도로 관리 · 체계화 | 지방공기업의 부실을 최소화하기 위한 제도 도입 및 보완 |
| 주요 이슈 | | 지방공기업 체계 확립 | 지방공기업의 사업영역 확대 및 형태 분화 | 자율과 책임의 경영 체계 확립 | 과다한 지방공기업 부채 해소 |
| 경영 평가 | | | 1993년 경영평가 도입 | 1999년 사전통제 → 사후통제(평가 정착)<br>2009년 기초자치단체 공기업 평가를 광역자치단체 위임 | 경영평가 및 진단 강화 |

자료: 지방공기업평가원(2015: 42).

앞에서 서술한 지방공기업법 내용의 주요 변천을 정리하면 [표 6-2]와 같다.

**표 6-2 지방공기업법의 변천**

| 구분 | 제정 | 시행 | 주요 내용 |
|---|---|---|---|
| 제정 | 1969.1.29 | 1969.7.30 | • 사업 범위 규정: 수도, 공업용수도, 궤도, 자동차운송사업 및 가스, 유료주차장, 지방택지조성사업<br>• 특별회계에 의한 독립채산제 채택(발생주의)<br>• 지방채 발행 규정, 수입대체 경비, 회전기금 설치 |
| 제1차 개정 | 1980.1.4 | 1980.1.4 | • 사업 범위 확대: 지방도로사업, 하수도사업, 청소위생사업, 주택사업, 의료사업과 매장 및 묘지사업 추가<br>• 지방공사·지방공단 설립·운영 근거 마련<br>• 지방공사는 도와 인구 50만 명 이상의 시에 설치<br>• 지방공사에 대한 사채발행 및 외국 차관 승인 |
| 제2차 개정 | 1991.5.31 | 1991.7.8 | • 타법(서울특별시행정특례에 관한 법률) 개정 |
| 제3차 개정 | 1992.12.8 | 1993.4.1 | • 사업 범위 확대: 주차장사업, 토지개발사업, 시장사업, 관광사업(임의적용사업 추가)<br>• 지방직영기업, 지방공사, 지방공단으로 구분<br>• 지방직영기업 관리자제도 도입(임기제)<br>• 지방공사와 지방공단 설립을 모든 자치단체로 확대<br>• 자치단체장의 경영평가<br>• 지방공기업 경영지도법인 설립·운영<br>• 민관공동출자기업(제3섹터) 도입<br>• 내무부 장관 권한 일부의 시·도지사 위임 근거 마련 |
| 제4차 개정 | 1996.12.30 | 1997.4.1 | • 지방공사 자율성 확대(중앙권한의 자치단체 이양)<br>• 지방공사·지방공단 지사 또는 출장소 설치 승인권 이양<br>• 지방공사·지방공단 CEO 임면 승인권을 시·도지사에 이양<br>• 채권발행 사전승인권을 시·도지사에 이양<br>• 지방공사·지방공단 급여 및 퇴직수당 지급기준 승인 폐지 |
| 제5차 개정 | 1999.1.29 | 1999.4.1 | • 의무적용대상 사업 축소: 가스, 청소·위생, 시장 및 관광사업 등 제외<br>• 지방직영기업 예비비 확보기준(세출 100) 삭제<br>• 지방직영기업 여유금의 효율적 관리<br>• 지방직영기업 금융기관 지정 관련 보고제도 폐지<br>• 지방직영기업 이익금 처분기준 개정<br>• 지방직영기업 중요자산 취득·처분 지방의회 의결<br>• 지방공사·지방공단 설립 인가권 이양<br>• 부실 지방공기업 경영진단제도 도입 |
| 제6차 개정 | 2002.3.25 | 2002.6.1 | • 지방직영기업 이익금 일부의 일반회계 진출<br>• 지방공사·지방공단 사장추천위원회 구성 및 운영<br>• 지방공사 입찰참가 자격 제한 규정<br>• 지방공사·지방공단 외 출자법인 채무보증 한도 |

| | | | |
|---|---|---|---|
| | | | • 지방공사 · 지방공단 외 출자법인에 대한 자치단체 지분 및 주식 양도, 해산 청구 등 필요한 조치<br>• 지방공기업 평가주체 변경(자치단체 → 행정자치부) |
| 제7차 개정 | 2004.12.30 | 2005.3.31 | • 지방공기업의 사업영역 확대(체육, 관광사업 등)<br>• 지역개발채권의 매입대상 명시<br>• 지방직영기업 예산편성지침 작성권의 지방 이양<br>• 지방공사 출자 범위 확대(자치단체 외 타법인 출자) |
| 제8차 개정 | 2005.3.24 | 2005.3.31 | • 지방공사채 발행기준 이하 사채 승인권 이양 |
| 제9차 개정 | 2005.7.13 | 2005.9.14 | • 지방공기업 대상 사업 중 지방의료원 사업 폐지 |
| 제10차 개정 | 2005.3.31 | 2006.4.1 | • 채무자 회생 및 파산에 관한 법률 개정 |
| 제11차 개정 | 2006.10.4 | 2006.10.4 | • 지방공사 · 지방공단 CEO 경영성과계약(업무성과평가) |
| 제12차 개정 | 2007.1.19 | 2007.1.19 | • 지방공사 민영화(상법상의 주식회사) 전환 근거 |
| 제13차 개정 | 2007.5.11 | 2007.5.11 | • 지방자치법 개정에 따른 일부 개정 |
| 제14차 개정 | 2007.5.17 | 2007.5.17 | • 지방공사채의 특수채 인정, 입찰자격 제한 기한 |
| 제15차 개정 | 2008.2.29 | 2008.2.29 | • 정부조직법 개정에 따른 일부 개정 |
| 제16차 개정 | 2009.4.1 | 2009.4.1 | • 지방공기업 설립 절차 개선(상급기관 협의권)<br>• 지방자치단체 공사 출자 · 출연 비율 산정 방식 개선<br>• 지방공사 · 지방공단 임원추천위원회(임기 3년, 1년 연임)<br>• 지방공기업정책위원회 통합 신설 |
| 제17차 개정 | 2011.8.4 | 2011.8.4 | • 지방공기업보고서의 국회 상임위원회 제출<br>• 지역개발채권 매입 절차 등 세부규정 조례 위임 |
| 제18차 개정 | 2013.3.23 | 2013.3.23 | • 정부조직법 개정에 따른 일부 개정 |
| 제19차 개정 | 2013.6.4 | 2013.6.4 | • 광역지방자치단체의 지방공사, 지방공단 설립 절차 강화<br>• 지방공사 타법인 출자 및 투자 시 지방의회 의결 의무화<br>• 지방공사의 이익금 처리방법 조정<br>• 지방공사와 공공기관의 합병 허용<br>• 벌칙 적용 시 공무원 의제 대상 범위 확대 |
| 제20차 개정 | 2014.3.24 | 2014.9.25 | • 지방자치단체 출자 · 출연 기관의 운영에 관한 법률 제정에 따른 지방공기업 구분(제3섹터 분리) |
| 제21차 개정 | 2014.6.3 | 2014.6.3 | • 증권거래법 폐지에 따른 일부 개정 |
| 제22차 개정 | 2014.11.19 | 2014.11.19 | • 정부조직법 개정에 따른 일부 개정 |
| 제23차 개정 | 2015.12.15 | 2016.3.30 | • 지방직영기업의 중 · 장기 경영관리계획 수립(5년)<br>• 지방공사 · 지방공단 경영개선명령 미이행 제재(해임 등)<br>• 행정자치부 장관의 인사운영 공통기준 작성 · 통보<br>• 징계부가금 규정 |
| 제24차 개정 | 2015.12.29 | 2016.6.16 | • 지방공기업 설립 및 사업타당성 검토 강화<br>• 사업실명제 도입<br>• 부실 지방공기업 해산 요건 및 절차 마련<br>• 지방공기업평가원의 설립 · 운영<br>• 지방공기업 설립, 경영개선과 관련된 주민의견 청취 |

| | | | |
|---|---|---|---|
| 제25차 개정 | 2015.12.15 | 2015.12.15 | • 지방공사의 타법인 채무상환 보증 계약 불허<br>• 지방공사·지방공단의 상호 조직변경(청산 생략) |
| 제26차 개정 | 2017.7.26 | 2017.7.26 | • 정부조직법 개정(행정자치부 → 행정안전부) |
| 제27차 개정 | 2017.10.24 | 2017.10.24 | • 공사 또는 공단의 임직원에 대한 수사기관 등의 수사 등 개시·종료 통보 |
| 제28차 개정 | 2019.12.3. | 2019.12.3 | • 지방공기업 사업에 주택·토지 또는 공용·공공용건축물의 관리 등의 수탁 근거 마련<br>• 지방자치단체의 장은 채용비위의 근절 등을 위하여 지방공사의 인사운영 감사 권한 부여<br>• 지방자치단체 장의 비위행위에 대한 해당 지방공사의 임원의 수사·감사 의뢰 및 임원에 대한 해임 권한<br>• 지방공사의 신규 투자사업 타당성 검토 대상에서 제외 대상 추가 |
| 제29차 개정 | 2019.12.3. | 2020.6.4 | • 지방공기업 사업에 주택·토지 또는 공용·공공용건축물의 관리 등의 추가<br>• 지방자치단체의 장은 채용비위의 근절 등을 위해 지방공사의 인사운영 감사 권한 부여, 수사·감사 결과에 따른 해당 임원에 대한 해임요구 권한 또는 해임 권한<br>• 지방공사에서 신규 투자사업을 하려는 경우 별도의 타당성 조사 필요성이 낮은 사업은 타당성 조사 대상 제외 |
| 제30차 개정 | 2020.6.9. | 2020.12.10 | • 지방공사 및 지방공단은 입찰참가자 또는 수의계약의 계약 상대자에게 청렴서약서 제출 및 내용을 위반한 때에는 낙찰자 결정 취소, 계약 해제 또는 해지 근거 마련 |

자료: 지방공기업평가원(2015: 110-114)의 내용을 보완하여 저자가 재구성함.

## 제 2 절 지방공기업의 변천사

### 1. 지방공기업 대상 사업의 변천

「지방공기업법」은 지방자치단체가 경영하는 기업에 모두 일률적으로 적용되는 것은 아니고, 기업에 따라 당연히 적용되는 사업과 임의적으로 적용되는 사업으로 구분된다. 당연적용사업은 대통령령이 정하는 일정 규모 기준 이상이면 의무적으로 적용하는 사업이며, 임의적용사업은 지방자치단체별로 조례가 정하는 바에 의하여 자주적으로 법을 적용할 수 있는 사업이다. 이러한 법정 사업에 대해서는 규모의 대소를 불문하고 법률 규정의 전부가 당연히 적용되며, 지방자치단체의 의사 여하에 관계 없이, 또는 하등의 절차를 요구하지 않고 법률 규정의 효과로서 적용 관계가 발생한다. 그러나 「지방공기업법」 당연적용사업에 있어 법을 적용하는 기준을 직접경영사업 형태에만 적용하느냐, 간접경영방식에도 적용하느냐 하는 것이 중요한 문제가 될 수 있는데, 규모에 따른 법 적용 기준은 지방직영기업에만 적용토록 하고, 지방공사·공단은 사업 규모와 관계없이 설립·운영할 수 있다. 요컨대, 지방공사·공단방식의 경우 설립 규모 기준이 필요 없기 때문에, 지방직영기업에 비해 서비스 공급의 다양화를 보다 신속하고 적극적으로 추진할 수 있는 이점이 있다.

1969년 「지방공기업법」이 제정된 당시에는 거의 정부 원안대로 국회에서 통과되었다. 지방공기업의 사업으로 정부는 수도, 공업용수도, 궤도, 자동차운송, 가스, 유료주차장, 택지조성 등 7개 사업을 제안하였다. 그러나 국회 심의과정에서 유료주차장과 택지조성사업이 삭제되었다. 「지방공기업법」 제1차 개정(1980)에서는 기존의 5개 사업 이외에 지방도로, 하수도, 청소·위생, 주택, 의료, 매장 및 묘지 사업 등 6개 사업을 추가하여 11개 사업으로 증가되었다.

「지방공기업법」 제3차 개정(1992)에서는 기존의 11개 사업 이외에 주차장, 토지개발, 시장, 관광을 추가하여 15개 사업으로 적용대상 사업이 증가하였다. 이처럼 1990년대 초까지는 지방공기업의 대상 사업 범위가 지속적으로 확대되는 시기였다. 그러나 「지방공기업법」 제5차 개정(1999)에서는 기존의 15개 대상 사업을 9개로 축소하였는데, 지방공기업의 대상 사업으로 상수도, 공업용수도, 궤도, 자동차운송, 지방도로, 하수도, 주택, 토지개발, 의료에 한정하였다. 특히, 「지방공기업법」 제9차 개정(2005)에서는 의료사업을 제외하여 지방공기업의 적용 대상 사업 범위를 8개로 축소하였다. 현재 「지방공기업법」의 당연적용사업은 8개로 한정되어 있으며, 임의적용사업은 구체적인 사업명을 삭제하고 포괄적으로 규정하여, 지방자치단체의 판단 하에 운영하고 있다. 「지방공기업법」 적용 대상 사업의 변천은 [표 6-3]과 같다.

1969년 「지방공기업법」을 처음으로 제정·적용한 사업이 상수도사업이다. 지방상수도의 경우 많은 사람들이 일상생활에서 필수적으로 소비해야 하는 재화이지만, 개인의 사용량을 측정할 수 있고, 사용량만큼 비용을 부담하는 것이 타당한 재화나 서비스로 일반행정 사무와 분리될 필요가 있었다. 이에 따라 지방상수도사업을 일반행정과 분리하여 기업적 방식으로 운영함으로써 사업의 효율성을 극대화하고자 하였다(지방공기업평가원, 2015: 15).

**표 6-3 지방공기업법 적용 대상 사업의 변천**

| 구분 | 당연적용사업 | 임의적용사업 |
|---|---|---|
| 법 제정<br>(1969) | 수도, 공업용수도, 궤도, 자동차운송, 가스 | 병원, 주택, 시장, 도축, 공익전당포, 택지조성, 기타 기업으로 경영하는 것이 적당한 사업 |
| 제1차 개정<br>(1980) | 수도, 공업용수도, 궤도, 자동차운송, 가스, 지방도로, 하수도, 청소·위생, 주택, 의료, 매장 및 묘지 | 시장, 도축장, 토지개발, 통운, 중기관리, 관광, 계량기 검침, 체육장, 문화·예술, 공원, 기타 주민 복리증진에 기여할 수 있는 사업 중 그 경비를 주로 사업수입으로 충당하는 사업 |
| 제3차 개정<br>(1992) | 수도, 공업용수도, 궤도, 자동차운송, 가스, 지방도로, 하수도, 청소·위생, 주택, 의료, 매장 및 묘지, 주차장, 토지개발, 시장, 관광 | 도축장, 통운, 자동차 터미널, 체육장, 문화·예술, 공원, 기타 경상경비의 5할 이상을 경상수입으로 충당할 수 있는 사업 중 주민 복리증진, 지역개발, 지역경제 활성화에 이바지할 수 있다고 인정되는 사업 |
| 제5차 개정<br>(1999) | 상수도, 공업용수도, 궤도, 자동차운송, 지방도로, 하수도, 주택, 토지개발, 의료 | 구체적인 사업명 삭제(포괄적으로 규정) |
| 제7차 개정<br>(2004) | 상동 | 체육시설의 설치·이용에 관한 법률에 의한 체육시설업 및 관광진흥법에 의한 관광사업(여행 및 카지노 사업 제외) 추가 |
| 제9차 개정<br>(2005) | 상수도, 공업용수도, 궤도, 자동차운송, 지방도로, 하수도, 주택, 토지개발(의료 제외) | 상동 |
| 제30차 개정<br>(2019) | 수도, 공업용수도, 궤도, 자동차운송, 지방도로, 하수도, 주택, 토지개발, 주택·택지 또는 공용·공공용건축물의 관리 | 상동 |

자료: 지방공기업평가원(2015: 16)의 내용을 저자 재구성.

## 2. 지방공기업 유형의 연도별 변천

1980년에 「지방공기업법」이 개정되기 이전까지 직접경영방식만을 지방공기업의 경영형태로 인정하였으나, 법 개정으로 지방공사와 지방공단이 도입되어 간접경영형태의 지방공기업이 태동하게 되었다. 지방공기업 주요 변천 내용은 [표 6-4]와 같다.

**표 6-4 지방공기업법 주요 변천 내용**

- 1969년 지방공기업법이 제정되어 지방직영기업(상하수도 사업)을 허용
- 1980년 지방공기업법 제1차 개정으로 간접경영방식 지방공사와 지방공단을 도입
- 1992년 「상법」상 주식회사도 지방자치단체 외의 자와 공동출자·설립 가능(지방공사)
- 1997년 광역자치단체 지방공사·공단에 대한 설립인가권 등을 내무부 장관에게서 지방자치단체장으로 이양(지방공사 자율성 제고)
- 2005년 지방공기업법 제9차 개정으로 지방의료원은 「지방의료원의 설립 및 운영에 관한 법률」 제정으로 지방공기업에서 제외
- 2014년 「지방자치단체 출자·출연 기관의 운영에 관한 법률」이 제정되어 지방자치단체 출자·출연기관이 지방공기업에서 제외
- 2017년 「지방자치단체 기금관리기본법」에 따라 지역개발기금은 공기업 특별회계에서 제외되어 지방자치단체로 이관
- 2018년 「여객자동차 운수사업법」 및 「화물자동차 운수사업법」에 따라 자동차운송사업은 2018년 1월 1일부터 제주특별자치도에서 공영버스를 설치·운영

자료: 저자 재구성.

1980년대 초반부터 기존의 도립병원을 지방공사 형태로 전환하여 운영하였으나, 사업의 특성상 보건복지부에서 통합 관리할 필요성이 제기되면서 지방공사의료원은 2005년 법 개정과 함께 지방공기업 사업에서 제외되었다.

1992년 「지방공기업법」 제2차 개정으로 지방공사·공단 외의 출자·출연법인이 도입되었고 다양한 사업에서 지방공기업이 확대되었으며, 경영평가 실시 및 경영지도법인 등 경영효율성을 제고할 수 있는 장치를 마련하였다.

지방공기업은 1970년대 7개 기관에 불과하였으나 1980년 57개 기관, 1990년 186개 기관으로 그 수가 증가하였다. 그리고 1995년 지방자치제의 확대 이후 지방공기업은 2000년 234개 기관, 2010년 378개 기관, 그리고 2020년 409개 기관으로 급속히 증가하였다. 지방공기업 설립을 증대하는 이유는 지방자치단체의 행정수요 증가에 따른 재정부담을 감소시키고, 기업적인 성격을 도입하여 공공서비스를 효율적으로 운영하기 위해서이다(김수신, 2012).

2020년 기준으로 전국 지방공기업 사업은 409개가 사업이 존재하는데, 이 중 직접경영방식이 255개 사업이고, 간접경영방식이 154개 사업으로 구성되어 있다. 직접경영방식은 상수도 122개, 하수도 103개, 공영개발 29개, 자동차운송 1개로 구성되어 있으며, 간접경영방식은 도시철도 6개, 도시개발공사 16개, 기타공사 45개, 그리고 지방공단 87개 사업이 운영되고 있다. 다음 [표 6-5]는 지방공기업 유형에 대한 연도별 현황을, [그림 6-1]은 연도별 지방공기업 유형 추이를 보여준다.

**표 6-5 지방공기업 유형의 연도별 현황**

(단위: 개)

| 구분 | | 2000 | 2005 | 2010 | 2011 | 2012 | 2013 | 2014 | 2015 | 2016 | 2017 | 2018 | 2019 | 2020 |
|---|---|---|---|---|---|---|---|---|---|---|---|---|---|---|
| 계 | | 234 | 312 | 378 | 379 | 388 | 391 | 394 | 400 | 410 | 398 | 403 | 405 | 409 |
| 소계 | | 175 | 215 | 241 | 246 | 251 | 254 | 254 | 257 | 265 | 251 | 253 | 254 | 255 |
| 직영기업 | 상수도 | 94 | 106 | 113 | 115 | 115 | 116 | 117 | 116 | 119 | 120 | 122 | 122 | 122 |
| | 하수도 | 22 | 53 | 79 | 82 | 85 | 87 | 87 | 90 | 95 | 99 | 101 | 102 | 103 |
| | 공영개발 | 44 | 41 | 33 | 33 | 33 | 33 | 32 | 33 | 33 | 32 | 29 | 29 | 29 |
| | 자동차운송 등 | 15 | 15 | 16 | 16 | 18 | 18 | 18 | 18 | 18 | 0 | 1 | 1 | 1 |
| 소계 | | 59 | 97 | 137 | 133 | 137 | 137 | 140 | 143 | 145 | 147 | 150 | 151 | 154 |
| 공사공단 | 도시철도 | 4 | 7 | 7 | 7 | 7 | 7 | 7 | 7 | 7 | 6 | 6 | 6 | 6 |
| | 도시개발 | 11 | 13 | 16 | 16 | 16 | 16 | 16 | 16 | 16 | 16 | 16 | 16 | 16 |
| | 기타공사 | 14 | 15 | 32 | 31 | 36 | 36 | 37 | 38 | 39 | 37 | 40 | 40 | 45 |
| | 지방공단 | 30 | 62 | 82 | 79 | 78 | 78 | 80 | 82 | 83 | 88 | 88 | 89 | 87 |

* 자동차운송 등의 2000~2016년 기간은 지역개발기금 사업을 의미함.
자료: 행정안전부(2021). 지방공공기관경영정보시스템.

**그림 6-1 연도별 지방공기업 유형 추이**

(단위: 개)

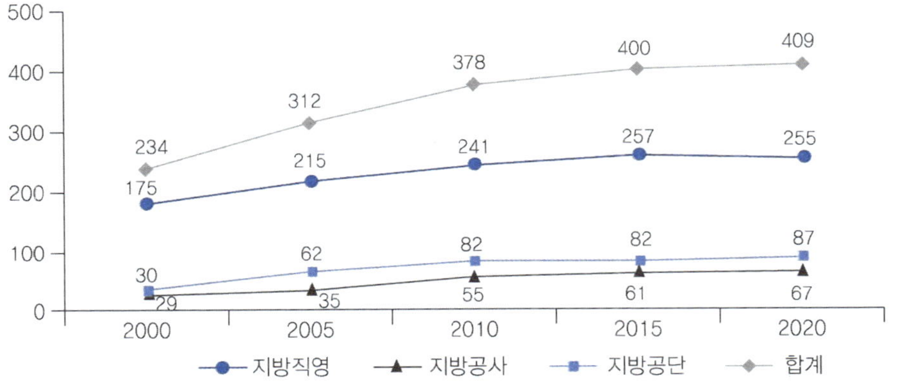


자료: 행정안전부(2021). 『지방공기업 설립기준』.

민관공동출자기업은 2014년 3월 25일 「지방공기업법」의 개정(2014년 9월 25일 시행)과 함께 「지방자치단체 출자·출연 기관의 운영에 관한 법률」으로 통합되어 지방공기업과는 별도의 법률체계로 관리되고 있다(지방공기업평가원, 2015: 17).

## 3. 직접경영방식의 변천

### 1) 지방상수도사업의 연도별 변천

지방상수도사업의 연도별 변천을 살펴보면 다음과 같다. 해방 이전부터 상수도사업을 운영하였으나, 「지방공기업법」을 적용받고 운영되기 시작한 시점은 「지방공기업법」이 제정된 1969년부터이다. 1900년대에는 아산시, 문경시, 1910년대에는 광주광역시, 군산시, 대구광역시, 1920년대에는 인천광역시, 전주시, 김천시, 춘천시, 포항시, 공주시, 1930년대에는 익산시, 순천시, 논산시, 대전광역시, 경주시, 세종특별자치시, 천안시, 강릉시, 김제시, 영천시, 1940년대에는 제천시, 1950년대에는 수원시, 부산광역시, 충주시, 원주시, 1960년대에는 서산시, 속초시, 예산군, 삼척시, 울산광역시, 의정부시, 동해시, 태백시, 보령시, 양평군, 부안군, 고성군, 청주시, 영주시, 평택시, 안양시, 상주시 등이 상수도사업을 운영하였다. 그러나 1969년 「지방공기업법」이 제정된 이후에 법률에 따라 운영되기 시작한 자치단체는 대구광역시이며, 그 다음이 춘천시, 대전광역시, 부산광역시, 목포시, 광주광역시, 인천광역시, 서울특별시 등이 「지방공기업법」을 적용받아 운영되기 시작하였다(지방공기업평가원, 2015: 19).

### 2) 지방하수도사업의 연도별 변천

지방하수도사업의 연도별 변천을 살펴보면 다음과 같다. 1970년대 부산광역시, 영광군, 여수시부터이다. 1980년대에는 창원시, 정읍시, 광양시, 인천광역시, 울산시 등이 하수도사업을 운영하였다. 그러나 1980년대 「지방공기업법」을 처음 적용한 자치단체는 1984년 울산광역시이며, 다음이 경주시, 광주광역시, 대전광역시, 대구광역시, 안산시 등이 법 적용을 받아 운영되기 시작했다. 1990년대에는 과천시, 전주시, 청주시, 광명시, 구미시, 제주특별자치도, 의정부시, 나주시, 양산시, 부천시, 성남시, 김포시, 완주군, 2000년대에는 창원시, 김해시, 목포시, 영암군, 정읍시, 진주시, 순천시, 익산시 등이 하수도사업을 「지방공기업법」을 적용받아 운영하였다. 2010년대에는 음성군, 광양시, 영광군, 여수시 등이 「지방공기업법」을 적용받아 운영되기 시작하였다.

### 3) 지방공영개발사업의 연도별 변천

일반적으로 공영개발이란 토지공개념의 기초 하에 토지의 개발이익을 환수하고, 토지자원의 합리적 배분을 위하여 정부, 지방자치단체 또는 공공단체가 법률에 의해 토지를 취득하여 공급하는 개발방식이다. 공영개발사업을 시행할 수 있는 공공기관은 크게 국가와 지방자치단체로 구분할 수 있는데, 지방자치단체가 추진하는 것을 지방공영개발사업이라 한다. 사업의 주체를 살펴보면 국가의 경우는 국토교통부가 직접 시행할 수도 있으나, 일반적으로 국가공기업인 한국토지주택공사(LH) 등으로 하여금 시행케 하고 있다. 이에 비해 지방자치단체의 경우는 지방공기업 특별회계를 설치하여 직접 사업을 시행할 수도 있고, 자치단체의 투자기관으로서 지방공사(도시개발공사)를 설립하여 이를 대행케 할 수도 있다.

지방공영개발사업이 등장하게 된 배경으로는 첫째, 1980년대 이후 주택공급 등의 주민 복지 수요와 각종 기반시설 정비 등 지역개발 수요는 급증하였으나, 빈약한 지방재정 및 자치단체의 개발행정 기능으로는 이러한 수요에 능동적으로 대처하기 어렵게 되었다. 이에 새로운 지역개발방식이 요구되었고, 지역공영개발 사업방식은 이러한 수요를 충족시켜주었다. 둘째, 그동안의 한국토지주택공사 등이 중심이 된 지방단위에서의 공영개발방식은 지역개발에 기여한 측면도 있으나, 개발이익의 지역 외 유출로 지역경제력의 손실과 주민의 불만을 가중시켰고, 더욱이 공영개발과 관련한 연계도로 등 도시기반시설을 당해 지방자치단체가 부담하는 등의 문제점이 제기되었다. 이에 '지방자치단체가 직접 개발사업을 시행하여 개발이익을 자치단체가 투자재원으로 환수하고, 이를 지역발전을 위해 활용하는 방안을 강구하라'는 대통령의 지시(1988년 3월)에 따라 1989년부터 전국 시·도와 시·군에 공영개발사업단과 공영개발사업소가 설치되어 본격적으로 지방공영개발사업이 추진되었다(안용식 외, 2001). 지방공영개발사업의 연도별 변천을 살펴보면 보령시가 1986년부터 시작하였으나, 「지방공기업법」을 처음 적용한 자치단체는 연기군이다(지방공기업평가원, 2015: 29).

### 4) 자동차운송사업의 연도별 변천

자동차운송사업이란 「여객자동차 운수사업법」 및 「화물자동차 운수사업법」에서 말하는 여객자동차 운송사업과 화물자동차 운송사업을 의미한다. 1969년 지방공기업법 제정 시 수도, 공업용수도, 궤도, 자동차운송사업 등과 함께 당연적용대상 사업이었으며, 지방자치단체 중 제주특별자치도에서 공영버스를 2018년 1월 1일부터 지방직영기업으로 설치하여 운영하고 있다.

## 4. 간접경영방식의 변천

### 1) 도시철도공사의 연도별 변천

지하철사업은 1970년대부터 시작되었다. 1970년대 서울의 지하철 건설 당시부터 특별회계로 회계처리하면서 지방공기업으로 분류되었으나, 공사 조직으로 출범한 것은 1981년부터이다. 특히, 부산교통공사는 2006년 이전까지 국가공기업으로 분류되어 국가가 관리하는 형태를 취했으나, 2006년부터는 지방공기업으로 전환하여 운영되고 있다. 서울특별시 산하의 지방공기업인 서울지하철도공사와 서울도시철도공사가 2017년 5월 31일 서울메트로(현 서울교통공사)로 통합 출범하였다. 도시철도공사의 연도별 변천을 정리하면 [표 6-6]과 같다.

표 6-6 도시철도공사의 연도별 변천

| 연도 | 기업체 | 공기업법 적용일 |
|---|---|---|
| 1980년대 | 서울메트로 | 1981-09-01 |
| 1990년대 | 서울특별시도시철도공사 | 1994-03-15 |
| | 대구도시철도공사 | 1995-11-20 |
| | 인천교통공사 | 1998-04-15 |
| 2000년대 | 광주광역시도시철도공사 | 2002-11-02 |
| | 대전광역시도시철도공사 | 2005-01-01 |
| | 부산교통공사 | 2006-06-01 |

자료: 지방공기업평가원(2015: 33).

### 2) 도시개발공사의 연도별 변천

도시개발공사는 기존의 공영개발사업을 독립된 전문기관에 의해 수행하고자 설립되기 시작하였는데, 1988년 대구도시공사가 가장 먼저 출범하였으며, 그 다음으로 서울SH공사, 부산도시공사의 순으로 설립되어 운영되고 있다. 도시개발공사[2]의 연도별 변천을 정리하면 [표 6-7]과 같다.

**표 6-7 도시개발공사의 연도별 변천**

| 연도 | 사업체 | 사업개시일 | 사업체 | 공기업법 적용일 |
|---|---|---|---|---|
| 1980년대 | 대구도시공사 | 1988-08-17 | | 1988-08-17 |
| | 서울SH공사 | 1989-02-01 | | 1989-02-01 |
| 1990년대 | 부산도시공사 | 1991-01-25 | | 1991-01-25 |
| | 대전도시공사 | 1993-02-20 | 대전도시공사 | 1993-05-01 |
| | 광주광역시도시공사 | 1993-09-01 | | 1993-09-01 |
| | 제주특별자치도개발공사 | 1995-03-09 | | 1995-03-09 |
| | 강원도개발공사 | 1996-09-20 | 강원도개발공사 | 1997-01-01 |
| | 경상남도개발공사 | 1997-01-01 | | 1997-01-01 |
| | 경상북도개발공사 | 1997-07-01 | | 1997-07-01 |
| | 경기도시공사 | 1997-12-01 | | 1997-12-01 |
| | 전북개발공사 | 1999-01-01 | | 1999-01-01 |
| 2000년대 | 인천도시공사 | 2003-05-24 | | 2003-05-24 |
| | 전남개발공사 | 2004-06-14 | | 2004-06-14 |
| | 충북개발공사 | 2006-01-16 | | 2006-01-16 |
| | 충남개발공사 | 2006-12-27 | 충남개발공사 | 2007-02-06 |
| | 울산도시공사 | 2007-02-07 | | 2007-02-07 |

자료: 지방공기업평가원(2015: 32).

### 3) 지방공단의 연도별 변천

지방공단은 「지방공기업법」 제1차 개정(1980년)으로 도입되었는데, 지방공단의 설립이 인구 50만 명 이상의 시로 한정되어 있었다. 특히, 지방자치단체에 지방공단이 전면적으로 도입된 시기는 「지방공기업법」 제3차 개정부터이다. 「지방공기업법」 제3차 개정 법률은 1992년 12월 8일 공포되어 1993년 4월 1일부터 시행되었는데, 「지방공기업법」의 제3차 개정으로 직접경영방식은 지방직영기업으로 정의하고, 지방공기업이라 하면 지방직영기업과 지방공사·공단 모두를 포함하는 개념으로 규정하게 되

2) 도시개발공사는 17개 광역자치단체 중 세종특별자치시를 제외한 16개 시·도에서 설립·운영되고 있다.

었다. 특히, 「지방공기업법」 제5차 개정(1999년)으로 지방공사 · 공단의 설립단체 규모를 인구 50만 명 이상의 시에서 모든 지방자치단체로 확대하였다. 지방공단은 1983년 서울시설공단이 가장 먼저 출범하였으며, 그 다음으로 울산, 부산, 대구 등의 순으로 설립되어 운영되고 있다(지방공기업평가원, 2015: 32). 지방공단의 연도별 변천을 정리하면 [표 6-8]과 같다.

**표 6-8 지방공단의 연도별 변천**

| 연도 | 지방자치단체 | 공기업법 적용일 |
|---|---|---|
| 1980년대 | 서울 | 1983-09-01 |
| 1990년대 | 울산 | 1991-07-01 |
| | 부산 | 1992-01-31 |
| | 대구 | 1993-04-26 |
| | ~ | |
| | 인천 부평구 | 1999-12-01 |
| | 속초시 | 1999-12-24 |
| 2000년대 | 부산환경 | 2000-01-01 |
| | 과천시 | 2000-01-03 |
| | 인천 계양구 | 2000-01-17 |
| | ~ | |
| | 양산시 | 2009-07-01 |
| | 인천 중구 | 2009-09-15 |
| | 보령시 | 2009-12-28 |
| 2010년대 | 포항시 | 2010-12-29 |
| | 영월군 | 2011-06-24 |
| | 여주군 | 2011-08-04 |
| | 천안시 | 2011-10-13 |
| | ~ | |
| | 광주 광산구 | 2014-11-01 |
| | 인천 연수구 | 2017-09-15 |
| | 울산 북구 | 2019-09-01 |
| 2020년대 | 원주시 | 2020-07-01 |
| | 영천시 | 2020-04-14 |
| | 서울물재생시설공단 | 2020-12-16 |

자료: 지방공기업평가원(2015: 33-35)의 내용을 저자 재구성.

C·H·A·P·T·E·R 7

# 지방공기업의 조직관리

지방공기업은 생산주체로서 재화나 서비스를 생산·판매하는 하나의 기업조직으로서 행정기관이나 사기업과는 다른 조직관리상의 특징을 채택하고 있다. 이 장에서는 지방공기업을 포함한 공기업의 조직구조의 특성, 조직의 의사결정 형태, 경영형태별 관리제도, 조직의 집행구조 내용을 이해한다. 또한 지방공기업 경영형태별 최고관리조직과 조직관리에 대해 사례를 중심으로 살펴본다.

## 제 1 절 지방공기업 조직관리의 본질[1)]

지방공기업이나 국가공기업의 조직관리는 행정기관이나 사기업과는 다른 특징을 지니고 있고(이상철, 2014: 460), 공기업 조직도 급변하는 환경에 적응할 수 있는 능력(empowerment)이 필요하고, 스스로 성장 발전하기 위해서는 항상 자기 동기(self-motivation) 요인이 발현될 수 있도록 설계되어야 한다. 즉, 자기 완결적 책임경영 체제가 확립되어야 한다. 지방공기업의 개별 기능과 권한은 정부의 승인 범위 내에서 이루어져야 하며, 지방공기업 조직은 항상 공적 통제 속에서 자율경영이 이루어져야 하는 태생적인 한계를 갖고 있다.

지방공기업은 독립적인 법인격을 가지고 있으며, 지방공기업의 핵심 의사결정기구인 이사회를 통해 경영상의 자주성이 보장되지만, 다른 한편으로는 공적 소유권에서 기인하는 공공의 지배를 받는다. 즉, 공기업의 조직체제는 의회의 감독과 정부의 통제에서 벗어나 경영 자율성을 인정받는 대신, 동시에 경영에 대한 엄격한 책임을 지도록 설계되어야 한다.

세계적으로 공기업은 제2차 세계대전 이후 사기업의 국유화, 행정기관 및 정부기업의 법인화, 특수 목적 수행을 위한 기관의 신규 설립 등 다양한 배경을 가지고 탄생했다. 그러나 공기업이 탄생한 경로에 관계없이 이들 기관은 의회 및 행정부로부터의 경영 간섭을 배제하면서 독립적으로 운영될 수 있도록 법인격을 가지게 된다.

공기업은 행정기관과 달리 이사회를 중심으로 독립채산제 원칙에 따라 자율적으로 운영되도록 구성되어 있지만, 책임경영을 확보할 수 있도록 소유권을 가진 국민이나

1) 제1절 지방공기업 조직관리의 본질은 윤재풍(2014: 219-481)의 『조직관리론』 내용을 정리한 것이다.

정부로부터 끊임없이 변화의 요구를 받고 있다. 따라서 공기업의 사장과 이사회는 그들에게 주어진 책임경영의 의무를 다하기 위해 효과적이고 생산적인 하부 경영조직의 개편을 지속적으로 모색하게 된다.

챈들러(A. chandler)는 "조직구조는 전략을 따른다(structure follows strategy)"라고 주장한 것처럼, 공기업은 조직의 발전과 생존전략을 수립하기 위해서 조직과 인력구조가 어떻게 변해야 할 것인지 수시로 진단하고 지속적으로 개편해 나가야 한다(이진형, 2005). 공기업은 지속적인 경영합리화를 추구할 수 있도록 조직체제를 수정·개선해 나감으로써 조직 존립의 정당성을 지속적으로 부여받을 수 있는 것이다.

## 1. 조직구조

조직구조는 "조직의 목표 달성을 위한 사람(people)과 과업(tasks)의 배열", 혹은 "조직 내부의 직무(jobs)의 공식적 배열"을 의미한다. 이러한 관점에서 조직구조란 "조직을 구성하는 부분들, 즉 일이나 행동 간에 확립된 관계의 형태"를 의미한다.

조직에는 사람·일(직무·과업)·상위 목표와 하위 목표가 배열되어 있고, 그것들이 서로 관계되는 어떤 형태를 이루고 있다. 조직은 계층·목표·분업 및 조정 등의 요소로 구성되고, 그들 간에는 일정한 관계의 유형을 이룬다. 공기업의 설립 및 존립의 정당성을 달성하고자 조직목표가 설정되고, 그것을 달성하기 위해 분업이 이뤄지며, 분업 활동을 조정하는 기능이 존재하고, 조정과 통제를 효율적으로 수행하기 위해 계층제가 작용한다. 또한 조직 내에서는 명령·복종·의사소통·의사결정·역할 등의 행동이 존재하고, 그러한 행동 간에, 그리고 각 행동의 구성요소 간에 일정한 관계의 형태가 확립되어 기능을 수행한다. 조직에 이와 같은 배열의 형태, 그리고 관계와 행위의 형태가 확립되어 일정한 기간 반복적으로 지속되고 정형화되어 작용하게 되면 그것이 조직구조가 된다.

조직도 및 조직기구표는 조직 내부의 직위, 부서, 부서 간 관계, 계층구조, 분업구조, 권한과 의사소통의 체계, 의사결정 통로, 명령과 보고 체계 등을 보여주는 도표이다.

## 2. 조직구조의 특성

조직 현상에 포함된 무수히 많은 변수와 그들 간의 관계는 복잡하게 얽혀 있으며, 조직의 영역(공적영역, 사적영역) 또는 조직의 환경에 따라 같은 변수들이라 할지라도 변수 간의 상관관계는 또 다른 의미를 지닐 수밖에 없다(원구환, 2018: 227). 조직구조는 조직 내의 다양한 개인과 단위들이 행사하는 노력과 행위가 일정한 배열과 형태 속에서 이뤄지도록 한다. 즉, 분업 · 조정 · 권한의 행사와 역할 · 정보의 흐름 · 의사소통 및 의사결정이 일정한 배열과 확립된 관계와 형태 속에서 이뤄지도록 한다(Hall, 1982: 52).

지방공기업 중에도 지방공사 · 공단의 조직은 기능적 활동과 제도적 활동으로 구분한다. 우선, 시민에게 공공서비스를 직접 제공하는 활동으로 기능적 활동이라 말할 수 있다. 조직 면에서 보면 계선조직이 담당하는 역할로 체육시설, 관광시설, 생활복지시설, 주차시설, 개발사업으로 시 행정의 목적을 직접적으로 실현하는 조직이다. 그리고 평가, 인사, 예산, 노무 등은 기능적 활동을 조정 · 촉진 · 지원하는 활동으로 공사와 행정의 목적을 간접적으로 실현하는 활동으로 제도적 활동이라 말할 수 있다.

지방공기업은 사람 중심과 일 중심으로 분류할 수 있다. 사람 중심의 분류를 계층제라 하며, 사람을 일정 기준에 따른 계층으로 나눈 후, 이에 맞게 담당해야 할 일을 맡기는 것이다. 그리고 일 중심의 분류를 직위분류제라 하며, 일정 기준에 따라 일을 나눈 후에 이에 맞는 사람을 배치하는 것이다. 계층제는 사람이 가지고 있는 학력, 경력 및 자격 등 능력에 대한 평가를 통해 직급이 결정되는 제도로서, 그 직급에 따라 일정한 직무가 주어진다. 직위분류제는 직무의 종류, 직무수행의 곤란도, 책임도를 기준으로 분류하는 제도이다.

어떤 조직이 구조적인 면에서 어떤 특성을 지니는가는 일반적으로, 그 조직이 지니고 있는 복잡성(complexity), 공식화(formalization), 집권화(centralization)의 상태에 따라서 설명할 수 있다. 이 세 가지 개념은 조직구조를 형성하는 데 핵심적 차원이며, 기본적인 변수라고 할 수 있다(Robbins, 1983: 45-87). 특히, 지방공기업 조직구조는 조직의 의사결정 및 집행구조, 인사관리의 기본 논리로 작용된다.

### 1) 복잡성: 분화의 정도

조직의 복잡성이란 조직의 분화의 정도를 말한다. 조직 내에 분화의 정도가 높으면 그만큼 조직은 구조적으로 복잡하게 된다. 분화의 상대적 개념은 통합이다. 분화가 심해 조직의 각 하위 단위들의 활동과 노력이 너무 차이가 생기면 조직 전체의 공통적 목표를 수행하기 어렵게 된다. 그러므로 조직 단위들이 각각의 차이를 넘어 공통 목표를 달성하는 데 기여하도록 통일된 행동과 협력적 구조를 형성해야 한다. 이와 같이 조직의 구성 단위들이 통일된 행동과 협력적 구조를 형성하는 것을 통합이라고 한다. 통합은 조직의 분화의 정도, 즉 복잡성이 낮춰진 형태다.

분권화의 장점으로는 조직의 분화구조가 발달하면 분화된 각 조직 단위별로 업무가 분업되고 전문적으로 수행되므로 해당 업무가 효율적으로 수행될 수 있다. 말하자면 수직적 분화의 경우 계층 간의 업무와 권한 및 책임 한계가 명확하게 되고, 수평적 분화의 경우 기능적 분업과 전문화에 따라 각 조직 단위에서 수행하는 일의 숙련도를 높여 효율화를 촉진한다. 또한 공간적 분산의 경우 작업 현장에 적실하게 업무를 수행하는 조직과 방법을 발달시킨다.

그러나 분권화 구조는 문제점도 내재하고 있다. 계층제 구조는 의사소통의 왜곡과 지연 · 의사결정의 교착과 지연, 하급자들의 상급자 눈치보기, 계층 간에 과도한 권력 격차가 발생할 우려가 있다. 또한 수평적 분화는 각 조직 단위 간의 조직 이기주의 및 할거주의, 원활하지 못한 의사소통과 비협조 현상 등이 나타나며, 공간적 분산의 경우에도 각 조직 단위들의 할거주의 현상이 나타날 수 있다. 조직의 분화적 구조가 발달해 조직의 복잡성이 증대할수록 전체 조직의 관리자는 조직의 모든 단위의 활동과 노력을 통합 · 조정하는 역할이 중요하게 된다.

### 2) 공식화: 규정 및 규칙화 정도

공식화란 조직에서 이뤄지는 일 · 활동 · 절차 · 관계 및 역할 등을 공식적인 법 · 규정 · 규칙으로 성문화하는 정도를 말한다. 조직의 인사관리는 인사 법규에 근거해서 해야 하고, 의사결정과 명령 · 지시 · 보고 · 회람 등은 일정한 절차와 규정에 따라서 하도록 하는 것이다. 공식화는 표준화 혹은 표준운영 절차와도 서로 관계를 갖는다.

조직 안에서 사람들이 일정한 규정에 따라서 동일한 투입물을 동일한 방법으로 처리해 똑같은 산출을 하는 것이 표준화이며, 조직의 운영 절차를 표준화하는 것을 표준운영 절차라고 한다. 조직에서 이뤄지는 일이 규정화·성문화·문서화 및 표준화될수록 공식화가 높고, 그것들이 낮을수록 공식화가 낮은 것이다.

공식화의 장점은 조직에 공식화된 절차나 행태의 형태가 확립됨으로써, 조직관리 및 활동이 객관성·안정성·질서·일관성·통일성·예측가능성을 확보한다. 공식화는 전체 조직 내부의 다양한 집단 및 개인에 따라 나타날 수 있는 변이성을 줄인다. 또한 직무수행 절차를 가시적이며 체계적으로 연결하고 통합하기 쉽다. 그러나 공식화가 지나치면 공식적인 규정과 절차에 얽매여 조직이 상황변화에 유연하게 적응하지 못하며, 조직구성원의 재량과 자율적 행위를 제약한다.

### 3) 집권화: 의사결정권의 소재

조직에서 집권화란 조직 내부의 의사결정 권한의 소재에 관련되는 개념이다. 의사결정 권한이 비교적 조직의 상위층에 집중되는 현상을 집권화라고 한다. 반대로 조직의 하위층에 의사결정 권한이 많이 분산되는 현상을 분권화라고 한다. 집권화 개념은 조직구성원들이 조직 내의 의사결정 과정에 참여하는 수준과도 관계된다. 즉, 조직의 전략적인 주요 결정에 소수의 고위층만 참여하는 경우에 집권화가 높다고 할 것이며, 반대로 중·하위층 조직구성원의 다수가 결정을 주도하는 경우에는 분권화가 높은 조직이라고 할 것이다.

집권화의 장점은 조직의 문제를 조직 전체의 관점에서 보고 통일적·종합적·통합적인 결정을 하며, 그것을 수행하는 데 적합하다. 또한 조직 전체가 돌발적인 상황이나 위기에 처할 때, 그에 신속하고 강력하게 대응하는 의사결정을 하고 행동을 할 수 있다. 그러나 집권화의 단점은 조직의 상급자에게 과중한 업무를 부담시키고, 조직을 구성하는 하위 단위의 실정에 적응하는 결정을 하기 어려우며, 하급자의 자율성을 저해하고, 조직 내의 참여적 의사결정을 제약하며, 하급자를 장래의 관리자로 육성할 기회를 제한할 수 있다.

분권화는 조직 하위 단위의 실정에 적합한 의사결정·조직구성원의 참여감 증대, 사기 앙양, 조직의 유연성 향상, 후계 관리자의 육성에 유리하다. 그러나 하위계층 인력의 능력이 부족한 경우 비효율적인 의사결정, 조직 내의 부서 이기주의, 조직 내에 상충되고 중복되는 목표와 업무수행 등이 발생할 수 있다.

## 3. 조직문화

### 1) 조직문화의 형성

여타 기관과 마찬가지로 지방공기업도 내·외부 이해관계들의 다양한 요구에 신속한 대응 및 반영을 통하여 조직의 성과를 향상시키는 것이 중요하다. 이를 달성하기 위한 지방공기업을 지배하는 조직문화(organizational culture)는 질서와 규칙, 상명하복을 핵심가치로 여기는 위계문화와, 보편적으로 갖고 있는 관료문화적 특징을 갖고 있다(김근세 외, 2005).

조직문화의 형성은 어떤 가치·규범 및 행동양식 등이 조직구성원 등에 침투되고 그들 간에 공유되어 조직의 문화로 확립되는 과정이라고 말할 수 있다. 조직문화는 조직 외부와 내부에 존재하는 여러 가지 요인의 관계와 상호작용 속에서 형성된다. 부연하면 조직문화는 거시적인 사회문화, 경쟁관계에 있는 외부 조직의 문화, 조직이 지향하는 목적과 이념, 사장의 가치관과 선호, 그리고 조직구성원 간의 상호작용 속에서 형성된다고 말할 수 있다.

### 2) 조직문화의 전승과 유지

조직문화는 조직의 존속과 더불어 세대에서 세대로 전승되고 유지됨으로써, 조직구성원 개개인의 생애보다도 훨씬 길게 유지·존속된다. 물론 이러한 전승 과정에서 여러 가지 부분적인 변화가 있을 수 있지만, 핵심적이고 본질적인 요소는 일반적으로 상당한 기간 동안 존속함으로써, 그 연속성, 항상성 및 안정성을 유지한다. 조직문화를 전승하고 유지하는 방법 및 매개 수단은 대체로 다음과 같은 것들이다.

#### (1) 리더십

공기업에서의 리더십은 공공성과 기업성을 지닌 공기업의 경영환경 요인을 고려해야 한다. 한마디로 리더십은 조직목표를 효율적으로 달성하기 위하여 리더가 개인 또는 집단의 활동에 의도적으로 심리적·행태적 변화를 위해 영향력을 행사하는 과정으로 정의할 수 있다(황규대 외, 2007). 공기업의 조직문화는 조직 안에서 그것이 존속되어야 할 가치와 의미를 주장하고, 그러한 방향으로 조직구성원을 인도하는 리더십과 관리를 통해 전승되고 유지된다. 즉, 조직문화는 조직구성원들의 공유된 가치를 이해하고, 이를 통해 환경의 변화에 대처를 통하여 조직성과를 제고하기 위한 것이다.

### (2) 인사관리

조직구성원에 대한 인사가 안정적으로 유지・관리되어야 한다. 인사교체가 너무 빈번하고 광범위하게 이뤄지면 조직구성원이 근무에 불안을 느끼고, 또한 조직문화의 안정적 연속성을 확보하기 어렵게 된다.

### (3) 채용과 사회화

조직은 부단히 신입 직원을 선발해 채용하고 그들이 진정한 조직구성원이 되도록 사회화와 문화화를 시켜야 한다. 조직은 사람을 선발하는 과정에서 응모자가 그 조직문화에 적합한 잠재적 가치관, 적성, 인품 및 지식 등을 갖추고 있는가를 평가해 적합한 자는 선발하고, 부적합한 자는 배제해야 한다. 선발되어 채용된 사람은 적재적소에 배치하고, 조직의 문화에 완전히 동화되도록 일련의 조직사회화 및 문화화 과정을 거치도록 해야 한다. 조직사회화 및 문화화란 신입 조직원이 명실상부한 조직원이 될 수 있도록 일정 기간 동안 그 조직의 역사, 언어, 신화, 행사 및 인사관계, 그리고 자신의 일과 역할 등을 익히고, 그렇게 함으로써 조직의 문화에 동화되고 통합되도록 하는 것이다.

### (4) 보상과 인센티브

조직구성원의 행태와 성과를 평가하여 조직의 목적과 문화발전에 기여하는 사람에게는 표창, 보수 인상 등의 보상과 인센티브를 줘야 한다.

### (5) 학습

학습은 조직문화를 전승하고 유지하는 중요한 매개 수단이다. 조직구성원이 자기 조직에 존재하는 상징적인 구성물과 이벤트 등을 배우고 경험함으로써, 조직의 기존 가치관과 규범 및 행동양식 등을 이해하고 동조해 전승하는 동기를 강화하는 것이다.

말하자면 조직문화의 학습은 조직구성원들로 하여금 조직에 존재하는 문화에 지속적으로 세뇌되는 효과적인 방법의 하나다.

## 제 2 절 조직의 의사결정 형태

공기업의 조직구조의 형태는 경영의 상부 단계에서의 기능, 즉 최고계층에서의 관리적 경영 및 집행적 경영이 어떤 기관에 어떻게 배분되며 귀속되는가에 따라 결정된다. 일반적으로 조직구조의 형태는 독임제와 합의제, 단일기관제와 이중기관제, 임명제・이익대표제・절충제, 기능위원회형과 정책위원회형, 그리고 집권제와 분권제 등으로 분류할 수 있다(안용식 외, 2001: 181). 공기업 조직관리체제의 형태를 정리하면 [표 7-1]과 같다.

**표 7-1 공기업 조직관리체제의 형태**

| 구분 | 조직관리체제의 형태 | |
|---|---|---|
| 경영 권한과 책임의 귀속 | 독임제 | 합의제 |
| 이사회 역할 분리 | 단일기관제 | 이중기관제 |
| 이사회 구성원의 직능대표성 | 일반 임기제 | 직능대표제 |
| 이사회 구성원의 집행 직위 소유 여부 | 기능위원회형 | 정책위원회형 |
| 내부 의사결정권의 중앙 집중 여부 | 집권제 | 분권제 |

자료: 이상철(2021: 460).

### 1. 독임제와 합의제

지방공기업의 경영 기능과 책임이 한 사람에 귀속되는 것인지 아니면 여러 사람에게 분산되어 귀속되는지의 여부에 따라 독임제와 합의제로 구분할 수 있다(박영희 외, 2018: 85). 지방자치단체 부처 형태를 지니는 지방직영기업은 계층제를 근간으로 하는 독임제 형태를 취한다. 그러나 지방공사・공단 또는 주식회사 형태를 지닌 대부분의 공기업은 합의제로 운영되고 있다(이상철, 2021: 461).

### 1) 독임제

독임제는 경영을 담당하는 책임자가 하나인 조직의 형태인데, 최고책임자를 정점으로 하여 피라미드 형태의 권한과 책임의 구분이 이루어진다. 최고책임자가 법적으로 조직의 운영에 관한 중요 의사결정을 할 권한이 있을 때는 독임제라고 할 수 있다. 이사회나 그 밖의 위원의 의견을 참고한다고 하더라도 법적으로 최고책임자에게 의사결정에 관한 전권이 있는 경우에는 역시 독임제라 할 수 있다(윤성식, 1995: 105; 박영희 외, 2018: 85).

독임제는 1인의 사장이 모든 경영활동을 책임지는 형태이지만, 사장의 보좌기관으로 부사장, 본부장(상임이사) 등을 설치 · 운영할 수 있다. 규모가 클수록 1인의 사장 체제보다는 사장을 보좌하는 하위 기관이 설치되는 특성을 지닌다. 독임제는 신속한 의사결정과 명령 지휘계통의 일원화를 통해 일관성 있는 운영을 도모할 수 있다(원구환, 2018: 231). 하지만, 독임제는 각 경영부문에 관한 전문지식과 경험을 가진 1인의 경영자를 사실상 발견하기란 불가능하며, 1인의 독단적 의사결정을 초래할 수도 있다. 따라서 1인의 사장 외에 보좌기관(부사장, 이사)을 설치하여 단독제가 갖는 단점을 시정해 나가는 것이 필요하다(안용식 외, 2001: 183).

### 2) 합의제

합의제는 경영상의 주요 의사결정을 최고책임자가 단독으로 하지 않고, 이사회나 기타 위원회의 다수결로 하는 형태의 조직구조를 말한다. 조직에 따라 위원회나 이사회를 둘 수 있는데, 명칭의 차이일 뿐 성격상의 차이는 없으며, 단독으로 결정하지 않기 때문에 합의제라고 한다. 합의제에서는 경영의 책임과 권한이 소수의 경영자에게 분할되고 모든 사항은 다수결의 원리에 따라 결정되므로 민주적인 경영관리제도를 확립할 수 있다. 그리고 경영과 관련하여 특수한 전문적 지식과 경험을 가진 사람으로 경영기관을 구성함으로써 최고경영기관의 구성에 위원회제도의 민주화 요소를 도입할 수 있는 장점이 있다. 반면, 각 위원이나 이사들에게 분할된 평등한 책임과 기능은 상호 간의 의견이나 감정의 대립을 초래할 수 있으며, 경영 기능의 통일성을 상실할 우려가 있다. 이럴 경우에는 환경 변화에 대해 탄력적으로 대응하기 어렵다(박영희 외, 2018: 86-87).

## 2. 단일기관제와 이중기관제

### 1) 단일기관제

합의제를 택한 경우라도 법률상의 경영조직이 하나의 기관으로 되어 있는지, 아니면 두 개의 기관으로 되어 있는지에 따라서 단일기관제(single directorate)와 이중기관제(double directorate)로 구분할 수 있다.

단일기관제는 「지방공기업법」에서 이사회라는 단일의 경영기관이 설치되는 경우를 말한다. 이사회는 경영의 주요 사항을 심의 · 의결하는 의결기관으로서, 내부 경영조직의 결정, 직원의 채용 · 해고, 재정정책의 결정 및 시행 등의 경영권을 갖고 있으며, 이익처분의 결정도 포함하고 있다(박영희 외, 2018: 87).

지방공기업의 의결 기능은 주로 이사회에서 담당하며, 집행 기능은 이사회에 의해 임명된 임원에 의해 수행된다. 또한 이중기관제의 경우 의결기관인 이사회에 참여하는 이사는 집행기구의 책임을 맡지 않는 것이 일반적이다. 이중기관제와 달리 단일기관제의 경우는 집행기구의 책임자인 임원이 이사회의 의결도 책임지는 형태라 할 수 있다. 일반적으로 대부분의 조직은 의결 기능과 집행 기능이 분리되어 있는 특징을 지니고 있는데, 이사회라는 의결 기능이 존재하고, 임원이 집행 기능을 책임지는 형태를 취하는 것이 보통이다(원구환, 2018: 231).

### 2) 이중기관제

이중기관제는 정책결정기관과 집행담당기관을 분리시키는 제도이다. 즉, 정책결정기관으로서의 성격을 지니고 있는 운영위원회와 집행기관 성격의 이사회가 양립하는 형태는 취하는 것이 보통이다.

이중기관제는 경영과 관련된 정책결정과 집행의 한계를 명확히 하기 어렵기 때문에, 양 기관 간의 갈등이 초래될 수 있다는 문제점이 있다. 이러한 지적에 따라 집행에 책임을 지는 사장이 이사의 한 사람으로서 이사회에 출석하여 집행기관의 의사를 개진하여 반영할 수 있도록 하고 있다. 종래에는 이사장을 포함한 이사들을 비상임으로 하였으나, 현재는 50% 미만의 이사에 대해 상임으로 할 수 있도록 하여 기관 간 갈등을 해결하고, 양 기관 간의 조화와 협력을 바탕으로 한 효율적 경영을 확보할 수 있도록 하였다(박영희 외, 2018: 88).

## 3. 임명제, 이익대표제, 절충제

공기업의 최고경영기관인 관리위원회나 이사회의 구성원을 지방자치단체가 일반 전문가로 임명하느냐, 아니면 이익대표로 하느냐 또는 이 두 가지 방식을 절충하느냐에 따라 임명제, 이익대표제, 절충제로 구분할 수 있다.

### 1) 임명제

임명제는 이사회를 구성하는 이사 모두가 중앙정부나 지방자치단체에 의해 임명되는 경우를 말한다. 이 경우 이사는 정기적으로 회합하여 경영성과를 토의하고 정책을 결정한다. 내부 경영관리(제조, 판매, 재무, 인사, 노무 등)에도 상당한 지식과 경험을 보유하게 된다. 이사는 거의 상임이며 경영 전반에 대해 공동의 책임을 지며 기능적으로 활동한다(박영희 외, 2018: 89).

따라서 각 이사의 경험과 능력에 따라 적당한 업무의 분담이 이루어짐과 동시에, 그 균형이 유지되는 경우 기능적인 활동력을 갖는 이상적인 경영조직이 성립된다. 직능대표제에 비해 이사의 수는 소수이며, 이사회는 최고의 정책결정기관이지만, 집행적 경영책임의 통일과 조정을 위해 이사회 밑에 총지배인(general manager)을 두는 것이 보통이다(안용식, 1985: 160-161; 박영희 외, 2018: 89).

### 2) 이익대표제

이익대표제는 직능대표제라고 하는데, 이사회가 그 기업의 이해관계자(소비자, 노동자, 경영자, 정부) 대표에 의해 구성되는 경우를 말한다. 이 경우 이사의 수는 다수이며, 이사는 모두 비상임이고 명예직이다. 집행적 경영은 이사회가 임명하고 이사회에 대하여 책임을 지는 집행위원회에 맡겨진다(안용식 외, 2001: 186; 박영희 외, 2018: 89).

### 3) 절충제

절충제란 이사는 원칙적으로 정부에 의해 임명되나 정부가 이사를 임명하는 경우 기업 관계자인 모든 산업, 소비자 및 노동자의 이익을 대표하는 단체와 협의해야 한다는 것이 법률상 규정되어 있거나, 또는 이사의 선택영역이 법률상 명시되어 있는 경우를 말한다. 따라서 이사의 일부는 상임이며, 집행적 경영에 관여하나 다른 일부는 비상임이며, 정기적으로 개최되는 이사회의 정책결정에 참여하는 것에 그친다. 비상임이사는 일상의 경영에 관여하지 않으므로, 경영의 실권은 상임이사에게 집중되는 일이 많다(안용식 외, 2001: 187).

## 4. 기능위원회형과 정책위원회형

기능위원회형과 정책위원회형은 이사회나 운영위원의 구성원이 공기업 조직의 일선 업무 부서의 장을 겸하고 있느냐의 여부에 따라 구분된다. 기능위원회형은 이사회나 운영위원회의 구성원 상임으로서, 이들은 전원이 특정 부서의 장을 겸직하는 형태를 말한다. 정책위원회형은 이사나 위원의 일부는 상임으로 하고 일부는 비상임으로 하여 모든 이사나 위원이 특정 부서의 장을 겸할 수 없는 형태를 말한다(박영희 외, 2018: 89). 즉, 이사회나 운영위원회 구성원 중 각각의 위원이나 이사는 개인적으로 특정 분야의 업무수행에 대한 책임을 지지 않는다(이상철, 2021: 470).

## 5. 집권제와 분권제

공기업의 조직 내에서 의사결정 권한이 비교적 중앙에 집중되어 있는 것을 집권제, 지방 또는 하급기관에 위임되어 있는 것을 분권제라고 하는데, 이는 어디까지나 상대적인 개념으로 이를 명확하게 구분하기는 어렵다.

집권적 관리는 소규모 조직, 신설된 조직, 위험이 존재하여 강력하고 획일적인 리더십이 요구되는 조직일 때 유리한 모형이다. 집권적 관리는 경영계획 수립 및 경영관리의 전문화가 촉진되고, 신속한 업무의 처리가 가능하여 기능의 중복을 피할 수 있다는 장점이 있다. 그러나 조직운영 시에 관료적 권위주의와 형식주의의 성격을 띠게 되어 조직의 창의성이 저해되고 획일주의에 빠짐으로써, 업무별 특성이나 지역적 실정에 맞고 적시에 효과를 발휘해야 하는 업무에는 부적합한 단점이 있다. 또한 중앙의 감독이 약화되어 업무의 중복을 초래하고 전문적인 기술의 사용이 곤란해지는 문제점도 있다.

분권적 관리는 관리자가 세부적, 일상적인 업무에서 해방되어 장기계획이나 정책적 문제에 대해 더 많은 시간과 정력을 쏟고자 할 때 유리한 조직형태이다. 분권화는 책임경영을 강화하고 부문관리자를 양성할 필요가 있을 때에도 유용한 관리제도이다. 이러한 분권적 관리는 우리나라 일부 공기업에서 활용하고 있는 사업부제 조직에 적용된다(이상철, 2021: 470).

## 제 3 절 조직구조의 여러 가지 형태

### 1. 계선조직과 막료조직

일반적으로 조직은 그 권한과 기능 관계에 따라 계선조직과 막료조직으로 나뉜다.

#### 1) 계선조직

계선조직(line organization)은 조직체가 존재하는 전체적·공통적 목적을 직접 수행하고 집행하는 중추적 조직형태로서 단일조직(unitary organization)이라고도 한다. 공기업 조직의 경우 사장·본부장·부장·팀장 등으로 연결되는 조직이 이에 해당한다. 계선조직은 조직의 최고책임자를 정점으로 해서 수직적으로 연결된 운영조직이며, 조직의 전체적·공통적 목적을 수행하고 책임을 진다. 또한 조직의 목적을 수행하는 과정에서 조직의 고객과 접촉하고 그들에게 직접적으로 서비스한다(윤재풍, 2014: 244).

#### 2) 막료조직

막료조직(staff organization)은 계선조직이 조직 전체적인 존립 목적을 원활히 수행할 수 있도록 조사・지원하고, 자문・권고하며, 기획・인사・회계・법무・공보・연구 등의 업무를 수행하는 조직이다. 조직 내부의 활동에 관련되는 일을 하므로 고객과 직접 접촉해 서비스를 제공하지 않는다. 또한 구체적인 집행권, 즉 명령이나 지휘권을 가지지 않는다. 막료조직은 여러 가지 유형으로 나눌 수 있으나, 일반적으로 인사・회계・통계 등의 업무를 담당하는 보조형 막료와 기획・조사・자문 등을 담당하는 자문형 막료 등으로 분류된다(윤재풍, 2014: 244).

## 2. 관리계층구조

조직은 관리계층 혹은 관리 피라미드 구조 안에서 그 위치에 따라 최고관리층・중간관리층・하급관리층으로 나눈다(윤재풍, 2014: 245).

### 1) 최고관리층

최고관리층(top management)이란 조직관리의 계층적 구조에서 최고층에 속하는 관리층을 말한다. 공기업 조직의 경우 사장, 부사장, 본부장 등이 여기에 속한다. 그 기능은 주로 조직의 목표를 설정하고 정책결정을 하며, 조직의 목적 달성을 위해 필요한 물적・인적 자원을 확보・배분하고, 그 구성원을 지도・조정・통제하는 역할을 수행한다.

### 2) 중간관리층

중간관리층(middle management)이란 조직의 중간계층에 속하는 관리층이다. 공기업 조직의 경우 부・팀의 장이 이에 해당된다고 할 수 있다. 중간관리층은 최고관리층의 기능을 보좌하며, 최고관리층에서 결정한 정책과 계획을 집행하고 부하를 지휘통솔해 고객에게 서비스하며, 조직의 목적 달성을 위한 중심적 관리활동을 수행한다.

### 3) 하급관리층

하급관리층 혹은 일선 업무 담당층(performance level, operating core)이란 조직의 하급계층에 속하며, 조직의 최일선에서 조직의 목적 달성을 위한 구체적인 운영적·집행적인 일을 담당한다.

## 3. 위원회

위원회(committee)란 단독제 조직에 대립된 개념으로서 여러 위원으로 구성되는 합의제 조직이다. 위원회는 조직의 정책이나 운영 문제에 대해 자문 역할만을 수행하는 유형과 완전한 의사결정권을 갖는 유형으로 나뉜다. 지방공기업에는 자문위원회, 인사위원회, 성과관리위원회, 기술자문위원회, 투자심의위원회 등의 다양한 위원회가 설치·운영되고 있으며, 위원회 조직은 시간적 지속성에 따라 상설위원회와 비상설 위원회로 구분한다. 위원회는 조직의 문제를 좀 더 다양한 관점에서 인식하고 제기하며, 의사결정에서 여러 사람의 경험과 전문지식을 모을 수 있고, 이해관계가 대립되는 일에 관련한 결정을 공정하고 신중하게 하며, 이견을 조정하고 더 많은 사람을 만족시킬 수 있는 의사결정을 할 수 장점을 갖는다. 그러나 의사결정에 시간과 비용 많이 들고 단독제보다 참여자들의 책임의식이 약하며, 소신적인 결정보다는 타협·절충적 결정을 초래하는 경우가 많다(윤재풍, 2014: 245).

# 제 4 절 조직의 집행구조 형태에 따른 분류[2)]

## 1. 조직의 집행구조

공·사기업을 막론하고 전통적으로 대부분의 기업은 조직을 기능 중심으로 분류하여 업무를 수행해 왔다. 즉, 업무의 성격과 종류에 따라 횡적으로는 기능별로 큰 부

2) 제4절 조직의 집행구조 형태에 따른 분류는 이상철(2021: 471-484)의 『한국 공기업의 이해』 내용을 정리한 것이다.

문(department)과 작은 부문(section)을 나누고, 종적으로 이를 적절히 계층적으로 구조화하여 업무를 수행한다. 이를 '직능별 또는 기능별 조직'이라고 한다. 그러나 기업의 규모가 커지고 기업의 전략이 다각화됨에 따라 종래의 직능별 조직에서 사업부제 조직, 프로젝트 조직 또는 팀제 조직으로 이행하게 되었다. 이는 기업조직이 환경에 적응하는 과정에서 불가피하게 선택된 것이다. 이러한 변화에는 다음과 같은 이유가 있다(이상철, 2021: 471-473).

첫째, 주민의 다양한 요구에 의한 생산 재화나 서비스의 품질 다양화 현상의 반영이다. 둘째, 마케팅 기능의 강화이다. 공기업이 제품의 다양화 정책을 추구할 경우 경영의 다각화 정책을 강구하지 않을 수 없게 되며, 경영정책의 초점을 마케팅 중심으로 집중하게 된다. 셋째, 부문별 성과의 중시이다. 직능별 조직 하에서 이익중심점(profit center) 중심으로 운영되는 사업부제나 팀제를 도입함으로써, 각 사업부의 경영성과를 높이고, 이것이 기업 전체의 경영성과를 제고할 수 있게 된다. 넷째, 관리의 분권화이다. 사업부제와 팀제의 전제는 분권화이며, 각 사업부의 장에게는 광범위한 권한이 위양됨에 따라 그 사업부제 조직은 독립적인 이익 중심적으로서 역할을 수행할 수 있게 된다. 다섯째, 경영자의 육성이다. 사업부제나 팀제를 도입해서 각 사업부나 팀의 장에게 경영자의 권한을 위양해 줄 경우 미래 경영자로서 훈련 기회를 갖게 된다. 여섯째, 동기유발의 촉진이다. 경영의 분권화 실행될 경우 부하 직원의 사기는 자발적으로 진작된다.

## 2. 직능조직

공기업의 직능조직(functional organization)은 기능 부서 중심의 전통적인 조직구조이다. 직능조직은 전제 조직을 직능별 분류에 따라서 설계하는 것으로서 모든 조직구조 형태의 기본이 된다. 즉, 총무, 인사, 재무, 구매 등 전문 업무영역에 따라 조직을 나누고, 기능 부문별로 계층구조를 유지하며, 기능 부서별로 책임자를 두고 있다.

조직을 직능별 분류에 따라 설계한다는 것은 조직 내에서 수행해야 할 일을 그 성질에 따라 분류하여 조직 단위를 형성하는 것으로, 보통 경영의 여러 활동 가운에서 동종의 관련 업무를 하나로 집약하여 처리하는 방식을 취한다.

반면, 수평적 분화에 따른 부문의 고립화 현상과 부서 간의 책임 분산으로 갈등이 유발될 수 있다. 부서 중심으로 할거주의가 일어날 가능성이 높고, 고객 대응이 부적

그림 7-1 **직능조직**

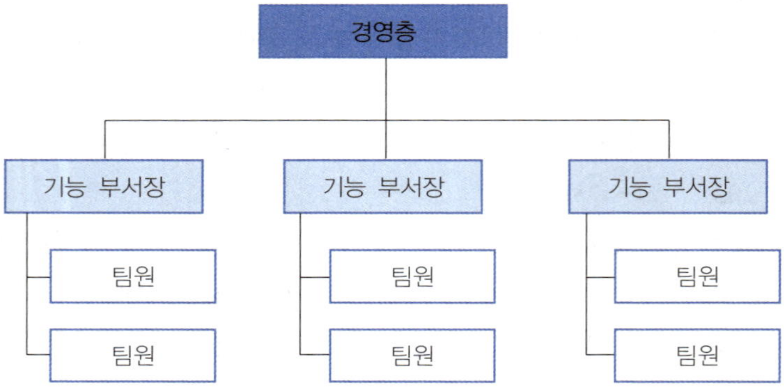


자료: 이상철(2021: 474).

절하여 조직 전체의 목표 달성을 어렵게 할 수 있다. 환경 변화에 따른 조직의 순발력이 약하다는 단점도 있다. [그림 7-1]은 직능조직을 보여준다.

직능조직처럼 기능 중심의 조직에서 어떤 프로젝트를 수행할 경우 기능 부서장의 권한이 프로젝트 관리자의 권한보다 강하다. 기능 조직구조를 활용하여 프로젝트를 수행해야 하므로, 프로젝트 관리자의 역할은 직능 책임을 지고 있는 상위 관리자를 지원하는 역할을 수행하게 된다.

## 3. 사업부제

사업부제 조직(product structure)은 직능조직의 수평적인 직능별 분화와 더불어 경영활동을 목적별로, 즉 제품별 · 고객별 · 지역별로 분화하여 기업 내에 자주성을 갖는 여러 개의 경영 단위를 사업부로 설치하는 분권적 조직형태를 말한다. 즉, 독자적 시장을 갖고 독자적인 이익 책임을 갖는 사업부로 조직을 분할하여, 각 사업부에 시장경제의 메커니즘을 적용한 것이다(이상철, 2021: 476).

이러한 사업부제 조직이 성공적으로 운영되기 위해서는 첫째, 최고 의사결정권자의 권한 위임에 대한 확고한 의지, 둘째, 사업부 관리책임자들의 우수한 운영 능력, 셋째, 시장의 다양성과 수요 공급의 안전성, 넷째, 목표관리제도와 업적평가제도, 다섯째, 적정한 보상제도와 교육 프로그램이 준비되어 있어야 한다(김현주, 2005: 105-

106; 이상철, 2021: 476).

[그림 7-2]는 서울특별시 상수도 사업본부 조직도를 보여준다. 상수도 사업본부 조직은 기능별 조직과 사업부제를 혼합형태로 운영하고 있다. 본부조직은 기능별 조직으로 경영관리부, 요금관리부, 급수부, 생산부, 시설부를 두고 있으며, 산하사업소는 사업부제 조직으로 수도사업소 8개소, 아리수정수센터 6개소를 비롯하여 서울물연구원, 수도자재관리센터를 운영하고 있다.

그림 7-2 서울특별시 상수도 사업본부 조직도

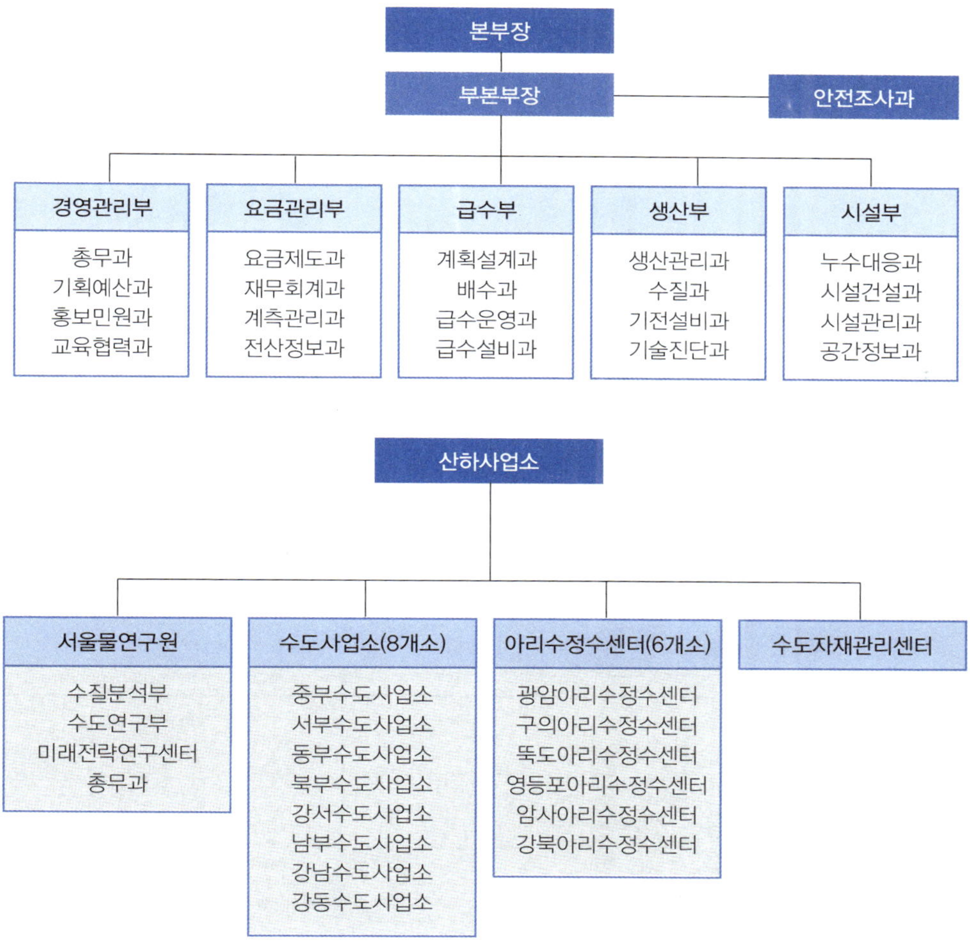


자료: 서울특별시 상수도사업본부 홈페이지.

## 4. 프로젝트 조직

프로젝트 조직은 특정 업무 목적인 해당 사업을 달성하기 위해 한시적으로 조직 내의 인적·물적 자원을 결합한 조직이다. 프로젝트 조직은 프로젝트 수행을 위한 모든 자원을 가진 독립된 조직으로 운영되며 프로젝트 관리자는 프로젝트에 대한 직접적인 책임을 지게 된다. 따라서 프로젝트 관리자의 권한이 기능 부서장의 권한보다 강하며, 통상적으로 프로젝트 인력들이 한 장소에 모여 업무를 수행한다.

프로젝트 조직은 프로젝트 관리자의 독립성과 권한이 보장되고, 팀원과 프로젝트 관리자 사이의 의사소통이 원활하여 팀의 헌신적인 몰입과 동기부여가 가능하다. 또한 신속한 의사결정 및 집행이 가능한 과업 지향적인 조직이라는 장점을 가지고 있다. 그러나 자원의 중복과 낭비, 자원 확보와 예산의 수급 문제, 단일 프로젝트에 과도한 집착 현상이 발생할 수 있다. 그리고 인력 미충원 시 외주에 의존할 경우, 노하우 축적이 어렵다는 단점 등이 있다. [그림 7-3]은 프로젝트 조직을 보여준다.

그림 7-3 프로젝트 조직

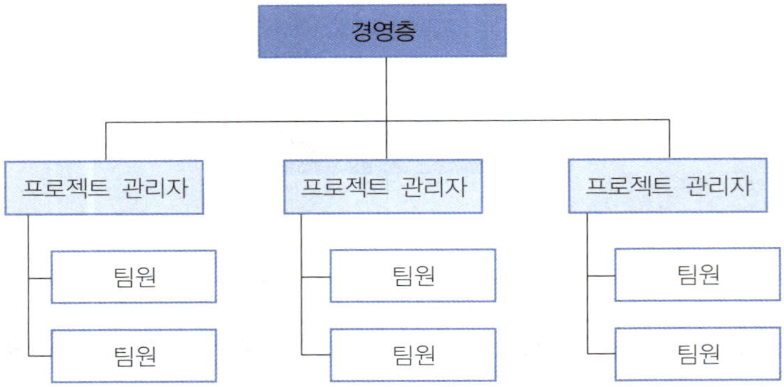


자료: 이상철(2021: 484).

## 5. 팀제

### 1) 팀제의 특징

팀(team)이란 그 구성원들이 공통된 목표의 수행을 위해 서로를 보완해 주는 기술과 역량을 가지고 서로 의존해 함께 일하며 결과에 대해 책임을 공유하는 집단이라고 할 수 있다. 팀은 집단이다. 그러나 일반 집단과는 다른 특별한 형태의 집단이다. 팀은 비교적 소수의 사람들(보통 6~12명)로 구성되고, 공동의 목표를 가지며, 다양한 능력과 기능을 가진 사람들로 구성함으로써 업무수행의 시너지 효과를 높이고 스스로 일을 계획・관리・통제하는 책임을 진다.

오늘날 민간기업은 물론 정부조직에 팀 구조의 편성과 운영이 광범위하게 도입되어 전통적인 계층제 조직구조와 관료제 구조에 유연성을 보완하고 있다. 급격하게 변화하고 있는 환경에 조직이 유연하게 적응하면서 높은 효율성을 확보하기 위한 시도라고 할 수 있다(윤재풍, 2014: 249).

### 2) 팀제의 장점과 문제점

#### (1) 장점

첫째, 팀제는 원칙적으로 수평적 구조로 이뤄지며, 자율적인 권한을 부여받아 의사결정을 하므로, 변화하는 환경에 유연하게 적응하고 문제 해결을 신속하게 할 수 있다. 둘째, 관료제가 지니는 할거주의를 극복하고 구성원을 더욱 적극적으로 동기부여할 수 있다. 셋째, 여러 사람의 다양한 지식과 아이디어를 모으기 쉽고 창의적으로 조직의 문제를 해결하는 데 도움이 된다. 넷째, 구성원의 공동 노력을 통해 더욱 긍정적인 시너지 효과를 발생시킬 수 있다. 구성원 개인들의 성과 총합보다 더 큰 성과를 얻을 수 있다. 다섯째, 조직구성원 간의 긴밀한 상호작용 과정 속에서 학습조직을 발전시킬 수 있다(윤재풍, 2014: 253).

#### (2) 문제점

팀조직이 언제나 정확한 해답은 아니다. 첫째, 개인 중심의 직무수행을 팀 중심으로 전환하더라도 개인의 직무수행 능력이나 행태가 쉽게 바뀌지 않는다. 둘째, 개인 중심의 직무수행보다 더 많은 시간・자원・의사소통과 조정이 필요하고 팀 구성원 간에 신뢰가 없는 경우에는 팀 안에 갈등과 불화가 그치지 않으며 팀의 효과성을 저해하기 쉽다. 셋째, 팀 구성원 간에 응집성이 강한 경우에는 집단사고에 의한 의사결정에 빠지기 쉽다. 넷째, 팀 안에서 열심히 일하는 사람이 있는 반면, 오히려 팀 안에서 무임승차하여 빈둥거리고 안일하게 지내는 사람들이 존재할 수 있다. 다섯째, 서열과 안전을 중요시 하는 관료제 문화와 그와는 다른 행태를 요구하는 팀제가 상호 용납되지 않을 수 있다.

[그림 7-4]는 관악구시설관리공단 조직편제로서 1본부 6팀제를 보여주고 있다. 기관의 상임이사는 본부장 역할을 수행하고, 기능별 조직을 조정·지원하는 기획감사팀, 경영지원팀을 두고 있으며, 시설관리조직(기능별 조직)으로는 문화체육팀, 생활체육팀, 주차사업팀, 환경시설팀을 운영하고 있다.

그림 7-4 관악구시설관리공단 조직도

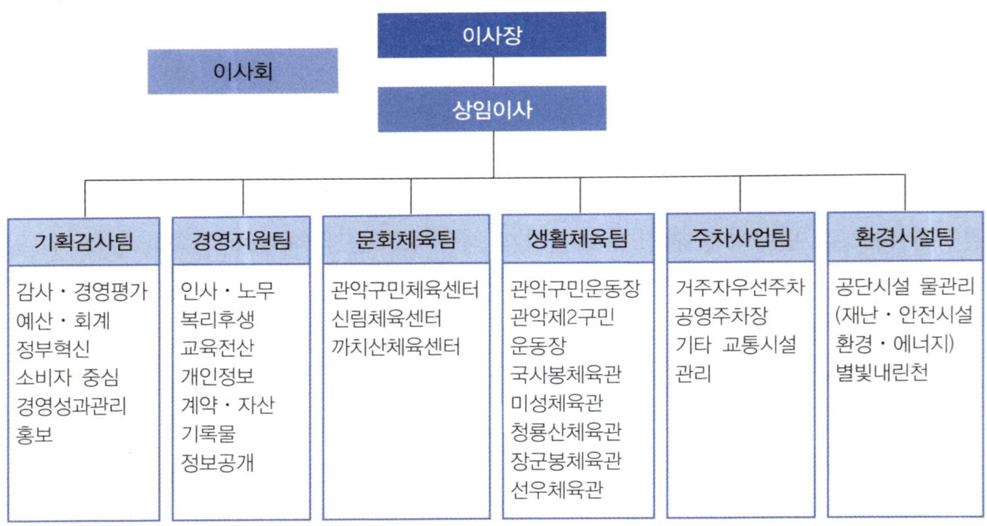


자료: 관악구시설관리공단 홈페이지.

# 제 5 절 지방공기업 경영형태별 최고관리조직[3)]

## 1. 지방직영기업의 관리자제도

지방직영기업은 자치단체마다 상이한 조직형태로 되어 있으나, 일반적으로 광역자치단체는 본부, 기초자치단체는 과 형태로 운영된다. 따라서 지방직영기업의 관리자는 1명으로 독임제 형태를 취하고 있으며, 정부에 의해 임명되는 임명제를 취하고 있다. 또한 의결 기능과 집행 기능이 상호 분리되어 있지 않고, 통합된 단일기관제 형태를 취하고 있다. 아울러 지방직영기업 형태에는 이사회가 존재하지 않으므로, 기능위원회형과 정책위원회형의 구분은 해당 사항이 존재하지 않는다(원구환, 2018: 258).

「지방공기업법」에서 지방직영기업의 최고관리조직을 관리자라는 명칭을 사용하고 있다. 지방직영기업의 관리자는 지방직영기업의 최고관리조직으로 지방공무원의 신분을 가지고 있으며, 지방직영기업의 경영을 통괄하고 있다. 이런 의미에서 지방직영기업의 관리자는 단독책임제의 형태를 띠고 있으며 집행기관과 의결기관이 분리되어 있지 않은 단일기관제이다. 지방직영기업의 관리자는 자치단체의 장에 의해 임명되는 특성을 지니고 있다.

### 1) 관리자의 성격

지방공기업은 지방자치단체의 행정의 일환으로 행해지는 것이나, 그것이 기업으로서 합리적 · 능률적인 경영을 확보하기 위해서는 경영의 책임자로서의 관리자의 자주성을 강화하고 책임 태세를 확립할 필요가 있다. 이 때문에 지방공기업의 경영조직을 일반행정조직으로부터 분리하고 있고, 지방공기업의 경영을 위해 독자의 권한을 갖는 관리자를 두어 일상 업무의 집행에 대해서는 모두 관리자에게 위임한다.

이렇게 볼 때 지방공기업에 대한 지방자치단체의 장 및 의회의 관여는 주민의 복리증진이라는 입장에서 행하는 총괄적 통제에 한정하고, 기업의 운영에 관하여는 전면적으로 기업경영자로서의 관리자에게 맡겨져 있다. 직영기업의 관리자는 지방자치

---

3) 지방공기업의 경영형태별 최고관리조직은 안용식 외(2001: 189-204)의 『지방공기업론』 내용을 정리한 것이다.

단체장의 보조직원으로서 독립된 권한을 행사하는 여지는 없다. 따라서 지방직영기업 경영의 최종적 책임자는 지방자치단체의 장이다.

### 2) 관리자의 구성

#### (1) 관리자의 설치

지방자치단체는 지방직영기업의 업무를 관리·집행하게 하기 위하여 사업마다 관리자를 둔다. 다만, 조례로 정하는 바에 따라 성질이 같거나 유사한 2 이상의 사업에 대하여는 관리자를 1명만 둘 수 있다(지방공기업법 제7조).

#### (2) 관리자의 선임 및 임기

관리자는 대통령령이 정하는 바에 의하여 당해 지방자치단체의 공무원 중 지방직영기업의 경영에 관하여 지식과 경험이 풍부한 자 중에서 지방자치단체의 장이 임명하며, 임기제로 할 수 있다(지방공기업법 제7조 제2항). 원칙적으로 관리자는 공무원이기 때문에 임기가 없이 지방자치단체의 인사가 있을 때 언제든지 교체될 수 있으나, 지방직영기업 경영은 일반행정과는 달리 관리자가 일정 기간 안정된 직무에 전념할 수 있도록 하기 위하여 임기제를 채택할 수 있도록 하였다.

지방직영기업의 관리자를 임기제로 하는 경우에는 그 임기를 2년으로 하되 경영성과에 따라 연임하게 할 수 있다. 다만, 경영성과가 우수한 경우로서 본인이 원하는 경우에는 임기 중에도 전보 또는 승진하게 할 수 있다. 또한 임기제로 할 수 있는 지방직영기업의 범위는 사업의 규모 등을 고려하여 당해 지방자치단체의 조례로 정하게 되어 있다(지방공기업법 시행령 제3조).

### 3) 관리자의 지위 및 권한

#### (1) 관리자와 자치단체장과의 관계

관리자의 조직상의 지위는 지방자치단체의 장의 보조직원이나 기업경영에서 독자의 권한을 갖고 있고, 장의 일반적인 지휘·감독을 받는다. 「지방공기업법」상 지방자치단체의 장이 관리자에 대하여 행하는 지휘·감독 사항은 다음과 같다. 첫째, 지방직영기업 경영의 기본계획에 관한 사항, 둘째, 지방직영기업의 업무 집행에 관한 사항 중 해당 지방자치단체의 주민 복리에 중대한 영향이 있다고 인정되는 사항, 셋째, 지방직영기업의 업무와 다른 업무와의 필요한 조정에 관한 사항 등이다(지방공기업법 제10조).

#### (2) 장의 권한으로 유보되어 있는 사항

관리자는 업무의 집행에 대해 지방자치단체의 장의 일반적인 지휘·감독은 받지만, 기업경영에 대해 상당히 광범위한 권한을 가진다. 그러나 「지방공기업법」 제8조 의하면 지방자치단체의 장의 권한으로 유보되어 있는 사항은 다음과 같다.

첫째, 예산안을 의회에 제출하는 사항이다. 둘째, 결산을 의회에 제출하여 최종적인 승인을 받는 사항이다. 셋째, 의회의 의결이 필요한 사항으로서 그 의안을 의회에 제출하는 사항이다. 넷째, 「지방자치법」 제156조 제2항에 따른 과태료를 부과하는 사항이다.

## 2. 간접경영방식의 최고관리조직

### 1) 지방공사 및 지방공단의 최고관리조직

지방공사 및 지방공단의 이사회라는 의결기구와 기관장이 별도로 존재하면서 의결 기능과 집행 기능이 분리되어 있는 이중기관제 형태를 취하고 있다. 즉, 이사회라는 합의제 기구가 존재하고 있어 외형적으로는 이중기관제 형태를 취하고 있다. 그러나 집행 기능을 책임지고 있는 기관장과 상임이사가 이사회의 일부로 참여하고 있기 때문에, 완전한 의미에서의 이중기관제 형태를 취하고 있지 않다. 또한 이사회의 구성원과 기관장 모두 정부가 임명하는 임명제를 취하고 있으며, 이사회의 구성원 일부는 상임이고, 일부는 비상임으로서 정책위원회 형태를 취하고 있다(안용식, 2001: 199).

[그림 7-5]는 인천도시공사 조직도를 보여준다. 지방공기업의 도시개발공사 유형인 인천도시공사는 이중기관제 형태로 사장, 이사회를 두고 있으며, 기능별 조직과 사업부제 형태로 경영본부, 자산관리본부, 주거사업본부, 재생사업본부, 도시재생지원센터, 스마트도시사업본부를 두고 있다. 또한 사장 직속으로 미래도시연구소, 안전관리실을 두고 있다.

그림 7-5 인천도시공사 조직도

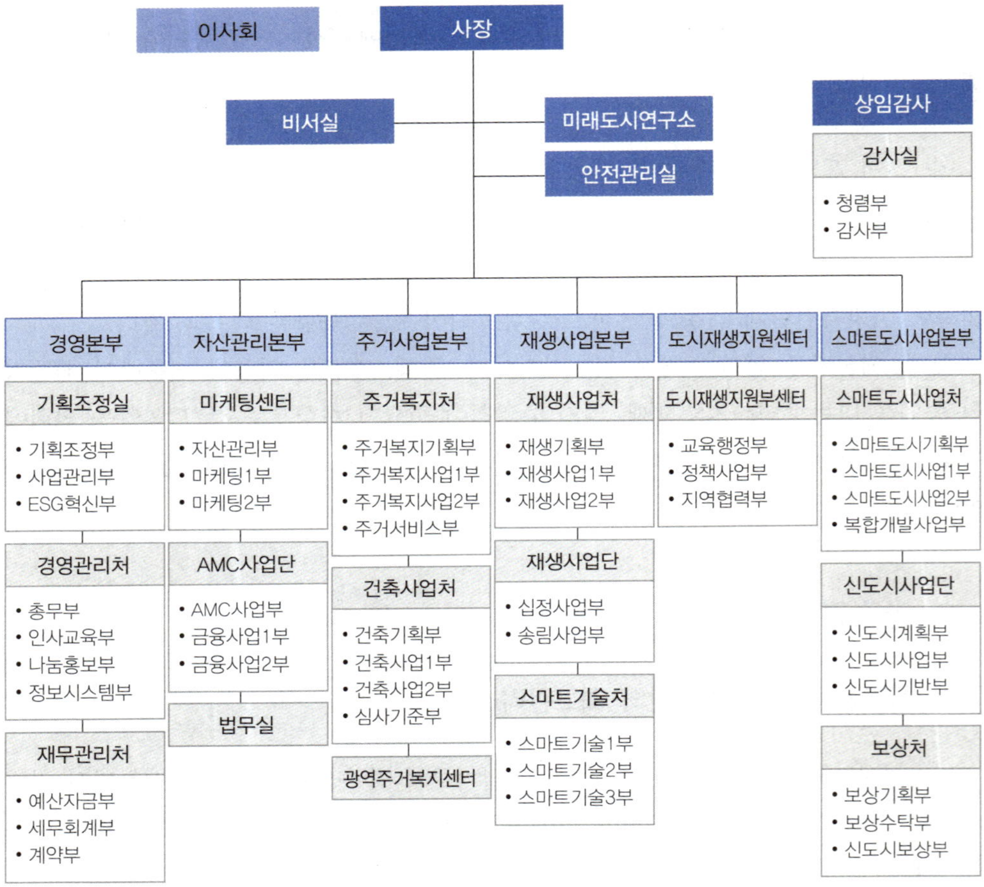


자료: 인천도시공사 홈페이지.

[그림 7-6]은 수원도시공사 조직도를 보여준다. 수원도시공사는 기타공사 유형(도시개발+시설관리)으로 최상위 실무조직으로 경영기획본부, 개발사업본부, 교통환경본부, 문화체육본부를 두고 있으며, 본부별로 하위 팀제 기능을 두고 있다. 또한 사장 직속으로 감사실과 홍보실을 운영하고 있다.

그림 7-6 수원도시공사 조직도

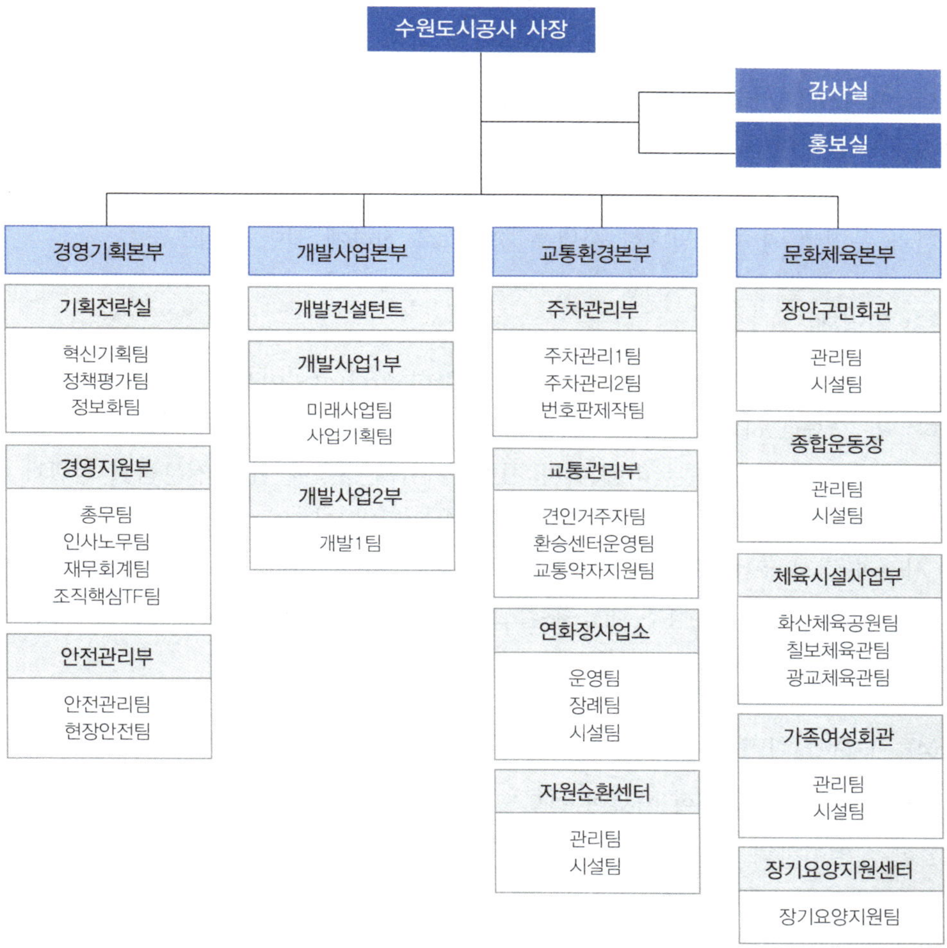


자료: 수원도시공사 홈페이지.

### (1) 독임제

지방공사와 지방공단의 경우 사장의 보좌기관으로 부사장 및 소수의 이사를 두는 독임제 형태를 채택하고 있다. 지방공사나 지방공단이 단독책임제를 채택할 수밖에 없는 것은 전국적 규모가 아닌 지역적인 소규모의 공기업이기 때문이다. 따라서 사장이 전적으로 지방공사와 지방공단의 경영에 대해 책임을 진다.

### (2) 단일기관제

지방공사와 지방공단의 경우는 사장을 포함한 이사로 구성되는 이사회가 존재한다. 이사회는 지방공사 및 지방공단의 업무에 관한 중요한 사항을 의결하는 의결기관이다. 따라서 이사회라는 조직체가 존재하기 때문에, 관리적 경영과 집행적 경영이 분리되어 있지 않음을 알 수 있다. 즉, 이사회 의장이 동시에 집행적 경영의 책임자로서 사장 또는 이사장을 겸하고 있다. 일반적으로 지방공사와 지방공사의 이사회의 권한과 운영에 관하여 필요한 사항은 정관으로 정하게 되어 있다.

### (3) 임명제

지방공사와 지방공단의 임원은 사장을 포함한 이사(상임이사와 비상임이사로 구분한다) 및 감사로 하며, 그 수는 정관으로 정한다. 지방공사 및 지방공단의 사장과 감사는 대통령령으로 정하는 바에 따라 지방공기업의 경영에 관한 전문적인 식견과 능력이 있는 사람 중에서 지방자치단체의 장이 임면[4]한다. 따라서 지방자치단체의 장은 사장과 감사(조례 또는 정관으로 정하는 바에 따라 당연히 감사로 선임되는 사람은 제외한다)를 임명할 경우 대통령령으로 정하는 임원추천위원회가 추천한 사람 중에서 임명하여야 한다.

### (4) 기능위원회형

지방공사와 지방공단의 이사의 경우는 상임이사와 비상임이사로 구성되며, 사장을 포함한 상임이사의 정수는 이사 정수의 100분의 50 미만으로 규정되어 있다(지방공기업법 시행령 제55조). 따라서 비록 비상임이사가 존재하기는 하지만, 비상임이사를 제외한 상임이사는 총무이사, 관리이사, 운영이사, 개발이사 등으로 부르면서 특정 부서의 업무를 관장하고 있으므로 기능위원회형을 채택하고 있다.

---

4) 「지방공기업법」 제58조 제4항에 따라 사장을 연임시키려는 경우에는 임원추천위원회의 심의를 거쳐야 한다. 또한 이사(조례 또는 정관으로 정하는 바에 따라 당연히 이사로 선임되는 사람은 제외한다)는 임원추천위원회가 추천한 사람 중에서 임명하되, 상임이사는 사장이 임면하고, 비상임이사는 지방자치단체의 장이 임면한다. 그러나 임원추천위원회는 임원후보자를 추천하려는 경우 대통령령으로 정하는 바에 따라 후보자를 공개 모집하여야 한다.

### 2) 민관공동출자기업의 최고관리조직

주식회사 형태의 지방공기업은 「상법」에 의해 운영되기 때문에 지방공사나 지방공단의 최고관리조직과는 상이하다. 즉, 주주총회라는 중요한 의결기관이 존재하고, 여기서 임명된 사장이 경영의 책임자로서의 역할을 수행한다. 따라서 관리적 경영 기능과 집행적 경영 기능이 분리되어 있는 이중기관제 형태를 취한다. 그러나 세부적인 경영조직은 정관의 작성에 따라 달라질 수 있으므로, 일률적으로 어떤 형태를 취한다고 논의하기는 어렵다.

### 3) 간접경영방식의 분권관리조직

분권관리조직은 일반적으로 대규모의 기업조직에서 찾아볼 수 있기 때문에, 간접경영방식의 경우 분권관리조직은 상대적으로 희박하다. 그러나 지방공사나 지방공단은 지방자치단체의 승인을 얻어 지사나 출장소를 설치할 수 있기 때문에, 간접경영방식의 경우도 분권관리 조직을 구성할 수 있다. 따라서 간접경영방식의 분권관리방식은 사업별 분권관리방식이 아니라 지역별 분권관리방식을 채택하고 있음을 알 수 있으며, 그 책임은 단독책임제에 의해 이루어지고 있다.

# 제 6 절 지방공기업의 조직관리

## 1. 지방공사 및 지방공단의 조직설계 원칙[5)]

지방공사 및 지방공단의 조직을 설치하기 위한 기본원칙은 다음과 같다. 첫째, 유사 성격 팀 간 업무조정 등 사장(이사장) 아래 최상위 실무조직이 필요한 경우 정원이 51명 이상인 경우에 한하여 '본부'[6)] 설치가 가능하다. 아울러 사업을 수행하는 경우에 한하여 설치한다. 둘째, 상임이사는 가급적 본부장에 보하여 최고실무자 역할을

5) 행정안전부(2021)의 『지방공기업 설립기준』 내용을 정리한 것이다.
6) '본부'는, '처 · 실 · 부' 등 명칭에 관계없이 유사 성격의 수개의 부서(팀 또는 과) 간 업무조정, 총괄 기능 등을 수행하는 최상위 실무조직을 의미한다.

부여하고, 본부장은 사장과 경영성과계약을 체결하고, 경영성과 평가 결과에 따라 보수책정 및 인사에 반영한다. 셋째, 특정 업무(홍보, 기획, 감사 등)는 본부에 속하지 않고 사장 직속으로 설치가 가능하고, 상임감사를 두는 경우에는 상임감사 산하에 감사부서를 설치한다. 넷째, 업무의 규모 및 소속 인력 등을 고려하여 본부 또는 팀급의 사업소 설치가 가능하며, 내부 조직 및 운영 방법은 본부 또는 팀 운영방식으로 활용한다.

## 2. 최고관리조직의 설계기준

최고관리조직의 설계와 관련된 기준은 다음과 같다. 첫째, 사장을 포함한 상임이사의 정수는 이사 정수의 50/100 미만으로 책정하되, 사장, 감사 및 이사(당연직이사 제외)는 임원 공모 절차에 따라 임명한다.

둘째, 상임이사(사장 및 이사장 제외)의 정수는 [표 7-2]와 같으며, 상임이사 정수는 정관상 인원으로 하되, 현원이 정원에 미달 시 현원을 기준으로 적용한다. 또한 예산으로 운영되는 비전임 계약직 · 일용(상용)인부 등은 정원에 미포함하며, 기간제 근로자를 무기계약근로자로 전환하여 정원이 증가한 경우 사업내용이 종전과 변동이 없는 경우에는 종전의 상임이사 기준으로 적용한다. 다만, 상임고문은 정관상 직제로 운영할 수 없다.

셋째, 비상임이사는 이사 정수의 50% 이상을 비상임이사로 임명해야 하며, 비상임이사 중 당연직이사는 비상임이사의 1/3 이하로 운영(공무원 등 당연직이사는 2명 이내로 제한)해야 한다.

넷째, 상임감사는 정원이 500명 이상이거나, 최근 3년 간 예산 및 연평균 매출액이 1,000억 원 이상인 경우에 한해 설치할 수 있으며, 지방자치단체장이 임면한다.

다섯째, 비상임감사는 외부전문가로 임명하거나 지방자치단체 공무원(감사부서의

**표 7-2 상임이사 설치기준**

| 구분 | 상임이사 기준 | | | | |
|---|---|---|---|---|---|
| 정원 기준 | 50명 이하 | 51~150명 | 151~300명 | 301~2,000명 | 2,001명 이상 |
| 소요인력 | – | 1명 | 2명 | 3명 | 4명 |

자료: 행정안전부(2021). 『지방공기업 설립기준』.

장은 제외)이 겸임할 수 있다. 지방공사 및 지방공단 내 비상임감사의 수는 1인으로 제한한다.

여섯째, 이사회 구성 및 운영과 관련하여 이사회는 사장과 이사(상임, 비상임)로 구성되며, 이사회 의장은 당연직 비상임이사를 제외한 비상임이사 중에서 선임하되 전체 이사회 의결을 통해 선임하며, 의장의 신분과 관련된 사항은 감사가 소집하고 그 의장이 된다.

특히, 이사회는 분기 1회 이상 개최를 원칙으로 하고, 서면회의는 최소화해야 한다. 또한 비상임이사에 대한 정기적인 업무보고, 이사회 안건의 사전설명, 각종 요구자료의 충실 제공 등 업무수행을 지원해야 하며, 비상임이사에 대해서는 보수를 지급하지 않으나, 회의참석 수당 이외 이사 활동에 필요한 실비, 수당 등에 대해서는 자체 경비지급 기준에 따라 월정액으로 지급 가능하다. 다만, 자기 소관 사무(소속 기관 사무 포함)와 관련하여 당연직 비상임이사로 임명된 공무원은 회의 참석 수당이나 월정액 지급대상에서 제외한다. 아울러 이사회 의사록은 지방공기업 통합경영공시 업무 매뉴얼에 따라 공시하고 홈페이지에도 공개하여야 한다.

## 3. 부서 단위 인력산정의 기준

부서 단위의 인력산정과 관련된 기준은 다음과 같다. 첫째, 부서 단위 인력산정은 기본인력(법정인력 포함)+사업(추가)인력으로 구성한다. 기본인력은 부서 운영을 위한 최소 인력(4명 기준)을 의미하며, 법정인력은 전기, 기계, 고압가스 등 필수자격증 소지자를 의미한다. 또한 사업인력은 사업량에 따라 사업수행을 위한 필요 최소인력을 의미한다. 둘째, 기관별 건전경영 실현을 위한 최소인력 유지를 위해 지원부서 인력 비율은 정원 30% 이내, 관리직(팀장 또는 과장급 이상 임직원) 비율은 정원의 20% 이내에서 관리한다. 셋째, 시설관리공단의 경우 관리 · 사무직과 현업직(기술직, 기능직, 상용인부 등)의 비율을 2 : 8 수준으로 관리한다. 넷째, 설립타당성 검토에서 제시된 인력보다 증원되는 사례가 없도록 인력관리를 도모해야 한다.

2020년 현재 지방공기업 유형별 인력 현황은 총 93,603명이며, 이 중 지방직영기업은 16,547명이고, 지방공사는 47,814명이며, 지방공단은 29,242명이다. [표 7-3]은 지방공기업 유형별 인력 현황을 보여준다.

**표 7-3 지방공기업 유형별 인력 현황**

(단위: 명)

| 구분 | | 2016 | 2017 | 2018 | 2019 | 2020 |
|---|---|---|---|---|---|---|
| 합계 | | 81,608 | 85,934 | 88,364 | 90,776 | 93,603 |
| 지방직영기업 | | 15,431 | 15,376 | 15,752 | 16,116 | 16,547 |
| | 상수도 | 11,585 | 11,637 | 11,415 | 11,836 | 12,164 |
| | 하수도 | 3,203 | 3,179 | 3,485 | 3,404 | 3,489 |
| | 공영개발 | 575 | 560 | 544 | 588 | 621 |
| | 지역개발기금* | 68 | – | – | – | – |
| | 자동차운송 | – | – | 308 | 288 | 273 |
| 지방공사 | | 40,908 | 43,832 | 44,210 | 45,456 | 47,814 |
| | 도시철도공사 | 26,662 | 28,671 | 28,353 | 27,472 | 28,175 |
| | 도시개발공사 | 5,109 | 5,449 | 5,430 | 5,756 | 6,014 |
| | 기타공사 | 9,137 | 9,712 | 10,427 | 12,228 | 13,625 |
| 지방공단 | | 25,269 | 26,726 | 28,402 | 29,204 | 29,242 |

※ 임원 제외.

* 지역개발기금은 2017.1.1부터 「지방공기업법」, 그리고 「지방자치단체 기금관리기본법」에 따라 공기업 특별회계에서 제외됨(지방자치단체로 이관).

자료: 행정안전부(2021). 지방공공기관경영정보시스템.

## 4. 지방공기업 조직 및 인사관리 사례

지방공기업은 지방자치단체가 설립한 공기업으로 자치단체 내의 공공시설물을 안전하게 유지관리하고 지역개발을 담당하는 역할을 수행하고 있다. 이러한 역할을 수행하기 위해 지방공기업의 조직 및 인사관리 행태도 변화하고 있는 추세이다. 2014년 세월호 침몰 사고 및 2022년 이태원 압사사고 등으로 국민의 소중한 생명과 재산 피해가 발생하였다. 또한 지방자치단체의 공공시설물인 국민체육센터 수영장 익사사고, 스포츠센터 폭발사고, 시설물 화재사고, 작업 중 추락사고 등 각종 안전사고가 지속 발생하고 있어, 중앙정부와 지방자치단체는 안전관리를 위한 전담 인력 확보와 시설 확충을 강화하고 있다. 특히, 2022년 1월 27일 산업재해 '예방'을 위한 「중대재해 처벌 등에 관한 법률」이 시행된다. 이에 따라 지방공기업은 사업 규모와 특성에 적합한 안전전담 조직을 사장 직속으로 구성하거나, 감사 기능이 혼재된 안전감사팀을 편재하여 운영하는 조직형태를 취하고 있다. 안전 전담인력 확보는 또한 관련 법률에 의거하여 '안전관리자'와 '보건관리자'를 채용하여 안전관리를 강화하고 있다(산업안전보건법 제17조 및 제18조, 산업안전보건법 시행령 제16조 및 제20조).

1999년 1월 29일에 제정된 「공공기관의 기록물관리에 관한 법률」에 따라 공공기관은 투명하고 책임 있는 행정 구현과 공공기록물의 안전한 보존 및 효율적 활용을 위하여 공공기록물관리 전문인력[7]을 채용하여 기관의 기록물관리를 강화하고 있다(기록물관리에 관한 법률 시행령 제78조).

2015년 12월 15일 제정된 「지방공기업법」 제80조에 따라 지방공단은 사업의 효율적 운영을 위하여 필요한 경우에는 청산 절차를 거치지 아니하고 지방공사로 조직을 변경할 수 있다. 이에 따라 조직변경된 지방공사를 포함한 기타공사 유형은 총 25개이며 시설관리사업 및 도시개발사업을 복합적으로 조직을 운영하고 있다. 특히, 기타공사는 지역개발수요 증가에 따른 도시개발부서의 직제 편성과 개발인력(도시계획, 건축, 토목, 토지보상 등)을 지속적으로 확충하고 있는 실정이다. 아울러 지방공기업의 사회적 가치 실현 및 ESG 경영 확산을 위해 소셜네트워크(SNS) 등을 활용한 홍보인력 수요도 증가하고 있다.

7) '기록물관리 전문인력'이란 기록관리학 전공으로 석사학위 이상을 취득한 사람이거나, 또한 기록관리학 학사학위를 취득한 사람과 역사학 또는 문헌정보학 학사학위 이상을 취득한 사람으로서 행정안전부령으로 정하는 기록관리학 교육과정을 이수하고, 행정안전부 장관이 시행하는 기록물관리 전문요원 시험에 합격한 사람을 의미한다.

C·H·A·P·T·E·R 8

# 지방공기업의 인사관리

지방공기업의 인사에 관련된 사항은 행정학에서 인사행정이라는 과목으로, 민간기업에서 종사하는 사람들의 인사에 관련되는 사항은 경영학에서 인사관리라는 과목으로 연구되고 있으나 양자는 별다른 차이가 없다. 이 장에서는 지방공기업의 인사 기본원칙, 임원 및 직원의 인사관리에 대해 살펴본다. 또한 지방공기업 인사관리에 대한서 채용, 교육훈련, 보직관리, 보수, 비정규직 관리 등을 중점적으로 학습하도록 한다. 추가적으로 직영기업과 지방공사 · 공단 간의 인사관리 및 인사기준에 대해서도 서술한다.

## 제 1 절 지방공기업 인사원칙

### 1. 지방공기업 인사관리의 기본원칙

#### 1) 인사관리의 기본원칙[1)]

첫째, 지방공사 · 공단의 임원 및 직원(이하 "임직원"이라 함)의 임용은 법령 · 정관 · 자체 규정에서 정하는 바에 따라 객관적인 절차와 기준에 따라 공정하고 투명하게 운영함을 원칙으로 한다. 둘째, 지방공사 · 공단 임직원의 신규채용, 승진, 전보 등은 시험성적 · 근무성적 · 그 밖의 실증에 따라 행하여야 한다. 다만, 장애인 · 저소득층 등에 대한 채용 · 승진 · 전보 등 인사관리상의 우대와 실질적인 양성 평등을 구현하기 위한 적극적인 정책을 실시할 수 있다. 셋째, 임직원의 업무성과를 객관적으로 측정할 수 있는 성과관리체계를 구축 · 운영하여 책임경영체제가 정착되도록 하여야 한다. 넷째, 임직원의 직무수행 능력 향상과 자기개발 기회가 확대되도록 다양한 교육프로그램 운영과 교육훈련 예산을 확보하여야 한다. 다섯째, 사업별 특성에 맞는 여성채용목표 설정 · 운영 및 채용 · 승진 등 양성평등 실현을 위한 방안을 강구하고, 장애인 등 사회적 약자 채용 확대를 위하여 사업별 특성에 맞는 직종 · 직무의 발굴, 직장 근무환경 개선 및 차별대우 방지방안을 강구해야 한다. 또한 지방대학 출신자의

1) 인사관리의 기본원칙은 행정안전부(2021)의 『지방공기업 인사 · 조직 운영기준』 내용을 정리한 것이다.

채용을 확대하는 방안 강구 및 지방대 총장 등에 의한 추천채용제도, 고졸자 등 기능 인재추천채용제 활성화를 위한 조치 등이 포함되어야 한다.

### 2) 중장기인력운영계획의 수립

지방공사・공단의 장은 경영목표의 규정에 따른 중장기경영목표, 업무 소요의 변화, 대국민 서비스 증진 등을 고려하여 매년 당해 연도를 포함한 3년 단위의 중기 인력운영계획을 수립하여야 한다. 중기 인력운영계획에는 인력운영의 기본방향과 목표, 인력증가율 전망 및 그 근거, 직급별 인력 현황과 관리계획, 경영진단 등 기능의 적정성 점검 결과 반영계획 등이 포함되어야 한다(원구환, 2018: 246).

### 3) 공기업의 보수

직접경영형태(지방직영기업)는 공무원 신분이므로 보수의 결정도 중앙정부에 의해 결정된다. 반면에, 간접경영형태는 정부로부터 독립된 법인체이므로 보수에 관한 결정은 이사회에서 이루어진다. 그러나 간접경영형태의 보수 결정은 행정안전부의 보수 관련 예산지침에 따라 결정되므로, 이사회가 완전히 독립적으로 결정한다고 보기는 어렵다.

일반적으로 지방공기업의 기관장 보수는 계약의 내용과 이행 수준, 상임이사의 경우는 성과계약 이행실적평가 결과, 상임감사의 경우는 직무수행실적 평가 결과 등을 고려한다. 직원의 보수는 팀장 이상의 경우는 근무평정과 성과관리 결과 등을 고려하여 연봉을 책정하고, 팀장 이하의 경우는 연공서열에 의한 호봉제를 일반적으로 활용한다(원구환, 2018: 235-237).

### 4) 공기업의 균형 인사

균형 인사 활성화와 관련된 인사사항은 다양한 법률에 의해서도 규정되고 있는데, 이를 요약하면 다음과 같다. 우선, 「청년고용촉진 특별법」에 의하면 정원의 3%를 청년으로 고용토록 규정하고 있으며, 「장애인고용촉진 및 직업재활법」에 의하면 상시 근로자의 3.2%(2019년 이후 3.4%)를 의무고용토록 하고 있다. [표 8-1]은 각종 법령

**표 8-1 각종 법령에서 규정하고 있는 인사채용 규정**

| 유형 | 법률명 | 의무고용 비율 |
|---|---|---|
| 청년고용<br>(15~34세) | 「청년고용촉진 특별법」 제5조 | 정원의 3% |
| 장애인 | 「장애인고용촉진 및 직업재활법」 제28조의2<br>– 2021년: 3.4%<br>– 2022~2023년 :3.6%<br>– 2024년 이후: 3.8% | 상시 근로자의<br>3.4% |
| 취업보호<br>대상자 | 「국가유공자 등 예우 및 지원에 관한 법률」 제33조의2 | 3~8%<br>(9% 확대 가능) |
| 기능인재 | 공기업 기능인재추천채용제 운영 규정 | 평가 반영 |
| 여성 | 「남녀고용평등과 일·가정 양립 지원에 관한 법률」 제17조의3<br>〈여성 근로자의 고용 기준에 미달하는 사업〉<br>– 여성 근로자의 고용 비율이 해당 사업이 속한 산업별 전직종 여성 근로자의 고용 비율 평균 70%에 미달하는 사업. 다만, 여성 근로자의 고용 비율이 50% 이상인 사업은 제외<br>– 여성 관리자의 고용 비율이 해당 사업이 속한 산업별 여성 관리자의 고용 비율 평균의 70%에 미달하는 사업 | 공공기관의<br>적극적<br>고용개선 조치 |
| 다문화 | 「다문화가족지원법」, 「재한외국인 처우 기본법」 | 의무 비율 없음 |
| 탈북자 | 「북한이탈주민의 보호 및 정착 지원에 관한 법률(약칭: 북한이탈주민법)」 제18조의2, 「지방공기업법 시행령」 제37조의2 | 평가반영<br>(임의규정) |
| 고령자 | 「저출산·고령사회기본법」 제11조 | 의무 비율 없음 |

자료: 행정안전부(2021).

에서 규정하고 있는 인사채용 규정을 보여준다.

이러한 규정은 공기업의 인사에도 적용되는 것으로 사회적 약자에 대한 배려를 통해 공기업의 사회적 책임경영을 도모하기 위함이다. 특히, 2018년부터 공기업의 경영평가 지표로 일자리 창출과 관련된 실적이 포함되고 있으며, 정부권장정책으로 의무고용에 대한 고려를 강화하고 있다(원구환, 2018: 238).

## 2. 임원의 인사[2)]

### 1) 임명근거

지방공사・공단의 임원은 「지방공기업법」 제58조, 제58조의2 및 제76조, 「지방공기업법 시행령」 제56조 내지 제56조의4의 규정에 따라 임명한다. 지방공사・공단의 임원은 사장(이사장)을 포함한 이사, 감사로 하며, 그 수는 정관으로 정한다(지방공기업법 제58조 제1항).

### 2) 임원의 임명방식

#### (1) 사장(이사장)의 임명방식

사장 및 이사장은 조례로 구성되는 임원추천위원회에서 추천한 인사 중에서 당해 지방자치단체의 장이 임면한다. 임명된 사장 및 이사장은 임기 중에 해임되지 않는 것이 원칙이나, 사장의 임기 중 경영성과계약 이행실적 평가(지방공기업법 제58조의2), 경영평가(지방공기업법 제78조 제1항) 및 업무성과 평가(지방공기업법 제78조 제4항)에서 하위 평가를 받은 경우는 해임된다(지방공기업법 시행령 제56조의2).

#### (2) 감사의 임명방식

감사는 지방공기업의 경영에 관한 전문적인 식견과 능력이 있는 사람 중에서 지방자치단체의 장이 임면(任免)한다. 감사의 수는 정관으로 정한다. 감사는 상임감사와 비상임감사를 둘 수 있는데, 비상임감사의 경우는 지방자치단체의 감사 담당 부서의 공무원으로 하여금 겸임하게 할 수 있다. 또한 상임감사의 경우는 「상법」 제414조의 규정을 준용하며, 사장(이사장)의 경우와 같이 임기 중에 해임되지 않지만 결격사유, 해임사유, 업무수행이 불가능한 경우는 해임된다.

#### (3) 이사의 임명방식

상임이사는 사장이 임명하고 비상임이사는 지방자치단체의 장이 임명한다. 이사의 수는 정관이 정하는 바에 의하여 상임이사와 비상임이사로 구분한다. 사장을 포함한

2) 임원의 인사는 안용식 외(2001: 205-207)의 『지방공기업론』 내용을 정리한 것이다.

상임이사의 정수는 이사 정수의 100분의 50 미만으로 한다(지방공기업법 시행령 제55조). 지방공사·공단의 상임이사 임기는 3년으로 하고 있다. [표 8-2]는 지방공기업의 경영형태별 임직원의 임명방식을 보여준다.

**표 8-2 지방공기업의 경영형태별 임직원의 임명방식**

| 경영형태 | 임직원 | 임명방식 | 근거 법령 |
|---|---|---|---|
| 지방직영기업 | 관리자 | 소속 공무원 중에서 자치단체장이 임명 | 「지방공기업법」 제7조 |
| | 직원 | 상동 | |
| 지방공사<br>지방공단 | (이)사장 | 임원추천위원회의 추천, 자치단체장이 임명 | 「지방공기업법」 제58조 |
| | 감사 | 자치단체장이 임명 | |
| | 상임이사 | 임원추천위원회의 추천, (이)사장이 임명 | |
| | 비상임이사 | 자치단체장이 임명 | |
| | 직원 | 정관에 따라 (이)사장이 임명 | 「지방공기업법」 제63조 |

자료: 안용식 외(2001: 204) 및 저자 재구성.

### 3) 직무수행요건 및 자격요건 설정

지방공기업의 임원을 임명하는 조건은 직무수행요건과 자격요건으로 구분될 수 있다. 지방공사·공단의 장의 직무수행요건은 개혁성, 리더십, 기업가적 능력, 전문성, 종합적 판단 및 정책결정 능력, 비전 제시 능력, 의사전달 및 협상 능력, 청렴도, 도덕성, 준법성 등 「지방공기업법」 제59조 제3항 규정에 따라 해당 기관의 특성을 감안하여 직위별 직무수행요건은 정관 또는 자체 규정으로 설정하여야 한다.

임원의 직위별 자격요건은 전문가적 능력, 전략적 리더십, 문제 해결 능력, 조직관리 능력, 의사소통 능력, 협상 능력, 위기관리 능력 등 임원으로서의 일반적인 기본역량을 고려하여 자체 인사규정 등에 정하여야 한다. 다만, 기관의 특성에 따라 필요한 경우 예외적으로 경력 등 구체적인 자격요건을 규정할 수 있다. 이 경우 실질적인 능력과 자질에 따른 적임자 선발이 이루어질 수 있도록 학력에 제한을 두어서는 아니된다. 이와 관련하여 『지방공기업 인사·조직 운영기준』에 상세한 내용이 포함되어 있다(행정안전부, 2021).

#### (1) 지방직영기업 관리자의 결격사유

우리나라는 지방직영기업의 관리자 능력 조건을 법에 명시하고 있다. 우선, 지방직영기업의 경우는 공무원의 신분이므로 당연히 지방직영기업의 관리자가 되기 위해서는 공무원 임용에 결격사유가 없어야 한다. 즉, 「지방공무원법」 제31조에는 "1. 피성년후견인, 2. 파산선고를 받고 복권되지 아니한 사람, 3. 금고 이상의 형을 선고받고 그 집행이 끝나거나 집행을 받지 아니하기로 확정된 후 5년이 지나지 아니한 사람, 4. 금고 이상의 형을 선고받고 그 집행유예 기간이 끝난 날부터 2년이 지나지 아니한 사람, 5. 금고 이상의 형의 선고유예를 선고받고 그 선고유예기간 중에 있는 사람, 6. 법원의 판결 또는 다른 법률에 따라 자격이 상실되거나 정지된 사람 등"을 규정하고 있다.

#### (2) 지방공사 · 지방공단 임원의 결격사유

지방공사 · 지방공단의 경우도 능력 조건을 「지방공기업법」에 명시하고 있다. 우선, 지방공기업의 경우는 「지방공기업법」의 결격사유가 없어야 한다. 1. 미성년자, 2. 「지방공무원법」 제31조 각 호의 어느 하나에 해당하는 사람, 3. 「지방공기업법」 제58조 제4항 또는 제5항에 따라 해임된 후 3년이 지나지 아니한 사람, 4. 이 법을 위반하여 벌금형을 선고받고 2년이 지나지 아니한 사람은 임원이 될 수 없다.

또한 「지방자치법」 제43조 제5항은 지방의회의 의원이 지방공사와 지방공단의 임직원을 겸할 수 없도록 규정하고 있어 지방의회의 정치적 관여를 배제하고 있다. 그러나 우리나라의 경우 정당의 간부가 지방공사나 지방공단의 임원이 될 수 없다는 규정이 없으므로, 정치적인 임명이 이루어질 수 있는 여지가 많다는 점이다.

### 4) 임원추천위원회 설치 · 구성[3)]

#### (1) 임원추천위원회 설치

임원추천위원회(이하 "추천위원회"라 함)는 공사 · 공단에 설치하고 이사회에서 구성한다. 다만, 지방공기업 설립 단계에서는 설립 지방자치단체에 설치한다. 임원추천위원회의 구성과 운영에 관하여는 「지방공기업법 시행령」이 정하는 바에 따라 지방공사 · 공단의 정관으로 정한다(지방공기업법 시행령 제56조의3).

3) 임원추천위원회 설치 · 구성은 행정안전부(2021)의 『지방공기업 설립기준』 내용을 정리한 것이다.

### (2) 구성시기 및 인원

추천위원회는 7인으로 구성하되, 그 지방자치단체의 장이 추천하는 자 2인, 그 지방의회가 추천하는 자 3인, 그 지방공사(공단)의 이사회가 추천하는 자 2인으로 구성한다(지방공기업법 시행령 제56조의3 제1항). 다만, 지방공사·공단을 최초로 설립하는 때에는 지방자치단체의 장이 추천하는 자 4인과 지방자치단체 의회에서 추천하는 자 3인으로 구성한다. 그리고 추천위원회는 해당 지방자치단체에 둔다.

### (3) 추천위원회의 위원장 및 존속기한

추천위원회의 위원장은 위원 중에서 호선으로 결정하며, 위원장은 추천위원회를 대표하고 회의를 주재한다(지방공기업법 시행령 제56조의3 제6항). 추천위원회는 추천한 자가 임원에 임명되는 때까지 존속한다(지방공기업법 시행령 제56조의3 제8항).

### (4) 추천위원회 위원의 임무

관계 법령 및 지방공사·공단의 규정에서 정한 심사기준에 따라 임원후보자를 심사하고, 사장(이사장), 비상임이사, 감사 후보를 지방자치단체장에게 추천하며, 상임이사 후보를 사장(이사장)에게 추천한다. 임원추천위원회 회의는 위원장이 소집하며, 재적위원 과반수의 출석과 출석위원 과반수의 찬성으로 의결한다(지방공기업법 시행령 제56조의3 제5항). 추천위원회는 회의록을 작성·비치하여야 한다.

### (5) 모집 및 공고 기간

모집 및 공고 기간은 15일 이상을 원칙으로 하되, 신속한 채용을 위하여 부득이한 경우에는 지방자치단체의 장의 승인을 받아 모집 기간을 단축할 수 있으며, 이 경우 7일 이상 모집 및 공고하여야 한다(지방공기업법 시행령 제56조의4 제1항).

추천위원회가 임원후보를 공개 모집하는 경우, 공고매체는 그 지방자치단체와 지방공사·공단의 인터넷 홈페이지, 지방공기업경영정보포털 사이트 및 1개 이상의 전국을 보급지역으로 하는 일간신문 또는 해당 지방자치단체의 지역을 주된 보급지역으로 하는 일간신문에 모집공고를 하여야 한다(지방공기업법 시행령 제56조의4 제1항).

심사 절차 및 방법은 추천위원회는 지방공사·공단이 정한 임원의 직무수행요건에 따라 응모자를 대상으로 1차 서류심사를 실시하여 면접시험 대상자를 결정하며, 추천위원회는 서류심사 합격자를 대상으로 지원서, 직무수행 계획서, 자기소개서 등을 참고하여 2차 면접심사를 실시한다. 다만, 추천위원회가 면접을 실시하지 않기로 결정한 경우에는 면접을 실시하지 않을 수 있다.

### 5) 임원후보의 추천

추천위원회가 임원후보를 추천하고자 하는 때에는 지방공사・공단이 정한 임원의 직무수행요건에 따라 후보자를 추천하되, 특별한 사유가 없는 한 예정결원직위에 대하여 2배수 이상을 추천하여야 하며, 특별한 사유가 있는 경우에는 그 사유를 명시하여 2배수 미만으로 후보자를 선정・추천할 수 있다(지방공기업법 시행령 제56조의4 제3항). 지방공사・공단의 임원을 연임시키려는 경우에는 추천위원회의 심의를 거쳐야 한다. 다만, 비상임이사 및 비상임감사를 연임시키려는 경우에는 추천위원회의 심의를 생략할 수 있다.

### 6) 임원의 임명

임용권자인 지방자치단체의 장 또는 지방공사・공단의 장은 임원으로 추천된 후보가 「지방공기업법」 제60조의 규정에 의한 임원의 결격사유에 해당하거나 지방공사・공단의 경영에 현저하게 부적당하다고 인정되는 때에는 추천위원회에 임원후보의 재추천을 요구할 수 있다. 이 경우 추천위원회는 지체 없이 임원후보를 재추천하여야 한다. 임용권자인 지방자치단체의 장 및 지방공사・공단의 장은 추천위원회의 심의결과에 이의가 없는 경우에는 지체 없이 추천자 중에서 임명하여야 한다.

## 3. 정실인사의 관행

지방공기업은 국가공기업과 마찬가지로 공직자들이 퇴직 후 산하기관으로 옮기는 이른바 관피아(관료와 마피아의 합성어) 관행이 그치지 않고 있다. 지방공기업 사장(이사장)이나 임원의 출신배경을 보면 해당 분야의 전문가, 경영인, 관련 공기업 경력 출신보다는 정치권 인사 등이 많다. 지방공기업의 기관장 및 임원 임명과 관련하여 언론에서는 정실인사의 표본, 정치적 논공행상, 보은 인사라고 하면서 문제를 제기해 왔다. 퇴직자의 재취업은 전문성과 경력을 활용한다는 점에서 긍정적 측면이 있기는 하지만, 낙하산인사라는 비판에서 벗어날 수 없다. 공직 퇴직자들이 지방공기업이나 출자·출자기관에 재취업하는 경우가 매년 늘어나고 있다.

지방공기업 기관장 선임 과정에 있어서도 기관장을 사실상 낙점하면서도 공모 절차를 거쳐 허울좋게 포장하는 경우가 많다. 낙점한 인사를 임명하기 위해 때로는 들러리 후보를 내세워 억지로 경쟁 구도를 갖추기도 한다. 전관예우 인사로 인해 공공기관의 독립성과 책임성이 떨어지고 부처의 하도급 기관처럼 되고 있다. 따라서 지방공기업의 내부 지배구조 측면에서 이사회 구성 및 비상임이사, 상임감사 등에 대한 제도적 개선방안을 모색할 필요가 있다(박영희 외, 2018: 109).

## 4. 지방공사·공단 직원의 인사관리[4)]

### 1) 인사위원회의 설치·운영

지방공사·공단의 장은 인사관리 합리화를 위해 인사위원회를 두되, 인사위원회는 위원장을 포함한 9명 이내로 구성한다. 위원장은 상임이사로 하고, 부위원장 1명을 두어야 한다. 위원은 사장이 임명하는 소속 임직원과 위촉하는 외부 인사로 구성하되 외부 인사를 과반수 이상으로 구성하여야 하며, 외부 인사는 전문적인 학식과 경험을 갖춘 변호사, 노무사, 대학교수, 시 관련 부서 공무원 등으로 구성한다. 부위원장은 당해 인사위원회에서 호선하고 위원장을 보좌하며, 위원장 유고 시 그 직무를 대행한다.

인사위원회 임무는 인사제도와 인사에 관한 중요 기본방침, 직원의 채용 및 승진에 관한 사항, 직원의 포상 및 징계에 관한 사항, 사장의 재심의 요구에 관한 사항, 기타 관계 법령 및 조례와 정관이 정한 사항과 사장이 필요하다고 인정하는 사항이다. 인사위원회는 위원장이 소집하고, 인사위원회는 재적위원 과반수 출석과 출석위원 과반수의 찬성으로 의결하고, 위원장은 표결권을 가지며, 가부동수인 경우에는 결정권을 가진다. 인사위원회는 직원에게 불이익을 주지 아니하는 경미한 사항 또는 인

4) 지방공기업 직원 인사관리는 행정안전부(2021)의 『지방공기업 인사·조직 운영기준』 내용을 정리한 것이다.

사위원회를 소집할 수 없는 긴급을 요하는 사항 중 어느 하나에 해당하는 경우에는 서면심의로 갈음할 수 있다. 인사위원회 회의는 비공개로 한다.

### 2) 보직관리

직원의 보직관리의 기본원칙은 다음과 같다. 첫째, 지방공사·공단의 장은 보직을 부여함에 있어 해당 직원의 전공분야·훈련·근무경력·전문성·적성 등을 고려하여 적격한 직위에 임용하여야 한다. 다만, 지방공사·공단의 장은 채용비위로 인하여 징계를 받은 직원에 대해서는 정직 이상 3년, 정직 미만 2년 동안 감사 및 인사업무를 담당하게 할 수 없다. 둘째, 지방공사·공단의 장은 소속 직원의 보직을 체계적으로 관리하고 전문성을 향상시키기 위해 경력개발제도를 도입하여 운영할 수 있다. 셋째, 지방공사·공단의 장은 직원 선호도가 높거나 영향력이 큰 직위 등을 사전에 지정하고, 당해 직위에 대한 사내공모·개방형 임용 등을 실시하여 능력 중심의 인사운영이 되도록 노력하여야 한다.

### 3) 직종관리

직원의 직종은 일반직, 임기제(직), 업무직, 무기계약직, 기간제로 구분한다. “일반직” 직원은 해당 기관의 사업을 운영하기 위하여 직군(행정직, 기술직 등)과 직급(1급~9급)을 부여받아 정년까지 기관의 사무를 수행하는 자를 말한다. “임기제(직)” 직원은 상근하는 전임 직원으로서 기관사업의 운영과정에서 전문성이 요구되거나 효율적인 업무처리를 위하여 채용계약을 체결하고 일정한 기간 종사하는 사람을 말한다. “업무직(공무직)”은 일반직이 아닌 근로자로서 사무보조 또는 연중 상시 발생하고 장기간 지속되거나 지속될 것으로 명백히 예상되는 사무를 수행하기 위한 업무에 종사하는 직원을 말한다. “무기계약직”은 상시·지속적 업무를 하기 위하여 공사와 기간의 정함이 없는 근로계약을 체결한 근로자를 말한다. “기간제(근로자)”는 근로 기간의 정함이 있는 근로계약을 체결한 근로자를 말하며, 다만 기관의 정원에 포함하지 않는다.

### 4) 승진 · 전보 등 인사운영

지방공사 · 공단의 장은 원칙적으로 소속 직원의 승진 · 전보 등에 관한 인사운영 방향 · 기준을 정하여 미리 공지하여야 하며, 정기인사를 실시하는 경우 그 인사기준 등을 미리 공지하여야 한다. 지방공사 · 공단의 장은 근무성적평정,[5] 승진서열 명부[6] 등 징계 관련 참고자료 등을 활용하여 객관적이고 공정하게 승진과 전보에 대한 인사를 하여야 한다.

### 5) 승진의 제한

지방공사 · 공단의 장은 휴직기간, 징계처분 또는 직위해제기간 중에 있는 직원은 승진 대상에서 제외하여야 한다. 징계처분을 받은 직원은 그 처분의 종료일부터 강등 · 정직 18월, 감봉 12월, 견책 6월의 기간이 경과할 때까지 승진을 제한한다.

### 6) 성과관리체계 구축 · 운영

지방공사 · 공단의 장은 당해 기관의 각 직위별로 그 역할과 책임을 명확히 하여야 하고, 지방공사 · 공단의 장은 소속 직원의 업무성과를 객관적으로 측정하고 기관의 경영목표 등을 달성할 수 있도록 성과관리체계를 구축 · 운영하여야 한다. 지방공사 · 공단의 장은 성과관리체계에 따라 직원의 업무동기 및 기관의 경영성과를 높일 수 있도록 경영목표 등을 정하여야 하여, 경영목표 등을 정할 경우 팀 · 개인 등 하부단위까지 체계적으로 연계시켜 성과평가 결과에 따른 경영목표개선 등 환류가 활성화되도록 하여야 한다. 지방공사 · 공단의 장은 소속 직원에 대해 성과평가 결과에 따라 업무실적 성과급 및 연봉의 차등지급, 승진 · 전보 등에 활용하는 등 다양하고 실효성 있는 보상체계를 구축 · 운영하여야 한다.

---

5) 근무성적의 평정은 정기평정과 수시평정으로 구분한다. 이 경우 정기평정은 매년 4~6월 말일과 10~12월 말일로 하고, 수시평정은 인사관리상 필요한 때에 실시한다. 근무성적 평정대상자별 평정자 및 확인자로 구분한다.

6) 승진후보자 명부작성은 근무성적평정점, 경력평정점, 교육훈련평정점, 포상평정점으로 구성된다. 다만, 승진후보자 명부의 평정점이 동일한 경우에는 당해직급에서 장기 근속한 자, 근무평정점이 우수한 자, 연령이 많은 자의 순위에 따라 우선순위자를 결정한다. 다만, 기관마다 차이가 있을 수 있다.

### 7) 표창 제한

지방공사·공단의 장은 직위해제 또는 징계처분(불문경고[7] 포함)을 받은 자,[8] 또는 징계 절차가 진행 중이거나 기타 공·사의 생활을 통하여 민원을 야기하는 등 사회적 물의를 일으켜 표창이 부적합하다고 판단되는 자 중 어느 하나에 해당하는 경우에는 자체 표창 대상에서 제외하는 규정을 두어야 한다. 다만, 행정안전부 「장관표창업무지침」을 준용하여 규정한다.

### 8) 감사원 등에서의 조사와의 관계

감사원 또는 권한 있는 기관에서 조사 중인 사건에 대하여는 조사를 개시한 날부터 징계의결의 요구 및 기타 징계 절차를 진행하지 못한다. 또한 검찰, 경찰 기타 수사기관에서 수사 중인 사건에 대하여는 수사개시의 통보를 받은 날부터 징계의결의 요구 및 기타 징계 절차를 진행하지 아니할 수 있다.

### 9) 징계양정 및 감경 등

지방공사·공단의 장은 소속 임직원에 대한 징계 및 직위해제, 그에 따른 임금제한 등에 관한 사항을 「지방공무원법」, 「지방공무원 보수규정」, 「지방공무원 징계규칙」 등을 참고하여 자체 인사규정 등으로 정하여야 한다.

첫째, 임원의 징계수단을 다양화하여야 하고, 이에 따른 보수 감액 등의 조치를 취하여야 한다. 둘째, 소속 임직원에 대한 징계처분을 할 때 소정의 사유가 있으면 징계 양정을 감경하거나 가중 처벌하는 규정을 두어야 한다. 다만, 음주운전 징계기준은 [별표 8]에 따라 징계의결하여야 하며, 음주운전, 성폭력범죄, 성매매, 성희롱, 금품 및 향응 수수와 공금의 횡령·유용, 채용비위는 징계를 감경할 수 없다.

지방공사·공단의 장은 징계처분을 받은 직원이 그 처분 사항에 대하여 불복할 경

---

7) 불문경고는 대상자가 원래 징계 대상이나, 여러 가지 사유를 참작하여 경고로 낮춰준 경우이다. 징계의 종류에는 해당되지 않지만 인사기록카드에 불문경고를 받은 사실이 기재되고 1년 후에 말소되며, 근무성적평정이나 성과급, 포상 등에서 불이익을 받을 수 있다.

8) 표창 제한기간은 처분기간 종료일로부터 직위해제 및 견책(불문경고 포함) 6월, 감봉 12월, 강등·정직 18월로 한다.

우에는 그 처분의 결과를 통지받은 날로부터 15일 이내에 인사위원회에 재심을 청구할 수 있다.

### 10) 징계시효

정직 처분을 받은 직원은 정직 기간 중에 출근하거나 직무에 종사하지 못하며, 그 기간 동안 임금을 지급하지 아니하고, 징계의결 등의 요구는 징계 등의 사유가 발생한 날부터 3년(금품 및 향응 수수, 공금의 횡령·유용의 경우에는 5년)이 지나면 하지 못한다.

### 11) 의원면직 제한

자치단체장 또는 지방공사·공단의 장(임면권자)은 비위와 관련하여 조사 또는 수사 중인 임직원[특히, 내부 감사부서 및 외부 감사기관에서 중징계(당연퇴직, 파면 또는 해임)]을 처분요구하거나 징계위원회 등에 중징계의결 요구 중인 자의 의원면직을 제한하는 규정을 두어야 한다. 「공무원 비위사건 처리규정」을 준용하여 적용한다.

### 12) 퇴직금 제한

지방공사·공단의 임원이 성폭력, 채용비리, 금품수수 등 비위행위로 해임된 경우[9] 퇴직금의 1/2 범위 내에서 감액하여 지급하는 규정을 마련한다.

### 13) 인사원칙의 사전공개

지방공사·공단의 장은 소속 직원에 대한 승진·전보 등 인사를 실시하기 전에 인사운영 방향·기준을 사전에 공지하여 투명하고 예측가능한 인사를 실시하여야 한다. 또한 지방공사·공단의 장은 승진·전보 등 임용기준을 변경할 때에는 소속 직원이 알 수 있게 공문시행, 인터넷 홈페이지에 게시하는 방법 등으로 예고하여야 하

9) 「지방공기업법」 제60조(임원의 결격사유), 제63조의7(비위행위자에 대한 조치) 등에 따른다. 다만, 「근로기준법」 및 「근로자퇴직급여 보장법」 등의 적용을 받지 않은 임원에 한한다.

며, 변경된 기준은 변경일의 1년 이후부터 적용하여야 한다.

### 14) 출자회사 등 재취업 심사

지방공사 · 공단 퇴직 임직원이 자사 출자회사 등에 취업 시 외부심사위원 과반수가 참여하는 심사위원회를 구성하여 심의 · 의결한다. 취업심사 관련 세부 규정 등은 내부규정에 마련한다.

## 제 2 절 지방공기업의 인사관리 주요 이슈[10)]

### 1. 공정하고 투명한 임직원 채용

행정안전부는 지방공사 및 지방공단의 공정하고 투명한 임직원 채용기준으로 다음과 같은 사항을 규정하고 있다.

첫째, 당연직 임원을 제외한 임원에 대해서는 임명 절차가 공정하고 투명하게 운영될 수 있도록 임원추천위원회를 운영해야 하며, 공개모집 방법에 의하되, 특별한 사유가 없는 한 2인 이상을 임명권자에게 추천해야 한다. 임원추천위원회는 해당 지방공사 · 지방공단에 설치하고, 이사회에서 운영한다. 임원의 임기종료에도 불구하고, 임명권자는 임원이 연임기준[11)]에 해당될 경우 임원추천위원회의 심의를 거쳐 연임(임기 1년)시킬 수 있다.

둘째, 자치단체 인력 해소 수단으로 공기업 인사를 활용해서는 안 된다. 지방공기업 설립 시 경력경쟁시험으로 채용하는 비율은 총정원의 20% 이내로 유지(팀장급 이상은 당해 직위 · 직급 정원의 30% 이내로 제한)해야 하며, 업무의 연속성 유지를 위

---

10) 지방공기업의 인사관리 주요 이슈는 원구환(2018: 261-280)의 『공기업론』 내용을 정리한 것이다.

11) 사장(이사장)은 「지방공기업법」 제58조 제4항에 의한 연임 사유에 해당될 경우 자치단체장이 임원추천위원회의 심의를 거쳐 연임시킬 수 있으나, 사장을 제외한 감사, 이사에 대한 연임기준은 현행 「지방공기업법령」에서 명확한 규정을 두고 있지 않음에 따라 사장의 경우를 준용하여 임명권자가 당사자의 업무성과 실적, 경영평가 결과 등을 고려하여 임원추천위원회의 심의를 거쳐 연임 여부를 결정한다.

해 불가피한 경우에만 경력경쟁시험으로 채용할 수 있다. 특히, 업무위탁 시 해당 업무 담당자의 경우는 경력경쟁시험으로 채용하는 비율에서 제외하되, 자치단체 인력 감축계획을 수립하여 시행한다.

셋째, 퇴직 공무원[12]의 본부장 이상으로의 임명은 원칙적으로 퇴직일로부터 6월이

**그림 8-1 지방공사 · 공단 임원선임 및 직원채용 절차**

| 임원선임 절차 | 직원채용 절차 |
|---|---|
| 1. 공개모집계획 수립 | 1. 시험계획 수립<br>– 선발인원, 시험방법 등 |
| ⬇ | ⬇ |
| 2. 임원추천위원회 구성<br>– 임기개시 2개월 전, 7인 | 2. 시험공고<br>– 시험기일 10~20일 전, 홈페이지, 신문 등<br>– 선발인원, 시험과목, 시험방법, 응시자격 등 |
| ⬇ | ⬇ |
| 3. 제1차 임원추천위원회 개최<br>– 모집방법, 임원후보 심사기준안 결정 | 3. 응시원서 접수<br>– 접수기간 5일 이상 |
| ⬇ | ⬇ |
| 4. 후보자 모집공고<br>– 15일 이상 인터넷, 신문 등 | 4. 시험위원 임명<br>– 시험출제, 채점, 면접시험 등 2명 이상<br>– 외부전문가 임명으로 공정성 확보 |
| ⬇ | ⬇ |
| 5. 지원서 접수<br>– 접수기간 15일 이상 | 5. 시험실시<br>– 필기 · 면접 · 실기 · 서류전형 |
| ⬇ | ⬇ |
| 6. 제2차~4차 임원추천위원회 개최<br>– 서류심사, 면접심사, 추천대상자 결정 | 6. 합격자 결정<br>– 합격자 결정 및 통보 |
| ⬇ | ⬇ |
| 7. 임원후보자 추천 및 임명<br>– 2명 이상 추천자 중 적임자 임명 | 7. 채용<br>– 신체검사 등 채용서류 구비 및 임용 |

자료: 행정안전부(2021). 『지방공기업 인사 · 조직 운영기준』.

12) 비리 면직된 공무원은 퇴직일로부터 5년 간 공공기관 취업이 제한된다(부패방지법 제82조).

경과한 이후 임용이 가능하다. 다만, 순수한 공모 절차 등 경쟁방식에 의하여 임명되는 경우는 예외로 할 수 있다.

넷째, 지방자치단체 공무원의 파견[13]은 정원의 5% 이내에서 한시적으로 운영한다.

다섯째, 직원 채용 시 균형인사를 활성화해야 한다. 즉, 사업별 특성에 맞는 여성 채용목표 설정·운영 및 채용·승진 등 양성평등 실현을 위한 방안을 강구해야 하며, 장애인 등 사회적 약자 채용 확대를 위하여 사업별 특성에 맞는 직종·직무의 발굴, 직장 근무환경 개선 및 차별대우 방지방안을 모색해야 한다. 아울러 지방대학 출신자의 채용을 확대하는 방안 강구 및 지방대 총장 등에 의한 추천채용제도, 고졸자 등 기능인재 추천채용제를 활성화하도록 노력해야 한다.

여섯째, 지방공기업의 신규채용, 채용시험의 공고, 시험의 방법, 교육훈련, 직원의 성과관리 등은 지방공기업 인사운영기준에서 별도로 정한 기준을 따라야 한다. 지방공기업의 임직원은 공정하고 투명하게 임용되어야 하는데, 임용과정을 요약하면 [그림 8-1]과 같다(원구환, 2018: 261-263; 행정안전부, 2021: 44-45).

## 2. 성과 중심의 인력관리

행정안전부는 지방공사 및 지방공단의 성과 중심의 인력운영 기준으로 다음과 같은 사항을 규정하고 있다.

첫째, 정기적인 조직 및 인력진단을 실시해야 한다. 영기준(zero-base)에서 공기업의 조직·인력 규모를 판단하고, 비대화를 억제해야 하며, 핵심 임무와 관계없는 부대사업의 정비 등은 아웃소싱을 통해 효율적 인력운영을 도모해야 한다.

둘째, 정원의 과다 산정, 정원 외의 편법적 인력운영실태 등을 분석·조정해야 한다. 조직진단을 실시할 경우 당해 공기업 주관 조직진단은 조직 또는 정원조정이 필요한 경우에 실시하고, 자치단체 주관 조직 및 인력진단은 3년 주기로 실시한다. 특히, 조직진단 결과에 따라 기능 개편, 업무프로세스 개선, 불필요한 인력을 감축하는 등 조직·인력 운영 효율화를 도모해야 하며, 결재 권한의 적정성을 분석하여 일상적 업무보고는 과감히 위임해야 한다.

---

13) 「지방공기업법」 제30조의4 및 「지방공무원 임용령」 제27조의2의 규정에 따라야 하며, 소속 공무원을 공사·공단의 비상임 및 직원 이외 상근임원(사장, 대표이사, 상임이사, 상임감사)으로 파견 또는 겸임은 원칙적으로 금지한다.

셋째, 경영합리화를 위해 조직과 인력은 필요 최소한도로 운영하되, 조직과 인력은 그 업무의 성질과 업무량을 정확히 분석하여 적정 규모를 유지하고 원칙적으로 정원과 현원은 일치시켜 운영한다. 특히, 군입대 휴직자 및 6개월 이상 육아휴직자(출산휴가와 연계하여 3개월 이상 육아휴직자 포함)는 정원이 따로 있는 것으로 보고 결원을 보충할 수 있다.

넷째, 업무 폐지 등으로 기능이 축소될 경우에는 관리 인력을 감축하고, 업무량 변동에 따른 기구 시설이나 확대, 인력 증원 소요가 발생하는 경우 원칙적으로 업무효율화 등을 통해 자체 기능 조정 또는 인력 재배치로 해소한다. 특히, 임금인상 등 처우개선이나 상위직 증원을 목적으로 하는 새로운 직급의 신설이나 유사 직급 운영은 원칙적으로 금지하며, 각종 안전사고 예방활동과 유사시 현장대응력 강화를 위해 안전 관련 업무를 총괄할 수 있는 직위를 선정하여 안전책임관으로 지정 운영할 수 있다.

다섯째, 신규로 사업영역을 확대할 경우 설립 시에 준하는 타당성 검토를 실시하고, 기존 사업에 대한 타당성 검토 결과에 따라 단계적(연차적)으로 정원이 증가하는 경우에는 기 실시한 타당성 검토 결과에 따른 사항으로 별도의 타당성 검토는 불필요하다, 기존 타당성 검토 시 제시된 정원 초과(4명 이상)하는 경우에는 인력과 조직의 적정성 검토를 거쳐야 한다. 특히, 「지방공기업법」 제71조에 따른 대행사업의 경우 타당성 검토를 필요로 하지는 않으나, 대행사업으로 인해 정원이 증가(4명 이상)되는 경우는 인력과 조직의 적정성 검토를 거쳐야 한다(원구환, 2018: 263-264; 행정안전부, 2021: 45).

## 3. 임원의 임기

### 1) 지방직영기업 관리자의 임기제

관리자는 대통령령으로 정하는 바에 따라 해당 지방자치단체의 공무원으로서 지방직영기업의 경영에 관하여 지식과 경험이 풍부한 사람 중에서 지방자치단체의 장이 임명하며, 임기제로 할 수 있다(지방공기업법 제7조). 지방직영기업의 관리자를 임기제로 하는 경우 그 임기는 2년으로 하되, 경영성과에 따라 연임하게 할 수 있다. 다만, 경영성과가 우수한 경우로서 본인이 원하는 경우에는 임기 중에도 전보 또는 승진하게 할 수 있다. 특히, 관리자를 임기제로 할 수 있는 지방직영기업의 범위는 사업의 규모 등을 고려하여 당해 지방자치단체의 조례로 정한다(지방공기업법 시행령 제3조).

지방직영기업의 관리자는 공무원 신분으로 신분이 보장되는데, 임기제로 할 수 있는 규정을 둔 것은 순환보직에 따른 업무 단절을 극복하고 전문적·지속적 운영을 도모하기 위함이다. 그러나 임기 중이라도 전보 또는 승진할 수 있도록 한 것은 업무의 영속을 확보하기 어려운 측면을 규정한 것이라 할 수 있다. 또한 지방자치단체가 자율적으로 임기제를 적용할 수 있도록 규정하고 있으나, 실질적으로 운영되고 있지 못하다.

### 2) 지방공사, 지방공단 임원의 임기

「지방공기업법」 제59조에 의하면 지방공사의 사장 및 지방공단의 이사장, 지방공사 및 지방공단의 이사 및 감사의 임기는 3년으로 규정한다. 그러나 지방자치단체의 장은 임기가 만료된 임원으로 하여금 그 후임자가 임명될 때까지 그 직무를 행하게 할 수 있는데, 연임을 위하여 재임명에 관한 절차가 진행 중인 경우, 후임자가 임명될 때까지 직무대행이 반드시 필요하다고 지방자치단체의 장이 인정하는 경우에는 임기가 종료되더라도 후임자가 임명될 때까지 직무를 수행할 수 있다. 또한 지방공사의 사장, 지방공단의 이사장, 지방공사 및 지방공단의 이사와 감사는 1년 단위로 연임할 수 있다.

### 3) 임원의 시차임기제

임원의 임기가 3년으로 규정된 상태이므로 임원의 임기가 종료되면 새로운 임원을 선임해야 하는데, 이 과정에서 모든 임원이 한꺼번에 새롭게 선임될 수 있다. 즉, 한번에 전체 임원이 변경됨으로써 업무의 공백이 발생할 수 있다. 따라서 이러한 문제점을 해결하기 위한 방안으로 시차임기제(staggering term system)를 고려할 수 있다. 시차임기제는 임원의 임기를 중복되게 하여 한번에 모든 임원이 변경되는 것을 방지하고, 업무의 지속성과 영속성을 보장하기 위한 제도라 할 수 있다.

## 4. 지방공기업 임직원의 복무

### 1) 임원의 능력조건

지방직영기업의 임원은 공무원의 신분이므로 임원의 능력조건은 「지방공무원법」 상의 조건을 충족해야 한다. 즉, 「지방공무원법」 제31조의 결격사유(국가공무원법과 동일)에 해당되어서는 안 된다. 「지방공기업법」 제60조에서는 지방공사 및 지방공단 임원의 결격사유로 미성년자, 「지방공무원법」 제31조 해당자, 「지방공기업법」 제58조 제4항 또는 제5항에 따라 해임된 후 3년이 지나지 아니한 사람, 「지방공기업법」을 위반하여 벌금형을 선고받고 2년이 지나지 아니한 사람은 임원이 될 수 없다.

지방공사·공단의 임원이 결격사유 어느 하나에 해당되거나 임명 당시 그에 해당하였음이 판명되었을 때에는 당연히 퇴직한다. 하지만, 퇴직한 임원의 퇴직 전에 관여한 행위는 그 효력을 잃지 아니한다.

### 2) 지방직영기업의 복무

지방직영기업의 직원은 공무원이며, 복무와 관련된 규정은 「지방공무원법」의 규정이 적용된다. 지방직영기업의 전문화를 위하여 필요한 경우에는 「지방자치법」이 정하는 바에 의하여 지방직영기업 소속 공무원에 대한 전문직렬을 둘 수 있다(박영희 외, 2018: 377).

### 3) 형법에 의한 복무규정

지방공사·공단의 임직원은 지방직영기업의 직원과는 달리 공무원이 아니다. 그러나, 「형법」의 뇌물죄(제129조부터 제132조)의 적용에 있어서는 지방공사·공단의 임원은 공무원으로 본다(지방공기업법 제83조). 그리고 지방공사·공단의 임원(감사 제외)이 「지방공기업법」 제65조(예산)와 제66조 제2항(결산)의 규정을 위반한 때에는 500만 원 이하의 벌금에 처한다(지방공기업법 제81조)(박영희 외, 2018: 382).

### 4) 임직원의 겸업 금지

지방공사·공단의 임직원은 그 직무 외에 영리를 목적으로 하는 업무14)에 종사하지 못하며, 임원은 지방자치단체의 장의 허가 없이, 직원은 사장의 허가 없이 다른 직무를 겸할 수 없다. 다만, 상근이 아닌 임원은 그러하지 아니하다(지방공기업법 제61조). 지방공사나 지방공단의 임직원이나 그 직에 있던 자는 그 직무에 관하여 지득한 비밀을 누설하거나 도용해서는 아니된다.

### 5) 공무원의 파견·겸임

지방자치단체의 장은 지방공사 및 지방공단이 수행하는 사업의 지원을 위하여 필요한 경우에는 그 소속 공무원을 공사에 파견하거나 겸임하게 할 수 있다(지방공기업법 제75조의3). 또한 지방공사, 지방공단에 파견된 공무원이나 겸임하는 공무원에 대하여 지방공사 및 지방공단이 정한 지급 기준에 따라 업무 수당을 지급할 수 있다(지방공기업법 시행령 제65조).

### 6) 권한의 위탁

지방자치단체의 장은 지방공사 및 지방공단의 목적 수행을 위하여 필요한 경우에는 「지방공기업법」에 의한 권한 일부를 조례로 정하는 바에 의하여 그 일부를 지방공사·지방공단의 사장 및 이사장에게 위탁할 수 있다(지방공기업법 제75조의4).

### 7) 임원에 대한 벌칙

지방공사나 지방공단의 임원(감사는 제외)이 다음과 같이 예산 또는 결산에 관한

14) 겸직 금지되는 임직원의 영리업무란 해당 업무에 종사함으로써 직무에 부당한 영향을 끼치거나 직무능률을 떨어뜨릴 우려가 있는 업무 등으로서 ① 공사의 임원 및 직원이 상업, 공업, 금융업 또는 그 밖의 영리적인 업무를 스스로 경영하여 영리를 추구함이 뚜렷한 업무, ② 공사의 임원 및 직원이 상업, 공업, 금융업 또는 그 밖에 영리를 목적으로 하는 사기업체(私企業體)의 이사, 감사, 업무를 집행하는 무한책임사원, 지배인, 발기인 또는 그 밖의 임원이 되어 수행하는 업무, ③ 공사의 임원 및 직원 본인의 직무와 관련 있는 타인의 기업에 대하여 하는 투자, ④ 그 밖에 계속적으로 재산상의 이득을 목적으로 하는 업무를 의미한다(지방공기업법 시행령 제57조의2).

규정을 위반한 때에는 500만원 이하의 벌금에 처한다(지방공기업법 제81조). 예산 또는 결산에 관한 규정을 살펴보면 다음과 같다.

첫째, 지방공사나 지방공단의 사장 및 이사장은 매 사업연도의 사업계획 및 예산을 당해 사업연도 시작되기 전까지 편성하여 이사회의 의결로 확정(예산확정 후 생긴 불가피한 사유로 예산의 변경하는 경우도 이사회의 의결로 확정)해야 하며, 예산이 성립 또는 변경된 때에는 지체 없이 지방자치단체의 장에게 보고해야 한다(지방공기업법 제65조).

둘째, 지방공사나 지방공단의 사장 및 이사장은 결산 완료 후 결산서를 작성하여 대통령령이 정하는 서류 및 지방자치단체의 장이 지정하는 공인회계사의 회계감사 보고서를 첨부하여 지체 없이 지방자치단체의 장에게 보고하여 승인을 얻어야 한다(지방공기업법 제66조 제2항).

### 8) 임직원에 대한 과태료 부과

행정안전부 장관은 공사의 업무, 회계 및 재산에 관한 사항을 검사할 수 있으며, 공사에 필요한 보고를 명할 수 있다(지방공기업법 제73조 제2항). 그러나 정당한 이유 없이 검사를 거부, 방해 또는 기피한 자는 200만 원 이하의 과태료에 처하는데, 과태료는 대통령령으로 정하는 바에 따라 행정안전부 장관이 부과·징수한다(지방공기업법 시행령 제79조 및 [별표 2])(원구환, 2018: 266-268).

## 5. 지방공기업의 인사청문회

### 1) 인사청문회 도입

1995년 지방자치가 부활한 이후 단체장의 보은·정실·낙하산 인사 등의 문제를 제기하는 목소리가 끊임없이 나오고 있다. 이러한 인사권의 남용 문제를 통제하고, 도덕성과 전문성을 갖춘 유능한 인재 등용을 위해 지방의회 차원의 인사청문회가 논의되어 왔다. 인사청문회는 미국·영국 등의 서구 선진국을 비롯해 우리나라 국회에도 이미 도입되었고, 공직후보자에 대한 의회 차원의 사전검증 절차로 확고하게 자리매김하고 있다. 하지만, 지방공기업에 대한 지방의회 차원의 인사청문회는 법적 근거와 운영 측면에서 여러 한계점이 존재하였다. 그런데 2023년「지방공기업법」개정에 따라 지방공기업 임원(사장)에 대해「지방자치법」제47조의2에 따라 인사청문회를 실시하는 경우에는 임원추천위원회의 추천 절차를 생략할 수 있도록 하고 있다(지방공기업법 제58조 제3항). 이 규정은 기존 형식적인 임원추천위원회의 문제점에 대한 일종의 절충안에 해당한다고 볼 수 있다.

「지방공기업법」에 따라 지방공사 및 지방공단의 최고관리자를 임명하는 과정에서 임원추천위원회를 통해 인사검증을 하고 있으나, 임원추천위원회의 기능이 사실상 미약한 상태에서 자치단체장의 의견이 과도하게 반영될 수밖에 없는 것이 현실이다(원구환, 2018: 270). 최근 지방공사와 지방공단이 방만한 경영으로 재무건전성이 악화되고 있는 측면을 고려하여, 지방공사와 지방공단의 장에 대한 인사청문 실시는 지방자치단체장의 인사권을 남용을 방지하고, 후보자의 능력을 사전에 검증함으로써 지방공기업의 경영합리화에 기여할 있는 효과적인 방안 중 하나이다(지방공기업평가원, 2018: 125).

### 2) 인사청문회 찬반 논쟁

인사청문회에 대한 논쟁은 해당 공기업의 의견, 시민의 의견 등 이해관계자마다 다소 상이한 반응을 나타내고 있는데, 지방공기업의 인사청문회 도입에 대한 찬반 논쟁을 정리하면 다음과 같다.

#### (1) 찬성론

첫째, 지방자치단체장의 인사 전횡으로 인한 피해를 억제하기 위한 수단으로 인사청문회의 필요성이 제기되고 있다. 즉, 지방자치단체장의 측근 인사, 낙하산 인사, 보은 인사, 무능 인사, 회전문 인사, 코드 인사 등의 인사권 전횡을 지방의회의 인사청문회로 견제할 필요가 있다는 점이다.

둘째, 정실 인사, 보은 인사 등 자치단체장의 인사권 남용을 막고, 후보자의 능력과 자질을 주민 대표기관인 지방의회의 검증 과정을 거침으로써, 정치적 정당성과 임용된 후의 리더십을 발휘할 수 있다.

셋째, 일부 자치단체(제주특별자치도, 경기도, 대전시 등)에서 지방공기업 인사청문회가 부분적으로 시행되고 있다. 실제로 몇몇 자치단체에서 사장에 대한 인사청문회는 시의회와 시장과의 협약을 통하여 실시할 수 있다고 조례로 규정하고 있다.

넷째, 지방공사 및 지방공사 최고관리자의 인사청문회 도입을 통해 시민들의 알권리를 충족시킬 수 있다는 점이며, 시민의 통제를 통해 지방공사 및 지방공단 최고관리자의 역선택을 억제할 수 있다는 점이다.

다섯째, 기존 인사시스템에 의해 자치단체장의 인사권이 제약된 사례가 없고, 지방의회가 후보자에 대한 도덕성 및 경영 능력을 검증하는 것이 단체장의 인사권을 침해한다고 볼 수는 없다.

여섯째, 실제 지방의회의 권한이 집행부에 비해 미약한 상황에서 견제와 균형이 제대로 이루어지기 위해서는 오히려 시민의 대표기관인 지방의회의 권한이 강화될 필요가 있다.

### (2) 반대론

첫째, 현행 지방자치단체 조례로 「지방공기업법」을 따르는 지방자치단체장의 임명·위촉권을 제약할 수 없다는 점이다. 즉, 「지방공기업법」 제58조 제2항은 "사장과 감사는 대통령령이 정하는 바에 따라 지방자치단체장이 임면한다"고 규정하고 있는데, 조례로 인사청문회 규정을 제정한다 할지라도 「지방공기업법」의 자치단체 임명권에 저촉될 수밖에 없다.

둘째, 기존 제도로 충분히 인사검증이 가능하다는 점이다. 「지방공기업법」에 따라 임원추천위원회의 추천에 따라 임명하기 때문에, 임원추천위원회를 활용하면 충분히 인사검증이 가능하다는 점이다.

셋째, 인사청문회는 지방의회에서 주도하게 되는데, 만약에 지방의회에 예산과 조례 등의 심의권에 인사권까지 부여할 경우 지방의회의 권력이 비대화될 수 있다는 점이다.

넷째, 국가공기업의 경우 아직 인사청문회를 실시하고 있지 않다는 점이다. 따라서 지방공기업의 인사에 인사청문회를 도입하는 것은 제도적인 한계가 있다는 점이다(원구환, 2018: 271-272). 이를 종합하여 지방공기업 인사청문회 찬반 의견을 정리하면 [표 8-3]과 같다.

**표 8-3 지방공기업 인사청문회에 대한 찬반 의견**

| 구분 | 찬성 | 반대 |
|---|---|---|
| 내용 | • 지방자치단체장의 인사 전횡으로 인한 피해를 억제하기 위한 수단<br>• 자치단체장의 인사권 남용을 막음 (정치적 정당성 및 리더십 발휘)<br>• 지방의회가 후보자에 대한 도덕성과 경영능력 검증은 자치단체장의 인사권 침해가 아님<br>• 지방의회를 통한 공개검증으로 시민의 알 권리 충족<br>• 지방의회 권한 강화 (필요시 집행부 대비 권한 미약) | • 조례로 지방자치단체장의 임명 · 위촉권을 제약할 수 없음<br>• 기존 임원추천위원회로 인사검증이 가능<br>• 지방의회 권력의 비대화 우려 (예산과 조례 심의권에 인사권까지 부여)<br>• 국가공기업에서 실시하지 않고 있음 (제도적 한계) |

자료: 저자 정리.

### 3) 인사청문회 제도의 향후 과제

향후 지방의회 인사청문회 제도의 개선과제는 무엇일까? 첫째, 인사청문회의 준비기간과 회의 일수를 최소 2일 이상으로 확대해야 한다. 절차를 신속하게 진행하기 위해 대부분의 지방의회는 그 준비기간이 매우 짧을 뿐만 아니라 단 하루 한 차례의 회의에 그치는 경우가 많다. 둘째, 인사청문 결과에 대한 구속력이다. 인사청문회가 요식행위로 끝나지 않기 위해서는 그 결과에 따라 단체장의 임용권이 일정 부분 제약받도록 하는 방안을 강구해야 한다. 셋째, 인사청문회 과정에서의 주민참여 방안이다. 지방의회의 인사청문회 과정에 주민이 참여할 수 있는 가칭, 인사청문 주민배심원제도 도입을 검토해야 한다. 단체장-지방의회-주민의 3자 공동으로 기관장 등을 임용하는 구조를 만든다면 지방자치의 취지를 살릴 수 있을 것이다(박순종, 2021: 67).

## 제 3 절 지방공기업 인사기준[15)]

지방공기업에 있어서 내적 역량은 경영의 자율성뿐만 아니라 수익성 제고, 경영의 효율성, 서비스의 공공성 및 품질 제고 등 많은 부분에 영향을 주는 핵심적 요소라 할 수 있다. 지방공기업의 내적 역량의 핵심은 '인적 역량'이라고 할 수 있다. 지방공기업이 '인적 역량'을 제고하기 위해서는 지방공기업의 사업과 연계하여, 조직 · 사람 · 문화의 경쟁력과 가치를 높이고, 지방공기업이 지속 성장하도록 인사관리시스템 구축이 필요하다. [그림 8-2]는 인사관리시스템 구축 이미지를 보여준다.

그림 8-2 인사관리시스템 구축

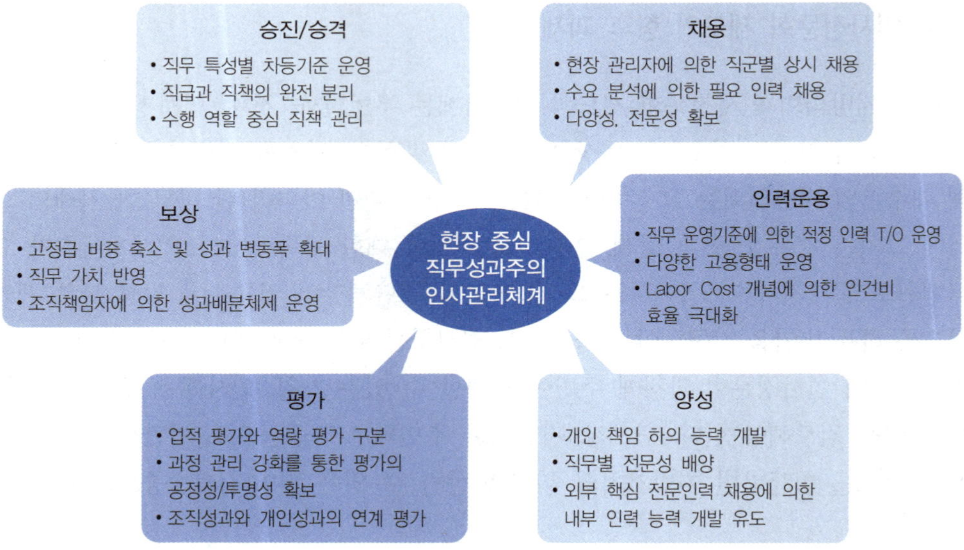


자료: 홍석환(2019: 71).

15) 지방공기업 인사기준 내용은 행정안전부(2021)의 『지방공기업 인사 · 조직 운영기준』을 정리한 것이다.

## 1. 신규채용

신규채용은 공개경쟁시험과 경력경쟁시험으로 채용하는 것을 원칙으로 한다. 공개경쟁시험의 경우 지방공사·공단의 장은 신규채용 시 불특정 다수인을 대상으로 균등한 기회 보장과 보다 우수한 인력을 선발하기 위해 공개경쟁시험으로 채용하는 것을 원칙으로 한다. 지방공사·공단의 장은 응시자의 공평한 기회 보장을 위해서 성별·신체조건·용모·학력·연령 등에 대한 불합리한 제한을 두어서는 아니 된다.

지방공사·공단의 장은 공개경쟁시험에 의하여 충원이 곤란한 직위·직무 분야에 대하여는 우수 전문인력 및 유경험자를 경력경쟁시험으로 채용할 수 있다. 이 경우 채용기준 또는 자격요건은 직위·직무 특성을 감안하여 구체적으로 설정하고, 이를 사전에 공개하여야 한다. 경력경쟁의 경우에도 동일한 요건에 해당하는 경력·자격을 가진 지방공사·공단 내·외부 다수인을 대상으로 시험공고를 하여 경쟁의 방법으로 채용하여야 한다.

## 2. 채용계획 수립

### 1) 채용계획 사전협의

기관장은 공고예정일 15일 전까지 채용계획을 자치단체장에게 통보하여야 한다. 다만, 법령에서 정한 의무인력의 채용, 기간의 정함이 있는 근로자(비정규직 근로자)의 채용 등 자치단체의 사전동의가 있는 경우 15일 이후에도 통보가 가능하다. 다만, 필요시 자치단체와 협의하여 사전통보기한 조정은 가능하다. 자치단체장은 통보된 채용계획의 적정성 등에 대하여 기관장과 협의를 완료한 후, 그 결과를 채용공고일 5일 전까지 기관장에게 문서로 통보해야 한다.

### 2) 사전통보 내용

기관의 채용계획에는 채용의 필요성, 예상결원 및 정·현원 현황, 채용인원, 응시자격 요건, 필기시험 여부, 서류전형 심사기준, 면접방법, 시험 단계별 시험위원 위촉계획 등을 포함하여야 한다.

## 3. 채용시험의 공고

공개경쟁시험을 실시하려면 원서접수 마감일 20일 전(선발 예정인원이 10명 이하일 때에는 10일 전)까지, 경력경쟁시험을 실시하려면 10일 전까지 모든 응시자격자가 알 수 있도록 공고하여야 한다. 공고 기간에 초일은 불산입하며, 공휴일은 포함하되, 접수 기간은 가급적 5일 이상(토・일요일 등 공휴일 제외)으로 한다. 공개경쟁・경력경쟁시험의 채용공고는 지방공사・공단 및 그 지방자치단체의 인터넷 홈페이지, 행정안전부 경영정보포털사이트에 공고하여야 한다.

## 4. 시험의 방법

채용시험은 필기시험・면접시험・실기시험・서류전형 등을 거쳐 최종합격자를 결정한다. 필기시험은 일반교양 정도와 해당 직무수행에 필요한 지식 및 그 응용 능력을 검정한다. 필기시험 동점자가 발생하여 선발예정인원을 초과하는 경우에는 그 동점자를 모두 합격자로 한다(단, 이 경우 동점자의 계산은 소수점 이하 둘째 자리까지 함).

면접시험은 해당 직무수행에 필요한 능력 및 적격성을 검정한다. 면접은 구조화된 면접(경험・상황・발표・토론면접 등)을 실시하여 공정한 평가가 되도록 노력하여야 한다. 실기시험은 해당 직무수행에 필요한 지식・기술 또는 체력을 실험・실습 또는 실기의 방법으로 검정한다.

서류전형은 해당 직무수행에 관련되는 응시자의 자격・경력 등이 정해진 기준에 적합한지 등을 서면으로 심사하여 적격 또는 부적격을 판단한다. 공고된 응시자격・경력 등 객관적인 기준에 적합하면 모두 합격결정을 하여야 한다(다만, 응시인원을 고려하여 임용예정 직무에 적합한 기준에 따라 객관적이고 수긍 가능한 기준으로 배수를 정하여 합격자를 결정할 수 있음).

## 5. 시험위원의 임명

지방공사・공단의 장은 시험출제 및 채점, 면접시험・실기시험・서류전형, 그 밖에 시험 시행에 필요한 사항을 담당하는 시험위원으로 해당 직무분야에 관한 전문적인 학식 또는 능력을 가진 사람, 시험 출제에 관하여 전문적인 학식 또는 능력을 가진 사람, 임용예정 직무에 관한 실무에 정통한 사람을 임명하거나 위촉할 수 있다. 이 경우 필기시험의 과목별 출제・채점위원 및 면접시험(서류전형 포함)위원은 2명 이상으로 한다. 지방공사・공단의 장은 시험위원이 작성한 심사자료 등을 봉인하여 보관하여야 한다. 채용 관련 문서를 영구적으로 보존하도록 보존기간을 정하여야 한다. 단, 응시자가 제출한 서류에 대해서는 「채용절차의 공정화에 관한 법률」에서 정한 바에 따라 반환 또는 폐기하는 경우를 제외하고는 최소 5년 이상 보관하여야 한다.

## 6. 교육훈련

지방공사・공단의 장은 임직원에 대하여 경영합리화를 위하여 필요한 교육훈련을 실시하여야 한다. 지방공기업의 전략적 운영방향 정립 및 경영혁신 마인드 함양에 중점을 두고, 임원 이상은 1인당 연 21시간 이상 관련 교육기관의 교육을 이수하여야 하며, 차년도 연봉계약 시 반영하여야 한다. 매년 전 직원의 직무, 직위・직급 등을 고려하여 10시간 이상 50시간 범위 내(교육훈련기관에서 받는 집합교육은 7시간 이상 35시간 범위 내 이수 포함)에서 교육을 이수하도록 하여야 하며, 단 직무별 교육훈련 의무시간의 40% 이상은 직무교육 등 기관 지정학습으로 이수하여야 한다. 다만, 직원의 업무 특성을 고려하여 교육훈련 의무시간의 하한선을 조정할 수 있으며, 신규임용자의 경우는 임용 후 6개월 이내에 기초 직무과정을 이수토록 하여야 한다. 또한 지방공사・공단의 장은 교육훈련 실적을 승진・전보 등 인사 고과에 반영하여야 한다.

## 7. 보직관리

지방공사・공단의 장은 보직을 부여함에 있어 해당 직원의 전공분야・훈련・근무경력・전문성・적성 등을 고려하여 적격한 직위에 임용하여야 한다(보직관리의 원칙). 지방공사・공단의 장은 채용비위로 인하여 징계를 받은 직원에 대해서는 정직 이상 3년, 정직 미만 2년 동안 감사 및 인사업무를 담당하게 할 수 없다. 지방공사・공단의 장은 직원 선호도가 높거나 영향력이 큰 직위 등을 사전에 지정하고, 당해 직위에 대한 사내공모・개방형 임용 등을 실시하여 능력 중심의 인사운영이 되도록 노력하여야 한다. 지방공사·공단의 장은 소속 직원에 대한 승진·전보 등 인사를 실시하기 전에 인사운영 방향·기준을 사전에 공지하여 투명하고 예측가능한 인사를 실시하여야 한다. 지방공사·공단의 장은 승진·전보 등 임용기준을 변경할 때에는 소속 직원이 알 수 있게 공문시행, 인터넷 홈페이지에 게시하는 방법 등으로 예고하여야 하며, 변경된 기준은 변경일의 1년 이후부터 적용하여야 한다.

## 8. 공무직 등 근로자 관리

연중 9개월 이상 계속되는 업무로서 향후 2년 이상 지속될 것으로 예상되는 업무에 종사하고 있는 근로자는 기간의 정함이 없는 근로자(이하 '공무직 등 근로자'라 한다)로 전환함을 원칙으로 한다. 전환 이후 해당 업무에 결원이 발생하는 경우에는 '공무직 등 근로자'를 채용하는 것을 원칙으로 한다. '공무직 등 근로자'의 인사관리는 부서·직종별로 구분하여 정관 또는 자체 규정 등에 따라 정원으로 관리하여야 한다. 임금(퇴직급여 포함), 연차휴가, 승진·승급, 복리후생 수준 등을 결정할 때는 근무기간 및 업무경력을 반영하는 등 합리적으로 산정하고 적정한 처우를 제공하여야 한다.

## 9. 비정규직 관리

기간제 근로자의 근로계약 기간을 정할 때는 업무의 지속성 등을 고려하여 설정하되, 근로계약 기간을 불합리하게 단기간으로 설정하여 근로계약의 해지와 체결을 반복하지 않도록 해야 한다. 상시·지속 업무를 수행하는 비정규직은 원칙적으로 운영할 수 없고, 필요한 경우에 한하여 최소한의 규모로 운영하여야 한다. 설립 지방자치단체 협의, 시험성격, 기관의 채용사정 등을 종합 고려하여 판단 가능하며, 연중 9개월 미만이거나 사업의 완료기간이 명확한 일시·간헐적 업무를 위해 비정규직을 채용하는 경우를 의미한다.

## 10. 보수

연봉제, 평가급 등 기업형 보수체계를 운영한다. 개별 공기업 실정에 부합되는 급여체계를 적용하되, 팀장(과장)급 이상의 경우 연봉제를 적용한다. 대상 직위별 업무의 중요도, 책임도, 난이도 등을 감안하여 등급별로 연봉액의 범위를 설정하고, 업무성과를 반영하여 연봉액을 차등결정한다. 연봉의 구성은 기본연봉은 기준기본급과 기본가산급을 포함한다. 성과연봉은 인센티브평가급을 의미하며, 부가급여는 직책급 업무추진비, 초과근무수당, 가족수당, 연차수당, 기술(자격)수당 등을 의미한다.

### 1) 임원의 연봉

기본연봉 책정 시 사장 · 이사장(기준기본급+기본가산급)의 경우 기준기본급(최초 기본연봉을 의미)은 업무의 난이도, 경력 등을 고려하여 초기 연봉액을 결정하며, 지급되는 제수당 및 금전적 복리후생비를 포함한다. 다만, 사장 · 이사장(기준기본급+기본가산급)의 신규 임명 시의 연봉액은 전임자의 최종 연봉 수준을 답습하지 말고 영기준(zero-base)에서 책정한다. 기본가산급(기준기본급×경영성과계약에 의한 인상률)의 인상률은 경영성과계약에 의한 평가결과에 따라 조정(±10%)하며, 기본연봉은 '누적방식'에 의하며, 12개월로 분할하여 지급한다.

상임이사 · 감사(기준기본급+기본가산급)의 경우 기준기본급(최초 기본연봉을 의미)은 사장 · 이사장의 기준기본급 책정 방식에 준하여 결정한다. 기본가산급은 기준기본급×정책인상률로 책정하며, 정책인상률은 총인건비 인상률 범위 내에서 해당 공기업의 전년도 경영평가등급을 고려하여 지방자치단체장이 자율 결정한다. 기본연봉은 '누적방식'에 의하며, 12개월로 분할하여 지급한다.

### 2) 팀장(과장) 이상의 연봉제 운영

팀(과)장급 이하(기준기본급+기본가산급)의 경우 직급(위)별 기본연봉 한계액을 자체적으로 설정한다. 상한액은 당해 직급의 최고 기본연봉과 직상위 직급의 최고 기본연봉의 중간 수준으로 설정한다. 하한액은 당해 직급의 최저 기본연봉과 직하위 직급의 최저 기본연봉의 중간 수준으로 설정한다. 기본가산급의 가산방법은 기준기본급에 근무성적 평가등급별 가율(加率)을 곱하여 산정하며, 평가등급 및 배분은 현행 인사규정상의 근무평정등급 및 인원 배분을 기준으로 배분한다. 가율결정은 총인건비 인상률 범위 내에서 사장(이사장)이 결정한다. 기본연봉은 '누적방식'에 의하며, 기본연봉의 지급형태는 기본연봉을 12개월로 분할하여 지급한다.

### 3) 호봉제 운영

호봉제 대상은 팀장(과장)급 미만 일반직원으로 한다. 직원의 호봉 및 제수당은 당해 공사·공단의 보수규정 및 복리후생규정 등에 근거하여 봉급 및 제수당, 복리후생비 등을 지급한다. 직원 인센티브평가급은 지급기준의 보수월액으로 지급한다. 인센티브 평가급 집행방법은 개인별 근무성적·업무성과 등에 대하여 객관적으로 평가할 수 있는 방법을 각 기관의 내규로 규정하여 시행한다.

### 4) 명예퇴직금

명예퇴직금은 20년 이상 근속(당해 공기업에 5년 이상 근무)하고 정년이 1년 이상 남은 자 중 명예퇴직 실시계획에 따라 선정된 자에 대해 「지방공무원 명예퇴직수당 등 지급규정」을 준용하여 지급한다. 정년 잔여기간에 따라 퇴직 당시 기본급으로 퇴직금을 산정한다. 근속연수는 재직 전 공무원 및 군 경력과 공기업 근무경력을 합산(규정에 명시된 경우에 한함) 가능, 재직 전 기관에서 명예퇴직수당을 기지급받은 경우는 근속연수 산정에서 제외한다.

## 11. 임금피크제

임금피크제는 근로자의 계속 고용을 위해 노사 간 협의를 통해 일정 연령(피크임금 연령)을 기준으로 임금을 조정하고, 소정의 기간 동안 고용을 보장하는 제도를 말한다. 임금피크제 대상자는 일정 연령에 도달한 모든 직원을 대상으로 도입하는 것이 원칙이며, 무기계약직을 포함하며, 정원 외 인력으로 관리되는 경우 대상에서 제외 가능하다.

임금피크제 대상자의 승진 제한의 경우, 임금피크제 대상자는 임금피크제 적용 전 직급을 유지함을 원칙으로 한다. 임금피크제 대상 직원은 공기업의 인사규정에 따라 명예퇴직을 할 수 있으며, 절차는 공기업의 인사규정에 따른다. 임금피크제 대상자에 대해 기존직급에서 제외한 후, 별도직무를 부여하여 별도직군으로 관리할지, 임금만

감액하고 기존직무를 유지할지는 기관의 재량이다.

임금피크제가 적용되는 직원의 임금지급률은 임금피크제 적용 연도의 기본급(연봉제 직원의 경우 기본연봉)을 기준으로 임금피크제 적용 1년차 5%, 임금피크제 적용 2년차 10%, 임금피크제 적용 3년차 15%로 하고 있다. 또한 임금피크제 대상자에 대한 복리후생은 일반직원과 동일하게 적용한다. 임금피크제 지원제도로 임금피크제지원금과 상생고용지원금이 있으며, 구체적인 지급기준은 「고용보험법령」에 따른다. 임금피크제의 기대효과는 인건비 절감, 인사적체 해소, 고용한정, 신규채용 확대, 고령인력 활용 등이 있다(박영희 외, 2018: 338).

C·H·A·P·T·E·R 9

# 지방공기업 노사관계

공기업이 지니는 공공성 때문에 지방공기업 노사관계에서 노동3권을 민간기업처럼 동일하게 인정할 것인가 하는 것이 문제가 된다. 이 장에서는 지방공기업에서 노사관계의 특성을 이해하고, 지방공기업의 노사관계에 대하여 이론적으로 고찰한다. 또한 우리나라 지방공기업 노사관계 현황을 살펴보고, 지방공기업 노사관계의 발전 방안을 모색해 본다.

## 제 1 절 공공부문 노사관계의 특성 및 유형

### 1. 공공부문 노동조합의 개념과 범위

"노동조합이란 근로자가 주체가 되어 자주적으로 단결하여 근로조건의 유지 · 개선 및 기타 근로자의 경제적 · 사회적 지위의 향상을 도모함을 목적으로 조직하는 단체 또는 그 연합단체"를 의미한다(노동조합 및 노동관계조정법 제2조).

민간부문 혹은 공공부문의 근로자는 자유로이 노동조합을 조직하거나 이에 가입할 수 있다(노동조합 및 노동관계조정법 제5조). 또한 공무원이 아닌 공공부문 종사자 역시 민간기업과 같이 자유로이 노동조합을 설립 · 가입할 수 있다. 사업 또는 사업장에 종사하는 근로자가 아닌 노동조합의 조합원은 사용자의 효율적인 사업운영에 지장을 주지 아니하는 범위에서 사업 또는 사업장 내에서 노동조합 활동이 가능하다. 또한 적법하게 설립된 노동조합은 노동조합의 명칭 사용, 노동쟁의 조정신청, 부당노동행위 구제신청, 민 · 형사상 면책 등의 보호를 받는다(손지은, 2021: 12).

공공부문의 노동조합은 기업별 · 산업별 · 직종별 등 다양한 유형으로 조직되어 있다. 「노동조합 및 노동관계조정법」은 노동조합의 조직형태에 대한 제한을 두고 있지 않으므로 다양한 형태의 조직 유형이 있다. 조직 대상에 따라 기업별 노조와 기업 단위를 벗어나 산업별, 직종별, 지역별, 일반노조 등이 설립되어 있다. [표 9-1]은 공공부문 노동조합의 유형 및 현황과 특성을 보여준다.

공공부문 노동조합의 가장 큰 특성은 민간부문의 노동조합과는 달리 행위 혹은 활동에 제약이 가해진다는 점이다. 구체적으로, 공공부문의 근로자 및 노동조합은 「헌법」 및 「노동관계법령」에 의해 노동3권을 보장받으며, 법률에 정하는 경우에 한하여

**표 9-1 공공부문 노동조합의 유형 및 현황과 특성**

| 구분 | 공사 | | 공단 | |
|---|---|---|---|---|
| | 빈도 | 비율(%) | 빈도 | 비율(%) |
| 노조 미설립 | 8 | 19.5 | 16 | 16.2 |
| 단일노조 | 25 | 61 | 43 | 43.4 |
| 복수노조(2개) | 3 | 7.3 | 29 | 29.3 |
| 3개 이상 노조 설치 | 5 | 12.1 | 11 | 11.1 |
| 계 | 41 | 100 | 99 | 100 |

자료: 고용노동부. 2019년 노동조합 조직현황(손지은, 2021: 36).

단체행동권(쟁의행위)이 제한된다.

근로자는 근로조건의 향상을 위하여 자주적인 단결권 · 단체교섭권 및 단체행동권을 가지며(헌법 제33조), 노동3권은 자주적 단결체인 노동조합을 통해 단체교섭권 및 단체행동권 행사를 통해 근로조건의 개선 등 경제적 지위 향상을 도모할 수 있는 권리이다. 노동조합과 그 조합원은 파업, 태업 또는 그 밖에 업무의 정상적인 운영을 방해하는 어떠한 행위도 하여서는 아니 된다(공무원의 노동조합 설립 및 운영 등에 관한 법률 제11조).

기업별 노동조합은 기업 내부의 근로자로만 이루어진 노동조합을 의미하며, 직종별 노동조합은 같은 직종에 속하는 근로자들이 기업 단위를 벗어난 결합한 노동조합을 의미한다. 노동조합은 단위노동조합 혹은 연합단체인 노동조합으로 구분할 수 있다. 단위노동조합은 개별 근로자가 구성원으로 독자적인 규약과 기관을 갖춘 조직형태로 독자적인 단체교섭권 및 단체행동권을 보유한다(손지은, 2021: 13-15).

## 2. 지방공기업 노동조합 현황

지방공사 및 공단 중 대부분의 기관은 노동조합이 설립되어 있었고, 대체로 복수노동조합보다는 단일노동조합을 설립하고 있다. 2019년 기준 노동조합이 설립되지 않은 기관은 총 24개로, 공단 16개, 공사 8개 기관으로 파악된다. 공사 유형의 경우, 단일의 노동조합이 설립된 기관은 총 25개, 2개 이상의 노동조합이 설립된 기관이 총 8개 기관으로 분석되고, 공단 유형의 경우, 단일의 노동조합이 설립된 기관은 43개, 2개 이상의 노동조합이 설립된 기관은 총 40개 기관으로 분석된다.

2019년 상급 노조에 가입하고 있는 기관 현황을 살펴보면, 단일노조 및 복수노조를 설립한 기관을 누적한 결과 민주노총과 한국노총이 각각 49개, 48개로 비슷한 비율을 보이고 있다. 그러나 단일노조만 설치한 기관과 복수노조 중 제1노조만 고려한 결과를 살펴보면, 민주노총에 가입한 기관이 35개 기관, 한국노총에 가입한 기관이 33개 기관, 지방공기업 노동조합연맹이 24개 기관으로 나타났다(손지은, 2021: 36-38). [표 9-2]는 지방공기업 유형별 노동조합 가입률 현황을 보여준다.

**표 9-2 지방공기업 유형별 노동조합 가입률 현황**

| 가입률 | | 평균(%) | 기관 수 |
|---|---|---|---|
| 공사 | | 84.76 | 32 |
| 공단 | | 63.05 | 78 |
| 기업 유형별 계 | | 69.36 | 110 |
| 〈사업 유형별 평균〉 | | | |
| 공사 | 도시철도 | 70.12 | 6 |
| | 도시개발공사 | 94.43 | 12 |
| | 광역특정공사 | 75.23 | 6 |
| | 기초특정공사 | 88.6 | 5 |
| | 관광공사 | 83.56 | 5 |
| 공단 | 광역시설관리공단 | 60.23 | 6 |
| | 시군시설관리공단 | 65.87 | 32 |
| | 자치구시설관리공단 | 54.65 | 26 |
| | 광역환경시설공단 | 84.12 | 5 |
| | 기초환경시설공단 | 64.73 | 7 |
| 사업 유형별 계 | | 69.36 | 110 |

자료: 고용노동부. 2019년 노동조합 조직현황(손지은, 2021: 38).

## 3. 공공부문 노사관계의 특성[1)]

공공부문은 민간부문에 비해 정치적 성향이 강하며, 중앙 집중적인 교섭, 고용안정이라는 특성으로 인해 정규직 중심으로 노사관계를 형성·유지하는 특성이 있다. 일

1) 공공부문 노사관계의 특성 내용은 이상철(2021: 502-506)의 『한국 공기업의 이해』 일부 내용을 정리한 것이다.

반적으로 노사관계는 근로자와 사용자 간 수직적 차원의 개별 근로관계, 노동조합과 사용자 간 수평적 차원의 집단 노사관계, 그리고 고용 및 노사관계에 영향을 미치는 정부와의 상호관계를 포괄하는 개념이다.

공기업 노사관계는 공기업의 경영진과 근로자의 경우 대리인이라는 위치로 인해, 자기들만이 획득할 수 있는 정보의 비대칭성을 이용하여, 그들 모두에게 유리한 협약을 만들어 낼 수 있는 가능성이 존재한다는 점이다. 이들 대리인들의 담합에 의해 공공기관의 공익성과 성과보다는 조직의 안정과 조직구성원의 이익을 우선하는 단체협약을 만들 가능성이 높아질 수 있다. 공기업의 노사관계는 복잡한 주인-대리인 관계로 인해 책임경영문제, 정치적 논리의 개입, 노사 담합, 경영진의 도덕적 해이 등의 문제점을 드러내고 있다. 이러한 공기업 노사관계의 특징을 정리하면 다음과 같다.

첫째, 공기업은 주인인 국민(주민)의 생활에 필수적인 재화와 서비스를 공급하는 주체이기 때문에, 위임인인 정부가 공익적 관점에서 일정 요건 아래 쟁의권 등을 제한하고 있다. 대립적 시각은 주로 노동3권과 관련하여 공기업에도 민간 노동조합과 동일한 활동을 인정할 것인가 하는 문제로 귀결된다. 일반적으로 사기업과 같은 노동3권을 보장받을 수 없는 것으로 이해하고 있다. 즉, 공기업은 소유 공적 성격과 제공하는 서비스의 공공적 성격 때문에, 노동문제에 관해서는 사기업과 다른 특수성을 지니고 있다고 보는 것이다(김철수, 1981; 권영성, 1981; 이상철, 2021).

둘째, 공기업 노사관계는 실질적인 소유권을 가지고 있는 정부와의 교섭 비중이 높아짐으로 인해, 노조가 민간 노조에 비해 높은 정치 지향성을 보이게 된다. 공기업 노조 간에는 이해관계의 공유로 연대 활동이 활발하게 일어나고 있어 개별 기업별 자율교섭에는 한계를 보이고 있다. 이러한 공기업 노조의 특수성은 결과적으로 공기업의 외부 이해관계자인 상급 노조의 영향력이 점차 커지게 만드는 요인이 되었다. 그러나 공기업 노조의 정치지향성이나 상급 노조의 영향력은 뒤에서 설명하는 기업단위 복수노조 제도를 도입하면서 약화될 것으로 기대하고 있다.

셋째, 공기업 노사관계를 협력적 시각에서 보는 입장은 공기업 노조는 민간 노조의 생존권 투쟁과는 달리 종업원의 복지 문제에 치중할 수 있으므로, 공기업 근로자를 공기업 경영에 적극 참여시킴으로써, 조직 내 민주성을 발전시키고 경영의 능률화를 기할 수 있는 특징이 있다는 것이다(안용식 외, 2001). 협력적 노사관계의 기본적인 시각은 공기업은 공공적 성격이 강하므로, 주인인 시민의 입장에서 경영하는 것이 바람직하지만, 조직의 구성원이자 시민에 대한 서비스 전달자인 공기업 근로자를 근본적으로 경영의 협력적 관계로 보아야 한다는 것이다.

[그림 9-1]은 공기업 노사관계의 다층적 대리인 관계 구조를 보여준다.

**그림 9-1 공기업 노사관계의 다층적 대리인 관계 구조**

| | 당사자 | 임무 | 핵심적 관심사항 |
|---|---|---|---|
| 주인 | 국민(주민) | 소유 | 고객만족 서비스 |
| 위임인 | 정부 | 경영 감독 | 재화 · 서비스의 안정적 공급 경영효율성 향상 |
| 1차 대리인 | 공기업 경영진 | 목표 수행 | 경영성과 향상 경영자율성 확보 |
| 2차 대리인 | 공기업 근로자 | 서비스 생산 및 제공 | 구성원의 복지 향상 |
| 외부 이해관계자 | 상급 노조 | 단체교섭 및 지원 | 정책에 대한 이해관계 노조의 단결력 강화 |

자료: 이상철 · 권영주(2011).

## 제 2 절 공기업 노동관계의 의의와 특성

### 1. 노사관계의 의의

공기업의 노동관계는 공기업 직원들이 노동조건의 유지 및 개선이나 기타공기업의 경영과 관련된 여러 문제에 대해 사용자 측인 중앙정부나 지방자치단체와 교섭하는 관계를 의미한다. 공기업의 노동관계는 소유와 경영의 속성에서 기인하는 공공성 때문에 사업기업과 다르게 인식되며, 단결권 · 단체교섭권 · 단체행동권 등 노동기본권의 적용에 있어서 차이를 보이고 있다.

공기업 노동관계는 공공성과 기업성을 동시에 추구하는 공기업의 특성과 사용자가 중앙정부 혹은 지방자치단체라는 점에서 일반 공무원에게 적용되는 노동관계나 사기업의 노사관계와 대비되고 있다. 공기업의 노동관계는 공기업 직원의 신분에 따라 구분할 수 있는데, 정부 부처 형태 공기업 직원처럼 공무원인 경우에는 공무원의 노동관계와 같은 의미를 갖게 되고, 공무원 노동관계의 특성에 다르게 된다.

일반적으로 대부분 국가에서 공무원은 국민 전체의 봉사자로서 공공이익을 위해 근무한다는 특수성 때문에 노동관계에서 상당한 제약을 받고 있는 실정이며, 공기업 직원이 공무원이라면 이와 같은 제약들을 감수해야 한다고 할 수 있다. 그러나 일반 사기업 노동자들은 노사관계에서 사용자와 대등성을 확보하는 데 전제가 되는 노사관계에 있어서 별다른 제약을 받지 않고 있다.

이와 같은 점을 고려해 볼 때 공기업 노동관계의 핵심은 노동관계의 구체적인 내용인 단결권, 단체교섭권, 단체행동권을 공기업 직원에게 어느 정도 인정해 주느냐에 있다고 할 수 있다(유훈 외, 2011: 150).

## 2. 공기업 노동관계의 현황

우리나라 공기업의 노동관계는 1990년대 이전까지는 별다른 쟁점으로 부각되지 않아 사기업의 노사관계에 비해 비교적 양호한 관계를 유지해 왔으나, 1990년대 들어 정부가 임금 안정화를 위해 임금 가이드라인 정책을 추진하면서 이에 대한 대응으로 단체교섭권 및 단체행동권의 실질적인 보장이 공기업 노동관계에 문제점으로 부각되기 시작했다.

이후 1998년 IMF 경제위기를 겪으면서 공공부문 구조조정에 대한 필요성이 제기되고, 공기업의 민영화와 경영혁신에 대한 논의가 진행되면서 공기업의 노사관계에 있어서 새로운 국면을 맞이하게 되었다. 이러한 상황은 공기업에 있어서 노조의 강화 및 공기업 노조 간의 연합체 결성, 외부 노동조합연맹과의 연대 강화 등의 상황을 조성하였고, 구조조정이나 민영화를 반대하기 위한 파업이 빈번하게 발생하게 되었다.

정부 부처 형태 공기업의 경우에는 노동3권(단결권, 단체교섭권, 단체행동권)이 제한되어 있기 때문에, 파업을 하게 될 경우 필연적으로 불법행위로서 처벌을 받게 되며, 공사나 주식회사 형태 공기업의 경우에도 법률적으로 노동3권이 제한되지 않지만, 구조조정이나 민영화 등의 사유로 파업을 하게 될 경우 경영상의 문제는 노조와 교섭의 대상이 되지 않기 때문에 불법행위로서 처벌을 받게 된다.

그러나 한편으로는 공사나 주식회사 형태 공기업의 노조가 공기업의 경영에 지나친 영향력을 행사하고 있어, 경영의 합리화와 공기업의 효율적 운영에 방해가 되고 있다는 비판도 받고 있는 실정이다(유훈 외, 2011: 156).

## 3. 노동3권[2)]

노동3권은 근로자의 인간다운 생활을 보장하기 위해 「헌법」에 보장된 기본권으로 단결권, 단체교섭권, 단체행동권을 의미한다. 우리나라 「헌법」 제33조 제1항에 "근로자는 근로조건의 향상을 위하여 자주적인 단결권, 단체교섭권 및 단체행동권을 가진다"고 명시하고 있다. 이를 구체적으로 보장하기 위한 법률로는 「노동조합 및 노동관계조정법」이 있다.

단결권(right of organization)은 근로자들이 근로조건의 유지 또는 향상을 목적으로 사용자와 대등한 교섭권을 갖는 단체를 구성하는 권리를 말한다. 단결권은 노동조합을 결성하고 그에 가입하는 권리라 할 수 있다. 노동조합의 조직이나 가입의 보장이 노동기본권 보장의 기본이 된다. 노동조합은 근로자가 주체가 되어 자주적으로 단결하여 근로조건의 유지, 또는 개선 기타 근로자의 경제적 · 사회적 지위의 향상을 도모함을 목적으로 조직하는 단체 또는 그 연합체를 말한다. 단결권을 침해하면 부당노동행위[3)]가 된다. 노동조합은 하나의 법인으로서, 노동위원회에 노동쟁의 조정 및 부당노동행위의 구제를 신청할 수 있다(노동조합 및 노동관계조정법 제7조 제1항).

---

2) 노동3권은 박영희 외(2018: 159-172) 『공기업론』의 내용을 정리한 것이다.

3) 부당노동행위(노동조합 및 노동관계조정법 제81조)는 1. 근로자가 노동조합에 가입 또는 가입하려고 하였거나 노동조합을 조직하려고 하였거나, 기타 노동조합의 업무를 위한 정당한 행위를 한 것을 이유로 그 근로자를 해고하거나 그 근로자에게 불이익을 주는 행위, 2. 근로자가 어느 노동조합에 가입하지 아니할 것 또는 탈퇴할 것을 고용조건으로 하거나, 특정한 노동조합의 조합원이 될 것을 고용조건으로 하는 행위, 3. 노동조합의 대표자 또는 노동조합으로부터 위임을 받은 자와의 단체협약체결 기타의 단체교섭을 정당한 이유 없이 거부하거나 해태하는 행위, 4. 근로자가 노동조합을 조직 또는 운영하는 것을 지배하거나, 이에 개입하는 행위와 근로시간 면제한도를 초과하여 급여를 지급하거나 노동조합의 운영비를 원조하는 행위. 다만, 근로자가 근로시간 중에 제24조 제2항에 따른 활동을 하는 것을 사용자가 허용함은 무방하며, 또한 근로자의 후생자금 또는 경제상의 불행 그 밖에 재해의 방지와 구제 등을 위한 기금의 기부와 최소한의 규모의 노동조합사무소의 제공 및 그 밖에 이에 준하여 노동조합의 자주적인 운영 또는 활동을 침해할 위험이 없는 범위에서의 운영비 원조행위는 예외로 한다. 5. 근로자가 정당한 단체행위에 참가한 것을 이유로 하거나 또는 노동위원회에 대하여 사용자가 이 조의 규정에 위반한 것을 신고하거나, 그에 관한 증언을 하거나 기타 행정관청에 증거를 제출한 것을 이유로 그 근로자를 해고하거나, 그 근로자에게 불이익을 주는 행위를 의미한다.

단체교섭권(right of collective bargaining)은 근로자들이 근로조건의 향상을 목적으로 일시적 또는 계속적인 단결권을 통하여 사용자와 자주적으로 교섭하는 권리를 말한다. 단체교섭의 범위는 근로조건에 국한한다는 것은 아니며, 근로자들의 경제적 · 사회적 지위의 향상에 관한 것으로서 사용자와 교섭이 가능한 것이면 된다. 최근 교섭 대상으로 논란이 되고 있는 것은 경영 및 인사에 관한 사항인데, 그 구체적 한계를 획정하기가 어렵다. 즉, 경영 및 인사에 관한 사항도 근로조건과 직접 관련이 있는 사항이면 노동조합의 교섭요구에 대하여 사용자가 거부할 수 없다고 볼 수 있다.

단체행동권(right to act collectively)은 단체교섭이 원만하게 이루어지지 않을 때 노동조합이 태업이나 파업과 같은 쟁의행위로, 사용자에게 압력을 가할 수 있는 권리를 의미한다. 단체행동을 인정한다는 것은 근로자들이 그들의 사실적인 힘을 사용하여 근로조건을 개선하는 것을 제도적으로 인정하는 것이며, 노사 간의 이해관계의 대립을 쟁의행위에 의하여 해결할 수 있음을 의미한다. 근로자들의 쟁의행위가 법률이 보장하는 범위 내에서 이루어지는 한 형사책임이나 민사상 손해배상책임은 없고, 해고나 그 밖에 불이익한 처우도 받지 않는다.

## 4. 공기업 노동관계의 발전방안

그간의 공기업 노동관계는 공기업이 지니는 공공성 때문에 일반적인 사기업의 노사관계와 다르게 상당한 규제를 받아 왔으나, 공기업 노동자들의 삶의 질 향상과 공기업의 기업으로서의 경쟁력 강화를 위해 새로운 형태의 노동관계 정립이 필요하다.

먼저, 단결권, 단체교섭권, 단체행동권 등 노동기본권의 보장에 있어서는 기본권 보장의 범위를 점진적으로 확대해 나가는 것이 필요하다. 우리나라 공기업에 있어서 법률적이든 실질적이든 노동기본권의 허용 범위가 제한적이기 때문에, 이를 현실에 맞게 수정해 나갈 필요성이 제기된다. 지금까지는 모든 공기업에 노동기본권이 보장 정도를 일률적으로 적용하는 경향이 있었으나, 이를 현실에 맞게 차등적으로 적용하는 것이 필요하다.

다음으로, 공기업의 노동관계를 기관의 특성별로 합리화할 필요성이 제기된다. 공기업 중 기업성이 강한 공기업들에 있어서는 노동관계의 자율성을 확대하는 대신 경영평가의 내실화를 통한 사후감독 기능을 강화하고, 공공성이 강한 공기업은 예산편성지침, 구조조정 등 주요 사안에 대한 노 · 사 · 주무부처 간 협의를 통해 합리적으로 문제를 해결하는 것이 필요하다.

마지막으로, 공기업의 투명경영과 합리적 노동운동의 정착이 필요하다. 공기업의 노동관계에 있어서 노사 간의 신뢰는 경영진의 투명한 경영과 대화와 타협을 중시하는 노사관계에서 형성된다(유훈 외, 2011: 157).

## 제 3 절 지방공기업의 노사관계[4)]

### 1. 노사관계에 관한 이론적 고찰

일반적으로 노동문제는 대립적 시각과 협동적 시각으로 구분하여 살펴볼 수 있다. 흔히 노사관계를 논의함에 있어 대립적 시각에서 노동자와 사용자가 갈등하는 관계에 있는 것으로 보는 전통적 시각이 지배적이지만, 오늘날에 와서는 이러한 전통적 시각에서 탈피하여 노동자와 경영자와의 관계를 협동적 시각에서 고찰하려는 경향이 강하다. 특히, 개념적인 측면에서도 갈등 관계를 전제로 하는 노동자와 사용자의 개념보다는 협조관계를 전제로 하는 노동자와 경영자와의 관계로 이해하려는 시각도 존재한다. 우선, 총괄적인 시각에서 노사관계에 대한 기본 틀을 예시해 보면 [표 9-3]과 같다.

공기업의 노사관계도 이러한 기준에 따라 대립적 시각과 협동적 시각으로 구분하여 볼 수 있다. 대립적 시각은 주로 노동3권과 관련하여 공기업에도 노동조합의 활동을 인정할 것인가 하는 문제로 귀결되는데, 일반적으로 사기업과 동일한 노동3권을 보장받을 수 없는 것으로 이해하고 있다. 즉, 공기업은 소유의 공적 성격과 제공하는 서비스의 공공적 성격 때문에 노동문제에 관하여는 사기업과 다른 특수성을 지니고 있기 때문이며, 공기업이 제공하는 서비스가 공공복리를 위한 직무이기 때문이다.

반면, 협동적 시각에서는 공기업이 공공적 성격이 강하므로 시민주체의 입장에서 경영하는 것이 바람직하며, 조직의 구성원이자 시민에 대한 서비스 전달자인 노동자를 기업경영에 적극 참여시킴으로써, 조직 내 민주주의를 발전시키고 경영의 능률화를 꾀하려는 입장이다.

4) 지방공기업의 노사관계는 안용식 외(2001: 225-243)의 『지방공기업론』 내용을 정리한 것이다.

**표 9-3 노사관계를 보는 시각**

| 시각 | 주요 제도 | | 비고 |
|---|---|---|---|
| 대립적 시각 | 노동조합제도 | | 노동3권과 제약 |
| 협동적 시각 | 자본 참가 | 종업원지주제도 | 우리 사주 |
| | | 노동주제도 | 노동주의 개념 |
| | 이익 참가 | Scanlon Plan | suggestion + bonus |
| | 경영 참가 | 노동자대표제 | panel system |
| | | 공동관리제 | 이익대표적 구성 |
| | | 노동자관리제 | 경영자 = 노동자 |
| | | 노사협의제 | 노사공동의 협의 · 의결 |

자료: 안용식 외(2001: 227).

## 2. 대립적 시각에서의 노사관계

### 1) 노동3권 관련 규정

노동자의 단결권, 단체교섭권, 단체행동권으로 구성되는 노동3권은 자연법이 요구하는 권리로서 승인되어 세계 각국이 한결같이 보장하고 있는 추세이다. 우선, 단결권이란 근로자 작업환경의 유지개선을 실현시키기 위하여 자주적으로 단체를 조직할 수 있는 권리를 의미하며, 단체교섭권이란 근로자가 작업환경의 유지, 개선을 위하여 근로자 단체의 이름으로 사용자 또는 사용자 단체와 자주적으로 교섭할 수 있는 권리를 의미한다. 또한 단체행동권이란 근로자가 작업환경의 유지, 개선을 관철시키기 위하여 집단적으로 시위 행동을 함으로써 업무의 정상적인 운영을 저해할 수 있는 권리를 말한다(허영, 1990: 484-488).

#### (1) 헌법

우리나라 「헌법」은 근로의 권리만이 아니라 취업 중에 있는 근로자의 생활을 보호하기 위하여 제33조 제1항에서 "근로자는 근로조건의 향상을 위하여 자주적인 단결권 · 단체교섭권 및 단체행동권을 가진다"라고 하여 근로자의 노동3권을 보장하고 있다.

또한 제2항에서는 "공무원인 근로자는 법률이 정하는 자에 한하여 단결권 · 단체교섭권 및 단체행동권을 가진다"라고 하여 일정한 범위의 공무원에 한하여 그 노동3권을 인정하고 있다. 그러나 제3항에서는 "법률이 정하는 주요 방위산업체에 종사하는 근로자의 단체행동권은 법률이 정하는 바에 의하여 이를 제한하거나 인정하지 아니할 수 있다"라고 규정하고 있으며, 제37조 제2항에서는 "근로자의 노동3권도 국가안전 보장·질서유지 또는 공공복리를 위하여 필요한 경우에는 법률로써 제한할 수 있다"고 규정하고 있다.

#### (2) 국가공무원법 및 지방공무원법

「헌법」 제33조 제2항은 공무원인 근로자의 노동3권에 대해서는 법률로 보장하고 있다. 즉, 「국가공무원법」 제66조 제1항과 「지방공무원법」 제58조 제1항에서는 "공무원은 노동운동, 그 밖에 공무 이외의 일을 위한 집단적 행동을 하여서는 아니 된다. 다만, 사실상 노무에 종사하는 공무원은 예외로 한다"라고 규정하여 일정 범위의 공무원에 대해서만 그 노동3권을 인정하고 있음을 알 수 있다. 사실상 노무에 종사하는 국가공무원과 지방공무원은 대통령령과 조례로 정한다(국가공무원법 제66조 제2항, 지방공무원법 제58조 제2항).

#### (3) 공무원 복무규정

대통령령인 「국가공무원 복무규정」 제28조는 사실상 노무에 종사하는 공무원의 구체적 범위를 정하고 있다. 사실상 노무에 종사하는 공무원은 과학기술정보통신부 소속 현업기관의 작업 현장에서 노무에 종사하는 우정직 공무원으로서 다음 사항의 어느 하나에 해당하지 아니하는 공무원으로 한다. 1. 서무·인사 및 기밀 업무에 종사하는 공무원, 2. 경리 및 물품출납 사무에 종사하는 공무원, 3. 노무자 감독 사무에 종사하는 공무원, 4. 「보안업무규정」에 따른 국가보안시설의 경비 업무에 종사하는 공무원, 5. 승용자동차 및 구급차의 운전에 종사하는 공무원이 해당된다.

#### (4) 노동조합 및 노동관계조정법

공공부문에서 노동3권과 관련된 법 규정을 살펴보면 노동운동을 할 수 있는 대상과 범위가 크게 제약받고 있음을 알 수 있다. 또한 노동운동을 할 수 있는 대상이라 하더라도 「노동조합 및 노동관계조정법」에 의해 공익사업으로서 많은 규제를 받고 있다. 이러한 규정을 요약하면 아래와 같이 네 가지로 요약할 수 있다.

첫째, 공익사업에서 노동쟁의 조정은 우선적으로 취급하여 신속히 처리하도록 규정하고 있다.

둘째, 조정 전치 기간이 일반사업에 비해 5일이 더 길다. 즉, 노동위원회에 조정신청을 한 날로부터 15일이 경과하지 아니하면 쟁의행위를 할 수 없다.

셋째, 공익사업 중에서 필수공익사업에 대해서는 일반사업과 달리 직권 강제 중재가 허용된다. 공익사업 노동쟁의의 조정을 위하여 노동위원회 특별조정위원회를 두고 있는데, 특별조정위원회에서 중재의 필요성을 권고하면 노동위원회의 위원장이 중재 결정을 내리게 된다. 중재에 회부된 때에는 그날로부터 15일 간 쟁의행위를 할 수 없다.

넷째, 공익사업에 대해서는 긴급조정이 인정되고 있다. 즉, 고용노동부 장관은 쟁의행위가 공익사업에 관한 것이거나 그 규모가 크거나 그 성질이 특별한 것으로서, 현저히 국민경제를 해하거나 국민의 일상생활을 위태롭게 할 위험성이 현저할 때에는 긴급조정의 결정을 할 수 있다.

고용노동부 장관이 중앙노동위원회의 의견을 듣고 긴급조정의 결정을 할 때에는 지체 없이 그 이유를 붙여 이를 공표함과 동시에 중앙노동위원회와 관계 당사자에게 각각 통보하여야 한다. 중앙노동위원회는 고용노동부 장관의 통고를 받으면 지체 없이 조정을 개시해야 하며(노동조합 및 노동관계조정법 제78조), 조정이 성립할 가망이 없다고 인정되는 경우에는 공익위원의 의견을 들어 긴급조정 결정 통고를 받은 날로부터 15일 이내에 중재에 회부할 것인가의 여부를 결정하여야 한다(노동조합 및 노동관계조정법 제79조).

긴급조정의 결정이 공표된 때에는 관계 당사자는 즉시 쟁의행위를 중지하여야 하며 공표일로부터 30일이 경과하지 않으면 쟁의행위를 할 수 없다(노동조합 및 노동관계조정법 제77조). 물론 이를 위반하면 처벌된다. 긴급조정에 의하여 조정안이 관계 당사자에 의해 수락되거나 또는 중재 결정이 내려지면 조정서의 내용과 중재 결정은 단체협약과 동일한 효력을 갖는다(노동조합 및 노동관계조정법 제61조). 또한 단체협약의 해석 또는 이행 방법에 관하여 노동위원회가 제시한 해석 또는 이행 방법에 관한 견해는 중재재정과 동일한 효력을 가진다(노동조합 및 노동관계조정법 제34조). [그림 9-2]는 노동쟁의 조정 절차를 보여준다.

그림 9-2 노동쟁의 조정 절차

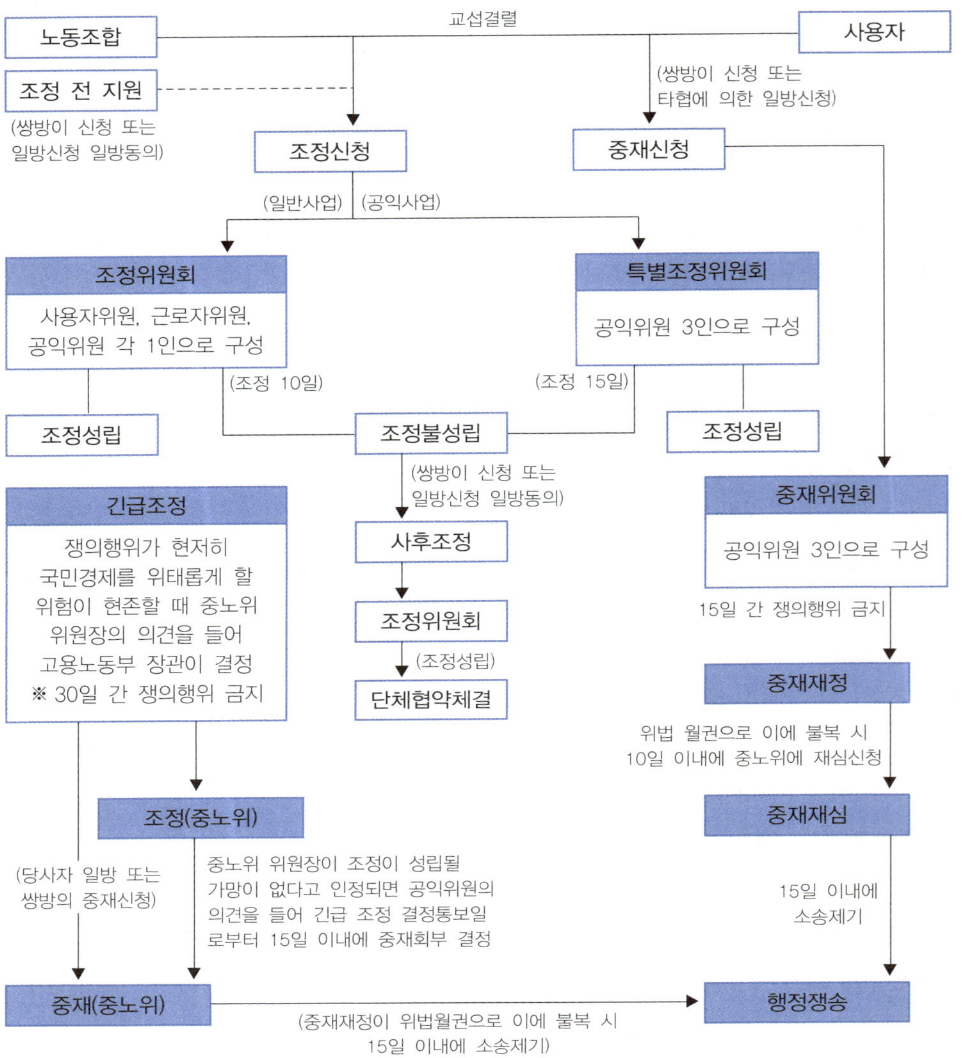


자료: 중앙노동위원회 홈페이지.

## 2) 대립적 시각에서의 노사관리제도[5)]

### (1) 숍(shop) 제도

노동자가 노동조합에 가입하는 방법은 오픈 숍, 클로즈드 숍, 유니언숍 등 세 가지로 구분된다. 첫째, 오픈 숍(open shop) 제도 하에서는 노동조합의 가입과 탈퇴가 자유로우며, 고용된 노동자는 노동조합의 가입 여부를 스스로 결정할 수 있고 노동자의 의무적 노동조합 가입이 고용조건이 아니다. 단체협약에 특별한 규정이 없는 경우에는 오픈 숍 제도를 채택하고 있다고 볼 수 있다.

둘째, 클로즈드 숍(closed shop) 제도는 오픈 숍과 대립되는 개념으로, 고용된 노동자는 일정한 기간 내에 반드시 노동조합에 가입해야 하며, 가입하지 않으면 해고된다. 단일노조 제도 하에서는 유니온 숍이 노조 가입을 강제하는 폐해가 있었으나, 복수노조 제도 하에서는 노조 가입을 강제할 수 없다. 즉, 기존 노조가 노조에 가입하지 않았다는 이유로 노조원을 해고해도 해고된 노동자들이 노조를 다시 만들 수 있기 때문이다.

셋째, 유니언 숍(union shop) 제도는 클로즈드 숍에 포함되지만 채용 시의 차이를 기준으로 구별된다. 우리나라의 경우 오픈 숍 제도를 근간으로 하지만, 예외적으로 유니온 숍 제도를 인정하고 있다. 「노동조합 및 노동관계조정법」 제81조에서는 근로자가 어느 노동조합에 가입하지 아니할 것 또는 탈퇴할 것을 고용조건으로 하거나, 특정한 노동조합의 조합원이 될 것을 고용조건으로 하는 행위를 부당노동행위로 간주하고 있다. 다만, 노동조합이 당해 사업장에 종사하는 근로자의 3분의 2 이상을 대표하고 있을 때에는 근로자 그 노동조합의 조합원이 될 것을 고용 조전으로 하는 단체협약의 체결은 예외로 하며, 이 경우 사용자는 근로자가 그 노동조합에서 제명된 것 또는 그 노동조합을 탈퇴하여 새로운 노동조합을 조직하거나 다른 노동조합에 가입한 것을 이유로 근로자에게 신분상 불이익한 행위를 할 수 없다(노동조합 및 노동관계조정법 제81조 제2호).

### (2) 복수노조

복수노조(multiple labor union)는 한 사업장 내에 2개 이상의 노조가 존재하는 것

---

5) 대립적 시각에서의 노사관리제도는 원구환(2018: 289-292)의 『공기업론』 내용을 정리한 것이다.

을 의미한다. 우리나라의 복수노조 설립은 경우 2010년 1월 1일「노동조합 및 노동관계조정법」 개정안이 국회 본회의를 통과함에 따라 2010년 7월 1일부터 노조 전임자에 대한 임금 지급이 금지(타임오프제로 대체)되었고, 2011년 7월 1일부터 복수노조 설립이 가능하게 되었다. 복수노조 설립 허용은 기존 노조에 대한 불만자에게 결사의 자유를 보장해 주는 이점이 있는 반면에, 노노 간의 갈등과 사용자와 노동자 간의 협상력 분할을 조장하는 문제점이 나타날 수 있다.

### (3) 근로시간 면제(time-off) 제도

노동조합 전임자는 단체협약으로 정하거나 사용자의 동의가 있는 경우에는 근로계약 소정의 근로를 제공하지 아니하고 노동조합의 업무에만 종사할 수 있으며(노동조합 및 노동관계조정법 제24조 제1항), 노동조합의 전임자는 전임 기간 동안 사용자로부터 어떠한 급여도 지급받아서는 안 되도록 규정되어 있다(노동조합 및 노동관계조정법 제24조 제2항). 즉, 사용자가 노조 전임자에게 급여를 지원하는 행위를 부당노동행위로써 금지하였으며, 노조 전임자의 급여를 노조 스스로 부담하는 것을 원칙으로 하였다.

국제노동기구(ILO), 미국, 캐나다 등 많은 나라에서 노조에 대한 경비 원조를 원칙적으로는 부당노동행위로 보면서도 근로자 대표로 하여금 직무를 수행할 수 있도록 적절한 편의를 제공하는 데 대해서는 부당노동행위로 보지 않는 근로시간 면제 제도가 일반화되어 있다. 특히, 국제노동기구는 노조 전임자에 대한 급여 지급 여부는 입법적 관여의 대상이 아니라는 사실을 상기하면서 전임자 급여 지급금지제도를 결사의 자유원칙과 부합하는 방법으로 문제를 해결하고 권고하여 왔다(박도하, 2013: 624).

우리나라의「노동조합 및 노동관계조정법」은 무급인 노조 전임자 급여 지급금지제도와 유급인 근로시간 면제 제도가 함께 규정되어 있다. 노사는 고용노동부 장관이 고시한 근로시간 면제한도 내에서 근로시간 면제 수준을 자율적으로 정할 수 있으며, 노사 공동의 이해관계에 속하는 근로시간 면제자의 활동에 대해 유급을 인정하였다. 또한 전국 각지에 분포된 조합원 1,000명 이상 사업자의 경우 전국적으로 분산된 사업장 노조의 이동 기간을 고려하여 지역분포 정도에 따라 가중치(10~30%)를 부여하였다(원구환, 2018: 290-292). [표 9-4]는 조합원 규모별 근로시간 면제한도를, [표 9-5]는 지역분포별 근로시간 면제한도를 보여준다.

**표 9-4 조합원 규모별 근로시간 면제한도**

| 조합원 규모* | 연간 기간 한도 | 사용 가능 인원 |
|---|---|---|
| 99명 이하 | 최대 2,000시간 이내 | * 조합원 수 300명 미만의 구간: 파트타임으로 사용할 경우 그 인원은 풀타임으로 사용할 수 있는 인원의 3배를 초과할 수 없다.<br>* 조합원 수 300명 이상의 구간: 파트타임으로 사용할 경우 그 인원은 풀타임으로 사용할 수 있는 인원의 2배를 초과할 수 없다. |
| 100명~199명 | 최대 3,000시간 이내 | |
| 200명~299명 | 최대 4,000시간 이내 | |
| 300명~499명 | 최대 5,000시간 이내 | |
| 500명~999명 | 최대 6,000시간 이내 | |
| 1,000명~2,999명 | 최대 10,000시간 이내 | |
| 3,000명~4,999명 | 최대 14,000시간 이내 | |
| 5,000명~9,999명 | 최대 22,000시간 이내 | |
| 10,000명~14,999명 | 최대 28,000시간 이내 | |
| 15,000명 이상 | 최대 36,000시간 이내 | |

* '조합원 규모'는 「노동조합 및 노동관계조정법」 제24조 제4항의 '사업 또는 사업장'의 전체 조합원 수를 의미하며, 단체협약을 체결한 날 또는 사용자가 동의한 날을 기준으로 산정한다.

자료: 고용노동부(moel.go.kr).

**표 9-5 지역분포별 근로시간 면제한도**

| 대상 | 추가 부여되는 근로시간 면제한도 | |
|---|---|---|
| | 광역자치단체 개수 | 시간 |
| 전체 조합원 1,000명 이상인 사업 또는 사업장 | 2~5개 | (사업 또는 사업장 연간 근로시간 면제한도)×10% |
| | 6~9개 | (사업 또는 사업장 연간 근로시간 면제한도)×20% |
| | 10개 이상 | (사업 또는 사업장 연간 근로시간 면제한도)×30% |

* 광역자치단체 개수 산정기준.
  - 광역자치단체는 「지방자치법」 제2조 제1항 제1호에 따른 특별시, 광역시, 특별자치시, 도, 특별자치도를 말한다.
  - 광역자치단체의 개수는 해당 사업 또는 사업장의 전체 조합원 5% 이상이 근무하는 것을 기준으로 산정한다.

자료: 고용노동부(moel.go.kr).

## 3. 협력적 시각에서의 노사관계[6)]

협력적 시각에서 제기된 노사관계는 다양한 형태로 구분될 수 있으나, 앞의 [표 9-3]에서 살펴본 바와 같이 자본 참가, 이익 참가, 경영 참가의 세 가지 형태로 구분

6) 협력적 시각에서 노사관계 내용은 원구환(2018: 293-296)의 『공기업론』 일부를 정리한 것이다.

할 수 있다(원구환, 2018). 실존 법규에 따라 다르지만 일부 국가에서는 노동자들이 자본, 이익, 경영 세 가지 모두 참가가 가능하지만, 많은 국가에서는 노동자의 경영 참가는 허용되고 있지 않다.

우리나라의 경우 국가의 공공기관에는 2022년 8월부터 노동이사제가 도입되었지만, 지방공기업에서는 「지방공기업법」에 아직 관련 규정이 없어, 이 제도가 본격적으로 도입되고 있지는 않고 있는 실정이다.

노동자의 경영 참가 유형은 다양하지만, 우리나라에서 협력적 시각에서 채택하고 있는 제도는 노사협의회라 할 수 있다. 이런 노사협의회는 지방공기업의 간접경영방식에서 채택되고 있으며, 직접경영방식의 경우에도 협의체적 기구로서 공무원직장협의회를 구성할 수 있다. 또한 간접경영방식의 경우에도 협의체적 기구로서 공무원직장협의회를 구성할 수 있다.

### 1) 지방직영기업의 노사관계

지방직영기업에 종사하는 기업 직원은 모두 공무원의 신분이므로 노동3권이 인정되지 않는다. 그러나 지방공무원의 경우 준노동조합적 성격을 갖고 있는 공무원직장협의회의 설치가 가능하기 때문에, 지방직영기업의 종사자는 직장협의회를 구성하여 근로조건 개선을 위한 집단적 노력을 할 수 있다.

여기서 문제가 되는 것은 지방직영기업 근로자의 노동3권을 전면 부정할 수 있는가 하는 점이다. 그러나 어떤 경우에도 모든 공무원의 노동3권을 전면적으로 부정하는 입법은 허용되지 않아야 한다. 공무원의 노동3권을 인정하는 것은 「헌법」이 이미 보장하는 것이기 때문에 입법 사항이 아니고, 단지 노동3권의 주체가 될 수 있는 공무원의 범위만이 입법권자에 의해 정해질 입법사항(허영, 1990: 491)이기 때문이다. 노무에 종사하는 공무원에만 노동3권을 부여하여 그 범위를 극도로 제한하고 있는 것은 문제가 있다고 볼 수 있다(안용식 외, 2001: 237).

### 2) 지방공사 · 공단의 노사관계

지방공사 · 지방공단은 지방자치단체의 조직으로부터 독립된 법인체이므로, 민간기업체에서의 근로자와 마찬가지로 노동3권이 모두 인정된다. 지방공사 · 지방공단의 노조 설립 현황을 살펴보면 다음과 같은 특징을 지니고 있다.

첫째, 지방자치단체가 100% 출자한 지방공사와 지방공단의 경우는 대부분 노조가 설립되어 있다. 둘째, 지방공사와 공단의 경우 노조 가입 비율이 대체적으로 높은 것을 알 수 있다. 셋째, 대도시 지역의 지방공사·공단의 경우 중소도시의 지방공사·공단에 비해 노조의 규모가 상대적으로 크다. 넷째, 간접경영방식의 경우 민간기업에서와 같이 노동3권이 모두 인정된다 할지라도 「노동조합 및 노동관계조정법」에서 규정한 공익사업의 특례에 따라 노동3권 중 단체행동권을 행사하기가 어렵다(안용식 외, 2001: 239-240).

### 3) 노사협의회제

노사협의회제도는 기업의 성장, 발전과 근로자의 근로 생활의 질 향상이라는 두 가지 목적을 달성하기 위하여 노사 당사자들이 대화의 장에 모여 토론과 협의를 하고 공공의사결정에 이를 수 있는 고차원적인 노사문제 해결 프로그램이다. 노사협의회제는 소극적으로 보고·통보하는 단계에서부터 합의에 이르는 공동결정까지 다양한 단계와 수준이 있지만, 근본적으로는 참여와 협조를 통한 생산성 향상과 근로자의 근로 생활을 질적으로 향상하게 시키는데 의의를 둔 제도이다. 그러므로 노사협의회제도는 조직적 대화의 한 방법이며, 협의 또는 경영 참가의 일종의 기업 민주주의를 실현하는 제도라 할 수 있다(원구환, 2018: 293-296).

## 4. 우리나라의 노사협의회

### 1) 노사협의회의 설치 및 구성

노사협의회란 근로자와 사용자가 참여와 협력을 통하여 근로자의 복지증진과 기업의 건전한 발전을 도모하기 위하여 구성하는 협의기구를 말한다(근로자참여 및 협력증진에 관한 법률 제3조). 특히, 노동조합의 단체교섭이나 그 밖의 모든 활동은 「근로자참여 및 협력증진에 관한 법률」에 의하여 영향을 받지 않는다(근로자참여 및 협력증진에 관한 법률 제5조).

노사협의회는 근로자와 사용자를 대표하는 같은 수의 위원으로 구성하되, 각 3명 이상 10명 이하로 한다(근로자참여 및 협력증진에 관한 법률 제6조 제1항), 근로자를 대표하는 위원은 근로자가 선출하되, 근로자의 과반수로 조직된 노동조합이 있는 경우에는 노동조합의 대표자와 그 노동조합이 위촉하는 자로 한다.

노사협의회에는 의장을 두며, 의장은 위원 중에서 호선한다. 이 경우 근로자위원과 사용자위원 중 각 1명을 공동의장으로 할 수 있다. 의장은 협의회를 대표하며, 회의 업무를 총괄한다. 또한 노사 쌍방은 회의 결과의 기록 등 사무를 담당하는 간사 1명을 각각 둔다(근로자참여 및 협력증진에 관한 법률 제7조). 노사협의회 위원의 임기는 3년으로 연임할 수 있다. 또한 보궐 위원의 임기는 전임자 임기의 남은 기간으로 하며, 위원은 임기가 끝난 경우라도 후임자가 선출될 때까지 계속 그 직무를 담당한다(근로자참여 및 협력증진에 관한 법률 제8조).

노사협의회 회의소집은 3개월마다 정기적으로 회의를 개최하며, 노사협의회는 필요에 따라 임시회를 개최할 수 있다(근로자참여 및 협력증진에 관한 법률 제12조). 의장은 협의회 회의를 소집하여 그 의장이 되며, 의장은 노사 일방의 대표자가 회의의 목적을 문서로 밝혀 회의의 소집을 요구하면 그 요구에 따라야 하며, 의장은 회의 개최 7일 전에 회의 일시, 장소, 의제 등을 각 위원에게 통보하여야 한다(근로자참여 및 협력증진에 관한 법률 제13조). 의사정족수는 근로자위원과 사용자위원의 각 과반수의 출석으로 개최하고 출석위원 2/3 이상의 찬성으로 의결하도록 규정하고 있다(근로자참여 및 협력증진에 관한 법률 제15조). 협의회의 회의는 공개를 원칙으로 하지만, 협의회의 의결로 공개하지 아니할 수 있다.

### 2) 노사협의회의 임무

노사협의회의 권한은 크게 협의사항, 의결사항, 보고사항으로 구분할 수 있다. 첫째, 협의사항은 생산성 향상과 성과 배분, 근로자의 채용·배치 및 교육훈련, 근로자의 고충처리, 안전·보건, 그 밖의 작업환경 개선과 근로자의 건강증진, 인사·노무관리의 제도 개선, 경영상 또는 기술상의 사정으로 인한 인력의 배치전환·재훈련·해고 등에 관한 사항이다(근로자참여 및 협력증진에 관한 법률 제20조 제1항). 이러한 협의사항에 대하여 제15조의 정족수에 따라 의결할 수 있도록 규정하고 있다(근로자참여 및 협력증진에 관한 법률 제20조 제2항).

둘째, 의결사항은 근로자의 교육훈련 및 능력개발 기본계획의 수립, 복지시설의 설치와 관리, 사내근로복지기금의 설치, 고충처리위원회에서 의결되지 아니한 사항, 각종 노사공동위원회의 설치에 관한 사항이다(근로자참여 및 협력증진에 관한 법률 제21조).

셋째, 보고사항은 경영계획 전반 및 실적에 관한 사항, 분기별 생산계획과 실적에 관한 사항, 인력계획에 관한 사항, 기업의 경제적・재정적 상황(근로자참여 및 협력증진에 관한 법률 제22조)에 관한 사항이다. 다만, 근로자위원은 근로자의 요구사항을 보고하거나 설명할 수 있으며, 근로자위원은 사용자가 제1항에 따른 보고와 설명을 이행하지 아니하는 경우에는 제1항 각 호에 관한 자료를 제출하도록 요구할 수 있으며, 사용자는 그 요구에 성실히 따라야 한다(근로자참여 및 협력증진에 관한 법률 제22조).

## 5. 우수 노사관계 사례

서울시농수산식품공사는 '안전하고 믿을 수 있는 농수산물 및 농수산식품의 원활한 유통을 도모하고 적정 가격을 유지하기 위해' 1984년 4월 10일에 설립된 지방공기업이다. 공사 노동조합은 1987년 11월 25일 창립하여 민주노총을 상급단체로 두고 있다. 공사의 노사관계는 설립 초기부터 순탄하지 않았다. 1989년부터 2002년까지 네 차례 파업[7]이 벌어지는 등 노사가 대립적인 모습을 보였다. 1989년부터 2002년까지 네 차례 파업이 발생하였으나, 이후 2022년까지 공사 노사는 20년 간 무분규 사업장의 전통을 이어오고 있다. 공사의 모범적인 노사관계는 노사화합 기조를 바탕으로 2009년 '서울시 공기업 노사정 화합・평화 및 사회공헌 선언'에 동참했고, 2012년 '도농교류 우수기업 국무총리상'을 받았다. 2016년에는 '대한민국 자원봉사대상 대통령상'을 수상했고, 2021년에는 '고용노동부의 노사문화 우수기업'에 선정되었다.

이처럼 공사가 안정적인 노사관계를 유지할 수 있는 배경은 우선 노사갈등 요소를 미리 탐색하고 예방하는 데 역점을 두고 있다. 공사는 연 1회 직원 만족도 조사를 정기적으로 실시하여 근무여건・환경, 직무, 인사・보상, 복리후생, 소통, 비전・전략으로 나눠 내부 만족도를 평가한 뒤 부진한 분야에 대하여 노사가 대책을 마련하고 갈등을 해결하기 위해 합심하고 있다. 특히, 공사는 인사에서 불확실성이 큰 전보에 대

7) 1989~2022년 네 차례 파업은 1997년 노동법 개정 반대 파업, 1989년 임단협 파업(11일), 1996년 임원 내부 승진을 위한 파업(1일), 2002년 부당징계 철회 파업(15일) 등이다.

해 직원들의 불만이 높다는 점을 파악하고, '예측가능한 전보시스템 운영'으로 전보에 대한 불만을 해소했다. 또 노사가 합심해 '노사합동 인사제도 개선 TF'를 통해 인사관리를 고도화했다. TF는 평정체계 개선과제를 도출하고 대안을 마련하고 2022년 제도화했다. 예를 들어, 특수지, 기피부서 근무 시 인사평가에서 가점 제도를 도입했고, 서울시 투자기관 최초로 노동이사를 임명하여 운영하고 있다.

노사가 함께한 '노사합동 인사제도 개선 TF', '체계적인 고충처리시스템 운영', '코로나19 위기 상황에서 도매시장을 지키기 위한 비상체제 운영' 등이 모범적 공공 노사관계를 조성하는 데 밑바탕이 되었다. 또한 노사는 행복한 일터를 조성하고자 노동시간을 단축하고 일·생활 균형 실현을 위한 3대 추진 실행과제를 추진하였다. 구체적으로, 첫째, 코로나19 대응을 위한 비대면 근무환경 및 시스템 구축을 구축했다. 둘째, 저출산 위기 극복 및 양성평등 조직문화 실현을 위해 연차휴가 사용 촉진 및 유연근무제도 사용 독려 분위를 조성했다. 셋째, 고용노동부의 일·생활 균형 캠페인 참여로 체계적이고 효율적인 일·생활 균형정책을 안정화시켰다.

노사는 무기계약직의 고용안정을 위해서 2019년 노사합의를 통해 무기계약직 50명을 대상으로 정규직으로 전환을 완료했다. 또한 지역사회에 대한 사회공헌활동으로 농축산물 구매를 통한 도매시장 특색나눔으로 농어촌 경제 활성화에 기여 등 공사 노사는 사회공헌 확산으로 공공 노사관계의 모범을 보여주고 있다(노사발전재단, 2022: 48-50).

## 제 4 절 지방공기업 노사관계 전략 수립 방향

### 1. 공기업 노사관계의 정책 방향

#### 1) 최근 노사관계의 제도적 변화

우리나라는 2010년 노조 전임자 근로시간 면제 제도(time-off 제도)의 획기적인 개선과 기업 단위 복수노조의 설립허용으로 공기업 노사관계는 새로운 국면을 맞이하고 있다. 기업 단위 복수노조의 설립은 단순히 노동조합 설립의 자유 인정이라는 법・제도적 변화 이상의 의미를 지니다. 기업단위 복수노조 설립허용은 노조 설립 및 조합원 수의 변화, 노사관계 성격 변화, 노동쟁의 발생 가능성 및 노사 간의 역학관계 전반에 상당한 변화를 가져오고 있다. 더구나 복수노조의 허용은 근로시간 면제제도의 혜택을 누가 가질 것인가의 문제와 관련하여, 공기업 노사관계를 크게 변화시킨 요인 중 하나가 되었다.

복수노조 제도가 정착되면서 교섭 단위는 기업 단위를 원칙으로 움직이게 되며, 유급 근로시간 면제 제도에 근거한 유급 전임자의 노조 활동은 기업 단위에서만 인정될 수 있기 때문에, 기업 단위를 벗어나는 노조 활동은 제약을 받을 수밖에 없다. 상급 단체 파견 전임자와 상급 단체 연대 활동에 대한 유급 노조 활동 인정 범위가 줄어들면서, 기업 단위노조 간의 연대 활동이나 노조 간부들의 외부 활동이 자연적으로 감소하게 되며, 노조 활동은 기업 내부 문제에 집중되고 있다. 결국 구성원의 선택을 받기 위한 노조 내의 노선 경쟁, 기업 간 연대 약화로 인한 외부 활동 감소 등은 노조가 정치적 연대보다는 기업 내부에 관심을 집중시킴으로써, 실리 중심 노선을 견지하는 방향으로 움직이게 만들고 있다(이상철, 2021: 511-512).

### 2) 상생 차원의 신노사문화 정착

첫째, 기업경영의 동반자로서 공동책임 구현을 구현한다. 노사 간 토론문화 활성화를 위한 합리적 협의체 구성・운영 및 정기적으로 경영혁신・경영성과에 대한 조합원 설명회를 개최하고, 무분규, 노사평화선언 공기업에 대한 인센티브를 제공한다.

둘째, 임금・단체협상에서 정부 정책을 적극적으로 준수한다. 2004년도 시행된 주40시간 근무제에 따른 제반 개정사항, 노조 전임자 문제, 불법 노동행위, '무노동 무임금' 등 법과 원칙에 따라 처리하고, 법령・정부 정책에 위반되는 임금・단체협상 체결 공기업에 대해서는 경영평가・사장평가 반영 등 불이익 조치를 취한다. 인사・예산・노무 담당자 등 「노동조합 및 노동관계조정법」 의해 노조 가입이 금지된 보직자는 노조 가입을 제한한다.

셋째, 근로시간 면제 시간 및 인원한도를 준수한다. 「노동조합 및 노동관계조정법」 및 근로시간 면제한도 고시(고용노동부 고시)에 따라 조합원의 규모에 따른 근로시간 면제 시간 한도와 사용 가능 인원한도를 준수한다(행정안전부, 2021: 48).

## 2. 지방공기업 노사관계 전략 방향

### 1) 조직 내 취약 근로자 참여 강화

비정규직 근로자의 정규직 전환 이후 전환근로자는 별도 노조를 구성하는 경우와 같이 소수 혹은 처우가 상대적으로 취약한 근로자들의 참여를 제도적으로 보장하는 것이 경영성과에 긍정적인 영향을 미치는 것으로 나타났다. 따라서 노-사 간 우호적 관계 수립을 위한 전략수립 시 조직 내에서 상대적으로 취약한 지위에 있는 근로자들의 참여를 강화하기 위한 노력이 필요하다. 특히, 비정규직 및 파견직의 처우개선과 조직 내 사회적 가치를 실현하기 위한 정부의 정책들이 기관의 성과관리에 실질적인 영향을 미치고 있으므로, 중앙정부의 가이드라인과 타 기관의 사례를 적극 활용하여 근로자 참여 제도를 수립・강화할 필요가 있다(손지은, 2021: 95).

### 2) 노-사 간 관계 개선을 위한 기관의 역량 강화

기관의 역량을 측정하기 위한 대체요인으로 기관 규모와 정규직 근속 개월을 고려한 분석 결과에서, 기관 역량이 더 높은 기관일수록 직원들의 노조에 대한 우호성, 노-사 교섭의 합리성, 노-사 간 공정한 관계, 공동협의, 정보교환, 노조 의견의 대표성, 노조의 역할(근무환경 개선), 고충처리 제도 활용 및 피드백 측면에서 긍정적인 평가가 나타났다(손지은, 2021: 96).

노-사 관계 개선을 위한 다양한 제도를 구축하고 실행하기 위한 자원과 역량이 상대적으로 충분한 기관은 노사전략 구축 및 제도 시행을 위한 정보・교육・기술적 측면에 대한 접근성이 상대적으로 높으며, 여유 인력이 더 많을 가능성이 있다. 또한 조직의 내부 자원과 경영활동에 필요한 경험을 축적하여 내부 경영환경에 대한 대응이 용이할 수 있다. 조직의 규모나 자원을 단기간에 축적하기는 어려운 상황에서, 전략적으로 노사관계를 수립하기 위해서는 이러한 기관들이 지니고 있는 제도적 강점을 적극 도입할 필요가 있다. 특히, 노-사 간 우호적인 관계를 유지할 수 있도록 제공되는 정보의 충분성과 신뢰성을 강화하여 교섭의 합리성을 강화하고, 노조가 근로자들의 의견을 대표할 수 있도록 지원할 필요가 있다(손지은, 2021: 96).

C·H·A·P·T·E·R 10

# 지방공기업의 예산 및 결산

일반적인 기업조직과 마찬가지로 지방공기업의 경우에도 예산과 결산 과정을 통해 희소자원을 활용하고, 또한 사용한 재원에 대해 검토를 거침은 물론 집행에 대한 책임을 지는 형식을 취한다. 직접경영형태인 직영기업의 경우 정부와 같이 예산 및 결산 과정을 거치는 반면, 간접경영형태인 지방공사와 지방공단은 이사회의 책임 하에 예산 및 결산 과정을 거친다. 지방공기업은 경영형태에 따라 예산 및 결산 항목도 차이가 존재한다. 이 장에서는 지방직영기업과 지방공사·공단의 예산제도, 예산편성 및 예산운영, 그리고 결산 등에 대해 설명한다.

## 제 1 절 지방공기업 예산

지방공기업의 예산은 기관의 목적을 수행하고 경영활동의 유지와 관리 등을 위한 경비를 조달하고 배분하는 계획까지 포함하여 편성된다. 이런 특성 때문에 예산은 기관의 특정 회계연도(사업연도)의 수입과 지출 계획을 보여주는 중요한 경영정보다. 포괄적인 의미에서 예산은 불확실한 미래에 대한 계획을 구체화한 것으로, 한정된 자원을 효율적으로 배분하여 효과적으로 사용할 계획을 화폐단위(금액)으로 표한 것을 의미한다(권순용, 2006; 지구선, 2021: 75). 지방공기업을 포함한 정부 및 공공부문의 예산은 세입과 세출에 대한 예정적인 성격의 계획을 의미한다(지구선, 2021: 75).

### 1. 지방공기업 예산편성의 원칙[1)]

행정안전부가 발간한 『2023년 지방공기업 예산편성기준』에 따르면 지방공기업의 예산편성 원칙은 재정건전성 강화, 독립채산의 원칙, 발생주의 원칙, 이익잉여금 처분, 지방공사·공단의 여유금 운용 및 타법인 출자, 지방채 및 사채발행, 에너지 절약 용역사업을 포함하며, 정부의 정책에 따라 예산편성 원칙은 매해마다 약간씩 변동되고 있다(행정안전부, 2023).

1) 이 절의 내용은 행정안전부의 『2023년 지방공기업 예산편성기준』을 정리한 것이다.

### 1) 재정건전성 강화

지방공기업은 합리적인 기준에 의해 지출경비를 산정하고, 관련 자료에 의거 정확하게 수입을 산정하여 예산에 계상하고, 건전한 재정운영을 위해 노력하고 지방자치단체에 부담을 전가하는 사업이 시행되지 않도록 편성하여야 한다.

첫째, 예산편성의 효율성 강화를 위해 지출예산은 그 목적을 달성하는 데에 필요한 최소 경비만 예산에 편성하며, 경상경비, 행사성 경비는 전년도 수준 내에서 편성하며 자율적으로 절감하여 편성한다.

둘째, 예산집행의 투명성 강화를 위해 지방자치단체의 지방공사·공단에 대한 보조금(출자금 포함)은 경영혁신과 감사원 감사 지적사항 이행과 연계하여 운영하되, 미이행 시 예산삭감 또는 집행을 보류한다.

셋째, 부채관리의 적정성 확보를 위해 지방공기업 중에서 부채중점관리기관을 선정하여 유형별로 적정부채관리제를 도입하여 예산을 편성한다. 부채중점관리기관 대상기관은 전년도 말 결산기준으로 부채 규모 1천억 원 이상 또는 부채비율 200% 이상인 지방공사이며, 적정부채관리제 기준은 도시철도공사는 100%이고 서울교통공사는 130%이며, 광역 도시개발공사(광역)는 300%이며, 기타공사는 200% 이내이다.

넷째, 지방공사의 사업경영의 책임성 확보를 위한 사전심사 검증을 강화해야 한다. 신규 투자사업에 대해서는 외부의 전문기관에 타당성 조사를 실시하여 사업타당성 분석 후, 내부투자심의위원회를 구성하여 분석 결과 적정성에 대한 내부 검증 실시 및 이사회 심의·의결로 추진하며, 「지방공기업법 시행령」에서 정하는 일정 규모 이상의 신규투자 사업은 외부전문기관[2]을 통해 타당성을 검토하여 지방자치단체의 장에게 보고하고 지방의회의 의결을 받아 추진한다. 타법인에 대한 출자는 당해 공사가 추진하고 있는 사업과 직접적으로 관련이 있고, 현 사업의 효율적 수행을 목적으로 하는 경우에 한하여 출자할 수 있으며, 이 경우 출자의 필요성과 타당성을 검토하여 지방자치단체장에게 보고하고 지방의회의 의결을 거쳐 관련 예산을 반영한다.

2) 외부전문기관은 행정안전부 장관이 지방공기업평가원과 한국지방행정연구원을 전문기관으로 지정·고시한다(2016.3.30).

### 2) 독립채산의 원칙

지방공기업은 설립목적인 경영의 합리화에 의한 지방자치 발전과 주민의 복리증진에 기여하기 위해서 기본적으로 당해 사업의 수입으로 그 비용을 충당할 수 있어야 한다. 이를 위해, 사업수행과 지방자치단체 또는 국가의 업무를 대행하는 경우에 수반되는 비용은 그 원인자에게 최대한 부담토록 하여야 한다. 독립채산 원칙의 구체적이고 세부적인 내용은 다음과 같다.

첫째, 수지균형에 의한 재정적 자주성 확보는 「지방공기업법」 제13조, 제14조, 제25조 및 「지방공기업법 시행령」 제19조에 따르면 일반행정과 구별하여 지방직영기업의 사업은 독립채산으로 회계처리하기 위해 별도의 특별회계로 설치·운영한다. 즉, 「수도법」에 근거한 수도사업 및 「하수도법」에 규정한 공공하수도 설치·운영에 소요되는 예산편성 시 일반회계, 타특별회계로부터 지원받는 보조금 등 재원의 종류에 상관없이 지방공기업 특별회계 예산으로 일괄 편성한다. 또한 대규모 사업비의 충당은 대규모 건설사업 등에 의한 거액의 건설비가 충당되어야 하는 경우 지방직영기업은 지방채를 발행하고, 지방공사·공단은 공사(공단)채를 발행하여 수요자의 부담을 여러 해에 나누어 분담시킨다. 경비부담 및 예산편성은 지방직영기업의 특별회계에서 해당 기업의 경비는 해당 기업의 수입으로 충당한다.

둘째, 일반회계 등의 경비부담(지방직영기업)은 「지방공기업법」 제14조, 「지방공기업법 시행령」 제5조에 따라 경비의 성질상 당해 지방직영기업의 수입으로 충당하는 것이 적당하지 아니한 경비 또는 그 경영에 수반한 수입만으로 충당하는 것이 객관적으로 곤란하다고 인정되는 경비에 대하여 일반회계에서 경비를 부담한다. 경비부담 및 예산편성과 관련해, 일반회계에 경비를 부담시킬 경우 부담기준에 적합한 예산과목에 계상하되 일괄적인 계상을 금지하고, 경상적 운영보조금은 사업예산의 영업외수입 중의 일반회계 부담금 또는 타특별회계 부담금에 계상하고, 자본보조금은 자본예산의 자본잉여금 수입 중 건설보조금 등에 계상한다.

셋째, 대행사업 등에 따른 비용부담(지방공사·공단)은 「지방공기업법」 제71조·제76조·제77조, 영 제63조·제66조·제67조에 따른다. 「지방공기업법」 제71조 제2항에 따라 「지방공기업법 시행령」 제63조에서 정하는 사항을 제외하고는 조례로 정하고, 국가 또는 지방자치단체는 당해 업무를 지방공사·공단에 대행시킬 수 있으며, 그에 수반되는 비용을 부담하여야 한다.

지방공단에 업무를 위탁한 자와 공단으로부터 역무를 제공받는 자는 위탁업무에 소요된 비용 또는 역무수수료를 부담하며, 공사·공단은 사업을 대행하고자 하는 경우 국가 또는 지방자치단체와 위탁계약을 체결한다. 예산편성 시 위탁대행 사업비(역무수수료 포함) 수입은 사업수익의 위탁대행 사업수입에 계상하며, 위탁대행 사업비용은 위탁대행사업 수익에 대응한 수입액 범위 내에서 영업비용의 해당 비목별로 계상한다. 다만, 대행사업을 종료한 때에는 지체 없이 비용정산을 시행한다.

### 3) 발생주의 원칙

지방공기업은 경영의 성과 및 재무상태를 명백히 하기 위하여 재산의 증감 및 변동을 그 발생의 사실에 따라 기업회계원칙을 준수하여 회계처리하여야 하며, 지방공기업의 예산은 지방자치단체 예산과는 달리 단순한 수지만을 나타내는 것이 아니라, 당해 사업연도의 사업운영을 위한 예상 손익계산서의 역할을 하는 것으로서, 이를 잘 나타내기 위해서는 비현금지출경비를 예정손익계산서에 계상해야 한다. 이를 위해서는 발생주의 회계처리를 하여야 함을 의미한다.

첫째, 발생주의 회계처리는 「지방공기업법」 제16조, 제64조의2에 따라 수익은 실현주의 원칙에 따라 그 수익을 조사결정한 날이 속하는 연도로 하여야 하며, 이에 의할 수 없는 경우에는 그 원인이 되는 사실이 속한 기간이 속하는 연도에 포함한다. 발생주의 원칙에 따라 비용은 지급을 수반하는 비용에 대하여는 채무가 확정된 날이 속하는 연도로 한다. 감가상각비는 감가상각을 행하여야 할 날이 속한 연도로 한다. 예산편성 시 수입예산은 재화 및 서비스 공급의 공급량과 요율·공급가격조정계획을 감안하여 요금수입 등 사업수익을 적정하게 계상하고, 이자수입 등 각종 영업외수입은 현실성 있게 적정 계상한다. 일반회계 또는 타회계가 부담하여야 할 비용은 회계간 경비부담 구분의 원칙에 의해 계상하며, 지방채(사채)수입은 발행승인을 받은 것에 한하여 계상한다. 지출예산은 예산편성 단계부터 사업계획 등을 면밀히 검토하여 불용액 과다발생 등 재원이 사장되는 사례가 없도록 편성한다. 경상비는 영기준(zero-base) 예산[3] 활용·편성 단계부터 예산절감을 적극 추진한다.

투자사업은 중기지방재정계획과 연계하여 정확한 예측수요에 의한 사업비를 책정

---

3) 영기준예산제도(zero-base budgeting: ZBB)는 정부사업과 예산항목을 원점(zero-base)에서 재검토하고, 또한 우선순위에 의하여 예산을 배분한다(하연섭, 2016: 259).

하고 사업의 필요성·타당성 등을 적극 검토 추진하되, 계속사업, 미완공사업의 마무리 위주로 사업을 추진하며, 법령에 근거한 '재정 투·융자심사' 등 승인 또는 허가를 받아야 할 사항은 반드시 사전적 절차를 이행한 후 예산편성하고, 부채감축을 위한 채무관리의 효율성을 강화하고, 상환원리금 등 법정필수경비는 연간 소요액을 애초 예산에 전액 계상한다.

둘째, 현금을 수반하지 아니하는 경비의 계상은 「지방공기업법」 제32조, 「지방공기업법 시행령」 제25조에 따른다. 지방직영기업의 관리자는 현금의 지출을 수반하지 아니하는 경비에 관하여는 예산 없이 그 발생된 경비를 계상할 수 있다. 즉, 감가상각비, 자산감모비, 제품·상품의 매출원가, 자산의 정리 또는 변동에 수반하는 장부가액의 삭제금액, 발생품 등의 사용 시의 발생품 장부가액, 부채성 충당금계정으로의 편입액, 기타 발생주의의 회계기준에 의하여 대응 계상되는 손비 등을 포함한다. 지방공사·공단은 기업회계기준에 의하여 회계처리한다.

현금을 수반하지 아니하는 경비는 예산편성 없이 예산손익계산서에 계상해야 한다. 다만, 지방공기업 지출예산에 비현금성경비를 편성할 경우, 수입예산총액과 지출예산총액이 일치하지 않을 수 있다. 비현금성 경비로 계상한 감가상각비는 각 자산별 감가상각방법에 따라 당년도분[4]을 계산하여 예정손익계산서에 계상하고, 이에 따른 유보재원 등 보전재원을 최대한 확보한다. 다만, 이익잉여금 등 보전재원은 예산총칙에 명시한다. 기타 경비는 사업별로 합리적으로 산출해서 예정손익계산서에 계상한다.

### 4) 이익잉여금 처분

지방공기업은 결산결과 이익이 생긴 경우에는 이익준비금 적립 등 관련 절차에 따라 처분하여야 한다.

첫째, 「지방공기업법」 제17조, 제37조, 제67조에 따라 지방직영기업의 특별회계는 이익 상황에 따라 예산에 의하여 전년도의 이익금의 일부를 그 출자한 회계에 납부할 수 있다. 다만, 공영개발사업의 경우 재해복구, 사회간접자본시설의 건설, 다른 지방직영기업에 경비를 지원하거나 재정 확충을 목적으로 하는 수익사업에 사용할 경우 일반회계로의 전출이 가능하다(지방공기업법 제17조 제3항 및 지방공기업법 시행

---

4) 각 자산별 감가상각방법에 따라 당년도분: 누계액으로 예산에 계상함으로써 예산 규모를 과대하게 왜곡되는 사례를 금지한다.

령 제14조의2). 지방공사는 결산결과 이익이 생긴 때에는 이익준비금 등으로 적립하여야 하며, 이를 적립한 후 잉여가 생긴 때에는 이익을 배당하고 잔여금액은 정관이 정하는 바에 의하여 적립한다. 결산 시 이익잉여금처분계산서를 작성할 때는 「지방공기업법」 제37조, 제38조 및 제67조의 규정에 따라 이익금을 처분하고, 남은 잔액에 대하여 이익정산금(납부금, 전출금, 배당금)을 계상하여 지방의회(공사는 지방자치단체의 장)의 승인을 받은 후 이익 배분한다.

둘째, 이익잉여금 처분 방법은 지방직영기업 경우 자본예산의 '기타자본적 지출'항에 '이익정산금' 과목으로 결산 시 승인받은 납부금 또는 전출금을 출자한 일반회계 등에 대한 정산금으로 계상 · 집행해야 하며, 지방공사는 기업회계기준에 따라 자금운영계획상 '배당금' 계정과목에서 집행해야 한다. 공영개발사업 중 향후 사업계획이 없거나 추진하고 있는 사업이 완료 단계에 있어 재투자를 하지 않고, 사실상 특별회계 자금을 은행에 예치하여 놓고 있는 자치단체는 공영개발 공기업 특별회계의 폐지 또는 사업의 청산방안을 강구한다.

### 5) 지방공사 · 공단의 여유금 운용 및 타법인 출자

지방공사 · 공단은 공공복리 증진을 위하여 특정 사업수행을 목적으로 설립되어 그 성격상 수익성만을 추구할 수 없는 바, 주식이나 사채 투자는 지방공기업 설립 취지에 위배되므로, 이를 금지하여 지방공기업 나아가서는 출자자인 지방자치단체의 재정손실을 사전에 예방하기 위함이다.

첫째, 「지방공기업법」 제54조, 제69조, 제76조 따라 지방공사 · 공단의 업무상 여유금은 통상적인 기업활동을 위해 필요한 기본적인 자금을 제외한 모든 자금을 통칭(이익잉여금, 투자사업비 등 포함)함을 의미한다.

둘째, 지방공사 · 공단의 업무상 여유금 운용은 국채 · 지방채의 취득, 한국은행 및 기타금융기관으로 예입하되, 금융기관에의 예입은 안정성과 유동성이 확보되는 전제하에 내부적으로 자금운용규정을 마련하여 금융상품을 선정한다.

셋째, 지방공사는 당해 공사의 사업과 관계되는 사업을 효율적으로 수행하기 위하여 지방자치단체장의 승인을 얻어 지방자치단체 외의 다른 법인에 출자가 가능하며, 지방공사의 출자한도는 직전 연도 말 자본금의 10% 이내로 제한하고 있다. 특히, 출자를 통해 사실상 법인의 지배권을 갖고자 할 경우 현 사업에 대한 아웃소싱 등 업무의 효율화 목적 이외에는 출자를 제한한다.

### 6) 지방채 및 사채발행

지방자치단체는 지방직영기업의 경상적인 운전자금 충당, 회전기금의 재원 충당, 건설 또는 개량비에 충당하거나 유사사업의 매수자금으로 필요한 경우 당해 지방직영기업의 특별회계부담으로 지방채를 발행할 수 있다(지방공기업법 제19조 및 제68조, 지방공기업법 시행령 제62조). 또한 지방공사·공단은 지방자치단체장의 승인을 얻어 사채를 발행하거나 외국 차관을 할 수 있다. 다만, 일정기준 초과 시 사전 행정안전부 장관의 승인이 필요하다.

**지방자치단체가 지방채 발행을 승인할 수 있는 경우**

1. 경상적인 운전자금에 충당하기 위하여 필요한 경우
2. 회전기금의 재원에 충당하기 위하여 필요한 경우
3. 건설비 또는 개량비에 충당하거나 유사사업의 매수 자금으로 필요한 경우

지방채 발행 방법은 첫째, 지방채는 중기재정계획에 반영되고 투·융자심사를 거친 사업에 한하여 발행승인을 신청한다. 둘째, 지방공사채 및 공단채(차입 포함)는 자치단체장의 승인을 얻은 범위 내에서 발행한다(순자산액의 4배 이내/단, 주택사업, 토지개발사업 외는 2배 이내).

『지방공사채 발행·운영기준』에 따라 발행 및 관리는 지방채 및 공사채·공단채 발행 시 자체재원인 보전재원의 정확한 산출로 기채수입을 최소화한다.

### 7) 에너지 절약 용역사업

에너지 절약 용역사업 근거는 에너지절약전문기업(ESCO) 활성화방안(기획재정부), 에너지기술개발 및 대체에너지 보급 및 융자계획(산업통상자원부), 「자연환경보전법 시행령 및 시행규칙(환경부)」에 두고 있다.

첫째, 에너지 절약 용역사업 주요 내용은 에너지 절약시책의 효율적 추진을 위하

여 에너지절약전문기업을 활용한 절약시설투자에 대한 금융·세제지원 강화 및 성과배분 계약에 의한 에너지 절약을 확산한다. 예산편성 및 집행은 「국가를 당사자로 하는 계약에 관한 법률 시행령」 제69조(장기계속계약 및 계속비 계약) 규정을 준용하며, 에너지 절약사업 용역비를 총 용역 부기 계약금액으로 하고 연차별 절약액을 연차별 계약금액으로 지급한다.

둘째, 공공운영비 및 동력비(직영기업 및 공사공단)로 계상하며, 에너지절약전문기업과의 성과배분 계약에 따른 설비투자 상환금 및 에너지절약전문기업과의 성과배분 계약에 따른 냉난방시설교체 설비투자 상환금을 계상한다. 에너지절약전문기업과의 성과배분 계약에 따른 설비투자 상환금(또는 시설교체 투자 상환금)은 공공요금의 절약액(또는 시설 교체에 따른 절약액) 범위 내에서 집행이 가능하다.

## 2. 직접경영방식의 예산[5)]

### 1) 지방직영기업 예산의 특징

지방자치단체의 예산은 수입과 지출의 예정이라는 것 외에 다음과 같은 역할을 하게 된다. 첫째, 지출의 규제이고, 둘째, 수입 지출을 포함한 업무집행의 관리이며, 셋째, 장래에 걸친 정책의 결정이다. 일반회계에서는 예산에 정한 액을 초과하여 지출할 수 없으므로 지출의 규제라는 면이 매우 강하다. 지방직영기업 예산의 성격은 기업예산 혹은 자본예산 등의 혼합예산이라는 성격을 갖게 되나, 지방직영기업의 예산을 일반행정의 예산과 민간기업의 예산을 비교함으로써 그 성격을 파악할 수 있다.

### 2) 지방직영기업 예산과 일반회계 예산

일반행정의 예산과 비교할 때 지방직영기업의 예산은 다음과 같은 특징을 지닌다.

첫째, 본래 지방직영기업은 제공하는 서비스에 따라 대가인 요금을 징수하는 것이므로, 일반회계 예산과 같이 조세의 용도인 세출을 규제하기 위한 예산은 필요치 않음은 물론 경영활동의 목표를 설정한다는 의미에서 예산을 정하는 것이다. 「지방공기업법」 제25조에서 "지방직영기업의 예산은 예산총칙과 당해 지방직영기업의 사업 운

5) 직접경영방식의 예산 내용은 안용식 외(2001: 323-332)의 「지방공기업론」 내용을 정리한 것이다.

영계획에 따라 작성한 그 사업연도의 수익과 비용에 관한 수익적 수입과 지출에 관한 예정, 해당 사업연도의 자산, 부채, 자본의 신규 증감액에 관한 자본적 수입과 지출에 관한 예정을 그 내용으로 한다. 또한 지방공기업 예산은 사업예산 및 자본예산과 관련된 자금의 운영계획을 포함하고 있다.

일반회계 예산은 한정된 재원을 효율적으로 사용하기 위해 지출규제에 중점이 두어져 현금주의에 의한 구속성이 강한 예산이나, 지방직영기업 예산은 지방의회의 의결에 의해 구속을 받는 것은 같으나 기업의 효율적 운영에 중점이 두어져 있고, 의결대상 항목인 관, 항도 극히 개괄적으로 분류되어 있으며, 항까지의 지출 허용액을 정하여 그 총액의 범위 내에서는 비목 간의 전용이 인정되는 등 기업의 자율적 운용을 허용하고 있다.

둘째, 일반회계 예산은 현금수지를 기준으로 하는 현금주의의 회계 방식을 전제로 하나, 지방직영기업의 예산은 채권 및 채무의 발생 사실을 기준으로 하는 발생주의에 의한 예산이며, 감가상각비 등의 현금수지를 수반하지 않는 것도 포함시킨다는 점에 큰 특징이 있다.

셋째, 지방직영기업의 예산은 사업의 실시계획에 대한 통제와 자금예산으로서의 통제라는 이면적 성격을 갖는다. 즉, 예산을 형태적으로 비교해 보면 정부예산은 단일 예산 및 예산 통일의 원칙 등의 형태에 의한 것이나, 지방직영기업의 예산은 수익적 수지의 예산과 건설 개발이 등의 자본적 수지 예산의 두 가지 체계에 의해 구분되어 있는 것으로, 수익적 수지 예산은 기업예산이라고 할 수 있고 자본적 수지 예산은 자금예산이라고 할 수 있다.

넷째, 예산집행 시에는 현금의 지출을 수반하는 경비에 대한 지출의 제한은 일반회계의 예산과 같으나, 현금의 지출을 수반하지 않는 경비에 대해서는 예산 초과의 지출이 인정되는 점, 기타 탄력조항, 비목 전용, 예산의 이월 등 상당히 탄력성이 부여되고 있고 기업활동에 따라 기동적으로 운영되도록 배려되고 있다.

다섯째, 일반회계 예산에서는 수지가 상호 관련성을 갖지 않고 전혀 별개인 데 반해, 지방직영기업의 예산에서는 수입과 지출은 밀접하게 결합되어 있다.

여섯째, 예산의 편성 및 의회에의 제출에 관한 권한은 지방자치단체의 장이 갖고 있다는 점은 지방자치단체의 일반회계 예산과 같다. 하지만, 지방직영기업의 관리자는 예산안을 작성하는데(지방공기업법 제9조), 이는 예산편성의 과정에서 일반회계의 예산의 경우와 달리 지방직영기업의 예산안 작성에 있어서는 대표적으로 자율성이 인정되고 있다.

### 3) 지방직영기업 예산과 민간기업의 예산

민간기업의 예산과 비교해 보면 지방직영기업의 예산은 다음과 같은 특징이 있다. 첫째, 지방직영기업의 예산은 민간기업의 예산과 비교하여 구속력이 강한 예산이라 할 수 있다. 즉, 지방직영기업의 예산은 의회의 의결을 요하며, 이 의결을 요하는 예산에서 예산의 구속성은 일면 정부예산과 동일한 편성 절차를 따르고 있다. 이에 대해 민간기업의 예산은 일반적으로 기업의 경영관리의 수단으로 채택되고 있고, 제조예산, 판매예산 등 각 기업이 노력 목표로서 예산을 편성하고 있는 것이다. 둘째, 민간기업의 자금예산은 자금관리 위에서 예산을 세우는데, 비교적으로 여유 있는 취급이 이루어지고 있어 지방직영기업의 예산과는 크게 상이하다. 그러나 형태적인 면에서 볼 때 영업활동의 예정인 영업수지 예산과 설비투자 관계의 예정인 자본적 수지 예산의 두 가지 체계는 민간기업의 예산과 지방직영기업 예산이 지니는 공통적인 특징이라고 할 수 있다.

### 4) 지방직영기업의 예산 과정

#### (1) 예산의 편성

지방직영기업의 예산은 예산안의 작성에서 비롯되는데, 이에 대한 절차와 예산에 포함되어야 할 내용을 살펴보면 [그림 10-1]과 같다.

**① 예산안의 작성**

지방직영기업의 예산안 작성과 관련한 절차 및 내용을 살펴보면 다음과 같다.

첫째, 예산편성기본지침을 하달받는다. 즉, 지방자치단체의 장은 지방자치단체의 일반회계 및 다른 특별회계의 예산편성지침과 구분하여 지방직영기업의 예산편성기본지침을 행정안전부 장관이 정하는 기준에 따라 매년 작성하여 전년도 7월 31일까지 지방직영기업에 알려야 한다(지방공기업법 제23조 제3항).

둘째, 지방직영기업의 관리자가 예산의 원안을 작성한다. 지방직영기업의 예산의 원안은 관리자가 작성하고, 이를 근본으로 하여 지방자치단체의 장이 예산을 조정한

**그림 10-1 지방직영기업의 예산편성 절차**

| 예산안 작성 | 예산안 작성 | 예산안 제출(의회) | 예산 확정 | 예산 고시 | 보고 |
|---|---|---|---|---|---|
| 관리자 | 자치 단체장 | 자치단체장 | 자치단체장 | 자치단체장 | |
| | | • 시·도: 11.11까지 (회계연도 개시 50일 전)<br>• 시·군: 11.21까지 (회계연도 개시 40일 전) | • 시·도: 12.16까지 (회계연도 개시 15일 전)<br>• 시·군: 12.21까지 (회계연도 개시 10일 전) | • 이송: 의결 후 3일 이내 (의회 → 자치단체장)<br>• 고시: 이송 즉시 | |

자료: 행정안전부(2023). 『2023년 지방공기업 예산편성기준』.

다. 즉, 예산의 조정권 및 제출권은 지방자치단체의 장에 유보되어 있으나, 실질적으로 예산편성의 권한은 관리자에게 부여되고 있다. 따라서 장은 관리자에 대해 일반적인 지휘감독권을 행사하는 것은 아니다. 다만, 지시권의 행사는 주민 복지의 확보를 위해 필요한 때 및 다른 행정사무와의 조정을 위해 필요하다고 인정한 때에 한하며, 장이 예산을 조정할 때는 관리자가 작성한 예산의 원안을 가능한 한 존중하고 지시권 등 자치단체장에게 유보되어 있는 권한의 범위 내에서 필요할 때 조정함이 바람직하다. 만약, 지방자치단체의 장이 관리자가 작성한 예산안을 수정할 때에는 관리자의 의견을 들어야 한다(지방공기업법 제26조 제2항).

셋째, 예산의 지방의회 제출과 관련하여 지방자치단체의 장은 지방직영기업의 관리자가 작성한 예산안을 조정하여 사업연도가 시작되기 전에 의회에 제출하고 그 의결을 받아야 하는데(지방공기업법 제26조 제1항), 지방자치단체의 장이 지방직영기업의 예산안을 의회에 제출할 때에는 관리자가 작성한 사업운영계획과 그 밖에 대통령령이 정하는 서류를 함께 제출하여야 한다(지방공기업법 제26조 제3항). 여기서 예산안과 함께 의회에 제출할 서류란 사업예산 및 자본예산의 사항별 설명서, 급여비 명세서, 계속비에 관한 조서, 채무부담행위에 관한 조서, 당해 사업연도의 예상 대차대조표 및 예정 손익계산서와 전 사업연도의 예정대차대조표 및 예정손익계산서를 말한다(지방공기업법 시행령 제20조).

### ② 지방직영기업 예산의 내용

지방직영기업은 합리적인 원가 기준에 의하여 경비를 산정하여 예산에 계상하여야 하며, 예산상의 수입과 지출의 예정은 연도 중의 기업의 재정집행에 비추어 합리적으로 하여야 한다(지방공기업법 제23조 제1항 및 제2항). 특히, 예정 수입과 예정 지출은 수익적 수입과 지출 및 자본적 수입과 지출로 대별하고, 이를 다시 관·항으로 구분하며(지방공기업법 시행령 제19조 제2항), 지방직영기업의 예산은 그 사업의 운영계획과 기능에 따라 구분하여야 한다(지방공기업법 제24조).

지방직영기업의 예산에 기재하는 사항은 업무의 예정량, 예정 수입 및 예정 지출의 금액, 계속비, 채무부담행위, 지방채, 일시차입금의 한도액, 예산 전용 금지 과목, 일반회계 또는 다른 특별회계로부터의 보조금, 이익잉여금의 예정 처분, 중요자산의 취득 및 처분, 회전기금의 수입 및 지출 예정액, 기타 필요한 사항 등이 있다(지방공기업법 시행령 제19조 제1항).

### ③ 2개 이상의 사업 등이 있는 경우 예산편성

하나의 특별회계 내에서 두 개 이상의 사업 등이 있는 경우와 예산편성에 대해 「지방공기업법」에는 어떠한 정해진 규정이 없다. 그러나 이 경우 예산의 실시계획, 집행계획의 단계에서는 각 사업마다 나누어 예산을 집행하고 경리하는 것이 필요하나, 의회에 제출하는 예산은 각 사업마다 구별하여 예산을 작성하는 경우에는 관(款)[6]의 단계에서 구분하여 작성하는 것이 타당하다.

### ④ 예비비

지방직영기업의 특별회계는 예측할 수 없는 예산 외의 지출이나 예산을 초과하는 지출에 충당하기 위하여 적당하다고 인정되는 금액을 예비비로 예산에 계상하여야 한다(지방공기업법 제31조). 예비비는 예산 총액의 100분의 1 이내의 금액을 예비비로 예산에 계상하여야 한다. 또한 재해·재난 관련 목적 예비비는 별도로 예산을 계상하여야 한다.

---

6) 지방공기업은 사업이 체계적으로 반영될 수 있도록 관·항·세항·목 등으로 예산체계를 운영한다.

### (2) 예산안의 의결

지방직영기업의 예산안은 관리자가 자치단체의 장에게 제출하고, 지방자치단체의 장이 지방의회에 제출하여 지방의회의 심의·의결을 거친다. 이러한 과정은 일반회계와 같은 절차를 거친다.

### (3) 예산의 집행

예산집행의 의의, 절차, 예산집행의 탄력성을 보장하기 위한 제도, 그리고 출납, 수입, 지급에 관한 구체적인 내용과 절차를 살펴보면 다음과 같다.

#### ① 예산집행의 의의

예산의 집행이란 예산 내용을 구체적으로 실현하는 일체의 절차를 의미하는 것으로, 그 범위는 수입 조정, 채무부담행위의 시행, 지출부담행위의 실행, 현금지불 결정, 지방채 발행, 일시차입금 차입, 예산의 전용 등의 모두를 포함하는 것이나, 그 중심을 이루는 것은 수입, 지출예산의 집행이다. 수입, 지출예산의 집행계획은 의결된 예산 범위 내에서 기업의 경영활동을 계획적·효율적으로 집행하기 위한 내부 실현 예산이고, 예산편성 시점의 전제인 여러 조건의 변화에 따라 관리자가 수시로 변경함과 동시에, 내부통제상의 필요에서 예산의 과목을 세분하여 집행부의 과마다 구분하여 작성하는 것이다.

#### ② 예산집행의 절차

예산이 지방의회의 의결을 거쳐 성립하면 예산 내용의 구체적 집행에 들어가게 된다. 관리자는 당해 연도의 예산에 의하여 그 업무를 집행하여야 하는데(지방공기업법 제28조 제1항), 관리자는 그 지방직영기업의 적절한 경영관리를 위하여 필요한 예산 집행계획을 수립하고, 이에 따라 예산을 집행하여야 한다(지방공기업법 시행령 제21조 제1항). 이를 집행계획이라 한다.

또한 재고자산 구매, 공사의 도급 등 자금의 지출에 직접 관련되는 지출은 해당 연도의 사업예산 및 자본예산을 기초로 하여 작성된 자금운영계획에 의하여 집행하여야 한다(지방공기업법 제28조 제2항). 이 경우 대통령령이 정하는 바에 의하여 예산통제 계정을 설정하여야 한다(지방공기업법 제28조 제3항). 즉, 사업예산 중 직접 현금의 지급을 수반하는 경비의 지급과 재고자산 구매 및 자본예산 중 직접 현금의 지급을 수반하는 경비의 지급은 예산통제 계정 및 자금운영계획에 따라 자금집행을 통제하여야 한다(지방공기업법 시행령 제23조).

### ③ 예산집행의 탄력성

지방직영기업의 예산은 기업의 효율적 운영을 위해 기업의 경영활동 변화에 따른 예산집행의 탄력성을 부여하고 있다.

#### 가) 예산의 초과 지출

관리자는 현금의 지출을 수반하지 않는 경비에 관하여는 예산 없이 그 발생된 경비를 계상할 수 있으며, 현금 지출을 수반하지 아니하는 경비의 범위는 대통령령으로 정한다(지방공기업법 제32조). 여기서 현금을 수반하지 아니하는 경비란 감가상각비, 자산감모비, 제품·상품의 매출원가, 자산의 정리 또는 변동에 수반하는 장부가액의 삭제 금액, 발생품 등을 사용하는 경우 발생품 장부가액, 부채성 충당금 계정으로의 편입액, 기타 발생주의의 회계기준에 의하여 대응 계상되는 손비를 말한다(지방공기업법 시행령 제25조). 이는 예산을 가능한 한 정확한 예정에 의해 계상하는 것을 전제로 하고 있으면서 그럴 수 없는 경우에 한하여 예산 초과의 지출을 인정하는 취지이다.

#### 나) 예산의 전용

탄력성을 부여하는 또 하나의 방법은 예산의 전용이다. 관리자는 예산집행에 필요한 경우에는 예산총칙에 정하는 과목을 제외하고는 세출예산의 각 세항 및 목 경비를 전용할 수 있다(지방공기업법 제29조). 이때 관리자가 세출예산의 세항 간에 전용을 한 경우에는 당해 지방자치단체의 장에게 보고하여야 한다(지방공기업법 시행령 제21조 제2항).

#### 다) 수입금 마련 지출

예산집행의 또 하나 탄력조항이라고 할 수 있는 것은 사업량의 증가로 인하여 경비에 부족이 생긴 때에는 관리자는 당해 사업량의 증가로 인한 증가 수입에 상당한 금액을 그 증가 수입에 관련된 업무의 직접비에 사용할 수 있다. 이 경우 관리자는 지방자치단체의 장과 지방의회에 보고하여야 한다(지방공기업법 제27조). 여기서 사업량의 증가로 인한 경비란, 예컨대 교통사업의 경우 임시로 대량의 승객이 증가하여 운전 차량이 증가하거나 운전 시간이 연장됨으로써 발생하는 경비를 말한다. 수도사업의 경우는 급수량의 증가, 급수 시간의 연장 등에 의해 직접 필요한 증가분의 시간 외 수당 또는 경유, 약품, 동력 등의 증가 물건비를 말한다. 따라서 요금률의 변경, 급수 수준의 개정, 물가 앙등에 의한 물건비의 변동, 사업계획의 변경 등의 경우는 이 탄력조항을 적용하지 않는다.

#### 라) 예산의 이월

예산의 이월이란 예산을 다음 연도로 넘겨서 다음 연도의 예산으로 사용하는 것을 말한다. 「지방공기업법」에서는 건설개량비의 이월과 사고이월이라는 두 가지의 예산 이월제도를 인정하고 있다. 전자는 건설개량비라는 경비의 성질에서 인정되는 것이고, 후자는 집행하지 못한 사유에 의해 이월되는 것이다.

예산은 원칙적으로 1년에 한하여 효력을 지는 것이므로, 연도 내에 예산을 사용하지 않는 경우에는 그 미사용액은 다음 연도의 세입이 되어 그 사용 목적에 관하여 새로이 다음 연도 예산에서 의회의 의결을 거치지 않으면 사업할 수 없도록 규정되어 있다. 그러나 지방공기업의 사업연도 구분은 인위적인 제도이므로 특정한 사업에 관하여 예산의 뒷받침이 일시적이나마 정지되어 오히려 사업의 운영에 지장을 초래할 뿐만 아니라, 예산집행 기관으로 하여금 예산의 연도 내 사용을 재촉하고, 나아가서는 연도 말에 경비의 낭비를 유발하는 결과를 초래하게 된다. 이와 같은 사태를 차단하고 예산의 탄력적 운영을 위해 예산의 이월제도의 계속비는 순차적 이월을 허용하고 있다.

#### 마) 출납

지방직영기업의 출납은 관리자가 행하나, 관리자는 현금출납사무의 일부를 행하는 지정금융기관을 정하여 운영할 수 있다. 이를 출납기관, 지정금융기관, 기업출납원과 현금취급원 등으로 구분한다.

## 3. 간접경영방식의 예산[7)]

### 1) 지방공사 및 지방공단의 예산편성

#### (1) 지방공사 및 지방공단의 예산편성 방향

지방공사 및 지방공단의 예산편성 방향은 공공서비스 질 향상 및 공공성 제고를 뒷받침하고, 지방공기업의 경영효율성 제고 노력 및 혁신성장 분야 투자 확대, 지방공기업의 책임경영을 통한 재무건전성을 강화하는 데 있다. 부연설명하면 다음과 같다.

첫째, 공공서비스 질 향상 및 공공성 제고 뒷받침을 위해서는 지방공기업의 일자리 창출, 지역경제 활성화에 효과가 큰 사업에 대한 재정투자를 지속 확대하고, 주민참여예산제 등 투명하고 민주적인 경영체제를 확립하고 사회적 가치를 창출할 수 있는 여건을 마련하는 데 있다. 또한 주민의 눈높이에 맞추어 복리후생 수준을 점검하고, 불합리한 관행을 해소하기 위해 노력하는 데 있으며, 그리고 소상공인・자영업자 부담 완화 및 경영애로 해소 지원, 재정(신속)집행을 통한 일자리 창출 등 지역경제 활성화를 뒷받침하는 데 있다.

둘째, 경영효율성 제고 노력 및 혁신성장 분야 투자 확대를 위해서는 사업 수행방식 개선, 수입원 확대 발굴, 비업무용자산 매각 등을 통한 수익증대로 경영수지 개선을 도모하고, 성과관리, 예산사업 성과평가 등을 통한 지출 구조조정 및 경상경비 절감 등으로 불요불급한 예산편성을 최대한 억제해야 한다. 지방공기업의 재무건전성을 유지하면서 공공주택 건설 등 공적 기능 강화와 지역경제 활성화 지원을 위한 합리적 범위 내 적정 부채 수준을 유지하고, 경영효율화를 통해 절감된 재원은 고유업무와 연관된 혁신성장 분야에 선제적으로 투자, 지속가능한 성장의 토대를 마련하는 데 있다.

셋째, 책임경영을 통한 재무건전성 강화를 위해서는 고유・핵심업무 중심으로 재원을 중점 배분하고, 일자리 창출, 지역경제 활성화에 효과가 큰 사업에 대한 재정투자를 지속 확대하고, 관련 법령 및 공통기준을 준수하고, 내부규정을 마련하여 예산운용의 질서와 원칙을 확립한다. 계속사업은 완공 위주로 투자하고, 신규사업은 타당성 검토 등을 통한 사업수지를 정확히 분석한 후 재정건전성을 해하지 않는 범위 내에서 명확한 재원조달방안을 확보하여 예산편성 시 반영한다.

---

7) 간접경영방식의 예산은 안용식 외(2001: 323-332)의 「지방공기업론」 내용 일부를 정리한 것이다.

### (2) 예산 · 결산의 공통 지침

지방공사 및 지방공단의 사업연도는 지방자치단체의 일반회계 회계연도에 의하며, 행정안전부 장관은 지방공사 및 지방공단의 예산 및 결산에서 공통적으로 적용하여야 할 사항에 관한 지침을 작성 · 통보할 수 있다(지방공기업법 제66조의2 제1항). 예산에 관한 공통 지침은 전년도 7월 31일까지 지방자치단체의 장에게 통보하여야 한다(지방공기업법 시행령 제60조). 그러나 지방공사 및 지방공단의 예산 및 결산의 제출, 운영에 관하여 필요한 사항은 공통 지침의 범위 안에서 지방자치단체의 장이 정한다(지방공기업법 시행령 제66조의2).

### (3) 예산의 편성 · 의결

지방공사 및 지방공단의 사장 · 이사장은 매 사업연도의 사업계획 및 예산을 당해 사업연도 개시 전까지 편성하여야 하며, 편성된 예산은 이사회의 의결로 확정된다(지방공기업법 제65조 제1항). 지방공사 및 지방공단의 사장 · 이사장이 이사회에 제출하는 사업계획 및 예산의 내용은 지방직영기업의 경우와 같은데, 지방공사 및 지방공단의 사장 · 이사장은 사업계획 및 예산을 이사회 개최 30일 전까지 각 이사에게 송부하여야 한다(지방공기업법 시행령 제58조 제1항 및 제2항).

지방공사 및 지방공단의 예산이 확정된 후에 생긴 불가피한 사유로 인하여 예산을 변경하는 경우에도 이사회의 의결로 확정된다(지방공기업법 제65조 제2항). 지방공사 및 지방공단의 사장 · 이사장은 예산이 성립 또는 변경된 때에는 지체 없이 지방자치단체의 장에게 보고해야 한다(지방공기업법 제65조 제3항). 이때 지방자치단체의 장은 보고된 예산이 법령에 위반되어 현저하게 부당하다고 인정되는 경우에는 그 시정

**그림 10-2 지방공사·공단의 예산편성 절차**

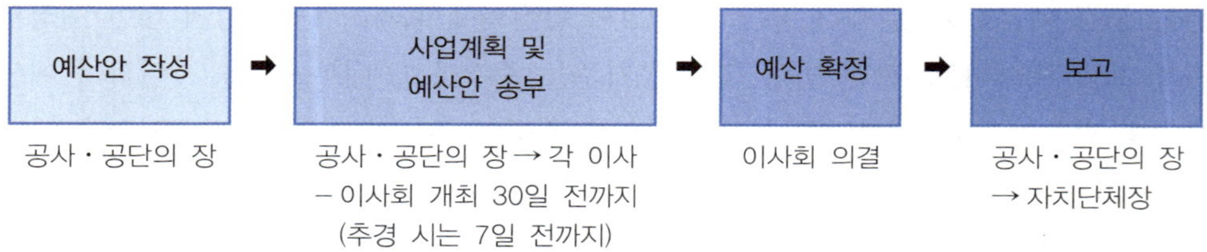


자료: 행정안전부(2023). 『2023년 지방공기업 예산편성기준』.

을 명할 수 있으며, 시정명령을 받은 지방공사 및 지방공단의 사장·이사장은 특별한 사유가 없는 한 지체 없이 시정명령에 따라 예산을 수정하여 이사회의 의결을 받아야 한다(지방공기업법 시행령 제58조 제3항 및 제4항). 이상의 과정을 요약하면 [그림 10-2]와 같다.

### (4) 예산 불성립 시의 예산집행

지방공사 및 지방공단은 부득이한 사유로 회계연도 개시 전까지 예산이 확정되지 못한 때에는 전년도 예산에 준하여 예산을 집행해야 하며(준예산), 집행된 예산은 당해 연도의 예산이 성립되면 그 성립된 예산에 의해 집행된 것으로 본다(지방공기업법 제65조의2).

## 제 2 절 지방공기업 예산제도[8)]

지방공기업의 예산제도는 2023년까지 품목별 예산제도로 편성·운영되고 있으나, 2024회계연도 예산편성부터 사업별 예산제도가 전면 도입된다. 이 절에서는 지방공기업의 품목별 예산제도와 사업별 예산제도를 살펴본다.

### 1. 품목별 예산제도

과거 지방공기업 예산제도는 지출대상을 용역이나 물품 등 품목별(예산과목별)로 분류하여 편성하고 지출을 관리하는 투입과 통제 중심의 품목별 예산제도를 원칙으로 하였다(지방공기업법 시행령 제19조). 품목별 예산제도에선 각 예산과목에 대하여 지출 가능 대상과 금액의 한계를 명확하게 규정하였기 때문에, 지출 통제와 부당한 예산사용(낭비)과 부정 방지에 효과적인 특징을 지니고 있다(지구선, 2021: 75).

8) 이 절의 내용은 행정안전부가 발간한 『2023년 지방공기업 예산편성기준』을 정리한 것이다.

### 1) 품목별 예산제도 개요

품목별 예산제도(line-item budgeting)란 예산의 품목별 분류에 기반해서 예산을 운용해 나가는 예산제도이다. 예산의 품목별 분류란 정부가 구입하는 재화와 서비스를 중심으로 예산을 분류하는 방식이다. 예산의 품목별 분류는 정부 활동을 위한 투입에 초점을 맞추어, 지출의 대상별로 예산을 분류하는 방식이다(하연섭, 2016: 246).

품목별 예산제도는 조직별로 예산을 구분하고, 이를 다시 지출 대상 품목별로 세분화해서 금액을 표시하는 방법이다. 품목별 예산제도 하에서는 세출예산 과목의 구조는 '소관별-장-관-항-세항-세세항-목'으로 체계화되어 있는데, 목에 해당하는 항목이 바로 품목별 예산제도에 해당한다. 품목별 예산제도는 목에 해당하는 항목, 즉 정부가 어떤 대상에 얼마만큼을 지출하는가에 초점을 맞추고 있기 때문에, 어떤 투입요소가 어느 정도 투입되는지를 나타낸다. 따라서 품목별 예산제도는 투입(input) 중심의 예산제도라 할 수 있다.

품목별 예산제도는 사업의 성과나 예산운영 방식보다는 지출 비용에 대해 관심을 기울이며, 예산담당자들은 전년도에 비해 개별 지출 항목들이 얼마나 더 증감되었는지를 확인할 뿐 지출에 대한 성과를 고려하지 않는다. 따라서 품목별 예산제도는 점증주의적 성향을 지니고 있다.

### 2) 품목별 예산제도의 방향

예산제도가 통제, 관리, 계획의 관점에서 변천되어 왔다고 정의한다면, 품목별 예산제도는 통제 중심의 예산제도라 할 수 있다. 또한 예산이 총량적 재정규율, 배분적 효율성, 운영적 효율성이라는 기능을 수행하고 있다고 정의할 경우(Schick, 1971), 품목별 예산제도는 이러한 제반적 기능을 수행하고 있지 못한 예산제도라 할 수 있다.

품목별 예산제도는 가장 최소 단위인 지출 대상 품목에 따라 예산을 배분하기 때문에 전체적인 예산 총량을 이해하기 어려우며, 세입과 세출이 유기적으로 연계되지 못하고 사업에 따른 예산 배분을 고려하지 않기 때문에, 배분적 효율성도 기대하기 어렵다. 아울러 투입된 금액의 적법적 지출만을 강조하기 때문에, 운영적 효율성도 달성하기 어려운 측면이 있다. 통제 중심의 품목별 예산제도는 투입 중심의 예산제도로서 성과를 고려하지 못하는 단점이 있으나, 행정부의 재량권을 억제하고 지출의 적법성을 도모함으로써 현대 예산제도의 근간을 형성했다는 점에서 의의가 있다.

### 3) 품목별 예산구조

품목별 예산의 기본적인 구조는 장, 관, 항, 세항, 세세항, 목의 구조로 이뤄지는 예산과목에서 '목'에 해당하는 것이 품목별 예산제도다. 예컨대, 지방공기업 운영 관 관련된 예산은 인건비, 일반운영비, 여비, 업무추진비, 재료비 등으로 구분되어 편성된다. 지방공기업의 인건비 항목의 예산은 일반운영비 항목의 예산으로 전용하여 사용할 수 없으며, 여비 · 자산취득비 등의 경우도 마찬가지다. 품목별 예산제도는 지출대상별로 예산을 편성해 집행하기 때문에 지출통제가 용이하며, 각 항목별로 지출 내역에 맞게 사용했다면 그것으로 예산집행 적법하게 이뤄진 것으로 정당화된다(원구환, 2016: 249-250). [표 10-1]은 품목별 예산제도의 기본적 구조를 보여준다.

**표 10-1 품목별 예산제도의 기본적 구조**

| 구분 | 관 | 항 | 세항 | 목 | 세목 | 예산액 | 전년도 | 증감액 | 산출기초 | 비고 |
|---|---|---|---|---|---|---|---|---|---|---|
| 사업예산 | | | | | | | | | | |
| | 사업비용 | | | | | | | | | |
| | | 영업비용 | | | | | | | | |
| | | | 대행사업비용 | | | | | | | |
| | | | | 인건비 | | | | | | |
| | | | | | 01 보수 | | | | | |
| | | | | | 02 기타직 보수 | | | | | |
| | | | | | 03 기간제근로자 등 보수 | | | | | |
| | | | | 일반운영비 | | | | | | |
| | | | | 여비 | | | | | | |
| | | | | 업무추진비 | | | | | | |
| | | | | 재료비 | | | | | | |
| 자본예산 | | | | | | | | | | |
| | 자본적 지출 | | | | | | | | | |
| | | 유형자산취득 | | | | | | | | |
| | | | 공기구비품 | | | | | | | |
| | | | | 자산취득비 등 | | | | | | |

자료: 행정안전부(2023). 『2023년 지방공기업 예산편성기준』.

### 4) 품목별 예산제도의 장점 및 단점

품목별 예산제도는 예산의 편성과 운영에 대한 정보를 비교적 쉽게 이해할 수 있다는 장점이 있다(정순여 외, 2004; 지구선, 2021). 하지만, 품목별 예산제도는 기관의 종합적인 재정 현황, 사업의 운영성과와 우선순위, 예산의 효과 등을 파악하기 어려운 단점이 있다(이효 외, 2002; 지구선, 2021). 품목별 예산제도의 장·단점을 구체적으로 살펴보면 다음과 같다.

#### (1) 품목별 예산제도의 장점

품목별 예산제도는 지출의 대상별로 예산을 세세하게 분류하여 편성하기 때문에, '누가 무엇을 하고 있는가(who does what)'에 대해서는 많은 정보를 제공하며, 이를 바탕으로 지출에 대한 통제와 책무성 확보에 적합한 예산제도라고 할 수 있다. 품목별 예산제도가 지니고 있는 유용성을 살펴보면 다음과 같다.

첫째, 품목별 예산제도는 국민의 대표기관이 입법부 중심의 행정부 통제 예산제도로서, 행정부의 자의적 예산집행을 지출대상에 따라 통제할 수 있는 장점이 있다.

둘째, 행정부 통제와 관련해 예산집행의 책임성을 확보할 수 있다. 당초 편성된 지출 항목대로 예산을 집행해야 하므로 지출 목적에 부합하지 않는 예산을 집행할 수 없으며, 지출 대상에 따라 책임성을 확보할 수 있다.

셋째, 인건비, 물건비, 자산취득비 등 품목별·성질별로 지출 총액을 확인할 수 있으며, 예산집행의 품목별 적법성 여부를 파악할 수 있기 때문에 의회의 예산 심의 및 회계검사가 용이하다.

넷째, 모든 정부조직에서 구입하는 품목의 구입 가격을 통일시켜 세출예산 편성의 표준화 및 능률성을 도모할 수 있고, 지출 항목 중 인건비 항목 등을 통해 조직 및 인사관리를 위한 유용한 각종 정보 및 자료를 확보할 수 있다.

다섯째, 전년도 예산과 올해의 예산 비교가 용이하다(하연섭, 2016: 247).

#### (2) 품목별 예산제도의 단점

품목별 예산제도는 '무엇을 위한 지출인가(for what)', 그리고 '얼마나 잘하고 있는가(how well)'에 대해서는 제대로 된 정보를 제공하지 못한다는 한계를 지니고 있다. 품목별 예산제도의 효과성을 제고하는 데 심각한 문제점을 살펴보면 다음과 같다(하연섭, 2016: 247-248).

첫째, 품목별 분류는 투입에만 초점을 맞추기 때문에 투입이 산출로 품목별 예산제도와 어떻게 연결되는지, 그리고 자원이 얼마나 효율적으로 사용되는지에 대한 정보는 제공하지 못한다는 것이다.

둘째, 품목별 분류에 기반한 예산 운용은 세부적인 사항에만 초점을 맞추기 때문에, 예산의 실질적인 사용자의 재량권 범위는 매우 제약되기 마련이다.

셋째, 품목별 예산제도는 정부조직단 위에만 초점을 맞추어 예산을 배분하기 때문에, 몇 개의 조직 단위가 협력해서 목표를 달성하게 되어 있는 사업의 경우 목표를 달성하는 데 소요되는 총비용을 제대로 계산할 수 없을 뿐만 아니라, 기존의 조직 단위를 뛰어넘어 더 효율적이고 효과적인 대안을 탐색하는 데도 한계가 있을 수밖에 없다.

넷째, 비용에 대한 단기적 비용과 사업의 효과에 대한 비교가 제대로 이루어지지 않는다. 품목별 예산제도에서의 비용 개념은 회계적 비용에 국한되어 있으며, 사회적 비용이나 기회비용은 제대로 고려하지 않는다. 즉, 품목별 예산제도는 오직 회계적 비용만을 고려하기 때문에, 예산편성의 합리성을 제고하기 어렵다. 또한 품목별 예산제도는 투입에만 초점을 맞추기 때문에, 예산을 편성할 때 사업의 효과가 제대로 고려되지 않는다. 이에 따라 사업의 비용과 효과의 비교가 제대로 이루어지지 않게 되는 것이다.

## 2. 사업별 예산제도

지방공기업 운영의 효율성과 책임을 높이고, 기관이 수행하는 사업을 평가하기 위해 투입 재원의 산출물(결과물)과 성과 측정에 중요성이 강조되고 있다. 따라서 지방재정환경은 투입 재원의 통제에 중점을 두고 있는 현행 예산제도에서 사업별 예산제도로 점차적으로 변화하고 있다(지구선, 2021). 지방공기업 중 직영기업은 2022년부터 품목별 예산과 사업별 예산을 병행 편성·운영하고, 지방공사·지방공단은 2023년부터 품목별 예산과 사업별 예산을 병행 편성·운영 후, 2024회계연도 예산편성부터 사업별 예산을 전면 도입한다.

### 1) 사업별 예산제도

#### (1) 기본 개념

사업별 예산제도[9](프로그램 예산제도)는 예산의 계획부터 편성과 배정, 집행, 결산, 평가와 환류의 모든 과정과 예산편성구조를 기관의 사업구조에 맞춰 분류하고, 이를 성과평가체계와 연계하는 예산제도를 의미한다(지구선, 2021). 사업별 예산제도는 예산의 전 과정(계획 · 편성 · 집행 · 결산 · 평가 · 환류)을 사업 중심으로 하여 투입비용 대비 사업 성과를 측정할 수 있는 성과주의 예산제도를 말한다. 현재 품목별 예산제도의 예산편성 · 운영체제 구조(관, 항, 세항)에서 프로그램(정책, 단위, 세부사업) 중심으로 구조화된다. 다만, 사업별 예산제도가 도입되어도 수입예산은 기존 구조(관-항-세항)체제를 그대로 유지한다. [표 10-2]는 품목별 예산제도와 사업별 예산제도의 비교를 보여준다.

**표 10-2 품목별 예산제도와 사업별 예산제도 비교**

| 구분 | 품목별 예산제도(현행) | 사업별 예산제도 |
|---|---|---|
| 편성 | ▪ 예산과목 위주 편성<br>– 관–항–세항–목<br>– 익년도 업무계획과 예산(안) 별도 작성 | ▪ 사업(프로그램) 중심 편성<br>– 정책–단위–세부–목<br>– 중장기 목표에 입각, 성과계획과 동시 작성 |
| 형식 | ▪ 품목별 예산서: 품목별 편성 | ▪ 성과 중심 예산서: 사업 단위 편성 |
| 운용 | ▪ 예산 낭비억제 통제 위주 예산운용 | ▪ 성과 위주 예산운용 |
| 결산 | ▪ 단편적 · 품목별 결산 | ▪ 종합적 · 사업 단위 결산 |
| 평가 | ▪ 사업진도분석 수준의 심사평가 | ▪ 목표와 연계된 성과 중심의 평가 |
| 환류 | ▪ 집행 결과가 다음 연도 예산 미반영 | ▪ 성과 평가 및 다음 연도 예산 반영 |
| 효과 | ▪ 사업 수행 내용을 파악 곤란 | ▪ 사업내용 파악 용이, 투명한 예산운영 유도 |

자료: 행정안전부(2023). 『2023년 지방공기업 예산편성기준』.

#### (2) 도입 필요성

지방공기업 예산은 단위사업들이 예산에 목을 달리하여 편성되는 체계로 사업별 성과 정보를 파악하는 데 어려움이 있다. 지방자치단체와 직영기업 및 지방공사 · 공

9) 사업별 예산제도를 중앙정부에서는 프로그램 예산제도라고 부른다.

단 간 예산체계의 상이성으로, 예산의 이해관계자에게 종합적이고 객관적인 재정정보 제공이 곤란하다. 또한 자치단체 복식부기 결산이 사업별 원가산출체계로 개편(2013년)되고, 자치단체 재무건전성 판단 시 소속 지방공기업 정보가 포함됨에 따라 일관된 재정정보 생성해야 할 필요가 있기 때문이다.

중앙정부는 2007년, 지방자치단체는 2008년, 그리고 지방공사는 2017년 1월 1일 이후 최초로 개시되는 회계연도 재무제표 결산 정보부터 구분회계제도를 적용함에 따라, 예산편성부터 사업별 성과관리가 될 수 있는 사업별 예산제도 도입은 지방공기업에도 필수적인 사항으로 등장하였다.

#### (3) 사업 구조화의 기본원칙

지방공기업의 사업별 예산제도에서 수입예산은 기존의 품목별 예산체계를 그대로 유지하고, 지출예산은 사업별 예산제도를 도입하여 "분야-부문-정책사업-단위사업-세부사업"의 구조로 대체한다. 기관별 임무에 근거하여 전략목표와 성과목표를 수립하고, 이를 달성하기 위한 수단으로서 정책·단위·세부사업을 설정하는 것이 사업구조의 기본원칙이다.

### 2) 지출예산 사업 구조화

사업별 예산제도 도입을 위해 가장 선행해야 하는 작업은 지출예산들에 대한 사업별 구조화 작업이다. 사업 구조화를 위한 기본원칙과 사업계층 구조에 대한 이해가 필요하다.

#### (1) 기본원칙

각 조직별 임무에 근거하여 지방공기업은 미션과 전략목표, 성과목표를 달성하기 위해 지방공기업이 영위하고 있는 사업을 일정한 규칙에 따라 "정책사업-단위사업-세부사업"으로 체계화하고, 세부사업 하위에 목과 세목을 설정한다. 또한 지방공기업 사업이 체계적으로 반영될 수 있도록 관·항·세항 예산체계를 정책·단위·세부사업 체계로 구조화한다. [그림 10-3]은 지출예산 사업구조를 보여준다.

**(기존)** 관-항-세항-목
**(개편)** (분야-부문) 정책사업-단위사업-세부사업-목

**그림 10-3 지출예산 사업구조**

| 구분 | | 구조 |
|---|---|---|
| 예산서 | 목적<br>(조직별 임무,<br>전략목표, 성과목표) | 임무(미션) |
| | | 전략목표 |
| | | 성과목표 |
| | 수단 | 정책사업 |
| | | 단위사업 |
| | | 세부사업 |

자료: 행정안전부(2023). 『2023년 지방공기업 예산편성기준』.

### (2) 사업 계층 구조

지출예산 사업구조는 지방공기업의 전략과 정책을 체계적으로 사업에 반영하기 위해 사업예산·자본예산 및 분야·부문, 정책사업·단위사업·세부사업이 일정한 규칙에 따라 계층을 형성하도록 사업을 구조화한다. 첫째, 지방공기업 전체 재정을 정책사업, 행정·운영활동, 영업외활동으로 구분한다. 둘째, 공기업 본연의 미션(임무), 전략목표, 성과목표를 달성하기 위한 계층화 구조(정책-단위-세부사업 순으로)를 통해 경영자원의 효율적인 운영이 이루어지도록 설정한다. 셋째, 세부사업 하위에 목과 세목을 설정한다. 넷째, 예산수립 시 목표원가를 산출하고 실제원가와의 차이 분석을 통한 사업성과에 대한 관리가 필요하다.

### (3) 지출예산 사업 구조화 방법

#### ① 사업예산·자본예산

「지방공기업법」 제25조(예산의 내용)에 따라 수익·비용에 관한 수입·지출은 사

업예산으로 편성하고, 자산 · 부채 · 자본의 신규 증감액에 관한 자본적 수입과 지출은 자본예산으로 편성한다. 사업예산은 경상운영을 위한 사업예산(수익적 지출)은 사업단위 내 계정과목별로 편성하여 예정손익계산서상 수익 비용으로 반영하여 사업의 성과관리를 하도록 한다. 자본투자와 관련한 자본예산(자본적 지출)은 사업 단위마다 계정별 예산을 편성하여 예정 재무상태표상 자산 · 부채 · 자본으로 반영하여 효율적 자원배분 및 자금관리를 하도록 한다.

### ② 분야 · 부문

분야 · 부문은 중앙정부 및 국제기준(UN Classification of the Function of Government)에 따라 정해져 지방자치단체에서 적용하고 있는 13개 분야 52개 부문의 기준을 준용한다. 대부분의 공기업에 적용되는 분야 · 부문은 1가지(상하수도 · 수질 부문)나, 일부 공사 · 공단의 경우 2가지 이상 적용 가능하다. 그리고 분야 · 부문 하위에 복수의 정책사업을 설정할 수 있다. 단위사업은 정책사업의 성과목표를 달성하기 위한 비용 산정의 기초단위이자 정책평가 및 분석 대상으로 의미가 있는 사업으로 설정하며, 정책사업과 그 하위에 속하는 단위 · 세부사업은 기능, 예산, 원가 산정, 성과관리 측면에서 일관된 연계성을 가질 수 있도록 구조화한다. 예비비는 별도의 정책사업으로 편성할 수 있다(지구선, 2021).

### ③ 정책사업

정책사업은 재정사업과 업무를 대상으로 부서의 성과목표를 고려하여 정책적으로 일관성을 가진 다수의 단위사업들의 묶음을 의미하며, 지방공기업 정책수행을 위해 설정되는 지출예산서상의 일차적 사업 단위로서, 하부 사업인 단위사업의 설정 근거가 된다. 지방공기업의 핵심 전략목표(strategic objectives)를 구체적으로 달성할 수 있는 예산 사업 단위로 구조화하고, 정책 및 사업이 일관성을 갖는 다수 사업군을 정책사업으로 구조화한다(계층화된 사업구조 형성). 또한 정책사업과 하부 단위사업은 조직구조를 고려하여 단일 관리자에 의해 통괄되도록 구조화한다. [그림 10-4]는 조직구조에 따른 사업 단위 예시를 보여준다.

**그림 10-4 조직구조에 따른 사업 단위 예시**

| 조직구조 | 사업 단위 |
|---|---|
| 실/국/본부 | 정책사업 |
| 과 | 단위사업 |
| 팀/계 | 세부사업 |

– 예비비는 별도의 정책사업으로 편성

자료: 행정안전부(2023). 『2023년 지방공기업 예산편성기준』.

### ④ 단위사업

정책사업의 하부 실행 단위인 단위사업은 구체적이고 명확한 예산집행 활동의 특성을 가지면서 비용 산정의 기초단위이자 정책평가 및 분석 대상으로서 의미를 가지는 사업으로 구성한다. 정책사업의 성과목표를 달성하기 위한 구체적인 예산집행 활동을 고려하여 구조화한다. 통상 1개의 정책사업에 4~5개의 단위사업으로 구성되도록 하며, 최대 10개를 넘지 않도록 유의한다. 정책사업과 그에 속하는 단위사업/세부사업은 기능, 예산, 원가산정, 성과관리 등의 측면에서 일관된 연계성을 가질 수 있도록 구조화한다.

### ⑤ 세부사업

세부사업은 단위사업을 수행하기 위한 수개의 사업 단위로서, 가장 하위의 사업 단위를 의미한다. 단위사업을 구성하는 가장 하위의 사업 단위로서 사업주체(광역단체, 기초단체), 재원구분(국고보조, 자체재원)을 고려하여 구조화할 필요가 있다. 구분회계 도입기관은 세부사업을 고유사업, 정책사업, 대행·위탁사업을 기준으로 세분화한다.

- **고유사업**: 기관의 설립 목적 및 기능에 따라 과거부터 지속 수행해 온 사업
- **정책사업**: 사업 추진 동기가 지방공기업의 자체 판단이 아닌 지방자치단체의 정책결정 등에 따라 추진하는 사업
- **대행·위탁사업**: 관련 법령 등에 따라 지방공기업이 대행 또는 위탁하는 사업

### ⑥ 행정 · 운영활동

서비스와 관련한 영업 활성화, 고객관리비용, 조직 전반의 유지 관리에 소요되어 사업 배부가 적합하지 않은 일반적 지원 및 관리비용을 의미한다. 예를 들면, 회계, 기획, 총무 등은 행정 · 운영활동으로 편성한다. 한 직원이 두 가지 이상 사업수행 등으로 사업별 인건비 편성이 어려운 경우에는 행정 · 운영활동에 속한 단위사업으로 인건비를 일괄 편성한다.

인건비를 행정 · 운영활동에 일괄 편성 시 세부사업에서 인건비 내용을 표시하여 운영 효율성을 제고한다.

### ⑦ 영업외활동

영업외활동은 자금조달 이자 상환, 자치단체 이전거래, 타법인 출자 등이 개별사업과 관련성이 존재하면 해당 구조화된 사업에 편성하고, 사업별 합리적인 배부기준이 없고 사업 배부하기 곤란하거나 배부에 따른 실익이 없는 이자 상환, 개발을 위한 타법인 출자활동, 자금이전 거래 등은 '영업외활동'으로 편성한다.

## (4) 지출예산 사업 구조화 주요 사항

### ① 구분회계 도입기관

구분회계는 재무상태와 경영성과를 독립적으로 식별할 수 있는 단위로써 그 목적이 성과평가 등으로 사업별 예산제도와 동일하기 때문에 사업 단위와 연계한다. [표 10-3]은 지출예산 사업 구조화 분야 · 부문을 보여준다.

**표 10-3 지출예산 사업 구조화 분야·부문**

| 사업별 예산제도 (예산회계) | | | 구분회계 (재무회계) | | | 비고 |
|---|---|---|---|---|---|---|
| 정책사업 | 단위사업 | 세부사업 | 대분류 (공급 유형) | 중분류 (사업 유형) | 기초분류 | |
| 분양 | 주택 | 고유정책<br>위탁 · 대행 | 분양사업 | 주택 | 고유정책<br>위탁 · 대행 | |
| | 택지 | | | 택지 | | |
| | 산업단지 | | | 산업단지 | | |
| | 기타 | | | 기타 | | |

| | | | | | | |
|---|---|---|---|---|---|---|
| 임대 | 공공임대 | | 임대사업 | 공공임대 | | |
| | 국민임대 | | | 국민임대 | | |
| | 영구임대 | | | 영구임대 | | |
| | 기타임대 | | | 기타임대 | | |
| 대행 | | | 대행사업 | … | | |

※ 동일 정책사업 내에서 일괄계약을 체결하는 등에 따라 발생하는 공통비는 별도의 단위사업 편성 가능.
자료: 행정안전부(2023). 『2023년 지방공기업 예산편성기준』.

### ② 재무회계와의 연계

현행 품목별 예산제도의 예산회계와 재무회계가 연계되는 구조에서, 사업 단위를 기관에서 자율적으로 정할 경우 예산편성 과목과 재무회계 과목이 연결되지 않아 예정재무제표 작성 및 재무회계 결산에 어려움 생길 수 있다. 따라서 사업구조화 시 현행 품목별 예산회계 과목과 재무회계 과목 연계를 고려한다. [표 10-4]는 현행 품목별 예산회계 과목과 재무회계 과목 연계를 보여준다.

**표 10-4 현행 품목별 예산회계 과목과 재무회계 과목 연계**

| 품목별 예산회계 과목 | | 재무회계 과목 | |
|---|---|---|---|
| 항 | 세항 | 중분류 | 공시과목 |
| 영업비용 | 원수 및 취수비 | 영업비용 | 원수 및 취수비 |
| | 정수비 | | 정수비 |
| | 배 · 급수비 | | 배 · 급수비 |
| | 펌프장비 | | 펌프장비 |
| ⋮ | ⋮ | ⋮ | ⋮ |

자료: 행정안전부(2023). 『2023년 지방공기업 예산편성기준』.

### ③ 위탁 · 대행사업 위주의 공단사업 구조화

위탁 · 대행사업만을 수행하는 소규모 공단은 기관의 판단 하에 정책사업과 단위사업을 위탁 · 대행사업으로 단일 편성한다. 다만, 위탁운영사업이 지방자치단체의 여러 곳의 과(예: 공원녹지과, 주차행정과)에서 담당하는 경우 주무부서 기준으로 세부사업 단위를 설정한다. [표 10-5]는 위탁 · 대행사업 위주의 공단사업 구조화를 보여준다.

**표 10-5 위탁·대행사업 위주의 공단사업 구조화**

| 구분 | 사업 | | | |
|---|---|---|---|---|
| 정책사업 | 위탁/대행사업 | | | 행정운영활동 |
| 단위사업 | 위탁/대행사업 | | | 인력운영비 |
| 세부사업 | 주차장<br>위탁운영 | 체육관<br>위탁운영 | 공원<br>위탁운영 | 보수 |

자료: 행정안전부(2023). 『2023년 지방공기업 예산편성기준』.

### ④ 예산의 전용

사업별 예산제도에 있어 예산의 전용은 동일한 '정책사업' 내의 '단위사업' 간 및 동일 '단위사업' 내 '목' 간 예산을 변경하여 사용하는 것을 의미한다.

「지방공기업법」 제29조(예산의 전용) 및 「지방공기업법 시행령」 제21조(예산의 집행)에서는 '세항' 간 전용이 가능하다고 정하고 있다. 사업별 예산제도에서는 '단위사업'을 '세항'으로 간주한다. 그 외 예산의 이용, 예산의 조정은 품목별 예산제도와 동일하다. [표 10-6]은 품목별 예산제도와 사업별 예산제도 구조 비교를 보여준다. 사업 유형별 지출예산 총괄표 가운데 [표 10-7]은 상수도 직영기업 지출예산 총괄표를, [표 10-8]은 개발공사 지출예산 총괄표를 보여준다.

**표 10-6 품목별 예산제도와 사업별 예산제도 구조 비교**

| 품목별 예산제도 | 사업별 예산제도 | 비고 |
|---|---|---|
| 관 | 분야 · 부문 | |
| 항 | 정책사업 | 예산의 이용 |
| 세항 | 단위사업 | 예산의 전용 |
| | 세부사업 | 예산의 전용 |
| 목 | 목 | 예산의 전용 |
| 세목 | 세목 | 예산의 조정 |

자료: 행정안전부(2023). 『2023년 지방공기업 예산편성기준』.

**표 10-7 상수도 직영기업 지출예산 총괄표**

(단위: 천 원)

| 구분 | 분야 부문 | 정책 사업 | 단위 사업 | 세부 사업 | 목 | 세목 | 금액 | | |
|---|---|---|---|---|---|---|---|---|---|
| | | | | | | | 예산액 | 전년도 예산액 | 증감액 |
| 총계 | | | | | | | 000 | 000 | 000 |
| 사업예산 | | | | | | | 000 | 000 | 000 |
| | 상하수도 · 수질 | | | | | | 000 | 000 | 000 |
| | | 상수도사업 | | | | | 000 | 000 | 000 |
| | | | 정수생산관리 | | | | 000 | 000 | 000 |
| | | | | 정수장 개 · 보수 | | | 000 | 000 | 000 |
| | | | | | 수선유지교체비 | | 000 | 000 | 000 |
| | | | | | | 수선유지비 | 000 | 000 | 000 |
| 자본예산 | | | | | | | 000 | 000 | 000 |
| | 상하수도 · 수질 | | | | | | 000 | 000 | 000 |
| | | 상수도사업 | | | | | 000 | 000 | 000 |
| | | | 정수생산관리 | | | | 000 | 000 | 000 |
| | | | | ○○정수장 토목공사(구축물) | | | 000 | 000 | 000 |
| | | | | | 시설비 및 부대비 | | 000 | 000 | 000 |
| | | | | | | 시설비 | 000 | 000 | 000 |
| | | | | | | … | … | … | … |

자료: 행정안전부(2023). 『2023년 지방공기업 예산편성기준』.

**표 10-8 개발공사 지출예산 총괄표**

(단위: 천 원)

| 구분 | 분야 부문 | 정책 사업 | 단위 사업 | 세부사업 | 금액 예산액 | 금액 전년도 예산액 | 금액 증감액 |
|---|---|---|---|---|---|---|---|
| 사업예산 | | | | | 000 | 000 | 000 |
| | 지역 및 도시/산업단지/주택/⋯ | | | | 000 | 000 | 000 |
| | | 토지개발 및 주택분양사업: (참고) 지방공기업법 제2조(적용범위)에 의한 당연적용사업, 주거안정, 지역경제 활성화 목적 등 | | | 000 | 000 | 000 |
| | | | 주택판매 관리 | | 000 | 000 | 000 |
| | | | | ○○주택 판매관리 | 000 | 000 | 000 |
| | | | | ○○주택 수선유지 | 000 | 000 | 000 |
| | | 출자회사 관리: (참고) 사업추진을 위한 자본 참여 관련 사업비 | | | 000 | 000 | 000 |
| | | | 출자회사 관리: (참고) 사회간접시설 운영 관련 자본 참여 등 | | 000 | 000 | 000 |
| | | | | ○○출자회사 운영 지원 | 000 | 000 | 000 |
| | | 대행사업: (참고) 지방자치단체 위수탁계약에 따른 업무수행 | | | ⋯ | ⋯ | ⋯ |
| | | | 체육문화시설 수탁 대행사업: (참고) 자치단체의 세부사업 단위 참조 | | 000 | 000 | 000 |
| | | | | ○○체육문화시설 수탁 운영 | 000 | 000 | 000 |
| | | | | 수탁 ○○체육문화시설 수선유지 | 000 | 000 | 000 |
| | | 행정운영활동: (참고) 조직의 전반적 관리 목적을 위한 사업들 | | | 000 | 000 | 000 |
| | | | 일반행정운영 관리 | | 000 | 000 | 000 |
| | | | | ○○개발공사 행정운영 | 000 | 000 | 000 |
| | | | | ○○개발공사 행정운영자산 수선유지 | 000 | 000 | 000 |
| | | | 인건비 | | 000 | 000 | 000 |
| | | | | 인건비(주택판매) | ⋯ | ⋯ | ⋯ |
| 자본예산 | | | | | ⋯ | ⋯ | ⋯ |
| | 지역 및 도시/산업단지/주택/⋯ | | | | ⋯ | ⋯ | ⋯ |
| | | 토지개발 및 주택분양사업 | | | ⋯ | ⋯ | ⋯ |
| | | | 주택조성 | | ⋯ | ⋯ | ⋯ |
| | | | | ○○주택조성(미완성주택) | ⋯ | ⋯ | ⋯ |
| | | ○○정책사업 | | | ⋯ | ⋯ | ⋯ |
| | | | ○○단위사업 | | ⋯ | ⋯ | ⋯ |
| | | | | ○○세부사업 | ⋯ | ⋯ | ⋯ |
| | | 행정운영활동 | | | ⋯ | ⋯ | ⋯ |
| | | | 일반행정운영 관리 | | ⋯ | ⋯ | ⋯ |
| | | | | ○○개발공사 행정사무실 리모델링(건물) | ⋯ | ⋯ | ⋯ |
| | | 예비비 | | | ⋯ | ⋯ | ⋯ |

자료: 행정안전부(2023). 『2023년 지방공기업 예산편성기준』.

# 제 3 절 지방공기업 예산운영기준[10)]

## 1. 예산의 운영

### 1) 예산의 이용

지방자치단체의 장은 지출예산에서 정한 목적 외의 용도로 경비를 사용하거나 지출예산에서 정한 각 정책사업 간에 서로 이용할 수 없으나, 예산집행에 필요하여 미리 예산으로서 지방의회의 의결을 얻었을 때에는 이용이 가능하다(지방재정법 제47조 제1항).

### 2) 예산의 전용

관리자는 예산집행에 필요한 경우 예산총칙에서 정하는 과목을 제외하고는 세출예산의 각 세항 및 목 경비를 전용이 가능하다(지방공기업법 제29조). 예산의 전용은 "세항" 간 예산의 전용이나 동일 "세항" 내 "목" 간 전용으로 예산과목 외 사용금지의 예외라고 할 수 있으나, 다음 목은 전용을 하지 못하도록 규정하고 있다. [표 10-9]는 예산 전용 제한 목을 보여준다.

**표 10-9 예산 전용 제한 목**

- 다른 목으로 전용할 수 없는 경우
  - 인건비 관련 비목(101, 107목), 차입금원금상환(601목), 차입금이자상환(311목), 기타유동부채상환(611목), 기타비유동부채상환(612목)
    - ※ 같은 "목" 내 세목 간 전용 가능 및 인건비 관련 비목 간 및 차입금원금상환과 차입금이자상환 간 전용 가능
- 다른 목에서 전용받을 수 없는 경우
  - 업무추진비(203목)

10) 이 절의 내용은 행정안전부가 발간한 『2023년 지방공기업 예산편성기준』을 정리한 것이다.

### 3) 예산의 조정

예산의 조정은 「지방공기업법」 제29조에 따라 관리자는 예산집행에 필요한 경우 예산총칙에서 정하는 과목을 제외하고는 세출예산의 각 “세항” 및 “목”경비 전용이 가능하다. 동일 “목” 내 “세목” 간 예산을 관리자(부서의 장) 책임 하에 상호 융통하여 사용하는 것을 조정이라 하며, 사업담당자는 예산조정 내역서를 작성, 관리자(부서의 장)가 결정하여 조정 사용할 수 있다.

### 4) 예산의 이체

예산의 이체는 회계연도 중에서 예산편성 시 고려하지 못한 지방공기업의 기구 · 직제 또는 정원에 관한 법령이나 조례, 내부규정의 제정 또는 개폐로 인하여 관계기관 사이에 직무권한 기타의 변동이 있을 때에, 그 예산을 이체하여 사용할 수 있는 경우를 말한다. 이체는 사업의 목적 · 내용이 변경되는 사항이 아니고, 직무권한의 변동이 있는 사항으로 지방의회(이사회) 심의 대상이 아니며, 이체의 단위는 “세항”으로, 이체로 인한 “세항”의 분할 · 합병은 불가하다. [표 10-10]은 예산의 이용 · 전용 · 조정 · 이체 구분을 보여준다.

**표 10-10 예산의 이용 · 전용 · 조정 · 이체 구분**

| 구분 | 이용 | 전용 | 조정 | 이체 |
|---|---|---|---|---|
| 적용 범위 | “항” 간 | “세항” 간 | “세목” 간 | 부서 간 |
| 요구권자 | 지방공기업의 장 | 부서의 장 | 사업담당 | 부서의 장 |
| 승인권자 | 지방의회(이사회) | 관리자<br>(사장 · 이사장) | 관리자(부서장) | 관리자<br>(사장 · 이사장) |

자료: 행정안전부(2023). 『2023년 지방공기업 예산편성기준』.

## 2. 예산불성립 시 예산집행

지방의회에서 부득이한 사유로 회계연도 개시 전까지 예산안이 의결되지 못한 때에는 지방자치단체의 장은 「지방자치법」 제122조의 규정에 의하여 예산을 집행하고, 이 경우 집행된 예산은 당해 연도의 예산이 성립되면 그 성립된 예산에 의하여 집행된 것으로 본다(지방재정법 제46조). 또한 지방의회에서 새로운 회계연도가 시작될 때까지 예산안이 의결되지 못하면 지방자치단체의 장은 지방의회에서 예산안이 의결될 때까지 다음의 목적을 위한 경비는 전년도 예산에 준하여 집행할 수 있다.

예산불성립 시 예산집행기준은 구체적으로 집행 시기는 지방의회(이사회)에서 예산이 의결될 때까지이며, 집행 규모는 전년도 예산에 준한다(추경예산 포함). 대상경비는 시설의 유지·운영경비 및 지출의무가 있는 경비, 계속비 사업비에 해당되며, 시설의 현상 유지와 경상적 운영을 위한 경비 및 일정한 시기에 지출의 의무가 있는 경비, 「지방공기업법」 제30조의 규정에 의한 계속비가 해당된다.

## 3. 예산의 이월제도

매 사업연도의 지출예산은 다음 연도로 이월하여 사용할 수 없다. 다만, 지출예산 경비 중 건설개량이월, 사고이월, 계속비이월은 다음 회계연도로 이월하여 사용이 가능하다(지방공기업법 제30조). 이들에 대한 구체적인 설명은 다음과 같다.

첫째, 건설개량이월은 지방직영기업[11]의 시설을 건설 또는 개량하는 데에 필요한 경비로서 해당 연도에 지출원인행위를 하지 아니한 것 중 지방자치단체의 장의 승인을 받은 경비는 다음 회계연도로 이월 사용이 가능하다(지방공기업법 제30조 제1항 제1호). 관리자는 예산에 정한 지방공기업의 건설 또는 개량에 필요한 경비, 즉 자본예산의 투자 사업비로서 당해 연도 내에 지출원인행위를 하지 아니한 것이 있을 때에는 당해 자치단체의 장의 승인을 얻어 익년도에 이월사용이 가능하며, 건설개량이월은 사업예산에는 적용되지 않으며, 재차 건설개량비이월은 할 수 없으나 사고이월은 가능하다.

둘째, 사고이월은 해당 연도에 지출원인행위를 하고도 부득이한 사유로 그 연도에 집행하지 못한 경비와 지출원인행위를 하지 아니한 그 부대경비로 다음 회계연도로 이월 사용이 가능하다(지방공기업법 제30조 제1항 제2호). 모든 지출예산 중 당해 연도 내에 지출원인행위를 하고 부득이한 사유로 인하여 그 연도 내에 지급의무가 생기지 않은, 즉 채무가 확정이 되지 않은 경비에 대하여 관리자는 미리 당해 지방자치단체장(사장·이사장)의 승인을 얻어 금액을 익년도에 이월하여 사용이 가능하다.

11) 지출원인행위는 세출예산, 계속비 및 국고 채무부담행위에 의한 국가 또는 지방자치단체의 지출의 원인이 되는 계약, 기타의 행위를 의미한다.

즉, 지방자치단체의 경우는 출납정리기한인 익년도 1월 20일까지 현금지급이 이루어지지 않은 것을 사고이월하고, 지방공기업에서는 사업연도 말(12.31)까지 물품검수, 준공검사 등 채무가 확정되지 않은 것을 사고이월시키며, 12.31까지 채무 미확정된 금액(원인행위를 하였으나 검수 등을 하지 아니한 경우)을 사고이월로 처리하고, 사고이월된 경비는 재차 이월할 수 없다. 사고이월이 확정된 경우 이월예산으로 배정된 것으로 인정한다.

셋째, 계속비이월의 경우 관리자는 계속비의 연도별 소요경비 중 해당 연도에 지출하지 못한 금액은 사업 완성 연도까지 차례로 이월하여 사용이 가능하다(지방공기업법 제30조 제4항). 이월예산의 운영은 「지방공기업법」 제30조 규정에 따라 예산을 이월할 경우 이월하는 과목별 금액은 이월예산으로 배정된 것으로 본다(지방공기업법 제30조 제5항). 즉, 이월예산에 대하여는 다음 연도의 예산에 계상하지 않고, 이월예산으로 배정된 것으로 보며 '예산현액'으로 관리한다. [표 10-11]은 예산의 이월제도 구분을 보여준다.

**표 10-11 예산의 이월제도 구분**

| 구분 | 건설개량이월 | 사고이월 | 계속비이월 |
|---|---|---|---|
| 이월단위 | 세목 단위까지 | 세목 단위 | 세목 단위 |
| 요구권자 | 관리자(부서의 장) | 관리자(부서의 장) | 관리자(사장 · 이사장) |
| 승인권자 | 자치단체의 장(사장 · 이사장) | 자치단체의 장(사장 · 이사장) | 지방의회(이사회) |
| 요구시기 | 회계연도가 끝나는 날까지 | 회계연도가 끝나는 날까지 | 회계연도가 끝나는 날까지 |
| 확정시기 | 회계연도가 끝난 날로부터 10일 이내 | 회계연도가 끝난 날로부터 10일 이내 | 회계연도가 끝난 날로부터 10일 이내 |
| 기간연장 | 사고이월 가능 | 불가능 | 의회(이사회)의결 연장, 건설개량이월, 사고이월 가능 |

자료: 행정안전부(2023). 『2023년 지방공기업 예산편성기준』.

## 4. 당기순손익 처리

### 1) 당기순손익의 처리 규정

당기순손익 처리 규정에 따르며 지방직영기업은 해당 사업연도에 이익이 생긴 경우에 전 사업연도로부터 이월된 결손금이 있으면 그 이익금으로 결손금을 보전하여야 하고, 결손금을 보전하고 남는 금액은 대통령령으로 정하는 바에 따라 그 금액의 10분의 1 이상의 금액을 자본금의 2분의 1에 달할 때까지 이익적립금으로 적립하여야 한다. 적립하고 남는 금액은 조례로 정하는 바에 따라 감채적립금 또는 건설개량적립금으로 적립하거나 전년도 이익금의 일부를 출자한 회계에 납부할 수 있다.

### 2) 당기순손익의 처리

당기순손익은 당해 연도에 발생한 수익에서 비용을 차감한 것으로, 수익＞비용인 경우에는 당기순이익, 수익＜비용인 경우에는 당기순손실로 표현된다. 따라서 사업예산의 수익총계(영업수익＋영업외수익＋특별이익)에서 비용총계(영업비용＋영업외비용＋특별손실＋법인세)를 차감한 금액을 예정당기순이익 또는 예정당기순손실로 볼 수 있다.

## 5. 현금지출을 수반하지 않는 경비의 계상

### 1) 관련 규정

현금지출을 수반하지 않는 경비는 예산 없이 그 발생된 경비를 계상할 수 있다(지방공기업법 제32조, 지방공기업법 시행령 제25조). 현금지출을 수반하지 않는 경비는 감가상각비, 자산감모비, 제품・상품의 매출원가, 자산의 정리 또는 변동에 수반하는 장부가액의 삭제금액, 발생품 등을 사용하는 경우 발생품 장부가액, 부채성 충당금계정으로의 편입액, 기타 발생주의의 회계기준에 의하여 대응 계상되는 손비 등이다.

### 2) 감가상각비

예정손익계산서에 포함시킬 예정감가상각비는 예산편성(삭제) 대상 회계연도의 직전 연도 감가상각자산(유형자산 및 무형자산)에 당해 연도의 자본적 지출(취득)과 자본적 수입(처분)을 반영한 상각 기초금액에 각 자산별 내용 연수를 적용하여 계산하는 것을 원칙으로 한다. 다만, 감가상각비는 대부분 전산시스템에 의한 계산에 의존하므로 전산시스템 수준에 따라 계산이 어려울 수 있으며, 예정손익계산서 작성 시

직전 연도 감가상각자산이 아직 확정되지 않은 상황 또한 계산상 어려움을 가중시킨다. 따라서 지방공기업의 부담을 완화하기 위하여 대상 회계연도 전전년도 손익계산서에서 산출된 감가상각비를 예산에 반영할 수 있다.

### 3) 용지 및 주택매출 원가

용지 및 주택매출 원가의 성격을 관련하여 용지 및 주택매출 원가는 현금지출이 수반되는 사업비가 자본예산에 편성되는 개발사업의 특성에 따라 산출되는 항목이다.

용지 및 주택매출 원가는 현년도의 예상 수익(용지 및 주택매출 수익)에 대응되는 판매원가로 산출한다. 따라서 당해 연도의 예상 매출수익을 먼저 계산한 후 이에 대응되는 원가를 계산하여 산출하는 구조이며, 예상 용지 및 주택매출 수익은 일반기업회계기준의 인도기준 또는 진행기준에 따라 계산된 예상 수익을 반영하고, 예상 용지 및 주택매출 원가는 일반기업회계기준의 인도기준 또는 진행기준에 따라 계산된 예상 수익에 대응되는 원가를 반영한다.

### 4) 퇴직급여

퇴직급여의 산출방법은 예산편성 대상연도의 퇴직금 지급 예정액, DB형(확정급여형) 퇴직연금 납입 예정액, DC형(확정기여형) 퇴직연금 납입 예정액을 사업예산의 "퇴직급여"로 반영한다. 퇴직금 및 퇴직연금 납부 예정액은 현금지출이 수반되는 항목이므로 산출기초가 명확하게 제시되어야 한다.

## 6. 보전재원의 처리

보전재원은 공기업 내부에 유보되어 있는 자금으로 자본적 수입만으로 자본적 지출에 부족할 때 사용 가능한(충당해 주는) 유보재원을 의미한다. 감가상각비 등 현금지출이 수반되지 않은 비용에 의한 당해 연도 손익계정 유보자금과 이월이익잉여금 및 당년도 이익잉여금(당기순이익)이 이에 해당한다.

보전재원의 처리는 첫째, 당기 발생된 보전재원으로 당기의 자본예산 지출 및 당기순손실을 충당하지 못할 경우에는 자본예산 차손이 발생하며, 이 경우 전기에서 이월된 보전재원에서 충당한다. 둘째, 당해 연도 예정 이익잉여금 처분액은 당해 연도 말에 이익잉여금으로 발생할 것이 확실한 금액 중 예정 처분할 것으로(예산총칙 제11조), 이에 상당하는 자금은 공기업 내에 유보자금으로 남아 있어야 하며, 예정처분이므로 보전재원으로 충당할 때에는 반드시 「지방공기업법」 제37조의 규정에 따라 처분하여야 한다. 셋째, 당해 연도에 현금화할 수 있는 것이 불확실한 미수금, 예산이월의 재원에 필요한 자금, 상시 일정량의 보유를 필요로 하는 저장품 등은 공제하여 보전재원으로 산출한다.

## 제 4 절 지방공기업 결산[12)]

### 1. 지방공기업 결산 개요

지방공기업 결산은 「지방공기업법」 제35조 및 제66조와 제76조 제2항, 지방공기업 결산기준, 일반기업회계기준에 의한다. 지방공기업의 당해 사업연도 영업활동의 결과인 경영성과 및 재무상태를 재무제표로 확정하는 회계 절차로서, 지방공기업과 직·간접적 이해관계를 지니는 외부이용자 및 지방자치단체, 내부관리자 등 정보이용자에게 경영성과와 재무상태에 대한 정보를 제공한다. 지방공기업은 결산서를 기관장에게 보고한 후 회계감사인에게 제출 및 감사를 받아야 하며, '지방공기업의 회계감사, 결산서 검증·제출·보고·승인' 일정은 설립자치단체가 내부적으로 결정·추진한다. 단, 결산서 검증·제출·보고·승인 일정은 결산자료 제출 전에 수행되어야 한다.

### 2. 법적 근거

#### 1) 지방직영기업

매 사업연도 종료 후 2월 이내에 결산서를 작성하여 이를 해당 연도의 사업보고서와 그 밖에 「지방공기업법 시행령」으로 정하는 서류와 함께 지방자치단체의 장에게

12) 이 절의 내용은 행정안전부가 발간한 『2022사업연도 지방공기업 결산기준』을 정리한 것이다.

제출해야 하며, 지방자치단체의 장은 결산 및 사업보고서, 기타서류에 공인회계사의 회계감사보고서를 첨부하여 지방의회에 제출·승인을 받아야 한다(지방공기업법 제35조, 지방공기업법 시행령 제36조).

### 2) 지방공사·공단

매 사업연도의 결산을 해당 사업연도 종료 후 2월 이내에 완료하고, 「지방공기업법 시행령」이 정하는 결산서류(지방공기업법 시행령 제59조)와 지방자치단체의 장이 지정하는 공인회계사의 회계감사보고서를 첨부하여 지체 없이 설립지방자치단체의 장에게 보고, 승인을 얻어야 한다(지방공기업법 제66조, 제76조 제2항).

### 3) 사업연도(회계연도)

지방직영기업의 사업연도는 지방자치단체의 일반회계의 회계연도에 따른다(법 제15조). 즉, 지방직영기업의 회계연도는 매년 1월 1일에 시작하여 12월 31일에 끝난다(지방회계법 제6조 제1항).

### 4) 회계처리의 원칙

지방공기업은 경영성과 및 재무상태를 명확히 하기 위하여 재산의 증감 및 변동(회계거래)을 발생 사실에 따라 회계처리해야 하며(발생주의), 회계거래는 기업회계기준을 따라야 한다. 또한 회계처리, 계약의 기준·절차와 입찰 참가자격의 제한 등에 관하여는 그 성질에 반하지 아니하는 범위에서 「지방자치단체를 당사자로 하는 계약에 관한 법률 시행령」을 준용한다.

### 5) 결산서 작성의 책임

결산서 작성의 책임은 감사인이 아닌 각 지방공기업 경영자(관리자, 관련 임원)에게 있으며, 외부감사인에게 의존하지 않고 담당자가 직접 결산을 수행하여야 한다(주식회사의 외부감사에 관한 법률 제6조 준용).

### 6) 회계업무 관리 및 감독의 책임

지방자치단체의 장은 지방공기업의 설립 · 운영 등 산하 지방공기업의 업무를 관리 · 감독해야 하며, 자치단체장의 장은 산하 지방공기업 회계업무의 관리 · 감독을 수행하고 문제점들에 대한 분석 · 개선 등의 노력을 하여야 하며, 업무 관리 · 감독 등에 필요한 사항은 내부규정으로 두어야 한다.

### 7) 결산기준 통보

지방직영기업은 「지방공기업법」 제6조 및 「지방회계법」 제53조의 의거 행정안전부 장관은 결산서를 적정하게 작성하도록 결산에 대한 지침을 작성하여 각 지방자치단체장에게 통보할 수 있다. 지방공사 · 지방공단은 「지방공기업법」 제66조의2, 제76조에 의거 행정안전부 장관은 결산에 공통적으로 적용하여야 할 사항에 관한 기준을 작성하여 통보할 수 있다.

## 3. 결산대상

### 1) 결산기준 및 결산대상

#### (1) 결산기준

사업연도 기준으로 지방공기업 설립 조례에 의해 설립되고 운영 실적이 있는 지방공기업을 의미한다. 지방공기업은 결산서를 기관장에게 보고한 후 회계감사인에게 제출 및 감사를 받아야 한다. '지방공기업의 회계감사, 결산서 검증 · 제출 · 보고 · 승인' 일정은 자치단체가 내부적으로 결정 · 추진한다. 단, 결산서 검증은 설립 지방자치단체가 실시 후 검증 결과를 행정안전부에 제출해야 한다.

#### (2) 결산 절차 및 결산자료 제출

지방공기업은 결산서를 기관장에게 보고한 후 회계감사인에게 제출 및 감사를 받아야 한다. '지방공기업의 회계감사, 결산서 검증 · 제출 · 보고 · 승인' 일정은 자치단체가 내부적으로 결정 · 추진. 단, 결산서 검증은 설립 지방자치단체가 실시 후 검증 결과를 행정안전부에 제출해야 한다. [표 10-12]는 지방공기업 결산 절차를 보여준다.

**표 10-12 지방공기업 결산 절차**

| 회계 감사 | 결산서 검증 | 결산서 승인 | 자료 제출 (5.10) | 통합경영공시 (6월) | 통계 발표 (7월) |
|---|---|---|---|---|---|
| 지방 직영기업 ➡ | 설립 자치단체장 ➡ | 지방의회 ➡ | 각 시·도 → 행정안전부 (통합결산시스템 자료입력 · 승인) ➡ | 지방공공기관 경영정보시스템 (www.cleaneye.go.kr) ➡ | 언론보도, 클린아이 |
| 지방 공사 · 공단 ➡ | | 자치단체의 장 ➡ | | | |

자료: 행정안전부(2022). 『2022사업연도 지방공기업 결산기준』.

결산자료는 첫째, 결산통계 산출 기초자료 입력 · 제출은 매년 5.10일까지이며, 지방공기업 재정통계(GFS), 부채통계(PSDS) 제출은 매년 7월 말까지 제출해야 한다. [표 10-13]은 결산자료 작성대상을 보여준다.

**표 10-13 결산자료 작성대상**

| 2001 GFS[1] | | | PSDS[2] |
|---|---|---|---|
| 지방직영기업 | 지방공사 | 지방공단 | |
| 지방정부가 특별회계로 운영하는 기관 전체 (지방정부 재정통계와 함께 회계제도과에서 일괄 작성) | 원가보상률(매출/원가)이 50% 이하인 일부 기관 | 정부 유일고객 기준에 따라 기관 전체(매출액의 대부분이 지방정부 대행사업비로 구성) | 모든 지방공기업 |

주: 1) GFS: Government Finance Statistics.
2) PSDS: Public Sector Debt Statistic.
자료: 행정안전부(2022). 『2022사업연도 지방공기업 결산기준』.

## 2) 지방직영기업의 결산

### (1) 사업연도 결산

지방직영기업에서의 결산의 특징은 첫째, 결산의 작성자가 관리자라는 점, 둘째, 결산 대상으로서의 기장은 발생주의에 의하여 복식부기에 의한다는 점, 셋째, 결산서로 예산결산대조표 외에 손익계산서, 대차대조표 등이 중심 서류라는 점 등이다. 또한 발생주의 회계를 채용하므로 출납정리 기간이 없고, 매월 시산표를 작성하므로 결산이 신속화함에 따라 매 사업연도 실적을 당해 사업연도의 예산집행에 반영시킬 수 있어 업무 운영의 능률화를 기할 수 있다.

관리자는 매 사업연도 말일 현재로서 모든 장부를 마감하여 결산을 하여야 하며, 매 사업연도가 끝난 후 2개월 이내에 결산서를 작성하여 이를 해당 연도의 사업보고서와 그 밖에 대통령령이 정하는 서류와 함께 당해 지방자치단체의 장에게 제출하여야 한다. 지방자치단체의 장은 관리자가 제출한 결산서 및 사업보고서와 기타서류에 공인회계사의 회계감사 보고서를 첨부하여 다음 연도 지방의회에 제출하여 승인을 받아야 한다(지방공기업법 제35조). [표 10-14]는 지방직영기업의 관리자가 결산 시 제출해야 하는 서류를 보여준다.

**표 10-14 지방직영기업의 관리자가 결산 시 제출해야 하는 서류**

| |
|---|
| 가. 지방직영기업의 결산안 |
| 나. 당해 연도의 사업보고서 |
| 다. 기타 대통령령이 정하는 서류<br>– 대차대조표, 손익계산서, 이익잉여금처분계산서 또는 결손금처리계산서<br>– 자금운용계산서 또는 현금흐름표, 회전기금을 둔 경우에는 그 운용상황서<br>– 결산부속명세서(1. 수익비용명세서, 2. 비유동자산명세, 3. 재고자산명세, 4. 지방채명세서, 5. 예산전용조서, 6. 예비비사용조서, 7. 예산이월액조서, 8. 계속비집행조서, 9. 계속비정산보고서, 10. 채무부담행위집행조서, 11. 전년도이월액사용조서, 12. 미수액조서, 13. 미지급액조서, 14. 불납결손액조서, 15. 세입·세출외 현금현재액조서, 16. 성질별 세출결산명세서, 17. 기타 필요한 명세서) |

### (2) 이익잉여금 및 결손의 처분

#### ① 이익잉여금의 처분

지방직영기업의 이익잉여금 처분은 「지방공기업법」 제37조에 규정되어 있다. 즉,

지방직영기업은 매 사업연도에 이익이 생긴 경우에는 첫째, 전 사업연도로부터 이월된 결손금이 있으면 그 이익금으로 결손금을 보전한다. 둘째, 결손금을 보전하고도 잔액이 있을 경우에는 그 잔액의 10분의 1 이상의 금액을 자본금의 2분에 1에 달할 때까지 이익적립금으로 적립하여야 한다(지방공기업법 시행령 제37조). 셋째, 적립하고 남는 금액은 조례로 정하는 바에 의하여 감채적립금 또는 건설개량적립금으로 적립하거나, 지방자치단체의 일반회계나 다른 특별회계로부터 출자를 받은 경우에는 이익 상황을 고려하여 이익금의 일부를 출자한 회계에 납부할 수 있다. 또한 지방직영기업의 특별회계는 재해복구, 사회간접자본시설의 건설, 그 밖에 대통령령으로 정하는 사유가 있는 경우에는 예산으로 전년도 이익금의 일부를 지방자치단체의 일반회계로 전출할 수 있다(지방공기업법 제17조).

이때 이익적립금은 결손금을 보전하는 목적 외에는 사용할 수 없으며, 감채적립금은 지방채를 상환하는 목적 외에는 사용할 수 없다. 건설개량적립금은 건설개량 목적 외에는 사용할 수 없다. 특히, 감채적립금으로 지방채를 상환한 경우에는 당해 감채적립금액에 상당하는 금액을 자본금에 전입해야 하며, 건설개량적립금으로 지방직영기업의 건설 또는 개량을 행한 경우에는 당해 건설개량 적립 금액에 상당하는 금액을 자본금 전입하여야 한다(지방공기업법 시행령 제40조).

또한 매 사업연도마다 생긴 자본잉여금은 그 원천별로 그 내용을 표시한 과목에 적립하여야 하며, 자본잉여금은 대통령령이 정한 경우 이외에는 처분할 수 없다. 여기서 대통령령이 정한 경우란 자본잉여금으로 적립하여야 할 자금으로 취득한 자산이 멸실되거나 이를 양도·철거 또는 폐기함에 있어서 손실이 발생할 때에는 자본잉여금으로 그 손실을 보전할 수 있다(지방공기업법 시행령 제38조).

### ② 결손의 처리

지방직영기업은 결손금을 보전하는 경우에는 결손의 내역과 이유를 해당 의회에 보고하여야 한다. 매 사업연도에 결손이 생긴 경우에는 첫째, 결손금은 전 사업연도로부터 이월한 이익으로 이를 보전하고, 부족한 때에는 이익적립금으로 이를 보전할 수 있다. 둘째, 이익적립금으로 결손금을 보전하여도 부족할 때에는 이를 다음 연도에 이월하여야 한다. 다만, 자본잉여금이 있는 경우로서 해당 의회의 승인을 받은 때에는 자본잉여금으로 보전할 수 있다(지방공기업법 시행령 제39조)(안용식 외, 2001: 338-339).

### 3) 지방공사 및 지방공단 결산

#### (1) 사업연도 결산

지방공사 및 지방공단은 매 사업연도의 결산을 해당 사업연도가 끝난 후 2개월 이내에 완료하여야 하며, 지방공사 및 지방공단은 결산 완료 후 결산서를 작성하여 대통령령이 정하는 서류 및 지방자치단체의 장이 지정하는 공인회계사의 회계감사 보고서를 첨부하여 지체 없이 지방자치단체의 장에게 보고하여 승인을 얻어야 한다(지방공기업법 제66조). 지방공사 및 지방공단이 결산 시 제출해야 하는 서류는 지방직영기업의 경우와 같다(지방공기업법 시행령 제59조).

#### (2) 지방공사의 이익금 및 결손금 처리

지방공단의 경우는 이익금의 자기처분원칙이 인정되지 않는다. 즉, 지방공단의 경우 주차료 등 위탁 대행사업의 수입은 공단의 수입이 아니므로, 업무위탁 지방자치단체의 세입으로 즉시 납부하여야 하기 때문이다.

**① 지방공사의 이익금 처리**

지방공사는 결산한 결과 이익이 생긴 때에는 첫째, 이월결손금을 보전한 후 그 잔액의 10분의 1 이상을 자본금의 2분의 1에 달할 때까지 이익준비금으로 적립해야 하고, 이익준비금으로 적립하고 남은 이익금의 10분의 5 이상을 감채적립금으로 적립하여야 한다. 다만, 매 회계연도 말일을 기준으로 공사채 미상환 잔액이 없는 경우에는 감채적립금을 적립하지 아니할 수 있다. 둘째, 이익배당을 할 때에는 지방자치단외의 출자자(외국인 및 외국법인 포함)에게 정관이 정하는 바에 의하여 우선 배당할 수 있다. 셋째, 잔여 금액은 정관이 정하는 바에 의하여 부채 상환, 사업 준비 등을 위한 적립금으로 적립하여야 한다(지방공기업법 제67조 제1항 및 지방공기업법 시행령 제61조).

**② 결손의 처리**

지방공사는 결산한 결과 결손이 생긴 때에는 적립금으로 이를 보전하고, 그 적립금으로도 보전하지 못한 결손금은 이익준비금으로 보전하거나 결손금으로 이월한다(지방공기업법 제67조 제3항).

#### (3) 계리 상황의 보고 및 경영 공시

지방공사 및 지방공단의 사장·이사는 조례가 정하는 바에 의하여 매 사업연도마다 2회 이상 지방공사 및 지방공단의 업무 상황을 설명하는 서류를 당해 지방자치단체의 장에게 제출하여야 하며, 이 경우 지방자치단체의 장은 지체 없이 이를 공표해야 한다(지방공기업법 제46조 제1항).

아울러 지방공사 및 지방공단의 사장·이사장은 결산서, 재무제표, 연도별 경영목표, 경영실적 평가 결과, 그 밖에 경영에 관한 중요사항을 대통령령이 정하는 바에 의하여 지역주민에게 공시하여 한다(지방공기업법 제46조 제2항). 결산서 및 재무제표는 결산 승인 후 5일 이내에, 기타서류는 공시사항이 발행할 때마다 지방자치단체의 공보에 이를 공시하고, 주된 사무소에 2년 간 비치하여야 한다(지방공기업법 시행령 제44조 제2항)(안용식 외, 2001: 342-344).

### 4) 연결재무제표의 작성

일반기업회계기준에서는 지배기업이 모든 종속기업 투자를 연결한 연결재무제표를 작성하도록 규정하고 있으며, 지방공기업 결산기준에서도 지방공사의 경우 2020 회계연도부터 연결재무제표를 작성하도록 규정하고 있다. 지방직영기업과 지방공단의 경우에는 기업 성격상 타법인에 대한 출자 가능성이 낮거나 없으므로, 연결재무제표 작성 대상에서 제외하고 있다. 지방자치단체 일반회계에서도 관련 사항이 규정되어 있지 않다(행정안전부, 2021). [표 10-15]는 연결재무제표의 작성을 보여준다.

**표 10-15 연결재무제표의 작성**

| 구분 | 지방자치단체 일반회계 | 지방공기업 | |
|---|---|---|---|
| | | 지방직영기업 | 지방공사·공단 |
| 연결재무제표 | 규정 없음 | 작성 제외 | 연결재무제표 작성<br>(공단 제외) |
| 근거 | – | 지방공기업 결산기준 | 지방공기업 결산기준<br>일반기업회계기준 제4장 |

자료: 지구선(2021: 38).

## 4. 회계감사

지방직영기업(지방공기업법 제35조 제3항)의 경우 지방자치단체의 장은 결산서 및 사업보고서와 기타서류에 공인회계사의 회계감사 보고서를 첨부하여 다음 연도 의회에 제출하여 승인을 얻어야 한다.

지방공사・공단(지방공기업법 제66조 제2항 및 제76조 제2항)의 경우 결산 완료 후 결산서를 작성하여 대통령령이 정하는 서류 및 지방자치단체의 장이 지정하는 공인회계사의 회계감사보고서를 첨부하여 지체 없이 지방자치단체의 장에게 보고하여 승인을 얻어야 한다. 회계감사기준의 법적 근거는「주식회사 등의 외부감사에 관한 법률」제16조 및「지방공기업법 시행령」제22조에 준용하며, 지방공기업의 회계감사인으로 선임된 자는 한국공인회계사회에 의해 제정된 회계감사기준 및 회계감사기준 지침에 따라 회계감사를 성실히 수행하여야 한다. 감사인은 일반적으로 공정・타당하다고 인정되는 회계감사기준에 따라 회계감사를 수행하여야 한다.

지방공기업은 당해 기관 및 감사대상 업무 관련자 등으로부터 독립성을 유지하면서 회계감사를 수행할 자격을 갖춘 감사인을 공정하게 선정하여야 한다. 지방공기업의 회계감사인 선정・지정은 당해 회계연도 개시일로부터 6월 이내에 마쳐야 하며, 지방공기업이 감사인(공인회계사)을 변경하고자 할 경우 설립자치단체의 규정에 따라 처리하여야 하며, 설립자치단체의 장은 감사인 변경과 관련한 사항을 내부규정으로 정해야 한다.

## 5. 구분회계제도에 따른 결산

### 1) 구분회계 개요

구분회계는 재무상태와 경영성과를 사업 단위별로 독립적으로 파악하기 위한 제도이다. 공공기관의 부채를 발생 원인별로 구분하여 효과적인 관리를 추진하기 위해 2013년부터 도입이 시작되었으며, 지방공기업은 2017회계연도부터 23개 기관에 대해서 구분회계를 적용하고 있다(지구선, 2021: 14). 구분회계제도와 기존의 규제회계제도들과 가장 큰 차이점은 자본(자기자본 및 타인부채)분리 필요성에 있으며, 그 핵심 목적이 지방공기업 부채의 발생원인 파악과 관리에 있다(홍철규, 2016: 315).

구분회계 단위는 자산, 부채와 수익, 비용을 독립적으로 식별할 수 있는 사업 단위를 말한다. 고유사업은 기관의 설립 목적 및 기능에 따라 과거부터 지속 수행해 온 사업을, 정책사업은 사업추진 동기가 지방공기업의 자체 판단이 아닌 지방자치단체의 정책결정 등에 따라 추진하는 사업을, 대행·위탁사업은 관련 법령 등에 따라 지방공기업이 대행 또는 위탁하는 사업을 의미한다.

한편, 지방공기업은 구분회계와 같이 예산정보를 각 사업 단위별로 독립적인 파악이 가능하도록 하기 위해서 기존의 품목별 예산제도를 2024년부터 사업별 예산제도로 전면 전환된다.

### 2) 근거 및 적용 범위

구분회계는 다음에 해당하는 지방공기업에 대하여 2017년 1월 1일 이후 최초로 개시하는 회계연도 재무제표 결산 정보부터 적용한다. 첫째, 중장기재무관리계획 작성 대상으로 지정된 기관[13](지방공기업법 제64조의3, 지방공기업법 시행령 제57조의11)이 해당된다. 둘째, 부채 또는 부채비율이 급격히 증가하여 재무건전성 제고를 위하여 지방공기업정책위원회에서 선정된 기관이 해당된다. 셋째, 적용대상기관은 매년 사업연도 지방공기업 결산 결과를 근거로 기관선정 및 통보한다.

### 3) 구분회계 운영

구분회계 단위는 지방공기업의 핵심사업을 상품·프로세스·수혜자 등 합리적인 기준에 따라 구분하되 조직구성과 연계되도록 하여야 한다.

지방공기업은 구분회계 단위 및 단위 성격을 설정하는 경우 해당 자치단체장과 협의하여야 하며, 구분회계 단위 또는 단위 성격에 변동이 있는 경우 지체 없이 그 변동내역을 해당 자치단체장에게 제출하여야 한다.

행정안전부 장관은 구분회계 재무제표 등의 세부작성요령 등을 작성하여 각 지방공기업의 장에게 통보하여야 한다. 구분회계는 회계감사인의 독립성을 확보해야 한

13) 중장기재무관리계획 작성 대상으로 지정된 기관은 직전 회계연도 결산기준으로 부채액이 3천억 원 이상인 공사, 직전 회계연도 결산기준으로 부채비율이 200% 이상인 공사, 직전 회계연도 결산기준으로 부채가 자산보다 큰 공사가 대상이다.

다. 즉, 지방공기업의 구분회계 재무제표와 재무정보 설명자료 검토업무수행이 가능한 외부회계감사인은 기존 회계감사인(동일 기관 결산 회계감사인) 또는 별도로 선임한 회계감사인 모두 가능하다. [표 10-16]은 구분회계 도입대상기관을 보여준다.

**표 10-16 구분회계 도입대상기관**

- 도시철도(3): 서울교통공사, 부산교통공사, 대구도시철도공사
- 도시개발(15): 서울주택도시공사, 부산도시공사, 인천도시공사, 광주도시공사, 대전도시공사, 울산도시공사, 경기주택도시공사, 강원도개발공사, 전북개발공사, 경남개발공사, 대구도시공사, 충북개발공사, 충남개발공사, 전남개발공사, 경북개발공사
- 기타공사(5): 용인도시공사, 평택도시공사, 화성도시공사, 김포도시공사, 하남도시공사

※ 2015사업연도 지방공기업 결산지침에 따라 2017사업연도부터 구분회계 도입대상기관 24개를 선정·지정(2014사업연도 지방공기업 결산 결과를 근거로 선정).
※ 2021년도 기준 구분회계를 도입한 지방공기업은 23개(지구선, 2021: 14).

## 6. 예산결산[14)]

### 1) 예산결산의 발생주의 원칙

지방공기업은 재무결산뿐 아니라 예산제도에서도 기업회계기준의 발생주의 및 실현주의에 따라 회계처리하도록 하고 있다. 즉, 지방공기업은 일반회계와는 달리 자본거래와 손익거래를 구분토록 하였으며, 세입을 징수결정 및 수입으로, 세출을 채무확정 및 지출로 명확히 구분하여 처리하도록 대통령령(지방공기업법 시행령 제6조)으로 정하고 있다. 또한 수익과 비용 등의 회계거래는 연도 소속 구분을 「지방공기업법 시행령」 제7조, 제8조에서 별도로 정하여 현금주의에 따른 출납폐쇄기한이나 출납사무완결기한(지방회계법 제7조)의 적용을 배제하는 한편, 이를 보완하기 위해 미수금 및 미지급금의 제도를 별도로 두고 있다(지방공기업법 시행령 제10조, 지방공기업법 시행규칙 제5조).

14) 예산결산은 예산에 대한 결산으로 해석할 수 있다. 이 절의 내용은 행정안전부의 『2022사업연도 지방공기업 결산기준』을 정리한 내용이다.

### 2) 순세계잉여금

순세계잉여금은 당해 사업연도 말 (예산)결산상잉여금[15]에서 익년도 이월액 및 미지급이월액을 제외한 금액이다. [표 10-17]은 순세계잉여금과 결산상잉여금 연계성을 보여준다.

표 10-17 순세계잉여금과 결산상잉여금 연계성

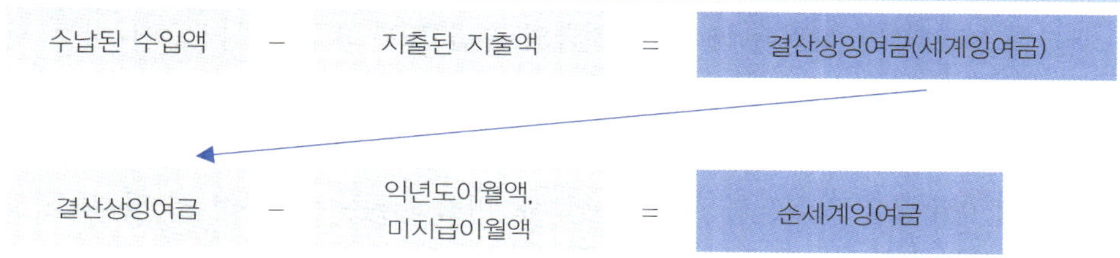


전기로부터 이월된 순세계잉여금은 당해 사업연도 자본적 수입(유보자금)으로 수입 처리하여 보전재원으로 활용할 수 있도록 한다. 설립자본금 및 증자자본금은 수취 시점에 자본금수입으로 결산하며, 해당 자본금을 익년도 이후 집행하지 않고 현금 보유 시에 순세계잉여금으로 편성 및 결산한다.

### 3) 수입 · 지출예산결산보고서(이월)

수입 · 지출예산결산보고서 중 이월예산에 관한 사항으로, 이월자금 수입예산액과 이월자금 지출예산액은 일치하도록 작성하여야 한다. 수입예산결산보고서 중 이월재원 결산은 전년도 예산결산 부속명세서의 예산이월액 조서 중 '차기이월액'과 일치하며, 당해 사업연도 최종예산서 총괄표 이월재원(사고이월액 + 건설개량이월액 + 계속비이월액)과 일치해야 한다. 미지급이월액은 전년도 예산결산 부속명세서는 미지급액 조서 중 미지급액 '기말잔액'과 일치하며, 당해 사업연도 최종예산서 총괄표 미지급이월액과 일치해야 한다. 지출예산결산보고서 중 이월재원(지출)결산 작성사항으로 미지급금 · 비용은 과거 발생 시점에 기채무확정되어 당기 중 채무확정액이 없으므

15) 결산상잉여금은 당해 사업연도 총수입에서 총지출을 차감한 금액이다. 익년도 이월액 및 미지급이월액은 당해 사업연도에 지출되지는 않았으나, 익년도 이후 지출이 확실히 예정되어 있는 항목이다.

로, 결산액란에 지급결정액을 따로 두어 당기 중 지급결정액을 기입하도록 한다. 예산결산 부속명세서는 지출예산 성질별 결산 서식 작성 시 미지급금·비용의 결산액(지급결정액)은 제외하여 작성토록 유의해야 한다.

### 4) 미수금

미수금 및 미지급금 정리는 지방직영기업의 현금수지를 수반하는 수입 및 지출 중 그 채권 또는 채무가 확정된 때 즉시 현금의 수납 또는 지급을 하지 아니하는 것에 대하여는 미수금 또는 미지급금으로 정리하여야 한다(지방공기업법 시행령 제10조). 미수금과 미지급금의 회계처리는 「지방공기업법 시행령」 제10조의 규정에 의한 지방직영기업의 미수금은 징수결정 시 및 수납 시, 미지급금은 채무확정 시 및 지출 시의 시점에서 이를 각각 회계처리하여야 한다(지방공기업법 시행규칙 제5조). 지방직영기업은 급수수익 및 사용료수익 등을 징수결정 시 미수금을 회계처리하고, 수납 시에 미수금을 정리한다.

C·H·A·P·T·E·R 11

# 지방공기업 회계 및 재무관리

지방자치단체는 2007년까지 현금주의 방식의 회계방식을 채택하였으며, 2007년 이후 재무제표를 부가적으로 작성하여 발생주의 회계제도를 병행하여 적용하고 있다. 이에 비해 지방공기업의 직접경영형태(지방직영기업)와 간접경영형태(지방공사·공단) 모두 민간부문과 같은 사업방식을 활용하기에 시작부터 발생주의 복식부기 회계방식을 활용하고 있다.

이 장에서는 지방직영기업과 지방공사 및 공단의 회계방식과 유형별 기본적인 회계처리 방식을 논한다. 또한 지방공기업의 재무관리에 대해서도 논한다. 특히, 최근에 그 중요성이 부각되고 있는 중장기재무관리계획, 지방채 발행 절차 등에 대해서도 서술하며, 지방공기업 재무분석 지표에 대해서도 간단히 언급한다. 또한 지방공기업 독립채산제에 대해서도 간단히 언급한다.

## 제 1 절 공기업 회계기초 및 유형별 회계처리

### 1. 공기업의 회계기초

#### 1) 회계의 의미와 일반원칙

일반적으로 회계란 경제적 정보(거래)를 인식·측정하고 기록해 그 결과를 정보이용자에게 전달하는 과정이며, 정보이용자가 합리적인 의사결정을 도모하는 것을 목적으로 한다. 전통적 회계의 관점에서는 재무제표의 작성과 보고에 맞췄으나, 현대적 회계의 관점에서는 정보이용자의 의사결정에 유용한 정보를 제공하는 것을 강조한다(원구환, 2014: 474).

회계의 처리는 정보이용자에게 유용한 정보를 제공하고 국민의 세금 가치를 실현하는 과정이므로 객관적이고 공정하게 보고되어야 하는데, 「국가회계기준에 관한 규칙」 제4조에서는 국가의 회계처리는 복식부기·발생주의 방식으로 하며, 다음과 같은 원칙에 따라 이뤄져야 한다고 규정하고 있다(원구환, 2014: 477). 물론 지방공기업도 국가회계와 같은 방식을 취한다. 첫째, 신뢰성의 원칙으로 회계처리는 신뢰할 수 있도록 객관적인 자료와 증거에 따라 공정하게 이뤄져야 한다. 둘째, 명료성의 원칙으로 재무제표의 양식, 과목 및 회계용어는 이해하기 쉽도록 간단명료하게 표시해야 한다. 셋째, 충분성의 원칙으로 중요한 회계 방침, 회계처리 기준, 과목 및 금액에 관해서는 그 내용을 재무제표에 충분히 표시해야 한다. 넷째, 일관성의 원칙으로 회계처리에 관한 기준 및 추정은 기간별 비교 가능하도록 기간마다 계속해 적용하고 정당한 사유 없이 변경해서는 아니 된다. 다섯째, 회계처리와 재무제표 작성을 위한 계정과목과 금액은 그 중요성에 따라 실용적인 방법으로 결정해야 한다. 여섯째, 실질우선의 원칙으로 회계처리는 거래 사실과 경제적 실질을 반영할 수 있어야 한다(원구환, 2018: 420).

### 2) 예산회계와 재무회계: 회계 유형에 따른 구분

회계는 유형에 따라 일반적으로 예산회계와 재무회계로 구분할 수 있다. 예산회계는 예산의 편성이나 집행 및 관리에 필요한 체계적인 시스템으로 이해된다. 예산회계는 회계연도 초에 기록된 예산 금액의 목적과 범위 내에서 실제 예산집행이 이루어졌는지를 파악하고 통제하는 데 효과적이다. 따라서 예산회계는 회계의 계정과목을 예산과목 그대로 사용해 처리하는데, 이는 예산상의 정보를 요구할 때 실제 사용된 내용도 예산과목에 맞춰 보고해야 하기 때문이다.

재무회계는 현금과 같은 재무적 자원뿐만 아니라 건물이나 토지, 부채와 같은 경제적 자원을 측정해 자산이나 부채, 수익 비용 등의 재무적 정보를 재무제표로 작성하여 공급하는 회계를 의미한다. [표 11-1]은 예산회계와 재무회계의 차이점을 보여준다.

**표 11-1 예산회계와 재무회계의 차이점**

| 구분 | 예산회계(현금주의) | 재무회계(발생주의) |
|---|---|---|
| 인식기준 | 모든 거래를 현금의 유출, 유입 시점에서 수입과 지출로 인식 | 현금의 유출, 유입에 관계없이 원인이 되는 거래가 발생한 시점에서 수익과 비용으로 인식 |
| 인식 범위 | 수입 및 지출을 인식 범위로 함 | 수익 및 비용, 이에 따라 수반되는 자산과 부채계정을 인식 범위로 함 |
| 결산보고서 | 세입세출결산서 | 재무제표 |
| 관계법령 | 국가재정법 | 국가회계법 |

자료: 삼일회계법인 외(2009). 『예산회계와 재무회계의 연계방안 분석보고서』.

이런 점에서 재무회계는 회계원칙에 의거해 복식부기와 연계된다. 즉, 거래가 발생하면 자산, 부채 또는 자본(순자산)이 변동되었는지를 파악해 각 계정의 차변과 대변으로 나누어 기록하게 되는데, 대차 평균의 원리에 따라 회계 거래의 완전성과 오류 발생 여부를 검증할 수 있는 기록 방식으로 평가받는다(원구환, 2018: 478).

### 3) 현금주의와 발생주의: 거래 인식 시점에 따른 구분

회계처리의 손익계산서 기록기준에서 경제적·재무적 거래나 사건을 인식하게 되는 시점에 따라 현금주의와 발생주의로 구분한다.

현금주의(cash basis)는 현금의 수입과 지출이 일어날 때 거래로 인식해 회계처리를 하는 것으로 현금이 유입되면 수입으로, 현금이 유출되면 지출로 인식된다. 즉, 재화와 서비스를 제공했다 하더라도 현금으로 회수가 되지 않는 동안은 수익으로 계상하지 않으며, 재화와 서비스를 제공받았다 하더라도 현금으로 지급되기 전에는 비용으로 계상하지 않는다. 현금의 유입과 유출 시점에만 회계처리를 하기 때문에 자산 및 부채에 대한 평가 정보가 미흡하며, 감가상각비나 회수 불가능한 채권의 대손충당(대손상각)을 인식하지 못하는 문제점이 발생한다.

발생주의(accrual basis)는 현금의 수수와 관계없이 거래가 발생된 시점에 인식하는 것으로, 현금의 유입과 유출이 이뤄지기 전이라도 거래 발생 시점에 따라 인식하고 기록하는 것을 의미한다. 미수수익, 미지급금, 선수수익, 선급비용 등은 대표적인 예다. 현금 유입 및 유출이 없다 하더라도 실제 거래가 발생한 시점에서 회계처리되기 때문에 미지급 비용 등 경과성 비용을 기록할 수 있으며, 실제 가치로 자산과 부채를 표시할 수 있다. 신용제도가 발달한 현대에는 매매 거래의 시점과 그 현금 결제의 시점과는 기간적으로 차이가 나는 경우가 많다. 따라서 현금의 수지에만 주목하는 경우에는 수익과 비용 등을 동일한 기간 내에서 대응시키는 것이 곤란하며, 또한 자산 가치의 감소를 정확히 파악할 수가 없다.

또한 발생주의에 의할 경우 '기간 계산'이 중시되어 그 결과 현금 지출이 있어도 그것이 모두 그 연도의 비용이 되는 것은 아니다. 현금 지출의 결과인 비용 중 그 연도의 수익 획득에 유용하다고 생각되는 부분이 그 연도의 비용으로 인정되며, 익년도 이후의 수익에 대응하는 부분은 자산으로 연기된다. 기업회계에서는 이를 비용 배분의 원칙 또는 비용 수익 대응의 원칙이라 한다. 아울러 발생주의 회계에서는 예산도

수익적 수지와 자본적 수지의 두 가지를 원칙으로 하여 건설 개량을 위해 투하되는 자본(지출액)은 일단 자본적 수지로 수입했다가 익년도 이후에 수익적 수지에 비용(감가상각비)으로 배분하게 된다. [표 11-2]는 현금주의와 발생주의의 차이점을 보여준다.

**표 11-2 현금주의와 발생주의의 차이점**

| 구분 | 현금주의 | 발생주의 |
|---|---|---|
| 선급비용<br>선수수익 | 비용인식<br>수익인식 | 자산인식<br>부채인식 |
| 감가상각,<br>대손상가 | 인식 않음 | 비용인식 |

자료: 원구환(2018: 480).

발생주의 도입에 따른 효과로는 첫째, 모든 재정거래를 자산, 부채의 증감, 수익과 비용의 발생 관점에서 유기적으로 기록함으로써 정보이용자가 정부의 재정 상태와 운영 결과를 종합적으로 파악할 수 있다. 둘째, 민간기업과 같이 결산자료를 바탕으로 재무분석이 가능해지며, 재정운용의 투명성과 책임성을 제고할 수 있다. 셋째, 국제 표준의 회계기준 준수가 가능하다(원구환, 2018: 421-422).

### 4) 단식부기와 복식부기: 기록 방식에 따른 구분

거래를 장부에 기록하는 방법에는 단식부기와 복식부기가 있다. 단식부기(single entry book-keeping)는 발생된 거래를 한쪽 측면에만 기록하는 방식으로 전통적인 정부회계에서 사용되는 방식이다. 따라서 수입과 지출의 결과만을 기록하기 때문에 산출정보가 부정확하고 누락될 소지가 있다. 예를 들어, 건물 등 자산취득을 위한 현금지출액만 기록될 경우 자산의 변동 상황을 이해하기 어렵다.

복식부기(double entry book-keeping)는 발생된 거래를 둘 이상의 계정으로 기록하는데, 즉 차변(왼쪽)과 대변(오른쪽)에 이중 기록한 후 그 기록 결과를 계정별로 집계하는 방식을 의미한다. 즉, 경제적 거래나 사건이 발생하면 자산・부채, 수익・비용의 변동을 서로 연계시켜 동시에 기록 관리하는 방식이다. 따라서 복식부기에는 모든 거래가 차변과 대변으로 이중 기록되며(거래의 이중성), 차변 금액과 대변 금액이 항상 일치하도록 기록되어야 한다(대차 평균의 원리). 단식부기와 달리 복식부기는 거래의 이중성을 전제로 하고 있기 때문에 회계처리의 자기 검증을 강화할 수 있는 이점이 있으며, 재정정보의 신뢰성을 제고할 수 있다(원구환, 2018: 422-423).

### 5) 자본거래와 손익거래의 구분

기업회계에서는 자본거래와 손익거래를 명확히 구분하고 있는데, 이를 자본거래와 손익거래 구분의 원칙이라 한다. 국채, 일반회계 또는 다른 특별회계로부터의 출자금 등에 의해 자본이 직접 증감하는 경우를 자본거래라 하며, 경영활동의 결과 자본의 증감을 가져오는 것을 손익거래라 한다. 이 거래의 구분을 명확히 하지 않으면 재무상태표 계통(재정 상태)과 손익계산서 계통(경영 성과)이 혼동되고 정확한 손익계산이 이뤄지지 않는다. 즉, 자본 증가는 경영활동에 의해 발생한 손익과, 손익의 발생과 무관한 자본 자체의 증가에서 비롯되는데, 전자는 이익잉여금으로 나타나고, 후자는 자본잉여금으로 나타난다. 따라서 자본거래와 손익거래 구분의 원칙은 자본잉여금과 이익잉여금 구분의 원칙이 된다(안용식 외, 2001: 347; 원구환, 2018: 481).

### 6) 복식부기와 계정

일반적으로 기업 등의 경제주체가 행하는 경제활동은 언제나 이면적 성격을 갖고 있고 반드시 두 개 이상의 거래 요소로 이루어진다. 복식부기는 이와 같은 경제활동의 이면성, 대립 관계에 착안하여 이면 기록으로 파악하는 것이다.

복식부기에 의한 경제활동의 기록에는 계정이라는 특별한 형식이 이용된다. 복식부기에서는 자산, 자본, 손익의 증감 변화를 기록, 계산하고, 먼저 이를 같은 종류, 같은 성질의 항목(이 단위를 '계정'이라 한다)으로 분류하고 각 계정마다 기록한다. 각각의 경제 가치의 증가와 감소를 동시에 기록하기 위해 보통 좌우의 T자형의 형식이 이용된다. T자형의 왼쪽을 차변, 오른쪽을 대변이라 하며, 어느 계정의 차변에 기입하는 액은 반드시 다른 계정의 대변에도 기입하게 된다. 또한 자산, 부채, 자본, 수익, 비용의 어디에 속하는 계정에 기입할 것인가에 따라, 차변에 기입할 내용 및 대변에 기입할 내용이 특정된다.

계정과목은 성질에 따라 재무상태표 계정인 자산 계정, 부채 계정, 자본 계정, 손익계산서 계정인 수익계정 및 비용 계정의 다섯 가지로 분류된다. 기업회계와 마찬가지로 정부 회계도 5대 계정을 기본구조로 하고 있다. 그러나 정부회계에서는 기업회계와는 달리 자본의 개념이 존재하지 않는다. 기업회계의 경우는 자본 소유 개념이 명확하지만, 정부회계의 경우는 자본 소유의 개념을 명확히 규정하기 어렵다. 따라서 자본의 개념 대신에 순자산의 개념을 사용하고 있다. 또한 정부회계에서는 수익과 비용이라는 계정 대신에 세입과 세출이라는 계정을 사용한다는 점에서 기업회계와 다른 점이라 할 수 있는데, 여타 기본적인 개념은 유사하다고 볼 수 있다(안용식 외, 2001: 350).

### (1) 자산

자산이란 어떤 조직이 소유하고 있는 모든 유형, 무형의 재산상의 가치다. 예를 들어, 기업은 그 기업이 제공하는 재화 및 서비스와 수요자가 지불하는 대가 간의 등가교환을 바탕으로 활동하는 경제주체나 재화나 서비스의 제공을 위해서는 인간의 노동이나 각종의 원재료만이 아니라 재화나 서비스의 생산수단으로서 토지, 건물, 설비 등이 필요하게 된다. 기업의 자산이란 이러한 기업활동의 수단이 되는 스톡(stock)으로서 경제 가치이고, 이 스톡으로서 경제 가치를 기업이 사용함에 따라 재화나 서비스가 공급된다고 이해하는 것이다.

일반적으로 자산은 유동자산과 비유동자산으로 구분하는데, 재무상태표 일로부터 기산해 1년 이내에 회수 또는 현금화할 수 있는 것이 유동자산이고, 회수 또는 현금화하는 것이 1년을 넘은 것이 비유동자산이다.

유동자산은 다시 당좌자산과 재고자산으로 구분되는데, 당좌자산은 현금, 예금, 미수금 등을 의미하여, 재고자산은 판매나 제조를 목적으로 보유하고 있는 자산으로서, 상품, 제품, 반제품, 재공품 및 원재료, 기타 이와 유사한 자산을 의미한다. 비유동자산은 다시 유형자산, 무형자산 및 투자자산으로 구분된다. 이를 구체적으로 살펴보면 다음과 같다. 첫째, 유형자산은 영업활동에 1년 이상 사용 가능한 물리적 형태를 가진 자산으로서, 토지, 건물, 구축물, 기계장치, 선박, 차량, 운반구 및 건설 중인 자산, 기타 이에 준하는 자산을 의미한다. 둘째, 무형자산은 구체적인 물건은 아니나, 경영을 위해 오랫동안 유용한 법률상의 권리 또는 사실상 가치가 있는 것이다. 무형자산이란 장기간 기업에 경제적 이익을 가져다줄 수 있는 무형의 권리로서, 영업권, 산업재산권, 광업권, 어업권, 차지권, 창업비 및 개발비, 기타 이에 준하는 자산을 의미한다. 무형자산은 감가상각의 대상이 되지 않는다. 셋째, 투자자산은 일반적으로 이자(interest)나 다른 사업의 지배를 목적으로 하는 것인데, 이에는 투자유가증권, 출자금, 장기대부금, 기금 등이 포함된다. 투자유가증권에도 재무상태표 일로부터 기산해 1년 이내에 현금화를 예정하는 것은 유동자산이다(안용식 외, 2001: 355).

### (2) 부채

일반적으로 채권자의 청구권이라는 말로 표현되는 부채는 타인에게 지급할 것을 약속한 일체의 금전적 채무를 의미하며, 유동부채와 비유동부채로 구분한다. 재무상태표 일로부터 기산해 1년 이내에 지급 기한이 도래하는 것을 유동부채라 하고, 재무상태표 일로부터 기산해 지급 기한이 1년 이상의 장기간에 도래하는 것을 비유동부채라 한다. 유동부채는 단기적으로 지급될 채무이며, 비유동부채는 장기적으로 부담할 장기채무다.

유동부채로는 일시차입금, 미지급금, 미지급비용, 선수수익 등이 해당되며, 비유동부채는 기업채, 타회계 차입금, 충당금 등이 해당된다. 특히, 충당금은 그 성질에 따라 평가성 충당금과 부채성 충당금으로 구분된다. 전자는 감가상각충당금과 같이 자산의 공제 과목으로 성격이 있고, 후자는 장래에 특정한 지출에 대한 충당금으로서 성격이 있다. 비유동부채로서 충당금은 부채성 충당금으로서 성격을 가지고 상당히 장기간을 지나 실제로 지출될 것이 예정되어 있는데, 수선충당금과 퇴직급여충당금이 대표적이다(안용식 외, 2001: 362).

### (3) 자본

자본이란 지방직영기업의 자산가액에서 부채의 금액을 공제한 순자산으로 하며, 자본금·자본잉여금 및 이익잉여금으로 구분한다(지방공기업법 시행령 제14조). 기업회계에서는 자본의 개념이 중시된다. 즉, 자본금은 기업이 개시할 때 가지고 있던 자본과 그 후의 타인자본으로 나눌 수 있다. 그러나 정부회계에서는 정부가 개시될 때 가지고 있던 자본을 고려한다는 것은 불가능하다. 따라서 정부회계에서는 자본의 개념이 존재하지 않으며, 대신 '자산－부채＝순자산'의 개념으로 인식하고 있다.

### (4) 수익

기업회계에서는 수익이라는 계정을 사용하는데, 수익의 개념도 다시 영업수익, 영업외수익, 특별이익으로 구분된다.

첫째, 영업수익은 기업의 주된 영업활동에서 발생하는 수익을 말하며 발생주의에 의해 계상된다. 이러한 영업수익은 영업비용과 직접적인 관계가 있는데, 영업수익을 증대시키기 위해서는 여기에 상응하는 영업비용도 증가하게 된다.

둘째, 영업외수익은 기업의 주된 영업활동 이외의 요인에 의해 발생하는 수익으로 수취이자, 수취배당금, 유가증권이자, 유가증권매각익 등과 같이 금융적인 성격을 지닌 것이 많다. 이러한 영업외수익은 영업수익과 영업비용과 같이 밀접한 관련을 갖는 것이 아니다. 따라서 영업외수익을 증가시키기 위해 영업외비용도 증가한다는 일은 없고 상호 독립적인 존재라 할 수 있다.

셋째, 특별이익은 당년도의 기간 손익에 귀속시키는 것이 적당하지 않은 이익을 말한다. 기업에서의 손익계산은 일정한 법칙에 따라 수익과 비용을 기간에 적당히 배분하는 것에 의해 수익력(earning power)을 측정하지만, 이 기간 손익의 계산에 맞지 않는 수익이 특별이익이라 할 것이다. 또한 특별이익과 특별손실과는 전혀 관련이 없는 개념이다(안용식 외, 2001: 367).

### (5) 비용

기업회계에서는 비용이라는 계정을 사용하는데, 비용의 개념도 다시 영업비용, 영업외비용, 특별손실 등으로 구분된다.

첫째, 영업비용은 기업의 주된 영업활동에 따라 생기는 비용으로 영업수익을 얻기 위해서는 반드시 영업비용이 필요하게 된다. 즉, 영업비용과 영업수익은 밀접한 관련을 갖는 것으로, 한쪽을 증가시키기 위해서는 다른 한쪽도 동시에 증가시키지 않으면 안 된다. 이러한 영업비용 중에는 수익의 증가에 따라 움직이는 변동비와 수익의 증감에는 그렇게 관계가 없는 고정비로 구분되는데, 원재료비나 동력비 같은 것은 변동비에, 인건비, 감가상각비 등은 고정비에 속하는 개념이다.

둘째, 영업외비용은 기업의 주된 영업활동 이외의 요인에 의해 발생하는 비용으로, 영업외수익과는 관련이 없는 독립성을 지닌 개념이다. 구체적으로는 지급이자, 기업채 발행 제비용 등이 있다.

셋째, 특별손실은 기업의 기간 계산에 속하는 것이 적당하지 않은 손실이다. 구체적으로는 비유동자산 매각손실, 재해 등의 임시손실, 전년도 이전의 비용의 과소 계상을 수정하는 과년도 손익수정액 등이 있다(안용식 외, 2001: 368).

## 2. 공기업의 재무제표

지방자치단체의 재무제표는 지방자치단체 회계기준에 관한 규칙에 따라 재정상태표, 재정운영표, 순자산변동표, 현금흐름표, 주석으로 구성되어 있으며, 지방공기업의 경우에는 일반기업의 재무제표와 같이 재무상태표와 손익계산서, 자본변동표, 현금흐름표, 주석으로 구성되어 있다. 다만, 지방직영기업의 경우에는 자본변동표 대신 이익잉여금처분(결손금처리)계산서를 작성하도록 「지방공기업법 시행령」 제36조에서 규정하고 있다(지구선, 2021: 18).

일반적으로 기업의 재무상태를 표시하는 재무상태표, 경영성과를 표시하는 손익계산서, 자본의 변동을 표시하는 이익잉여금처분계산서, 현금흐름의 내용을 표시하는 현금흐름표를 의미한다. 특히, 재무상태표와 손익계산서는 양대 재무제표라 할 수 있다.

재무상태표(balance sheet)는 자산, 부채, 자본을 사용해 기업의 재무상태를 표시하는 것으로, 시점 개념의 스톡(stock) 정보를 제공한다. 즉, 회계연도 초 또는 말과 같은 일정 시점에서의 재무상태에 관한 정보인데, 시점 간의 스톡 정보를 비교하게 되면 자산, 부채, 자본 등과 같은 재무상태의 변동 상황을 파악할 수 있다.

손익계산서(profit and loss statement)는 수익과 비용으로 기업의 경영성과를 표시하는 플로(flow)의 개념을 갖고 있다. 즉, 수익과 비용을 차감하여 흑자와 적자를 표시하는데, 수익은 영업이익, 영업외이익, 특별이익으로 구분되며, 비용은 영업비용, 영업외비용, 특별손실로 구분된다. 영업손익은 영업활동과 직접적 연관성이 있는 수

**표 11-3 일반회계기준 및 지방공기업 재무제표의 구성**

| 구분 | 지방자치단체 일반회계 | 지방공기업 | |
|---|---|---|---|
| | | 지방직영기업 | 지방공사 · 공단 |
| 재무제표의 구성 | 재무상태표<br>손익계산서<br>자본변동표<br>현금흐름표<br>주석<br>※ 이익잉여금처분계산서는 주석에 포함 | 재무상태표<br>손익계산서<br>이익잉여금처분<br>(결손금처리)계산서<br>현금흐름표<br>주석 | 재무상태표<br>손익계산서<br>자본변동표<br>현금흐름표<br>주석<br>※ 이익잉여금처분계산서는 주석에 포함 |
| 근거 | 지방자치단체 회계기준에 관한 규칙 제8조 | 지방공기업 결산기준 지방공기업법 시행령 제36조 | |

자료: 지구선(2021: 18).

익과 비용으로 측정되며, 경상손익은 영업활동 이외의 수익과 비용까지 고려한 개념이다. 당기순손익은 특별이익과 특별손실까지 반영한 개념인데, 당기순손익을 측정하기에 앞서 법인세 차감 전 당기순손익을 측정한다(원구환, 2018: 423-427). [표 11-3]은 일반회계기준 및 지방공기업 재무제표의 구성을 보여준다.

## 3. 지방공기업 유형별 회계처리 방법[1)]

### 1) 적용회계원칙

지방직영기업과 지방공사·공단에서는 「지방공기업법」 및 결산기준에 규정되지 않은 사항에 대해서는 일반기업회계기준에 의하여 계리한다.

지방직영기업의 경우에는 경영성과 및 재무상태를 명확히 하기 위하여 회계거래를 발생 사실에 따라 기업회계원칙에 의하여 계리(지방공기업법 제16조 제1항, 지방공기업법 시행령 제6조 제1항)하고, 수익, 비용, 감가상각방법 등 「지방공기업법」에서 규정하는 사항을 우선 적용한다. 지방공사·공단의 경우에는 경영성과와 재무상태를 명확하게 파악할 수 있도록 회계거래를 발생 사실에 따라 기업회계기준에 의하여 계리한다(지방공기업법 제64조의2 제1항, 제76조 제2항).

### 2) 계정과목 분류체계(지방공기업법 시행규칙 제6조)

업종분류는 지방공기업의 효율적인 통계관리와 회계제도의 표준화를 위해 「지방공기업법」 제2조의 규정에 따르고, 지방공기업의 사업은 「지방공기업법 시행규칙」 제

**표 11-4 지방공기업 업종별 분류표**

| 분류 | 업종 |
|---|---|
| 용역서비스업 | 수도사업, 공업용수도사업, 궤도사업, 자동차운송사업, 지방도로사업, 하수도사업, 주택·토지 또는 공용·공공용건축물의 관리 등의 수탁 |
| 건설판매업 | 주택사업, 토지개발사업 |

자료: 「지방공기업법 시행규칙」(시행규칙 제6조 제1항 관련).

1) 이 절은 행정안전부(2022)의 『2022사업연도 지방공기업 결산기준』을 정리한 것이다.

6조 제1항 [별표 1]의 '지방공기업 업종분류표'에 따라 분류한다. [표 11-4]는 지방공기업 업종별 분류표(지방공기업법 시행규칙 제6조 제1항 관련)를 보여준다.

### 3) 이익금 및 결손금의 처리

#### (1) 직영기업

**① 이익금 처리 절차**

i. 이월결손금 보전 → ii. 이익적립금 적립(10분의 1 이상의 금액) → iii. 감채적립금 또는 건설개량적립금 적립(조례) → iv. 일반회계로의 납부금 또는 전출금(지방공기업법 제37조 제1항, 지방공기업법 시행령 제37조)

**② 적립금 사용**

이익적립금, 감채적립금 및 건설개량적립금은 각각 결손금 보전 목적, 지방채 상환 목적, 건설개량 목적 외 사용 불가(지방공기업법 제37조 제2항~제4항)하다. 다음으로 감채적립금 및 건설개량적립금을 지방채 상환 및 건설 또는 개량에 사용한 경우, 당해 상당하는 금액을 자본금에 전입한다(지방공기업법 시행령 제40조). 감채적립금 처리방법은 금융기관 차입금, 지역개발기금 차입 등 이자비용이 실질적으로 발생하는 금융부채 성격의 부채를 상환하는 경우 감채적립금의 자본금에 전입한다. 건설개량적립금 처리방법은 유·무형자산가액의 증가를 가져오는 신규 자본투자 및 증설 관련 투자 발생 시 건설개량적립금의 자본금에 전입한다. 동 적립금의 의미는 이익잉여금의 외부 유출을 막는다는 의미이며, 해당 적립금만큼의 자금이 외부에서 유입된다는 개념이 아니다(즉, 자산계정이 아닌 자본계정임).

**③ 결손금 보전 절차**

i. 이월이익잉여금 → ii. 이익적립금 → iii. 다음 연도 이월(지방공기업법 제38조, 지방공기업법 시행령 제39조)

#### ④ 자본잉여금 손실 보전 가능

자본잉여금으로 적립하여야 할 자금으로 취득한 자산이 멸실되거나 이를 양도, 철거 또는 폐기함에 있어서 손실이 발생한 때, 이월이익잉여금 및 이익적립금으로 보전하지 못한 결손금 중 지방의회 승인분(지방공기업법 시행령 제38조, 제39조 제3항)이 해당된다.

### (2) 지방공사

#### ① 이익금 처리 절차

i. 이월결손금 보전 → ii. 이익준비금 적립(남은 이익금*의 10분의 1 이상, 자본금의 2분의 1에 달할 때까지) → iii. 감채적립금 적립(남은 이익금의 10분의 5 이상, 매 회계연도 말일 기준 공사채** 미상환 잔액이 없을 때까지) → iv. 배당 또는 적립(정관)(법 제67조 제1항, 령 제61조 제1항, 제2항) → v. 이익금의 i~iv 처리 후 잔액은 '0'이어야 함(이익금 잔액 0원은 이익잉여금처분계산서의 차기이월이익잉여금을 뜻함)

* 이익금 정의: 결산 결과 이익이 생긴 경우의 그 이익금.
** 공사채 정의: 직·간접적인 자금조달비용이 발생하는 금융부채.

#### ② 결손금 보전 절차

i. 이월이익잉여금 → ii. 적립금 보전 → iii. 이익준비금 보전 또는 iv. 이월(법 제67조 제3항)

## 4) 현금 및 예금의 정확하고 완전한 기록

보고 기간 말(회계연도 말)에 각 지방공기업 명의로 보유하는 모든 예금 계좌는 재무제표에 표시되어야 한다. 현금 및 예금의 기록에 있어서, 세입·세출과 무관하게 기관의 관리목적상 보유하고 있는 예금(예: 비용 정산 계좌 및 지방자치단체와의 사업정산 계좌 등)은 재무제표에서 제외하여서는 안 되며, 모든 계좌를 재무제표에 표시할 해야 한다. 다만, 상조회 계좌 등 직원 개인사비 성격의 기금은 원칙적으로 법인 명의로 등록하지 않아야 한다.

### 5) 기능별 손익계산서 작성

손익계산서상 영업비용으로 통합되었던 항목을 매출원가와 판매비와 관리비로 구분·결산하고, 매출원가는 정상적 영업활동 과정에서 실현시킨 매출에 직접 대응되는 비용이며, 판매비와 관리비는 판매활동 또는 기업의 관리와 유지에서 발생되는 비용을 의미한다.

### 6) 연차유급휴가 관련 미지급비용 회계처리

임직원이 미래의 연차유급휴가에 대한 권리를 발생시키는 근무 용역을 제공하는 회계기간에 연차유급휴가와 관련된 비용과 부채를 인식한다(일반회계기준서 제21장 '종업원급여'). 단, 「근로기준법」을 적용받지 않는 지방직영기업(지방공무원의) 경우, 「지방공무원 복무규정」 제7조 및 「지방공무원보수업무 등 처리지침(행정안전부 예규 제165호)」에 따라 당해 연도 발생한 연차에 대해 당해 연도 말에 연가보상비로 지급함에 따라, 연차유급휴가 관련 미지급비용을 인식하지 않는다.

### 7) 지방공기업 자본 충실성 강화

지방공기업 설립·운영 기준 및 지방공사채 발행·운영 기준은 지방공기업 자본 충실성 확보를 위해 무수익자산[2] 출자를 제한하며, 지방공기업 자본의 충실성 확보를 위해 「상법」 제299조에 의해 현물출자재산을 평가하는 검사인 등은 관련 현물출자자산의 가치평가 시 재산가치뿐만 아니라 사용가치도 감안하여야 하며, 일정기간 사용·수익·처분이 제한되는 경우, 해당 기간 동안 기회손실 효과를 반영하여야 한다. 현물출자는 「상법」에서 변태설립사항(제290조)으로 엄격하게 규제(제299조)하며 자본의 충실성을 보장하고 한다.

2) 무수익자산은 자기자본으로 수익·처분 등이 사실상 불가능한, 조성목적에 따라 계속하여 사용기간 중에 있는 자산을 의미한다.

### 8) 온실가스 배출권과 배출부채 회계처리

2015년 1월부터 온실가스 배출권거래제가 시행됨에 따라, 배출권 할당 대상업체는 일반기업회계기준서 '제33장 온실가스 배출권과 배출부채'에 준하여 회계처리한다. 온실가스 배출권은 온실가스 배출업체에 할당되는 배출 허용량이며, 배출부채는 온실가스가 배출되면 중앙정부에 배출권을 제출해야 하는 현재 의무이다. 배출권 및 배출부채는 별도의 기타비유동자산 및 기타유동부채로 인식하며, 의무를 이행하기 위해 보유한 배출권과 관련하여 발생하는 손익은 모두 배출원가에 반영한다(행정안전부, 2021).

## 제 2 절 직접경영방식의 재무관리[3)]

### 1. 지방직영기업의 특별회계 설치

#### 1) 특별회계의 설치 · 운영

지방자치단체는 지방직영기업의 사업마다 특별회계(special account)를 설치해야 한다(지방공기업법 제13조). 「지방자치법」상 특별회계는 지방자치단체가 특정의 사업을 행하는 경우 또는 특정의 세입으로 특정의 세출에 충당하여 일반의 세입세출과 구분하여 경리할 필요가 있는 경우 조례로 설치할 수 있으며, 이는 단일예산주의에 대한 예외에 해당한다.

지방직영기업의 특별회계는 일반행정사무를 관할하는 일반정부 방식과 다른 기업회계 방식의 특징을 갖고 있으며, 이를 통하여 재무 등의 자주성을 확보하고 기업의 효율적 운용을 도모하는바, 예산을 분리하려는 「지방자치법」상의 특별회계와는 다르다. 즉, 지방직영기업의 특별회계 설치는 「지방자치법」 제127조의 규정(지방자치단체의 회계는 일반회계와 특별회계로 구분하고, 특별회계는 법률이나 지방자치단체의 조례로 설치할 수 있다)에 의한 조례로 정하는 것이 필요하지 않다. 이처럼 「지방자

3) 직접경영방식의 재무관리는 안용식 외(2001: 307-319)의 『지방공기업론』 내용을 정리한 것이다.

치법」은 특별회계 설치조례를 통하여 규정하고 있지만, 지방직영기업은 「지방공기업법」 제2조에 대하여 당연히 특별회계를 설치·운영하도록 규정되어 있다.

### 2) 당연적용사업에 관한 특별회계

지방자치단체는 「지방공기업법」 제2조에 해당하는 사업(당연적용사업)마다 특별회계를 설치하여야 한다. 다만, 제7조 제1항 단서에 따라 둘 이상의 사업에 대하여 관리자를 1명만 두는 경우에는 둘 이상의 사업에 대하여 하나의 특별회계를 둘 수 있다(지방공기업법 제13조). 「지방공기업법」 제7조 제1항의 단서 조항은 "지방자치단체는 지방직영기업의 업무를 관리·집행하게 하려면 사업마다 관리자를 둔다. 다만, 조례로 정하는 바에 따라 성질이 같거나 유사한 2개 이상의 사업에 대하여는 관리자를 1명만 둘 수 있다."

### 3) 사업연도

지방직영기업의 사업연도는 지방자치단체의 일반회계 연도(1월 1일부터 12월 31일까지)에 따른다(지방공기업법 제15조). 직영기업의 경우 발생주의 복식부기를 활용하기에 일반정부와 달리 출납정리 기간이 필요하지 않다(안용식 외, 2001: 307-308).

## 2. 지방직영기업의 독립채산제와 경비부담

### 1) 독립채산제와 경비부담 구분

모든 지방공기업은 독립채산제(business accountability)를 채택한다. 이에 따라 지방직영기업의 특별회계도 그 경비는 해당 기업의 수입으로 충당해야 한다(지방공기업법 제14조 제1항). 즉, 지방공기업의 독립채산 원칙을 설정하는 이유는 직영기업의 부담과 일반회계 등과의 부담을 명확히 하여 경영의 합리화, 요금의 적정화를 유도하려는 데 있다.

지방직영기업의 경우 독립채산제 원칙에 따라 특별회계를 설치하여 일반회계로부터 분리하여 계리하는 이유는 지방공기업 사업이 일반행정 활동과 구별되기 때문이다. 지방직영기업이 제공하는 서비스는 일반 주민을 대상으로 하는 것이 아니라 특정 주민을 대상으로 하고 있기 때문이다. 또한 서비스의 수혜 정도가 주민마다 다르고 주민 모두가 평균적으로 소비하는 것이 아니기 때문이다. 따라서 지방직영기업 대상 사업의 비용은 수익자부담의 원칙을 유지할 수밖에 없다. 일반행정 사무는 서비스의 성격상 배제의 원칙이 적용되기 어려우므로 그 비용은 세금으로 충당하는 것이 적합하지만, 지방직영기업 대상 사업은 서비스의 성격상 수혜자의 구분이 명확하기 때문에, 그 비용은 수혜자에게 부담시키는 것이 공평하기 때문이다. 독립채산제의 의미는 우선적으로 공공성 차원에서 파악될 필요가 있으며, 아울러 서비스 공급의 효율성을 증대시키기 위한 재정적 장치로서의 독립적 회계라는 의미로 이해해야 한다.

### 2) 경비부담의 원칙

지방직영기업은 수익자부담의 원칙이나 독립채산제에 따라 소요 비용을 요금 수입에 의존해야 함에도 불구하고, 다음과 같은 재정적 조치를 받을 수 있다.

첫째, 경비의 성질상 당해 지방직영기업의 수입으로 충당하는 것이 적당하지 아니한 경비와 당해 지방직영기업의 성질상 그 경비에 수반한 수입만으로 충당하는 것이 객관적으로 곤란하다고 인정되는 경비는 당해 지방자치단체의 일반회계나 다른 특별회계가 부담금 기타의 방법으로 부담할 수 있다(지방공기업법 제14조 제1항). 둘째, 지방직영기업의 특별회계는 재해, 복구 기타 특별한 사유에 의하여 필요한 때에는 예산이 정하는 바에 따라 당해 지방자치단체의 일반회계나 다른 특별회계로부터 재정적 지원을 받을 수 있다(지방공기업법 제14조 제2항). 셋째, 지방자치단체의 일반회계나 다른 특별회계는 지방직영기업의 특별회계에 필요한 출자를 할 수 있으며, 출자를 받은 지방직영기업의 특별회계는 이익 상황에 따라 예산에 의하여 전년도 이익금의 일부를 그 출자한 회계에 납부할 수 있다(지방공기업법 제17조). 넷째, 지방자치단체의 일반회계나 다른 특별회계는 예산이 정하는 바에 따라 지방직영기업의 특별회계에 장기대부를 할 수 있으며, 장기대부를 받은 경우에는 대부한 회계에 적정한 이자를 지급하여야 한다(지방공기업법 제18조). 다섯째, 국가는 지방공기업의 원활한 경영을 위하여 필요한 경우에는 지방자치단체에 대하여 당해 지방자치단체가 출자한 자본금 기타 필요한 경비의 일부를 보조할 수 있다(지방공기업법 제79조). 이는 직접경영형태뿐 아니라 간접경영형태에도 적용되는 것이다.

### (1) 일반회계 등이 부담할 경비

「지방공기업법」에서는 지방직영기업의 특별회계에서 그 경비는 당해 기업의 수입으로 충당해야 하지만, 「지방공기업법」 제14조 제1항은 다음과 같은 두 가지 경우에 해당하는 지방공기업 경비로서 대통령령이 정하는 것은 당해 지방자치단체의 일반회계나 다른 특별회계가 부담금 기타의 방법에 따라 부담한다고 규정하고 있다.

첫째, 경비의 성질상 당해 지방직영기업의 수입으로 충당하는 것이 적당하지 아니한 경비, 둘째, 당해 지방직영기업의 성질상 그 경비에 수반한 수입만으로 충당하는 것이 객관적으로 곤란하다고 인정되는 경비로 나누어진다. 「지방공기업법」 제14조 제1항의 규정에 의해 구체적으로 대통령령에서 규정하고 있는 경비에 대해서는 기업회계는 일반회계 등에 대한 권리로서 그 부담을 요구하고, 일반회계 등은 기업회계에 의무적으로 부담하게 된다.

사업에 따라서는 국가와 지방자치단체 간 또는 지방자치단체 상호 간의 부담 구분의 명확화가 필요하다. 이에 관하여는 「지방재정법」 제18조 및 제24조의 국가와 지방자치단체가 또는 지방자치단체 상호 간의 경비의 부담 구분의 규정은 지방직영기업의 경우에도 당연히 해당된다. 이러한 경비부담 구분 및 방법에 대해 구체적으로 살펴보면 다음과 같다.

#### ① 경비의 성질상 부적당한 경비

경비의 성질상 부적당한 경비는 지방자치단체의 일반행정 사무를 지방직영기업이 대신해서 행하고 있는 경우와 같이 본래의 기업활동이라고 할 수 없는 성격을 가진 사무에 소요되는 경비로서, 그 활동은 급부와 대가의 관계를 갖는 경제활동으로 이해되는 것은 아니다. 따라서 경비의 성질상 당해 지방직영기업의 수입으로 충당하는 것이 적당하지 아니한 경비는 국고보조금, 분담금, 사용료, 수수료 등 당해 경비에 충당할 수 있는 특정 수입을 제외하고는 전액 일반회계에서 부담해야 한다.

#### ② 경영 수입만으로 부족한 경비

당해 지방직영기업의 성질상 그 경영에 수반한 수입만으로 충당하는 것이 객관적으로 곤란하다고 인정하는 경비란 그 자체의 성질로 보아서는 독립채산제의 원칙에 따라 그 수혜자로부터 거두어들이는 요금 수입에 충당하는 것이 원칙이지만, 주어진 요금체계 하에서 징수되는 요금 수입만으로는 도저히 당해 비용을 충당할 수 없는 경우를 말한다. [표 11-5]는 경영 수입만으로 부족한 경비를 의미한다.

**표 11-5 경영 수입만으로 부족한 경비**

| 1. 모든 사업에 공통적으로 적용되는 경비 |
|---|
| ① 공공의 목적을 위한 무상 공급에 소요되는 경비<br>② 공공의 필요에 의하여 요금 등의 공급 가격이 발생원가 이하로 책정되거나 발생원가 이하로 유지됨에 따른 발생원가와 공급가격과의 차액<br>③ 지역개발 등에 따른 선행투자에 소요되는 기본경비, 선행 투자에 의한 시설의 유지비, 선행투자에 소요되는 외부차입금에 대한 원리금 상환액 |
| **2. 당해 사업에만 적용되는 경우** |
| ① 궤도사업<br>– 당해 궤도사업용차량 외의 차량통행으로 인한 궤도의 유지·수선 및 개량에 소요되는 경비와 교통혼잡의 완화 등을 위한 궤도의 철거에 소요되는 경비<br>② 하수도사업<br>– 빗물처리시설의 설치 및 유지에 소요되는 경비<br>③ 주택사업 및 토지개발사업<br>– 공사완공 후 관리기관에의 인계 또는 분양 완료 시까지 소요되는 기본경비<br>④ 법 제2조 제2항의 규정에 의하여 지방직영기업이 경영하는 사업 및 법 제14조 제1항 각 호의 요건을 갖춘 경비로서 당해 사업별로 조례가 정하는 경비 |

자료: 「지방공기업법 시행령」 제5조.

### ③ 경비부담의 절차

지방자치단체가 일반회계 또는 다른 특별회계가 부담해야 할 경비에 대하여는 당해 지방직영기업의 관리자가 전년도 관련 결산자료를 첨부하여 매년 9월 15일까지 당해 지방자치단체장에게 그 경비의 부담을 요구하여야 한다. 경비부담을 요구받은 지방자치단체장은 이를 다음 연도 예산에 반영하거나 당해 지방공기업 요금을 조정하는 등 적절한 조치를 취하여야 한다(지방공기업법 시행규칙 제4조).

### ④ 경비부담의 방법

일반회계 등이 경비를 부담할 경우 「지방공기업법」 제14조 제1항에서 규정한 대로 부담금 기타의 방법으로 할 수 있다. 우선, 부담금은 일정한 자금을 무상 교부하는 것으로서, 교부를 받은 기업은 반환을 요하지 않는다. 즉, 부담금은 수익자부담에 의해 이루어지는 것이 아니라 일반회계에서 부담하는 것으로, 그 지출은 의무적인 것으로 되어 있기 때문이다. 그러므로 부담금에 의하여 취득한 자산에 대해서는 부담금이 요금비용 산정에 반영되지 않도록 원가절감을 하지 않아야 할 것이다. 다음으로 기타의 방법은 업무용 토지 건물 등의 무상 교부가 이에 해당된다.

### (2) 재정적 지원

지방직영기업의 특별회계는 재해, 복구 기타 특별한 사유에 의하여 필요한 때에는 예산이 정하는 바에 따라 지방자치단체의 일반회계나 다른 특별회계로부터 재정적 지원을 받을 수 있다(지방공기업법 제14조 제2항).

전술한 바와 같이 제도상 부담 구분하여 일반회계 등이 부담하는 경비는 경비의 성질 및 각 사업의 성격에 따라 통상의 경우 부담하는 것에 대해서는 대통령령으로 정하나, 그 이외의 경비에서는 일반회계 등이 기업회계에 일체 지출하지 않는 것은 아니다. 예컨대, 재해복구에 요하는 경비와 같이 임시 예외적으로 일반회계 등이 지원해도 지장이 없는 경우도 생각할 수 있다. 이러한 경우에는 개개 지방자치단체가 그 재정 상황, 기업의 구체적 조건에 따라 자주적 판단에 의해 당해 기업에 지원할 수 있는 것이다.

재정적 지원의 이유는 '재해 복구 기타 특별한 사유에 의해 필요한 때'인데, 여기서 말하는 '특별한 사유에 의하여 필요한 때'란 재해에 준하는 일시적인 기업 외의 요인 또는 요청에 의해 기업회계에서 소요경비를 충당하는 것이 객관적으로 곤란 또는 부적당한 경우를 말하며, 지원은 경비부담원칙의 예외를 이루는 것으로 그 운용에 신중을 가하지 않으면 안 된다.

### (3) 출자와 납부금

「지방공기업법」 제17조 제1항에서는 지방자치단체의 일반회계나 다른 특별회계는 지방직영기업의 재정적 기반의 충실을 도모하기 위해 지방직영기업의 특별회계에 필요한 출자를 할 수 있음을 규정하고 있다. 출자금은 자기자본금으로 정리되고 장기적으로 기업의 경영 기반을 안정시키는 기능을 가지는 것으로, 여기에는 현물출자도 포함된다.

출자는 기업의 재정적 기반을 건전하게 하기 위한 일반적인 출자이고, 구체적으로 필요한 건설 개량공사를 행하는 것으로 수익적 수지의 부족을 메우려는 것은 아니다. 구체적으로는 첫째, 지방직영기업의 건설 당초에 있어 일반회계 등으로부터 들어온 출자금 또는 현물출자로서의 재산의 이관, 둘째, 지방직영기업의 사업시설 확장에 요하는 경비(그 자금을 기업채를 발행하여 충당하는 경우 당해 기업채의 원금 상환금을 포함한다)의 일부에 충당하기 위한 일반회계 등으로부터의 추가출자금 또는 재산의 이관에 의한 현물출자를 말한다.

이와 같이 부담 구분에 의한 출자 이외의 출자를 받은 지방직영기업의 특별회계는 이익 상황을 고려하여 예산으로 전년도 이익금의 일부를 출자한 회계에 납부할 수 있다(지방공기업법 제17조 제2항). 납부금은 자본에 대한 보수로서의 성격을 갖는 것이며, 그 성격상 정액이 아니라 이익의 상황에 따라 이익 처분으로 납부하는 것이다.

여기서 말하는 '이익'이란 매 사업연도에 생기는 이익과 전 사업연도에서 이월된 미처분이익을 합친 미처분 이익잉여금이고, 따라서 단년도상 흑자라 해도 누적 결손이 있는 경우에는 납부금을 납부할 필요가 없다. 또한 납부금의 납부는 「지방공기업법」 제37조 제1항의 규정에 의해 이익적립금으로 적립하여야 하며, 적립하고 남은 금액은 조례에 정하는 바에 따라 감채적립금, 건설개량적립금으로 적립하거나 제17조 제2항 또는 제3항에 따른 납부금 또는 전출금으로 지출할 수 있다.

### (4) 장기대부와 적정이자

「지방공기업법」 제18조에서는 지방자치단체의 일반회계나 다른 특별회계는 예산이 정하는 바에 따라 지방직영기업의 특별회계에 장기대부를 할 수 있도록 하고 있으며, 장기대부를 받은 지방직영기업의 특별회계는 대부한 회계에 대하여 적정한 이자를 지급하여야 한다고 규정하고 있다.

일반회계 등으로부터 장기대부를 받는 경우를 대별해 보면 ① 지방직영기업의 시설, 건설 개량에 요하는 자금에 충당하기 위하여 차입하는 건설개량 차입금, ② 지방직영기업의 경영에 따른 필요한 운전자금에 충당하기 위하여 차입하는 운전자금 차입금의 2종이 있는데, 두 가지 모두 상환 기간이 익년도 이후에도 도래하는 장기의 차입금(당해 연도 내에 상환하는 것은 일시차입금이다)이다. 이를 차입하는 지방직영기업의 예산은 ①의 경우에는 자본적 수입지출의 (관) 자본적 수입-(항) 다른 회계로부터의 장기차입금으로 정리하고, ②의 경우는 예산 본문 중에 표시한다. 또한 결산상은 ①의 건설개량 차입금의 경우는 차입자본금으로 재무상태표상 부채의 부에 계상하며 다음 사업연도 후에 예산이 정하는 바에 의하여 일반회계 등에 반환하게 된다.

전술한 대로 장기대부를 받은 경우 장기대부에서의 상환기간, 상환방법, 이율 등에 대해서는 일반회계와 기업회계와의 협의에 의해 정해지게 되는데, 장기대부의 사유가 지방직영기업 측에 있다기보다는 오히려 지방자치단체에 있고, 또한 장기대부를 받아서 이루어야 할 사업이 공익적인 사업이므로, 기업의 이자부담이 경감될 수 있도록 시중 금리보다 낮게 책정될 필요가 있다. 즉, 대부를 하는 일반회계에서 이자의 상당 부분을 부담함으로써 장기대부의 효과성을 높여야 한다. 이자 지급 시기에 대해서는 양 회계 간의 협의에 의해 적어도 연 1회 이상의 지불 기일을 정하는 것이 적당하다.

### (5) 국고의 지원

지방직영기업은 당해 기업을 경영하는 지방자치단체의 일반회계 등으로부터 일정한 경비부담 구분을 전제로 하면서 독립채산제에 의해 운영되어야 하지만, 이는 국고의 지원을 부정하는 것은 아니다. 지방직영기업은 주민의 일상생활에 불가피한 재화나 서비스를 제공하거나, 혹은 산업 진흥을 위한 기반 정비 등 중요한 역할을 하며, 재화나 서비스의 제공이 공공적 이익의 확보 관점에서 일정한 책임이 있는 경우 지방직영기업에 대해 국가가 국고를 지원하는 것은 당연하다. 이는 지방공사·공단의 경우에도 마찬가지로 적용된다(지방공기업법 제79조).

## 제 3 절 간접경영방식의 재무관리[4)]

### 1. 간접경영방식의 독립채산제와 경비부담

간접경영방식은 원칙적으로 독립채산제가 엄격히 적용되나, 국가 또는 지방자치단체의 사업을 대행하고자 할 경우나 사업의 운영을 위하여 필요하다고 인정하는 경우 재정적 지원을 받을 수 있다(안용식 외 2001: 319-321).

---

4) 간접경영방식의 재무관리는 안용식 외(2001: 319-323)의『지방공기업론』내용을 정리한 것이다.

### 1) 대행사업의 비용부담

지방공사·공단은 국가 또는 지방자치단체의 사업을 대행할 수 있으며, 이 경우에 필요한 경비는 국가 또는 지방자치단체가 부담한다. 이때 비용의 부담에 관하여 필요한 사항은 대통령령이 정하는 것을 제외하고는 조례로 정하도록 규정하고 있다(지방공기업법 제71조). 간접경영방식의 대행사업에 대한 구체적 특징은 다음과 같다(지방공기업법 시행령 제63조).

첫째, 지방공사·공단이 국가 또는 지방자치단체의 사업을 대행하고자 할 때에는 위탁계약에 의한다.

둘째, 지방공사나 지방공단이 국가 또는 지방자치단체의 사업을 대행하는 경우 국가 또는 지방자치단체가 부담해야 할 경비의 범위는 [표 11-6]과 같다.

**표 11-6 대행사업의 비용부담 범위**

1. 사업 실시에 따른 사업계획의 수립, 사전조사, 용역 등에 소요되는 경비
2. 사업의 집행에 소요되는 시설비·인건비 및 부대장비
3. 사업의 종료 후 결산 이전 또는 시설물 등의 인계 이전까지 사이에 시설물 등을 관리하는 데 소요되는 경비
4. 사업의 대행에 따른 대행 수수료
5. 기타사업 집행상 필수적으로 소요되는 경비

셋째, 국가 또는 지방자치단체가 비용을 부담하는 경우, 지방공사·공단은 미리 자금 집행계획을 수립하여 국가 또는 지방자치단체에 제출하여야 하며, 국가 또는 지방자치단체는 다른 자금에 앞서 이에 대한 자금을 우선적으로 지급하되, 그 지급시기를 조정하고자 할 때에는 지방공사·공단과 협의하여야 한다. 또한 지방공단은 지방자치단체장의 승인을 얻어 그 사업에 따른 수익자로 하여금 사업에 필요한 비용을 부담하게 할 수 있다. 즉, 지방공단에 업무를 위탁한 자와 지방공단으로부터 역무제공을 받는 자는 그 위탁업무에 소용되는 비용 또는 역무 수수료를 부담해야 한다(지방공기업법 시행령 제67조)(박영희 외, 2018: 396).

넷째, 지방공사·공단이 그 대행사업을 종료한 때에는 지체 없이 국가 또는 지방자치단체가 부담한 비용을 정산하여야 한다. 그러나 지방공사가 자치단체의 사업을 위탁대행계약함에 있어 「지방공기업법」 제71조 「지방공기업법 시행령」 제53조에 의

거 매년 사업비 집행 후 정산 과정을 통해서 부족한 사업비는 증액받고 절감액에 대하여는 환수토록 함으로써 예산 절감 의지가 반감되는 실정이다.

다섯째, 지방공사나 지방공단은 국가 또는 지방자치단체의 사업을 대행할 때, 특히 필요한 경우에는 지방자치단체의 장의 승인을 얻어 그 사업의 일부를 제3자로 하여금 시행하게 할 수 있다.

### 2) 지방공사나 지방공단에 대한 재정지원

「지방공기업법」 제71조의2에 의하면 지방자치단체는 사업의 운영을 위하여 필요하다고 인정하는 경우에는 지방공사나 지방공단에 보조금을 교부하거나 장기대부를 할 수 있다. 보조금 교부 및 장기대부 등과 같은 재정지원은 민관공동 출자기업에는 적용되지 않는다. 여기서 필요하다고 인정되는 경우는 직접경영방식의 경비부담에서 서술한 것과 같은 이유에 의한다고 보아야 할 것이다.

### 3) 국고지원

「지방공기업법」 제79조는 "국가는 지방자치단체의 원활한 경영을 위하여 필요한 경우에는 지방자치단체에 대하여 당해 지방자치단체가 출자할 자본금, 기타 필요한 경비의 일부를 보조할 수 있다"라고 규정하고 있으므로, 간접경영방식의 경우도 필요한 경우에는 국가로부터 국고지원을 받을 수 있다

## 2. 간접경영방식의 사채발행 및 차관

### 1) 지방공사채의 개념

사채와 공단채에 대한 정의는 「지방공기업법」에 규정하고 있지 않으며, 「증권 관련 법령」 및 「상법」에서 규정하고 있는 것과 동일한 의미로 해석한다. 즉, 「공사채등록법」 제2조에서는 공사채는 지방자치단체가 발행한 채권, 「특별법」에 따라 법인이 발행한 채권, 사채권, 외국 정부나 외국의 공공단체 또는 외국법인이 발행한 채권으로서 금융위원회가 지정한 것이라고 정의하고 있다(박영희 외, 2018: 392).

### 2) 지방공사채 발행 절차

지방공사·공단은 지방자치단체의 장의 승인을 얻어 사채(공단채)를 발행하거나 외국 차관을 할 수 있다. 이 경우에 사채의 발행한도는 대통령령으로 정한다(지방공기업법 제68조 제1항). 지방자치단체의 장은 미리 행정안전부 장관의 승인을 얻어야 하며, 행정안전부 장관이 외국 차관을 승인하고자 하는 경우에는 미리 기획재정부 장관과 협의하여야 한다(지방공기업법 제68조 제1항 및 제3항). 그러나 지방자치단체의 장은 사채가 대통령령으로 정하는 기준을 초과하는 경우에 있어, 사채발행 승인 신청 당시 사채발행 예정액을 합산한 부채비율이 100분의 200 이상인 경우, 최근 3년 이상 계속하여 당기순손실이 발생한 경우, 사채발행 예정액이 300억 원 이상인 경우에는 미리 행정안전부 장관의 승인을 받아야 한다(지방공기업법 제68조 제3항). 공사의 사채발행한도는 주택사업, 토지개발사업은 순자산액(자산총액－부채총액)의 4배 이내에서 발행할 수 있으며, 기타사업은 순자산액(자산총액－부채총액) 2배 이내에서 발행할 수 있다(지방공기업법 시행령 제2조). [표 11-7]은 지방공사채와 지방채 및 국가공사채의 비교를 보여준다.

### 3) 채권발행의 내용

지방공사나 지방공단이 사채(공사채, 공단채)를 발행하고자 할 때에는 사채의 발행목적, 사채의 발행시기, 발행총액(사채의 권면액을 수종으로 하여 발행하는 경우에는 각 권종별 발행총액), 이율, 원금의 상환방법 및 기한, 이자의 지급방법 및 기한, 모집 및 인수방법 등을 기재한 신청서를 당해 지방자치단체의 장에게 제출하여야 하며, 지방자치단체의 장이 「지방공기업법」 제68조 제3항의 규정에 의하여 행정안전부 장관의 승인을 신청하는 경우에도 또한 같다(지방공기업법 시행령 제62조 제1항). 이 경우 사채를 발행하고자 하는 때에는 사채의 번호, 법인의 명칭, 사채의 발행목적, 사채의 발행시기, 발행총액, 이율, 원금의 상환방법 및 기한, 이자의 지급방법 및 기한을 기재하고, 지방공사나 지방공단의 사장·이사장이 기명날인 또는 서명하여야 한다(지방공기업법 시행령 제62조 제5항).

**표 11-7 지방공사채와 지방채 및 국가공사채의 비교**

| 구분 | 지방공사채 | 지방채 | 국가공사채 |
|---|---|---|---|
| 발행주체 | 지방공사, 지방공단 | 시·도, 시·군·구 | 정부투자기관<br>(토지주택공사, 한국철도공사 등) |
| 근거규정 | 지방공기업법 제68조 및<br>시행령 제62조<br>지방공기업 예산편성기준 등 | 지방자치법 제124조<br>지방재정법 제11조 및<br>제44조<br>지방채발행계획 수립기준 등 | • 공사 관련 개별법률<br>– 한국토지주택공사법 제10조<br>– 한국철도공사법 제11조<br>– 한국농어촌공사 및 농지관리 기금법 제27조 등 |
| 개념 및 정의 | 지방공사·공단이 그 재정상의 필요 또는 관계법령이 정하는 바에 따라 금융기관 등에서 차입하는 모든 유형의 자본과 토지채권을 통칭 | 지방자치단체가 그 재정상의 필요에 따라 관련 법령 등이 정하는 절차에 따라 금융기관 등에서 차입하는 모든 유형의 자본 | 정부투자기관이 그 재정상의 필요 또는 관련 법령이 정하는 바에 따라 금융기관 등에서 차입하는 모든 유형의 자본과 채권을 통칭 |
| 차입 유형 | 정부자금(주택도시기금 등)<br>지방공공자금(지역개발기금)<br>금융기관자금, 채권발행에 의한 자금<br>외화자금 | 정부자금(공공자금관리기금 등)<br>지방공공자금(지역개발·청사관리기금)<br>금융기관자금, 채권발행에 의한 자금<br>외화자금 | 정부자금(주택도시기금 등)<br>금융기관자금, 채권발행에 의한 자금<br>외화자금 |
| 발행한도 | • 순자산 규모에 따라 한도 규정<br>– 주택·토지개발사업: 순자산 4배 이내<br>– 기타사업: 순자산의 2배 이내 | • 계층별, 채무 수준(BTL 포함), 실질적인 지원기준으로 지방자치단체별 발행<br>– 특·광역시, 특별자치 시·도: 경상일반재원의 10%<br>– 도: 경상일반재원의 8%<br>– 시·군: 경상일반재원의 5%<br>– 구: 경상일반재원의 2% | • 자본금 및 적립금 규모에 따라 한도 규정<br>– LH공사: 자본·적립금의 10배 이내<br>– 철도공사: 자본·적립금의 5배 이내<br>– 농어촌공사: 자본·적립금의 2배 이내 |
| 승인기준 | • 자치단체장이 승인<br>〈행자부 사전승인 대상〉<br>– 사채발행 승인신청 당시 발행예정액을 합산한 부채비율 200% 이상<br>– 3년 이상 당기순손실 발생<br>– 발행총액이 300억 원 이상인 사업 | • 한도액 범위 내<br>– 지방의회 의결 거쳐 자율발행 가능<br>• 한도액 초과 시: 행자부 승인 및 지방의회 의결을 거쳐 자율발행 | • 없음 |

| 승인절차 | • 한도액 범위 내<br>– 자치단체 승인 후 차입<br>• 한도액 초과 시<br>– 승인신청 → 지방자치단체 심사 → 행자부 사전승인 → 지방자치단체 승인 → 공사채 발행 | • 한도액 범위 내<br>– 지방자치단체 결정에 의해 차입<br>• 한도액 초과 시<br>– 승인신청 → 행자부 승인 | • 관련 개별법률에 따라 상이<br>– LH · 철도공사: 이사회(공사채발행계획) → 국토교통부 승인 → 공사 발행<br>– 농어촌공사: 이사회의결로 발행 |
|---|---|---|---|
| 부적정 행위 제재, 공시의무 | • 차기 신청사업의 승인액 조정 또는 불승인, 감사요구 등<br>• 공시의무 면제 | • 재정적 패널티 적용<br>– 한도액 및 교부세 감액 조정<br>• 기타 관계공무원 제재, 시정명령 등 | • 공시의무 면제 |

자료: 행정안전부(2016). 『2016년도 지방공사채 발행 · 운영기준』.

### 4) 채권발행의 보증

지방공사나 지방공단이 사채 · 공단채에 대한 상환에 대하여 지방자치단체는 보증할 수 있으며, 정부 또는 지방자치단체는 외국 차관의 상환을 보증할 수 있다. 사채 · 공단채의 발행, 매각 및 상환에 관하여 필요한 사항은 조례로 정하도록 되어 있다(안용식 외, 2001: 322-323).

### 5) 지방채 및 사채발행

지방직영기업 및 지방공사 · 공단은 필요한 경우 지방채 또는 지방공사채(공단채)를 발행할 수 있다. 「지방공기업법」 제19조, 제68조 및 「지방공기업법 시행령」 제62조에 따라 지방자치단체는 지방직영기업의 경상적인 운전자금 충당, 회전기금의 재원 충당, 건설 또는 개량비에 충당하거나 유사사업의 매수자금으로 필요한 경우 당해 지방직영기업의 특별회계부담으로 지방채 발행이 가능하다(행정안전부, 2021).

**표 11-8 지방자치단체가 지방채 발행을 승인할 수 있는 경우**

1. 경상적인 운전자금에 충당하는 데 필요한 경우
2. 회전기금의 재원에 충당하는 데 필요한 경우
3. 건설비 또는 개량비에 충당하거나 유사사업의 매수 자금으로 필요한 경우

지방공사·공단은 지방자치단체장의 승인을 얻어 사채를 발행하거나 외국 차관을 할 수 있다(일정기준 초과 시 사전 행정안전부 장관 승인 필요). 지방채 발행방법은 지방채를 중기재정계획에 반영하고, 투·융자심사를 거친 사업에 한하여 발행승인을 신청한다. 지방공사채 및 공단채(차입 포함)는 자치단체장의 승인을 얻은 범위 내에서 발행(순자산액의 4배 이내/단, 주택사업, 토지개발사업 외는 2배 이내)한다. 지방공기업은 '지방공사채 발행·운영기준'에 따라 발행 및 관리한다. 지방채 및 공사채·공단채 발행 시 자체재원인 보전재원의 정확한 산출로 기채수입을 최소화한다.

**표 11-9 공사채 발행 시 신청서 기재사항**

1. 사채의 발행목적
2. 사채의 발행시기
3. 발행총액(사채의 권면액을 수종으로 하여 발행하는 경우에는 각 권종별 발행총액)
4. 이율
5. 원금의 상환방법 및 기한
6. 이자의 지급방법 및 기한
7. 모집 및 인수방법

## 3. 지방공기업의 중장기재무관리계획

「지방공기업법」 제9조와 제64조의3에 근거하여 지방공기업은 중장기경영(재무)관리계획을 수립해야 한다. 그동안 지방공기업의 부채 문제와 채산성 부족으로 인하여 지방공기업의 재정건전성 확보를 위하여 행정안전부는 지방공기업의 자산·부채를 고려하여 대통령령으로 정하는 기준 해당하는 직영기업은 2015년부터 중장기경영관리계획을, 지방공사·공단은 2013년부터 중장기재무관리계획을 매년 수립하고 실행하도록 하고 있다.

지방직영기업 상·하수도는 「지방공기업법」 제9조의2(지방직영기업 중장기경영관리계획 수립)에 근거, 자산·부채 등을 고려하여 대통령령으로 정하는 기준에 해당하는 지방직영기업의 관리자는 매년 해당 연도를 포함한 5회계연도 이상의 중장기경영관리계획을 수립하여 지방자치단체의 장과 지방의회에 제출한다.

**표 11-10 중장기경영관리계획에 포함되어야 할 내용(지방직영기업)**

1. 5회계연도 이상의 중장기경영목표
2. 사업계획 및 재정운용방안
3. 경영적자의 증감에 대한 전망과 그 근거 및 개선계획, 요금 적정화 계획 등이 포함된 경영관리계획
4. 전년도 중장기경영관리계획 대비 변동사항, 변동요인 및 관리계획 등에 대한 평가·분석
5. 그 밖에 지방직영기업의 경영과 관련된 사항으로서 대통령령으로 정하는 사항

간접경영기업 지방공사는 「지방공기업법」 제64조의3(중장기재무관리계획의 수립 등)에 근거, 자산·부채 규모 등을 고려하여 대통령령으로 정하는 기준에 해당하는 지방공사는 매년 해당 연도를 포함하여 5회계연도 이상의 중장기재무관리계획을 수립하고, 이사회의 의결을 거쳐 확정 후 지방자치단체의 장과 지방의회에 제출한다.

**표 11-11 중장기재무관리계획에 포함되어야 할 내용(지방공사)**

1. 5회계연도 이상의 중장기경영목표
2. 사업계획 및 투자방향
3. 재무 전망과 그 근거 및 관리계획
4. 부채의 증감에 대한 전망과 그 근거 및 관리계획 등이 포함된 부채관리계획
5. 전년도 중장기재무관리계획 대비 변동사항, 변동요인 및 관리계획 등에 대한 평가·분석

자료: 행정안전부(2023). 『2023년도 지방공기업 예산편성기준』.

# 제 4 절 지방공기업의 재무분석[5)]

## 1. 다양한 재무비율 지표

기업들은 다양한 재무비율을 활용하여 기업의 성과를 측정하고 미래를 예측하는데 활용하고 있는데, 재무비율은 유동성 비율, 안정성 비율, 수익성 비율, 활동성 비율, 생산성 비율, 성장성 비율로 구분해 볼 수 있다. 지방공기업의 경우에도 민간기업에서 활용하고 있는 주요 재무분석 지표들을 사용하여 기업의 성과 측정은 물론 지속가능성 등 미래를 예측할 수 있다.

5) 지방공기업의 재무분석은 원구환(2018: 427-438)의 『공기업론』 내용을 정리한 것이다.

### 1) 유동성 비율

유동성 비율은 기업의 지급 능력을 판단하는 대표적인 지표로 유동비율과 당좌비율을 활용한다(한국은행, 2002). 유동비율은 단기채무에 충당할 수 있는 유동성 자산이 얼마나 되는가를 나타내는 지표로 은행가비율(banker's ratio)이라고 하는데, 비율이 높을수록 기업의 단기지급 능력은 양호한 것이다. 또한 당좌비율은 유동자산 중 현금화하는 속도가 늦고 현금화의 불확실성이 높은 재고자산 등을 제외시킨 당좌자산을 유동부채에 대응시킴으로써, 단기채무에 대한 기업의 지급 능력을 파악하는 데 사용한다.

### 2) 안정성 비율

안정성 비율을 측정하기 위한 대표적인 지표로는 부채비율과 고정장기적합률이다. 부채비율은 타인자본과 자기자본 간의 관계를 나타내는 가장 대표적인 재무구조 지표로 보통 100% 이하를 표준비율로 보고 있다. 고정장기적합률은 설비에 소요되는 자금을 자기자본에 의해 조달되어야 함을 나타내는 지표이다. 거액의 설비투자를 필요로 하는 기업에 있어서는 설비투자에 필요한 자본을 자기자본만으로 조달하기는 어렵고 타인자본으로도 충당하게 되는데, 이때 단기부채보다는 장기채무로 조달하는 것이 기업에 더 안정적이라 할 수 있다. 보통 100% 이하이면 양호하고, 150% 이상이면 불량한 수준으로 본다.

### 3) 수익성 비율

수익성 비율은 기업에서 가장 핵심적인 변수인데, 기업의 2대 재무제표라 할 수 있는 손익계산서상의 매출액수익성과 재무상태표상의 자본수익성으로 구분해 볼 수 있다. 매출액수익성을 가장 대표적으로 나타내는 지표는 매출액순이익률이라 할 수 있으며, 자본수익성을 나타내는 측정변수로는 자기자본순이익률, 자기자본경상이익률, 총자본경상이익률이 대표적인 지표이다. 이 비율 역시 높을수록 양호한 변수이다. 특히, 총자본이익률과 자기자본이익률은 기업의 체계적 위험을 예측하는 데 있어 매우 유용한 변수임이 입증되었다.

### 4) 활동성 비율

회전율로 표시되는 이 비율은 기업에 투하된 자본이 기간 중에 얼마나 활발하게 운용되었는가를 나타내는 비율이다. 기업은 수익증대를 목적으로 투입된 자본을 끊임없이 회전시키는데, 이에 따른 성과는 매출액으로 표시된다. 따라서 회전율을 측정하는 기본항목은 매출액이며, 기업의 활동성은 매출액과 자산·부채·자본 항목에 대한 회전배수로 측정된다. 또한 유동자산회전율과 고정자산회전율은 자본의 유동화 상태와 고정화 상태를 판단하는 수단이 된다.

### 5) 생산성 비율

생산성 비율은 기업활동의 성과 및 효율을 측정하고 개별 생산요소의 기여도 및 성과배분의 합리성 여부를 규명하기 위한 비율로, 생산성에 관한 지표는 경영합리화의 척도라고 할 수 있다. 이런 생산성 비율로는 크게 노동생산성과 자본생산성으로 구분되는데, 노동생산성비율이라는 업무처리 효율성 지표와 자본생산성 지표가 대표적이다. [표 11-12]는 공기업의 대표적인 재무비율 지표들을 보여준다.

**표 11-12 공기업 재무비율 지표**

| 재무비율 | 측정변수 | 산식 | 비고 |
|---|---|---|---|
| 유동성 | 유동비율<br>당좌비율 | 유동자산/유동부채<br>당좌자산/유동부채 | 높을수록 양호 |
| 안정성 | 부채비율<br>고정장기적합률 | 타인자본/자기자본<br>고정자산 + 투자와 기타자산/자기자본 + 고정부채 | 낮을수록 양호 |
| 수익성 | 매출액순이익률<br>자기자본순이익률<br>자기자본경상이익률<br>총자본경상이익률 | 당기순이익/매출액<br>당기순이익/자기자본<br>경상이익/자기자본<br>경상이익/총자본 | 높을수록 양호 |
| 활동성 | 총자본회전율<br>자기자본회전율<br>매출채권회전율<br>유동자산회전율<br>고정자산회전율 | 매출액/총자본<br>매출액/자기자본<br>매출액/매출채권<br>매출액/유동자산<br>매출액/고정자산 | 높을수록 활동적 |
| 생산성 | 인건비 대 매출액 비율<br>총자본 투자효율 | 매출액/인건비<br>부가가치/총자본 | 높을수록 양호 |

| 성장성 | 매출액증가율<br>총자산증가율<br>자기자본증가율<br>자기자본순이익증가율 | 당기/전기 매출액<br>당기/전기 총자산<br>당기/전기 자기자본<br>당기/전기 자기자본순이익 | 높을수록<br>양호 |
|---|---|---|---|

자료: 원구환(2018: 429).

### 6) 성장성 비율

성장성 비율은 기업의 규모나 경영성과를 당기와 전기 증가비율로 나타내는 지표이다. 성장성 비율은 미래에 그 기업의 경쟁력이나 수익창출 능력에 대한 예측을 가능하게 해 준다. 성장성 비율은 모든 재무비율지표를 당기와 전기로 구분하여 측정할 수 있다(원구환, 2018: 427-429).

## 2. 부가가치 생산성

### 1) 부가가치 생산성의 개념

일반적으로 부가가치란 조직이 일정 기간에 자체 조직의 노동과 자본 투입이라는 생산활동을 통해 산출한 상품 및 서비스에 새로 부가한 가치를 의미한다. 부가가치의 개념은 조직의 노력에 의해 창출된 가치를 합산하여 측정하는 방식(가산법)과, 조직의 총생산가치에서 다른 생산자가 기여한 가치를 차감함으로써 측정하는 방식(공제법)으로 구분할 수 있다. 부가가치는 원래 기업이 이미 존재하고 있는 경제 가치에 부가해서 가치를 창출하기 때문에, 기업이 실현한 전체 가치에서 이미 존재하였던 가치를 공제하는 방법이 있다. 또한 인건비, 세금, 감가상각비, 금융비용, 지대 임차료 등과 같이 창출될 총가치를 합산하는 방법이 있는데, 가산법이 보편적으로 활용되고 있다.

부가가치는 회사의 이익을 주주에게 귀속되는 순이익(net income)에 국한하지 않고 광범위한 이해관계자에게 귀속되는 이익을 측정하는 것인데, 이런 부가가치는 창출 측면과 분배 측면에서 측정할 수 있다. 조직의 경영성과를 부가가치 생산성으로 측정하는 목적은 생산요소의 최적 결합을 통한 생산성 향상에 있으며, 또한 조직의 이해관계자에게 그들의 투입 기여도에 따라 적정한 성과배분 기준을 마련하는 데 있다. 특히, 조직의 부가가치는 조직 자체가 창출한 가치로서 분배의 측면에서 살펴보면 대부분 조직의 이해관계자들에게 분배되는데, 조직 내에 유보된 적립금이나 주주에 대한 배당금, 임직원에 대한 인건비, 토지에 대한 지대, 채권자에 대한 이자, 정부에 대한 세금 등으로 분배된다. 따라서 부가가치는 손익 개념과는 구분된다.

부가가치 생산성은 첫째, 경영성과를 타 조직과 비교하거나 조직 내의 부서별 또는 기간별 비교를 행하는 상대적 평가의 수단으로 이용할 수 있으며, 조직이 경제사회에서 차지하는 중요도를 알려주는 지표가 된다. 둘째, 조직에 대한 구성원의 태도를 개선시킬 수 있는데, 부가가치는 조직구성원들을 포함한 모든 생산참여자들에게 분배될 수 있는 부를 나타내 줌으로써, 조직구성원도 책임을 지는 참여자로 파악될 수 있다. 셋째, 부가가치는 조직의 사회적 공헌도를 표시하는 지표인데, 조직의 이해관계자에게 어떻게 배분되고 있는가를 나타내는 부가가치 분배율을 분석하는 데 이용되고 있다. 넷째, 기업이 창출한 부가가치와 분배에 관한 정보를 임금정책, 경제정책, 분배정책, 조세정책 등의 수립에 활용할 수 있다.

### 2) 부가가치의 측정

부가가치의 계산에 있어서 감가상각비의 포함 여부에 따라 순부가가치와 총부가가치로 구분되는데, 부가가치에 감가상각비를 포함하면 총부가가치가 되고, 포함하지 않으면 순부가가치가 된다(한국생산성본부, 2010). 부가가치의 측정에 있어서 공제법은 경영계획의 수립 단계에서 부가가치 생산성의 사전 측정방법으로 유용하며, 가산

**표 11-13 부가가치 산정방식의 구성요소**

| 구분 | 부가가치 산정방식에 포함되는 항목 |
|---|---|
| 한국은행<br>(2010) | = 영업잉여(영업손익 + 대손상각비 − 금융비용) + 인건비 + 이자비용 +<br>조세공과 + 감가상각비 |
| 한국기술가치평가협의<br>(2002) | = 경상이익 + 인건비 + 임차료 + 세금과 공과 + 순금융비용 + 감가상각비 |
| 신산업경영원<br>(2010) | = 인건비 + 감가상각비 + 임차료 + 조세 공과 + 순이자비용 +<br>법인세 차감 후 당기순이익 |
| 기획재정부<br>(2018) | = 법인세비용차감전순이익 + 인건비 + 순금융비용 + 임차료 +<br>세금과 공과 + 감가상각비 |

자료: 원구환(2018: 437)의 내용을 저자 재편집.

법은 사후 부가가치 생산성의 측정방법으로 많이 사용된다. 대부분의 연구에서는 감가상각비를 포함하고 있으며, 공제법보다 가산법을 활용하고 측정하고 있다. [표 11-13]은 부가가치 산정방식의 구성요소를 보여준다.

부가가치와 관련된 재무지표는 다양한 각도에서 살펴볼 수 있지만, 노동과 자본의 투입에 따른 창출지표와 창출된 성과의 분배에 초점을 맞추는 것이 일반적이다(원구환, 2018: 434-438).

## 제 5절 지방공기업의 독립채산제

지방공기업의 독립채산제는 수지의 적합, 자본의 자기조달, 그리고 이익금의 자기처분을 그 요소로 하고 있다. 이 절에서는 독립채산제 의의 및 독립채산제의 한계와 개선 방향 등에 대해 서술한다.

### 1. 독립채산제의 의의

일반적으로 공기업은 독립채산제로 운영되는 것을 원칙으로 한다. 공기업에 있어서 독립채산제(business accountability)란 국가 또는 지방자치단체 소유 하에 있는 공기업이 재정적·금전적인 관계에서 국가나 지방자치단체로부터 독립하여 공기업 스스로 책임 하에 운영하는 것이라 할 수 있다. 독립채산제 하에서 지방공기업은 기업운영에 필요한 자금을 지방자치단체로부터 보조받지 않고 스스로 조달해야 하며, 수입으로 지출을 충당할 수 있어야 한다. 지방공기업의 독립채산제는 수지타산의 독립과 균형에 의하여 공기업의 자주성을 확보하고 경영합리화를 이룩하고자 하는 지방공기업의 재무관리방식으로, 지방공기업이 재정상의 독립을 확보하고 경영합리화를 이룩하는 데 유용한 수단이 된다(유훈 외, 2011: 168).

## 2. 독립채산제의 기본원리

독립채산제는 수지적합의 원칙, 자본의 자기조달 원칙, 이익금의 자기처분 원칙 등 세 가지 원칙이 주된 내용이다.

### 1) 수지적합의 원칙

공기업의 독립채산제와 관련된 첫 번째 원칙은 수지적합의 원칙이다. 수지적합의 원칙(self-sustainment)이란 공기업이 필요로 하는 지출은 공기업의 수입에 의해 충당해야 한다는 원칙이다. 즉, 지방공기업의 지출은 모두 자기의 영업수입에 의해 충당해야 하기에 정부예산에 의존할 필요가 없으며, 지방공기업의 재정상 독립이 확보되는 것이다. 「지방공기업법」 제14조에서도 이러한 독립채산의 원칙을 규정하고 있다. 하지만, 현실적으로 공기업은 공공성의 확보라는 측면에서 많은 제약을 받게 되기 때문에, 정부의 가격정책에 의하여 요금이 낮은 수준으로 억제되는 경우나 적자가 예상되는 공공사업을 수행하는 경우 등, 원가 이하에서 가격이 결정되는 경우가 종종 발생하게 된다(유훈 외, 2011: 168; 윤태범 외, 2020: 224). 수지균형의 원칙은 총비용을 총수익과 균형을 유지하는 것이지만, 총비용에 해당하는 부분을 수익자부담으로 전가할 경우 국민의 부담이 가중되므로 수익자부담을 완화하고, 부족분을 경비부담으로 이해하는 것이 필요하다(원구환, 2018: 321).

### 2) 자본의 자기조달 원칙

일반적으로 공기업에 있어서 독립채산제의 원칙은 영업계정수지와 자본계정수지의 양자에 관하여 수지적합의 원칙이 적용된다. 수지적합의 원칙은 영업계정 수지에 적용되는 것으로서, 각 연도의 영업지출은 그 연도의 영업수익으로 충당되어야 한다는 것을 의미한다. 그러나 설비투자나 신규 사업진출 등 대규모의 자본지출요인이 발생할 경우 그 연도의 영업수입만으로 지출을 충당할 수 없게 되고, 이는 요금인상의 유인으로 작용한다. 따라서 자본지출은 그 연도의 요금 수입으로 충당하지 않고 채권을 발행하여 소요자금을 조달하고, 그 원리금을 각 연도의 경영수입에서 상환해 나가는 방식을 채택하게 되는데, 이를 자본의 자기조달 원칙(self-financing)이라고 한다

(유훈 외, 2011: 169; 윤태범 외, 2020: 225).

지방직영기업의 경우 「지방공기업법」 제19조의 규정에 의거하여 경상적인 운전자금에 충당하는 데 필요한 경우, 회전기금의 재원에 충당하는 데 필요한 경우에는 지방직영기업 특별회계의 부담으로 지방채를 발행할 수 있으며, 광역자치단체와 인구 100만 명 이상의 대도시는 「지방공기업법」에 규정된 사업의 투자재원 확보와 지역개발을 위한 기금조성을 위하여 의회의 승인을 받아 지역개발채권을 발행할 수 있다.

간접경영방식의 지방공사・공단도 「지방공기업법」 제68조에 의거하여 채권을 발행할 수 있다. 지방자치단체의 장은 지방공사가 발행하는 사채가 대통령령으로 정하는 기준을 초과하는 경우에는 승인을 하기 전에 미리 행정안전부 장관의 승인을 받아야 한다. 지방공단의 경우는 지방자치단체로부터 위탁대행된 업무를 처리하고 위탁대행 수수료를 받는 구조이므로, 현실적으로 공단채 발행은 거의 없다고 볼 수 있다(원구환, 2018: 322).

### 3) 이익금의 자기처분원칙

이익금의 자기처분원칙(self-disposal of surplus revenue)이란 이익금이 생겼을 경우 이를 국고에 납입하지 않고, 원칙적으로 기업 자체의 목적을 위해 이익금을 자주적으로 자기처분할 수 있는 원칙을 말한다. 독립채산제를 채택하는 지방공기업에서는 이익금의 자기처분원칙이 인정되어 관리자 및 직원들의 경영성과에 대한 관심을 자극할 뿐만 아니라, 유보된 이익금을 재투자함으로써 생산과정의 합리화와 기술혁신 등을 가능하게 한다(유훈 외, 2011: 170; 윤태범 외, 2020: 225).

## 3. 독립채산제에 대한 한계 및 비판

지방공기업의 독립채산제가 지나치게 강조되는 경우 수지의 균형을 도모하기 위해 비채산적 서비스에 대한 회피와 공급하는 서비스의 질적 저하 등의 현상이 초래될 우려가 있으며, 수익성이 낮은 분야에 지방공기업의 진출이 억제되어 국민경제 및 지역경제에 역기능을 초래할 우려가 있는 지적이 제기된다. 따라서 독립채산제의 운영에서는 지방공기업의 공공성과 기업성의 조화를 통한 합리적인 경영이 중요한 과제가 된다(유훈 외, 2011: 170; 윤태범, 2020: 226).

CHAPTER 12

# 지방공기업 요금

지방공기업 요금은 지방공기업이 제공하는 재화나 서비스에 대해 이용자인 주민이 지불하는 대가를 의미한다. 지방공기업의 요금은 서비스 가격을 어떻게 결정하느냐 하는 문제이다. 지방공기업의 요금 결정은 지방공기업의 기업적 성격뿐만 아니라 공공성과 기업성의 조화가 중요한 기준이 되고 있다. 이 장에서는 공기업의 요금의 본질과 특성, 그리고 지방공기업 요금 결정 원리에 대하여 서술한다. 또한 지방공기업 요금규제와 개선방안에 대해서도 간단히 기술한다.

## 제 1 절 공기업 요금의 본질[1)]

### 1. 공공요금의 개념

#### 1) 공공요금의 개념

공공요금이란 '정부'가 직접 개입하여 규제하는 사업요금이며, 통상 국민의 일상생활에 밀접하고 불가분한 관계를 지닌 서비스 요금 혹은 '정부'가 제공하는 공공재나 공공서비스에 대한 이용자 가격을 의미한다(이호용, 2009). 또한 공공요금은 공익사업에서 제공되는 산출물의 가격을 의미하여, 공적 혹은 사회적으로 미치는 파급효과 및 영향력이 크다(Sherman, 1989).

공익사업은 공중의 일상생활과 밀접한 관련이 있거나 국민경제에 미치는 영향이 큰 사업으로 업무의 정지 또는 폐지가 공중의 일상생활을 현저히 위태롭게 하거나 국민경제를 현저히 저해하고, 그 업무의 대체가 용이하지 아니한 사업을 의미한다(노동조합 및 노동관계조정법 제71조). 우리나라의 경우 전기, 가스, 수도 등은 대표적인 공익사업으로 공기업 방식으로 운영되는데, 이러한 서비스는 국민의 일상생활에서 없어서는 안 되며, 한 사회의 산업에도 필수적인 재화나 서비스가 이에 해당된다. 공기업의 요금은 여러 분야의 공익사업과 연계되어 있어 정부의 통제 하에 있으며, 시장경제원리보다 정부정책 원리 및 비영리주의 관점에서 운영되고 있다.

1) 공기업 요금의 본질은 원구환(2018: 337-341)의 『공기업론』 내용을 정리한 것이다.

### 2) 공공요금의 특성

공기업의 요금은 공기업이 제공하는 재화나 서비스에 대해 이용자인 국민(주민)이 지불하는 대가를 의미한다. 공공요금은 이를 결정하는 주체에 따라 중앙 공공요금과 지방 공공요금으로 구분된다. 공기업의 요금은 공기업의 공공성이라는 특징 때문에 사기업의 요금과 요금 결정의 원리 혹은 방식이 다르게 나타나며, 요금 그 자체로서 사회적인 영향력이 매우 커서 정부의 정책적 개입이나 공적 규제를 받게 된다. 한편, 공기업은 기업으로서의 성격을 지니기 때문에 적정한 수준의 이윤이 보장되어야 하며, 공공성과 기업성의 조화가 공기업의 요금을 결정하는 또 하나의 중요한 기준이 된다고 할 수 있다(유훈 외, 2011: 171; 윤태범 외, 2020: 226).

공기업의 요금이 사회적인 이슈가 되는 것은 공기업이 제공하는 재화나 서비스가 국민들의 생활에 필수불가결한 것이거나 경제발전에 기반이 되는 것으로 구성되어 있고, 요금의 인상이나 인하에 따라 국민들에게 직접적인 영향을 미치기 때문이다(유훈 외, 2011: 171; 윤태범 외, 2020: 226).

### 3) 공기업 요금의 결정기준

공기업의 경영이념은 공공성과 기업성의 조화를 추구하는 것인데, 공기업의 요금 정책도 공공성과 기업성을 통한 합리적인 경영이 중요하다. 즉, 공기업은 공공적 목적을 기업적 방식으로 실현하는 것이므로, 공기업의 요금정책도 공공규제 하에서 적정이윤을 확보하고, 생산성 향상을 도모할 수 있는 수준에서 결정되어야 한다.

일반적으로 공기업의 요금 결정방식은 소요되는 비용 전체를 고려하고, 비용을 단위당 가격으로 전환하여 최종 요금으로 결정하게 된다. 따라서 민간부문과 같이 총비용을 고려하고, 비용을 제품당 가격을 산정한다는 점에서는 민간부문과 유사하다. 하지만, 민간부문은 총비용에 대한 회수를 가급적 단기간에 실시하려고 하며, 최대 이윤을 통한 재투자 및 시장의 가격 상황을 고려하는 데 비해, 공기업의 요금은 장기간에 걸쳐 자본투자 및 총비용을 회수하고, 적정이윤 보장을 통한 공기업의 존속 가능한 수준과 정부의 공공정책을 고려하여 결정된다. 따라서 공기업의 요금 결정은 정부개입을 통한 공적 규제 하에서 최대 이윤이 아닌 적정이윤을 보장하는 수준에서 결정된다.

공기업의 공공성은 우선적으로 추진해야 할 목적으로서 당위성을 지니고 있지만, 수단으로서의 기업성에 대한 고려도 필요하다. 따라서 공기업은 양질의 서비스를 적정 가격에 공급하되, 부족한 재원은 공적인 관점에서 정부가 부담하고, 공기업은 비용 최소화를 위한 혁신적 노력을 지속적으로 추진하는 것이 공기업 요금의 결정기준이라 할 수 있다(원구환, 2018: 340-341).

## 2. 지방공기업 요금 결정기구와 수익자부담의 원칙

### 1) 지방공기업 요금 결정기구

지방직영기업의 요금은 지방의회의 조례로 요금을 징수해야 하며, 지방공사와 지방공단은 개별 법률 및 지방의회의 통제를 받고 있다. 지방직영기업의 요금 결정 및 요금 결정방식에 대해 「지방공기업법」 제22조 및 「지방공기업 시행령」 제18조에서 규정하고 있다. 지방직영기업의 요금은 조례로 정하는 바에 따라 요금을 징수할 수 있으며, 영업비용 및 자본비용을 고려하여 결정하도록 규정하고 있다.

지방공사 및 지방공단의 요금에 대해서는 「지방공기업법」에 특별한 규정을 두고 있지 않으나, 지방공단의 수수료 등은 지방자치단체의 업무를 대행하는 것이므로 지방의회의 승인을 받아야 하며, 지방공사의 판매대금 및 이용료 등은 개별 사업 관련 법률이나 지방자치단체 및 지방의회의 승인을 받아 요금을 징수하고 있다.

### 2) 수익자부담의 원칙 정당성

일반적으로 집단소비성과 비배제성을 지닌 공공재의 공급에 필요한 재원은 조세에 의하지만, 반면 집단소비성과 배제성을 지닌 요금재의 공급에 필요한 재원은 요금에 의해 조달된다. 공기업에 소요되는 재원을 조세가 아닌 요금에 의해 조달하는 것은 다음과 같은 이유 때문이다.

첫째, 요금재로서의 타당성이다. 일반행정과 공기업을 분리하는 가장 큰 이유는 재화나 서비스의 성격이 다르기 때문이다. 공공재를 공급하는 일반행정과 요금재를 공급하는 공기업은 집단소비성이라는 측면에서 공통점을 지니고 있지만, 배제가능성의 유무에서는 차이가 존재한다.

둘째, 자원의 효율적 배분이다. 공기업으로 제공되는 재화나 서비스 특정 개인에 대한 편익과 편익에 따른 부담 간의 관계가 명확하게 설정된다.

셋째, 합리적 소비 선택과 수요 통제이다. 만약, 공기업에 소요되는 비용을 조세에 의존하여 공공재와 같이 균질적으로 재화나 서비스를 공급할 경우 공기업 서비스 이용자들은 자신의 부담액보다 과잉 소비를 하는 경향이 있으며, 지나친 수요 팽창으로 자원의 비효율적 배분이 이루어지기 쉽다.

넷째, 서비스 이용계층의 차별성이다. 공기업으로 제공되는 재화나 서비스는 공익사업적 성격을 띠고 있으며, 국민 생활에 필수적인 요소임에는 틀림이 없다.

다섯째, 재원 확보가 용이하다. 조세를 통해 재원을 조달하는 것은 조세법률주의에 따라 법률의 개정이 선행되어야 하며, 국민의 조세저항도 극복해야 한다. 반면에, 요금을 통해 재원을 조달하는 것은 국민 전체에 대한 부담으로 전가되지 않으며, 상대적으로 조세에 비해 요금의 개정이 쉬운 편이다.

## 제 2 절 지방공기업의 요금정책

### 1. 지방공기업 요금의 산정

#### 1) 요금의 원가계산

지방직영기업의 특별회계는 사업의 능률적 추진, 경영관리 및 요금 결정의 기초로 사용될 수 있도록 대통령령이 정하는 바에 의하여 기능별, 급부별 원가계산을 하여야 한다(지방공기업법 제21조).

##### (1) 기능별 원가계산

지방공기업은 업무의 능률적인 수행과 원가의 효율적인 관리를 위하여 그 업무조직을 기능별로 분류하고, 기능별로 그 업무와 원가를 측정할 수 있는 단위를 선정하여 원가를 계산하여야 하는데, 기능별 원가계산은 행정안전부 장관이 정하는 비용 계정과목 중 영업비용에 의해야 한다(지방공기업법 시행령 제17조). 이러한 기능별 원가는 원가 발생을 귀속시킬 수 있는 조직상의 단위로 분류되어야 한다(지방공기업법 시행규칙 제8조).

그러나 영업비용 중 기능별 부서의 급부생산과 관련 없는 비용, 유형자산의 감가상각비, 무형자산의 감가상각비, 재고자산의 평가손실, 기타 기능별 부서책임자가 관리할 수 없는 비용 등은 기능별 원가로 산입하지 아니한다(지방공기업법 시행규칙 제9조).

### (2) 급부별 원가계산

급부별 원가계산에서 각 사업별 급부 단위는 행정안전부 장관이 정하는 비용계정 과목 중 급부에 직접 또는 간접으로 관련하여 발생하는 비용에 의해야 한다(지방공기업법 시행령 제17조). 지방공기업이 급부별 원가계산을 하는 경우의 급부 단위는 [표 12-1]과 같다(지방공기업법 시행규칙 제10조).

**표 12-1 지방공기업 원가계산의 급부 단위**

| 사업 | 급부 단위 |
|---|---|
| 상·하수도 및 공업용 수도사업 | 생산량·배수량 또는 조정량($m^3$) |
| 궤도사업 및 자동차운송사업 | 승객 수 또는 주행거리(km) |
| 지방도로사업 | 도로의 길이(km) |
| 주택공급사업 | 세대·동 또는 호수 |
| 토지공급사업 | 필지 |

자료: 안용식 외(2001: 293).

## 2) 요금의 결정방식

지방자치단체는 지방직영기업의 급부에 대하여 조례로 정하는 바에 따라 요금을 징수할 수 있다(지방공기업법 제22조 제1항). 지방직영기업의 요금은 크게 두 가지 과정으로 대별해 볼 수 있는데, 먼저 서비스의 이용자나 소비자로부터 거두어야 할 요금의 총액을 결정하는 요금 수준의 결정이고, 다음으로 전 단계에서 고려된 징수해야 할 요금 총수입액을 소비자에게 각각 부과하는 개별요금을 결정하는 것이다.

### (1) 요금 결정의 기준

지방자치단체는 지방직영기업의 급부에 대하여 조례로 정하는 바에 따라 요금을 징수할 수 있는데, 당해 요금은 적정하여야 하고, 지역 간 요금 수준의 형평을 기하여야 하며, 이를 결정할 때는 당해 지방직영기업이 제공한 급부의 원가를 보상함과 아울러 기업으로서 계속성을 유지할 수 있도록 하여야 한다고 규정하고 있다(지방공기업법 제22조 제2항). 지방직영기업의 요금 결정기준은 ① 요금의 적정성, ② 지역 간 요금 수준의 형평성, ③ 원가보상, ④ 기업의 계속성 유지 등 네 가지라고 할 수 있는데, ①과 ②는 공공성으로부터의 요청이고, ③과 ④는 지방직영기업의 독립채산제라는 경제성으로부터의 요청에 기인한다.

지방직영기업은 지방자치단체에 의하여 주민의 복지증진을 목적으로 독립채산제 하에서 경영하기 때문에, 그 요금을 이와 같은 지방직영기업의 성격에 비추어 적정한 것이어야 한다. 구체적으로, 지방직영기업의 요금은 기업의 입장에서는 원가를 보상하는 생산을 계속해야 할 필요가 있는 반면, 이용자의 입장에서는 제공을 받은 재화나 서비스의 내용이 합당한 것이어야 한다. 따라서 이 양자 간에 조화를 이루는 요금이 적정한 것이어야 한다. 뿐만 아니라 지역 간에도 요금의 차이가 현격하여 주민들로부터 불만을 사는 일이 없도록 요금 수준에 형평성을 확보해야 하는 것이다(안용식 외, 2001: 293-294).

### (2) 요금의 산정방식

지방직영기업의 요금은 영업비용에 당해 지방직영기업의 자본비용을 가산하여 산정한다. 자본비용은 자기자본에 적정투자보수율을 곱한 금액에 지급이자를 더하여 산정한다. 이 경우 적정투자보수율과 지급이자의 산정방법은 행정안전부 장관이 정한다(지방공기업법 시행령 제18조). 이러한 방식으로 산정한 지방직영기업 요금은 적정하여야 하고, 지역 간 요금 수준의 형평을 도모하여야 하며, 급부의 원가를 보상하면서 기업으로서 계속성을 유지할 수 있도록 결정되어야 한다(안용식 외, 2001: 294-295).

지방직영기업 요금 = 영업비용 + 자본비용

자본비용 = (자기자본 × 적정투자보수율) + 지급이자

### (3) 요금 산정 시 고려사항

「지방공기업법」에서는 요금 결정의 일반적 기준을 제시하고 있으나, 그 구체적인 사항에 대해서는 각 사업마다 개별 사업법, 대통령령, 규칙, 요금 산정 요령 등에 정해져 있다. 일반적으로 지방공기업의 요금을 결정하고자 할 때 고려해야 할 사항은 다음과 같다.

첫째, 지방직영기업의 요금 결정은 원가주의를 채택하고 있다. 원가주의인 이상 자본비, 인건비 등 비용이 상승하는 경우에는 당연히 그에 대응하여 적정한 요금 개정이 필요하게 된다. 둘째, 요금은 이용자 측에서 보면 저렴할수록 좋다는 생각이 많으나, 요금은 서비스와 밀접히 연결되어 있어, 만약 요금이 부당하게 싸다면 제공되는 서비스의 내용도 저하되고, 시설의 개량 확충도 충분히 이루어지지 않아 결국 이용자인 주민의 기대에 미치지 못하게 된다. 셋째, 요금의 구성요소에서 가장 문제가 되는 것이 사업보수이다. 「지방공기업법」에서는 전술한 바와 같이 '요금은 기업으로서 계속성을 유지할 수 있도록 하여야 한다'라고 되어 있다. 이는 지방공기업이 영속하고 끊임없는 수요의 증가와 서비스 개선의 요구에 대응하여 확대·발전하기 위해서는 단지 손익 계산상 수지가 되는 요금보다는, 기업으로서의 실체 자본을 유지하는 소요 내부 유보 자금을 확보할 수 있는 요금이 되지 않으면 안 된다는 취지이다(안용식 외, 2001: 295-296).

## 2. 지방공기업 요금체계

요금체계란 서비스 이용자나 소비자로부터 받아들여야 할 요금의 총액을 서비스 소비자에게 각각 부과하는 개별요금을 결정하는 것이다. 다음에서는 이러한 요금체계의 결정기준과 요금 부과 방식에 대해 살펴보기로 한다.

### 1) 요금체계의 결정기준

요금체계의 결정은 요금 수준의 결정에 의한 총원가를 기준으로 하여, 그 공기업이 제공하는 서비스에 대한 수익의 정도 및 사회적·지역적 특수한 환경을 고려하여 적정하게 작성할 필요가 있다. 요금체계의 결정기준으로 경제적 관점과 사회적 관점을 동시에 고려하여 적정하게 결정하여야 한다(안용식 외, 2001: 284). [표 12-2]는 공기업 요금체계의 결정기준을 보여주고 있다.

**표 12-2 공기업 요금체계의 결정기준**

| 관점 | 기준 | 기본 전제 | 특징 | 단점 |
|---|---|---|---|---|
| 경제적 관점 | 서비스 원가주의<br>서비스 가치주의<br>경쟁가격주의 | 시장경제 원리 | 하한설정<br>상한설정<br>가상경쟁 | 원가계산의 어려움<br>계량화 문제<br>현실성 문제 |
| 사회적 관점 | 부담력주의<br>사회복지 확산주의 | 사회정책원리 | 부담 능력<br>복지 확산 | 관리 및 심리적 문제<br>적자보전의 문제 |

자료: 안용식 외(2001: 284).

### (1) 경제적 관점

첫째, 서비스 원가주의(cost of service principle)는 공공요금이 공공서비스 제공에 소요되는 원가(cost)를 반영해야 한다는 것으로 공공요금 결정의 가장 기본이 되는 원칙이다. 서비스 원가주의의 핵심이 되는 것은 원가계산이라고 할 수 있으며, 비용의 개념을 평균비용 또는 한계비용으로 하는가에 따라 요금 수준이 달라질 수 있다(김동건 · 방석현, 1996: 304).

공기업의 원가 결정에 있어서 가장 광범위하게 인정되는 기준으로 원가는 사업운용에 필요한 모든 비용과 사업확장에 소요되는 추가 비용을 충당할 수 있는 이윤을 포함하는 총괄원가를 의미한다. 하지만, 이는 회계상의 원가 개념과 구별된다. 서비스 원가주의는 원가 개념을 중시하기 때문에, 원가 이하로 서비스를 공급하는 것은 불가능하다. 따라서 이 원칙은 공익사업의 요금을 결정할 때 요금 결정의 하한선을 설정해 주는 특징을 가지고 있다(안용식 외, 2001: 284-286).

둘째, 서비스 가치주의(value of service principle)는 서비스 공급 측면의 원가주의와 달리 서비스 수요 측면의 가치를 기준으로 한다. 공공서비스의 가격은 이용자가 그 서비스에 대하여 부여하는 가치를 나타내야 한다는 것으로, 이용자들이 향유하는 혜택의 크기에 따라 가치가 결정된다고 본다. 서비스 가치주의는 현재 비용의 차이에 따른 차별요금이 아니라 수요자의 가력탄력성에 따른 차별요금구조를 정당화하는 의미로 사용되고 있다. 서비스 가치주의는 요금 결정의 상한선을 설정하는 특징이 있다(박영희 외, 2018: 227).

셋째, 경쟁가격주의(competitive price principle)는 시장기구에 의한 요금 결정 방식으로 공익기업이 경쟁적인 상태에 있다고 가정하여 요금을 결정하는 방식이다. 그러나 독점성을 지닌 공익사업에 경쟁 원리를 도입한다는 것은 현실적으로 매우 어렵다고 할 수 있다(안용식 외, 2001: 284-286).

#### (2) 사회적 관점

사회적 원리주의는 사회적 수요 또는 사회적 비용의 기준에 따라 공기업이 생산하는 재화나 서비스의 가격을 결정하는 것이며, 이를 공급하는 데 따른 투입비용이나 또는 소비자가 지불하고자 하는 금액과는 직접적 관계는 없다.

첫째, 부담력주의(the ability to pay principle)는 차별요금제의 주요 근거가 되는데, 이 관점은 서비스 수요자의 부담 능력을 기준으로 요금을 결정한다. 따라서 동일한 서비스에 대해서도 고소득층의 이용자에게는 높은 요금을 부과하고, 부담 능력이 낮은 저소득층에게는 낮은 요금을 부과한다(박영희 외, 2018: 227).

둘째, 사회복지 확산주의(the diffusion of community benefits principle)는 공공서비스의 완전한 이용이 국민 전체의 복리를 증진시킬 수 있도록 요금을 책정하는 방식이다. 이는 서비스 원가 또는 가치를 무시하고, 사회 전체의 이익을 고려하여 가격을 결정한다(안용식 외, 2001: 284-286).

### 2) 요금부과방식

공기업의 요금구성(rate structure)은 일반적으로 단일요금, 복수요금 또는 차별요금으로 구분된다. 단일요금제는 전체 판매량에 대하여 같은 가격을 설정하는 것인 데 반해, 복수요금제와 차별요금제는 그렇지 않다. 복수요금제란 수요량에 따라 지불되는 요금 이외에 수요량에 관계없는 고정요금을 부과함으로써 수입을 올리는 방식이다. 이 방식을 취하면 모든 요금이 수요량에 비례하여 배분되는 단일요금제의 경우와는 달리 일정한 수요를 초과하여 추가 수요를 할 때 지불되는 요금이 적어도 된다. 이로 인해 수요가 촉진되고 공급이 증가하여 잉여설비 능력을 유효하게 활용할 수 있다.

복수요금제 중 가장 간단한 이부요금제(two-part tariff)이고, 이는 주로 공급자 측에서 제기되는 요금부과방식이다. 이부요금제는 가격과 한계비용이 일치(P=MC)할 때에 균형거래량을 정하고, 독점기업은 이윤을 극대화하기 위해 소비자잉여만큼을 기본요금으로 부과하므로 소비자잉여는 0이 되고, 생산자잉여는 극대화된다.

차별요금제(discriminatory price)는 똑같은 재화나 서비스에 대해 소비자들에게 각각 다른 가격을 부과하는 제도이다. 차별요금제는 복수요금제와 유사한 것같이 보이나 실제로는 그 원리가 전혀 다르다. 복수요금제는 한계원가의 차이에 따른 공급 측의 차이에 의해 복수의 가격을 설정하는 것인 데 반해, 차별요금제는 수요 측의 요인에 의해 요금에 차이는 두는 것이다. 즉, 차별요금제에서 요금의 차별화는 수요의 탄력성에 역비례적으로 행해지거나 수요자의 지불 능력, 또는 소비자잉여의 크기에 따라서 이루어지는 데 어느 쪽이든 수요자 측의 요인에 영향을 받는다(안용식 외, 2001: 286-288).

## 3. 지방공기업 요금의 결정 과정

### 1) 지방공기업 요금의 결정 원칙

수도요금을 포함한 지방공기업의 요금이 결정되는 단계는 크게 요금 수준과 요금체계의 결정으로 나눌 수 있으며, 「지방공기업법」 제22조, 「지방공기업법 시행령」 제18조에 근거하고 있다. 요금 수준의 결정은 서비스와 사용자로부터 받아들여야 할 요금 총수입액을 결정하는 것이며, 요금체계의 결정은 사용자에게 부과하는 개별요금을 결정하는 것을 의미한다(박록주, 2013: 44).

「지방공기업법」에서는 지방직영기업의 요금에 대한 결정 원칙을 규정하고 있는데, 지방직영기업의 급부에 관하여 조례로 정하는 바에 따라 요금을 징수할 수 있도록 규정하고 있다. 요금 결정의 원칙으로 요금은 적정하여야 하고, 지역 간 요금 수준의 형평을 도모하여야 하며, 급부의 원가를 보상하면서 기업으로서 계속성을 유지할 수 있도록 결정되도록 규정하고 있다. 따라서 지방직영기업의 요금 결정기준은 적정성, 지역 간 형평성, 원가보상주의, 기업 계속성을 전제로 하고 있다.

지방공사나 지방공단의 요금 결정에 대해서는 따로 조문을 규정하고 있지 않다. 지방공단은 지방자치단체의 공공시설물(체육관, 다목적회관, 주차장 등)을 위탁대행 관리하는 기관이므로, 지방자치단체의 조례로 결정된 수수료 및 사용료를 적용하며, 지방공사의 경우도 조례로 결정된 요금체계를 따른다(원구환, 2018: 375).

### 2) 지방공기업 요금의 결정 과정

지방공기업의 요금은 행정안전부와 지방자치단체에서 결정하는 형태를 취하고 있다. 행정안전부에서는 대략적인 방향만을 제시하고 지방자치단체의 지방물가대책위원회 또는 소비자정책심의위원회에서 개정안에 대한 사전심의를 한 후 지방의회의 의결을 거쳐 조례를 제·개정하고 공포함으로써 결정된다(원구환, 2018: 376).

**표 12-3 지방공기업 요금의 결정 과정**

| 조례 제·개정(안) 작성 | ➡ | 사전심의 | ➡ | 의결 | ➡ | 공포·시행 |
|---|---|---|---|---|---|---|
| 지방자치단체 | | 지방물가 대책위원회 | | 지방의회 | | 지방자치단체 |

자료: 원구환(2018: 376).

### 3) 지방공기업 사업별 요금 결정[2]

#### (1) 상수도 요금 결정체계

수도사업자는 수도사업을 경영함에 있어 합리적인 수도요금체계를 확립하고 수도시설의 정비, 확충 및 수도에 관한 기술 향상에 노력하여야 한다(수도법 제8조 제2항). 수도사업의 요금은 지방자치단체의 조례로 정하며(수도법 제23조 단서 조항), 수돗물의 공급을 받은 자가 수돗물의 요금을 납부하지 아니한 경우 지방자치단체인 수도사업자는 지방세 체납처분의 예에 의하여 이를 징수할 수 있다(수도법 제51조).

**표 12-4 상수도 요금의 결정 절차**

| 행정안전부 | ➡ | 지방자치단체 | ➡ | 지방물가 대책위원회 | ➡ | 지방의회 | ➡ | 지방자치단체 |
|---|---|---|---|---|---|---|---|---|
| (요금정책 지도) | | (개정안 작성) | | (사전심의) | | (의결) | | (공포·시행) |

자료: 안용식 외(2001: 297) 및 원구환(2018: 376).

2) 지방공기업 사업별 요금 결정은 안용식 외(2001: 297-302)의 『지방공기업론』 내용을 정리한 것이다.

현행 상수도 요금체계는 구경별(mm) 정액요금과 사용량에 따라 부과하는 단계별 누진요금으로 구성된 이부요금제(Two-part Tariffs)체계이다. 이와 별도로 진입요금으로 급수관 연결 시 시설분담금을 부과하고 있다(박록주, 2013: 47). 사용요금은 업종 및 사용구간을 구분하여 소비량이 증가할수록 단위 수량당 요율이 상승하는 체증요금제를 채택하고 있다. 다만, 각 지방자치단체별로 상수도의 요금도 조례에 의해 결정되기 때문에, 지방자치단체별로 요금의 구성체계가 조금씩 상이하다.

### (2) 하수도 요금의 결정

공공하수관리청은 대통령령이 정하는 바에 따라 당해 지방자치단체의 조례로 정하는 바에 의하여 공공하수도를 점용 또는 사용하는 자로부터 점용료 또는 사용료를 징수할 수 있다(하수도법 제21조). 즉, 공공하수관리청은 공공하수도의 사용에 대하여 공공하수도의 유지관리비, 감가상각비와 시설을 위한 차입금의 이자, 기타사업의 계속성을 유지하는 데 필요한 비용을 합산한 금액의 범위 안에서 사용자가 공공하수에 내보내는 하수의 양, 수질, 기타 사용의 형태를 고려하여 사용료를 정하여야 한다(하수도법 시행령 제14조의2).

### (3) 공업용수 사용요금의 결정

공업용 수도사업의 요금은 지방자치단체의 조례로 정하며(수도법 제34조), 공업용수의 사용요금은 국토교통부 장관이 고시하는 요율에 따라 [표 12-5] 산식에 의하여 공업용 수도사업자가 이를 월별로 산정한다(공업용수공급규칙 제10조).

**표 12-5 공업용수 사용요금 산정**

| 사용요금 = (기본요율 × 급수신청량) + (계량요율 × 사용량) + (초과요율 × 급수신청량을 초과한 사용량) |
|---|

### (4) 도시철도사업 요금의 결정

도시철도사업을 운영하는 자는 도시철도의 운임을 정하거나 변경하는 때에는 시 · 도지사가 정하는 범위 안에서 운임을 정하여 시 · 도지사에게 신고하여야 한다. 이 경우 도시철도사업을 운영하는 자는 운임을 정하거나 변경할 때는 원가와 버스 등 다른 교통수단의 운임과의 형평성 등을 고려하여 합리적으로 정하거나 변경하여야 한다(도시철도법 제15조의2 제1항). 시 · 도지사는 「도시철도법」 제15조의2 제1항의 규정에 의하여 도시철도의 운임의 범위를 정하고자 하는 때에는 시 · 도에 운임조정위원회를 설치하여 의견을 들어야 하며, 운임조정위원회는 전체 위원 중 민간 위원이 1/2 이상이어야 한다(도시철도법 시행령 제19조의2 제1항, 제2항).

시 · 도지사는 운임의 신고를 받은 때에는 그 사항에 관하여 기획재정부 장관 및 국토교통부 장관에게 각각 통보하여야 한다(도시철도법 시행령 제19조의2 제4항). 그러나 국토교통부 장관은 도시교통의 원활화와 도시철도를 이용하는 자의 안전 및 편의 증진을 위하여 필요하다고 인정할 때에는 도시철도를 건설 또는 운영하는 자에게 대하여 운임의 조정을 명할 수 있다(도시철도법 제16조).

## 4. 지방공기업의 요금 사례

### 1) 상수도 요금 사례

지방직영기업으로 운영되는 대표적인 사업은 상수도사업인데 상수도 요금은 모든 지방자치단체별로 상이하다. 광역상수도 요금은 전국 단일요금제이며, 지방상수도 요금은 지방자치단체별로 차이가 난다. 지방상수도 요금이 지역별로 차이가 나는 이유는 취수원의 존재와 근접성, 취수지역과 공급지역 간의 거리에 따른 수도관 설치 · 유지비용, 정수처리 비용 등에서 비롯된다. [표 12-6]은 광역상수도, 지방상수도, 마을상수도의 차이를, [그림 12-1]은 광역상수도와 지방상수도의 생산 · 공급 과정을 보

**표 12-6 광역상수도, 지방상수도, 마을상수도의 차이**

| 구분 | 광역상수도 | 지방상수도 | 마을상수도 |
|---|---|---|---|
| 건설 | • 국가(국토교통부)<br>– 시행: 한국수자원공사 | • 지방자치단체(특 · 광역시, 시 · 군) | • 지방자치단체 |
| 운영 | • 한국수자원공사 | • 지방자치단체 | • 지방자치단체<br>– 시설관리위원회(마을) |
| 사업인가 | • 국토교통부 장관<br>– 정수시설(환경부 장관) | • 환경부 장관 | • 시장 · 군수 |
| 요금 결정 | • 국토교통부 장관<br>– 요금심의위원회 심의<br>– 기획재정부 장관 협의 | • 지방자치단체장 승인<br>– 지방물가대책위원회 심의<br>– 지방자치단체 의회 의결 | – |

자료: 원구환(2018: 380).

그림 12-1 **광역상수도와 지방상수도의 생산·공급 과정**

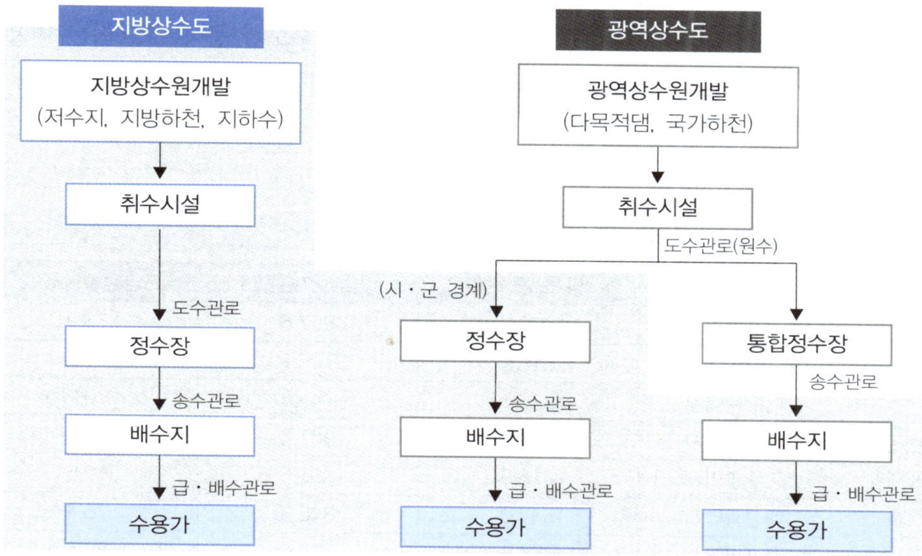


자료: 환경부(2023). 『2025년 전국수도종합계획』 및 원구환(2018: 380).

여준다.

「지방공기업법」에 따르면 지방상수도 요금은 영업비용에 자본비용을 더하여 계산하며, 자본비용은 지급이자와 자기자본보수를 더하여 계산한다. 현행 지방상수도 요금의 총괄 원가 구성 및 산정방식은 [표 12-7]과 같은데, 행정안전부 장관이 결정하는 적정투자보수율은 2012~2021년에는 4.76을 사용하였다(행정안전부, 2021).

표 12-7 **상수도 요금 산정**

| 상수도 총괄원가 = 영업비용 + 자본비용 + 영업외비용 − 기타영업수익 − 영업외수익 |
|---|
| 영업비용 = 인력운영비 + 동력비 + 약품비 + 원정수구입 시 + 수선교체비 +감가상각비 + 민간위탁비 + 연구개발비 + 경상이전 + 일반운영비 + 퇴직급여충당금전입금 + 기타영업비용<br>자본비용 = 타인자본비용(지급이자) + 자기자본보수(= 요금기저 × 자기자본비율 × 적정투자보수율)<br>요금기저 = 순가동설비자산 + 건설 중인 자산 + 운전자금 |

자료: 행정안전부(2021). 『2021사업연도 지방공기업 결산 및 경영분석』 결과에서 재구성.

지방상수도 요금은 광역상수도 요금과는 달리 지역별로 차이가 존재하는데, 지방상수도 요금은 도시지역일수록 낮으며, 농촌지역일수록 상대적으로 높은 역진적 성격을 지니고 있다. 농촌지역일수록 상수도 공급을 위한 수도관 등에 소요되는 비용이 상대적으로 많기 때문이다. [표 12-8]은 지방자치단체별 상수도 요금을 보여주고 있다(원구환, 2018: 379-382).

**표 12-8 지방자치단체별 상수도 요금**

| 자치단체 | | $m^3$당 요금(원/$m^3$) | $m^3$당 원가(원/$m^3$) | 요금현실화율(%) |
|---|---|---|---|---|
| 특별시<br>광역시 | 서울특별시 | 700.8 | 957.6 | 73.2 |
| | 부산광역시 | 618.9 | 796.7 | 77.7 |
| | 대구광역시 | 522.1 | 743.4 | 70.2 |
| | 인천광역시 | 830.8 | 961.4 | 86.4 |
| | 광주광역시 | 615.9 | 765.6 | 80.5 |
| | 대전광역시 | 644.0 | 842.8 | 76.4 |
| | 울산광역시 | 654.8 | 739.6 | 88.5 |
| | 세종특별자치시 | 531.8 | 621.1 | 85.6 |
| 강원도 | 평창군 | 1,383.3 | 6,796.8 | 20.4 |
| | 철원군 | 1,110.3 | 2,216.3 | 50.1 |
| | 인제군 | 1,282.3 | 3,532.5 | 36.3 |

자료: 행정안전부(2021). 『2021사업연도 지방공기업 결산 및 경영분석』 결과에서 재구성.

## 2) 하수도 요금 사례

하수도 요금의 조정권은 1992년 「물가안정에 관한 법률」 개정으로 중앙부처에서 지방자치단체로 이양되었는데, 하수도 요금은 지역별로 차이가 존재하며, 요금현실화율이 매우 낮아 지방자치단체의 일반회계나 국고보조금에 의존하고 있다.

하수도는 「하수도법」 제65조 및 「하수도법 시행령」 제36조에 따라 공공하수도의 유지관리비, 감가상각비와 시설을 위한 차입금의 이자 및 그 밖에 사업의 계속성을 유지하는 데 필요한 비용을 합산한 금액의 범위에서, 사용자가 공공하수도에 내보내는 하수의 양, 하수의 질 및 사용 형태를 고려하여 사용료를 정하도록 규정하고 있으며, 지방자치단체의 조례로 정하도록 규정하고 있다(원구환, 2018: 386-387). [표 12-9]는 광역과 기초별 평균 요금현실화율 현황을 보여준다.

**표 12-9 광역과 기초별 평균 요금현실화율 현황**

| 구분 | 광역(a) | 기초(b) | 차이(a – b) |
|---|---|---|---|
| 상수도 | 77.7% | 70.6% | 7.1% |
| 하수도 | 64.3% | 37.0% | 27.3% |

자료: 행정안전부(2021). 『2021사업연도 지방공기업 결산 및 경영분석』 결과에서 재구성.

서울시 하수도 사용료의 구체적인 산식은 다음과 같다(서울시 하수도 사용료 조례 [별표 2]).

$$\text{수질하수도사용료(원)} = \text{오염부하량[수질초과농도(mg/L)} \times \text{시간당폐수배출량(m}^3\text{/시간)]} \times \frac{1}{1,000}\text{(kg/g)} \times \text{1일 조업시간(시간/일)} \times \text{30일} \times \text{kg단가(원/kg)}$$

[표 12-10]은 서울시 하수도사용료 요율 및 업종구분을 보여준다(제23조 관련).

**표 12-10 서울시 하수도사용료 요율 및 업종구분**

| 업종 \ 구분 | 사용구분($m^3$) | 연도별 단가(원/$m^3$) | | |
|---|---|---|---|---|
| | | 2017년 | 2019년 | 2021년 |
| 가정용 | 30 이하 | 330 | 400 | 400 |
| | 30 초과~50 이하 | 770 | 930 | 930 |
| | 50 초과 | 1,180 | 1,420 | 1,420 |
| 욕탕용 | 500 이하 | 360 | 440 | 440 |
| | 500 초과~2,000 이하 | 450 | 550 | 550 |
| | 2,000 초과 | 520 | 630 | 630 |
| 공공용 | 50 이하 | 610 | 730 | 400 |
| | 50 초과~300 이하 | 970 | 1,170 | 1,170 |
| | 300 초과 | 1,100 | 1,330 | 1,330 |
| 일반용 | 30 이하 | 420 | 500 | 500 |
| | 30 초과~50 이하 | 830 | 1,000 | 1,000 |
| | 50 초과~100 이하 | 1,250 | 1,520 | 1,520 |
| | 100 초과~200 이하 | 1,510 | 1,830 | 1,830 |
| | 200 초과~1,000 이하 | 1,580 | 1,920 | 1,920 |

| | 1,000 초과 | 1,670 | 2,030 | 2,030 |
|---|---|---|---|---|
| 유출지하수 | $m^3$당 | 330 | 400 | 450 |

※ 1. 매년 1월 1일 사용량부터 적용한다. 다만, 적용일 전 날까지의 사용량에 대해서는 해당 연도 요율로 날수대로 계산하여 적용한다.
2. 유출지하수에 대해서는 업종 및 사용 여부에 관계없이 동일한 요율을 적용한다.
자료: 행정안전부(2021). 『2021사업연도 지방공기업 결산 및 경영분석』을 재구성.

### 3) 서울시 지하철 요금 사례

서울시 지하철 요금은 「서울교통공사 설립 및 운영에 관한 조례」 제21조에 규정되어 있다. 즉, 서울교통공사는 운임을 징수하기 위한 세부적인 징수방법, 그 밖에 필요한 사항은 시장의 승인을 받아 별도의 규정으로 정할 수 있으며, 운임을 결정하거나 변경하는 때에는 사장이 정하는 범위에서 운임을 정하여 시장에게 신고하여야 한다. 따라서 서울시 지하철 요금은 서울교통공사가 시장의 승인을 받아 결정하는 구조를 지니고 있다. 지하철 운임은 수도권 전철 전 구간을 일원화하여 거리비례제로 책정되는데(최단거리 기준), 세부적인 요금체계는 [표 12-11]과 같다.

일반인 경우 기본운임(10km 이내)은 1,250원이며, 추가 운임은 10~50km 이내는 5km까지마다 100원이 추가되고, 50km 초과할 때는 8km까지마다 100원이 추가된다. 청소년의 경우는 기본운임 450원(일반 교통카드 운임에서 350원을 제외하고 20% 할인), 어린이의 경우는 기본운임 450원(일반 교통카드 운임에서 350원을 제하고 50% 할인)이 적용된다.

지방자치단체의 지하철 요금과 관련하여 65세 이상 노인, 장애인, 국가유공자 등에 대해여 우대정책으로 무임 수송정책을 추진하고 있다. 그러나 지하철과 관련된 무임 수송정책은 지하철공사의 재정적자를 더욱 가중시키고 있다. 한국철도공사의 경우 2003년 「철도산업발전기본법」 제정을 통해 매년 무임 수송손실분의 일정액을 국비로 지원받고 있지만, 지방공기업인 지하철공사의 무임손실분에 대해서는 지방자치단체의 몫으로 전가하고 있다(원구환, 2018: 387-389).

**표 12-11 서울시 지하철 이용거리별 요금**

| 이용거리 | 선·후불 교통카드 | | | 1회용 교통카드 | |
|---|---|---|---|---|---|
| | 어른 | 청소년 | 어린이 | 어른(청소년 포함) | 어린이 |
| 10km까지 | 1,250 | 720 | 450 | 1,350 | 450 |
| 15km까지 | 1,350 | 800 | 500 | 1,450 | 500 |
| 20km까지 | 1,450 | 880 | 550 | 1,550 | 550 |
| 25km까지 | 1,550 | 960 | 600 | 1,650 | 600 |
| 30km까지 | 1,650 | 1,040 | 650 | 1,750 | 650 |
| 35km까지 | 1,750 | 1,120 | 700 | 1,850 | 700 |
| 40km까지 | 1,850 | 1,200 | 750 | 1,950 | 750 |
| 45km까지 | 1,950 | 1,280 | 800 | 2,050 | 800 |
| 50km까지 | 2,050 | 1,360 | 850 | 2,150 | 850 |
| 58km까지 | 2,150 | 1,440 | 900 | 2,250 | 900 |
| 66km까지 | 2,250 | 1,520 | 950 | 2,350 | 950 |
| 74km까지 | 2,350 | 1,600 | 1,000 | 2,450 | 1,000 |
| 82km까지 | 2,450 | 1,680 | 1,050 | 2,550 | 1,050 |
| 90km까지 | 2,550 | 1,760 | 1,100 | 2,650 | 1,100 |
| 98km까지 | 2,650 | 1,840 | 1,150 | 2,750 | 1,150 |
| 106km까지 | 2,750 | 1,920 | 1,200 | 2,850 | 1,200 |
| 114km까지 | 2,850 | 2,000 | 1,250 | 2,950 | 1,250 |
| 122km까지 | 2,950 | 2,080 | 1,300 | 3,050 | 1,300 |
| 130km까지 | 3,050 | 2,160 | 1,350 | 3,150 | 1,350 |
| 138km까지 | 3,150 | 2,240 | 1,400 | 3,250 | 1,400 |
| 146km까지 | 3,250 | 2,320 | 1,450 | 3,350 | 1,450 |
| 154km까지 | 3,350 | 2,400 | 1,500 | 3,450 | 1,500 |
| 162km까지 | 3,450 | 2,480 | 1,550 | 3,550 | 1,550 |
| 170km까지 | 3,550 | 2,560 | 1,600 | 3,650 | 1,600 |
| 178km까지 | 3,650 | 2,640 | 1,650 | 3,750 | 1,650 |

자료: 서울교통공사 홈페이지(www.seoulmetro.co.kr).

## 5. 지방공기업의 요금현실화 비율[3)]

### 1) 상수도, 하수도

2021년 상수도 총 122개 기관 중 71개 기관(58.2%)의 상수도 평균 요금현실화율이 73.2% 미만이며, 하수도 총 104개 기관 중 73개 기관(70.2%)의 하수도 평균 요금현실화율이 46.4% 미만으로 나타났다. [표 12-12]는 상수도, 하수도 평균요금, 평균원가, 요금현실화율 현황을 보여준다.

**표 12-12 상수도, 하수도 평균요금, 평균원가, 요금현실화율 현황**

(단위: 억 원, %, %p)

| 구분 | | 2017 | 2018 | 2019 | 2020 (a) | 2021 (b) | 증감 (c = b − a) | 증감률 (c/a) |
|---|---|---|---|---|---|---|---|---|
| 상수도 | 평균요금(원/$m^3$) | 701.4 | 714.2 | 717.3 | 693.6 | 700.8 | 7.2 | 1.0% |
| | 평균원가(원/$m^3$) | 861.8 | 875.9 | 906.3 | 936.0 | 957.6 | 21.6 | 2.3% |
| | 요금현실화율(%) | 81.4% | 81.6% | 79.1% | 74.1% | 73.2% | △0.9% | |
| 하수도 | 평균요금(원/$m^3$) | 514.8 | 567.8 | 594.8 | 586.4 | 608.1 | 21.7 | 3.7% |
| | 평균원가(원/$m^3$) | 1,164.8 | 1,138.2 | 1,219.3 | 1,271.8 | 1,312.8 | 41.0 | 3.2% |
| | 요금현실화율(%) | 44.2% | 49.9% | 48.8% | 46.1% | 46.4% | 0.3% | |

자료: 행정안전부(2021). 『2021사업연도 지방공기업 결산 및 경영분석』.

상수도 요금현실화율은 광역(시 · 도)은 77.7%이고, 기초(시 · 군)는 70.6%을 보이고 있으며, 광역과 기초단체 간의 차이가 7.1%를 보이고 있다. 하수도 요금현실화율은 광역(시 · 도)은 64.3%이고, 기초(시 · 군)는 37.0%을 보이고 있으며, 광역과 기초단체 간의 차이가 27.3%를 보이고 있다. 요금현실화율 최상위 기관과 최하위 기관의 차이가 상수도는 86.57%p, 하수도는 89.97%p의 차이를 보이고 있어, 지역 간 요금현실화율의 격차를 줄이는 노력이 필요하다. [그림 12-2]는 상수도, 하수도 요금현실화율 현황을 보여준다.

3) 지방공기업의 요금현실화 비율은 행정안전부(2021)의 『2021사업연도 지방공기업 결산 및 경영분석』 내용을 정리한 것이다.

그림 12-2 상수도, 하수도 요금현실화율 현황

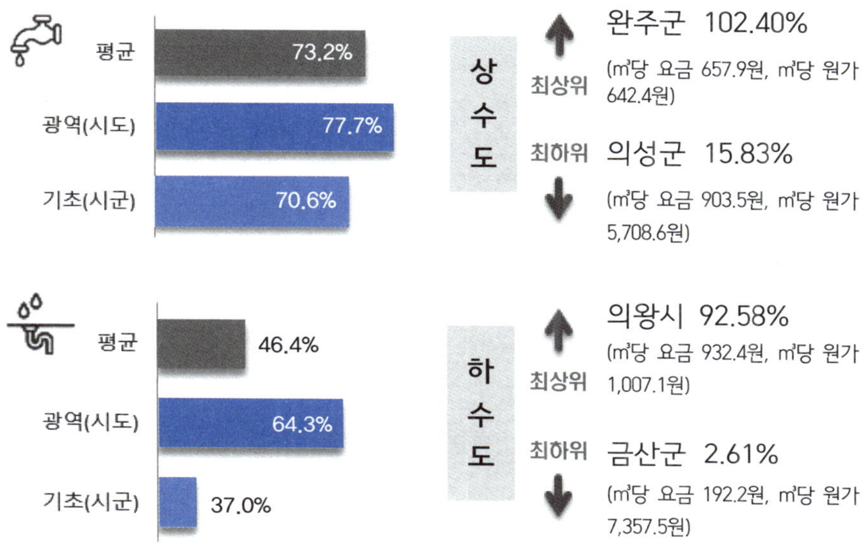


자료: 행정안전부(2021). 『2021사업연도 지방공기업 결산 및 경영분석』.

## 2) 도시철도공사

도시철도공사는 코로나19로 인한 2020~2021년 승객 감소로 운송수입이 감소하였고, 수송원가 대비 낮은 운송요금, 무임승차, 건설차입금으로 인한 금융비용, 감가상각비 등으로 인해 큰 폭의 경영적자 상태가 지속되고 있다.

최근 5년 간 평균 요금현실화율이 2017년도 49.5%에서 2021년도 41.3%로 낮아졌고, 2020년 38.2% 대비 3.1%p 소폭 상승하고 있다. 서울교통공사를 제외한 5개 기관의 평균 요금현실화율은 41.3%에도 미치지 못하고 있어, 이들 기관의 요금현실화율 상향 조정이 필요하다. [표 12-13]은 도시철도공사별 요금현실화율 현황을, [그림 12-3]은 도시철도공사 평균수송원가, 평균요금, 요금현실화율 변동 추이를 보여준다.

**표 12-13 도시철도공사별 요금현실화율 현황**

| 구분 | 2017 | 2018 | 2019 | 2020 (a) | 2021 (b) | 증감 (c=b-a) |
|---|---|---|---|---|---|---|
| 서울교통공사 | 62.0% | 65.0% | 65.7% | 46.2% | 50.2% | 4.0% |
| 부산교통공사 | 41.7% | 40.9% | 40.9% | 27.3% | 26.8% | △0.5% |
| 대구도시철도공사 | 28.6% | 28.0% | 26.5% | 16.4% | 30.2% | 13.8% |
| 인천교통공사 | 40.2% | 32.6% | 41.5% | 32.7% | 30.3% | △2.4% |
| 광주광역시도시철도 | 24.8% | 23.3% | 23.4% | 19.5% | 18.3% | △1.2% |
| 대전광역시도시철도 | 46.4% | 45.1% | 49.2% | 37.5% | 34.7% | △2.8% |
| 합계 | 49.5% | 53.1% | 54.4% | 38.2% | 41.3% | 3.1% |

자료: 행정안전부(2021). 『2021사업연도 지방공기업 결산 및 경영분석』.

**그림 12-3 도시철도공사 평균수송원가, 평균요금, 요금현실화율 변동 추이**

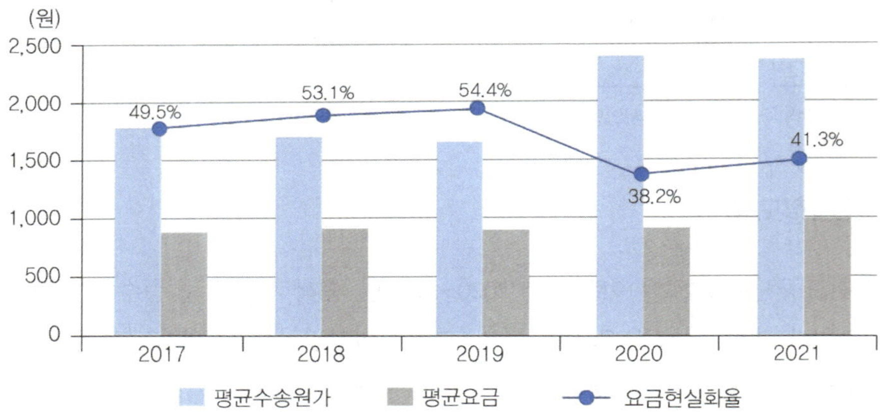


* 요금현실화율: 운송원가 중 운수수익(운송요금)이 차지하는 비중.
자료: 행정안전부(2021). 『2021사업연도 지방공기업 결산 및 경영분석』.

도시철도 순무임승차비중은 24%이며, 경영손실 1조 8,238억 원 대비 총무임승차손실은 4,457억 원으로 나타났다. [표 12-14]는 도시철도공사별 총무임승차손실 현황을 보여준다.

**표 12-14 도시철도공사별 총무임승차손실 현황**

(단위: 억 원)

| 구분 | 계 | 서울교통 | 부산교통 | 대구도철 | 인천교통 | 광주도철 | 대전도철 |
|---|---|---|---|---|---|---|---|
| 무임승차손실비중 (A/B) | 24% | 24% | 40% | 20% | 13% | 17% | 18% |
| 총무임승차손실 (A) | 4,457 | 2,643 | 1,045 | 416 | 213 | 62 | 78 |
| 경영손실 (B) | 18,235 | 11,137 | 2,635 | 2,062 | 1,591 | 375 | 436 |

자료: 행정안전부(2021). 『2021사업연도 지방공기업 결산 및 경영분석』.

## 제 3 절 지방공기업의 요금규제와 개선방안

### 1. 지방공기업 요금의 공공규제

일반 상품의 시장가격은 수요와 공급이 일치하는 점에서 정해지나, 공익사업 요금은 이러한 자유가격으로서가 아니라 독점시장에서의 독점가격으로서 더욱이 통제된 가격으로 형성된다. 공익사업 요금은 일반 상품의 가격 형성과 달리 상당한 규제가 가해지는 것은 수도, 교통, 전기, 가스처럼 주민의 일상생활에 밀접히 관련되어 있고 필수적인데다가 독점성이 강하므로, 그 사업의 개시로부터 중지, 폐지에 이르기까지 엄격한 '사업규제', '서비스규제'가 가해지기 때문이다. 또한 이용자에게 가장 관련이 깊은 요금의 결정에 대해서는 국가의 감독관청과의 협의를 요하거나 지방의회의 의결을 요하는 등 엄격한 요금규제가 가해지고 소비자 대중의 이익 보호를 도모하려는 데 있다.

요금과 물가와의 관계에서 지방공기업도 정부의 물가안정정책에 협력해야 하지만, 합리적인 운영을 하려면 불가피한 경우에 원가의 상승분에 대해서는 적시 적절한 요금 개정을 통하여 경영의 건전화 양질의 재화와 서비스의 제공에 기여해야 할 것이다(안용식 외, 2001: 303).

## 2. 지방공기업 요금정책의 개선방안

지방공기업은 지역복지의 달성이라는 공공의 목적을 달성하기 위해서 공공성이 강조되고 있지만, 채산성이 확보되지 않고서는 서비스 확대재생산을 추구할 수 없으며, 지역사회의 발전을 도모할 수도 없다. 따라서 건전한 지방공기업 운영을 위해서는 지방공기업의 요금을 합리화할 필요가 있으며, 이는 지방공기업의 재정은 말할 것도 없고 지방재정의 건전화를 도모하기 위해 필수적인 요소라 할 것이다.

현행법상 요금의 결정 원칙은 공공성의 관점에서 적정성 원칙과 지역 간 형평성 원칙이 제시되고 있으며, 경제성의 관점에서 원가보상 원칙과 기업성 유지 원칙이 적용되도록 규정하고 있다. 이러한 원칙과 관련하여 지방공기업의 요금을 합리화하여 지방공기업의 운영과 재원 조달을 원활히 할 수 있는 몇 가지 대안을 제시해 볼 수 있다(안용식 외, 2001: 303-306).

### 1) 요금의 현실화

지방공기업의 요금도 일종의 공공요금이라 할 수 있기 때문에, 물가와 관련하여 여러 가지 제약 요인이 존재한다. 그러나 지방공기업의 요금은 지역적으로 한정되어 있고, 대부분이 최종 소비 단계의 서비스 요금일 뿐 아니라 소비자 물가지수나 공공요금에서 차지하는 비중도 적은 편이기 때문에, 물가 상승에 대한 영향력은 적다고 할 수 있다. 따라서 지방공기업 경영의 핵심 원리라 할 수 있는 독립채산제를 유지할 수 있도록 요금이 결정되어야 하며, 특히 원가 상승분에 대해서는 지역 실정에 맞게 합리적인 수준에서 적시에 이루어져야 할 것이다. 이러한 요금 결정 시에는 정확한 원가계산에 바탕을 두어야 하고, 주민 반발의 극소화가 요금을 결정하는 데 중요한 기준이 되어서는 아니 된다.

### 2) 공정보수율의 조정

지방공기업 요금의 총괄원가는 영업비용 이외에 자본비용을 더하여 계산하도록 되어 있으며, 공정보수주의(fair return principle)를 우선적으로 적용하고, 그것이 곤란한 경우에는 원가적상방식[4)]을 취하도록 되어 있다. 공정보수방식을 우선적으로 적용하도록 한 것은 어느 정도의 자금을 유보함으로써, 기업으로서의 경영 기반을 강화하고 기업의 자주적인 합리화 의욕을 환기시키는 데 있다. 일반적으로 공정보수방법은 요금 기저(rate base)에 공정보수율을 곱하여 산정된다. 따라서 공정보수액의 크기를 결정하는 공정보수율을 신축성 있게 조정할 필요가 있다. 첫째, 공정보수액이 원가적 상방식에 의해 자본비용 항목을 합한 금액과 일치하도록 하는 방안, 둘째, 지역별·사업별 특성을 감안하여 투자재원의 소요가 비교적 큰 지역에서는 다른 지역보다 공정보수율을 높이는 방안, 셋째, 공정보수율의 범위를 일정한 범위 내에서 자치단체가 지역 실정에 맞게 자유롭게 선택할 수 있는 방안 등을 고려해 볼 수 있을 것이다.

### 3) 서비스의 광역화와 요금의 형평성

현행 지방공기업의 운영 상황을 살펴보면 지방공기업에 의한 서비스 공급이 이루어지지 않는 지역이 존재하고 있을 뿐만 아니라, 기존의 행정구역에 지나치게 치중하는 경향이 강하기 때문에, 서비스 대상 영역이 협소하고 시설투자의 중복적 현상이 나타나고 있다. 따라서 지방공기업 서비스의 광역화에 의해 규모의 경제를 살리고 요금의 지역 간 형평을 고려할 필요가 있다. 특히, 다른 사업 분야에 비해 상수도사업의 경우 광역적 경영의 필요성은 매우 높다고 할 수 있다. 광역적 경영을 통해 지역 간의 요금 격차를 줄일 수 있을 뿐만 아니라, 규모의 경제 따른 비용의 최소화에도 기여할 수 있을 것이다.

### 4) 경비부담 구분의 명확화

지방공기업의 운영은 조세에 의해 이루어지는 것이 아니라 수익자부담의 원칙에 따라 서비스 대가로 받은 요금에 의해 이루어지는 것으로, 원칙적으로 지방공기업의 비용은 해당 기업의 수입으로 충당해야 한다. 지방공기업의 대상 사업은 대부분 지역 주민의 일상생활과 밀접한 관련을 가지는 것이므로, 지방공기업에 의한 서비스의 제공을 지방자치단체의 존립 목적과 관련되는 것으로 인식해야 하다. 또한 지방자치단

4) 원가적상방식(cost plus system)은 총괄원가방식(full cost principle)이라고도 한다. 총괄원가방식은 서비스 공급원가 총액으로 운영비, 감가상각비, 세금 등 공기업의 운영에 필요한 비용, 즉 제조원가에 판매와 일반관리비와 이윤을 합한 것을 의미한다(윤태범 외, 2020: 227).

체의 일반회계나 다른 특별회계와의 관계에서 지방공기업의 경비부담 구분을 명확히 할 필요가 있다.

C·H·A·P·T·E·R 13

# 지방공기업 경영평가

지방공기업 경영평가는 지방공기업의 자율성 보장과 함께 실효성 있는 책임경영제를 확립하는 데 필요한 제도이다. 자율과 책임경영체제를 확립하기 위해 「지방공기업법」에 경영평가제도를 법률로써 규정하고 있다. 이 장에서는 지방공기업의 경영평가의 의의, 평가제도, 평가방법, 평가기준, 그리고 평가제도 발전 및 변천사를 살펴본다.

## 제 1 절 지방공기업 경영평가의 의의 및 필요성

### 1. 지방공기업 경영평가의 의의

지방공기업 경영평가는 1993년 제3차 「지방공기업법」의 개정을 통해 도입되었다. 지방공기업 경영평가제도는 지방공기업이 연차별로 달성한 경영실적과 성과를 평가하여 차기 경영계획 수립에 반영하는 일련의 환류 과정으로 정의된다. 지방공기업 경영평가는 지역발전의 견인차 역할을 수행하고 지방공기업의 경영개선을 유도하는 장치로서, 지방공기업 기관 전체의 성과 측정을 위한 기제로 작동된다. 따라서 지방공기업 경영평가는 지방공기업의 경영실적을 객관적으로 평가하여 그 결과에 상응하는 보상을 실시하고, 차기의 경영계획에 반영시키는 일련의 환류 과정이다.

경영평가는 하나의 독립된 활동이 아니라, 계획과 집행 과정에서 나타난 문제점을 점검・평가하여 개선을 도모하는 지속적이고 순환적인 경영관리 과정의 일부라고 할 수 있다. 즉, 지방공기업의 경영평가제도는 지방공기업의 성과개선을 위한 관리적 수단임과 동시에 정치적 책임성을 확보할 수 있다는 데 의의가 있다(지방공기업평가원 홈페이지).

일반적으로 경영평가는 달성하여야 할 목표나 나아가야 할 방향을 사전에 지표로 설정하고 사후에 이에 대한 결과를 확인하는 것을 말한다. 이런 측면에서 경영평가는 공기업의 경영목표 달성도에 대한 성과감사의 속성을 가짐으로써, 지방공기업 운영에 대한 사후적 통제의 의미를 지니고 있다(이상철, 2021: 268).

## 2. 지방공기업 경영평가의 개관

### 1) 경영평가 개요

지방공기업 경영평가는 연도별 경영실적의 객관적 평가와 환류를 통해 지방공기업의 건전한 발전과 경영혁신을 도모하고 있다. 경영평가는 지방공기업이 달성해야 할 목표나 나아가야 할 방향을 미리 지표로 설정해 주고, 사후에 이 기준과 실적을 비교·분석·평가하여 보상을 시행하거나 책임을 추궁하는 등의 사후관리를 강화함으로써, 지방공기업의 경영개선을 도모하는 데 있다.

「지방공기업법」 제3조에 따르면 행정안전부 장관은 지방공기업의 경영 기본원칙을 고려하여 대통령령으로 정하는 바에 따라 지방공기업에 대한 경영평가를 시행하고, 그 결과에 따라 필요한 조치를 하여야 한다고 규정하고 있다. 다만, 행정안전부 장관이 필요하다고 인정할 때는 지방자치단체의 장이 경영평가를 하게 할 수 있다(지방공기업법 제78조, 지방공기업법 시행령 제68조).

지방공기업 평가대상은 지방직영기업(상·하수도), 지방공사·공단으로 한다. 지방직영기업(상·하수도)은 격년제로 경영평가를 시행하고, 지방공사·공단은 매년 경영평가를 시행한다. 다만, 신설 공기업으로 경영실적이 없는 공기업과 상·하수도를 제외한 직영기업(공영개발 등)은 제외하며, 경영진단 결과 청산 명령을 받은 공기업 등도 제외한다. 경영평가 체계의 경우 행정안전부는 모든 공사·공단 및 광역 상수도 평가를 주관하고, 도(道)는 기초 하수도 평가를 주관한다.

한편, 「지방공기업법 시행령」 제68조 제2항 제4호에 따른 '기타 행정안전부 장관이 인정하는 기관'으로 '시·도 설립 연구원'을 지정하여 경영평가를 실시할 수 있다(안용식 외, 2001: 401).

### 2) 경영평가 기본방향

경영평가 기본방향은 지방자치단체의 설립 취지에 맞추어 기업의 경제성과 공공복리 증진 등 지방공기업의 경영원칙과 지방공기업의 경영목표 달성도, 업무의 능률성, 공익성 및 고객서비스 등이다. 경영평가에 대한 기본방향은 다음과 같다.

첫째, 지방공기업 경영평가 기본방향은 기업성과 공공성의 균형적 평가, ESG 요소 및 사회적 가치 중시, 수요자 중심 및 공정한 평가, 평가 결과 환류를 통한 성장동력 확보 등이다. 지방공기업의 기업성과 공공성의 균형적 평가의 경우 사회적 책임경영은 강화하되, 기업의 비효율성은 발생하지 않도록 지속가능경영, 경영성과, 사회적 가치 분야를 균형 있게 평가한다. ESG[1] 요소 및 사회적 가치 중시의 경우 이미 평가지표에 다수 반영되어 있어 지방공기업은 체계적인 시스템을 구축하고, 탄소중립, 일자리 확대, 소통·참여, 윤리경영, 재난안전관리, 지역상생발전 등 사회적 역할과 책임을 강화하고, 지역경제 회복 등을 위한 기관별 주요 노력을 별도 지표로 평가에 반영한다.

둘째, 수요자 중심 및 공정한 평가를 실시하여야 한다. 지방공기업 평가는 기관 의견수렴을 통한 평가방식 개선 및 지표개발 등으로 수용성 제고, 집체심사를 활용한 평가단의 기관 현장 방문을 지양하고, 주민참여단 평가 참여 확대, 전문가로 구성된 외부평가단 운영 등을 통해 평가의 공정성·객관성·전문성을 제고한다.

셋째, 평가 결과 환류를 통한 성장동력을 확보하는 데 있다. 지방공기업 경영평가를 통해 지역주민에게 필요한 공공서비스를 제공·환원하여 지역과 상생발전하는 지방공기업을 실현한다. 경영평가를 통해 기관 경영전략 계획 수립, 경영개선 등에 활용하도록 평가 결과 보고서 제공과 부진기관 경영진단 등을 실시한다. 지방공기업 평가 유형별·분야별 경영평가 우수사례 선정 및 우수기관 인센티브를 제공하는 환류를 통해 지방공기업의 성장동력을 확보한다(행정안전부, 2022).

## 3. 지방공기업 경영평가의 필요성

### 1) 관리적 측면에서의 필요성

관리적 측면에서의 경영의 효과성과 능률성을 평가하여 대안의 선택과 개선, 운영상의 능률성을 증진시키기 위해 경영평가가 필요하다. 경영평가를 통해 특정 정책이 계속되는 것이 바람직한가, 아니면 종결되는 것이 바람직한가, 더 많은 예산을 이 정책에 할당하는 것이 바람직한 것인가, 아니면 예산을 다른 곳에 할당해야 하는가 등의 판단 근거를 제시할 수 있다. 이를 위해서는 객관적이고도 신뢰성 있는 정보를 산출하여 제공한다. 경영평가를 통해 정책의 집행 결과가 실제 주민 생활에 미친 영향,

---

1) ESG: Ⓔ 환경(Environment), Ⓢ 사회(Society), Ⓖ 지배구조(Governance)를 의미한다.

목표 달성에 기여한 상대적인 효과 및 능률성 등에 대한 정보를 산출하여 정책결정자들에게 환류함으로써 정책의 수정, 보완, 종결 등에 대한 합리적 결정을 내리는데 객관적인 판단의 근거를 제공해 준다. 또한 평가를 통해 차기 정책의 설계와 결정에 필요한 자료를 산출하여 정책결정자들에게 제공해 줄 수 있다(안용식 외, 2001: 401).

### 2) 책임성 측면에서의 필요성

책임성 측면에서의 필요성은 정책결정자나 정책의 관리자들로 하여금 효과성과 운영상의 질이라는 측면에서 정책의 가치에 대한 책임을 지도록 함으로써 국민의 세금으로 이루어진 정부 자원을 최선의 방법으로 활용하는 데 있다. 따라서 경영평가는 단순히 성과를 판단하는 것 이상의 의미를 지닌다고 할 수 있다. 즉, 지방공기업의 경영평가는 지방공기업이 달성해야 할 목표를 얼마만큼 효율적으로 달성했는가를 살펴보기 위해 사전에 평가기준을 설정하여 집행 후의 결과를 평가기준과 비교하여 분석하는 사후관리 방식이다. 따라서 단순히 일회적인 경영평가가 아니라 정책결정자들이 좀 더 합리적인 의사결정을 내릴 수 있는 객관적 자료를 제시하고, 결과의 성패에 대해 보상과 처벌을 할 수 있는 기준을 제공해 준다는 점에서, 지방공기업의 운영에 매우 중요한 경영 과정의 하나로 인식되고 있다. 지방공기업에서 경영평가의 필요성이 대두하게 된 배경으로는 정부의 지나친 간섭으로 인한 자율적 책임경영의 어려움과 관료제의 비능률에서 비롯되었다고 볼 수 있다(안용식 외, 2001: 402).

## 제 2 절 지방공기업의 경영평가제도[2)]

지방공기업의 경영평가제도는 「지방공기업법」 제3차(1992년 12월 8일) 때 도입되어 1993년부터 시행되었으며, 「지방공기업법」 제5차 개정(1999년 1월 29일)과 「지방공기업법 시행령」 개정(1999년 3월 31일)으로 경영평가가 대폭 강화되었다. 이러한 경영평가는 크게 경영평가 과정과 경영진단 과정으로 구분해 볼 수 있다.

2) 지방공기업의 경영평가제도는 행정안전부(2023)의 『2022년도 지방공기업 경영평가편람』 내용을 정리한 것이다.

## 1. 경영평가의 과정

### 1) 경영평가의 주체

행정안전부 장관은 「지방공기업법」 제3조에 따른 지방공기업의 경영 기본원칙을 고려하여 대통령령으로 정하는 바에 따라 지방공기업에 대한 경영평가를 실시하고, 그 결과에 따라 필요한 조치를 하여야 한다. 다만, 행정안전부 장관이 필요하다고 인정하는 경우에는 지방자치단체의 장으로 하여금 경영평가를 하게 할 수 있다(지방공기업법 제78조 제1항).

### 2) 경영평가 실시 및 세부기준

지방공기업에 대한 경영평가는 「지방공기업법」 제78조 제1항의 규정에 따라 매년 실시하여야 한다. 다만, 지방직영기업의 경영평가에 관하여는 행정안전부 장관이 따

그림 13-1 지방공기업 경영평가 과정

| | |
|---|---|
| 지방공기업평가원: 경영평가편람 작성<br>지방공기업정책위원회: 평가편람 및 경영평가계획 심의 | 12월~1월 |
| 행정안전부: 경영평가실시계획 수립·통보<br>행정안전부·지방공기업평가원: 경영평가단 구성·교육 | 1~3월 |
| 평가대상기관: 지방공기업 경영실적보고서 작성·제출 | ~3월 말 |
| 경영평가단: 경영평가 실시 및 평가 결과 보고서 작성 | 4~6월 |
| 지방공기업평가원: 이의신청 검토, 현지확인 평가 및 평가보고서 작성 완료 | 6~7월 |
| 지방공기업정책위원회: 평가 결과 확정 및 평가등급 심의·의결 | 7~8월 |
| 지방공기업평가원·경영진단반: 경영평가 결과에 따른 경영진단 및 사후조치 | 9월 |

자료: 행정안전부(2023). 『2022년도 지방공기업 경영평가편람』.

로 정할 수 있다. 이 경우 공사・공단에 대한 경영평가는 회계감사 종료 후 4월 이내에 완료하여야 한다(지방공기업법 시행령 제68조 제1항).

지방공기업의 경영평가에 관한 세부적인 기준은 행정안전부 장관이 정한다(지방공기업법 시행령 제68조). 경영평가에는 지방공기업의 경영목표의 달성도, 업무의 능률성, 공익성, 고객서비스 등에 관한 평가가 포함되어야 한다. 행정안전부 장관은 경영평가를 위하여 필요한 경우 지방공기업에 고객 명부 등 관련 자료의 제출을 요청할 수 있다. 이 경우 요청을 받은 지방공기업은 정당한 사유가 없는 한 이에 따라야 한다(지방공기업법 제78조). 경영평가 결과는 지방공기업의 유형별로 5개(가, 나, 다, 라, 마)의 등급으로 나누어진다. [그림 13-1]은 지방공기업 경영평가 과정을 보여준다.

### 3) 평가결과의 제출

지방자치단체의 장은 경영평가를 하였을 때는 그 평가가 끝난 후 1개월 이내에 경영평가보고서, 재무제표, 그 밖에 대통령령으로 정하는 서류를 행정안전부 장관에게 제출하여야 한다(지방공기업법 제78조의2 제1항). "기타 대통령령이 정하는 서류"란 결산서 및 회계감사보고서, 사업운영계획 및 사업실적보고서, 감사의 감사보고서와 「감사원법」 제32조 내지 제24조에 의한 징계・시정・개선요구 등을 받은 경우에는 그 내용, 지방자치단체의 감사 결과와 「지방자치법」 제50조에 따른 시정요구를 받은 경우에는 그 내용, 기타 경영에 관한 중요사항으로서 행정안전부 장관이 요구하는 사항 등이다(지방공기업법 시행령 제69조).

### 4) 경영평가단 구성 및 경영평가 실시

행정안전부 산하기관인 지방공기업평가원은 매년 1~3월까지 경영평가단을 구성하고, 평가대상기관에 경영평가 실시계획을 통보한다. 지방공기업평가단은 4~6월 사이에 경영평가를 시행하고 보고서를 작성하며, 지방공기업평가원이 경영평가 최종보고서를 작성하고, 지방공기업정책위원회에 보고・의결되는 과정을 거친다. 지방공기업에 대한 경영평가 권한은 행정안전부 장관에게 있지만, 행정안전부 장관은 필요하다고 인정하는 경우에 지방자치단체의 장으로 하여금 경영평가를 하게 할 수 있다. 다만, 지방자치단체의 장이 경영평가를 하였을 때에는 그 평가가 끝난 후 1개월 이내에 경영평가보고서, 재무제표, 그 밖에 대통령령으로 정하는 서류를 행정안전부 장관에게 제출하여야 한다(지방공기업법 제78조의2 제1항).

## 2. 경영평가등급 부여 및 지급률 결정

### 1) 경영평가등급 부여

지방공기업 경영평가 결과는 경영평가 유형별로 평가 결과 경영 수준에 따라 5단계로 평가등급[3])을 부여한다. 즉, 가, 나, 다, 라, 마 등급으로 부여하는데, 종합점수로 가 등급 90점 이상, 나 등급 85점 이상, 다 등급은 80점 이상, 라 등급은 75점 이상, 마 등급은 75점 미만으로 부여한다. 평가등급 간 비율은 일반적인 기준이지 강제적이지 않으며, 지방공기업정책위원회의 심의·의결에 따라 변동될 수 있다.

적자가 발생한 지방공사 및 지방공단에 대해서는 원칙적으로 '가' 등급 부여가 배제되지만, 특수한 상황을 고려하여 예외적으로 지방공기업정책위원회의 심의·의결에 따라 변동될 수 있다. 행정안전부는 특별한 문제가 없다고 판단되는 경우 평가등급을 행정안전부 장관이 결정한다. 다만, 경영평가급 지급 등급 조정은 평가결과 '다' 등급 이상인 기관 중 평가대상 연도 총인건비를 과다 편성하여 집행한 기관의 경우(지방공기업 예산편성기준에 따른 총인건비 인상률을 초과한 경우에 해당), 행정안전부로부터 최근 5년 간 경영개선명령을 2회 이상 받은 기관 경우에는 '라' 등급 지급률을 적용한다.

**표 13-1 지방공기업 경영평가 결과의 평가등급**

| 구분 | 평가등급 | | | | |
|---|---|---|---|---|---|
| | 가 | 나 | 다 | 라 | 마 |
| 점수 | 90점 이상 | 85점 이상 | 80점 이상 | 75점 이상 | 75점 미만 |
| 비율 | 10% | 30% | 40% | 15% | 5% |

자료: 행정안전부(2023). 『2022년도 지방공기업 경영평가편람』.

3) 지방공기업 경영평가등급은 기관의 경영 수준에 대한 평가로 전년도 대비 평가년도의 경영실적에 개선도 및 향상도에 대한 절대평가로 이루어지는 속성을 가지고 있다. 하지만, 기관평가등급 부여는 기관 간 평가 수준 편차에 따라 달라지는 특성이 있어 절대평가를 기준으로 하여 상대평가 특성을 종합하여 평가등급을 부여하고 있다고 볼 수 있다.

경영평가등급 부여 시 기타 고려사항으로 지방공기업이 비리, 중대한 안전사고 등 도덕성 문제로 사회 문제화된 기관, 경영평가 관련 금품·향응 제공 등 공정한 평가를 방해한 기관은 원칙적으로 '마' 등급을 부여하고, 부정의 정도를 고려하여 지방공기업정책위원회에서 조정한다. 경영평가에서 허위·오류자료 발견 시 감점 기준에 따라 처리하고, 필요시 "지방공기업정책위원회" 심의를 거쳐 평가 등급을 '마' 등급으로 부여하거나 평가등급을 조정한다.

### 2) 평가급 지급대상 및 지급시기

경영평가 평가급 지급대상은 기관장(사장, 이사장), 임원(상임이사, 감사, 임원급 직위에 해당하는 직원), 직원(정규직)으로 한다. 다만, 무기계약근로자, 계약직, 기간제근로자, 청원경찰 등의 직원에 대해 기관 경영평가에의 관련성, 경영평가 결과 기여도 등을 종합 고려하여 지급 여부를 결정한다. 경영평가 평가급 지급은 매해 연도 「지방공기업 예산편성기준」에 따라 경영평가 결과를 통보받은 날부터 3개월 이내(평가년도 12월 한)에 지급한다. 다만, 지급률은 경영평가 결과에 따른 등급별 지급률을 기준으로 하여 지급률 범위에서 지방자치단체장이 결정한다.

### 3) 지급률 결정

경영평가등급의 지급률 범위 내에서 경영성과계약 이행실적(사장평가)을 고려하여 지방자치단체장이 지급률을 결정한다. 지급기준은 연봉월액(기본연봉 총액/근무월수)×지급률로 하고, 임원은 지방자치단체장이 결정한 경영평가 등급별 지급률 범위 내에서 개인별 근무실적을 고려하여 기관에서 차등 지급한다. 지급기준은 연봉월액(기본연봉 총액/근무월수)×지급률로 한다.

직원의 지급률은 경영평가등급의 지급률 범위 내에서 지방자치단체장이 지급률을 결정하고, 기관장은 평가급 지급총액(ceiling) 한도 내에서 근무실적 평가 등을 고려하여 개인 또는 부서 단위로 4등급 이상으로 차등을 두어 지급한다. 등급별 인원 배분은 최고-최저등급 간 지급률 차이는 50%p 이상으로 하고, 등급별 인원비율도 최고는 20% 이내, 최저는 10% 이상으로 강제 배분하여 지급한다. 지급기준은 연봉(보수)월액×지급률으로 지급하며, 연봉월액=기본연봉 총액/근무월수나 보수월액=총

보수액(기본급총액+비속인적수당 총액)/근무월수 기준으로 지급한다.

표 13-2 지방공사·지방공단 평가급 지급률 수준

[평가급 = 연봉(보수)월액×지급률]

| 평가등급 | 기관장 | 임원(급) | 직원 |
|---|---|---|---|
| 가 | 400~301% | 350~251% | 200~180% |
| 나 | 300~201% | 250~181% | 150~131% |
| 다 | 200~100% | 180~100% | 100~80% |
| 라 | 0%<br>(익년도 연봉 동결) | 0%<br>(익년도 연봉 동결) | 50~30% |
| 마 | 0%<br>(익년도 연봉 10~5% 삭감) | 0%<br>(익년도 연봉 10~5% 삭감) | 0% |

자료: 행정안전부(2023). 『2022년도 지방공기업 경영평가편람』.

### 4) 자체 평가급

지방공기업 기관별 자체 평가급은 직원에 한하여 지급(기관장, 임원급은 대상이 아님)한다. 지급률은 지급대상자의 100% 지급률 범위에서 기준으로 한다. 자체 평가급의 지급시기는 경영평가 결과와 관계없으므로, 기관 실정에 맞게 해당 연도 중에 시기를 정하여 지급할 수 있다. 다만, 신설기관으로 경영평가 결과가 없는 경우에도 지방자치단체장이 승인한 경우에는 자체 평가급을 지급할 수 있다.

## 3. 경영평가의 진단 과정

### 1) 지방공기업 경영평가의 진단

행정안전부 장관은 경영평가 결과에 대한 사후조치로 경영진단이 필요하다고 인정하는 경우에는 지방자치단체의 장, 공사의 사장 또는 공단의 이사장에게 해당 공기업의 임원의 해임, 조직의 개편 등 경영개선을 위하여 필요한 조치를 명할 수 있다(지방공기업법 제78조의2 제3항). 경영평가 결과 부진기관에 대한 전문가 중심 심층 진단을 실시하고, 경영진단 결과에 따라 임·직원 해임, 사업 규모 축소·조직개편, 법인청산·민영화 등 경영개선명령을 조치한다.

경영진단 실시기관 세부선정 기준은 시급성과 실효성 기준으로 하며, 전년 대비 경영평가 등에 대한 해당 기관의 특별대책 마련의 시급성과 신설 공기업, 종래 진단 기관 등을 제외하여 진단의 실효성 확보한다. 지방공사·공단은 3년 이내 경영진단 시행, 신설 공기업, 경영평가 결과 개선 정도, 적자 수준·경영실적 개선 정도 등 외부 환경 등을 고려한다. 직영기업은 경영평가등급 및 점수 개선 정도, 적자 수준·경영실적 개선 정도, 요금현실화율 개선 실적을 고려한다.

경영진단 결과에 따라 행정안전부 장관은 임원의 해임, 조직개편 등의 조치를 취할 수 있으며(지방공기업법 제78조의2 제3항), 부채상환 능력이 낮고 회생이 어렵거나 설립 목적의 달성이 불가능한 경우 정책위원회 심의를 거쳐 기관을 해산시킬 수 있다(지방공기업법 제78조의3).

### 2) 결과 활용

경영평가는 궁극적으로 기관의 단기적 실적과 장기적 성장을 위한 조직체계를 평가함으로써 기관의 경영개선을 유도한다. 이러한 평가의 목적을 달성하기 위해 피평가기관은 평가보고서, 컨설팅, 조직진단 등을 통해 제공되는 정보를 활용하여 조직운영, 인사관리, 재무관리, 사업계획 등에 적용하여야 한다.

## 제 3 절 지방공기업 경영평가 기준 및 방법

### 1. 경영평가 유형

지방공기업 경영평가 유형은 설립방식에 따라 지방직영기업, 지방공사, 지방공단으로 구분한다. 또한 사업 특성에 따라 상수도, 하수도, 도시철도공사, 도시개발, 특정 공사·공단, 관광공사, 시설관리공사·공단, 환경시설관리공사·공단으로 구분한다. [표 13-3]은 지방공기업 경영평가 유형 및 구분기준을 보여준다.

**표 13-3 지방공기업 경영평가 유형 및 구분기준**

| 평가 유형 | | 구분기준 |
|---|---|---|
| 직영기업 | 상수도 | 지방직영기업 중 수도사업 또는 공업용수도사업을 경영하는 공기업 |
| | 하수도 | 지방직영기업 중 하수도사업을 경영하는 공기업 |
| 공사·공단 | 도시철도공사 | 지방공사 중 궤도사업을 경영하는 공기업 |
| | 도시개발공사 | 지방공사 중 주택건설, 토지개발을 주된 사업으로 경영하는 기업 |
| | 특정 공사·공단 | 다른 유형에 속하지 않는 공사·공단(농수산물공사, 에너지공사, 교통공사, 경륜공단, 기초 관광공사 등) |
| | 관광공사 | 광역자치단체에서 설립한 지방공사 중 관광진흥, 관광마케팅, 컨벤션센터를 주된 사업으로 경영하는 공기업 |
| | 시설관리 공사·공단 | 지방공단 중 주차장, 체육시설물 등 지방자치단체의 공공시설물 관리·운영 등을 주된 사업으로 경영하는 공기업 및 시설관리형 공사 |
| | 환경시설관리 공사·공단 | 지방공사·공단 중 하수처리를 주된 사업으로 경영하는 기업 |

자료: 행정안전부(2023). 『2023년도 지방공기업 경영평가편람』.

## 2. 경영평가 지표체계

경영평가 지표체계는 기존의 지속가능경영과 사회적 가치 대분류 지표를 경영관리 대분류 지표로 통합·조정함으로써, 공공성과 효율성을 균형있게 평가하고 효율적인 관리체계로 전환한다. 개편된 경영관리 대분류는 리더십, 경영시스템, 사회적 책임으로 구분되며, 경영성과는 주요 사업성과, 경영효율성과, 고객만족 및 정책이행 성과

**표 13-4 지방공기업의 경영평가 지표체계**

| 대분류지표 | 중분류지표 | 세부지표 |
|---|---|---|
| 경영관리 | 리더십 | 경영층의 리더십, 전략 및 혁신 |
| | 경영시스템 | 조직·인사관리, 윤리경영, 재무관리 |
| | 사회적 책임 | 안전 및 환경, 지역상생·일자리, 소통 및 참여 |
| 경영성과 | 주요 사업성과 | 주요 사업 활동 및 성과 유형별 맞춤형 지표 적용 |
| | 경영효율성과 | 경영효율성과 ※ 유형별 맞춤형 지표 적용 |
| | 고객만족성과 | 고객만족도 |
| | 정책이행성과 | 정부정책 이행실적(지적사항 이행실적 포함) |

자료: 행정안전부(2023). 『2023년도 지방공기업 경영평가편람』.

**그림 13-2 대분류지표별 평가지표 구성**

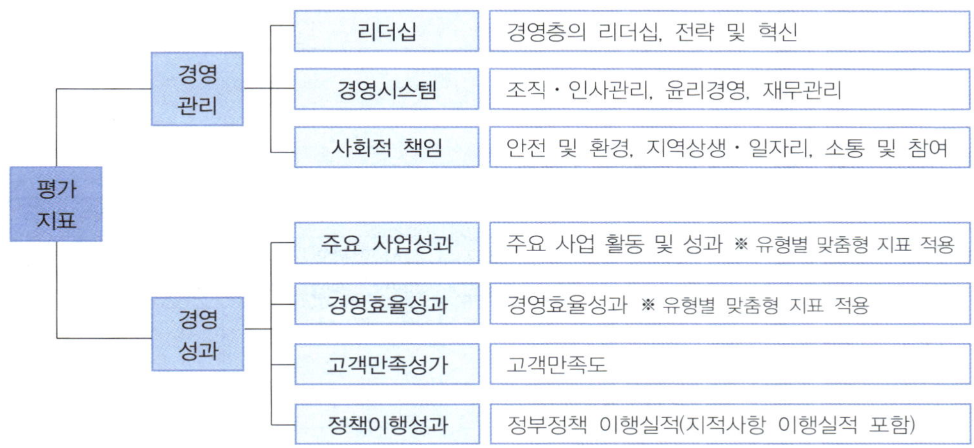


자료: 행정안전부(2023). 『2023년도 지방공기업 경영평가편람』.

**표 13-5 지방직영기업(상·하수도) 경영평가 지표체계**

| 대분류지표 | 중분류지표 | 세부지표 | 배점 | |
|---|---|---|---|---|
| | | | 상수도 | 하수도 |
| 경영관리 | 리더십 | 관리자의 리더십 | 4 | 4 |
| | | 경영전략 | 5 | 5 |
| | | 경영혁신 | 5 | 5 |
| | 경영시스템 | 조직 · 인적자원관리 | 5 | 5 |
| | | 윤리경영 | 4 | 4 |
| | | 재무관리 | 6 | 6 |
| | 사회적 책임 | 소통 및 참여 | 6 | 6 |
| | | 재난 · 안전관리 | 10 | 10 |
| | | 지역상생발전 | 5 | 5 |
| | 경영관리 합계 | | 50 | 50 |
| 경영성과 | 주요 사업성과 | 사업관리(4개 지표) | 21 | 21 |
| | | 품질관리(2개 지표) | 5 | 5 |
| | 경영효율성과 | 재무운영성과 | 7 | 7 |
| | | 요금현실화성과 | 7 | 7 |
| | 고객만족성과 | 고객만족도 | 10 | 10 |
| | 경영성과 합계 | | 50 | 50 |

| 총합계 | 100 | 100 |
|---|---|---|
| 정성지표 | 40 | 48 |
| 정량지표 | 60 | 52 |

자료: 행정안전부(2023). 『2023년도 지방공기업 경영평가편람』.

**표 13-6 지방공사·공단 경영평가 지표체계**

| 대분류지표 | 중분류지표 | 세부지표 | 배점 | | | | | | |
|---|---|---|---|---|---|---|---|---|---|
| | | | 도시 철도 | 도시 개발 | 광역 특정 | 기초 특정 | 관광 공사 | 시설 공단 | 환경 공단 |
| 경영관리 | 리더십 · 전략 | 경영층의 리더십 | 5 | 5 | 5 | 5 | 5 | 5 | 5 |
| | | 전략 및 혁신 | 7 | 7 | 7 | 7 | 7 | 7 | 7 |
| | 경영시스템 | 조직 · 인사관리 | 5 | 5 | 5 | 5 | 5 | 5 | 5 |
| | | 윤리경영 | 4 | 4 | 4 | 4 | 4 | 4 | 4 |
| | | 재무관리 | 10 | 10 | 10 | 10 | 10 | 10 | 10 |
| | 사회적 책임 | 지역상생 · 일자리 | 5 | 5 | 5 | 5 | 5 | 5 | 5 |
| | | 안전 및 환경 | 10 | 10 | 10 | 10 | 10 | 10 | 10 |
| | | 소통 및 참여 | 4 | 4 | 4 | 4 | 4 | 4 | 4 |
| | 경영관리 합계 | | 50 | 50 | 50 | 50 | 50 | 50 | 50 |
| 경영성과 (50점) | 주요 사업성과 | 주요 사업 | 14 | 14 | 19 | 17 | 17 | 19 | 22 |
| | 경영효율성과 | 경영수지 관련 지표 | 18 | 18 | 13 | 15 | 15 | 13 | 10 |
| | 고객만족성과 | 고객만족도 | 8 | 8 | 8 | 8 | 8 | 8 | 8 |
| | 정책이행성과 | 정부정책 이행실적 | 10 | 10 | 10 | 10 | 10 | 10 | 10 |
| | 경영성과 합계 | | 50 | 50 | 50 | 50 | 50 | 50 | 50 |
| 총합계 | | | 100 | 100 | 100 | 100 | 100 | 100 | 100 |
| 정성지표 | | | 47 | 47.5 | 48 | 47 | 47 | 47 | 47 |
| 정량지표 | | | 53 | 52.5 | 52 | 53 | 53 | 53 | 53 |

자료: 행정안전부(2023). 『2023년도 지방공기업 경영평가편람』.

로 구성되어 있다. 하지만, 그간 사회적 가치의 반영과 정부권장정책의 지속적 반영 등으로 공공성 중심의 평가체계가 구축되어 있는 반면, 고유사업에 대한 경영평가는 상대적으로 위축된 면이 있다(지방공기업평가원, 2022).

## 3. 경영평가 지표 및 평가항목

경영평가 지표는 경영관리, 경영성과 지표로 대분류하고, 각 세부지표[4])로 구분한다. 지방공사·공단의 세부지표별 정의와 평가항목 사항은 행정안전부(2023: 7-43)의 『2023년도 지방공기업 경영편람』을 인용하였으며, 각 지표에 대하여 구체적으로 살펴보면 다음과 같다.

### 1) 경영층의 리더십

경영층이 경영개선과 경영목표의 달성을 위해 어떻게 리더십을 발휘하였는지를 평가한다. 평가내용은 기관 설립목적 및 경영목표 이행을 위한 노력과 성과, 조직구성원의 동기부여를 위한 경영층의 노력과 성과, 대내·외 이해관계자와의 협력 증진 및 지역문제 해결의 노력과 성과 등을 평가한다.

### 2) 전략 및 혁신

중장기경영계획 수립과 집행을 위한 노력과 성과, 혁신을 위한 노력과 성과, 그리고 새정부 혁신과제 추진계획의 적정성을 평가한다. 평가내용은 중장기경영계획 수립의 충실성 및 적정성, 중장기경영계획의 집행·성과·환류의 적정성, 혁신 추진 활동의 노력과 성과, 혁신과제 추진계획의 적정성을 평가한다.

### 3) 조직·인사관리

공기업의 업무를 효율적으로 수행할 수 있는 합리적인 조직·인사관리체계를 갖추고 있는지를 평가한다. 평가내용은 경영전략과 연계된 조직관리의 적정성, 인사관리의 합리성(중장기인력운용계획 등), 인사관리의 공정성(채용, 승임원선임 및 직원채용, 승진 및 보직관리, 양성평등 및 균형인사 등), 역량 강화 및 성과관리의 적정성을 평가한다.

---

4) 경영평가 세부지표 정의와 평가항목은 지방공사·공단을 기준으로 정리한 것이다.

### 4) 윤리경영

투명성 제고를 위한 윤리경영체계의 구축과 운영 노력 및 성과를 평가하며, 인권존중 등 인권경영을 위한 노력과 성과를 평가한다. 또한 각종 불공정 행위나 부정·부패행위 근절 등 공정사회 구현을 위한 노력과 성과를 평가한다. 평가내용은 윤리경영체제 구축·운영의 적정성, 인권존중 등 인권경영을 위한 노력과 성과, 공정사회 구현을 위한 노력과 성과, 채용비리의 점검·이행을 평가한다.

### 5) 재무관리

건전한 재무구조를 유지하고 경영계획에 따른 경영목표 달성을 위한 사업계획을 재무적으로 뒷받침하기 위한 재무적 운영 노력을 평가한다. 평가내용은 자산관리 노력 및 성과, 재무구조 개선을 위한 노력 및 성과, 수익 비용 성과 및 구조 개선을 위한 노력 및 성과, 예산편성 및 회계관리 운영의 적정성(신규)을 평가한다. 다만, 평가유형별로 타법인 출자의 적정성 및 절차적 타당성 여부, 공사채 발행 절차 및 승인목적 사용 여부 적정성(지방공사에 한함), 부채비율 평가대상기관에 한정(최저목표 강화: 300% → 250%), 재정신속 및 균형집행, 예산편성 및 운영의 적정성(총인건비, 평가급 등 종합 점검·평가) 등을 포함한다.

### 6) 지역상생·일자리

지방공기업으로서 지역사회에 기여하기 위하여 수행한 다양한 사회공헌활동 및 구매실적 등에 대한 노력과 성과를 평가한다. 평가내용은 지역사회·경제 공헌 노력과 성과, 사회적 약자 배려 노력, 지역 일자리 창출 및 고용을 위한 노력과 성과, 산불, 수해, 감염병 등 재난구호활동 지원 노력과 성과를 평가한다.

### 7) 소통 및 참여

내·외부고객(고객, 주민, 노사 등)에게 경영정보를 제공함으로써 소통과 경영에 참여시켜 만족도 제고 및 노사상생 발전을 위한 공기업의 노력 및 성과를 평가한다.

평가내용은 고객 및 주민의 경영 참여의 적정성, 상생과 협력의 공공 노사관계 구축의 적정성(노사협의회, 단체교섭 등) 등을 평가한다.

### 8) 안전 및 환경

근로자와 국민의 안전과 건강을 보장하기 위한 노력과 성과를 평가하며, 환경보전 및 에너지 효율화 노력과 성과를 평가한다. 평가내용은 재난·안전관리체계의 적정성, 재난·안전관리 역량 강화의 적정성, 재난·안전관리 활동 및 이행의 적정성, 환경보전 및 에너지 사용의 효율화 노력과 성과, 지방공공기관 안전보건관리 가이드라인 준수 여부, 재난안전사고(유형별 상이), 국가 주관 재난관리평가(도시철도공사만 해당), 친환경 경영실적 등을 평가한다.

### 9) 시설유지관리 및 활성화 노력

시설물 이용자의 편의와 안전을 확보하고 효율적으로 시설물을 유지관리하기 위한 기관의 유지관리 노력 및 활성화 노력을 평가한다. 평가내용은 효율적 유지관리를 위한 시설물 유지관리체계는 적절성, 구축된 유지관리체계가 원활히 운영될 수 있도록 하는 기관의 유지관리 역량 강화 노력은 적절성, 효율적 유지관리를 위한 시설물 유지관리 활동은 적절성, 시설물 이용의 활성화 노력과 활동은 적절성 등을 평가한다.

### 9-1) 신규사업 발굴 및 사업 다각화 노력(시설관리형 공사)

신규사업을 발굴하기 위한 노력과 사업영역의 다각화 전략 및 활동을 평가한다. 평가내용은 환경 변화에 대한 중장기적 사업 다각화 전략 및 활동, 신규사업의 확대 노력과 성과를 평가한다.

### 10) 고객만족도

고객만족도조사에 의한 고객평가 결과와 전년 대비 개선도를 평가한다. 고객만족도조사 점수는 행정안전부에서 당해 연도에 일괄적으로 실시하는 지방공기업 고객만족도조사의 점수를 의미하며, 당해 연도 평가를 60점 만점으로 평가하고 전년 대비 개선도 평가 40점 만점으로 평가하여 합산하여 산정한다.

### 11) 주요 사업 및 경영효율성과

#### (1) 지방직영기업

지방직영기업의 경우 지방자치단체가 산하기관으로 필수적인 공공서비스로 주요 사업성과, 경영효율성과로 유사한 평가지표를 구성하고 있다.

**표 13-7 상·하수도 주요 사업활동 및 경영효율성 지표**

| 구분 | | 상수도 | 하수도 |
|---|---|---|---|
| 주요 사업성과 | 사업관리 | 1. 취·정수관리 | 1. 하수차집관리 |
| | | 2. 배·급수관리 | 2. 하수처리관리 |
| | | 3. 상수도보급률 | 3. 하수도보급률 |
| | | 4. 시설이용률 | 4. 시설이용률 |
| | 품질관리 | 1. 수돗물품질관리 | 1. 하수처리품질관리 |
| | | 2. 수돗물품질공개 | 2. 하수처리품질공개 |
| 경영효율성과 | | 1. 재무운영성과 | 1. 재무운영성과 |
| | | 2. 요금현실화성과 | 2. 요금현실화성과 |

자료: 행정안전부(2023). 『2023년도 지방공기업 경영평가편람』.

#### (2) 지방공사·공단

주요 사업 및 경영효율성과는 지방공사·공단 유형별로 구분되며, 주요 사업성과는 도시철도공사, 도시개발공사, 시설관리공사·공단의 고유사업 특성을 고려하여 기관의 성과를 평가한다. 또한 경영효율성과는 도시철도와 도시개발공사의 평가지표는 대체로 유사하며, 다만 도시철도공사의 경우 주행거리 1km당 총원가 지표를 고유지표를 구성하고 있으며, 시설관리공사 공간의 경우 대행사업 위주의 특성을 고려하여 평가지표를 구성하고 있다.

**표 13-8 지방공사·지방공단 주요 사업활동 및 경영효율성 지표**

| 구분 | 도시철도 | 도시개발공사 | 시설관리공사 · 공단 |
|---|---|---|---|
| 주요 사업 성과 | 1. 승객수송 확대 노력 및 관리 | 1. 주택 · 토지사업 활성화 노력 | 1. 사업수입 |
| | 2. 승객수송인원 | 2. 매각실적 | 2. 1인당 시설관리실적 |
| | 3. 부대사업수익 | 2-1. 서민주거비 부담완화 | |
| | 4. 노후시설 개량실적 | 2-2. 임대주택 공급실적 | |
| 경영효율 성과 | 1. 주행거리 1km당 총원가 | | 1. 대행사업비절감률 |
| | 2. 영업수지비율 | 1. 영업수지비율 | |
| | 3. 부채비율 | 2. 부채관리 | |
| | 4. 노동생산성 | 3. 노동생산성 | 2. 노동생산성 |
| | 5. 자본생산성 | 4. 자본생산성 | |

자료: 행정안전부(2023). 『2023년도 지방공기업 경영평가편람』.

## 4. 경영평가방법

지방공기업 경영평가 지표는 정성지표와 정량지표로 구분된다. 지방공기업 평정방법은 상향지표와 하향지표, 최고목표와 최저목표로 세부적으로 이루어진다. 상향지표는 수치가 클수록 경영성적이 좋은 지표를 의미하며(예: 영업수지비율), 하향지표는 수치가 작을수록 경영성적이 좋은 지표를 의미한다(예: 부채비율). 최고목표는 평가지표가 도달할 수 있는 가장 좋은(最善) 목표를 의미하며, 실적이 최고목표보다 좋거나 같을 경우 평점은 100점이 된다. 최저목표는 평가지표가 도달할 수 있는 가장 나쁜(最惡) 목표를 의미하며, 실적이 최저목표보다 나쁘거나 같을 경우 평점은 영(0)점이다.

### 1) 정성지표 평가방법

정성지표는 9단계 절대평가의 방법으로 평가하되, 평가대상 기관의 조직 · 인력 규모 등 경영 여건을 고려하여 평점을 부여한다. 각 지표별 등급부여 기준은 각 지표별 추진실적이 아래의 평가기준을 어느 정도 충족하는가를 토대로 평가한다.

**표 13-9 정성지표 평가등급 구분 및 평점(절대평가)**

| 구분 | 1등급 | 2등급 | 3등급 | 4등급 | 5등급 | 6등급 | 7등급 | 8등급 | 9등급 |
|---|---|---|---|---|---|---|---|---|---|
| 평점 | 100점~ 90점 | 90점 미만~ 80점 | 80점 미만~ 70점 | 70점 미만~ 60점 | 60점 미만~ 50점 | 50점 미만~ 40점 | 40점 미만~ 30점 | 30점 미만~ 20점 | 20점 미만~ 0점 |

자료: 행정안전부(2023). 『2023년도 지방공기업 경영평가편람』.

## 2) 정량지표 평가방법

정량지표는 과거실적, 추세 등을 고려하여 기준 목표에 따른 달성도를 평가하는 것으로, 원칙적으로 ① 목표 대 실적, ② 목표부여(A), ③ 목표부여(B), ④ 목표부여(편차), ⑤ 단계별 평가방법 중 지표 성격에 가장 부합된다고 판단되는 하나의 방법을 선택하여 평가한다. 다만, 평가가 불가능한 지표 및 분할 평가지표 중 평가가 불가능한 부분에 대해서는 이를 평가에서 제외하고 총점환산방식[5]을 적용한다.

### (1) 목표 대 실적 평가

목표 대비 실적을 비교하는 방법으로 실적을 목표로 나누어서 측정한다. 특히, 목표달성도가 높을수록 경영성적이 좋은 상향지표와 낮을수록 경영성적이 좋은 하향지표로 구분하여 평가한다.

$$\text{목표달성도}(Y) = \frac{\text{실적}}{\text{목표}}$$

### (2) 목표부여(A)

목표달성도 계산은 해당 지표에 부여된 최고·최저목표를 기준으로 다음과 같이 목표달성도를 계산한다.

$$\text{목표달성도}(Y) = \frac{\text{실적} - \text{최저목표}}{\text{최고목표} - \text{최저목표}}$$

5) 총점환산방식은 총점환산방식을 적용해야 하는 모든 평가지표(세부평가내용 포함)를 제외한 나머지 지표의 평균 평점을 해당 지표의 평점으로 부여하는 것을 의미한다.

평점의 상・하한치는 각각 100점을 초과하거나 0점에 미달하지 않도록 하며, 평점 계산은 다음 산식에 따른다.

$$\text{평점} = \text{목표달성도}(Y) \times 100\text{점}$$

목표부여는 상향지표의 경우 최고목표는 기준치×110%, 최저목표는 기준치×50%를 부여하고, 하향지표의 경우 최고목표는 기준치×90%, 최저목표는 기준치×150%를 부여한다. 다만, 최고목표와 최저목표는 이론상 가능한 최고치 또는 최저치를 초과할 수 없다.

| 상향지표 | 하향지표 |
|---|---|
| 최고목표: 기준치×110%<br>최저목표: 기준치×50% | 최고목표: 기준치×90%<br>최저목표: 기준치×150% |

### (3) 목표부여(B)

목표부여(B)의 방법에서는 가중치의 60%는 목표달성도를 평가하고, 가중치의 40%는 개선도를 평가한다. 개선도 평가는 기준치 실적에 일정비율을 곱한 값을 목표로 부여한 후 목표부여(A)의 방법으로 평가한다. 평점 계산은 다음 산식에 따라 평점을 계산하되, 목표달성도 평점과 개선도 평점은 각각 100점을 초과할 수 없다.

$$\text{평점} = \text{목표달성도 평점} \times 0.6 + \text{개선도 평점} \times 0.4$$

$$\text{목표달성도 평점} = \frac{\text{실적} - \text{최저목표}}{\text{최고목표} - \text{최저목표}} \times 100\text{점}$$

$$\text{개선도 평점} = \frac{\text{실적} - \text{기준치 실적} \times 50\%}{\text{기준치 실적} \times 110\% - \text{기준치 실적} \times 50\%} \times 100\text{점}$$

### (4) 목표부여(편차)

목표달성도 및 평점 계산은 목표부여(A)의 방법을 따른다. 최고・최저목표는 지표 성격 등을 고려하여 기준치에 일정 배수의 표준편차를 가감하여 산출한다. 다만, 최고목표와 최저목표는 이론상 가능한 최고치 또는 최저치를 초과할 수 없다.

| | 상향지표 | 하향지표 |
|---|---|---|
| 최고목표 | 기준치 + 1 × 표준편차(과거 5년) | 기준치 – 1 × 표준편차(과거 5년) |
| 최저목표 | 기준치 – 2 × 표준편차(과거 5년) | 기준치 + 2 × 표준편차(과거 5년) |

#### (5) 단계별 평가

단계별 평가는 평가내용을 수치화·객관화함으로써 계량지표와 같이 평가점수를 명확히 산정할 수 있는 경우, '정부정책 준수' 등과 같이 그 시행 여부를 기준으로 평가점수를 명확히 부여할 수 있는 경우에 활용한다. 즉, 지표별로 발생 가능한 실적에 따라 단계를 구분하여 각 단계별로 평가점수를 부여한다.

## 제 4 절 지방공기업 경영평가제도 발전방안

### 1. 경영평가가 지방공기업에 미친 영향

지방공기업 경영평가제도는 지방공기업의 자율경영 및 책임경영을 확보하고, 개별 공기업의 경영개선을 유도하여 경영성과를 향상시킬 수 있는 지방공기업 정책관리 수단으로서의 역할을 수행하고 있다.

#### 1) 지방공기업 자율경영에 기여

지방공기업에 대한 경영평가는 설립 기관인 지방자치단체와 주무부처인 행정안전부 중심의 사전적 통제에서 사후적 통제로 전환하여 자율경영 및 책임경영을 확보하기 위한 제도적 장치라는 데 의의가 있다. 지방공기업의 운영에 자율권을 부여하고 경영성과에 따른 책임성을 강화하는 것은 지방공기업 운영의 효율성 확보를 위해서 매우 중요한 요건이다. 지방공기업의 경영실적을 평가한 결과에 따라 임원의 해임 및 연봉 인상률이나 인센티브 차등 지급과 연계되기 때문에, 경영성과의 향상 및 책임경영의 확립에 경영평가제도가 일정 정도 기여하고 있다고 평가할 수 있다(이상철, 2021: 275-276).

### 2) 지방공기업 정책관리의 수단

경영평가란 단순히 평가 연도의 경영성과만을 평가하는 데 그치는 것이 아니라, 경영평가는 경영의 효율성을 평가하여 대안의 선택·개선·운영의 능률성을 증진시키는 수단으로 반드시 필요하다. 경영평가를 통해 정책이나 사업이 어떻게 수행되는지를 분석하고, 평가 결과가 예산 할당, 정책의 지속 또는 중지 여부의 결정 등 정책의 수정·보완·종결의 정책과정 전반에서 정책결정자에게 합리적인 의사결정을 내릴 수 있는 객관적 증거를 제공해 주기 때문이다(Wholey & Hatry, 1999: 166-170).

여전히 지방자치단체나 행정안전부의 입장에서는 아직도 사전적인 통제에 관심이 있고, 사장이나 이사장의 입장에서는 지방공기업의 장기적인 경영혁신보다는 단기적 경영성과를 추구하는 현실적 한계가 있다. 그럼에도 경영평가제도는 지방공기업의 경영효율성 증진 수단 및 경영혁신의 확산 유인 장치로서 핵심적 역할을 수행하고 있다.

### 3) 경영개선 유도

지방공기업 경영평가제도는 지방공기업 간 경쟁을 통해 경영성과를 향상하게 시킬 수 있을 뿐만 아니라, 궁극적으로는 개별 기업의 경영개선에 기여할 수 있게 해준다. 즉, 지방공기업 경영평가제도는 기관의 경영실적평가를 통하여 지방공기업 경영자에게 경영자율권을 보장하여 경영개선의 동기를 부여하되 경영성과에 대한 평가를 받고 책임을 묻는 시스템이다. 또한 경영평가는 각 평가대상의 업무 능률 향상과 경영성과 개선을 독려하는 동시에, 조직의 목표와 개인의 목표를 일치시킴으로써 조직 활성화에 기여하도록 하는 경영관리의 역할을 수행한다.

## 2. 지방공기업 경영평가제도 문제점 및 향후 발전방안

지방공기업 경영평가제도가 발전하기 위해서는 무엇보다도 지방공기업 경영평가제도에 대한 올바른 인식이 필요하다. 경영평가 결과를 인센티브 및 페널티 부과를 위한 수단으로만 활용한다면 경영평가제도 자체의 수용성이 낮아질 수밖에 없다. 또한 지방공기업 경영평가는 단순히 지방공기업의 경영개선을 유도하는 데 그치는 것이 아니라, 사회적 가치 및 ESG 경영환경 등 정부정책을 반영한 지방공기업의 경영혁신을 견인할 수 있는 촉매제로서의 역할을 수행할 수 있어야 한다. 구체적으로, 현재의 경영평가제도 문제점과 이에 대한 발전방안은 다음과 같다.

### 1) 경영평가 품질 제고

현행 경영평가의 품질을 제고하기 위해서는 평가위원이 경영평가보고서를 충실하게 작성할 필요가 있다. 그래야만 피평가기관이 평가 결과를 수용하고 경영개선에 반영할 것이기 때문이다. 양질의 평가보고서를 작성하기 위해서는 정량지표는 객관적 자료에 의하여 평점을 정확하게 산정하여야 하며, 정성지표는 평가점수에 걸맞은 평가내용을 제시하여야 한다. 즉, 피평가기관이 평가보고서를 읽어보면 왜 그런 평가점수가 부여되었는지가 명쾌하게 이해되어야 한다. 요컨대, 지적사항이 많은데도 평가점수가 높거나, 별다른 지적사항이 없는데도 평가점수가 낮은 경우는 없어야 한다(지방공기업평가원, 2015: 345).

### 2) 경영컨설팅 기능 강화

경영평가는 사전에 설정된 평가기준으로 당해 연도 경영실적에 대해 평가받고 결과는 환류되어 경영개선을 유도하는 순환구조로 설계되었다. 사후관리 기능, 즉 환류는 평가대상 기관의 문제점 개선과 우수사례 벤치마킹을 통해 경영효율성을 높이게 한다는 점에서 매우 중요하다. 따라서 행정안전부는 평가대상 기관에게 경영평가 결과를 알려주는 역할에 그치지 말고, 지방공기업이 스스로 경영개선을 할 수 있도록 도와주는 실질적인 컨설팅 역할을 책임져야 한다. 컨설팅 기능을 강화하기 위하여 평가위원들에게 평가했던 기관에 대한 경영컨설팅 역할을 부여하도록 해야 한다.

### 3) 경영진단과의 연계성 강화

경영평가 결과를 바탕으로 경영평가 지적사항을 실제 공기업 담당자들이 활용하기에 유익한 정보를 제공하는 기능을 강화할 필요가 있다. 경영진단은 그 대상에 따라 방법이 달라질 수 있으므로, 주목적에 따라 구분하여 진단 편람적 성격의 진단 틀을 구축해야 한다. 즉, 특별한 사유 없이 전년도에 비해 영업수익이 현저히 감소한 지방공기업, 경영목표 설정이 비합리적인 지방공기업, 재무구조가 불건전한 공기업 등으로 구분하여 진단지표와 방법 등을 규정해야 한다. 또한 경영진단의 틀과 이에 의한 진단결과를 경영평가로 환류하여 경영평가의 내용, 방법 등을 재정비하여야 하고, 이를 통해 경영평가가 각 기관이 추진한 실적을 평정할 뿐 아니라 경영진단의 단초를 제공하는 유력한 장치가 되도록 해야 한다.

## 제 5 절 지방공기업 경영평가제도의 변천[6)]

### 1. 지방공기업 경영평가제도의 역사

지방공기업의 경영평가는 30년의 역사를 가지고 있으며, 그동안 다양한 변화를 겪어 왔다. 그동안 지방공기업들의 유형이 매우 다양해졌고, 경영평가체계도 주기적으로 크게 변화되었다. 물론 평가체계는 매우 세분화되고 정교해졌으며, 이제는 그 틀을 확고히 하여 고도화의 단계에 접어들었다고 볼 수 있다.

#### 1) 1996년 이전의 지방공기업 경영평가

지방공기업 경영평가제도는 「지방공기업법」 제78조, 「지방공기업 시행령」 제68조, 지방공기업 경영에 근거하여 실시되고 있다. 1969년에 「지방공기업법」이 제정되었고, 1980년 제1차 개정에서 지방공사·공단에 관한 규정을 만들고, 「지방공기업법」에 경영평가제도가 최초로 도입된 것은 1992년이다. 그러나 지방공기업에 대한 경영평가는 1991년에 내부무에서 한국지방재정공제회에 의뢰하여 공영개발사업(11개)과 도시개발공사(1개)에 대한 경영평가를 처음으로 실시되었다. 1992년도에는 '경영지도법인 지방공기업평가원'의 전신인 '지방자치경영협회'를 설립하여 공영개발사업(18개)과 상수도사업(7개)에 대한 경영평가를 위탁하였다. 1993년도 지방공사·공단, 1994년도

6) 지방공기업 경영평가제도의 변천은 원구환(2018: 482-488)의 『공기업론』 내용 일부를 정리한 것이다.

하수도사업, 1998년도는 경영수익사업을 포함한 공영개발사업, 지방공사·공단 등에 대해서 경영평가가 실시되었다. 법적 근거 없이 대통령의 지시 등에 따라 실시되던 지방공기업 경영평가는 1992년 「지방공기업법」 제3차 개정에서 경영평가 관련 규정을 신설하면서 체계화되었다.

이 시기에 지방공기업에 대한 경영평가는 내무부와 지방자치단체가 실질적으로 개입하지 않는 가운데, 개별 지방공기업이 경영평가기관에 의뢰하는 형식으로 이루어졌다. 그 결과 경영평가방법과 평가지표는 각 지방공기업의 사업영역과 경영 여건에 맞추어 선정되었고, 경영평가를 의뢰한 지방공기업을 대상으로 개별적으로 경영평가가 실시되었기 때문에 상대평가가 불가능하였다.

### 2) 1997~2009년 지방공기업 경영평가

1999년 「지방공기업법」 제5차 개정에서 경영평가의 결과에 따라 부실공기업에 대한 경영진단, 지방공기업 임원의 해임, 조직개편 등의 명령 및 평가 결과에 따른 차등적 성과급 지급이 가능하게 되었다. 또한 지방공기업 설립승인권과 사장 임면권 등의 통제권이 지방자치단체의 장에게 이관됨에 따라 행정자치부에서는 지방공기업을 '사전통제'하는 방식에서 '사후통제방식'으로 전환하고, 지방공기업 경영평가제도를 제도적으로 강화하였다(백승천, 2018: 35).

2000년도 경영평가는 지방공기업의 경영이 방만하다는 지적에 따라 경영평가대상기관을 더욱 확대하였고, 부실공기업에 대하여는 보다 강도 높은 조치를 취하였다. 당시 평가에서는 평가의 통일성과 유사업종 간 비교평가에 따른 성과를 측정하기 위하여 서울시 산하 6개 공사·공단을 포함하여 공기업을 유형별로 분류하고, 지방직영기업과 공사·공단은 한국자치경영협회(현 지방공기업평가원), 의료원은 전국지방공사의료원연합회가 평가기관으로 지정되었다.

2002년도 경영평가는 330명의 전문가들로 구성된 32개 평가반에서 174개 지방공기업을 대상으로 서면평가 및 현지평가로 이루어졌다. 2002년도 경영평가는 공기업의 규모를 고려하여 평가군별로 평가내용에 차등을 두었고, 유사지표의 통·폐합으로 지표를 단순화하였다.

2003년도 경영평가는 사업 규모의 대소 등 외형적 요소에 의해 경영평가 지표가 영향을 받는 요인을 최소화하고, 실질적으로 공기업의 경영개선에 대한 평가비중을 상향조정하였다. 그리고 경영평가에 대한 참여 및 신뢰성 제고를 위하여 기존의 자치단체 공무원 외에 대학 교수 등 외부 전문가를 자치단체로부터 추천받아 참여시켰다. 세부평가지표 설정에서 계량지표의 비중을 비계량지표보다 상향조정하였다.

2004년도 경영평가는 2005년 4개월 간 책임경영 · 경영관리 · 사업운영 · 고객만족의 평가지표에 대하여 서면평가 및 현장평가를 통하여 실시하였다. 당해 연도 경영평가의 특징은 지방공기업 경영평가의 객관성 및 신뢰성 제고를 위하여 합리적인 경영평가지표의 개발 · 보완으로 평가의 객관성을 제고하고, 피평가기관의 부담 해소로 평가의 타당성을 확보하고자 노력하였다는 점이다. 이에 따라 지방공기업 경영혁신을 지원하고자 책임경영 분야의 점수를 하향조정하였으며, 동태적 평가를 강화하기 위하여 개선도 반영비율을 상향조정하였다.

2005년도 경영평가는 지방공기업을 대상으로 서면평가 및 현장평가를 실시하였다. 당해 연도 경영평가는 객관성 제고를 위하여 경영평가지표를 보완하고, 타당성을 제고하기 위하여 평가대상기관의 평가비용부담을 해소하였다. 또한 공기업의 규모를 고려하여 평가군을 분류하고, 유사지표의 통 · 폐합으로 평가지표를 더욱 단순화하였으며, 고객만족도조사를 정부투자기관과 마찬가지로 일괄적으로 시행하도록 하였다.

2006년도 경영평가는 전문적 · 객관적 경영평가를 위하여 경영평가위원 POOL을 구성하여 서면 및 현장평가를 실시하였다. 특히, 2006년도 경영평가는 지방공기업의 지속적인 혁신활동을 유도하고, 상시적인 혁신문화를 구축하기 위하여 혁신이행실적평가를 신규 도입하였으며, 경영평가와는 별도로 사장평가제를 도입하여 사장이 기관성적에 편승하거나 평가군 내 타 공기업과의 관계에서 사장의 우수 여부가 의제화되는 경영평가의 문제점을 극복하고자 하였다.

2007년도 경영평가는 2006년까지는 평가단을 구성하고 기관별 서면자료 사전검토 및 현장평가 확인 형식으로 진행되었던 경영평가가 평가기간의 단축 등을 목적으로, 2007년에는 서면평가 위주의 핵심 계량지표 위주 평가로 변경하였으며, 행정안전부는 경영의 정상 여부에 따른 판단과 부진기관에 대한 문제 해결형 심층진단 기능에 역량을 집중하는 방향으로 대폭 개선되었다. 또한 평가의 객관성 및 용이성을 높이기 위하여 주관적 지표(비계량 절대평가)의 비중을 최소화하였으며, 평가등급을 상대평가 방식의 기존 5단계(가~마)에서 절대평가 방식의 3단계(우수, 보통, 미흡)로 축소하였다.

이 시기에 지방공기업에 대한 경영평가제도는 행정안전부가 평가 전담기관인 한국자치경영협회(현 지방공기업평가원)를 통해 실시되었으며, '경영평가제도'의 평가방식 및 평가지표의 체계화가 실질적으로 이루어졌다. 또한 평가 결과에 따른 성과급제도의 도입 및 부실공기업에 대한 경영진단제도가 도입되어 지방공기업의 경영개선 유도가 가능해졌다.

### 3) 2010년 이후의 지방공기업 경영평가

2010년도부터 행정안전부 주관으로 평가하는 광역공기업은 지방공기업평가원에서 경영평가를 수행하고, 기초공기업은 광역자치단체의 연구원이 경영평가를 수행하거나 공개경쟁입찰을 통하여 민간기관에 위탁하거나 자체적으로 경영평가단을 구성하여 경영평가를 실시하였다. 경영평가 결과를 지방자치단체와 지방의회에 통보하고, 지방공공기관 경영정보공개시스템(클린아이)에 공시하는 한편, 임원의 연임과 해임 등의 인사자료로 적극 활용하도록 하였다.

2011년도 경영평가는 통합공기업에 대해 경영평가 대신 경영컨설팅을 실시하고, 평가 유형을 시설관리공단 유형에 포함하고, 종래 경영평가등급을 3단계에서 5단계로 조정하고, 경영평가 결과에 대한 경영진단 2진 아웃제를 도입하였다.

2016년도 경영평가는 광역자치단체와 기초자치단체로 구분하여 평가하던 방식을 전환하여 모든 지방공기업에 대해 경영평가의 객관성과 신뢰성을 확보하기 위해, 경영평가의 주체를 지방자치단체장에서 행정안전부 장관으로 변경, 이원화된 평가주체를 일원화했다.

2018년도 경영평가는 자율 · 협력, 사회통합 중심의 경영평가체제로 개편했다. 상 · 하수도 직영기업은 격년제 평가 주기로 조정하고, 특정 공사 · 공단에서 관광공사(7개)를 분리하여 경영평가 유형을 세분화했다. 종래 1지표 1인 평가방식에서 집단평가방식 도입으로 평가의 객관성을 제고했다.

2020년도 경영평가는 종래의 서면평가 및 현장평가에서 집체심사평가와 비대면평가로 전환하였다. 모든 지방공기업에 대해 경영평가의 객관성과 신뢰성을 확보하기 위해, 정성실적과 정량실적에 대한 사전질의서 작성하여 등록하는 경영평가시스템(EMS)를 전면 도입했다.

이 시기에 지방공기업에 대한 경영평가제도는 경영평가의 주체를 지방자치단체장에서 행정안전부 장관으로 변경하여 이원화된 평가주체가 일원화되었으며, 개별공기업에 대한 평가방식에서도 집체심사평가와 비대면평가로 전환이 이루어졌다. [표 13-10]은 지방공기업 경영평가의 제도의 변천을 정리한 것이다.

**표 13-10 지방공기업 경영평가의 제도의 변천**

<table>
<tr><th>평가연도</th><th>세부내용</th><th>기관 수</th><th>수행기관</th></tr>
<tr><td>1991</td><td>지방공기업 경영평가</td><td>12</td><td>한국지방재정공제회</td></tr>
<tr><td>1992</td><td>경영평가제도 도입(지방공기업법)</td><td>25</td><td rowspan="15">지방공기업평가원</td></tr>
<tr><td>1993</td><td></td><td>24</td></tr>
<tr><td>1994</td><td></td><td>53</td></tr>
<tr><td>1995</td><td>지방공기업경영평가 규정 제정</td><td>30</td></tr>
<tr><td>1996</td><td></td><td>41</td></tr>
<tr><td>1997</td><td></td><td>39</td></tr>
<tr><td>1998</td><td></td><td>29</td></tr>
<tr><td>1999</td><td>평가등급부여, 성과연봉제 도입</td><td>74</td></tr>
<tr><td>2000</td><td>평가등급별 배분비율</td><td>99</td></tr>
<tr><td>2001</td><td>전년 대비 개선도(20%)</td><td>128</td></tr>
<tr><td>2002</td><td>전년 대비 개선도(30%), 고객만족도(감점제)<br>평가위원 1/3 이상 교체, 70점 미만 '마' 등급 부여</td><td>122</td></tr>
<tr><td>2004</td><td>전년 대비 개선도(40%), 고객만족도(감점제)</td><td>134</td></tr>
<tr><td>2005</td><td>전년 대비 개선도(50%), 고객만족도(전문기관 조사)<br>3년 연속 평가위원 배제</td><td>155</td></tr>
<tr><td>2006</td><td>혁신평가: 경영평가 10% 적용<br>사장평가: 경영평가 60% 적용</td><td>169</td></tr>
<tr><td>2007</td><td>고객만족도: 개선도 30%<br>혁신평가: 경영평가 10%, 사장평가 20% 반영</td><td>188</td></tr>
<tr><td>2008</td><td>기초공기업 시도평가, 서면 + 확인평가, 이의신청제도 도입<br>혁신평가와 경영평가에 통합, 3단계(우수, 정상, 부진)</td><td>190</td><td rowspan="5">지방공기업평가원,<br>지방발전연구원 등</td></tr>
<tr><td>2009</td><td>정량지표: 목표 부여방식 도입, 서면평가 + 현지평가<br>정성지표: 의지, 노력, 결과로 세분<br>광역자치단체의 기초공기업 경영평가 전면 시행</td><td>213</td></tr>
<tr><td>2010</td><td>현지평가방식으로 환원, 비계량 9단계 절대평가<br>전년 대비 개선도(40%), 3단계(우수, 보통, 미흡)<br>적자발생 도시개발공사 '우수' 등급 배제</td><td>211</td></tr>
<tr><td>2011</td><td>통합공기업 경영평가 대신 경영컨설팅 실시<br>5단계(가, 나, 다, 라, 마), 경영진단 2진 아웃제 도입</td><td>216</td></tr>
<tr><td>2012</td><td>평가시기 단축(7월 말), 라, 마 등급 임원연봉 동결・삭감<br>확인대상 대상기관 확대</td><td>219</td></tr>
</table>

| 2013 | 평가시기 단축(6월 말), 직영기업 평가주기 변경(매년)<br>적자 도시개발공사: '나' 등급 이상 배제 | 324 |
|---|---|---|
| 2014 | 부채관리 지표 강화, 적자 기타공사・공단: '가' 등급 배제<br>경영평가위원 위촉 및 운영 등에 관한 규칙 제정 | 328 |
| 2015 | 결산감사 시기 단축(3.20)<br>부채감축 및 과다 복리후생 정상화 실적 평가 | 334 |
| 2016 | 지방공사・공단 경영평가 일원화(행정자치부) | 340 |
| 2017 | 이해관계자 평가위원 배제(명단 제출)<br>경영실적 보고서 제출(지방공기업 → 평가원 → 평가위원) | 343 |
| 2018 | 자율・협력・사회통합 중심의 경영평가체제 개편<br>주민참여평가: 도시개발공사 시범운영<br>정성지표: 평가항목별 배점부여, 집단평가<br>상하수도 격년제평가(2018년 하수도 평가)<br>평가 유형 세분화: 특정 공사에서 '관광공사' 분리 | 241 |
| 2019 | 집체심사 평가 도입, 권역별・지표별・유형별로 집중평가<br>주민참관단 참여 확대 및 피드백 강화 | 270 |
| 2020 | 집체심사평가(비대면), 경영평가시스템(EMS)<br>코로나19 영향 경영성과 정량지표를 가점항목 점수로 대체 | 249 |

자료: 지방공기업평가원(2015) 및 백승천(2018)의 내용을 저자 재구성.

## 2. 지방공기업 경영평가기관

지방공기업평가원은 「지방공기업법」 제78조의4의 규정에 따라 설립되었다. 행정안전부 산하기관인 지방공기업평가원에서 지방공기업의 경영평가에 관한 전반적인 업무를 담당하고 있다. 행정안전부 장관은 경영평가기관을 지정할 수 있는데(지방공기업법 시행령 제68조 제2항), 행정안전부 장관은 지방공기업평가원을 경영평가 전담기관으로 지정하여 운영하고 있다.

지방공기업에 대한 평가는 1992년부터 시작되었는데, 2008년까지는 주로 지방공기업평가원 전신인 한국자치경영협회에서 주관하였다. 그러나 2008년부터는 행정안전부는 광역자치단체가 설립한 지방공기업을 평가하고, 광역자치단체는 기초자치단체가 설립한 지방공기업을 평가하도록 평가체계를 개선하였다. 특히, 2008년에는 서울, 경기를 제외한 기초자치단체가 설립한 지방공기업은 행정안전부에서 일괄적으로 실시하였다. 아울러 2010년부터 행정안전부 주관으로 평가하는 광역자치단체의 지방공기업은 지방공기업평가원에서 경영평가를 수행하고, 기초자치단체의 지방공기업은 광역자치단체의 연구원이나 공개경쟁입찰을 통한 민간기관에서 위탁하거나 자체적으로 경영평가단을 구성하여 경영평가를 실시하였다. 그러나 평가대상을 광역자치단체와 기초자치단체로 구분하고, 평가기관을 지방공기업평가원과 타 기관(자치단체의 연구원이나 민간업체)으로 이원화하여 운영함에 따른 문제점이 발생하였다. 대표적인 문제점으로는 평가 결과의 비교 불가, 평가 결과 사후조치 미흡, 평가의 관대화 등이 지적되었다. 이에 따라 2016년부터는 지방공기업 경영평가를 지방공기업평가원으로 일원화하여 운영하고 있다. 지방공기업평가원의 역사적인 변천 과정을 살펴보면 [표 13-11]과 같다. [표 13-12]는 지방공기업평가원의 주요 업무를 보여준다.

**표 13-11 지방공기업평가원의 역사적 변천**

| 연도 | 내용 및 특징 |
|---|---|
| 1992 | (재)지방자치경영협회 개소(1992년 4월 2일): 지방공기업 전문 경영지도법인 |
| 1992 | 8월 1일 지방공기업법에 의한 특수법인으로 전환(법 제78조의2) |
| 2000 | (재)한국자치경영협회로 재출범: 민법 제32조에 의한 재단법인으로 전환 |
| 2002 | 9월 1일 (재)한국자치경영평가원으로 명칭 변경 |
| 2011 | 4월 1일 법 제78조의3에 의한 경영지도법인으로 변경: 지방공기업평가원 |
| 2016 | 3월 30일 지방공기업평가원 설립(지방공기업법 개정에 따라 법정기관화)<br>– 지방공기업 경영평가, 정책연구, 컨설팅, 타당성 검토, 교육 전문기관으로 위상 전환 |
| 2017 | 지방공기업비즈니스센터 개소 |

자료: 지방공기업평가원 홈페이지.

**표 13-12 지방공기업평가원의 주요 업무**

| 기능 | 주요 업무 |
|---|---|
| 정책연구 및 컨설팅 | 지방공기업(지방출자・출연기관 포함)에 대한 정책연구, 경영컨설팅 |
| 경영평가 | 지방공기업 경영평가, 경영진단 등 |
| 인재개발(교육) | 지방공기업 임직원 교육훈련, 기타 위탁 및 지원사업 등 |
| 타당성 검토 | 지방공기업(지방출자・출연기관 포함) 신설 및 신규사업 타당성 검토 |
| 경영지원 등 | 지방공기업의 회계/법률/노무/채용 등 종합적 지원 |

자료: 지방공기업평가원 홈페이지.

C·H·A·P·T·E·R 14

# 지방공기업의 재무건전성 현황 및 향상 방안

2010년 이후 지방 재정건전성 및 지방공기업 재무건전성 유지가 중요한 주제로 떠오른 바, 이 장[1]에서는 지방공기업의 재무건전성 및 재무 현황을 검토한 후, 지방공기업의 부채 문제에 대하여 심층 분석한다. 또한 지방자치단체의 재정과 지방공기업의 재무건전성의 관계에 대하여 간략히 거론하고, 그동안 정부의 지방공기업 부채감축 정책과 향후 부채감축방안에 대해서도 논의한다.

## 제 1 절 지방공기업 재무건전성 및 재무 현황

### 1. 지방공기업의 재정운용 기본방향

효율적·합리적 재무관리를 통한 건전한 지방공기업으로 육성하기 위한 지방공기업 주요 재정운용 방향은 다음과 같이 세 가지이다. 첫째, 경영책임성 확보 기반을 마련하기 위해서 사업추진 역량 강화 및 고유 핵심업무 중심의 자원배분을 통한 합리적인 공기업 운영 여건을 마련한다. 둘째, 일자리 창출, 주민 복리증진, 지역경제 활성화를 통한 주민 행복기반을 구축한다. 셋째, 부채감축 및 지출구조조정, 사용자 부담원칙, 원인자 부담원칙 등을 통한 수익증대 노력으로 건전한 재무운영체제를 마련하는 데 있다. 이를 위한 지방공기업의 구체적 추진 전략은 먼저 경영책임성 확보를 위해서 사업타당성 검토 및 검증 강화, 성과 중심의 조직·인사관리, 재무적 경영성과 중심으로 경영평가 기준 개선이다. 다음으로 경영효율성 제고를 위해서는 사업의 수지균형 확보, 낭비성 비용통제, 성과가 미흡한 사업 축소, 불요불급한 경비 폐지 또는 축소, 그리고 지방공기업 정보시스템의 고도화를 추구한다. 마지막으로, 재무건전성 강화를 위해 공사채 발행 운영기준 개선, 타법인에 대한 출자 및 지급보증 제한 등을 지향한다(박영희 외, 2018: 409).

1) 지방공기업의 재무건전성 현황 및 향상 방안은 김선문(2022)의 박사학위 논문 일부 내용을 인용하였다.

## 2. 지방공기업의 재무건전성

일반적으로 지방 재정건전성은 지방정부가 지역주민이 원하는 수준의 공공서비스를 제공하면서 장·단기적으로 채무를 변제할 수 있는 능력을 의미한다(전광섭, 2015). 반면, 지방공기업의 재무건전성은 개별 공기업이 장·단기적으로 채무를 상환할 수 있는 능력을 의미한다.

우리나라에서는 정부부문의 재정건전성을 통합재정수지[2)]로 판단한다. 이에 비해 채무상환 능력은 정부가 장기적으로 채무를 원활하게 상환할 수 있는 능력을 갖추고 있는지 판단한다. 흔히 채무상환 능력은 국가 차원에서는 경상 GDP 대비 국가채무 수준으로, 지방자치단체 차원에서는 예산 대비 채무 수준으로 측정한다. 정부와 달리 공기업을 포함한 기업의 경우 단기 재무건전성은 주로 유동성으로 측정하고, 장기적 재무건전성은 채무상환 능력으로 측정한다. 기업의 재무건전성은 장·단기적으로 채무를 상환할 수 있는 능력을 나타내며 성장성, 수익성, 안정성 등이 종합적으로 고려되어 평가된다. 이처럼 정부부문의 단기 재정건전성은 수입과 지출의 차이인 재정수지로 측정되는 반면, 공기업을 포함한 기업부문의 단기 재무건전성은 주로 유동성으로 측정된다는 점에서 그 차이가 있다. 하지만, 장기적으로 정부의 재정건전성과 기업의 재무건전성은 모두 채무상환 능력을 측정한다는 점에서 동일하다고 볼 수 있다(전광섭, 2015).

## 3. 지방공기업의 재무 현황[3)]

### 1) 지방공기업의 재무 현황

선행연구들(신열·장덕희, 2010; 소일섭, 2013; 김현아, 2014; 배인명, 2019)에서 공기업의 재무 현황을 검토하기 위해 주로 자산, 부채, 부채비율, 자본, 당기순이익

---

2) 우리나라 예산은 일반회계·특별회계·기금으로 구성되는데, 이를 따로 분리하지 않고 하나로 합쳐 포괄 범위 내에 있는 내부거래를 상계한 후 거래를 나타낸 것을 통합재정이라 하며, 당해 연도의 순수한 수입에서 순수한 지출을 차감한 수치를 통합재정수지라고 한다.

3) 이 책의 제4장 제3절 지방공기업의 경영 현황 부분에서 2002~2020 기간 동안 자산, 부채, 자본의 개략적인 추세를 설명했다. 제14장에서는 지방공기업 부채 문제가 심각해진 2011년 이후를 중점적으로 분석하고 향후 부채감축방안을 제시한다.

지표들의 추세를 살펴보았다.

[표 14-1]은 지방자치단체에서는 재정건전성, 그리고 지방공기업에서는 재무건전성에 비상등이 켜지기 시작한 2011년 이후에 초점을 맞추어 최근 10년 동안 전국 지방공기업의 재무 현황을 보여준다.

최근 10년 간 지방공기업 부채 규모는 2011년 51조 4,000억 원에서 2020년 54조 6,000억 원으로, 3조 2,000억 원이 증가한 반면, 부채비율은 2011년 62.3%에서 2020년 34.9%로, 27.4%p가 감소한다. 자본은 2011년 82조 5,000억 원에서 2020년 156조 4,000억 원으로 73조 9,000억 원이 증가하고, 당기순이익은 2011년 5,792억 원에서

**표 14-1 전국 지방공기업의 재무 현황**

(단위: 조 원)

| 구분 | 2011 | 2012 | 2013 | 2014 | 2015 | 2016 | 2017 | 2018 | 2019 | 2020 |
|---|---|---|---|---|---|---|---|---|---|---|
| 자산 | 133.4 | 140.8 | 146.3 | 150.8 | 155.1 | 185.9 | 177.9 | 193.4 | 204.9 | 210.0 |
| 부채 | 51.4 | 55.5 | 56.7 | 56.3 | 54.5 | 68.1 | 52.3 | 52.5 | 52.5 | 54.6 |
| 부채비율 | 62.3% | 64.9% | 62.9% | 59.1% | 53.5% | 57.9% | 41.6% | 37.3% | 34.4% | 34.9% |
| 자본 | 82.5 | 85.6 | 90.1 | 95.2 | 101.8 | 117.8 | 125.6 | 140.8 | 152.4 | 156.4 |
| 당기순이익 (억 원) | 5,792 | −10,413 | −7,073 | 5,071 | −3,011 | 82 | −3,722 | −4,911 | −12,372 | −21,043 |

자료: 행정안전부(2021). 지방공공기관경영정보시스템(cleaneye.go.kr).

**그림 14-1 전체 지방공기업의 부채 규모 및 부채비율 추이**

2020년 -2조 1,043억 원으로 2조 6,835억 원이 감소한다. 지방공기업의 자산, 자본의 확충에 따라 부채 규모는 비슷한 수준을 유지하고 있으나, 반면 분석 기간 동안 정부의 노력에 의해 부채비율은 크게 개선되었음을 보여준다.

## 2) 지방직영기업의 재무 현황 및 추이

[표 14-2]는 지방직영기업의 재무 현황을 보여준다. 최근 10년 간 지방직영기업의 부채 규모는 2011년 6조 6,700억 원에서 2020년 7조 2,000억 원으로 5,000억 원이 증

**표 14-2 지방직영기업의 재무 현황**

(단위: 백억 원)

| 구분 | 2011 | 2012 | 2013 | 2014 | 2015 | 2016 | 2017 | 2018 | 2019 | 2020 |
|---|---|---|---|---|---|---|---|---|---|---|
| 자산 | 5,968 | 6,359 | 6,821 | 7,285 | 7,784 | 8,249 | 8,693 | 10,118 | 10,947 | 11,264 |
| 부채 | 667 | 779 | 925 | 1,014 | 1,013 | 1,038 | 1,063 | 967 | 780 | 720 |
| 부채비율 | 12.5% | 13.9% | 15.6% | 16.0% | 14.7% | 14.3% | 13.5% | 10.6% | 7.6% | 6.8% |
| 자본 | 5,348 | 5,611 | 5,938 | 6,349 | 6,891 | 7,257 | 7,857 | 9,152 | 10,256 | 10,644 |
| 당기순이익 (억 원) | -434 | -7,378 | -7,376 | 864 | -10,277 | -8,863 | -7,191 | -5,802 | -9,287 | -12,763 |

자료: 행정안전부(2021). 지방공공기관경영정보시스템(cleaneye.go.kr).

**그림 14-2 전체 지방직영기업의 부채 규모 및 부채비율 추이**

가한 반면, 부채비율은 2011년 12.5%에서 2020년 6.8%로 5.7%p가 감소함을 보여준다. 자본은 2011년 53조 4,800억 원에서 2020년 106조 4,400억 원으로 52조 9,600억 원이 증가하고, 당기순이익은 2011년 −4조 3,400억 원에서 2020년 −127조 6,300억 원으로 −123조 2,900억 원이 감소함을 보여준다.

### 3) 지방공사의 재무 현황 및 부채 추이

[표 14-3]은 지방공사의 재무 현황을 보여준다. 최근 10년 간 지방공사의 부채 규

**표 14-3 전체 지방공사의 재무 현황**

(단위: 백억 원)

| 구분 | 2011 | 2012 | 2013 | 2014 | 2015 | 2016 | 2017 | 2018 | 2019 | 2020 |
|---|---|---|---|---|---|---|---|---|---|---|
| 자산 | 13,493 | 4,587 | 8,083 | 11,885 | 14,875 | 16,499 | 12,433 | 10,008 | 6,258 | 1,380 |
| 부채 | 4,449 | 4,754 | 4,722 | 4,596 | 4,413 | 4,023 | 4,217 | 4,256 | 4,431 | 4,707 |
| 부채비율 | 157.1% | 165.3% | 157.5% | 148.0% | 137.0% | 113.6% | 88.5% | 87.5% | 90.1% | 94.9% |
| 자본 | 2,833 | 2,876 | 2,999 | 3,107 | 3,222 | 3,540 | 4,765 | 4,865 | 4,919 | 4,926 |
| 당기순이익 (억 원) | 6,209 | −3,044 | 361 | 4,180 | 7,238 | 8,934 | 3,451 | 886 | −3,093 | −8,287 |

자료: 행정안전부(2021). 지방공공기관경영정보시스템(cleaneye.go.kr).

**그림 14-3 전체 지방공사의 부채 규모 및 부채비율 추이**

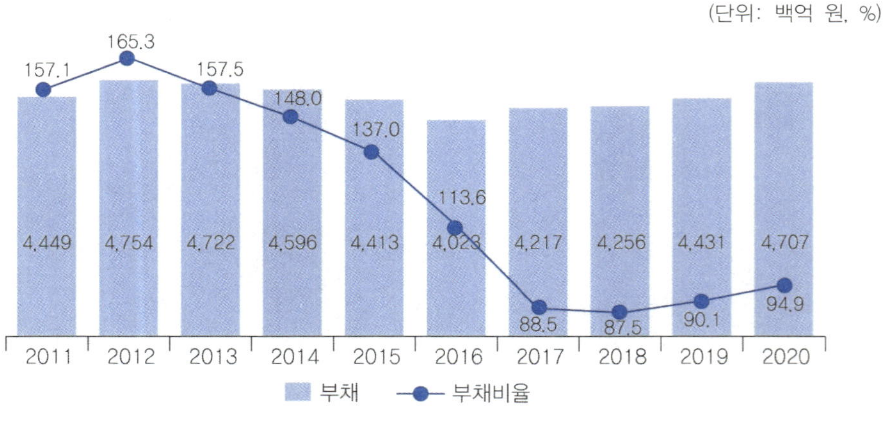

모는 2011년 44조 4,900억 원에서 2020년 47조 700억 원으로 2조 5,800억 원이 증가한 반면, 부채비율은 2011년 157.1%에서 2020년 94.9%로 61.5%p 감소하여 2015년 정부의 부채감축제도 도입 이후 부채관리가 잘 이루어지고 있음을 보여준다. 자본은 2011년 28조 3,300억 원에서 2020년 49조 2,600억 원으로 20조 9,300억 원이 증가하고, 당기순이익은 2011년 62조 900억 원에서 2020년 −82조 8,700억 원으로 −144조 9,600억 원이 감소함을 보여준다.

### 4) 지방공단의 재무 현황 및 부채 추이

[표 14-4]는 전체 지방공단의 재무 현황을 보여준다. 최근 10년 간 전체 지방공단 부채의 절대 규모는 2011년 2,400억 원에서 2020년 3,500억 원으로 1,100억 원이 증가한 반면, 부채비율은 2011년 33.8%에서 2020년 50.9%로 17.1%p 증가하여 2015년 정부의 부채감축제도 도입 이후에도 지방공단의 부채관리는 효과적으로 이루어지지 않음을 보여준다. 자본은 2011년 7,100억 원에서 2020년 6,900억 원으로 200억 원이 감소하고, 당기순이익은 2011년 1,670억 원에서 2020년 630억 원으로 −1,040억 원이 감소함을 보여준다.

**표 14-4 전체 지방공단의 재무 현황**

(단위: 백억 원)

| 구분 | 2011 | 2012 | 2013 | 2014 | 2015 | 2016 | 2017 | 2018 | 2019 | 2020 |
|---|---|---|---|---|---|---|---|---|---|---|
| 자산 | 95 | 90 | 88 | 91 | 89 | 93 | 98 | 100 | 108 | 103 |
| 부채 | 24 | 21 | 19 | 22 | 20 | 23 | 28 | 32 | 38 | 35 |
| 부채비율 | 33.8% | 29.5% | 27.6% | 31.2% | 28.4% | 32.8% | 41.0% | 45.9% | 55.4% | 50.9% |
| 자본 | 71 | 70 | 69 | 69 | 69 | 70 | 69 | 69 | 69 | 69 |
| 당기순이익 (억 원) | 16.7 | 9.6 | −58.3 | 26.8 | 27.5 | 10.0 | 18.2 | 4.7 | 8.5 | 6.3 |

자료: 행정안전부(2021). 지방공공기관경영정보시스템(cleaneye.go.kr).

**그림 14-4 전체 지방공단의 부채 규모 및 부채비율 추이**

(단위: 백억 원, %)

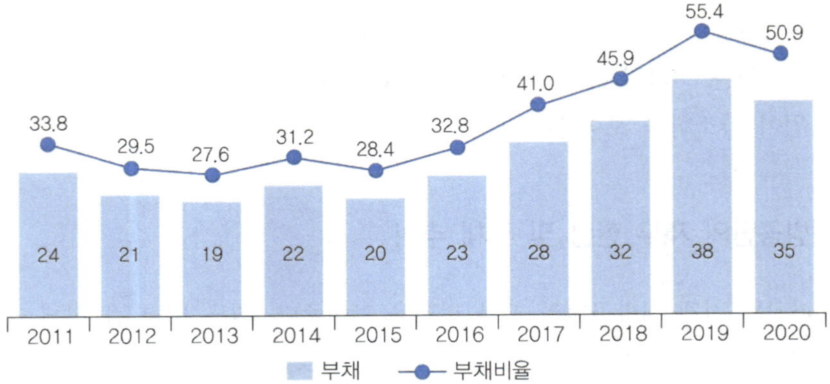


## 제 2 절 지방공기업 유형별 및 하위 부문별 부채 현황

일반적으로 부채란 타인에게 지불해야 할 금전적 채무를 의미한다. 지방공기업의 부채비율은 재무건전성을 측정하는 대표적인 지표로서, 직영기업과 지방공사·공단 유형별 및 하위 부문별(사업 형태) 및 자금조달에 차이가 존재하는 바, 이들의 현황과 추이를 살펴보는 작업이 필요하다.

### 1. 지방공기업 유형별 및 하위 부문별 부채비율 현황

부채비율은 부채를 자기자본으로 나누어 장기지급 능력을 파악하기 위해 자본조달의 구성을 살펴보는 비율이다(행정안전부, 2021). 하지만, 부채비율은 현재의 재무상태만을 나타내는 지표로서, 단기적 상환 능력 및 장기적 수익성을 고려하지 않은 단기적 안정성만을 보여주는 지표라는 한계점을 가지고 있다(소일섭, 2013).

[표 14-5]는 최근 10년 간 전국 지방공기업의 부채비율이 감소(2011년 62.3%, 2020년 34.9%)하고 있음을 보여준다. 우선, 직영기업의 경우 2014년 16.0%를 기록한 이후

**표 14-5 지방공기업 유형별 및 하위 부문별 부채비율 현황**

(단위: %)

| 구분 | 2011 | 2012 | 2013 | 2014 | 2015 | 2016 | 2017 | 2018 | 2019 | 2020 |
|---|---|---|---|---|---|---|---|---|---|---|
| 계 | 62.3 | 64.9 | 62.9 | 59.1 | 53.5 | 46.8 | 41.8 | 37.3 | 34.4 | 34.9 |
| 직영기업 | 12.5 | 13.9 | 15.6 | 16.0 | 14.7 | 14.3 | 13.5 | 10.6 | 7.6 | 6.8 |
| 상수도 | 6.3 | 5.5 | 4.9 | 4.1 | 3.3 | 2.7 | 4.7 | 1.9 | 1.6 | 1.6 |
| 하수도 | 11.2 | 13.7 | 18.9 | 19.6 | 19.5 | 18.6 | 15.9 | 13.4 | 12.2 | 11.2 |
| 공영개발 | 55.8 | 62.7 | 53.6 | 55.8 | 35.5 | 37.7 | 32.4 | 21.4 | 7.4 | 5.7 |
| 자동차운송 | | | | | | | | 7.1 | 9.5 | 12.3 |
| 지방공사 | 157.1 | 165.3 | 157.5 | 148.0 | 137.0 | 113.6 | 88.5 | 87.5 | 90.1 | 95.6 |
| 도시철도 | 17.2 | 15.5 | 14.3 | 15.4 | 14.1 | 12.7 | 27.1 | 30.3 | 28.3 | 40.7 |
| 도시개발4) | 286.1 | 300.1 | 275.8 | 247.9 | 224.0 | 190.3 | 165.1 | 154.4 | 159.4 | 154.9 |
| 기타공사 | 61.9 | 71.9 | 77.5 | 75.3 | 70.3 | 50.6 | 43.7 | 42.8 | 52.9 | 41.6 |
| 지방공단 | 33.8 | 29.5 | 27.6 | 31.2 | 28.4 | 32.8 | 41.0 | 45.9 | 55.4 | 50.9 |
| 시설공단 | 33.8 | 29.5 | 27.6 | 31.2 | 28.4 | 32.8 | 41.0 | 45.9 | 55.4 | 50.9 |

자료: 행정안전부(2021). 지방공공기관경영정보시스템(cleaneye.go.kr).

**그림 14-5 전국 지방공기업 유형별 부채비율 추이**

(단위: %)

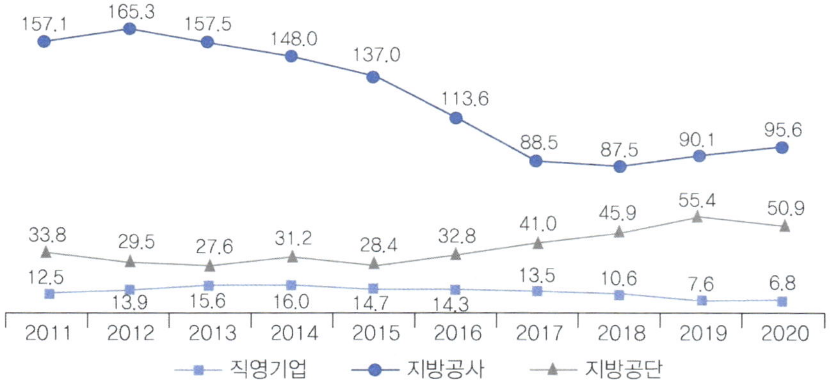


4) 지방공사 형태로 운영되는 도시개발공사는 대부분 공영개발방식으로 운영되는데, 사업의 구조가 매수 → 개발 → 분양 등의 절차로 운영됨으로써, 초기에는 비용이 과다하고 사후에 수익으로 비용을 상계하는 방식을 채택하고 있다. 특히, 토지 등을 매수함에 있어 채권을 통해 자금을 조달하는 방식을 취하고 있어 미분양에 따른 개발이익의 미환수는 도시개발공사의 부채로 전환되고 있다(지방공기업평가원, 2012: 25).

2020년 6.8%까지 지속적으로 하락하는 추세를 보인다. 지방공사의 경우 2012년 165.3%를 기록한 이후 2018년 87.5%까지 하락한 이후 2019년에는 90.1%로 재상승함을 보여준다. 지방공단의 경우 2013년 27.6%를 기록한 이후 점차 증가하여 2019년에 55.4%로 상승함을 보여준다.

## 2. 부채 상환기간에 따른 추이

부채는 상환기간에 따라 유동부채와 비유동부채로 구분한다. 유동부채는 재무제표 작성일로부터 1년 이내 상환의무가 있는 부채로 단기차입금, 미지급금, 유동성 장기차입부채, 기타유동부채 등을 의미한다. 비유동부채는 재무제표 작성일로부터 1년 이후에 상환의무가 도래하는 부채로 장기차입금, 장기미지급금, 지방채증권, 기타비유동부채 등을 포함한다.

### 1) 유동부채비율 추이

[표 14-6]은 최근 10년 간 전국 지방공기업의 유동부채비율이 감소(2011년 26.6%, 2020년 12.8%)하고 있음을 보여준다. 우선, 직영기업의 경우 2011~2018년에는 3.5~4.3%를 기록한 이후 2019년 이후 감소하는 추세를 보여준다. 지방공사의 경우 2013년 78.1%를 기록한 이후 2019년 33.2%까지 지속적으로 하락함을 보여준다. 지방공단의 경우 2015년 14.3%로 감소세로 전환한 이후 2019년 29.7%까지 상승함을 보여준다.

**표 14-6 지방공기업 유형 및 하위 부문별 유동부채비율 현황**

(단위: %)

| 구분 | 2011 | 2012 | 2013 | 2014 | 2015 | 2016 | 2017 | 2018 | 2019 | 2020 |
|---|---|---|---|---|---|---|---|---|---|---|
| 계 | 26.6 | 27.3 | 28.8 | 24.9 | 22.3 | 19.7 | 15.7 | 14.4 | 12.1 | 12.8 |
| 직영기업 | 3.5 | 3.9 | 4.1 | 3.8 | 3.7 | 4.2 | 4.3 | 3.5 | 1.9 | 1.4 |
| 상수도 | 1.4 | 0.9 | 1.1 | 1.0 | 0.7 | 0.7 | 0.6 | 0.6 | 0.6 | 0.4 |
| 하수도 | 1.1 | 1.2 | 2.2 | 1.2 | 1.2 | 1.3 | 1.0 | 0.9 | 1.0 | 0.8 |
| 공영개발 | 30.6 | 36.8 | 30.5 | 33.1 | 23.3 | 28.0 | 27.4 | 17.9 | 5.8 | 4.5 |
| 자동차운송 | | | | | | | | 2.4 | 2.4 | 2.7 |

| 지방공사 | 70.3 | 73.2 | 78.1 | 68.2 | 62.5 | 51.3 | 34.5 | 34.6 | 33.2 | 37.0 |
|---|---|---|---|---|---|---|---|---|---|---|
| 도시철도 | 17.3 | 15.1 | 15.1 | 14.1 | 13.5 | 9.4 | 6.5 | 6.4 | 5.8 | 9.2 |
| 도시개발 | 119.0 | 122.6 | 127.5 | 107.1 | 94.7 | 82.5 | 66.8 | 66.3 | 61.7 | 62.3 |
| 기타공사 | 34.8 | 50.8 | 56.5 | 48.3 | 49.1 | 28.3 | 27.6 | 19.6 | 27.8 | 30.7 |
| 지방공단 | 24.3 | 19.4 | 14.9 | 16.5 | 14.3 | 17.4 | 24.5 | 26.5 | 29.7 | 27.3 |
| 시설공단 | 24.3 | 19.4 | 14.9 | 16.5 | 14.3 | 17.4 | 24.5 | 26.5 | 29.7 | 27.3 |

자료: 행정안전부(2021). 지방공공기관경영정보시스템(cleaneye.go.kr).

**그림 14-6 전국 지방공기업 유형별 유동부채비율 추이**

(단위: %)

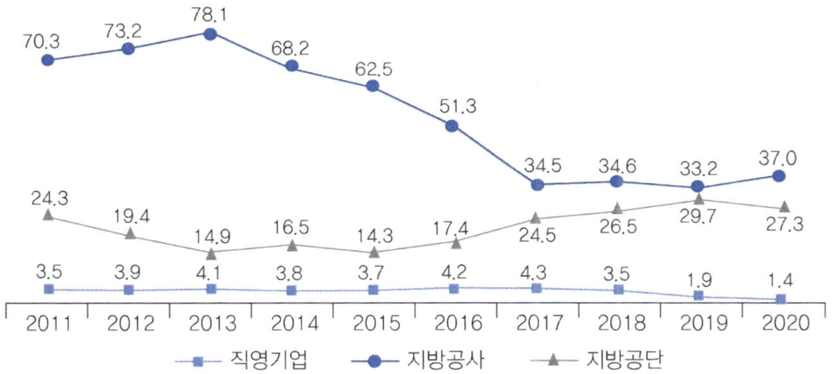


## 2) 비유동부채비율 추이

[표 14-7]은 최근 10년 간 전국 지방공기업의 비유동부채비율이 감소(2011년 41.0%, 2020년 22.3%)하고 있음을 보여준다. 직영기업의 경우 2014년 12.1%을 기록한 이후 감소세로 전환되어 2020년 5.3%까지 지속 감소하는 추세를 보여준다. 지방공사의 경우 2012년 107.7%를 기록한 이후 2018년 53.4%까지 하락한 이후 2019년에는 57.6%로 재상승함을 보여준다. 지방공단의 경우 2014년 14.7%를 기록한 이후 2015년 일시적으로 감소한 이후 반등하여 2019년 25.7%까지 증가함을 보여준다.

**표 14-7 지방공기업 유형 및 하위 부문별 비유동부채비율 현황**

(단위: %)

| 구분 | 2011 | 2012 | 2013 | 2014 | 2015 | 2016 | 2017 | 2018 | 2019 | 2020 |
|---|---|---|---|---|---|---|---|---|---|---|
| 계 | 41.0 | 42.7 | 39.2 | 38.7 | 35.5 | 31.2 | 26.2 | 23.0 | 22.5 | 22.3 |
| 직영기업 | 8.9 | 10.0 | 11.5 | 12.1 | 11.0 | 10.1 | 9.3 | 7.0 | 5.7 | 5.3 |
| 상수도 | 4.9 | 4.6 | 3.8 | 3.1 | 2.6 | 2.0 | 4.0 | 1.3 | 1.0 | 1.1 |
| 하수도 | 10.1 | 12.5 | 16.6 | 18.4 | 18.3 | 17.3 | 14.9 | 12.5 | 11.2 | 10.5 |
| 공영개발 | 25.2 | 25.9 | 23.1 | 22.8 | 12.2 | 9.7 | 5.0 | 3.5 | 1.5 | 1.2 |
| 자동차운송 | | | | | | | | 4.6 | 7.1 | 9.6 |
| 지방공사 | 102.6 | 107.7 | 94.9 | 94.0 | 88.5 | 75.2 | 54.5 | 53.4 | 57.6 | 59.2 |
| 도시철도 | 38.3 | 39.8 | 39.3 | 39.7 | 39.9 | 38.8 | 20.6 | 23.9 | 22.4 | 31.3 |
| 도시개발공사 | 167.1 | 177.6 | 148.2 | 140.9 | 129.2 | 107.8 | 98.3 | 88.2 | 97.8 | 92.6 |
| 기타공사 | 27.0 | 21.1 | 21.1 | 27.0 | 21.2 | 22.3 | 16.1 | 23.2 | 25.0 | 10.8 |
| 지방공단 | 9.5 | 10.1 | 12.7 | 14.7 | 14.1 | 15.3 | 16.5 | 19.4 | 25.7 | 23.6 |
| 시설공단 | 9.5 | 10.1 | 12.7 | 14.7 | 14.1 | 15.3 | 16.5 | 19.4 | 25.7 | 23.6 |

자료: 행정안전부(2021). 지방공공기관경영정보시스템(cleaneye.go.kr).

**그림 14-7 전국 지방공기업 유형별 비유동부채비율 추이**

(단위: %)

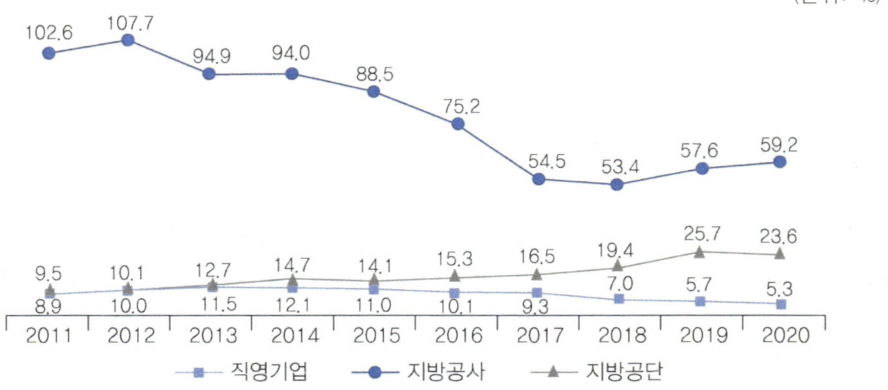


## 3. 이자 지급의무에 따른 추이

금융부채는 이자 상환의 의무가 있는 부채를 의미하며, 금융부채비율은 부채총액

중 금융부채가 차지하는 비율을 의미한다. 금융부채는 은행차입금, 사채 등이므로 금융부채비율이 높다는 것은 외부에서 조달한 부채가 많으며, 그만큼 원금 및 이자 상환의 부담이 커진다는 것을 의미한다. 비금융부채는 부채총액 중 금융부채가 아닌 부채를 의미하며, 여기에는 매입채무, 선수금, 임대보증금 등 영업활동에 따른 부채와 퇴직급여충당금 등 충당부채를 포함한다.

### 1) 금융부채비율 추이

[표 14-8]은 최근 10년 간 전국 지방공기업의 금융부채비율이 감소(2011년 68.6%, 2020년 43.8%)하고 있음을 보여준다. 우선, 직영기업의 경우 2013년 52.3%를 기록한 이후 2016년 46.6%까지 감소하다가 2018년에는 67.8%까지 증가함을 보여준다. 지방공사의 경우 2011년 71.3%를 기록한 이후 2020년 43.1%까지 지속적으로 하락함을 보여준다. 지방공단 경우 2012년 2.9%를 기록한 이후 2020년까지 1%대 내외 실적을 보여준다.

**표 14-8 지방공기업 유형 및 하위 부문별 금융부채비율 현황**

(단위: %)

| 구분 | 2011 | 2012 | 2013 | 2014 | 2015 | 2016 | 2017 | 2018 | 2019 | 2020 |
|---|---|---|---|---|---|---|---|---|---|---|
| 계 | 68.6 | 66.6 | 63.7 | 56.8 | 52.7 | 49.3 | 49.0 | 50.8 | 44.3 | 43.8 |
| 직영기업 | 52.4 | 51.8 | 52.3 | 51.3 | 47.7 | 46.6 | 57.2 | 67.8 | 44.5 | 50.2 |
| 상수도 | 37.6 | 32.5 | 29.0 | 28.6 | 27.4 | 24.4 | 11.4 | 31.0 | 22.1 | 31.2 |
| 하수도 | 57.9 | 52.7 | 54.7 | 56.0 | 55.2 | 54.9 | 56.7 | 64.1 | 55.1 | 58.6 |
| 공영개발 | 55.4 | 60.2 | 59.0 | 50.3 | 38.3 | 36.0 | 78.7 | 82.2 | 14.9 | 23.5 |
| 자동차운송 | | | | | | | | 0.0 | 0.0 | 0.0 |
| 지방공사 | 71.3 | 69.3 | 66.1 | 58.3 | 54.1 | 50.3 | 47.2 | 47.3 | 44.7 | 43.1 |
| 도시철도 | 65.2 | 67.6 | 65.3 | 58.3 | 60.7 | 57.7 | 58.1 | 59.2 | 56.0 | 55.3 |
| 도시개발 | 71.4 | 69.7 | 66.2 | 58.2 | 54.2 | 50.2 | 45.4 | 44.4 | 42.3 | 40.0 |
| 기타공사 | 77.9 | 63.0 | 66.6 | 60.1 | 47.0 | 46.5 | 44.1 | 57.8 | 49.8 | 47.5 |
| 지방공단 | 5.8 | 2.9 | 2.8 | 0.9 | 0.9 | 0.6 | 1.5 | 1.5 | 1.5 | 0.8 |
| 시설공단 | 5.8 | 2.9 | 2.8 | 0.9 | 0.9 | 0.6 | 1.5 | 1.5 | 1.5 | 0.8 |

자료: 행정안전부(2021). 지방공공기관경영정보시스템(cleaneye.go.kr).

그림 14-8 전국 지방공기업 유형별 금융부채비율 추이

(단위: %)

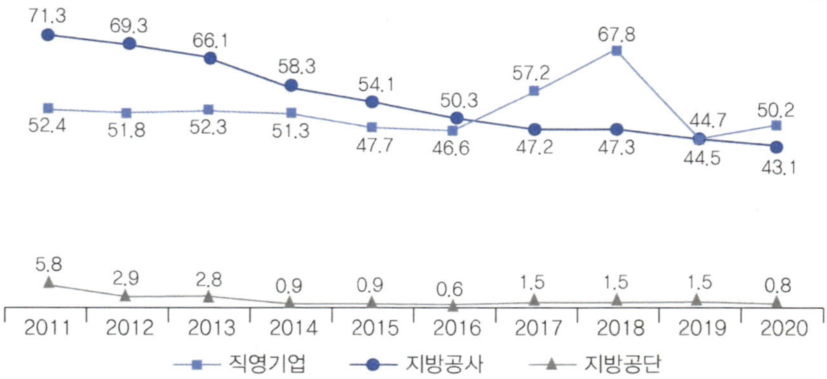


## 2) 비금융부채비율 추이

[표 14-9]는 최근 10년 간 전국 지방공기업의 비금융부채비율이 증가(2011년 31.4%,

표 14-9 지방공기업 유형 및 하위 부문별 비금융부채비율 현황

(단위: %)

| 구분 | 2011 | 2012 | 2013 | 2014 | 2015 | 2016 | 2017 | 2018 | 2019 | 2020 |
|---|---|---|---|---|---|---|---|---|---|---|
| 계 | 31.4 | 33.4 | 36.3 | 43.2 | 47.3 | 50.7 | 51.0 | 49.2 | 55.6 | 56.2 |
| 직영기업 | 47.6 | 48.2 | 47.7 | 48.7 | 52.3 | 53.4 | 42.8 | 32.2 | 55.2 | 49.8 |
| 상수도 | 62.4 | 67.5 | 71.0 | 71.4 | 72.6 | 75.6 | 88.6 | 69.0 | 73.5 | 68.8 |
| 하수도 | 42.1 | 47.3 | 45.3 | 44.0 | 44.8 | 45.1 | 43.3 | 35.9 | 44.9 | 41.4 |
| 공영개발 | 44.6 | 39.8 | 41.0 | 49.7 | 61.7 | 64.0 | 21.3 | 17.8 | 85.1 | 76.5 |
| 자동차운송 | | | | | | | | 100.0 | 100.0 | 100.0 |
| 지방공사 | 28.7 | 30.7 | 33.9 | 41.7 | 45.9 | 49.7 | 52.8 | 52.7 | 55.3 | 56.9 |
| 도시철도 | 34.8 | 32.4 | 34.7 | 41.7 | 39.3 | 42.3 | 41.9 | 40.8 | 44.0 | 44.7 |
| 도시개발 | 28.6 | 30.3 | 33.8 | 41.8 | 45.8 | 49.8 | 54.6 | 55.6 | 57.7 | 60.0 |
| 기타공사 | 22.1 | 37.0 | 33.4 | 39.9 | 53.0 | 53.5 | 55.9 | 42.2 | 50.2 | 52.5 |
| 지방공단 | 94.2 | 97.1 | 97.2 | 99.1 | 99.1 | 99.4 | 98.5 | 98.5 | 98.5 | 99.2 |
| 시설공단 | 94.2 | 97.1 | 97.2 | 99.1 | 99.1 | 99.4 | 98.5 | 98.5 | 98.5 | 99.2 |

자료: 행정안전부(2021). 지방공공기관경영정보시스템(cleaneye.go.kr).

**그림 14-9 전국 지방공기업 유형별 비금융부채비율 추이**

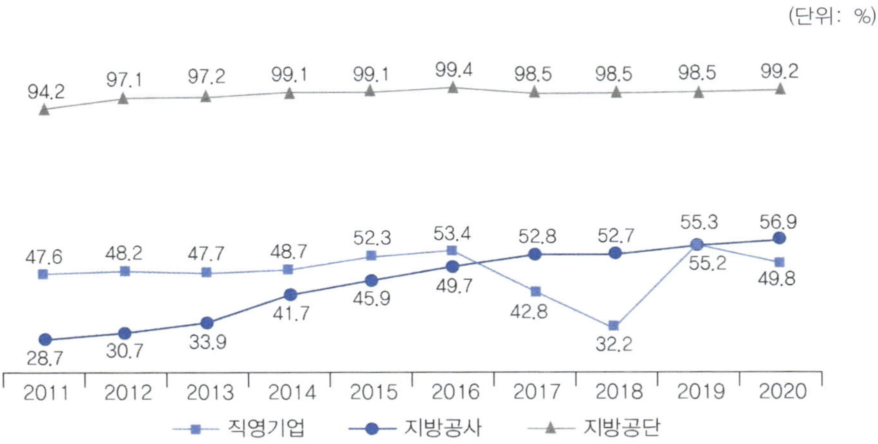


2020년 56.2%)하고 있음을 보여준다. 우선, 직영기업의 경우 2013년 47.7%를 기록한 이후 2016년 53.4%까지 증가하다가 이후 반전되어, 2018년에는 32.2%까지 감소하다가 2019년 55.2%로 급격히 증가함을 보여준다. 지방공사의 경우 2011년 28.7%를 기록한 이후 2020년 56.9%까지 지속적으로 증가함을 보여준다. 지방공단의 경우 2012~2020년 97.1~99.4% 수준에서 조금씩 증가와 감소를 반복하는 추세를 보여준다.

## 제 3 절 지방공기업 부채감축 노력

지방공기업은 지방자치단체가 공공서비스 제공을 위해 설립한 기업으로서, 지방자치단체는 지방공기업을 활용하여 다양한 사업을 수행한다. 이러한 관계 때문에 해당 지방자치단체의 재정 상황이 지방공기업의 재무건전성에 막대한 영향을 미친다. 이 절에서는 지방자치단체의 재정과 지방공기업의 재무건전성 간의 관계를 간단히 검토한 후, 역대 정부들에 의한 지방공기업 부채감축 노력에 대해서도 설명한다.

## 1. 지방자치단체의 재정과 지방공기업 재무건전성 간의 관계

지방자치단체의 재정 및 회계에 대한 사항을 규정하는 법률인 「지방재정법」 제3조 제1항에 따르면 “지방자치단체는 주민의 복리증진을 위하여 그 재정을 건전하고 효율적으로 운용하여야 한다”라고 정의하여 건전재정운영의 원칙을 천명하고 있다. 이는 지방자치단체가 재정운영에 있어 수지균형의 원칙에 따라 건전하게 운영해야 하며, 무엇보다 재정운영의 비효율을 제거해야 함을 의미한다(정재진, 2011). 또한 지방공기업은 해당 지방자치단체의 책임 하에 설립하여 운영하기 때문에, 만약 지방공기업이 재무건전성 문제가 발생하면 해당 지방자치단체가 그 문제를 해결해야 하기에, 지방공기업의 재무건전성은 지방자치단체의 재정건전성과도 직접적인 연관이 있음을 의미한다(장희란 · 박정수, 2016).

지방자치단체의 경우 각종 한도로 인해 정해진 예산에 의해서만 운영하여야 한다. 하지만, 이러한 제도적 제한을 회피하기 위해 상대적으로 제약이 적은 지방공기업을 통해, 자치단체장들은 공약사업과 과시성 및 선심성 사업 등을 수행한다. 이로 인해 국내 · 외 많은 지방자치단체의 지방공기업들이 부실화됨을 각종 자료를 통해 접하게 된다. 방만한 지방공기업 경영 등으로 인하여 자치단체가 설립한 지방공기업의 파산으로 인하여, 해당 지방자치단체도 파산하는 사례가 왕왕 보도되는 바(예: 일본 유바리시), 지방공기업은 넓은 의미에서 지방재정의 일부에 포함된다. 이러한 논리에 따라 지방자치단체의 재정건전성 유지를 위하여 소속 지방공기업의 재무건전성 유지가 필수적이다. 지방공기업 부채는 국가부채에서 제외되고 있으나, 그 부담이 최종적으로 정부 혹은 지방자치단체의 부담이 된다. 만약, 지방자치단체가 재정위기에 처하면 국가가 그 문제를 해결해야 하기에, 지방공기업 부채는 궁극적으로 국가부채의 성격을 띠고 있다. 따라서 국가 및 지방의 재정건전성과 공기업의 재무건전성은 밀접하게 연관되어 있다(고재민 · 이아영 · 배진철, 2014).

미국과 일본의 경우 지방정부 및 자치단체 파산제도가 존재하는데, 일반적으로 재정은 정부가 공공욕구를 충족시키기 위해 수행하는 모든 경제적 활동으로 정의하는데, 재정건전성은 정부가 지역주민이 원하는 수준의 공공서비스를 제공하면서 장 · 단기적으로 채무를 변제할 수 있는 능력을 의미한다(전광섭, 2015). 반면, 지방공기업을 포함한 공기업의 재무건전성은 개별 공기업이 장 · 단기적으로 채무를 상환할 수 있는 능력을 의미한다. [그림 14-10]은 지방자치단체와 지방공기업 간의 재정관계를

그림 14-10 지방자치단체와 지방공기업 간의 재정관계

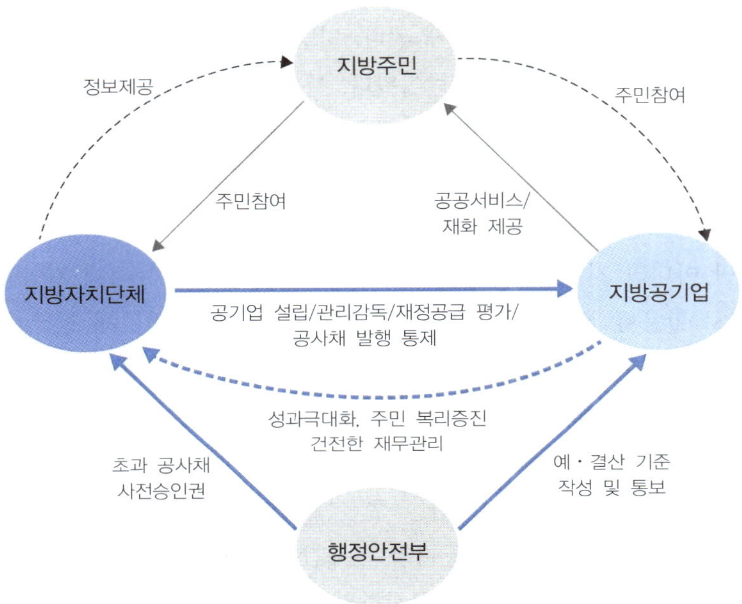


자료: 김동현 · 박승하 · 남승하(2013).

보여준다.

정부의 재정건전성은 단기적으로는 재정수지를 통해, 장기적으로는 채무상환 능력을 통해 측정된다(고재민 · 이아영 · 배진철, 2014). 하지만, 단기 재정수지는 정부부문의 수입과 지출의 차이로 판단한다. 우리나라에서는 정부부문의 재정건전성을 통합재정수지로 판단한다. 이에 비해 채무상환 능력은 정부가 장기적으로 채무를 원활하게 상환할 수 있는 능력을 갖추고 있는지 판단한다. 흔히 채무상환 능력은 국가 차원에서는 경상 GDP 대비 국가채무 수준으로, 지방자치단체 차원에서는 예산 대비 채무 수준으로 측정한다.

## 2. 지방공기업 부채감축 노력 및 방안

1995년 지방자치제도 부활과 함께 1997년 「지방재정법」 개정으로 지방공기업의 설립 권한을 행정안전부에서 지방자치단체로 이양함에 따라, 자치단체들은 각종 지

방공기업을 설립하여 지방자치단체의 각종 사업을 수행하여 왔다. 이 과정에서 2000년 초 이후 지방공기업들의 부채 규모가 상당히 증가하고, 2010년경에는 지방공기업 부채가 심각한 사회현상으로 발전하게 된다. 지방공기업 부채는 정권에 따라서 또 해당 자치단체장에 따라 많은 영향을 받아왔다. 특히, 2008년에 등장한 이명박 정부 하에서는 지방공기업 부채가 급증하였고, 이후 지방공기업 부채감축을 위한 일련의 정책들이 시작되었다.

이명박 정부는 2009년 글로벌 경제위기 극복을 위한 경기 부양정책으로 국가와 국가공기업뿐만 아니라 지방자치단체 채무의 대폭적인 활용과 동시에 지방공기업 부채도 적극적으로 활용했다. 지방공기업 부채가 급증함에 따라 박근혜 정부 하에서는 지방공기업의 재무건전성 확보를 위해 '2009년 지방공기업 선진화 계획', '2010년 지방공기업 선진화 향후 과제', '2013년 지방공기업 부채감축 및 경영효율화 방안', 그리고 '2015년 지방공기업 종합관리 계획' 등 일련의 정책을 설계하고 집행하여 지방공기업의 부채감축을 통한 재무건전성 개선을 추진한다.

이명박 정부에서도 국가와 지방공기업 부채감축을 위한 대책들을 마련했지만, 박근혜 정부처럼 강력하고 지속적으로 실시하지 않았다. 이처럼 이명박 정부와 박근혜 정부는 지방공기업의 방만한 사업운영과 부실경영에 대한 구조조정과 정책목표는 분명한 차이점이 존재한다.

'작은 정부'를 표방한 이명박 정부는 공공기관에 대한 통·폐합과 구조조정을 유도하고, 지방공기업 대해서는 양적 성장에도 불구하고 종전의 개별공기업 단위의 경영개선 위주에서 탈피하고자 '지방공기업 선진화 방안'을 마련한다. 이에 따라 정부와 자치단체는 경영부실, 주력사업 부적절, 사업영역 중복 등 공기업 경영 전반에 걸쳐 강도 높은 구조조정을 추진하고, 이를 토대로 지방공기업의 재무건전성을 확보하고 더불어 공기업의 생존력을 높이는 데 중점을 두었다(행정안전부, 2010).

박근혜 정부는 공기업의 부채가 급격히 증가함에 따라 이는 지방재정 부담뿐만 아니라 국가재정에도 영향을 미칠 수 있음을 심각하게 인식한다. 이에 따라 지방공기업의 방만한 사업운영과 부실경영을 개혁하고자 지방공기업의 사업구조 특성을 반영한 부채감축 및 경영효율화 방안을 마련하여 궁극적으로 지방공기업의 재무건전성을 달성하는 데 초점을 둔다.

이명박 정부가 지방공기업의 형식적, 구조적 개혁에 머물렀다고 한다면, 박근혜 정부는 지방공기업의 지속가능한 공익성과 기업성을 유지할 수 있도록 부채비율 감축

**표 14-10 지방공기업 개혁 방향의 변천 과정**

| 구분 | 이명박<br>(2008~2012) | 박근혜<br>(2013~2016) | 문재인<br>(2017~2022) |
|---|---|---|---|
| 개혁방향 | • 지방공기업 선진화 방안 | • 지방공기업 부채감축 및 경영효율화 방안 | • 사회적 가치 실현을 선도하는 공공기관 |
| 주요 변화 | • 총체적인 구조조정<br>• 통합, 청산 13개 기관<br>• 자체 경영개선 13개 기관 | • 자치단체 중심 통합 부채감축 관리체계<br>• 부채구조조정 및 공사채에 특수채 지위 부여 | • 인권 · 안전 · 환경 및 양질의 일자리 등 사회적 가치 실현 선도 |
| 책임성 확대 | • 사장추천위원회 구성<br>• 지방공기업정책위원 심의 · 의결<br>• 출자법인의 채무에 대한 보증한도 설정 | • 성과 중심 경영평가<br>• 지방공사채 채무보증 행위 제한<br>• 정보공개 확대를 통한 자치단체의 책임성 강화 | • 경영평가체계 등 개선 및 정보공개 확대<br>• 감사 독립성 강화 및 노동이사제 도입 등 공공기관 지배구조 개선<br>• 주민참여 확대 |

자료: 저자 편집.

을 통한 재무구조 개선과 구축에 방점을 둔 점이 대별된다. [표 14-10]은 역대 정부의 지방공기업 개혁 방향의 변천 과정을 간단하게 보여준다.

### 1) 지방공기업 선진화 추진계획

이명박 정부는 2009년 '지방공기업 선진화 추진계획'을 발표하여 신규 공기업의 남설 방지, 부실공기업의 구조조정, 내부 효율성 제고 등을 개혁하는 내용을 포함하고 있으며, 특히 부실 지방공사 · 공단의 통 · 폐합 등 총체적 구조조정을 추진하였다. [표 14-11]은 지방공기업 선진화 추진계획을 보여준다.

2010년 3월 '지방공기업 선진화 방안' 확정에 따라 26개 지방공사 공단에 대한 청산, 통합을 확정하는 구조조정안을 마련한다. 26개 지방공기업의 선진화 방안은 통합 10개 기관, 청산(민영화) 2개 기관,[5] 조건부 청산 1개,[6] 자체 경영개선 13개 기관을 선정하여, 종전의 개별공기업 단위의 경영개선 위주에서 탈피하여 공기업 전반에 걸

5) 사업전망이 불투명하고 경영악화로 인해 자체 경영정상화가 불가능한 충남농축산물류센터관리공사, 태백관광개발공사 등은 청산토록 한다.

6) 통영관광개발공사는 케이블카 운영사업만 단순히 수행하는 등 주력사업 운영 대상이 부적절하나 지역관광 활성화 기여를 감안하여 계획사업 추진을 전제로 조건부 청산토록 한다.

**표 14-11 지방공기업 선진화 추진계획**

| 분야 | 세부추진과제 |
|---|---|
| 부실공기업 정비 | • 부실 공사·공단 진단 및 통·폐합 등 정비<br>• 부실 제3섹터 법인 청산 등 정비<br>• 청산, 통·폐합 등 구조조정 지원 체계 구축 |
| 설립타당성 검토기준 강화 | • 설립타당성 검토기관 요청 강화<br>• 주민참여장치(공청회) 마련<br>• 공기업 설립 전 시도·시군구 간 협의 의무화 |
| 내부 지배구조 선진화 | • 공정한 임원 임명시스템 구축, CEO 중심 자율경영체제 강화<br>• 비상임사회이사 역할 강화, 임원 경영성과 계약제도 도입 |
| 방만경영요인 제거 | • 결원율 5% 초과기관 정원감축, 성과급 통합 및 지급기준·지급률 개선<br>• 업무추진비 편성한도 하향 조정<br>• 구조조정 목적의 명예퇴직 기준 완화 |
| 경영평가제도 선진화 | • 경영평가의 자율성 및 객관성 제고<br>• 평가계획 조기확정 및 평가기간 단축 |
| 외부감시·통제 강화 | • 통합공시의무화 및 불성실 공시기관 시정요구권 도입<br>• 제3섹터법인 외부통제 강화 |

자료: 행정자치부(2009).

쳐 강도 높은 구조조정을 추진한다.

특히, 지방공사·공단 중 조직 규모가 작아 경영활동 수행이 어려우며, 통합 시 규모의 경제가 기대되는 구미시, 김포시, 용인시, 화성시, 춘천시 등 5개 기초자치단체의 10개 기관(공사·공단)을 5개 기관으로 통합한다(행정안전부, 2010). [표 14-12]는 지방공사·공단 통합대상 기관 현황을 보여준다.

**표 14-12 지방공사·공단 통합대상 기관 현황**

| 구분 | 통합대상 | 인원 |
|---|---|---|
| 구미시 | 구미원예수출공사/구미시설관리공단 | 54명/243명 |
| 김포시 | 김포도시개발공사/김포시설관리공단 | 44명/213명 |
| 용인시 | 용인지방공사/용인시설관리공단 | 37명/167명 |
| 화성시 | 화성도시공사/화성시설관리공단 | 31명/158명 |
| 춘천시 | 춘천도시개발공사/춘천시설관리공단 | 21명/139명 |

자료: 행정안전부(2010).

또한 과도한 부실 기관 13개(인천도시공사, 경기주택공사, 강원도개발공사 등) 지방공사·공단에 대해서는 자산매각, 목적외 사업 매각 등 자체 경영개선을 통한 경영효율화에 초점을 두었다. 강원도개발공사는 보유자산매각,[7] 사업시기 조정, 목적외 사업 매각, 조직인력 정비 등을 추진하고, 인천도시공사는 추진 중인 사업시기 조정, 목적외 사업 매각[8] 등을 통한 사업 리스크 관리 및 조직인력 정비를 추진하고, 경기주택공사는 자본금 확충(부채비율 400% 이하)과 투자 우선순위 조정, 조직 슬림화 등을 추진하여 자체 경영개선을 추진하였다.

### 2) 지방공기업 선진화 향후 과제

이명박 정부의 2010년 '지방공기업 선진화 향후 과제'는 500억 원 이상 신규사업에 대해서는 외부 전문기관의 사업타당성 조사를 의무화하고, 공사채 법적 발행한도는 순자산의 10배 이내에서 순자산의 6배에 축소하는 재무건전성 강화에 중점을 맞추었

**표 14-13 지방공기업 선진화 향후 과제 주요 내용**

| 구분 | 주요 내용 |
|---|---|
| 신규사업 타당성 검증 강화 | • 500억 원 이상 신규사업의 경우 외부 전문기관의 사업타당성 조사를 의무화, 타당성 조사 결과에 대해선 투자심의위원회 및 이사회 의결 의무화 |
| 부채구조 조정 추진 | • 행정자치부의 공사채 발행 사전승인 심사 시 부적절한 현물출자 등 출자 재산의 요건 확인, 사업타당성 검증의 적절성 등에 대한 심사를 강화, 공사채 승인 이후에도 공사채로 조달된 자금의 목적외 사용 여부, 승인조건 이행실적 등을 정기(반기별)적으로 확인<br>• 이익이 발생한 경우 배당에 앞서 감채적립금 적립, 공사채 상환에 충당하는 이외에는 사용할 수 없도록 이익금 처리 규정 개정<br>• 공사채의 법적 발행한도 축소(순자산 10배 이내 → 6배 이내) |
| 인센티브 제도 실효성 제고 | • 경영평가 시 영업수지 비율 및 부채비율의 반영 비중을 확대하고, 최하위 평가등급에 대해서는 성과급이 지급되지 않도록 할 계획 |
| 지방공기업별 경영개선 추진 | • 도 산하 지방공기업에 대한 컨설팅 차원의 일제점검 결과를 토대로 적자가 예상되는 사업에 대한 개별공기업별 경영개선방안을 마련하고, 자산매각 및 손실 최소화 등 경영개선을 추진 |

자료: 행정자치부(2011).

7) 강원도개발공사 보유자산매각은 강원랜드 출자지분, 원주무실아파트부지, 한국콘도, 본사사옥 등이다.
8) 인천도시공사 목적외 사업은 송도사이언스빌리지 조성사업, 송도메리어트 호텔 운영 등이다.

다(행정안전부, 2011). [표 14-13]은 이명박 정부 하의 지방공기업 선진화 향후 과제 주요 내용을 보여준다.

### 3) 지방공기업 부채감축과 경영효율화 방안

박근혜 정부는 2013년 12월 지방공기업의 재무건전성 강화를 위해 '지방공기업 부채감축과 경영효율화 방안'을 발표한다. 특히, 역대 정부와 달리 지방공기업 '부채감축목표제'를 도입하여 자산매각, 사업정리, 경영효율화를 추진하고, 정책목표 달성을 위해 부채감축계획 추진 및 지방공기업 대상 부채중점관리기관 27개를 지정한다.

정부는 2013년 부채감축 목표제 도입으로 지방공기업 부채비율을 250% 이하 기준으로 재무건전성 관리를 추진하고, 지방공기업의 재무건전성을 지방자치단체의 재정건전성과 연결시켜 지방재정위기진단 및 조기경보시스템제도를 발족한다. 이에 따라 소속 지방공기업 부채비율이 400%를 초과하면 주의, 600%를 초과하면 심각한 수준으로 진단한다.

특히, 지방공사의 부채가 지방자치단체 관리체계에 포함시키고, 재정위기 대상 지방공기업 지정 시 공사채의 해당 지방자치단체에서 상환의무를 부여함에 따라 특수채에 포함되도록 「지방공기업법」을 개정하여, 공사채의 발행에 대한 지방자치단체의 부채관리 역할에 변화를 주었다. 여타의 지방공기업 유형과 달리, 지방공사의 부채는 도시·택지, 산업단지개발과 같은 지역개발사업과 임대주택, 보금자리 및 혁신도시 사업 등 국가정책 연계사업을 추진함에 따라 발생하는 바, 2006년 금융부채는 8 : 2에서, 2013년에는 7 : 3 정도로 변화를 보였다(안전행정부, 2013). 이에 따라 박근혜 정부에서는 이전 정부와 달리 형식적인 관리가 아닌, 실질적이고 강제적인 지방공기업 부채감축제도를 실시하여 지방공기업의 재무건전성에 대한 개선을 강력히 추진한다(안전행정부, 2013). [표 14-14]는 '지방공기업 부채감축 및 경영효율화 방안'을 보여준다.

2013년 조치에서는 지방공기업 부채관리를 개별적 부채관리체계에서 지방자치단체 책임 중심의 통합부채관리체계(자치단체+지방공기업+출자·출연기관)로 전환한 점이 특징이다. 아울러 지방자치단체가 지방공기업 부채를 포함하여 「재정건전성관리계획」[9]을 수립하고 의회 의결을 받도록 의무화한다.

**표 14-14 지방공기업 부채감축 및 경영효율화 방안**

| 구분 | 추진방안 | 주요 내용 |
|---|---|---|
| 자치단체 중심의 부채감축 추진 | 통합부채 관리체계 구축 | • 개별적인 부채관리체계를 통합부채 관리체계(자치단체 + 지방공기업 + 출자·출연기관)로 전환하고, 보증·협약 등에 따른 우발부채까지 관리<br>* 통합부채를 기준으로 지방채발행 총액한도 승인 및 신규 투융자 사업 심사, 재정위기관리기준 등에 활용 계획<br>• 자치단체별 「부채관리관」 지정·운영, 시·도기획관리실장 등 |
| | 부채구조 조정 추진 | • 부채감축목표제 실질적 이행을 위한 「사채발행사전승인」 제도 개선<br>• 재무상태, 경영손익 등을 종합 고려 '건전화대상 지방공기업' 지정·관리<br>• 구분회계제도를 도입, 사업별 부채 증감, 경영손익 등 관리<br>* 사업별 경영성과·재무상태를 파악하기 위해 사업별로 재무정보를 산출 |
| | 지방공사채에 특수채 지위 부여 | • 공사의 부채가 자치단체 관리체계에 포함되고, 재정위기 지방공기업 지정 시 공사채의 자치단체 상환의무가 발생함에 따라 특수채에 포함<br>• 특수채 지위 부여로 공적관리에 상응하는 금융비용 하락 필요 |

자료: 행정자치부(2013).

또한 지방공기업의 부채감축을 위한 실질적인 수단으로 부채구조조정 추진을 위한 「공사채발행사전승인」제도 개선을 도입하였다. 지방공기업의 공사채 발행한도를 '2012년 400%에서 2017년 200%까지' 축소를 위한 연도별 감축목표를 관리하고, 구분회계제도를 도입하여 사업별로 부채 증감, 경영손익, 금융비용 발생 현황 등 관리를 통해 사업 단위별로 재무정보를 산출하도록 회계제도의 개선으로 부채관리의 체계화를 추진하였다. [표 14-15]는 박근혜 정부 하의 통합부채 관리체계 개선을 보여준다.

**표 14-15 통합부채 관리체계 개선**

| 구분 | 개선 전 | | | 개선 후 | | |
|---|---|---|---|---|---|---|
| | 자치단체 | 공사·공단 | 출자·출연기관 | 자치단체 | 공사·공단 | 출자·출연기관 |
| 부채 종류 | 지방채 등 | 공사채 등 | 사채 등 | 지방채 등 | 공사채 등 | 사채 등 |
| | (우발부채 제외) | | | (우발부채 포함) | | |
| 관리 책임 | 자치단체 | 공사·공단 | 출자·출연기관 | 자치단체 | 공사·공단 | 출자·출연기관 |
| | | | | 자치단체 | | |

자료: 행정안전부(2013).

9) 재정건전성관리계획은 지방자치단체가 통합적으로 3년 간 자산·부채 현황, 부채 전망과 관리계획, 우발부채 관리계획 등을 포함한다.

### 4) 지방공기업 종합혁신방안

박근혜 정부는 2015년 공공부문 개혁을 국가의 주요 핵심과제로 인식하고, 지방공기업의 과도한 부채와 방만한 경영 등의 문제점을 근본적으로 해결하기 위하여 지방공기업의 설립 단계부터 사업추진 단계, 부실공기업 청산 단계의 생애주기별 모든 과정에 걸친 종합혁신방안을 마련한다(조일형 · 김형주, 2017).

지방공기업 혁신방안은 제도혁신, 구조개혁 및 부채감축 등 3개 분야에 총 8대 중점 추진과제를 선정하여 지방공기업의 재무건전성을 강화하는 데 있다. 이렇듯 부채감축 분야는 지방공기업 중 부채비율 200% 이상 또는 부채 규모 1천억 원 이상인 26개 기관에 대한 지방공기업 유형별로 맞춤형 부채감축 목표를 마련한다. 이들 공기업의 부채비율을 매년 10%p씩 줄여나가 2014년 150%, 2015년 140%, 2016년 130%,

**표 14-16 지방공기업 종합혁신방안**

| 분야 | 중점 추진과제 | 주요 내용 |
|---|---|---|
| 제도혁신 | 설립요건 강화 | • 설립타당성 검토 전담기관 지정<br>• 설립타당성 검토 원문 보고서 인터넷 공개<br>• 설립심의협의회(행정자치부 주관) 구성 · 운영 |
| | 사업실명제 도입 및 신규사업 타당성 검토 강화 | • 사업실명제 도입(일정 규모 이상)<br>• 신규사업 타당성 검토 전담기관 지정<br>• 타당성 검토 보고서 인터넷 공개 |
| | 경영평가체계 개편 | • 경영평가 일원화<br>• 경영평가 컨설팅 및 경영진단 등 환류 강화<br>• 지방공기업 유형별 평가지표 재설계 |
| | 부실공기업 청산 요건 및 절차 마련 | • 청산 대상 요건 및 청산 절차 마련 |
| | 인적자원 역량 제고 및 맞춤형 정보공개 강화 | • 임직원 교육훈련 강화<br>• 전문계약직 제도, 상임이사 역량평가제도 도입<br>• 성과연봉제 적용대상을 직원까지 확대<br>• 2진 아웃제 등 성과미흡자 관리방안 도입 추진<br>• 정년연장에 맞추어 임금피크제 도입 유도<br>• 국민이 알고 싶은 정보를 알기 쉽게 제공 |
| 구조개혁 | 유사 · 중복 기능 조정 | • 유사 · 중복 기능 통합 등 기능 조정 추진 |
| | 민간경제 위축 기능 감축 | • 시장성 테스트를 통한 민간경제 위축 기능 감축 |
| 부채감축 | 유형별 부채감축 추진 | • 유형별 맞춤형 부채감축계획 추진, 2017년까지 부채비율 120% 달성 |

자료: 행정자치부(2015.3).

2017년에는 120%까지 감축하는 계획을 담고 있다. 박근혜 정부의 부채감축정책 시행으로 2014년 행정자치부는 26개 부채중점관리 지방공기업이 결산 결과 부채를 1.6조 원을 감축하고, 부채비율이 157.9%에서 147.6%로 10.3%p 감소하는 성과를 거둔다. [표 14-16]은 지방공기업 종합혁신방안 내용을 보여준다.

2020년 결산기준으로 살펴보면, 부채중점관리기관의 부채 규모는 46.4조 원으로 전년 대비 2.8조 원이 증가하였으나, 2013년 중점관리기관 지정 이후 부채 규모는 2013년도 51.3조 원 대비 5.1조 원(9.6%)이 감소하는 성과를 보여주고 있다. [표 14-17]은 부채중점관리기관 부채 규모 및 부채비율을, [그림 14-11]은 부채중점관리기관 부채 규모 및 부채비율 변동 추이를 보여준다.

**표 14-17 부채중점관리기관 부채 규모 및 부채비율**

(단위: 조 원, %)

| 구분 | 2013 | 2014 | 2015 | 2016 | 2017 | 2018 | 2019 | 2020 |
|---|---|---|---|---|---|---|---|---|
| 부채 규모 | 51.3 | 49.9 | 47.7 | 43.8 | 41.3 | 41.6 | 43.6 | 46.4 |
| 부채비율 | 157.3 | 148.3 | 136.9 | 116.6 | 99.0 | 97.8 | 99.6 | 106.3 |

자료: 행정안전부(2021).

**그림 14-11 부채중점관리기관 부채 규모 및 부채비율 변동 추이**

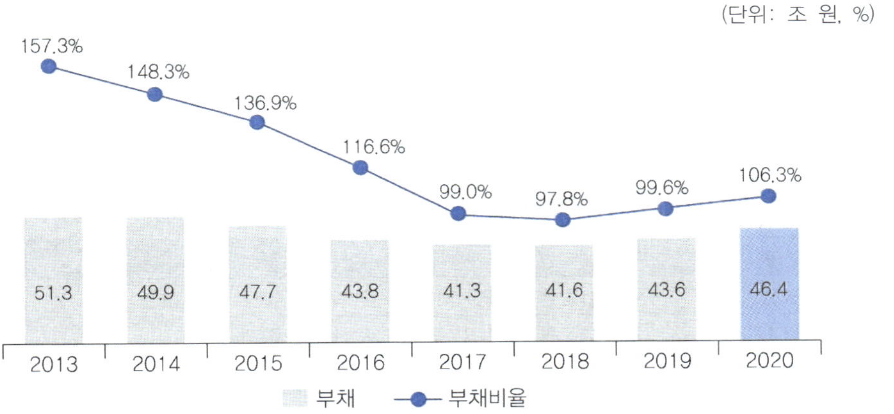

### 5) 지방공기업 공사채 발행한도

정부는 지방공기업 부채감축 제도의 주요 골자인 지방공사채 발행한도 조정을 통해 지방공기업 자금조달을 통제하여 지방공기업의 부채상환 능력을 실질적인 개선을 추진한다. 2008년 사채 발행한도 확대를 주택·토지의 사업의 경우 순자산(자산총액－부채총액)의 4배에서 10배로 확대하고, 2010년 이후 지방공기업 재무건전성 강화를 위해 사채 발행한도를 주택·토지의 사업의 경우 2011년 10배에서 6배로 조정한 이후, 또 한 번 2013년 6배에서 4배로 축소한다(행정안전부, 2021). 이러한 지방공기업의 공사채 발행한도 조정으로 지방공기업의 부채증가가 억제되고, 재무건전성 개선으로 이어졌다고 볼 수 있다.

행정안전부는 직전 연도 말 부채 규모 3천억 원 이상, 부채비율 200% 이상 부채가 자산보다 큰 공사를 대상으로 중장기재무관리계획을 수립·관리하도록 하고 있다. 또한 리스크관리회의를 운영하여 광역 단위 및 부채 규모 1천억 원 이상 지방공사를 대상으로, 신규 및 부진사업의 사업 정상화 방안, 효율적 자금운영 및 분양대책 등에 대한 회의를 1회 이상 실시하도록 하고 있다(박영희 외, 2018: 397). 위에서 살펴본 바와 같이 역대 정부의 지방공기업 부채감축 노력에 의해 지방공기업 부채 규모와 비율은 일시적으로 감소하기는 했지만, 정권에 따라 지방공기업 활용방안이 다르기에 지방공기업 부채 규모와 비율은 아직도 지방자치단체에 부담이 되는 수준에 머무르고 있다. 따라서 향후에도 지속적인 지방공기업 부채감축 노력이 필요한 단계이다. [표 14-18]은 지방공사채 발행제도 변천 연혁을 보여준다. 그리고 [표 14-19]는 부채중점관리기관 부채 현황을 보여준다.

**표 14-18 지방공사채 발행제도 변천 연혁**

| 구분 | 주요 내용 |
|---|---|
| 1980.1.4 | 공사채 발행 및 외국차관 규정 최초 도입 |
| 1992.12.8 | 내무부 장관 승인 및 외국차관 상환 보증제 도입 |
| 1996.12.30 | 시·군·구 설립 공사의 사채발행 시 시·도지사 승인 |
| 2002.3.15 | 외국차관 상환 보증제 폐지 |
| 2004.12.30 | 공사채 발행한도제 도입(대통령령에 규정) |
| 2005.3.24 | 공사채 발행기준 규정(부채비율, 경영성과 등)<br>시·도지사 승인제 폐지 등 |

| | |
|---|---|
| 2005.3.31 | 공사채 발행한도 명시(주택 · 토지 10배, 기타 4배 이내) |
| 2011.3.29 | 공사채 발행한도 조정(주택 · 토지 10 → 6배, 기타 4 → 2배 이내) |
| 2013.12.4 | 공사채 발행한도 조정(주택 · 토지 6 → 4배, 기타 2배 이내) |
| 2017.6.8 | 도시철도 안전시설물 지방공사채 발행 허용 |
| 2020.4.17 | 코로나19에 따른 수입결함 보전이 가능토록 규정 도입 |

자료: 행정안전부(2021).

**표 14-19 부채중점관리기관 부채 현황**

(단위: 억 원, %)

| 유형 | 기관명 | 2020년 | | |
|---|---|---|---|---|
| | | 부채 | 2019년 대비 증감 | 부채 비율 |
| 계(27) | | 463,580 | 27,804 | 106.30 |
| 도시개발공사(16) | 소계 | 365,797 | 9,482 | 154.90 |
| | 서울주택도시공사 | 175,299 | 12,818 | 190.99 |
| | 부산도시공사 | 11,370 | △2,808 | 73.83 |
| | 대구도시공사 | 12,858 | 2,317 | 163.55 |
| | 인천도시공사 | 61,977 | △828 | 246.54 |
| | 광주도시공사 | 4,474 | △516 | 120.72 |
| | 대전도시공사 | 5,688 | 622 | 126.31 |
| | 울산도시공사 | 2,284 | △823 | 106.51 |
| | 경기주택도시공사 | 52,255 | △2,891 | 140.87 |
| | 강원개발공사 | 12,650 | 243 | 285.91 |
| | 충북개발공사 | 3,531 | 533 | 108.97 |
| | 충남개발공사 | 4,803 | △378 | 133.46 |
| | 전북개발공사 | 3,658 | △651 | 142.08 |
| | 전남개발공사 | 4,351 | △133 | 76.79 |
| | 경북개발공사 | 2,471 | 190 | 27.47 |
| | 경남개발공사 | 6,781 | 1,711 | 110.51 |
| | 제주개발공사 | 1,347 | 75 | 28.33 |
| 도시철도(4) | 소계 | 81,912 | 19,337 | 46.20 |
| | 서울교통공사 | 62,535 | 16,080 | 88.24 |
| | 부산교통공사 | 11,784 | 2,234 | 39.42 |
| | 대구도시철도공사 | 5,325 | 600 | 13.68 |
| | 인천교통공사 | 2,268 | 423 | 6.02 |
| 기타공사(7) | 소계 | 15,872 | △1,015 | △69.7 |
| | 서울농수산식품공사 | 1,305 | △788 | 13.58 |
| | 서울에너지공사 | 1,339 | △482 | 36.82 |
| | 경기교통공사 | 655 | 신규 | 1,026.78 |
| | 용인도시공사 | 2,409 | △640 | 187.33 |
| | 평택도시공사 | 8,426 | 250 | 171.42 |
| | 양평공사 | 277 | 6 | 2,475.37 |
| | 경북관광공사 | 1,461 | △15 | 44.93 |

* 부채 규모 1천억 원 이상 또는 부채비율 200% 이상인 지방공기업 27개/2013년부터 지정 · 관리.
자료: 행정안전부(2021).

C·H·A·P·T·E·R 15

# 지방공기업의 민영화

1940년대와 1950년대가 국유화의 시대였다면 1980년대부터는 공기업 민영화의 시대라고 부를 수 있을 정도로 각국에서 공기업의 민영화가 활발히 진행되었다. 이 장에서는 공기업 민영화의 의의, 배경 및 목적을 이해한 다음, 민영화의 유형과 자치단체의 역할에 대해 고찰한다. 또한 공기업 민영화의 장・단점을 파악한 후 국가 및 지방공기업 민영화 사례를 검토한다.

## 제 1 절 민영화의 의의[1)]

### 1. 민영화의 개념 및 흐름

공기업의 민영화(privatization)란 일반적으로 주식을 포함한 자산이나 서비스 기능을 공공부문에서 민간부문으로 이전시키는 것을 의미한다(Manzetti, 1993: 429). 공공부문에서 보유하고 있던 주식을 완전히 또는 일부를 민간에 매각하는 것이 가장 보편적인 민영화 방식이다. 공기업의 민영화가 그 경영을 민간부문에 이전시킴으로써 경쟁을 통하여 경영의 효율성 증진을 목적으로 한다는 것을 감안하면, 민영화를 단순히 소유권 이전보다 지배주체의 이전이라는 측면에서 이해하는 것이 바람직하다(박영희 외, 2018: 295).

역사적으로 볼 때 심각한 경제위기에 직면하거나 시장 기능의 실패가 명백한 상황에서 공공부문의 비중이 커지고 공기업의 설립이 크게 증가하는 모습을 보여 왔다. 또한 제2차 세계대전 이후에 전쟁으로 파괴된 산업시설을 복구하고 국민 생활에 필요한 기초서비스의 제공을 위하여 많은 공기업이 설립되었고, 민간자본의 형성이 빈약한 개발도상국들에서는 경제개발과 산업화의 도구로서 많은 공기업이 설립되었다. 이와 함께 영국을 비롯한 유럽의 여러 국가에서는 생산수단의 공유를 통한 사적 이윤추구의 배제와 경제의 계획적인 운용을 위하여 기간산업의 국유화가 필요하다는 정치적 신조를 내세운 정당들이 집권하면서 많은 기간 산업의 국유화 조치가 이루어졌다(유훈 외, 2011: 216-217).

공기업 민영화 추세의 근본적인 배경은 1970년대 후반 이후 경제문제에 대한 정부

1) 민영화의 의의는 안용식 외(2001: 442-439)의 『지방공기업론』 내용을 정리한 것이다.

의 개입이나 관리의 실패, 즉 '정부실패(government failure)'에서 찾아볼 수 있다. 1930년대부터 1960년대까지는 '시장실패(market failure)'로 인하여 필요하게 된 정부주도의 사회재건 및 개혁의 시대라고 한다면, 1970년대 후반 이후는 정부실패(government failure)의 시대, 즉 정부의 경영관리 능력에 대한 신뢰 상실의 시대라고 부를 수 있을 것이다(유훈 외, 2011: 216-217).

영국은 민영화의 선구자가 되었으며, 1980년대 민영화가 전 세계적인 현상으로 등장하는 데 지대한 역할을 미쳤다. 비록, 1970년대 후반의 영국이나 1980년대의 프랑스, 그리고 일본보다는 빠른 속도는 아니지만 개발도상국에서도 민영화가 계속되어 왔다. 무엇보다도 1980년대 이후 신자유주의 내지 신보수주의 영향에 따라 민영화 물결은 전 세계적으로 확산되어 왔다(안용식 외, 2001: 442).

## 2. 민영화를 둘러싼 이념

### 1) 민영화의 경제성

민영화 논의의 근거에는 경제적 합리성 추구라는 가정에 입각하고 있다. 민간부문은 경쟁을 촉진하고 관료제적 비능률성을 제고시키기 때문에, 공공부문보다 더 효과적이며 시장의 이점을 살려 효율성을 극대화할 수 있다는 것이다. 이러한 가정에서 출발하는 민영화 옹호론자들은 독점 상태에서 운영되는 정부조직은 경영을 혁신하고자 하는 의욕도, 비용을 절감하려는 의욕도 없다고 주장하고, 다양한 공공서비스 공급에 있어 정부가 향유하고 있는 자연적 독점을 줄이거나 제거하는 것을 목표로 삼고 있다(Bish & Ostrom, 1973: 29). 특히, 공기업이 시장 내에서 우월적인 지위를 이용하여 불공정 거래를 할 경우, 소비자 선택의 자유는 제한되며 개인의 의견과는 상관없이 공기업의 독점권을 인정하게 함으로써, 개인의 자유를 제한한다는 것이다. 따라서 경쟁의 범위를 넓히고 공공부문의 규모를 축소하여 개인들로 하여금 공기업의 지분을 더 많이 보유하도록 유도함으로써 개인의 자유를 증진시켜야 한다는 것이다.

그러나 민영화에 대한 회의론자들은 민영화에 따른 비능률성을 지적한다. 정부의 활동 중에는 궁극적으로 민간부문에 위임될 수 없는 영역이 존재하며, 민영화를 실시할 경우 공사영역의 구분이 모호해져 책임 소재의 문제가 발생한다는 것이다. 또한 공공서비스를 민영화할 경우 영리를 추구하는 민간기업의 속성상 개인은 공공부문에서 서비스를 제공받을 때보다 열악한 법적 보호상태에 놓이게 된다는 것이다(Sullivan, 1987).

### 2) 민영화와 형평성

민영화와 관련하여 경제적 요소 이외에 고려해야 할 사항은 바로 형평성(equity)의 문제이다. 서비스 공급을 민영화함으로써 비용을 절감하는 효과를 가져온다 할지라도 민영화에 따른 분배적 혹은 형평성 측면을 고려하지 못한 민영화는 실효를 거두기 어렵기 때문이다.

소유의 집중이 심하고 불완전한 정보와 소수에 의해 지배되는 시장과 공급자가 부족한 시장에서 민영화를 추진할 경우 소비자 주권이 침해될 우려가 있을 뿐만 아니라, 민영화의 이점을 살리기가 매우 어려우며 불평등의 문제를 심화시킬 소지가 있다. 이러한 시장은 자기의 이익만을 강조하고 사회를 원자화하며 물질과 순간적인 만족을 유도하기 때문에, 사회적으로 소외되는 계층에 대한 문제를 해결하지 못한다. 따라서 복지 목표를 달성하기 위해서 불완전한 시장을 이용하는 것은 지역사회의 결속력을 약화시키고, 시민들로 하여금 사회적 관심을 갖지 못하도록 한다고 주장한다(Stone, 1983: 594).

또한 민영화가 감축관리(cutback management)의 일종으로 실시될 경우, 서비스 공급이 사회정책적 고려보다는 서비스 그 자체에 초점이 맞추어짐으로써, 영리를 추구하는 민간기업의 서비스 공급에 따른 비용 및 사용료의 증대로, 수익자부담이 확대될 수가 있다. 이런 수익자부담의 확대는 소득계층에 따른 불평등을 유발할 수 있으며, 빈곤계층에 대한 사회정책적 차원에서의 지원이 결여될 수 있다. 이에 따라 오히려 민영화는 불평등을 재생산하고 계급 구분을 강화할 수도 있다고 주장한다(Abramovitz, 1986).

## 3. 민영화 배경

공기업의 민영화에 대한 논의는 주로 시장실패에 따른 정부개입으로 공공부문이 과대 성장함으로써 발생하는 문제를 해결하기 위해 제기되었다. 케인스(J. M. Keynes) 경제학에 기초한 공공부문의 과대 성장은 복지국가로의 추구와 궤를 같이하였으나,

세 가지 면에서 중요한 도전을 받게 되었다. 즉, 정부의 과부하를 불러일으켜 재정위기를 초래하고, 공공부문의 비효율성을 유도했을 뿐만 아니라, 공공부문의 팽창으로 개인의 자율성이 상실되게 되었다. 이에 재정 위기를 타개하고 공공부문의 생산성을 높일 수 있으며, 개인의 자율성을 증대시켜 경제적 자유주의를 회복하기 위한 장치로서 민영화를 모색하게 되었다.

### 1) 재정위기

지방자치단체의 민영화와 중앙정부의 민영화는 추구하는 목적에서는 상호 공통성을 지니고 있지만, 논의의 출발점에서는 서로 상이한 동기를 어느 정도 지니고 있다고 볼 수 있다. 무엇보다도 중앙정부는 주로 이데올로기적인 측면에서 민영화의 논의가 진행된 반면, 지방자치단체는 지방재정 위기와 주민들의 조세저항이라는 현실적인 문제에서 비롯되었다고 볼 수 있다(Atherton & Windson, 1987: 81-82). 특히, 여러 가지 이유가 있겠지만 지방자치단체 수준에서 민영화를 모색하는 가장 큰 동기는 재정상의 위기에서 찾아볼 수 있다.

지방자치단체에서 재정위기가 발생하게 된 주요 원인은 복지와 관련된 지출이 크게 증가했다는 사실 이외에도, 중앙정부의 보조금 감소와 세입의 감소, 그리고 공급중심의 경제에 따른 경제발전정책에 기인한다고 볼 수 있다. 이러한 상황에서 공공부문 이외의 다른 조직을 통해(민영화) 지속적으로 증가하는 지역주민의 요구를 해결하고자 하는 것은 당연한 결과가 아닐 수 없다.

### 2) 공기업의 비효율성

지방공기업의 비효율성으로 인해 지방자치단체의 재정위기를 불러올 때 지방공기업 민영화 동기로 작동되기도 한다. 민영화는 일부 기업이나 국민(주민)에게 공기업 소유의 분산 효과를 가져오며, 민간부문의 소유가 많아짐에 따라 시장경제에 더욱 접근하게 되고, 정부 비용 절감 및 정치적 개입 감소 등과 같은 효과를 가져올 수 있다. 이에 비해 공기업에 비효율성 문제가 발생하는 이유는 다음과 같이 요약해 볼 수 있다.

첫째, 경제적 효율성을 달성하기 위한 비용 최소화 조건을 충족시키지 못함으로써 발생하는 문제로, 공기업은 이윤극대화에 대한 정확한 목적이 없는 바, 기업손실에 대한 원인을 공익성으로 돌려 수익성의 저조를 오히려 정당화하는 경향이 있다. 둘째, 공기업의 관료주의적 경영형태로부터 비롯되는 비효율성으로 예산의 극대화에 따라 행동하는 결과 시장경제의 이윤 동기 원칙을 따르지 못하여, 과잉투자, 과잉고용으로 대표되는 방만한 기업경영을 초래하게 된다. 셋째, 공기업의 수직적 조직 규모의 문제로 기업의 대규모화, 기업경영의 경직성 등으로 인하여 환경 변화에 대한 대응이 비효율적이다. 넷째, 정부의 과잉규제 및 통제로 인한 것으로, 자격조건규제는 독점기업의 출현을 가능하게 함으로써, 소비자 가격이 상승하며, 물량규제 및 가격규제 등은 초과 수요 등을 유발하여 경제적 비효율성을 낳게 된다.

### 3) 이데올로기적 요인

이데올로기적 측면에서 민영화를 정당화하는 요인을 살펴보면, 첫째, 자유방임적 개인주의에 입각한 시장경제 원리에 대한 신뢰이다. 개인의 선택 폭을 넓히기 위해서는 시장의 영역을 확대해야 한다는 것으로 작은 정부의 추구와 맥을 같이한다. 둘째, 국가 중심적인 시각이 아닌 사회 중심적인 시각에서 서비스 공급의 주체를 비영리조직과 같은 공동체로 회귀시키려는 전통주의적 입장이다. 셋째, 끊임없이 제기되는 사회적 요구를 국가로부터 다른 부문으로 돌려 정부의 부담을 덜고자 하는 전략적 입장이다(Starr, 1987: 6-31).

## 4. 공기업의 해체(민영화)

공기업은 사회공공의 복지증진을 위해 유지·관리되는 것이기 때문에 무단히 해체될 수 없지만, 부여된 경영목적이 달성되었거나 경영 중 상황의 기본적 변화로 인해 그 조직을 해체하는 경우가 있다. 공기업의 해체는 크게 보면 민영화의 일종이지만 민영화와는 약간 다른 의미가 있다. 공기업에 있어서는 공기업의 폐지가 가장 일반적인 종료 방법이라 할 수 있다(원구환, 2018: 505-509).

### 1) 해산

회사의 해산이란 회사의 법인격을 소멸시키는 원인이 되는 법률 사실을 의미한다. 해산은 직접 회사의 소멸 자체를 가져오는 것이 아니고 법인격 소멸의 원인이 되는 것이다. 따라서 회사는 해산 후에도 청산의 목적 범위 내에서, 즉 제3자에 대한 법률관계의 종결과 주주에 대한 잔여재산의 분배를 위하여 존속한다. 해산은 ① 존립기간의 만료, 기타 정관으로 정한 사유의 발생, ② 합병 · 파산, ③ 법원의 해산명령과 소수 주주의 청구에 의한 해산판결, ④ 주주총회의 특별 결의 등의 사유에 의하여 이루어진다. 다만, ①과 ④에 의하여 해산한 회사는 주주총회의 특별 결의로써 회사를 계속할 수 있다(원구환, 2018: 506).

### 2) 합병

합병이란 두 개 이상의 회사가 법에 정한 절차에 따라 단일회사가 되는 것을 의미한다. 합병의 방법에는 당사 회사 중에서 한 회사가 존속하고 다른 회사는 해산하여, 그 사원 및 재산이 존속회사에 포괄적으로 승계되는 흡수합병과, 모든 당사 회사가 해산하고 새로운 신회사를 설립하여 해산회사의 사원 및 재산을 신회사에 포괄적으로 승계시키는 신설합병의 방법이 있다. 흡수합병의 경우에는 당사 회사의 일부가 소멸하지만, 신설합병의 경우에는 모든 당사 회사가 소멸한다.

### 3) 파산

파산이란 채무자가 자기의 총재산으로 모든 채권자에 대한 채무를 완전히 변제할 수 없는 경우에 법원이 채무자의 전 재산을 강제적으로 관리 · 환가하여 모든 채권자에게 공평하게 배당하는 재판상의 절차를 의미한다. 파산은 국가 권력에 의하여 채권을 강제로 실현하는 것으로 공동채무자의 전 재산을 대상으로 하며, 모든 채권자가 공평하게 만족을 얻는 것이므로 일반집행이라고 한다. 파산은 채무자의 모든 재산관계를 근본적으로 정리하여 모든 채권의 운명을 마지막으로 결정한다는 점에서 청산의 성질을 가지고 있다((원구환, 2018: 507).

### 4) 청산

청산이란 해산된 회사의 법률관계를 정리하여 그 재산을 처분하는 재판 외의 절차를 의미하며, 회사를 청산하는 방법에는 임의청산과 법정청산이 있다. 임의청산은 해산된 회사의 재산처분 방법을 정관 또는 종사원의 동의로 정하는 것이고, 법정청산은 「상법」 규정에 따라서 청산을 하는 것을 의미한다. 주식회사의 청산은 법정청산만을 인정하고 있다.

### 5) 공기업 해체의 유형

일반적으로 공기업의 해체는 크게 두 가지 유형이 있다. 먼저, 해체로 인해 종래 행해지고 있던 서비스 제공, 즉 사업이 폐지되는 것이다. 다음으로는 해체로 인해 공기업 자체는 없어지지만, 종래의 사업은 다른 형태로 계속되는 것으로 해체 가운데서 비교적 많이 볼 수 있는 경우이다(원구환, 2018: 505).

## 제 2 절 민영화의 유형 및 자치단체 역할

공기업 민영화의 유형은 여러 가지 차원에서 분류할 수 있지만, 여기서는 민영화의 유형 및 민영화 방법, 그리고 재화나 서비스의 전달 체계에 의한 분류와 같은 세 가지 관점에서 민영화의 유형을 살펴보고자 한다. 또한 민영화에 있어서 자치단체 역할도 고찰한다.

## 1. 민영화의 유형에 의한 분류

### 1) 완전민영화

완전민영화는 협의의 민영화를 의미하는 것으로서 공기업을 완전히 민간에 매각하는 것을 의미한다. 1960년대 후반에 우리나라의 증권거래소와 같이 정부가 보유하고 있던 주식을 완전히 민간에 매각하는 것이다(박영희 외, 2018: 306).

### 2) 부분적 민영화

부분적 민영화는 공기업을 완전히 매각하지 않고 공사를 「상법(회사법)」에 의거한 주식회사로 전환하고, 그 주식의 일부를 매각하는 것을 의미한다.

일본전신전화공사와 일본전매공사를 일본전신전화주식회사와 일본담배산업주식회사로 전환하여 그 주식의 일부를 일반에게 매각하기로 한 일본의 '민영화'가 이에 속한다. 영국의 에어로스페이스(British Aerospace), 영국항공공사(British Airways) 및 영국가스(British Gas)를 위시한 많은 공기업이 주식회사로 전환되어 그 주식의 일부가 민간에 매각되었거나 매각이 진행되고 있다. 우리나라의 경우 포항제철 · 한국전력 · 한국통신 등 민영화 등이 여기에 해당된다(유훈 외, 2011: 217; 박영희 외, 2018: 306).

## 2. 민영화 방법에 의한 분류

### 1) 특정인에 대한 매각

공기업을 특정인이나 특정 기업에 완전 매각하는 방법이다. 1960년대 말부터 1970년대 초에 걸쳐서 이루어졌던 우리나라 민영화는 이 방식에 의한 것이었다. 이 방식에 의한 민영화는 소득의 재분배에 역행하며 경제력집중을 더욱 심화시킨다는 비판을 받고 있다(유훈 외, 2011: 217; 박영희 외, 2018: 307).

### 2) 다수인에 대한 주식 매각

주식을 다수인에게 매각하는 방법이다. 1994년에 있었던 한국통신주식의 매각 등이 그 대표적인 예라고 할 수 있다(유훈 외, 2011: 217; 박영희 외, 2018: 307).

### 3) 국민주 방식에 의한 매각

주식을 다수의 국민에게 매각하는 방법이다. 포항제철과 한국전력을 대상으로 1988년과 1989년에 실시된 국민주 방식에 의한 공기업 민영화는 공기업의 경영성과를 국민에게 환원하여 중하층 소득계층의 재산 형성을 지원하고, 주식의 광범위한 분산 보유로 자본시장 저변을 확대시켜 나가는 것을 목적으로 한다(유훈 외, 2011: 217; 박영희 외, 2018: 307).

## 3. 재화나 서비스의 전달체계에 의한 분류[2)]

콜데리(T. Kolderie)는 민영화의 유형을 구분하기 위해 공공부문이 서비스의 공급을 결정하는 것과 직접적인 생산의 개념을 분리하고 있다. 따라서 공급과 생산을 서비스별로 그 수준을 고려하여 실제 담당자를 공공부문 이외에서 찾을 수도 있다는 것이다. 이러한 공급과 생산의 구분 논리에 따르면 재화나 서비스의 전달체계는 네 가지로 요약될 수 있다. [표 15-1]은 재화 및 서비스 전달체계를 보여준다.

표 15-1 재화 및 서비스 전달체계

| | | 공급 | |
|---|---|---|---|
| | | 정부 | 민간 |
| 생산 | 정부 | Ⅰ | Ⅲ |
| | 민간 | Ⅱ | Ⅳ |

자료: 안용식 외(2001: 447).

Ⅰ유형은 정부가 전적으로 서비스 공급과 생산을 결정하는 방식으로 정부의 직접 공급방식과 정부간 계약방식이 이에 속한다.

Ⅱ유형은 서비스 공급에 대한 결정은 정부가 담당하고 실질적인 생산은 민간부문이 담당하게 하는 방법으로, 민간부문과의 계약, 허가, 보조금 지급과 같은 방식이 있다.

Ⅲ유형은 두 번째 유형과 반대되는 형태로 민간부문이 공급을 결정하고 정부가 수

2) 재화나 서비스의 전달체계에 의한 분류는 안용식 외(2001: 446-451) 내용 일부를 정리한 것이다.

용하여 서비스를 판매하는 형태를 말한다.

Ⅳ유형은 민간부문이 전적으로 서비스 공급과 생산을 결정하는 방식으로, 이용권 지급, 시장 공급, 자원봉사 조직에 의한 공급, 자급 방식과 같은 유형이 이에 속한다(Savas, 1987: 63).

### 1) 공급의 민영화

공급의 민영화는 서비스 독점권의 완화 내지 폐지를 통해 소유권을 이전하는 방식으로 진정한 의미에서의 민영화라고 할 수 있다. 가장 대표적인 방법이 주식을 매각하는 방법인데, 정부 보유 주식을 전량 매각하는 완전 매각 방식과, 주식의 일부를 매각하여 「상법」에 의한 주식회사 형태로 변경하는 부분 매각 방식으로 구분해 볼 수 있다. 또한 매수자의 유형에 따라 투자 대상의 저변을 확대하기 위한 국민주 발행 방식, 종업원들을 기업경영에 유도하기 위한 우리 사주 방식, 그리고 기타법인 및 외국인 매수 방식이 있다. 매각 절차에 따라 일시적인 분할공모와 단계적 지분 분할 매각 방법으로 나누어진다.

### 2) 생산의 민영화

생산의 민영화는 서비스 공급은 공공부문이 결정하고 실질적인 생산은 서비스 수준별로 공공부문 이외에서 담당하는 것이라 할 수 있다. 먼저, 계약방식으로 정부와 민간기업 및 비영리조직과 계약을 체결하여 서비스를 공급하는 것이다. 정부는 공급 결정자 내지 조정자가 되며 계약 당사자는 생산자가 된다. 둘째, 허가는 특정 서비스의 공급에서 민간기업에 독점권을 부여하며, 정부는 가격규제자로서의 역할을 하는 방식을 의미한다. 허가(franchaise)방식은 전기, 가스, 수도, 유선 TV 등과 같이 요금재(toll goods)에 속하는 재화나 서비스를 공급하는 데 적합한 방식이다(Savas, 1982: 66). 셋째, 보조금 지급은 민간기업에 정부의 보조금을 제공하는 방식으로, 대개 보조금은 화폐 단위로 이루어지나 조세 감면과 같은 특권이 부여되는 경우도 있다. 서민용 주택 공급이나 의료사업의 확대를 위해 민간기업에 대해 이루어지는 정부의 보조금 지급은 그 대표적인 예이다(Savas, 1982: 67).

### 3) 관리의 민영화

기업의 운영적 측면을 민간에 위탁하여 경영의 합리화를 꾀하는 것으로 경영위탁 방식이 대표적인 예이다(Collins, 1989: 73). 서비스의 내용이나 성질에 따라서 관리를 민간에게 위탁하여 인건비의 절감을 도모하거나 혹은 수탁자가 갖고 있는 자재나 설비 등을 이용하는 것이 적당한 경우가 있다. 예컨대, 수입의 확보 및 주민의 편익 증진에 기여한다고 인정되는 경우에는 지방공기업의 업무와 관계되는 금전의 징수, 수납사무를 민간에 위탁하여 사무처리의 합리화를 도모할 수 있다. 결국 지방자치단체가 소유주체가 되어 사업을 실시하지만, 관리만 민간에게 위탁하는 방식이다.

### 4) 규제 완화

규제 완화는 경제환경을 완화하거나 시장진입 조건 등을 완화하는 방법을 통해 경제적 효율성을 증대시키고자 하는 방식이다. 공기업의 민영화가 공급 차원이나 생산차원, 혹은 관리의 차원에서 이루어진다고 하더라도 정부의 규제나 통제의 정도가 심하면 민영화의 타당성은 상실되고 말 것이다. 즉, 민영화 이후에도 시장 메커니즘의 효율적 운영 여건을 마련하지 못하는 정부규제는 오히려 비효율성을 증가시킬 뿐이다.

## 4. 민영화와 지방자치단체의 역할

1980년대 이후 서구사회를 중심으로 확산된 신공공관리(New Public Management) 접근방법은 경영합리화에 일정한 성과를 거둔다. 우리나라에서도 정부의 효율성을 제고하기 위해 기존의 정부 일변도의 공공서비스 공급체계에서 벗어나 민영화, 민간위탁, 공기업 설립 등을 통해 공공서비스 공급주체를 외부화 및 다변화한다(김용운, 2019: 14).

일반적으로 지방공기업이 담당하고 있는 사업은 대부분 지역주민의 복지증진을 위한 공공적 성격을 내포하고 있으며, 비배제성과 비경제성의 원칙이 적용되는 집합재적인(collective goods) 특성을 지니는 사업이 다수이다. 따라서 이러한 사업에 대한 민간 공급은 사회적 비용이 높고, 긍정적인 결과를 얻기 어려우므로, 민간부문에 대한 유인 요소가 적은 분야이다. 민영화가 경제적 효율성을 높여준다고 하지만, 민영화로 인해 공공서비스 질이 나아진다는 보장은 없으며, 민영화에 따른 시민의 권리나 서비스 접근이 향상된다는 보장도 없다. 따라서 지방자치단체 수준에서 지방공기업이나 공공성이 강한 사업에 대해 민영화를 추진하고자 할 때에는, 민영화 대상 서비스에 대한 공공적 성격을 명확히 분석하여 민영화로 인한 문제가 발생하지 않도록 해야 한다(안용식 외, 2001: 451).

## 제 3 절 공기업 민영화의 장·단점

### 1. 민영화의 장점

일반적으로 민영화의 장점은 다음과 같다. 첫째, 경쟁을 통한 효율성 제고이다. 공공부문은 독점적 특성을 지니고 있으므로 경쟁을 통해 비용을 절감하려는 동기가 부족하며, 비용절감을 통해 성과를 향상시켜도 자신의 노력만큼 배분받지 못하는 구조적 한계를 지니고 있다. 이런 구조 하에서 민영화를 통해 경쟁을 유도하면 효율성을 향상시킬 가능성이 있다.

둘째, 작은 정부의 실현이다. 공공부문은 정부 이외에 공기업이 존재하고 공기업의 규모는 공공부문의 규모에 중요한 영향을 미치게 되는데, 공공부문의 규모가 커질수록 정부의 각종 규제와 재정 투입도 커지게 된다. 이런 경우 민영화를 통해 정부 규모를 축소시킬 수 있다.

셋째, 소비자 주권의 확보이다. 독점적 서비스 공급자로서의 공기업은 수요자인 시민은 단순 소비자일 뿐이지 선택권이 부재하다고 할 수 있다. 그러나 공기업이 민영화될 경우 공기업은 더 이상 독점적 공급자로서의 지위를 가지 않으며, 민영화된 기업으로서는 소비자의 요구에 부응할 수밖에 없으며, 공급 일변도의 전략에서 수요자 중심의 전략으로 전환하게 된다.

넷째, 민간경제의 활성화이다. 공기업을 민영화할 경우 자본시장을 확대할 수 있으며, 공기업에 행해지던 비효율적인 정부개입을 차단하고 민간부문이 공공부문보다 경쟁을 통해 생산성을 증대시킬 수 있는 장점이 있기 때문이다.

다섯째, 정부의 재정적자 감소이다. 공기업을 매각할 경우 정부의 재정적자를 축소할 수 있으며, 비효율적 투자비용 감소를 통해 사회 전체적 자본효율성을 증대시킬 수 있는 장점이 있다.

## 2. 민영화의 단점

공기업은 국가 및 지방 발전의 중요한 정책적 수단이었고, 경제성장에 기여했음에도 불구하고 1980년대 이후 공기업은 서구의 보수적, 신자유주의적 성향에 의해 대부분의 모든 국가에서 민영화의 길을 겪게 되었다. 그러나 많은 학자나 관계자들이 민영화의 부정적 영향에 대해 언급하고 있다. 민영화의 단점은 다음과 같다(원구환, 2018: 526-530).

첫째, 민간 독점의 폐해이다. 정부 독점일 경우에는 정부의 개입이 가능하지만, 민간 독점일 경우에는 정부의 개입이 불가능하므로, 정부 독점일 때보다 민간 독점의 경우 상황이 더 악화될 수도 있다.

둘째, 국부의 국외 유출이다. 공기업의 민영화는 민간 자본시장을 확대할 수밖에 없는데, 민영화 과정에서 국내 자본만이 아니라 외국 자본도 이용될 수 있고, 이로 인해 일정 부분 국부가 해외로 유출이 가능하다.

셋째, 요금이나 가격이 인상된다는 점이다. 공기업이 민영화될 경우 정부의 낮은 요금규제 정책은 유지되기 어려우며, 기업의 자유로운 가격 경쟁을 유도하게 된다. 이로 인해 서비스 요금이나 가격은 인상될 수밖에 없는 구조를 지닌다.

넷째, 알짜만 챙기기와 보편적 서비스 제공이 미흡해 진다는 점이다. 민영화된 공기업은 경제적으로 이익이 되는 시장에만 참여하려는 성향이 강하며, 수익보다 비용이 더 많이 소요되는 시장에는 재화나 서비스 공급을 포기하게 된다. 또한 민간기업은 저수익과 고비용이 예상되는 상황에서는 서비스 공급을 축소하거나 배제하려는 성향이 있는데, 생활 필수적인 재화나 서비스가 민영화로 인해 보편적으로 제공되지 못하는 문제가 발생할 수 있다.

# 제 4 절 국가 및 지방공기업 민영화 사례

1970년대 이후 전 세계 국가의 공기업 민영화 사례는 많은 편이다. 하지만, 지방공기업 민영화 사례는 상대적으로 적은 편이다. 이러한 현상을 감안하여 이 절에서는 1987년 이후 우리나라의 국가공기업 민영화의 사례를 소개하고, 또한 지방공기업 민영화 사례에 대해서도 기술한다.

## 1. 국가공기업 민영화 사례

### 1) 1987년 이전의 한국 공기업 민영화

우리나라의 공기업의 민영화는 1968년부터 1996년까지 5차에 걸쳐 시행되었으나 계획에 비해 실적을 저조했다는 것이 일반적인 평가이다. 과거 정부에서 민영화 추진이 부진하였던 이유로는 흔히 협소한 국내 증시 여건, 경제력 집중문제, 이해당사자 및 해당 공기업의 반발 등으로 보고 있다.

1968년부터 1986년 사이에 이루어진 공기업의 민영화는 주식매각과 시중은행에 대한 현물출자의 복합적 방법 형태로 이루어졌다. 제1차 민영화는 1968년 민영화계획에 따라 한국기계공업주식회사, 대한해운공사, 대한조선공사 등은 주식매각과 시중은행에 대한 현물출자의 복합적 방법에 민영화되었다. 인천중공업주식회사, 대한항공공사, 대한광업제련공사 등은 정부 소유주식을 한국산업은행 또는 시중은행에 현물출자하였다가 은행들이 주식을 매각하는 방식으로 민영화가 추진되었다(원구환, 2018: 550).

제2차 민영화는 1980년에 은행을 중심으로 이루어졌는데, 이는 은행의 경쟁력 제고와 경제 자유화를 목표로 삼고 추진되었다. 이때, 민영화된 기업은 한일은행, 신탁은행, 제일은행, 조흥은행 등의 금융기관이었다. 금융기관들의 민영화는 소유권만 민간에 넘기고 경영권은 위임되지 않아 실질적 민영화에는 실패를 했으며, 나아가 관치금융의 지속으로 인해 IMF 구제금융 사태를 몰고 온 원인을 제공했다는 평가를 받는다.

금융기관 외에 대한화재보험공사, 대한석유공사, 대한준설공사 등의 3개 기관도 민영화되었다. 그리고 금융기관을 민영화할 때엔 산업자본의 금융소유를 막기 위하여 주식소유상한제를 실시하였는데, 시중은행의 경우 대주주에 의한 금융감독원의 폐단을 배제하기 위하여 법인과 개인에 대하여 각각 50%씩 나누어 매각하도록 하고, 1인당 매입한도를 법인은 5%, 개인은 1인당 5,000주 이내로 제한하고, 상장 후 소유한도를 8% 이내로 한정하였다.

제3차 민영화는 공기업 경영의 비효율성을 제거하고 경제사회발전에 따른 공기업의 역할을 재정립하기 위하여 정부보유 주식의 매각을 통한 대규모 민영화를 추진한다. 1987년에는 공기업의 민영화 추진과 관련한 주요 정책을 심의하기 위한 '공기업 민영화추진위원회'를 구성하고, 민영화 검토 대상을 정부지분 완전 매각 대상기관, 정부지분 일부 매각 대상기관, 그리고 기능 조정 대상기관 등으로 구분하여 25개 정부투자기관과 5개 정부출자기관을 포함한 총 30개 기관을 민영화 대상으로 결정했다. 그러나 실제로는 포항제철과 한국전력의 일부주식만을 매각하고, 대한증권거래소는 기존의 증권회사들에게 완전 매각한 후 중단되고 말았다(박영희 외 2018: 321). [표 15-2]는 1961~1983년 사이에 민영화된 공기업을 보여준다.

**표 15-2 1961~1983년 사이에 민영화된 공기업**

| 연도 | 민영화된 공기업 |
|---|---|
| 1968 | 한국기계공업주식회사, 대한통운주식회사, 대한해운공사, 대한항공공사, 대한조폐공사, 인천중공업주식회사, 대한철광개발주식회사 |
| 1971 | 대한염업주식회사, 대한광업제련공사 |
| 1972 | 한국상업은행 |
| 1973 | 한국수산개발공사 |
| 1978 | 한국재보험공사 |
| 1981 | 대한준설공사, 대한석유공사, 한일은행 |
| 1982 | 제일은행, 서울신탁은행 |
| 1983 | 조흥은행 |

자료: 경제기획원(1988) 및 원구환(2018: 551).

### 2) 1988년 이후의 한국 공기업 민영화

노태우 정부(1988~1992)는 10개 정부투자기관과 출자회사들에 대한 민영화를 추진하였다. 포항제철과 한국전력도 국민주 방식으로 5%의 지분을 일반에 매각하였고,

이 밖에 기업은행, 국민은행, 외환은행 등도 일부 지분이 민간에 넘어갔다.

김영삼 정부(1993~1997)는 경제효율화를 위한 완전 민영화를 목표로 국책은행을 포함한 58개 공기업의 매각과 통합을 단행한다. 하지만, 매각 대상 공기업에 대한 정보와 준비의 부족으로 인해 민영화가 추진되지 못하거나, 민영화 이후 오히려 기업부실의 발생으로 인해 비효율성이 증가 되는 등의 문제점이 야기되었다. 공기업의 경영구조 개선 및 민영화에 대한 법률 제정으로 민영화를 위한 제반 여건을 조성하려는 노력을 기울였으나, 당시의 민영화는 성과가 매우 부진한 것으로 평가되고 있다.

김대중 정부(1998~2002)는 1997년 IMF 외환위기와 신자유주의적 패러다임 하에 공공부문의 비효율과 관료주의적 문제점을 주장하며 공기업 민영화를 공공부문 개혁의 핵심과제로 삼고 추진한다. 국민부담의 감소, 공공서비스의 질적 향상, 매각대금을 통한 실업대책 및 구조조정 자금 마련을 위하여 해외 매각을 허용하는 적극적 민영화 방안을 추진한다. 11개 공기업을 대상으로 시도했으며 즉각적 민영화기업은 포항종합제철, 한국중공업, 한국종합화학, 한국종합기술금융, 국정교과서 등 5개 기관을 포함한다. 또한 단계적 민영화기업은 중에서는 대한송유관공사가 2000년 기준 주주에게 매각을 시작하여 2001년 민영화되었으며, 한국통신과 담배인삼공사가 2002년에 각각 추가적으로 완전 민영화되었다. [표 15-3]은 1999~2002년까지의 민영화 성과를 보여준다.

**표 15-3 1999~2002년까지의 민영화 성과**

| 구분 | 매각방법 | 매각수입 | 완료시점 | 인수업체 |
|---|---|---|---|---|
| 국정교과서 | 경쟁입찰(86.5%) | 460억 원 | 1998.11 | 대한교과서 |
| 종합기술금융 | 증시매각(2.0%) | 116억 원 | 1999.1 | (주)미래와사람 |
| 대한송유관공사 | 투자계약서에 의해 기존 주주 인수(36.8%) | 1,669억 원 | 2000.11 | 기존 주주 (정유 4사) |
| 포항제철 | 해외 DR(18.5%, 3회) 자사주(8.2%, 3회) | 2조 7,801억 원 | 2010.10 | 소유분산 |
| 한국중공업 | 공모(2.4%), 경쟁입찰(36%) | 4,290억 원 | 2001.2 | 두산 |
| 한국통신 | 해외 매각(44.1%, 3회) 국내 매각(29.5%, 2회) | 12조 6,999억 원 | 2002.5 | 소유분산 |
| 담배인삼공사 | 해외(39.7%, 3회) 국내(41.9%, 3회) | 3조 513억 원 | 2002.10 | 소유분산 |

자료: 한국조세연구원(2007.6) 및 원구환(2018: 552)의 재편집.

노무현 정부(2003~2007)는 구조조정이나 민영화를 적극적으로 추진하는 대신, 혁신정책으로 공기업의 투명성이 높아지고 관리시스템이 체계화하는 정책을 추진한다. 국가의 기간산업인 네트워크산업을 민영화할 경우 공공성의 저하, 민간독점, 요금인상 등의 우려가 있다고 보았다. 국가가 독점할 수밖에 없는 분야, 또는 공익성이 높은 산업은 민영화의 속도와 폭을 재조정하였다.

이명박 정부(2008~2012)는 공공기관 민영화 및 출자회사 정리 계획을 수립하여 시장경제 활성화와 공공부문 효율화를 추진한다(박영희 외, 2018: 326). 금융공기업 7개, 자회사 10개 등을 포함한 총 24개 기관을 완전 민영화 대상으로 추진하고, 인천국제공항공사 등 5개 기관에 대해서는 지분 일부 매각의 형태로 민영화를 계획했다. 주택공사와 토지공사의 통합 등 36개 기관에 대해서 통합을 통해 16개 기관으로 재편하고, 정리금융공사, 노동교육원 등 5개 기관은 폐지를 골자로 하고 있다. 한국가스공사, 한국방송광고공사 2개 기관은 사업영역에 경쟁을 도입하는 형태를 계획하고 있으며, KOTRA, 중소기업진흥공단, 정보통신국제협력진흥원은 중소기업 해외마케팅 지원을 일원화하는 한편, 국민연금공단, 건강보험공단, 근로복지공단은 4대 보험 징수에 대한 기능을 통합하고, 생산기술연구원, 디자인진흥원, 에너지관리공단, 한전 등은 R&D 관리에 대한 기능을 이관하는 등 20개 기관에 대해서는 기능 조정을 추진한다.

박근혜 정부(2013~2017)는 공공기관의 방만경영 해소와 부채감축을 통해 공기업의 정상화를 추진한다. 즉, 공기업의 민영화보다는 공기업의 기능 조정에 역점을 두었다. 또한 2015년에 전 공공기관에 임금피크제를 도입하고, 2016년에는 전 공공기관에 성과연봉제 도입을 강력하게 추진하였으나, 여론수렴 및 공감대 형성 부족으로 인하여 실패로 끝나고 말았다(박영희 외, 2018: 327).

문재인 정부(2017~2022)에서는 경제정책의 4대 방향으로서 소득주도 성장, 일자리중심 경제, 혁신 성장, 공정 경제를 추진한다. 공공기관의 민영화보다는 소득주도 성장에 따른 공공기관의 일자리 창출과 사회적 가치 구현에 초점을 맞추었으며, 사회혁신과 관련된 규정을 공공기관에서 적용함으로써 민영화에 대한 논의는 크게 부각되지 않았다(원구환, 2018: 555).

## 2. 지방공기업 민영화 사례

### 1) 지방공기업 민영화 사례

우리나라에서 국가공기업과는 달리 지방공기업 민영화 사례는 상대적으로 희소하다.[3] 지방자치단체의 경우 상하수도, 도시철도 등 공공성이 강한 제한된 필수재를 생산하고, 이러한 필수재를 민영화할 경우 주민들의 생활에 미치는 파급효과가 중앙정부보다 크기 때문이다.[4] 이러한 성격상 지방공기업 민영화 또는 해산과 달리 지방공기업 간 통·폐합을 통한 지방공기업의 효율화를 추진한 사례는 다수 존재한다.

#### (1) 국내 사례

대표적인 지방공기업의 민영화 또는 해체(해산) 사례는 태백 오투리조트와 경남 진주의료원이 해당한다. 지방공기업 간 통·폐합 사례는 광역자치단체 대구시와 기초자치단체 김포시가 대표적인 사례에 해당한다.

**① 태백관광개발공사 오투리조트**

태백시는 2001년 지방공기업인 태백관광개발공사를 설립해 골프장, 스키장, 콘도 등의 시설을 갖춘 오투리조트를 2009년 10월 준공했다. 태백시는 시 출자액 651억 원을 포함해 4,402억 원의 막대한 사업비를 투입하면서도, 면밀한 사업타당성 검토 없이, 회원권 분양이란 막연한 기대에 의지한 채 무리하게 사업을 추진해 부실을 자초했다. 이로 인하여 태백관광개발공사는 경영난으로 2010년 3월 정부로부터 '민영화' 개선명령을 받았다. 단일 사업인 오투리조트만 운영하고 있는 태백관광개발공사의 2012년 말 기준 부채는 장기은행차입금 1,460억 원, 회원권 690억 원, 공사비 842억 원 등 총 3,392억 원에 달했다. 또 5억여 원의 임금을 체불하고 있을 뿐 아니라, 국세 1억 4,000만 원과 지방세·상하수도료 28억 원도 체납한 상태다(경향신문, 2013.7.17).

태백시가 설립한 지방공사인 태백관광개발공사는 오투리조트 조성·운영 과정에서 영업손실 누적으로 직원 급여 지급조차 어려운 형편이 되자 기업회생을 신청했다.

---

3) 미국은 연방정부제도를 채택하고 있어, 주정부도 일종의 지방자치단체에 포함되고 있는바, 주 및 하위 지방자치단체 공기업 민영화 사례가 상당수 보고된다.

4) 공공성이 강하고 지방 필수재를 생산하는 지방공기업에 대한 민영화 사례는 해외에서도 적은 편이다.

서울중앙지법 파산4부 2016년 7월 15일 오투리조트(구 태백관광개발공사)의 회생 절차를 종결하기로 결정했으며, 이는 2014년 6월 회생 절차를 신청한지 2년여 만이다.

2015년 말까지 네 차례 매각공고를 거쳐 2016년 2월 부영주택이 인수하기로 했으며, 부영주택은 800억 원에 지분을 인수한 뒤 기존 주식을 전량 무상 소각해 자회사로 민영화한 사례이다. 태백관광개발공사의 오투리조트는 부실 지방공기업이 회생 절차를 이용해 민영화한 첫 사례이며, 향후 재정난에 빠진 지방공기업과 지방자치단체가 재정위기를 극복하기 위한 새로운 돌파구로 제시된 경우이다(아시아경제, 2016. 7.15). 전력이나 가스 등 필수재가 아닌 리조트 개발의 경우, 무리한 개발사업추진으로 인해 파산한 태백관광공사의 민영화는 일면 피할 수 없는 사례이다.

#### ② 진주의료원 폐원

2013년 2월 26일 홍준표 당시 경남지사가 의료공급 과잉, 귀족노조와 수익성 악화에 따른 적자 누적을 이유로 진주의료원을 폐쇄할 것을 주장한 후인 2013년 5월 29일 경상남도가 실제로 진주의료원을 폐쇄하였다. 이는 공공의료 서비스와 복지에 대한 논쟁으로 번져 전국적인 사회적 이슈로 부각되었다. 진주의료원은 1910년 일제강점기 때 세워진 진주자혜의원이 1925년에 성북동 쪽으로 이전 설립되고, 1983년에 재건축한 경상남도 산하 지방의료원이었다.

2020년에는 코로나19 감염병 확산 사태로 팬데믹이 벌어진 영남지역 중 진주지역에 대형 지역거점 공공의료시설이 없어 다시 한번 진주의료원 폐업 사태가 반추되고 있다. 하루에 100명 이상씩 폭증하는 감염확진자를 두고 인근의 부산 등에서는 공공병원 병실을 먼저 비워 600여 개의 병상을 먼저 확보하는 등 선제적 대응에 나섰으나, 경남서부지역은 진주의료원이 이미 폐원되었기 때문에 공공병원의 선제대응은 어려웠다. 경상대병원 등이 평시 지역거점병원 역할은 하고 있으나 음압병실 등이 충분하지 않았고, 오로지 감염병전담병원만의 역할을 수행하기 힘든 상황이다. 특히, 거창, 합천 등 경남서부 취약지역에서는 코로나 환자 이송에만 마산의료원까지 1시간 30분 이상이 소요되는 등 신속한 대응에 어려움을 겪는다는 점에서 진주의료원 폐원에 대한 아쉬움이 남는 상황이다.

2019년 결국 진주지역에 공공병원 재건립이 추진되다가 2020년 들어 코로나19 대유행으로 경남지역 병상 부족 문제가 불거지면서, 2020년 7월 이내에 새로운 공공의료기관 건설 후보지를 도민참여단과 함께 논의가 추진되었다. 2021년 2월 26일, 새의료원 부지가 진주시 정촌면 예하리에 있는 구 예하초등학교로 결정되었다. 하지만, 김경수 전 경남지사가 2021년 7월 21일 대법원 확정판결로 징역 2년의 실형을 선고받고 지사직을 박탈당하면서 병원 건립 계획이 그대로 이어질지는 미지수로 남게 되었다. 최근 우여곡절 끝에 서부경남지역 공공의료 서비스 공백을 해소하고자 진주에 공공병원을 재건립하는 것이 본격화되고 있다. 최근 열린 "경상남도 의료원 진주병원 의료 · 운영체계 수립용역 착수보고회"에 따르면 1,578억 원을 들여 2027년에 개원하는 것을 목표로 하고 있다.

홍준표 전 경남지사가 방만경영을 명분으로 한 진주의료원 폐업 사태는 경남지역에 전국 대비 공공병상이 제일 부족한 지역이라는 결과로 이어졌고, 결론적으로 이를 메꾸기 위해 2027년에 진주에 다시 새 공공병원이 개원하는 것으로 마무리되는 듯하다.

격화되는 의료시장의 경쟁구조 속에서 공공의료기관 역시 갈수록 민간의료기관의 운영논리에 매몰되어가고 있으며, 이는 공공의료기관의 존재 의의를 희석시킨다. 지역개발과 달리 공공성이 더 강한 지역의료원의 민영화는 좀 더 파급효과가 크기에 더 신중한 정책적 결정을 했어야 하는 것으로 보인다.

### ③ 김포시 지방공사 · 공단 통합과 분리

2010년 3월 이명박 정부의 소위 '공기업 선진화 방안' 정책의 시행으로 김포시 사례처럼 지방공기업이 통 · 폐합[5)]된 경우는 드물지 않다. 당시, 김포, 용인, 화성, 춘천, 구미 등에서 지방공기업을 통합하였으며(공단+공사), 인천도시개발공사와 인천관광공사처럼 공사끼리 통합한 사례도 있다(공사+공사). 2015년 인천관광공사는 인천도시개발공사에서 분리 후 재출범하였다. 이외에도 공사와 공단이 통합하여 공사체제로 유지된 사례는 광주도시공사(1999), 안산도시공사(2011), 성남도시개발공사(2014), 김해도시개발공사(2014) 등이 있다. 김포도시관리공사는 지방공기업 통합과 분리라는 굴곡을 거쳐 재통합을 한 기관이기 때문에 조금 더 내막을 자세히 들여다볼 필요가 있다.

---

5) 「지방공기업법」 제75조의6에 따라 공사는 「공공기관의 운영에 관한 법률」 제14조 제1항에 따른 계획에 따라 민영화 대상으로 지정된 공공기관(같은 계획에 따라 공공기관 지정이 해제된 기관을 포함한다)과 「상법」에 따른 청산 절차를 거치지 아니하고도 합병할 수 있다. 또한 2019년 12월 3일 「지방공기업법」 개정으로 지방공사 · 공단은 사업의 효율적 운영을 위하여 필요한 경우에는 청산 절차를 거치지 아니하고, 「지방공기업법」에 의하여 공사는 공단으로, 공단은 공사로 조직변경을 할 수 있도록 허용하고 있다.

원래 김포도시공사와 김포시시설관리공단은 2010년까지 별개의 회사였으나, 행정자치부의 공기업 선진화 방안의 일환으로 이 두 기관은 통합을 통해 지방공사로 거듭났다. 하지만, 지방공사로 통합한 이후, '부가가치세' 부과 문제가 불거져 공사 분리의 발화점이 되었다. 공사 통합 당시 지방공사가 지방자치단체의 대행사업을 수행할 경우에는 부가세를 납부하도록 규정되어 있었다. 이 사건을 계기로 김포시는 공사와 공단 재분리 방안을 추진한다. 이후 2016년 「조세특례제한법」이 개정되면서 정부의 대행사업을 수행할 시에는 부가세가 면제되었다. 이에 따라 2017년 김포시시설관리공단은 김포도시공사로부터 분리하게 되었다. 공사의 분리는 부가가치세 문제로 촉발되었지만, 사실 그 안에는 김포도시공사와 김포시시설관리공단이라는 조직 간 문화 차이, 상이한 급여체계 등으로 인한 조직 내 갈등이 문제였던 것으로 알려져 있다. 결국 분리 후 3년 뒤, 김포시시설관리공단은 공사와 재통합되어 2020년 9월 '김포도시관리공사'로 출범하였다.

지방공기업의 흡수와 통합의 역사를 살펴보면, 지방공기업끼리 통합 사례는 다수지만, 통합 효과가 영속적이지 않은 경우도 많았다. 다만, 충분히 준비되지 않는 통합은 다시 기관의 분할 등으로 이어질 수 있음을 유의할 필요가 있다. 무엇보다도 공공기관의 효율화를 위해서 필요한 것은 시간을 두고 행정 절차를 잘 지켜가면서 화학적 결합을 시도하는 것이 필요하다(김창현, 2022: 68-69).

**④ 대구광역시 지방공기업 통·폐합안**

윤석열 정부가 110대 과제 중 하나로 '공공기관 혁신'을 제시하면서 지방공기업의 구조 개선에도 관심이 쏠리고 있다. 공공기관혁신의 구체적인 내용은 공공기관 효율화, 재무건전성 확보, 민간 혁신·성장 지원, 자율·책임·역량 강화 등을 주요 내용으로 하고 있다. 특히, 2022년 7월 22일 대구시의회에서 지방공공기관 통·폐합에 대한 조례안이 통과되면서 통·폐합의 시계는 이미 돌아가고 있다. 대구광역시의 구상은 현재 '대구도시철도공사'와 '대구도시철도건설본부'를 '대구교통공사'로, '대구시설공단'과 '대구환경공단'을 통합하여 '대구공공시설관리공단'으로 출범하고자 하는 조례안이 통과되었다. 이번 통·폐합안에 따라 2022년 9월 기관 간 물리적 통합이 아닌 공공교통 안전성의 가치를 담아 '대구교통공사'가 출범하였고, 2022년 10월 기관통합과 조직혁신을 통한 대시민공공서비스를 강화하겠다는 의지를 표방한 '대구공공시설관리공단'이 출범하였다. 지방공사가 지방공단을 통합한 사례는 다수 있지만, 지방공단끼리 통합한 경우는 선례를 찾기 어렵다(김창현, 2022: 67).

**그림 15-1 대구광역시 지방공기업 통·폐합**

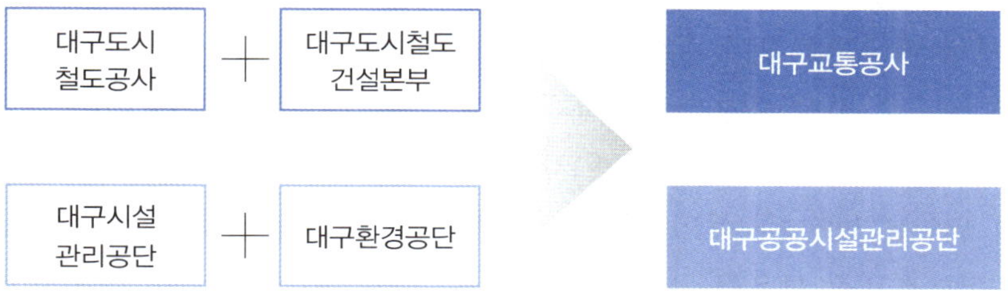


자료: 김창현(2022: 67) 재구성.

규모의 경제에 대한 고려에서 공사·공단의 통·폐합이 추진되고 있으나, 성격이 전혀 다른 공사·공단의 통·폐합이 항상 경제적 효율성을 가져오지 못할 수 있다는 점을 고려해야 할 것이다(안성민, 2012: 26).

### (2) 해외 사례

#### ① 미국의 California주 와 Texas주 전력공급 민영화로 인한 대정전 사태[6]

2001년 California주와 2021년 Texas주 전력 부족은 미국 주정부들에 의한 전력시장 민영화로 인해 대정전 사태(black out)가 발생한 바, 전력산업의 민영화에 문제가 많이 있음을 보여 준 대표적 사례들이다.

캘리포니아의 전력시장은 1996년부터 경쟁이 시작되었다. 규제가 없는 완전 경쟁 속에서 주정부는 전기가격의 인하 효과를 기대했지만, 2001년까지 5년 동안 가격 인하는 일어나지 않고, 오히려 가격이 조금씩 상승했다. 경쟁이 도입되기 이전 민간회사들의 대다수는 발전회사들이었지만, 경쟁 도입 후에는 전력소매 부문만 남기고 발전설비를 모두 매각했다. 도매시장에서 싼값에 전기를 사다가 소비자들에게 판매하는 것이 직접 전기 발전업을 운영하는 것보다 더 많은 이윤을 남길 것으로 판단했기 때문이다.

민간회사들의 판단은 처음 몇 년 간 들어맞았다. 그러나 2000년 중반부터 발전회

6) California주와 Texas주의 대규모 정전 사태 자료 출처는 한국에너지정보센터(http://www.energycenter.co.kr)이다.

사들의 담합으로 인해 도매가격이 걷잡을 수 없이 상승하고(1999년 가격기준 대비, 2000년 6월 300%, 2000년 12월 3,000%), 소매가격 범위 제한이 풀리지 않은 상황에서 전력회사들은 엄청난 손해를 보기 시작한다. 상황이 나빠지자 소매업자들은 캘리포니아 정부에 가격제한을 풀어줄 것을 요구했으나 정부는 그 요구를 거절했고, 이로 인해 전기 판매대금을 받지 못하게 된 발전회사들은 이들 회사에 대한 전력공급을 중단했고, 대규모 정전 사태가 발생하게 된다. 소매업자들은 채무불이행을 선언했다. 2001년 캘리포니아주의 대정전은 제2차 세계대전 이후 최대 규모의 정전 사태였고, 대정전의 원인은 발전회사들의 담합으로, 당시 발전회사들은 전기 수요를 만족시킬 수 있을 만큼 설비를 보유했음에도 불구하고, 수리와 점검을 핑계로 발전시설을 인위적으로 폐쇄했기 때문이다.

Texas주의 경우도 California주와 비슷한 경로를 밟았다. 1999년 전기 발전 및 판매 시스템에 대한 전체 통제권을 주정부에서 민간으로 넘겼다. 당시에는 미국 내에서도 가장 광범위한 전기규제 완화 정책이었다. 당시 주지사였던 부시(George W. Bush) 전 대통령은 해당 정책에 서명하면서 "전기 산업에 경쟁이 도입되면, 소비자들에게 더 많은 선택권이 주어지고, 결국 전기요금이 싸질 것"이라며, 전기 자유화 정책이 텍사스 주민들에게 이득이 될 것이라고 강조했다.

이러한 기대 속에 실제 시장은 잘 작동되었다. 텍사스에는 풍력이 풍부해 재생에너지 확산도 빠르게 이뤄졌고, 천연가스 자원도 풍부해 저렴한 가격에 전력을 공급할 수 있었다. 텍사스에서 영업하는 220개의 전기 공급업체는 소비자를 유인하기 위해 가격인하 경쟁을 벌였고, 가격은 낮아져 주민들도 만족했다. 문제는 완전 자유화된 시장이 무리한 비용절감을 촉발해 위기 대응을 어렵게 만들었다는 점이다. 천연가스로 작동하는 발전소나 풍력 터빈을 한파로부터 보호하는 기술은 이미 개발되어 상용화되고 있었다. 하지만, 텍사스의 겨울은 일반적으로 따뜻하다는 이유로 전력공급 사업자들은 여기에 투자할 돈을 아꼈다. 텍사스의 겨울철 풍력 발전량은 전체 발전량의 7%를 차지한다. 천연가스의 경우 전체 발전량 중 40%를 차지한다. 하지만, 겨울철 작동을 위해 필요한 제빙장치가 설치되지 않아 발전기들은 작동을 멈췄고, 대정전이 발생하게 되었다.

#### ② 볼리비아 수도사업 민영화

볼리비아 수도사업 민영화는 신자유주의가 내세운 민영화의 폐혜 사례로 꼽히는 대표적인 사례이다. 볼리비아는 부족한 재정을 충당하기 위해 국가가 관리해야 하는 서비스인 수도사업을 민영화한다. 세계은행은 볼리비아에게 수도 인프라를 구축해주는 대신 외국 기업이 볼리비아의 코차밤바시(Cochabamba City)의 수도사업 민영화를 요구한다.

볼리비아는 1999년 수도사업을 미국 기업에 매각했다가 2006년 국제소송을 거쳐 수도사업을 다시 국유화했다. 볼리비아 제3의 도시인 코차밤바시의 수도 민영화는 대표적인 민영화 스캔들 사건으로 유명하다. 벡텔(물을 독점한 기업)이라는 미국계 회사가 공공수도를 인수하는 조건으로 기존 상수도를 모두 불법으로 간주하고 빗물을 받는 것조차 허가를 받도록 법 개정을 요구한다. 또한 민영화 이후 수도요금을 400%나 올리면서 국민의 대규모 저항에 부딪혀 민영화가 무산된 사례이다.[7] 비배제성, 비경합성이 특징인 공공재의 기업의 독점은 공공재의 가격 인상 및 서비스의 저하 등의 폐해를 낳게 되고, 공공재 부문의 민영화는 오히려 독이 된다는 것을 보여준 사례다.

## 2) 공기업의 성공적인 민영화 조건

### (1) 국가공기업의 성공적인 민영화 조건

상당수의 문헌들(이상철, 2021; 원구환, 2018: 안용식 외, 2001)에 의하면 국가공기업의 경우 성공적인 민영화 조건으로, 시장지향적 경쟁체제 확립과 규제 완화 분위기 조성, 조직의 자율적 의사결정 확대와 분권화된 조직시스템의 확립, 다양한 이해당사자들의 이익을 수렴할 수 있는 메커니즘 통로 확보, 반대 집단에 대한 설득 등 정치적 제약 조건으로부터 극복, 민영화 여건 성숙과 집행과정의 적실성 확보, 민영화 이후의 경쟁환경을 고려한 새로운 민영화된 공기업의 지배구조에 대한 사전설계 등을 제시한다(이상철, 2021: 202-206).

### (2) 지방공기업 민영화 시 고려할 점

지방공기업의 민영화가 국가공기업에 비해 상대적으로 적지만, 성공적인 지방공기업 민영화를 위한 조건도 기본적으로 국가공기업의 조건과 동일하다고 볼 수 있다.

---

7) 매일노동뉴스(2016.2.23). http://www.labortoday.co.kr, 민영화의 본질, 무능 또는 부패스캔들.

국가공기업의 경우 지방공기업에 비해 다양한 서비스를 제공하고, 이들 중 일부는 공공재적 성격이 상대적으로 낮고 요금재 성격의 주를 이루는 경우가 많아서 이러한 서비스들에 대한 민영화는 큰 무리가 없을 수 있다.

이에 비해 지방공기업이 제공하는 서비스는 그 종류도 제한되어 있고(예: 전력, 가스, 상·하수도, 지방의료 등), 서비스의 공공성이 강하기에 미국의 California주와 Texas주, 그리고 우리나라 진주의료원 등에서 보듯이 섣부른 민영화는 공공서비스의 재앙을 불러올 수 있음을 간과해서는 안 될 것이다. 따라서 지방공기업의 민영화는 국가공기업에 비해 더 많은 사안들을 종합적으로 신중히 고려해야 한다.

C·H·A·P·T·E·R 16

# 지방공기업의 지속가능경영 및 발전 방향

1970년 이후 지속가능한 발전에 논의가 점차 증가하였으며, 2002년 이후 공공부문 및 민간부문에서 윤리경영에 대한 논의가 활발히 이루어졌다. 그리고 최근에는 지방공기업의 사회적 가치 실현 및 ESG 경영이 화두로 떠오르고 있다. 이 장에서는 지방공기업의 지속가능경영 등장 배경 및 개념을 소개하고, 지방공기업의 윤리경영방안을 살펴본다. 또한 지속가능경영을 위한 사회적 가치 실현과 ESG 경영에 대해서도 논의한다. 마지막으로, 지방공기업 발전 방향과 미래 과제에 대해서도 고찰한다.

## 제 1 절 지방공기업의 지속가능경영

### 1. 지속가능경영의 등장 배경

지속가능한 발전은 '자연을 인간의 행복을 위한 정복과 개발의 대상으로만 여겨서는 안 되며 자연은 인간과 더불어 공존하여야 하고, 현세대만이 아니라 미래세대도 깨끗한 환경 속에서 쾌적한 삶을 누릴 수 있어야 함'을 의미한다. 이러한 대표적인 주장으로는 1972년 로마클럽(The Club of Rome)이 발간한 지구환경 보고서인 『성장의 한계(*The Limits to Growth*)』를 들 수 있다. 지속가능발전이라는 개념은 1987년 '환경과 개발에 관한 세계위원회(World Commission for Environment and Development: WCED)'가 지속가능한 발전을 정의하면서 본격적으로 대두하기 시작하였다(윤태범 외, 2020: 322).

오늘날 기업의 최대 관심은 수익성과 더불어 지속가능 성장을 확보하는 것이다. 기업의 경영활동에 있어 경제적 이윤추구만이 아니라 환경적 요소를 고려하는 경향도 증가하고 있는 추세이다. 공기업도 세계사적 패러다임의 변화에 대응해야 하는데, 사회의 범주 내에서 책임의식을 갖고 사회적 가치를 구현함으로써 공기업으로서의 지속가능 성장을 실현해야 한다. 공기업은 민간부문과 달리 수익성에 대한 가치 추구가 우선시되지 않지만, 공적 기반을 바탕으로 한 사회적 가치의 구현은 공기업의 설립목적이라 할 수 있다(원구환, 2018: 591).

지속가능경영(sustainability management)은 단순한 이익추구적 개념에서 벗어나 사회적, 경제적, 환경적 조건을 고려하여 기업의 지속가능 여부를 장기적 관점에서 이해하는 경영활동이라 할 수 있다. 따라서 공기업의 지속가능경영은 공기업의 경영활동에 영향을 미치는 사회적, 경제적, 환경적 요소를 고려하여 공기업의 장기적 가치를 추구하는 통합적 개념이라 할 수 있다(원구환, 2018: 591).

## 2. 지속가능경영의 개념

지속가능한 발전의 주요 원칙으로는 현세대와 미래세대 간의 형평성, 삶의 질의 향상, 사회구성원의 통합, 전 지구적 책임의 공유 등을 들 수 있다. 구체적으로 살펴보면, 첫째, 현세대의 만족을 위하여 다음 세대를 희생시키지 말자는 것이다. 둘째, 삶의 질 수준을 결정하는 것은 경제적인 것만이 아니라 비경제적인(사회적・환경적) 것도 중요하다는 것이다. 셋째, 1960년 이후 경제개발과정에서 급격한 사회변동을 경험하였는데, 이로 인하여 사회적 빈부의 확대와 계층 간 갈등은 사회적 통합이 아닌 균열을 조장하며, 지속적인 사회발전을 가로막는 장애물로 작용하였다. 따라서 사회적 연대의식과 공동체로의 사회의 바람직한 가치관을 형성하는 것이 지속가능한 발전이 추구하는 중요한 가치이자 조건이라고 할 수 있다(윤태범 외, 2020: 323-324).

우리나라가 지속가능한 발전문제에 대해 정부 차원에서 본격적으로 대응하기 시작한 것은 1990년대 중반 이후이다. 1996년 국가 수준의 지속가능한 발전을 위한 전략으로 '국가의제 21'이 수립되었으며, 이후 2000년 대통령 자문기구로서 '지속가능자문위원회'가 설치되었다(윤태범 외, 2020: 324). 우리나라 「지속가능발전법」에 따르면 "지속가능발전"이란 지속가능한 경제성장과 포용적 사회, 깨끗하고 안정적인 환경이 지속가능성에 기초하여 조화와 균형을 이루는 발전으로 정의하고 있다.

지속가능한 경영의 3대 기반 요소는 경제적, 사회적, 환경적 요소를 기반으로 하여 정의되는데, 기업이 경제적으로 성장 가능하고, 환경적으로 건전하며, 사회적 책임활동이 가능하도록 조화로운 노력을 하는 상황으로 정의될 수 있다. 또한 지속가능경영은 시계열적으로 단기적인 이익 추구보다는 장기적인 가치의 향상에 초점을 두고 있는데, 장기적으로 진행시킬 수 있는 능력을 포괄적으로 함축하고 있다(원구환, 2018: 592-594).

# 제 2 절 지방공기업의 윤리경영[1)]

## 1. 윤리경영의 본질

일반적으로 윤리경영(ethical management)은 '사회적으로 기대되는 바람직한 가치에 대한 경영'을 의미한다. 윤리경영의 강조는 곧 가치경영을 의미하는 것이며, 경제적 효율성에 앞서서 윤리성을 강조하는 것이다. 이처럼 윤리성을 지향하는 경영이 궁극적으로 경제적 성과를 확보할 수 있으며, 이것이 기업의 지속가능한 성장을 담보해주는 것을 의미한다(윤태범 외, 2020: 310-311).

윤리경영이 지향하는 가치는 투명성·공정성·합리성이다. 이것은 윤리경영을 통하여 다양한 경영가치를 선도할 수 있음을 의미한다. 투명성과 공정성을 지향하지 않는 윤리경영은 상상할 수 없으며, 이 과정에서 자연스럽게 합리성도 지향할 수밖에 없다. 불투명성과 불공정성은 합리적이지 못한 경영에서 비롯되는 것이기 때문이다. 윤리경영은 어떤 경영가치보다도 상위에 존재하는 가치라고 할 수 있다. 이처럼 윤리경영은 기업 외부에 존재하는 수많은 고객과의 동반성장과 상생적 가치 배분을 지향한다. 궁극적으로 고객의 이익 및 사회적 책임을 다하는 것이 윤리경영이라고 할 수 있다(윤태범 외, 2020: 311-312).

기업의 책임을 단계적으로 제시한 연구에 의하면 기업의 가장 본질적 책임을 경제적 책임이라고 주장하였으며, 법적 책임은 기업이 속한 사회의 법규준수를 의미하고, 윤리적 책임은 기업에게 사회의 일원으로 기대하는 행동과 활동을 수행하는 것을 의미한다.

윤리경영은 사회적 책임경영, 지속가능경영과 밀접한 연관성을 지닌 개념이다. 윤리경영은 개인의 도덕적 가치관을 기업의 최우선 가치로 설정하여 모든 기업활동에 적용함으로써 사회적 책임을 이행하는 경영전략으로 이해되고 있는데, 기초로서의 윤리경영을 바탕으로 사회적으로 책임 있는 활동을 이행할 때 기업의 지속가능성이 보장되는 구조를 지니고 있다. 따라서 윤리경영은 기초적 개념으로서 위상을 지니며, 사회적 책임경영이라는 방식을 통해 지속가능한 경영을 도모할 수 있다. 즉, 윤리경영을 통해 사회적 책임을 구현함으로써 지속가능한 경영체제를 구축할 때 존립 목적

1) 지방공기업의 윤리경영은 원구환(2018: 563-575)의 『공기업론』 내용 일부를 정리한 것이다.

을 정화시킬 수 있다. [표 16-1]은 윤리경영, 사회적 책임경영, 지속가능경영의 개념을 보여준다.

**표 16-1 윤리경영, 사회적 책임경영, 지속가능경영의 개념**

| 단계 | 경영체계 | 추진내용 |
|---|---|---|
| 기초 | 윤리경영 | • 윤리기준 정립<br>• 윤리시스템 구축<br>• 윤리적 책임 구현<br>• 사회적 윤리 강화 |
| 실천 | 사회적 책임경영 | • 기업과 사회의 공생관계<br>• 기업체이론<br>• 공유가지창출 |
| 목적 | 지속가능한 경영 | • 경제, 사회, 환경책임<br>• 삶의 질, 세대가 형평성<br>• 지구촌 일원으로서의 책임 |

자료: 저자 정리.

## 2. 윤리경영 필요성

공기업도 국제적·사회적 흐름에 맞추어 윤리경영을 중요한 행동지침으로 인식하고 있는데, 이는 공기업이 한 사회 내의 실체로서 조직의 성과를 사회적 관계 속에서 파악해야 하기 때문이다. 일반적으로 윤리경영이 공기업에 강조되기 시작한 배경은 조직구성원의 부정부패와 방만경영 등을 제거하기 위해 우선적으로 도입[2)]되었다고 볼 수 있으나, 다음과 같은 배경도 도입 필요성을 강조하고 있다.

첫째, 공기업은 설립목적의 관점에서 윤리적 활동을 중시할 수밖에 없다. 공기업은 민간기업과는 달리 이윤추구를 목적으로 하지 않으며, 사회적 가치 실현을 통해 국민(주민)의 복리증진에 기여해야 한다. 공익적 목표 구현을 효과적으로 이행하기 위해서는 도덕적·사회적 기준에 충실할 수밖에 없으며, 윤리적 기준에 미흡한 공기업 운영은 실질적 주인인 국민(주민)으로부터 신뢰를 받기 어렵다.

둘째, 공기업은 서비스 관점에서 윤리적 활동을 중시해야 한다. 국민(주민)의 일상

2) 2016년 9월부터 「부정청탁 및 금품 등 수수의 금지에 관한 법률」이 시행됨에 따라 공기업의 윤리경영은 매우 중요한 요소가 되었으며, 윤리교육 강화, 내부고발 절차 정비, 징계 강화 등을 모색하고 있다.

생활에 필수불가결한 재화나 서비스를 제공해야 하는 공기업은 공정하고 투명한 활동을 통해 차별없는 보편적 서비스를 제공하는 것이 중요하다. 방만한 경영과 부패요소의 제거는 민간기업보다 엄격한 잣대가 적용될 수밖에 없다.

셋째, 공기업 내부의 동기유발 관점에서 윤리적 활동이 중시되어야 한다. 공기업은 법률에 의해 폐지가 되지 않는 한 지속적 경영을 도모할 수 있는 제도적 기반을 갖고 있기 때문에 도덕적 해이 현상이 발생할 수 있다.

넷째, 공기업의 사회적 책임 구현을 위해서 윤리적 활동이 필요하다. 공기업은 민간기업과 달리 공익성을 기반으로 한 사회적 존재 이유가 중요하므로, 윤리경영을 통해 사회적 책임 구현은 매우 중요한 경영요소로 부각될 수밖에 없다.

다섯째, 공기업의 조직문화 개선을 위해 윤리경영이 필요하다. 윤리경영은 조직의 투명성 확보를 위한 기반이 되며, 조직구성원에게 조직과 인간에 대한 신뢰에 영향을 주어 조직구성원의 사기 향상에 기여할 수 있다.

## 3. 윤리경영의 패러다임의 변화

시대적 변화에 따라서 윤리경영의 패러다임도 변화하고 있다. 반부패 라운드에서 윤리 라운드로 확장되었듯이, 초기에 강조되었던 적발 중심의 반부패 중심적 활동이 예방 중심적 활동으로 변화하고 있다. 이에 따라서 양 관점(반부패적 관점, 윤리적 관점)을 OECD에서는 윤리(high road)와 감사(low road)의 조화 혹은 통합으로 설명하고 있다. 강조점은 상이할 수 있지만, 윤리와 감사는 동일한 가치인 기업가치와 기업신뢰의 극대화를 지향한다는 점에서 동일하다.

[그림 16-1]과 같은 패러다임의 변화는 자연스럽게 윤리경영이 적용되는 영역의 확대를 가져왔다. 좁은 의미의 조직 내부 및 구성원에게 적용되는 행위적 측면에서의 윤리 관리에서 공정성, 평등성, 인재양성, 공정보상, 노사 간 상생, 사회공헌, 친환경적 사업활동 등으로 확대·발전하였다. 윤리적 관점을 갖는 것은 기본적으로 구성원, 이해관계자, 사회 등의 중요성을 인식하고, 이들의 가치를 인정하는 것을 전제로 하기 때문이다(윤태범 외, 2020: 314).

**그림 16-1 통제 패러다임의 변화**

자료: 윤태범 외(2020: 314).

## 4. 윤리경영 강화방안

윤리경영을 체계적으로 강화하기 위해서는 많은 수단을 활용해야 한다. 조직 내부 및 구성원의 행위를 강제하기 위한 법규범에서부터 감사 등의 시스템, 그리고 이들의 역량을 확보하기 위한 교육훈련까지 다양하다.

### 1) 윤리경영시스템의 제도화

윤리경영시스템을 구축하기 위한 요소로는 윤리적 이슈의 인식, 윤리적 제도의 구축, 윤리적 의지 확립, 윤리적 행동 촉진 등이 제시되고 있는데(Jones, 1991), 경영자의 의지, 윤리경영시스템의 구축, 윤리교육과 훈련, 윤리경영의 평가 및 환류 등이 체계적으로 구비될 필요가 있다. 공기업의 윤리경영은 공기업에 대한 국민(주민)들의 이미지 제고에 기여하며, 조직구성원들의 사기를 북돋우어 서비스 품질 향상에 기여할 수 있다. 특히, 국민(주민)으로부터의 신뢰 및 지지 확보는 다시 윤리경영에 대한 투자로 이어질 수 있으며, 공기업 내부의 비효율적 방만 경영요소를 제고할 수 있는 장점이 있다.

### 2) 윤리경영의 경영가치체계 내재화

윤리경영을 효과적으로 수행하기 위해서는 윤리경영을 공기업 내의 미션, 비전, 가치, 전략, 사업 등에 내재화하여 임직원이 충분히 인지하고 있어야 한다. 윤리경영을 미션과 비전과 연계하고, 사업으로 구체화하여 환류할 수 있는 역량이 공기업 조직 내에 갖추어져야 효과적인 윤리경영을 도모할 수 있다.

### 3) 국민권익위원회의 청렴도 평가 환류 강화

국민권익위원회는 공공기관의 청렴 수준을 객관적 · 과학적으로 측정하고 기관의 부패 유발요인을 체계적으로 진단함으로써, 측정 결과 나타난 부패 취약 분야에 대한 각급 기관들의 자율적 개선 노력을 유도하고 있다. 국민권익위원회의 청렴도 평가는 외부청렴도, 내부청렴도, 정책고객평가로 구성되며, 매년 측정되어 공표되고 있으므로, 청렴도 평가에 따른 측정항목별 결과를 공기업 내부의 윤리경영 기준 강화에 활용할 필요가 있다.

### 4) 윤리교육 강화

윤리기준 및 법령이 제도적으로 구비되어 있더라도 이를 실천하기 위해서는 조직 구성원 모두가 윤리기준 및 법령을 이해하고 숙지하고 있어야 한다. 따라서 윤리기준 및 법령을 제대로 이해시키기 위한 윤리교육은 매우 중요하며, 실질적 사례 교육을 병행하여 윤리적 딜레마 상황에서 올바른 의사결정을 유도해 나가는 것이 필요하다.

### 5) 공익제보 기능 강화

공익제보(whistle-blowing)는 조직 내의 불법 · 비윤리적 행위를 외부에 알리는 행위라 할 수 있는데, 조직의 투명성 확보와 반부패 청산에 긍정적으로 기여하는 장치라 할 수 있다(Denhardt, 1991; Sims & Keenan, 1998: 원구환, 2018: 575). 공익제보 행위에 대한 거부감을 해소하고, 내부고발에 대한 적극적인 의지를 강화하기 위해서라도 윤리교육이 강화될 필요가 있다. 우리나라의 경우도 국민 생활의 안정과 투명하고 깨끗한 사회풍토의 확립에 이바지함을 목적으로 「공익신고자 보호법」을 2011년에 제정하여 시행하고 있다.

## 5. 윤리경영 우수사례

인천도시공사(iH)는 2003년 설립되어 인천의 도시발전과 시민의 주거복지 향상을 담당하고 있으며, 사업 분야는 도시개발, 주택건설, 산업단지 조성, 도시재생, 부동산

금융 등이다.

인천도시공사의 윤리경영 전략은 연도별 추진전략 및 주요 추진계획 구축, 윤리경영 고도화, 윤리경영 선도 및 확산 등이다. 그리고 구체적인 시행계획을 살펴보면, 예방 및 사전컨설팅(윤리교육, 클린신고, 호루라기 예보제, 청렴계약이행 서약제도), 임직원 행동강령(공정한 업무수행 부당이득의 수수금지 등, 건전한 공직풍토의 조성, 위반 시의 조치 등), 윤리경영 게시판(게시물 180개), 반부패 청렴활동(카드뉴스) 등 윤리경영체계를 운영하고 있다. [표 16-2]는 인천도시공사의 연도별 추진전략 및 주요 추진계획을 보여준다.

**표 16-2 연도별 추진전략 및 주요 추진계획**

| 구분 | 전략 | 주요 추진계획 |
|---|---|---|
| 2021년 | 윤리경영 전략 및 추진체계 구축 | 윤리경영 중장기 로드맵 수립 |
| | | 윤리경영 추진체계 구축 |
| | | 윤리경영 강화방안 수립 |
| | | 新 윤리경영 실천선언문 제정 |
| | | iH반부패 청렴 통합신고센터 개설 |
| 2022년 | 윤리경영 고도화 | 윤리경영헌장 제정 |
| | | 부패방지경영시스템 구축 |
| | | iH Whistle제도 운영(Red, Green, White) |
| | | 이해충돌방지제도 도입 및 정착 |
| | | 윤리경영대상 수상 |
| 2023년 | 윤리경영 선도 및 확산 | 윤리경영 성숙으로 반부패·청렴문화 우수사례 선도 |
| | | 윤리경영 모범시스템 타공사 컨설팅 및 노하우 전파 |
| | | 윤리경영 성과목표 지속관리 |

자료: 인천도시공사 홈페이지.

인천도시공사는 ‘더 공정하고 더 투명한 청렴 iH 실현’이라는 윤리 비전을 바탕으로 공정·투명경영을 통해 청렴 일류 공기업으로 도약하고, 조직원 간 신뢰와 배려를 통해 일하기 좋은 기업문화를 강조하고 있다. 또한 윤리정책 및 환경 변화에 빠르게 대응하기 위해 내부통제, 외부통제, 신고체계, 내부통제활동, 신상필벌의 통제시스템을 체계적으로 갖추고 있다. 특히, 준법 모니터링뿐만 아니라 조직문화까지 아우르는 균형 잡힌 자율예방시스템인 iH Whistle 제도(부패 사전예방)를 운영하고 있다. 이러한 노력과 성과로 국민권익위원회 우수사례, 한국투명성기구 워크숍 우수사례로 선정되었으며, 2021년 대한민국 지방자치 혁신대상 최우수상을 수상하였다.

인천도시공사는 고유의 청렴 문화를 만들기 위해 가족들과 함께하는 '가족덕분에 청렴챌린지', 청렴이슈를 전파하기 위한 '매월 청렴의 날'도 운영하고 있다. 청렴 문화 확산을 위해서 SNS 플랫폼뿐만 아니라 고위직의 기고문활동, 타 기관과의 업무협약, 공모전 개최 등 외부 활동도 적극 펼치고 있다. 인천도시공사는 또한 공사의 미션과 연결될 수 있는 사회공헌 사업을 진행하고 있다. 이를 위해, 'iHUG 무한한 나눔'이라는 사회공헌 비전으로 지역상생, 시민동행, 지속가능 전략을 가지고 40개 사업을 추진하고 있다.

인천도시공사는 윤리경영 중장기 및 추진체계 완성, 부패 사전예방을 위한 iH Whistle 제도 운영, 그리고 다양한 사회공헌활동 추진 등의 성과를 인정받아 한국윤리경영학회 선정 '2022 윤리경영대상'을 받았다.

## 제 3 절 사회적 가치 실현 및 ESG 경영

### 1. 사회적 가치

#### 1) 사회적 가치에 대한 국내 · 외 환경의 변화

1980년대 이후 세계화와 신자유주의가 전 세계를 지배한 결과, 사회 전체 분야에서 경제적 측면의 효율과 성장에 초점을 두게 되었다. 이러한 흐름에서 공기업과 준정부기관 등 공공기관은 국가 주도 하에 그 존재 목적인 기업성과 공공성 중 기업성에 초점을 둔 정책들이 시행되었다. 그러나 공공기관에 대한 경제성 및 효율성, 시장경쟁 원리 및 민간부문 경영방식의 적용을 지나치게 강조한 결과, 그동안 고려되지 못했던 공공기관의 공공성에 대한 사회적 요구가 증대되었다.

영국 · 미국 등 국제사회에서는 '공 · 사의 조직들이 사회 또는 공공의 이익에 기여하는 것'으로 이해할 수 있는 사회적 책임(corporate social responsibility: CSR), 지속가능발전(sustainable development), 공공 가치(public value), 사회적 가치(social value) 등에 대한 논의가 활발하게 진행되고 있다. 이와 같은 논의들은 공통적으로 안전, 환경, 불평등 해소 등 사람의 삶의 질을 향상할 수 있는 방향으로 진행되고 있다. 정부는 사람을 중심에 두고, 사람의 삶의 질을 향상하기 위한 정책들에 초점을 두고 추진하고 있다.

이러한 국제적 흐름과 더불어, 2017년 출범한 문재인 정부는 '국민의 나라 정의로운 대한민국'이라는 국가 비전을 내세우고, 세부 국정과제 중 '사회적 가치 실현을 선도하는 공공기관'을 제시하였다. 이를 바탕으로 정부 혁신을 위한 3대 전략의 중심에 '사회적 가치 중심 정부'를 두어, 사람 중심의 사회적 가치를 실천하고자 하는 의지를 보여주고 있다(민소라, 2021: 3-4).

### 2) 사회적 가치 개념

사회적 가치(social value)란 "공공의 이익과 공동체 발전에 기여하는 것에 상대적으로 윤리적 의미를 두는 규범적 관점"을 의미한다. 사회적 가치를 구성하는 인권, 노동, 환경, 윤리, 안전, 공정, 연대, 균형 등과 같은 개념들은 「헌법」에 규정된 사회권을 구현한다는 의미를 담고 있다. 따라서 사회적 가치의 구현은 고도성장 과정에서 소외된 분야나 배제된 사람을 지원하는 일에 최고의 우선순위를 부여한다(김정렬, 2019: 53-74).

사회적 가치를 실현을 위해 정부는 행정적 또는 정책적 영역들을 확인하고 영역들 간의 경계를 구분하고 보호해야 한다. 또한 사회공동체에서 어떤 사회적 가치가 중요하고 어떤 가치의 배분에 정부가 관여할 수 있는지를 정할 필요가 있다. 정부가 가치 배분에 어떠한 수단을 활용할 수 있는지 판단하는 정책결정 과정도 필요하다. 이러한 과정에서 정부 부처와 산하기관 및 국가공기업이 주요한 역할을 하지만, 주민들의 실제 생활권에서 사업을 진행하는 지방자치단체 하의 지방공기업은 가치 배분에 있어서 중요한 역할을 할 수 있다(최현선, 2018: 41).

우리나라의 경우 2011년 8월 15일 대통령 경축사를 통해 사회적 약자가 기회를 갖고 자립하도록 사회공동체 발전을 추구하는 새로운 발전모델로서 공생발전이 제시되었는데, 공공기관은 기업성과 공공성을 동시에 지니고 있는 기업으로서 공생발전을 위한 사회적 책임경영에 대한 요구를 더욱 강조하게 되었다.

2017년 문재인 정부 하에서는 사회적 가치에 대한 고려가 공공기관에서 강조되고 있는데, 공공기관의 일자리 창출, 지역사회 활성화와 공동체 복원, 경제활동을 통한 이익이 지역에 순환되는 지역경제 공헌, 환경의 지속가능성 보전, 시민적 권리로서 민주적 의사결정과 참여의 실현 등 사회적 책임경영과 공공성을 강화한다(원구환, 2018: 578).

사회적 가치와 유사 개념과의 관계를 비교하면 다음과 같다. 첫째, 사회적 경제(social economy)는 사람과 사회적 목적이 자본에 우선하고, 누구나 자발적으로 참여할 수 있다. 또한 조합원에 의한 민주적 통제가 이루어지고, 조합원과 이용자의 이익, 그리고 일반 이익이 조화를 이루며 연대와 책임의 원칙을 지켜야 한다. 둘째, 기업의 사회적 책임(Corporate Social Responsibility: CSR)은 기업들이 자발적 방식으로 사회·경제적 문제들을 자사의 기업활동 및 이해관계자들과의 상호작용에 통합시키는 개념이다. 셋째, 지속가능발전(sustainable development)은 미래세대의 요구를 충족시킬 수 있는 능력을 훼손하지 않는 범위에서 현재 세대의 요구를 충족시키는 발전을 의미한다(민소라, 2021: 12-15).

### 3) 사회적 가치 실현과 지방공기업의 역할

지방공기업의 사회적 가치 실현과 지방공기업의 역할에 대하여 고려해야 할 사안은 다음과 같다.

첫째, 지방공기업은 지역사회의 사회적 가치를 구현을 위해 설립되었다는 점이다. 설립 자체가 이윤추구에 있는 것이 아니라 지방자치단체나 민간부문에서 제대로 수행하지 못하는 지역사회 문제를 해결하기 위해 설립되었다고 볼 수 있다.

둘째, 지방공기업을 설립하기 위해서는 사회적 가치구현과 관련된 기준을 설립타당성 검토 시에 고려할 필요가 있다. 즉, 설립타당성을 검토하는 과정에서 사회적 가치를 위해 노력하는 많은 사람들의 참여와 협력으로 설립의 당위성을 확인하는 과정적 정당성도 포함하고 있다.

셋째, 지방공기업의 지배구조와 관련하여 사회적 가치를 구현할 수 있는 방안이 필요하다. 지방공기업의 지배구조와 관련하여 가장 중요한 역할을 하는 것은 이사회라 할 수 있다. 따라서 지방공기업이 이사회에 다양한 이해관계자가 참여하고 사회적 책임을 제고할 필요가 있으며, 이를 위해 근로자의 이사회 참여 문제를 검토할 필요가 있다.

넷째, 지방공기업의 운영과 관련하여 다양한 행위 주체들 간의 협력방안을 모색할 필요가 있다. 특히, 사회적 가치 구현에 참여하는 행위주체들은 어느 하나가 다른 주체를 배타적으로 통제하는 대신 상호 이해를 존중하고 갈등해소를 통해 파트너십을 형성하는 것이 필요하다.

다섯째, 사회적 가치 구현과 관련된 지속가능경영보고서 발간을 제도화할 필요가 있다. 지방공기업 지속가능경영보고서를 작성하는 것은 단순히 지속가능한 수준을 보여주는 것이 아니라, 사회적, 경제적, 환경적 역할에 대한 통합적 노력과 열정을 대내외적으로 표현하는 것이라 할 수 있다(원구환, 2018: 36-38).

### 4) 지방공기업의 사회적 가치 실현방안

지방공기업의 사회적 가치란 지방공기업의 역량을 활용하여 경제성장과 지역발전을 견인하고, 사회적 질을 제고하기 위한 핵심 가치이다. 지방공기업 차원에서도 사회적 가치 실현을 위한 장기적인 전략이 요구되고 있다. 지방공기업의 사회적 가치 실현을 위한 방안으로서 고려해야 할 사안은 다음과 같다.

첫째, 사회적 가치의 실현은 전체 사회의 공동이익을 우선한다. 사회적 가치는 공동체가 공통으로 의미를 부여할 때 비로소 형성되므로, 공동체의 대표로서 정부는 사회적 가치의 구체적 의미와 과제를 선정하는 데 중심적 역할을 담당한다. 사회적 가치를 체감할 수 있는 정의는 '공익(public interest)'과 '공정(fairness)'이 있다. 개인, 조직의 이익을 넘어 공동체의 유지와 발전을 위해 필요한 제반 활동을 수행하는 것이 '공익'이다. 즉, 사회적 가치는 전체 사회의 공동이익을 우선한다.

둘째, 지방공기업의 역할과 사회적 가치 실현이다. 지방공기업은 주민의 복리증진이라는 공익성을 추구하되, 동시에 조직운영 및 사업관리 측면에서 민간의 참여와 기업가 정신의 도입을 위해 설립된 공공기관으로서, 지방자치단체가 직·간접으로 투자해 소유권 또는 통제권을 갖는다. 1990년대 후반부터 최근까지 지방공기업을 포함한 공공기관들은 시대적 요구에 따라 효율성과 효과성을 중시하는 경영을 유지했다. 그 결과 민주성과 형평성이 소홀해졌다는 지적과 함께, 공공기관들이 다시 민주성과 형평성을 회복해야 한다는 의견이 제기되었으며, 이런 상황에서 사회적 가치 실현을 위한 주체로서 공공기관의 역할을 강조하고 있다.

셋째, 지방공기업의 사회적 가치 실현 전략이다. 사회적 가치는 현재 지방공기업이 직면하고 있는 주요 과제 중 하나이며, 사회적 가치 실현은 일회성 정책으로 국한되지 않고 장기적인 접근이 필요하다. 다음으로 사회적 가치의 내용은 시대에 따라 유동적이다. 사회구성원들이 가지고 있는 세계관이나 신념, 삶의 방식이 변하면, 사회적 가치의 내용은 역시 변하기 마련이다. 따라서 사회가 요구하는 사회적 가치 내용의 변동성이 높기 때문에, 관련 사업 및 활동의 일관성을 유지하기 위해서는 장기적 접근이 필요하다(민소라, 2021: 128). [그림 16-2]는 지방공기업의 사회적 가치 확산을 위한 경영전략을 보여준다.

**그림 16-2 지방공기업의 사회적 가치 확산을 위한 경영전략**

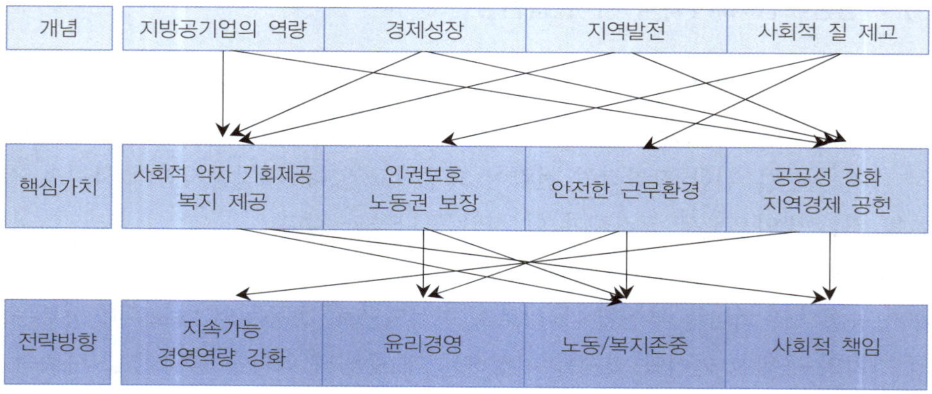


자료: 민소라(2021: 8).

## 5) 사회적 가치 우수사례

### (1) 사회적 책임경영 부문

우리나라는 매년 장마철이면 맨홀 뚜껑의 위험성에 대한 언론보도가 자주 등장한다. 장마철 집중호우 시 빗물 유입으로 맨홀 뚜껑 폭발(이탈)하는 사고가 발생하여 보행자와 자동차에 심각한 피해를 끼칠 수 있는 흉기로 변할 가능성이 있기 때문이다. 광주도시관리공사는 이러한 재해 위험으로부터 사전에 시민의 안전을 지킬 수 있는 방법을 모색하기 시작했다. 공사 내 관로팀 직원 20명의 공동 연구 개발을 통해 수압에 의해 맨홀 뚜껑이 튕겨 오르거나, 이탈할 위험성이 있을 때 차량 운전자나 보행자가 사전에 알 수 있게 하여 안전사고를 예방하는 '맨홀 사고 예방 수위(水位) 확인 장치'를 개발하고, 국내 특허(특허번호: 제10-1988507호)를 등록하는 성과를 만들어냈다.

국립재난안전연구원은 2014년 7월 22일 한국건설기술연구원 안동실험장에서 벌인 실험 결과, 하수도에서 빗물을 제거하는 우수관거에 빗물 유입 유량에 따라 맨홀 뚜껑이 튀어 오르기까지 41초(강남역 침수기준 시간당 50mm, 1.68m$^3$/s 유량)에서 최대 4분(강남역 침수기준 시간당 20mm, 0.45m$^3$/s 유량)이 걸리는 것으로 측정했다. 특히, 무게 800킬로그램이 넘는 경차도 맨홀 뚜껑 위에 주차되었을 경우 시간당 40밀리미터의 비가 내리면 들썩였다. 보행자 안전 실험에서 강남역의 경우 시간당 30mm의 강우량이 내리는 상황을 가정한 0.87m$^3$/s의 유입량 조건 이상에서는 남녀노소 불문하고 사고를 당할 수 있다는 결론이 도출되었다(해럴드경제, 2014.7.24).

기존 맨홀의 이탈 가능성 예측이 불가능하고 맨홀 내 수위(막힘 현상)를 확인하기 어렵기 때문에, 광주도시관리공사의 혁신 아이디어를 통해 보행자와 차량운전자, 관리자 등에게 수위(水位)를 시각적으로 사전에 알 수 있도록 하여 안전사고를 예방하고자 하였다. 기존에 설치된 맨홀에 손쉽게 설치가 가능하고, 혹시라도 맨홀이 외부로 돌출시 발생할 수 있는 차량 및 보행자 사고를 방지할 수 있도록 탄성체로 구성하였으며, 비용이 저렴하여 유지보수가 용이한 기술적 특징도 가지고 있다. 2021년 시범화 사업을 통해 제품 성능을 보완하고, 이후 제품의 가능성 및 시장성을 판단하여 민간에 기술을 이전할 예정이다. 향후 공사의 '맨홀 사고 예방 수위(水位) 확인 장치'는 시민의 안전과 재산을 보호하는 동시에, 앞으로 지적재산 창출을 통한 공사의 수익구조를 증대시킬 수 있는 기회가 될 것으로 보인다(민소라, 2019: 64-67).

### (2) 일자리 창출 부문

서울교통공사는 역사내 유휴공간을 활용한 신규 수익원 및 일자리 창출을 위한 대안으로 스마트팜을 추진했다. 스마트팜이란 로봇이 파종과 수확까지 맡아 청정채소를 재배하고 이를 365일 24시간 이어갈 수 있는 재배시설이다. 서울교통공사는 스마트팜을 지하철역 내부에 설치하고 농업회사법인 팜에이트와 협력해 '메트로팜'이라는 고유 브랜드를 만들었다. 스마트팜 채산성에 대한 일부 우려에도 불구하고 작물판매와 체험 방문 등을 통해 7,500만 원의 매출을 올렸고, 전문인력 8명을 채용하는 성과를 도출했다.

서울교통공사는 앞으로 3년 간 200명의 일자리 창출을 하고 220억 원의 공사 재무개선과 17.3억 원의 신규 수익창출을 기대할 수 있다고 한다. 또한 친환경 재배, 위생포장, 언택트 판매를 추진하고 있으며, 어린이 팜아카데미 교육·시식행사도 추진하여 지역 주민들에게도 좋은 호응을 얻고 있다. 특히, 장기간 방치된 역사내 유휴공간을 통해 시민참여형 역사환경 개선 및 일자리 창출 등 복합개발을 통해 지역 랜드마크로 성장을 기대할 수 있을 것으로 보인다(민소라, 2019: 64-67).

### (3) 참여와 협력 부문

광주광역시도시공사는 30년 이상 노후화된 영구임대주택 공실 증가, 60세 이상 1인 가구 증가 및 저소득층 거주공간이라는 낙인효과로 인한 공동체 형성에 어려움이 상존한다. 지역사회 내 청년인구 유출 가속화에 따른 복합적인 사회현상에 따라 영구임대주택의 새로운 변화를 모색한다. 사회의 급속한 변화에 따른 문제에 대한 해답을 공사 스스로 도출하기보다는 지역사회 안에서 문제 해결형 거버넌스를 구축하여 '빈집과 청년의 달콤한 동거'라는 프로젝트를 기획하여 소외되고 슬럼화된 영구임대주택에 활력을 불어넣기 위해 장기공실 및 상가를 활용하여 청년입주자들이 주도하는 마을공동체 활성화 방안을 모색하게 되었다.

또한 높은 비율의 고령자 가구로 인해 활력이 떨어진 공동체에 '정원조이'라는 콘텐츠를 통해 세대·계층간 사회통합과 마을공동체 회복을 위한 '주민주도 정원조성 프로젝트 샤이니가든 말당말당'를 추진하여 지역사회 내에서 새로운 패러다임을 제시하였다. 공사의 2개의 프로젝트 추진을 통해 영구임대주택의 공실을 해소하고, 청년 주거 문제 해결, 마을주민 의식 제고, 소통·참여를 통해 마을공동체가 활성화되는 효과를 얻을 수 있었다. 특히, 본 사업을 운영하면서 직면하는 다양한 문제를 공청회, 토론회, 허심탄회 워크숍 등을 개최하여 상호 간의 입장 차이를 좁힐 수 있는 기회를 마련하여 민주적으로 해결하고자 지속적으로 노력하여 진정한 공존 가치를 구현한 사례라 볼 수 있다(민소라, 2019: 64-67).

## 2. ESG 경영

### 1) ESG 대두 배경

ESG(Environment, Social, Governance)는 기업과 국가가 지속가능성을 확보하고 장기적으로 가치를 창출할 수 있는 필수 요소로 인식되고 있다. ESG는 환경·사회·지배구조의 첫 글자를 조합한 것으로, 기업의 지속가능성을 평가할 수 있는 3대 비재무적 지표(sustainability)를 통칭한다. ESG별 주요 요소를 보면, 재무제표나 현금흐름과 같은 금전적 이익 외에 기업의 지속가능성과 사회적 영향까지 고려해 투자 대상을 선정하겠다고 등장한 기준이다(윤서영, 2022: 6-7).

1987년 유엔환경계획(UNEP)과 세계환경개발위원회(World Commission on Environment and Development: WCED)가 발간한 브룬트란트 보고서에서 지속가능발전을 전 세계적 의제로 제시한 것에서 ESG의 첫 시작을 찾을 수 있다. 이후 1992년 UN환경개발회의(UN Conference on Environment and Development: UNCED)에서 리우선언을 채택하며 ESG 환경영역의 기반인 기후변화협약, 생물다양성협약, 사막화방지협약을 신설하였다. 2006년에는 UN책임투자원칙(UNPRI)이 'ESG를 투자결정 및 자산운용에 고려할 것'이라는 원칙을 발표하면서 ESG라는 용어가 범용화되기 시작했고 그 중요성이 부상되었다.

1997년에는 미국의 환경단체인 세리즈(CERES[3])와 UNEP가 협약을 맺고 지속가능경영보고서에 대한 기준을 제시하기 위해서 비영리단체인 GRI(Global Reporting Initiative)가 설립되었다. 2016년에는 전 세계 195개국이 참여해 지구온난화를 방지하고 온실가스 배출을 줄이기 위해 파리기후변화협약)이 체결되었으며, 2017년에는 기후변화 관련 재무정보공개협의체(TCFD[4])가 기업의 재무보고서에 기후변화 관련 리스크와 기회요인을 공개하도록 하는 'TCFD 권고안'을 발표하였다. EU는 2018년부터 비재무보고지침(Non-Financial Reporting Directive: NFRD)의 시행에 따라 종업원 500

3) 미국 환경단체 세리즈(Coaltion for Environmentally Responsible Economics: CERES)는 1989년에 설립된 환경단체로, 기후변화나 물 부족 등의 전 지구적 환경 변화에 대응해 환경파괴 없는 지속가능성을 다루기 위해, 미국의 투자기금 환경단체 민간그룹들이 결성한 비영리 연합체다(윤서영, 2022: 7).

4) TCFD(Task Force on Climate-Related Financial Disclosures)는 중앙은행 총재가 2015 G20 기후관련 문제를 고려할 수 있도록 설립한 FSB(금융안정위원회)에서 시작된 TF이다(윤서영, 2022: 7).

명 이상의 상장기업의 경우 지속가능경영 관련 공시를 하도록 규정하고 있다(윤서영, 2022: 6-7).

미국의 CEO 모임인 '비즈니스 라운드테이블(BRT)' 2019년 연례회의에서 'NEW Purpose'가 선언되면서 전통적인 주주자본주의 종식을 선언하면서 기업의 전통적 목적인 주주이익 극대화 원칙을 폐지하고, 모든 이해관계자 가치가 통합된 새로운 기업 목적을 선언했다(윤서영, 2022: 8). 이어서, 세계경제포럼(World Economic Forum: WEF) 회장인 클라우스 슈밥(Klaus Schwab)은 주주자본주의(Shareholder Capitalism)를 종식시키고 이해관계자자본주의(Stakeholder Capitalism)를 추구해야 한다는 '다보스 선언'을 2020년 1월에 발표한다. 주요 내용으로 기업은 단순히 부를 창조하는 조직에서 벗어나 정부 및 사회를 포괄하는 더 큰 시스템에 속해 있는 이해관계자라는 점을 인식해야 한다는 것이다. 특히, 공공부문에서 이해관계자의 중요성은 수익과 공익의 균형이 필요함에 따라 중시될 수밖에 없는 핵심적 가치의 영역이다.

### 2) ESG 정책환경 변화

1992년 전 세계는 '리우선언'을 통해 인류의 새로운 성장 패러다임으로 환경보전과 개발의 조화를 목표로 하는 어젠다인 '지속가능한 발전'을 제시한다. 이후 세계적으로 기업들은 '지속가능경영'을 핵심적인 화두로 운영하였고, 지속가능경영은 기업이 경제 · 환경 · 사회적 책임을 종합적으로 경영활동에 반영하는 것으로 인식하고 추진한다. 지속가능경영 인식은 계승 · 발전되어 2006년 UN이 ESG라는 용어를 최초로 담은 'UN 책임투자원칙(Principles for Responsible Investment: PRI)'을 발표한다. [표 16-3]은 UN 책임투자원칙 세부내용(6대 원칙)을 보여준다.

**표 16-3 UN 책임투자원칙 세부내용(6대 원칙)**

| 원칙 1 | 원칙 2 | 원칙 3 | 원칙 4 | 원칙 5 | 원칙 6 |
|---|---|---|---|---|---|
| ESG 이슈를 투자분석과 의사결정 과정에 포함 | ESG 이슈를 주식보유 정책 및 관행에 반영 | 투자기업이 ESG 이슈 관련 공시 추진 | 투자업계에서 PRI가 실행되도록 촉진 | PRI 실행의 효율성 제고를 위해 공동 노력 | PRI 실행 활동과 진전 상황을 보고 |

자료: 김세훈(2021: 3).

이 원칙을 통해 투자자들이 기업에 대해 투자의사 결정 시 재무적 요소뿐만 아니라 환경 및 사회에 대한 책임, 지배구조 등 비(非)재무적 요소를 고려하도록 촉구한다. ESG 경영에서 비재무적 경영활동에 관심이 커지는 것은, 리스크 관리의 측면뿐 아니라 기회요인을 파악하여 가치 창출이 가능한 영역 발굴에 중요하기 때문이다. '이해관계자자본주의'로 불리는 ESG 경영이 주주자본주의를 탈피해 고객, 근로자, 거래기업, 지역사회 등 이해관계자를 존중하는 경영을 시행하기 위해 고객, 근로자, 거래기업, 지역사회 등 이해관계자의 중요성은 수익과 공익의 균형이 필요한 지방공기업에서 중시될 수밖에 없는 핵심적 가치이다(김세훈, 2021: 3-4).

### 3) 공공부문 ESG 경영

기업경영의 화두가 ESG로 옮겨가면서, 공공부문에서도 ESG에 대한 적극적으로 도입하기 시작했다. 정부는 공공기관으로 하여금 ESG 관련 정보를 경영공시 항목에 공시하도록 하고, 산업 생태계를 ESG 기반으로 조성하기 위한 목적으로 중점과제에 공공기관이 참여하도록 했다. 공공부문의 ESG 사례를 국내와 해외로 구분하여 좀 더 자세히 살펴보도록 하겠다.

#### (1) 국내 공공부문

정부는 2021년을 ESG 경영 확산 원년으로 선포하고, ESG 경영을 확산시키기 위한 전 부처 차원에서 노력을 하고 있다. 산업통상자원부 · 환경부 · 중소벤처기업부 등은 합동으로 'K-ESG 가이드라인'을 마련하고, ESG 관련 통합 정책 추진계획을 포함한 2030년까지의 중장기 정책 로드맵을 제시하였다. 기획재정부는 공공기관 경영평가에 ESG 요소를 강화했다. 공공기관 경영평가 편람 내 지표를 통해 그 변화를 확인할 수 있다. 2015년도 경영평가편람에는 사회공헌에 대한 평가가 진행되었고, 2016~2017년도에는 사회적 책임에 대한 평가로 평가지표명이 변경되었으며, 2018년부터는 사회적 가치 구현이라는 지표가 신설되어 일자리 창출 · 안전 · 환경 · 상생협력 · 윤리경영 등에 대해 평가하고 있다.

2021년도 경영평가편람에는 ESG 관련 우수성과를 창출한 공공기관에 대해 가점을 부여하는 등 ESG 경영을 공공부문 전반에 확산시키겠다는 의지를 보인 바 있다. 금융위원회에서는 ESG 평가의 신뢰성 확보를 목적으로 법 · 제도적으로 ESG 정보공시를 의무화하는 방안으로서, 상장된 모든 기업이 지속가능경영보고서는 2030년까지 기업지배구조보고서는 2026년까지 공시를 의무화하는 중장기계획을 발표했다(2022: 16-23).

지방자치단체 차원에서, 고양시장은 2021년 10월 영국 글래스고 UN기후변화협약 당사국 총회 도시부문에서 고양시의 기후혁신과 시스템 전환, 탄소배출 감소 노력에 관한 정책 사례를 발표하였다. 또한 고양시는 온실가스 배출량을 감소시키기 위한 노력으로 7개의 햇빛발전소를 건립했다. 세종시 · 대전광역시 · 충청남도는 중앙정부 정책에 부합하는 지역혁신 정책을 개발하고, 사회적 가치 실현을 목적으로 기업, 대학, 공공기관과 함께 'SDGs 기반 ESG 추진 협의체'[5]를 구성하였다. 구체적으로, 기후변화 대응, ESG 아카데미, 양질의 일자리와 경제성장, 지속가능한 소비 및 생산 등에 관한 프로젝트를 추진할 계획이다(주성윤, 2022: 16-17).

### (2) 해외 공공부문

EU는 ESG 관련 공시 및 보고의 법제화 · 의무화 등 ESG의 제도화에 있어 선도적인 역할을 하고 있다. 유럽의 신용평가사들을 관리 · 감독하는 유럽증권시장청(European Securities and Markets Authorities: ESMA)은 현행 ESG 평가기관 및 평가지표의 투명성 · 신뢰성에 대한 문제를 제기하는 성명서를 발간하였다. EU는 지속가능한 금융 인프라 구축을 목적으로 2018년에 지속가능 금융실행계획을 발표하고, 또한 실행계획에 따른 ESG 제도 재정비의 일환으로써 그린 택소노미(Green Taxonomy)와 소셜 택소노미(Social Taxonomy)를 발표하였다. EU 택소노미는 세계 최초로 지속가능한 경제활동을 판별하는 기준을 체계적이고 구체적으로 제시했다는 점에서 의의가 있다.

미국의 ESG 관련 정책은 거래소 규정, 특정 이슈 공시 등 주로 ESG 관련 각 사안에 대해서 관할 기구에서 개별적으로 운영하는 방향으로 이루어졌다. 민간의 자율성을 중시하는 미국의 시장지향적인 경제체제 특성상 연방정부 차원에서 적극적으로 ESG 관련 정책 및 규제를 도입하는 데에는 다소 유보적인 입장을 취하고 있다. 하지만, 2021년 하반기부터 본격적으로 연방 차원의 ESG 관련 정책을 도입하려는 움직임을 보이고 있다. 미국 노동부(DOL)에서는 2021년 10월, 기업연금투자처 결정 시 ESG

5) 대전, 세종, 충남권역의 ESG 기반 네트워크를 활성화하고, 사회적 가치를 실현해 지역혁신체계의 기반을 마련하기 위한 협의체이다(주성윤, 2022: 17).

요소를 반영할 수 있도록 하는 취지의 규칙안을 발표하였다.

일본은 유럽과 미국 그 사이에 있다고 볼 수 있는데, 조정자로서 시장의 자율성을 어느 정도 보장하면서도 정부가 민간부문을 지원하는 역할을 수행하고 있다. 정부 주도의 전문가 회의를 통해 ESG 정책의 방향성을 지속적으로 논의하며, ESG 정보공시 의무화를 추진할 계획이다.

중국은 ESG 제도화 초기 단계로, 상대적으로 정부의 주도권은 강하지만 아직까지 강제성이 강하지 않은 것으로 보인다. 정부 주도의 신속한 하향식 발전모델을 추구하는 중국 특성상 정부의 의지에 따라서 신속하게 ESG의 제도화가 이루어질 것으로 예상된다.

정부를 비롯한 공공부문도 시대적 흐름인 ESG에 합류하게 된 것으로 볼 수 있다. 정부를 대신하여 국민에게 재화와 공공서비스를 제공하며 국가 경제와 정책 전반에 많은 영향을 미치는 공공기관은 시대의 흐름에 부응하고, 설립목적인 공익성과 사회적 가치를 실현하기 위해 ESG 경영을 적극적으로 수행할 필요가 있다(주성윤, 2022: 17-19).

### 4) ESG 경영 사례

대전도시공사는 1993년 시민 복리증진과 지역균형 발전을 위해 설립되었다. ESG 경영에 대한 접근은 대전도시공사의 모태 사업인 환경사업과 에너지 전환에 따른 수소 사업을 새롭게 시행하고 있다. 2021년 ESG 혁신경영 추진전략을 다음과 같이 수립 및 실행한다.

Environment(환경) 분야에서 정부의 수소경제 로드맵에 따라 탄소중립에 부응하고자 대전에 수소충전소 3개소를 설치하였고, 유통비용을 고려하여 자체 수소 생산시설을 구축함으로써 상호 순환구조를 만들어 중부권 수소경제의 메카로서 역할을 하고 있다.

Social(사회) 분야에서 청년과 노인 일자리 부족으로 어려움을 겪는 시민들을 위해 수소 사업 등 신사업을 발굴하고, 대전형 공공일자리 공모사업에 당선되어 양질의 정규직 일자리 98명을 포함한 총 198명의 일자리를 창출하였다. 한국노인인력개발원과 시니어 인턴십 협약을 체결하여 월 급여의 50%를 지원받아 시니어 일자리를 확대하였다.

Governance(투명경영) 분야에서는, 지역주민과 함께 코로나19 극복, 지역상생발전을 위해 온누리상품권 구입, 지역사랑상품권 및 화훼농가 꽃을 구매하는 한편, 착한 임대인 사업을 통해 대전오월드 임대매장과 임대주택 상가임대료를 감면(18억 원)함으로써 코로나19로 힘든 소상공인·자영업자에게 회생과 활력을 부여하였다. 또한 코로나19 의료진에게 편의시설(리무진버스, 대형선풍기, 화장실)을 지원하고 부족한 혈액을 보충하기 위해 헌혈어벤져스운동을 통해 126장의 헌혈 기부를 하는 한편, 전 직원 모금을 통해 코로나19 성금을 기부하는 노력을 전개한 결과 주거복지부문 국토교통부 장관 표창 등을 수상한 바 있다.

## 제 4 절 지방공기업의 발전 방향과 미래 과제

이 절에서는 지방공기업의 현황과 문제점을 파악하고, 이에 대한 발전 전망을 모색해 본다. 많은 지방공기업들이 방만한 경영과 지방자치단체의 과도한 개입으로 본래의 존립 목적인 공공성과 기업성의 조화를 통한 지역주민의 삶의 질 향상에 미흡하였다는 지적을 받았다. 무엇보다도 지방공기업의 경영상의 문제를 해소하기 위한 경영혁신을 추진할 수 있는데, 향후 주된 개선 방향을 제시하면 다음과 같다.

### 1. 지방공기업의 발전 방향

#### 1) 실질적 공공성 확립

지방공기업의 실질적인 공공성을 확보해야 한다. 지방공기업에서 실질적인 주인이자 고객인 지역주민이 지방공기업 경영에 최우선적인 고려 대상이 되어야 한다. 이를 위해 지역주민의 실질적인 삶의 질 향상을 위한 경영과 주민 통제가 이루어지는 것이 바람직할 것이다. 기존 지방공기업에서 공공성은 시혜의 성격을 내포하여 지역주민을 수동적인 존재로 간주하는 경향을 보여왔다. 공기업 경영혁신과정에서도 지역주민을 위한 공공성 확보보다 공기업 자체의 경영효율성 확보가 우선시되는 모습을 보이고 있어, 실질적인 공공성의 확보를 위한 대책과 노력이 필요하다(윤태범 외,

2020: 150).

### 2) 지속적인 지방공기업의 경영합리화

지방공기업은 현재 큰 전환기에 처해 있다고 볼 수 있다. 지역사회의 급격한 변모에 의한 영향을 정면으로 받아들여야 한다. 주민의 공기업에 대한 요구는 무한하며 지방공기업의 공공관리도 이러한 상황 변화에 신축적으로 변화해야 한다. 이러한 상황변화에 자율적인 책임경영체제의 확립을 통한 성과의 확보는 지방공기업 전반에 걸쳐 매우 중요한 의미를 갖는다. 자율적인 책임경영체제를 통한 경영성과의 확보는 지방공기업의 존립 근거가 되며, 이를 위한 상시적인 조직혁신과 노사 간의 협력체계 구축은 지방공기업에서 기업성과 공공성을 동시에 강화할 수 있는 기반이 된다(윤태범 외, 2020: 151).

### 3) 광역화의 확대

종래 행정구역 중심으로 이루어지던 지방공기업의 사업은 생활 권역의 확대와 더불어 광역화될 가능성이 높아지고 있다. 즉, 공공서비스의 외부적 파급효과에 종합적으로 대처하고 시설투자의 효율성 제고 및 규모의 경제를 실현하기 위해 자치단체 간 지방공기업을 공동으로 설립하여 운영하는 방안이 증대될 것이다. 따라서 지방공기업의 광역적 설립과 운영에 많은 관심을 가져야 하는데, 이를 위해서는 다음과 같은 두 가지 면을 고려해야 한다.

우선, 2개 이상의 자치단체가 지방공기업의 광역화를 추진할 경우에는 권한 배분과 책임소재를 명확히 하고 인사교류에 따른 파견 목적, 신분, 기간 업무의 위치, 보수, 징계 등의 문제를 확고히 해야 하며, 의사결정방식에서도 참여주체들의 이해를 충분히 반영하여 사업 진행의 원활화를 꾀해야 할 것이다. 다음으로, 행정구역을 넘어서는 사업에 대한 조정 문제를 적극적으로 도입해야 한다. 상·하수도사업, 공영개발사업, 의료사업 등은 이미 많은 국가들에 의해 광역적으로 처리되고 있는 사업이므로, 제도적으로 명시된 조합방식, 광역지방공사 및 공단, 민관광역 지방공사, 민관광역 주식회사 등과 같은 광역처리체계를 적시에 구축하는 것이 요구된다(안용식 외, 2001: 506).

### 4) 지방공기업에 대한 관심과 지원

지방공기업과 관련하여 무엇보다 중요한 것은 사람의 문제라고 할 수 있다. 사람의 문제란 첫째로는 주민의 지방공기업에 대한 이해와 자각의 문제이며, 둘째로는 주민의 대표자인 지방의회 의원의 책임 문제이며, 셋째로는 공정 중심으로 민의에 따라 행정을 진행하는 책임자인 지방자치단체의 장과 지방공무원의 문제이다. 따라서 주민의 공기업에 대한 이해를 돕기 위해 널리 홍보하는 것도 중요하며, 모든 문제에 대해 주민의 창의와 책임을 갖는 참여체제의 형성과 확대가 이루어져야 한다. 또한 의원이나 자치단체장, 공무원은 지방공기업의 필요성과 중요성을 제대로 판단할 수 있어야 한다. 특히, 지방의원들이 좀 더 적극적으로 지방공기업에 대해 관심을 갖고 적극 지원해야 한다(안용식 외, 2001: 496).

### 5) 정책의 변화 가능성과 대응 전략

지방화, 세계화, 지식정보화로 총칭되는 시대사적 흐름과 지방공기업의 공공관리 측면에서 정책의 변화는 일반행정과 다르기 때문에, 지속가능한 경영을 가능케 하는 경영자세가 요구된다. 이러한 변혁의 시대에 지방공기업의 대응전략은 다음과 같이 제시할 수 있다(함요상, 2022: 21).

첫째, 지방공기업 스스로 제도, 운영, 구성원 등에 대한 경쟁력을 제고해야 한다. 제도개혁, 경영시스템 혁신, 교육 강화 등을 통해 민간에서 유사한 서비스를 제공하는 기업이나 조직보다 경쟁력 우위를 차지함으로써 생존역량을 키우는 것이 필요하다.

둘째, 지방화·지역화 시대에 맞춰 지역주민들과의 소통을 강화하는 것이 필요하다. 특히, ESG 경영 중 지역 거버넌스의 강화는 소통과 참여를 제도화하고, 적극적인 정보공개를 통해 지방공기업의 투명성을 제고하는 것이다. 또한 지역주민들에게 자료와 정보를 제공하고 공유함으로써, 지역사회에서 새로운 가치를 창출하는 시도가 필요하다. 결국 지역 거버넌스의 강화는 민영화나 구조조정의 방파제로서 지속가능성을 담보할 것이다.

셋째, 제4차 산업혁명 시대와 AI 시대의 도래를 맞이하여 기술적 환경 변화에 적극적으로 대응하려는 시도가 필요하다. 기술적 진보에 선제적으로 대응하지 못하는 지방공기업은 결국 도태될 수밖에 없다.

넷째, 객관적이고 공신력이 있는 제도에서 지방공기업 스스로 존재 이유를 증명하는 것이 필요하다. 전국 단위에서 대외적으로 인정된 유일한 평가시스템은 지방공기업 경영평가제도이다. 그러므로 이 평가시스템에서 맨 뒤에 서 있는 지방공기업은 아마도 가장 먼저 존재의 필요성을 증명하도록 요구받게 된다.

## 2. 지방공기업의 미래 과제

지방자치 시대에 부응할 수 있는 지방공기업의 발전을 위한 지방공기업 미래의 과제는 다양한 측면에서 고려할 수 있으나, 지방공기업의 효율적 혁신을 위해서는 제도적 관점에서 지방공기업의 법적 근간을 재구축하는 방안과, 운영적 관점에서 비효율성을 극복할 수 있는 대안 마련이 우선적으로 필요하다(원구환, 2014: 7-33). 이러한 체계를 구축하기 위해서는, 첫째, 지방공기업 운영적 관점에서 인사, 요금, 회계와 관련하여 비효율성 극복이 필요하다. 현행 지방공기업 인사검증제도인 임원추천위원회는 임원추천위원회의 구성 및 운영상의 제도적 한계를 노정하고 있는바, 이를 극복할 수 있는 대안으로 제시되고 있는 것이 인사청문회이다. 지방공기업에서도 엽관주의에 의한 정실인사 폐해 등을 극복하기 위한 방안의 하나로 인사청문회의 도입을 고려할 필요가 있다(김진수 · 박천오, 2009).

둘째, 요금체계와 재정운용방식의 합리화가 필요하다. 지방공기업의 요금은 공공성에 기반하지 않을 수 없으나, 추후의 시설 확장과 재투자에 대한 대비의 성격을 지니고 있기 때문에, 수익자부담의 원칙에 따라 적절한 수준으로 조정될 필요성이 제기된다. 즉, 지방공기업은 어느 정도의 수익성이 보장되어야 공익적 목적을 달성할 수 있기 때문에 요금현실화가 필요하다. 지방공기업의 경영손실은 공공적 차원에서 낮은 요금현실화율(상수도 73.2%, 하수도 46.6%, 지하철 41.3%)에 기인하는 것이 가장 큰 원인이라 할 수 있다(행정안전부, 2021). 요금 현실화와 더불어 적정한 수익성 있는 사업발굴이 지방공기업의 공익성과 수익성을 조화시키는 데 중요한 역할을 수행할 수 있다고 볼 수 있다.

셋째, 지방공기업 경영평가에 대한 평가 및 환류 기능 강화가 필요하다. 지방공기업에 대한 경영평가제도는 지방공기업의 경영혁신과 경영자율성의 확보, 최고경영진의 임면과 경영실적의 연계, 자율적 참여관리제도의 정착, 경영성과에 따른 성과분배의 차등화 등의 내용을 담고 있으며, 궁극적으로는 평가 결과와 연결된 보상체계의 공정화를 통하여 지방공기업의 경영개선을 유도하고, 이를 통해 지방공기업의 목적인 공공성과 기업성의 조화를 추구하는 제도라고 할 수 있다. 또한 경영평가 결과에 따라 경영평가 최하위기관에 대해서는 임직원의 해임을 포함한 경영개선명령을 내리는 등의 사후적 조치를 취하고 있다.

넷째, 지방공기업에 대한 자율책임 확보와 합리적 정책 통제가 필요하다. 지방공기업에 대한 경영평가지표 중에서 지방자치단체와 지방공사 및 공단과의 관계를 측정할 수 있는 지표의 도입도 고려할 필요가 있다. 한편으로 지방공기업에 대한 중앙정부의 역할은 지방공기업이 자율적이고 독립적인 상태에서 스스로의 책임 하에 경영할 수 있는 기반을 마련해 주는 것이 중요하다. 중앙정부는 또한 공적 부담에 대한 예산 지원, 평가 위주의 평가 지양, 지방공기업을 지원하는 자문 역할 강화 및 컨설팅 기능을 수행하는 것이 매우 중요하다.

# 참고문헌

## 단행본 및 정부·공공기관 간행물


경향신문(2013.7.17). "'재정난 극심' 태백관광공사 어떤 곳."

권영성(1981). 『신고헌법학원론』. 서울: 박영사.

김동건·방석현(1996). 『공공경제학』. 서울: 한국방송통신대학교.

김수신(2011). 『지방자치행정론』. 서울: 한국방송통신대학교출판부.

김철수(1981). 『신헌법학개론』. 서울: 박영사.

노사발전재단(2022). 『2022년도 노사문화대상 사업장 사례집』.

라휘문(2014). 『지방재정론』. 서울: 한국행정DB센타.

매일노동뉴스(2016.2.23). http://www.labortoday.co.kr, "민영화의 본질, 무능 또는 부패스 캔들."

박영희·김종희(2015). 『재무행정론』. 서울: 박영사.

박영희·김종희·현근·허훈·김용운(2018). 『공기업론』. 서울: 다산출판사.

배용수(2022). 『공공기관론』. 경기: 대영문화사.

삼일회계법인 외(2009). 『예산회계와 재무회계의 연계방안 분석보고서』. 기획재정부.

소일섭(2013). 『지방공기업 부채관련 재무건전성 평가와 재정위험 감축 대책』. 서울: 한국조세연구원.

안광일(1994). 『공기업원론』. 서울: 대명출판사.

안용식·원구환(2001). 『지방공기업론』. 서울: 대영문화사.

원구환(2016). 『재무행정론』. 서울: 대영문화사.

______(2018). 『공기업론』. 서울: 대영문화사.

유훈(1976). 『공기업론』. 서울: 법문사.

____(1991). 『정부-기업관계론』. 서울: 법문사.

____(2002). 『공기업론』. 서울: 법문사.

유훈·윤태범(2011). 『공기업론』. 서울: 한국방송통신대학교.

윤성식(1995). 『공기업론』. 서울: 박영사.

윤세창(1981). 『행정법(하)』. 서울: 법문사.

윤재풍(2014). 『조직론』. 서울: 대영문화사.
윤태범 · 곽채기(2020). 『공기업론』. 서울: 한국방송통신대학교.
이상철(2007). 『한국 공기업의 이해』. 서울: 대영문화사.
______(2021). 『한국 공기업의 이해』. 경기: 대영문화사.
이홍규(1999). 『한국형 기업지배구조』. 서울: 산업연구원.
이희봉(2011). 『거버넌스 지방재정』. 서울: 사회문화사.
장석오(2016). 『도시철도 무임수송제도 개선방안』. 서울: 지방공기업평가원
정창훈 · 주윤창 · 임충혁(2022). 『지방자치단체 출자 · 출연기관론』. 경기: 대영문화사.
지방공기업평가원(2015). 『대한민국 지방공기업 50년사』. 서울: 지방공기업평가원.
하연섭(2016). 『정부예산과 재무행정』. 서울: 다산출판사.
한국생산성본부(2010). 『상장기업의 부가가치분석』.
한국에너지정보센터(http://www.energycenter.co.kr).
한국은행(2010). 『기업경영분석』.
행정안전부 지방공공기관경영정보시스템(cleaneye.go.kr).
행정안전부(2016). 『지방공기업 임금피크제 운영지침』.
______(2016). 『2016년도 지방공사채 발행 · 운영기준』.
______(2021). 『지방공기업 설립기준』.
______(2021). 『지방공기업 인사 · 조직 운영기준』.
______(2021). 『2021사업연도 지방공기업 결산 및 경영분석』.
______(2022). 『2022사업연도 지방공기업 결산기준』.
______(2023). 『2023년도 지방공기업 경영평가편람』.
______(2023). 『2023년 지방공기업 예산편성기준』.
허경선 외(2011). 『공공기관 성과향상을 위한 공공기관 지배구조의 연구』. 서울: 한국조세연구원.
허영(1990). 『한국헌법론』. 서울: 박영사.
환경부(2023). 『2025년 전국수도종합계획』.
황규대 · 박상진 · 이광희 · 이철기(2017). 「조직행동의 이해」. 서울: 박영사.

고기훈(2022). 『지방공기업』. 계간지, 통권 제39호.
김성배(2012). 『지방공기업』. 계간지, 통권 제2호.
김용운(2019). 『지방공기업』. 계간지, 통권 제13호.
김윤권(2014). 『지방공기업』. 계간지, 통권 제10호.
김창현(2022). 『지방공기업』. 계간지, 통권 제39호.
박록주(2013). 『지방공기업』. 계간지, 통권 제5호.
안성민(2012). 『지방공기업』. 계간지, 통권 제2호.

원구환(2018). 『지방공기업』. 계간지, 통권 제21호.
윤별아(2018). 『지방공기업』. 계간지, 통권 제15호.
최현선(2018). 『지방공기업』. 계간지, 통권 제21호.
홍석환(2019). 『지방공기업』. 계간지, 통권 제11호.

## 국내 논문

권순용(2006). 지방자치단체의 효율적 예산관리에 관한 연구. 『영상저널』, 14: 169-182.
권영철(2014). 기업의 혁신성과 사회적 책임성에 따른 지속가능경영 유형화에 관한 탐색적 연구. 『Korea Business Review』, 18(2): 1-15.
김강(2012). 지속가능경영이 장단기 경영성과에 미치는 영향. 『회계와 정책연구』, 17(4): 95-118.
김근세・이경호(2005). 한국책임운영기관의 조직특성과 효과성에 관한 연구. 『한국행정학보』, 39(3): 179-203.
김동근(2013). 진주의료원 폐업 사태가 남긴 교훈. 『사회운동』, 112: 97-113.
김동현・박형준・남승하(2013). 지방공기업과 지방자치단체의 재정건전성 관계에 관한 연구. 『한국정책과학학회보』, 17(1): 89-117.
김선문(2022). 지방공기업 부채감축제도 도입이 지방공기업 부채비율에 미치는 영향에 관한 연구. 인하대학교대학원 박사학위논문.
김성훈・박철순(2000). 사외이사제도의 이론적 배경과 시대적 의미. 『전략경영연구』, 3(2): 1-23.
김세훈(2021). 지방공기업 ESG 경영 가이드라인 연구. 『지방공기업평가원 연구보고서』.
김숙연・이상철(2016). 기업의 사회적 책임 활동에 대한 자발적 공시와 이익의 지속성. 『상업교육연구』, 30(2): 165-184.
김용운(2013). 공기업 해외선진사례 연구. 『지방공기업평가원 연구보고서』, 3-36.
김윤기・이장희(1998). 지방자치단체의 경영수익 활성화 방안에 관한 연구, 『도시지역개발연구』, 1998(6): 111-120.
김진수・박천오(2009). 인사검증법 필요성에 관한 비판적 검토. 『한국정책과학학회보』, 13(1): 305-334.
김형진(2011). 지방공기업 경영평가 결과의 활용에 관한 연구. 조선대학교대학원 석사학위논문.
노승용・이정주(2006). 미국 지방공기업의 현황과 과제. 『한국지방공기업학회 정기 학술회의 발표논문』.
류춘호(2022). 지방정부 출자・출연기관과 예산결산 심사 전략. 『월간 공공정책』, 193: 82-

85.
민소라(2021). 사회적 가치 확대를 위한 지방공기업 역할 모색. 『지방공기업평가원 연구보고서』.
민재형 · 하승인 · 김범석(2015). 기업의 지속가능경영 활동이 기업의 장단기적 가치에 미치는 영향. 『경영학연구』, 44(3): 713-735.
박순종(2021). 지방의회 인사청문회 도입 현황과 향후 과제. 『지방공기업평가원 연구보고서』, 35(15): 64-69.
박한준(2018). OECD 공기업가이드라인의 주요내용과 시사점. 『재정포럼』, 6-23.
백승천(2018). 지방공기업 경영평가제도의 변천. 『한국지방공기업학회보』, 14(3): 31-63.
서정섭(2001). 지방자치단체 경영수익사업의 평가와 개발전략. 『산학기술연구소논문집』, 2001(11): 165-191.
손지은(2021). 지방공기업 경영성과 제고를 위한 노사관계 관리방안. 『지방공기업평가원 연구보고서』.
송양호(2015). 공기업 지배구조의 개선에 관한 연구. 『법경제연구』, 16(1): 151-171.
신열 · 장덕희(2010). 지방공기업의 재무건전성 분석. 『한국지방재정논집』, 15(3): 113-138.
안미강 · 고대영(2014). 외국인투자자와 성과가 지속가능경영 및 기업가치에 미치는 영향. 『국제회계연구』, 53: 230-251.
원구환(2008). 행정의 책임성 확보와 청지기이론의 적용가능성. 『한국공공관리학보』, 22(4): 507-529.
______(2014). 지방공기업의 미래. 『동계학술대회 발표논문집』. 한국지방공기업학회.
______(2015). 지방자치단체의 출자출연기관 합리화 방안. 『자치발전』, 8: 32-39.
______(2000). 지방공기업의 효율적 행정통제방안에 관한 연구. 『한국지방자치학회보』, 12(4): 133-151.
윤서영(2022). 우리나라 공공부문의 ESG 성과 평가체계 구축을 위한 연구. 고려대학교 정책대학원 석사학위논문.
윤재창 · 이욱기 · 김동혁(2015). 융복합 시대에서 지속가능경영활동이 혁신성에 미치는 영향에 관한 연구. 『디지털융복합연구』, 13(4): 115-125.
이상민(2007a). 역설경영의 관점에서 본 Y-K 모델의 효과성 연구. 『산업과 경영』. 충북대학교. 20(1): 133-154.
이상식(2004). 중국 지방공기업의 관리모델에 관한 연구. 경상대학교대학원 박사학위논문.
이상철 · 권영주(2008). 공공기관의 조직 및 개인 특성이 노사관계제도 변화의 수용성에 미치는 영향에 관한 연구. 『한국행정논집』, 23(3): 671-692.
이정화(2015). 한국과 중국의 공기업 개혁정책 비교연구. 건국대학교대학원 석사학위논문.
이진형(2005). 한전에 있어서 독립사업부제 도입과 효율적 운영 방안에 대한 고찰. 서울대학교 경영대학원 최고경영자과정 논문.

이혜승 · 강기춘 · 어민선 · 김동근(2006). 『지방공기업 경영 및 평가제도개선 방안 연구』. 감사원평가연구원.

이호용(2009). 공공요금의 규제와 한계에 관한 법정책적 연구. 『법학연구』, 50(2): 173-202.

이효 · 이상용 · 이삼주(2002). 복식부기제도 도입에 따른 예산과 회계의 연계방안. 『지방행정연구』, 16(1): 1-249.

임충혁 · 구도훈 · 정창훈(2022). 지방자치단체 출자출연기관 자본잠식에 관한 연구. 『한국지방공기업학회보』, 18(2): 69-93.

장철(2014). 지속가능보고서를 통한 자발적 비재무정보공시가 자기자본비용에 미치는 영향. 『글로벌경영학회지』, 11(2): 1-32.

장희란 · 박정수(2016). 지방공기업의 재무적 성과와 지방자치단체의 재정건전성 간 관계분석. 『한국정책학회 추계학술발표 논문집』, 21-31.

전광섭(2015). 지방공기업 재무건전성 사례분석. 『서울행정학회 학술대회 발표논문집』, 10: 287-312.

정성호 · 정창훈(2011a). 지방공사의 부채와 거버넌스 위기. 『한국지방재정학회 2011 지역발전전략 세미나 자료집』, 123-150.

______(2011b). 지방공기업의 부채 절감방안에 관한 소고. 『한국지방재정논집』, 16(2): 147-176.

정순여 · 김순기 · 이창대(2004). 정부조직의 예산편성과정에서 예산참여와 공정성지각이 예산성과에 미치는 영향. 『관리회계연구』, 4(2): 1-35.

정재진(2011). 재정 분권이 지방재정건전성에 미친 영향. 『정부학연구』, 17(2): 289-325.

정창욱(2013). 우리나라 공기업 민영화의 현황과 발전방안. 건국대학교대학원 석사학위논문.

정창훈(2015). 지방공기업제도 역사의 시기 구분과 향후 지방공기업 개혁 방향에 대한 제언. 『한국비교정부학보』, 19(3): 163-195.

주성윤(2022). 공공기관 ESG 경영에 관한 연구. 연세대학교 행정대학원 석사학위논문.

지구선(2021a). 지방공기업 재무회계와 지자체 일반회계연계방안 연구. 『지방공기업평가원 연구보고서』.

______(2021b). 지방공기업 사업별 예산편성 지침 연구. 『지방공기업평가원 연구보고서』.

최도성 · 이경묵(2003). 공기업 자율경영 체제 구축 방안. 『서울대학교 경영연구소 · 행정연구소 공동심포지엄』.

최태선(2021). 지방공기업평가원 ESG경영을 위한 기초연구. 『지방공기업평가원 연구보고서』.

허훈(2008). 광역과 기초자치단체간 지방공기업의 기능배분에 관한 연구. 『한국지방공기업학회보』, 4(2): 1-25.

홍철규(2016). 공공기관 구분회계제도 구축을 위한 이론적 틀. 『회계저널』, 25(2): 309-343.

## 국외 문헌

Abramovitz, Mimi(1986). The Privatizatin of the Welfare State: A Review. *Social Work*, 31 (July/August).

Agyris, Chris(1977). Double looplearningin organizations. *Harvard Business Review*, 115-125.

Atherton, Cliff & Duane Windson(1987). The Privatizatin of Urban Public Services. In Calvin A. Kent(ed.). *Entrepreneurship and the Privatizing of Government*. New York: Quorum.

Bish, Robert L. & Vincent Ostrom(1973). *Undestanding Urban Government*. Wahington: American Enterprise Institute.

Block, P.(1993). *Stewardship: Choosing Service over Self-interest*. San Francisco: Berrett-Koehler.

Cameron, K. S. & Quinn, R. E.(1988). Organizational Paradox and Transformation. In R. E. Quinn & K. S. Cameron(eds.). *Paradox and Transformation: Toward a Theory of Change in Organization and Management*. Cambridge, MA.: Ballinger Publishing company, 1-18.

Cassese, S.(1981). Public Control and Corporate Efficiency. In Raymond Vernon & Yair Aharoni(ed.). *State-Ownde Enterprise in the Wester Economics*.

Collins, Paul D.(1989). Strategic Plannig for State Enterprise Performance in Africa: Public Versus Private Options. *Public Administration and Development*, 9(1).

Davis, J. H., Schoorman, F. D. & Donaldson, L.(1997). Toward a Stewardship Theory of Management. *Academy of Management Review*, 22(1): 20-47.

Denhardt, R. B.(1991). *Public Administration: An Action Orientation*. California: Wadsworth Publishing Company.

Dicke, Lisa A. & Ott, J. S.(1999). Public Agency Accountability in Human Services Contracting. *Public Productivity and Management Review*, 22(4): 502-516.

______(2002). A Test: Can Stewardship Theory Serve as a Second Conceptual Foundation for Accountability Method in Contracted Human Services? *International Review of Public Administration*, 25(4): 463-487.

Donaldson, L. & Davis, J. H.(1991). Stewardship Theory and Agency Theory: CEO Governance and Shareholder Returns. *Australian Journal of Management*, 16: 49-64.

Finer, H.(1941). Administrative Responsibility in Democratic Government. *Public Admin-*

*istration Review*, Ⅰ(4): 335-350.

Hall, R. H.(1977/1982) *Organizations: Structure and Process*. Englewood Cliffs, New Jersey: Prentice-Hall.

Jensen, M. C. & Meckling W. H.(1976). Theory of the Firm: Managerial Behavior, Agency Costs and Ownership Structure. *Journal of Financial Economics*, 3: 305-360.

Jones, T. M.(1991). Ethical Decision Making by individals in Oragnization: An Issue-Contiogent Model. *The Academy of Management Review*, 16(2): 366-395.

Kearns, K.(1996). *Managing for Accountability: Preserving the Public Trust in Public and Nonprofit Orangizatons*. San Francisco: Jossey-Bass.

Kingsley, J. D.(1944). *Representative Buireaucracy: An Interpretation of the British Civil Service*. Yellow Springs: The Antioch Press.

Manzetti, Luigi(1993). The Political Economy of Privatizatin through Divesture in Lesser Developed Economics. *Comparative Politics*, July.

Mazzolini, Renato(1979). *Government Controlled Enterprise*. New York: Wiley.

OECD(2015). *OECD Guidlines on Corporate Governance of State-Owned Enterprise*(2015 Edition).

Ostrom, Vincent & Ostrom, Elinor(1977). Public Goods and Public Choices. In E. S. Savas(ed.). *Alternatives for Delivering public Services: Toward Imporved Performance*. Boulder, Colorado: Westvies. 4-15.

Robbins, Stephen P.(1983). *Organization theory: The structure and design of organizations*. Englewood Cliffs, New Jersey: Prentice-Hall.

Rodriguez, P., Siegel, D. S., Hillman, A., & Eden, L.(2006). Three lenses on the multinational enterprise: politics, corruption, and corporate social responsibility. *Journal of International Business Studies*, 37: 733-746.

Sadique, Abu Sharaf H. K.(1976). Coordination and Control of Public Enterprise: "An Overview of the Asian Situation." In Abu Sharaf H. K. Sadique(ed.). *Public Enterprise in Asia*, Kuals Lumpur: Asain Centre for Developmnet Administration.

Savas, E. S.(1982). *Privatizing the public sector: How to Shrink Government*. Chatham, NJ: Chatham House Publishers, Inc.

______(1987). *Privatization: The Key to Better Government*. Chatham, NJ: Chatham House Publishers, Inc.

Schick, Allen(1971). Budget Innovation in the state. Washington, D.C.: Brooking Institution.

Sen, S. & Bhattacharya, C. B.(2001). Does Doing Good Always Lead to Doing Better? Consumer Reactions to Corporate Social Responsibility. *Journal of Marketing Re-*

*search*, 38(may): 225-243.

Sherman, Roger(1989). *The Regulation of Monopoly*. Cambridge: Cambridge University Press.

Starr, P.(1987). The Limits of Privatization. In S. H. Hanke(ed.). *Prospects for Privatization*. New York: The Academy of Political Science.

Stone, Clarence N.(1983). Whither the Welfare State? Professionalization, Bureaucracy and the Market Alternative. *Ethics*, 93(April).

Sullivan, Harold J.(1987). Privatization of Public Services: A Growing Threat of Constitutional Right. *Pulic Administration Review*, 47(November/December).

Tihanyi, L. Johnson, R. A., Hoskisson, R. E., & Hitt, M.(2003). Institutional Ownership Differences and International Diversification: The Effects of Boards of Directors and Technological Opportunit. *Academy of Management Journal*, 46(2): 195-211.

Till, B. D. & Nowak, L. I.(2000). Toward effective use of cause related marketing alliances. *Journal of Product & Brand Management*, 9(7): 472-484.

Wholey, Joseph S, Harry P. Hatry & Kathryn E. Newcomer eds.(1999). *Handbook of Practical Program Evaluation*. San Francisco: Jossey-Bass Publishers. 16(1): 166-170.

# 찾아보기

ㄱ

## ㄴ

ㄷ

ㅅ

ㅇ

ㅈ

## 저자 소개

### 정창훈

- 미국 Texas Austin 대학교(University of Texas at Austin) 행정학 석사
- 미국 조지아 대학교(University of Georgia) 행정학 박사
- (전) 미국 Auburn University 정치학과 부교수
- (전) 한국정부회계학회 회장
- (전) 한국지방공기업학회 부회장
- (현) 인하대학교 행정학과 교수

### 김선문

- 인하대학교대학원 행정학 석사
- 인하대학교대학원 행정학 박사
- (현) 지방공기업 재직

# 지방공기업론

**펴낸날** 제1판 제1쇄 2024년 2월 5일
**지은이** 정창훈 · 김선문
**펴낸이** 임춘환
**펴낸곳** 도서출판 **대영문화사**
**주소** (본사) 사무실: 경기도 고양시 일산서구 주화로 70
우신프라자 307호 (㊝ 10387)
(본사) 물류센터: 경기도 고양시 일산서구 덕산로
107번길 68-50 (㊝ 10205)
**등록** 1975년 12월 26일 제3-16호
**전화** (031) 913-3062, (031) 914-3884~5
**팩스** (031) 913-3839
**홈페이지** http://www.dymbook.co.kr


ISBN 978-89-7644-884-2
**값 37,000원**